中国社会科学院创新工程学术出版资助项目

马克思主义专题研究文丛

毛泽东思想研究

（第1辑·2012）

李 捷●主编

中国社会科学出版社

图书在版编目（CIP）数据

毛泽东思想研究（第 1 辑·2012）／李捷主编 . —北京：中国社会科学
出版社，2014.3
（马克思主义专题研究文丛）
ISBN 978 - 7 - 5161 - 3992 - 9

Ⅰ.①毛… Ⅱ.①李… Ⅲ.①毛泽东思想研究 Ⅳ.①A84

中国版本图书馆 CIP 数据核字（2014）第 040089 号

出 版 人 赵剑英
责任编辑 赵 丽
责任校对 王兰馨
责任印制 李 建

出 版 中国社会科学出版社
社 址 北京鼓楼西大街甲 158 号（邮编 100720）
网 址 http://www.csspw.cn
中文域名：中国社科网 010 - 64070619
发 行 部 010 - 84083685
门 市 部 010 - 84029450
经 销 新华书店及其他书店

印刷装订 北京一二零一印刷厂
版 次 2014 年 3 月第 1 版
印 次 2014 年 3 月第 1 次印刷

开 本 710×1000 1/16
印 张 36.5
插 页 2
字 数 609 千字
定 价 89.00 元

前　　言

以毛泽东、邓小平、江泽民为核心的党的三代领导集体和以胡锦涛同志为总书记的党中央始终高度重视党的理论工作，重视全党对马克思主义理论的学习和研究工作。

2004年1月，《中共中央关于进一步繁荣发展哲学社会科学的意见》下发，并决定实施马克思主义理论研究和建设工程。

为贯彻落实党中央关于把中国社会科学院努力建设成为马克思主义坚强阵地、党和国家的思想库智囊团、哲学社会科学的最高殿堂的要求，中国社会科学院采取了一系列重要措施。2009年初决定把加强马克思主义理论学科建设与理论研究作为一项重要工作来抓，并成立中国社会科学院马克思主义理论学科建设与理论研究工作领导小组。领导小组成立后，一方面注重抓好马克思主义理论学科组织机构的建设，设立马克思主义理论类别的研究室和中心等；同时又注重马克思主义基础理论研究。

为了推进马克思主义基础理论研究，决定从2011年开始编辑出版"马克思主义专题研究文丛"，每年收录全国范围内相关学科领域具有代表性的文章。

中国社会科学院马克思主义理论学科建设
与理论研究工作领导小组
2011年9月

编者的话

毛泽东，既是永恒的话题，也是常说常新的话题。为什么呢？其中一个重要原因，就是对毛泽东领导中国革命、建设的这段历史，如何看、如何评、如何说，一头连着历史，一头连着现实。这里所说的现实，不仅是20世纪的事情，也是21世纪的事情。只要中国特色社会主义在继续坚持和发展之中，毛泽东这个话题就绕不过去，也决不会过时。

学术界既是社会历史发展变迁的研究者、参与者、记述者，同时也是各种社会思想思潮的弄潮儿。可喜的是，改革开放以来，中国哲学社会科学界对于毛泽东和毛泽东思想的研究，尽管有高潮有低潮，但却从来没有中止过。为了更好地保存这份学术记忆，我们拟从2012年起，逐年跟踪反映学术界进行毛泽东和毛泽东思想研究的脚步，用《毛泽东思想研究》的方式有选择地记录下来。本卷文丛主要从2012年国内各学术期刊发表的诸多关于毛泽东和毛泽东思想研究的文章中，选取出37篇有代表性的文章。

我们在编辑这部文丛的时候，已经是2013年了。适逢举国上下隆重纪念毛泽东同志诞辰120周年。为此，我们特征得中国社会科学院院长王伟光同志同意，将他撰写的《毛泽东是中国特色社会主义的伟大奠基者、探索者和先行者》一文作为丛书特稿，刊载在最前面。

毛泽东是中国共产党内少有的大学问家，纵览中外古今，通晓文史哲经。对毛泽东和毛泽东思想的研究，也涉及到方方面面。这部文丛着重从历史与政治入手，也兼及其他领域。今后会不断扩展学术视野和领域。

为了增加这部书的权威性，我们组成了《毛泽东思想研究》编委会，并得到国内著名专家学者的鼎力支持。在此特致以衷心感谢！

本丛书是中国社会科学院马克思主义理论学科建设与理论研究工作领导小组办公室的资助项目，并得到秦益成等的大力支持。中国社会科学出版社的编辑和校对人员付出了辛勤的劳动。李捷主持了这部丛书的编辑工作，并统看了全部书稿。许华卿做了大量的资料收集、文稿初选和初编校对工作。

目　录

毛泽东与新中国建设研究

毛泽东与马克思主义中国化研究

毛泽东国际战略思想研究

毛泽东生平史实研究

毛泽东研究前沿和综述

本书特稿

毛泽东是中国特色社会主义的
伟大奠基者、探索者和先行者

王伟光

毛泽东领导的社会主义建设实践与探索，同今天党领导的中国特色社会主义伟大事业，是同一件大事的两个不同的发展时期，既相互联系又有所区别，同属于中国共产党领导中国人民实现社会主义现代化和中华民族复兴伟大中国梦的总体历史进程，前者是后者的探索和准备，后者是前者的继承和发展。不论是从历史实践上还是从理论逻辑上说，毛泽东都是中国特色社会主义事业的伟大奠基者、探索者和先行者。

作为社会主义新中国的缔造者，在领导完成新民主主义革命胜利、创建新中国、恢复国民经济的历史任务后，毛泽东及时地领导了对生产资料私有制的社会主义三大改造，建立了社会主义基本制度。他率先提出要走自己的路，实现马克思主义基本原理同中国具体实际的第二次结合，探索适合中国具体情况、具有中国特点的社会主义建设道路。虽然毛泽东在探索实践中出现严重曲折，但成就巨大而卓越：创建了社会主义基本制度，领导了大规模的社会主义建设，积累了社会主义的物质财富和精神财富，形成了关于社会主义建设的独创性理论成果，积累了社会主义建设宝贵的经验教训，为开创和发展中国特色社会主义伟大事业提供了制度条件、物质基础、理论准备和宝贵经验。

一 取得社会主义建设的巨大成就，为中国特色社会主义奠定了制度条件和物质基础

作为占世界人口 1/4 的中国人民，走上社会主义道路，是 20 世纪中国

乃至世界发展进程中的一个极其伟大的历史事件。它从根本上改变了中国历史发展的方向，对世界历史进程产生了深刻的影响，对今天中国特色社会主义事业的开创和推进有着深远而重要的理论和现实意义。

早在革命战争年代，毛泽东就指明了中国革命的前途，即通过新民主主义革命不间断地进入到社会主义革命，最终建设社会主义和共产主义。新中国成立后，他成功地领导开辟了一条具有中国特色的社会主义改造道路，创建并不断完善社会主义经济制度以及与之相适应的政治制度，领导了大规模的社会主义经济、政治和文化建设，奠定了中国特色社会主义的制度前提、思想保证、物质基础，创造了中国社会主义建设的有利外部环境。

第一，领导完成生产资料所有制的社会主义改造任务，创立并不断发展社会主义经济制度。

新中国成立以后，毛泽东领导党和人民在极其艰苦的条件下，迅速实现了国民经济的全面恢复和较快发展。他紧接着就开始思考中国向社会主义转向的问题，1952年9月24日，在中央书记处会议上提出"中国怎样从现在逐步过渡到社会主义去"的战略思考。1953年12月，他完整地提出了党在社会主义过渡时期的总路线："从中华人民共和国成立，到社会主义改造基本完成，这是一个过渡时期。党在这个过渡时期的总路线和总任务，是要在一个相当长的时期内，逐步实现国家的社会主义工业化，并逐步实现国家对农业、对手工业和对资本主义工商业的社会主义改造。"[①]在毛泽东的领导下，我国全面开展了对生产资料私有制的社会主义三大改造运动，成功地开辟了一条具有中国特点的社会主义改造道路：对资本主义工商业，采取了一系列从低级到高级的国家资本主义的过渡形式，实现了对资产阶级的和平赎买，创造了一条从资本主义和平进入社会主义的独特道路；对个体农业，遵循自愿互利、典型示范和国家帮助的原则，创造了从互助组到初级农业生产合作社再到高级农业生产合作社的社会主义集体所有制形式；对于个体手工业的改造，也采取了类似的方式。

1956年底，生产资料私有制的社会主义改造取得了决定性的胜利，社会主义性质的国营经济、合作社集体经济和公私合营经济占到了国民经济的92.2%；农村基本上实现了土地公有，96.3%的农户加入了农业生产合

---

① 《毛泽东文集》第6卷，人民出版社1999年版，第316页。

作社，建立起社会主义集体经济；绝大多数的手工业者也加入了手工业集体经济组织；以国营经济和集体经济为主体的社会主义经济制度基本确立。1956 年以后，在开展大规模的社会主义建设过程中，尽管发生过一些曲折，出现急于向纯而又纯的"公有制"过渡，过度强调"一大二公"等情况，但是社会主义最基本的经济制度始终没有发生大的改变并不断得到巩固，为新时期改革开放和社会主义现代化建设创造了经济制度条件。

第二，与建设社会主义经济基础相适应，领导建立并不断发展社会主义政治制度和法律体系。

毛泽东首先领导党创建了社会主义的人民民主专政国体。所谓国体就是国家的政治制度。作为国体的人民民主专政，核心是对人民实行民主和对敌人实行专政，领导力量是工人阶级。人民民主专政的实质是无产阶级专政，是无产阶级专政在中国的具体形式。为了对人民实行最广泛的民主，毛泽东领导创立了人民代表大会制度，形成了我国的根本政治制度。他在七届二中全会上就明确指出，我们不采取资产阶级共和国的国会制度，而采取无产阶级共和国的苏维埃制度，但"在内容上我们和苏联的无产阶级专政的苏维埃是有区别的，我们是以工农联盟为基础的人民苏维埃"①。这就是说，人民代表大会制度既不是资产阶级的议会制，也不同于苏联的苏维埃制，而是完全符合中国具体实际的独特而科学的根本政治制度，是实现中国人民当家做主的重要途径和最高形式，体现了中国社会主义民主政治的鲜明特点。在实行人民代表大会制度的前提下，毛泽东领导建立了一整套社会主义的基本政治制度。创立了中国共产党领导的多党合作和政治协商制度，使之成为一种具有中国特色的各民主党派、各人民团体和各界人士进行民主协商、参政议政的制度平台，成为我国的一项基本政治制度。创立了正确处理民族关系的民族政策和民族区域自治制度，即在国家统一领导下，各少数民族聚居的地方设立自治机关，行使自治权，实行区域自治。这项政治制度不同于苏联式的联邦制度，而是根据我国历史发展、文化特点、民族关系和民族分布等具体情况作出的制度安排，符合各民族人民的共同利益和发展要求。毛泽东在领导创建社会主义一系列基本政治制度的同时，亲自领导制定和颁布实施了中华人民共和国第一部宪法，并以宪法为指导制定颁布了政治、经济、文化以及党的建设等领域

①《毛泽东文集》第 5 卷，人民出版社 1999 年版，第 265 页。

的相关法律法规，初步形成了我国的社会主义法律体系。

进入全面建设社会主义时期之后，我国的社会主义基本政治制度进一步发展。人民民主专政的国家制度得到不断加强，抗美援朝取得重大胜利，平定了西藏上层集团的叛乱，打击了民族分裂势力，维护了社会稳定，进行了中印边界自卫反击等斗争，抗击了外来侵略，捍卫了国家主权，巩固了社会主义国家政权。分别于1954年、1959年、1964年召开了三届全国人民代表大会，人民民主得到了较好发展，国家根本政治制度健康运行。中国共产党同各民主党派长期共存，相互监督，民主党派和各界人士积极参政议政，政治协商制度顺利发展。继内蒙古自治区之后，1955年到1965年间，又先后成立了新疆维吾尔自治区、广西壮族自治区、宁夏回族自治区和西藏自治区，民族区域自治制度得到进一步完善。

第三，领导开展大规模的社会主义建设，为社会主义巩固和发展积累坚实的物质基础。

建立社会主义制度的同时，毛泽东领导开展了大规模的社会主义建设运动，提出了实现社会主义工业现代化、农业现代化、科学技术现代化和国防现代化的伟大号召，在工业、农业、科技、国防以及文化、外交等方面取得了巨大成就，形成了比较完整的工业体系和国民经济体系，极大地提升了人民的物质文化生活水平。

积极推进社会主义工业化，工业体系和布局基本形成，工业生产能力大幅提高。中国共产党从旧中国接过来的工业是一个烂摊子，中国社会主义工业化是在"一穷二白"的基础上开始的。在毛泽东的领导下，全党全国人民奋发图强，艰苦奋斗，大力开展社会主义工业化建设，迅速摆脱了贫穷落后的工业面貌，取得了巨大成就。到1965年，在能源工业方面，发电量达到676亿瓦，电力工业基本上实现了全国联网；煤炭工业稳步向现代化发展，原煤产量达到2.32亿吨；石油工业实现了完全自给，原油产量达到1131万吨，把长期禁锢中国发展的"贫油国"帽子抛到了太平洋；在冶金工业方面，钢铁产量和品种都上了一个大的台阶，钢产量达到1223万吨，建成了武钢、包钢等十大钢铁公司在内的一大批重点钢铁企业；在机械工业方面，形成了门类齐全的机械制造体系，主要机械设备自给率已经达到了90%以上，纺织机械等产品不仅能够完全满足国内需要，而且开始向许多国家和地区提供成套设备；电子工业、原子能工业、航天工业等新兴工业，也从无到有、从小到大逐步发展起来。在工业布局方面，建成了 531 个大中型工业项目。在大力发展沿海工业基地的同时，广大内地省份也都建立起了现代工业，其工业产值在全国工业产值中的比例不断提高。社会主义工业体系达到相当规模和一定技术水平，形成比较合理的工业布局，工业生产能力得到大幅度的提高。

努力推进社会主义农业现代化，农业基础设施得到明显改善，农业机械化水平不断提升。毛泽东根据中国的具体情况，高度重视农业在国民经济中的重要地位。他强调提出，"全党一定要重视农业。农业关系国计民生极大。要注意，不抓粮食很危险。不抓粮食，总有一天要天下大乱"①。提出"手里有粮，心里不慌，脚踏实地，喜气洋洋"②。在实现农业集体化的前提下，大力推进农业现代化。从 1958 年到 1965 年，建成了 150 多项大中型水利设施，黄河、海河、淮河等都得到了很大程度上的治理，当年为害人民生产生活的河流水系，成为社会主义农业发展的有利条件。灌溉面积在全国耕地中所占的比例从 1957 年的 24.4% 上升到了 1965 年的32%。随着基础设施的逐步改善，中国的农业机械化、现代化也得到了极大的进展，现代机械和化学肥料在农业增产中发挥的作用不断提高，机耕面积在耕地总面积中的比重从 1957 年的 2.4% 上升到 1965 年的 15%，机灌面积在灌溉总面积的比重从 4.4% 上升到 24.5%，化肥使用量从每亩0.5 斤上升到 2.5 斤。与此同时，在推广良种、水土保护、植树造林、改良土壤等方面，也取得了很大成就。农业基础设施不断得到改善，农业现代化的水平不断提升，农业产值有了大幅度提高，形成了农业全面发展的局面。

大力推进科学技术现代化，科学技术发展成绩十分显著，科技成果得到了广泛运用。毛泽东极其重视科技发展，他明确指出，"科学技术这一仗，一定要打，而且必须打好。……不搞科学技术，生产力无法提高"③。他指导成立了国务院科学规划委员会和国家科学技术委员会，在 1956 年就制定了《1956—1967 年科学技术发展远景规划纲要》（即"十二年科技发展远景规划"），并于 1962 年提前基本完成。1963 年，他又指导制定了《1963—1972 年科学技术发展规划》（即"十年科学规划"）。在毛泽东的

① 《毛泽东文集》第 7 卷，人民出版社 1999 年版，第 199 页。
② 《毛泽东文集》第 8 卷，人民出版社 1999 年版，第 84 页。
③ 同上书，第 351 页。

领导下，我国科学技术事业取得了巨大成就。形成了一支比较强大的科学技术队伍，到 1965 年底，全国自然科学技术人员达 246 万人，全国专门的科学研究机构 1714 个，专门从事科学研究的人员达 12 万人，形成了由中国科学院、各部委和省市自治区直辖市的科研机构、国防系统科研机构、高校科研机构等构成的全国科研工作系统。基础科学研究方面有很多进展，1965 年首次完成人工合成牛胰岛素，这项技术处于世界领先地位。科学应用技术研究方面取得了一系列重大成果，研制了众多新型材料、仪器仪表、精密机械和大型设备，试制了电子计算机、电子显微镜、射电望远镜、高速照相机、氨分子钟、30 万千瓦双水内冷发电机等高精尖设备。这些技术广泛应用于工业、农业、国防等领域，推动了我国科学技术水平的总体提升。

全面推进国防现代化，国防尖端技术攻关成效显著，国防现代化初具规模。在国际军事斗争的实践中，毛泽东清楚地认识到，国防科技特别是尖端技术，绝不可能依靠国外，必须要自力更生、自己攻关，建立独立的现代国防体系。20 世纪 50 年代中期，毛泽东就明确提出要正确处理经济建设和国防建设的关系，重点研制和发展国防尖端技术，特别是提出了"两弹一星"的重大战略决策。在他的大力倡导和关怀指导下，1958 年 6 月，中国第一座试验原子能反应堆投入试验，并开展研制核动力潜艇。1959 年 6 月，苏联终止向中国提供核武器和导弹技术援助，同年 7 月毛泽东以战略家的胆识提出，我们要自己动手，从头摸起，独立自主地研制尖端技术特别是原子弹。1960 年 11 月，仿制的"东风 1 号"近程液体弹道导弹发射成功，实现了中国军事装备历史上的重大转折。1964 年 6 月 29 日，中国自行研制的"东风 2 号"中近程地对地导弹发射成功。同年 10 月 16 日，自行研制的第一颗原子弹爆炸成功。1966 年 10 月 27 日，又实现了原子弹与导弹"两弹结合"的成功试验。与此同时，我国在空军装备、海军装备等方面，都取得了长足发展。国防尖端技术和现代化的发展，标志着中国的国防科技已经有了迅速发展，大大提高了中国在国际上的地位，为社会主义事业提供了强大的国防军事保障。

繁荣发展教育卫生体育等事业，全面提高和改善群众生活质量，人民生活水平得到显著提高。毛泽东历来高度重视社会主义社会事业的全面发展，以及社会主义条件下人的全面发展，致力于提高人民群众的物质文化生活水平。他积极推进教育事业发展，1957 年就提出了社会主义教育方针：我们的教育方针，应该使受教育者在德育、智育、体育几个方面都得到发展，成为有社会主义觉悟的有文化的劳动者。到 1965 年，全国在校学生达到 1.3 亿人；小学 168.19 万所，学龄儿童入学率达到了 84.7%；普通中学 18102 所，在校学生 933.79 万人；高等学校 434 所，在校学生 67.4 万人。中国人民的文化素质得到了极大提高。毛泽东极为重视同人民身体状况直接相关的卫生事业，在他的领导支持下，我国已经建立了比较完善的医疗保健制度，形成了城乡卫生医疗网。到 1965 年，全国省地县级卫生防疫站、妇幼保健站都已建立，绝大部分公社也都建立了卫生院，各种类型的农村基层卫生医疗机构遍布乡村；群众性的爱国卫生运动全面开展，防治流行性疾病工作取得显著成就，旧中国流行的传染病如天花、霍乱、血吸虫病等，有的灭绝，有的基本消灭。我国体育事业蓬勃发展，成功地连续举办了全国运动会，竞技体育有了很大进展，我国运动员多次在世界大赛中获得世界冠军，群众体育更是快速发展，不断掀起全民体育运动高潮，人民群众的身体素质得到了极大提高。毛泽东领导党和国家全面改善群众生活，人民的物质生活水平得到了很大的改善，1964 年的猪肉、羊肉、蔬菜等副食品比 1967 年增长了 30%，纺织品、自行车、收音机等日常生活用品比 1957 年增长了 50% 以上。社会主义制度在改善、提高人民群众生活质量、生活水平方面的优越性，得到了比较好的体现。

毛泽东领导开展了大规模的社会主义文化建设，提出并不断发展完善我国思想文化建设的指导思想、根本标准、方针政策，逐步形成了社会主义的文化体系，对社会主义发展起到了思想保证作用，并在新时期中国特色社会主义事业发展中焕发出新的活力。他还领导确立了和平共处五项原则，制定了独立自主的外交政策，积极发展最广泛的国际友好合作，为中国特色社会主义开辟了有利的国际环境。

二　形成关于社会主义建设的独创性理论成果，为中国特色社会主义提供思想指南和理论准备

毛泽东在领导社会主义建设的过程中，创造了一系列独创性的关于中国社会主义建设的理论成果，极大地推进了马克思主义中国化的进程，为中国特色社会主义提出了正确的思想指南，提供了重要的理论准备。

第一，提出实现马克思主义同中国实际的第二次结合，为建设中国式社会主义确立总的指导原则。

毛泽东对马克思主义、对社会主义和共产主义事业最伟大的理论贡献，一是实现了马克思主义与中国革命实践的第一次结合；二是提出并初步探索了马克思主义与中国建设实现的第二次结合。第一次结合的主题是要找出中国自己的革命道路；第二次结合的主题是要找到中国自己的建设道路。在新民主主义革命和社会主义革命的过程中，毛泽东把马克思主义普遍真理同中国革命的具体实践相结合，走出了具有中国特色的新民主主义革命和社会主义革命道路，形成了指导中国新民主主义革命与社会主义革命的理论及路线方针政策，创立了第一次伟大结合的重大理论成果——毛泽东思想。当中国进入社会主义建设阶段后，毛泽东又率先提出实现马克思主义同中国建设实际的第二次结合的重要思想。随着我国建设事业的全面开展，以及苏联模式弊端的逐渐暴露，毛泽东日益认识到寻找适合中国国情的社会主义建设道路的重要性、必要性和紧迫性。1956 年 3 月 12 日，在中共中央政治局会议上，毛泽东就提出应该自己开动脑筋，解决本国革命和建设问题。3 月 23 日，在中共中央书记处扩大会议上，他提出，"把马克思列宁主义的基本原理同我国革命和建设的具体实际结合起来，探索在我们国家里建设社会主义的道路"。4 月 4 日，他明确提出第二次结合的命题："最重要的是要独立思考，把马列主义的基本原理同中国革命和建设的具体实际相结合。民主革命时期，我们吃了大亏之后才成功地实现了这种结合。现在是社会主义革命和建设时期，我们要进行第二次结合，找出在中国怎样建设社会主义的道路。……我们应该从各方面考虑如何按照中国的情况办事……现在更要努力找到中国建设社会主义的具体道路。"[1] 正是在这样的理论思考之下，他率先强调中国必须以苏为戒、以苏为鉴，独立自主地探索适合中国国情、具有中国特点的社会主义建设道路。在《论十大关系》的讲话中，他告诫人们："最近苏联暴露了他们在建设社会主义过程中的一些缺点和错误，他们走过的弯路，你还想走？过去我们就是鉴于他们的经验教训少走了一些弯路，现在当然更要引以为戒。"[2] 在修改八大政治报告时，他写道："我国是一个东方国家，又是一

---

① 吴冷西：《忆毛主席》，新华出版社 1995 年版，第 9—10 页。
② 《毛泽东文集》第 7 卷，人民出版社 1999 年版，第 23 页。

个大国。因此，我国不但在民主革命过程中有自己的许多特点，在社会主义改造和社会主义建设的过程中也带有自己的许多特点，而且在将来建成社会主义社会以后还会继续存在自己的许多特点。"① 在研读苏联《政治经济学教科书》时，对于书中关于每一个国家都应该"具有自己特别的具体的社会主义建设的形式和方法"的提法，他极为赞同，表示必须把"普遍规律和具体特点相结合"。② 提出实现马克思主义普遍真理同中国实际的第二次结合，走自己的路，探索适合中国国情、具有中国特点的社会主义建设道路，是毛泽东在中国社会主义发展史上的重大理论贡献，为实现马克思主义中国化第二次历史性飞跃做了充分的思想酝酿与理论准备，不仅是中国特色社会主义理论、道路、制度形成的历史和逻辑的起点，而且是中国革命、建设和改革的一条指导原则。

第二，作出中国处于不发达社会主义阶段的理论判断，为建设中国式社会主义明确国情依据和战略目标。

实现马克思主义与中国实际的第二次结合，走中国特色社会主义道路，首先必须搞清中国社会主义建设所面临的实际国情，只有搞清国情，从实际出发，才能真正实现第二次结合。对国情的判断，最重要的就是要科学分析我国所处的发展阶段。经过深入调查研究和比较分析，毛泽东提出，社会主义分为不发达的社会主义和比较发达的社会主义两个阶段，中国不要过早地讲建成社会主义，得出了中国正在并长期处于"不发达的社会主义阶段"的判断③。从这个基本认识出发，他对我国社会主义建设的阶段性、长期性和曲折性有了初步认识。他说，"建设强大的社会主义经济，在中国，五十年不行，会要一百年，或者更多的时间"④。毛泽东关于中国处于不发达的社会主义阶段的判断，是党提出社会主义初级阶段理论的思想源头，揭示了中国社会主义建设的国情依据和基本出发点。从中国实际国情出发，毛泽东对中国社会主义发展战略作了科学谋划。关于中国社会主义的长远发展战略，毛泽东从新中国成立伊始就开始长期探索，作出了重要论断。新中国成立初期提出"三年五年恢复，十年八年发展"的规划，20 世纪 50 年代早期提出经过三个五年计划完成过渡任务的战略，

---

① 《建国以来毛泽东文稿》第 6 册，中央文献出版社 1992 年版，第 143 页。
② 《毛泽东文集》第 8 卷，人民出版社 1999 年版，第 116 页。
③ 同上。
④ 《毛泽东和他的秘书田家英》，中央文献出版社 1990 年版，第 59 页。

在社会主义改造的进程中提出了要过好民主主义的关、过渡时期关和社会主义关的"过三关"思想。他多次明确提出中国要经过50年到100年的时间，赶上和超过英美等资本主义发达国家，把中国建设成为强大的富强的社会主义国家的战略目标。在《关于正确处理人民内部矛盾的问题》中，比较完整地提出了社会主义现代化的发展战略，这就是要"将我国建设成为一个具有现代工业、现代农业和现代科学文化的社会主义国家"①。在阅读苏联《政治经济学教科书》时，又提出要加上国防现代化："建设社会主义，原来要求是工业现代化，农业现代化，科学文化现代化，现在要加上国防现代化。"② 他提出的社会主义战略目标对新时期我国社会主义现代化发展战略的制定具有极大的前瞻性和指导性。

第三，创立社会主义基本矛盾、主要矛盾和人民内部矛盾学说，为建设中国式社会主义提供哲学依据和科学方法。

毛泽东在马克思主义发展史上第一次明确提出，社会主义社会的基本矛盾仍然是生产力和生产关系、上层建筑和经济基础的矛盾，二者之间基本适应但又有不适应的方面，这种不适应可以通过改革使社会主义制度不断完善加以解决。毛泽东指出，进入社会主义建设时期，阶级斗争已经不是我国的主要矛盾，人民对于经济文化迅速发展的需要同当前经济文化不能满足于人们需要的状况之间的矛盾是国内的主要矛盾，这个矛盾决定了发展生产力是社会主义的根本任务。毛泽东明确提出，社会主义社会存在着两类不同性质的矛盾，即敌我矛盾和人民内部矛盾，前者是对抗性质的，后者是非对抗性质的，两种不同性质的矛盾的解决方法是不同的，必须要正确区分和处理两类不同性质的矛盾，特别是要把正确处理人民内部矛盾作为国家政治生活的主题。在《论十大关系》和《关于正确处理人民内部矛盾的问题》等著作中，他以马克思主义的唯物辩证法为指导，系统论述了社会主义建设和发展中的带有全局性的重大关系，强调必须用辩证法思想来处理这些关系，既要坚持两点论，又要坚持重点论；既要抓好主要矛盾，又要解决好非主要矛盾。这种辩证法思想必须要贯彻到社会主义建设的方方面面。比如，在处理国家、集体和个人三者利益的关系上，必须统筹兼顾，不能只顾一头；在中央和地方的关系上，必须处理好统一性

---

① 《毛泽东文集》第7卷，人民出版社1999年版，第207页。
② 《毛泽东文集》第8卷，人民出版社1999年版，第116页。

和独立性的关系。毛泽东关于社会主义基本矛盾、主要矛盾和人民内部矛盾的理论，是我国实现拨乱反正，实行改革开放政策，确立以经济建设为中心的基本路线的哲学根据；他关于社会主义建设方法的探索，为形成社会主义建设正确路线提供了重要的方法论依据。

第四，制定社会主义民主政治建设的总方针和总目标，为建设中国式社会主义明确政治方向和基本方针。

新中国成立后，毛泽东就一直致力于探索社会主义政治发展道路，提出要形成一种有利于社会主义建设的良好政治局面。1957 年他提出了社会主义民主政治建设的总目标，即"要造成一个又有集中又有民主，又有纪律又有自由，又有统一意志又有个人心情舒畅、生动活泼，那样一种政治局面"。怎样形成良好的政治局面呢？在《论十大关系》中，毛泽东开宗明义地提出了一个基本方针，"就是要把国内外一切积极因素调动起来，为社会主义事业服务"；"要调动一切直接的和间接的力量，为把我国建设成为一个强大的社会主义国家而奋斗"①。为了调动一切积极因素，他提出了要处理好一系列重要的政治关系，他所论述的十大关系，其中有五个方面都是有关政治建设的，即汉族和少数民族的关系、党和非党的关系、革命和反革命的关系、是非关系、中国和外国的关系。围绕着这个基本方针，毛泽东在社会主义民主政治建设问题上，提出了一系列重要的观点：在国家的根本政治制度上，必须始终坚持人民民主专政，实行人民代表大会制度；在中国共产党和民主党派的关系上，必须加强中国共产党领导下的多党合作和政治协商制度，共产党和民主党派要实行"长期共存、相互监督"的方针；在民族问题上，坚决实施民族区域自治制度，推动民族地区的民主改革，促进少数民族经济文化发展，反对大汉族主义和地方民族主义。毛泽东对社会主义民主法制是高度重视的，他多次强调，在国家政治生活中要扩大党内民主和社会民主，把坚持民主集中制和发扬社会主义民主，提高到巩固国家政权的高度，"没有民主集中制，无产阶级专政不可能巩固"。在法制问题上，他强调必须反对官僚主义，逐步健全社会主义法制，真正做到"有法可依、有法必依"。

第五，探求指导社会主义建设的经济理论和经济政策，为建设中国式社会主义作出重要的经济理论创新。

---

① 《毛泽东文集》第 7 卷，人民出版社 1999 年版，第 23 页。

　　毛泽东强调，为了推进中国社会主义经济建设，既要坚持马克思主义政治经济学的基本原理，又要立足中国国情，总结中国经验，不断推进马克思主义理论创新，产生自己的理论家，创造自己的经济学理论，形成具有中国自己特色的政治经济学理论。他在读苏联《政治经济学教科书》时明确指出："马克思这些老祖宗的书，必须读，他们的基本原理必须遵守，这是第一。但是，任何国家的共产党，任何国家的理论界，都要创造新的理论，写出新的著作，产生自己的理论家，来为当前的政治服务，单靠老祖宗是不行的。"① 毛泽东自己就在社会主义政治经济学理论方面作出了重要的理论创新，在经济体制、商品经济、对外开放方面提出了一系列重要理论论断。他率先提出社会主义要大力发展商品生产和商品交换，认为商品生产本身是没有什么制度性的，它只是一种工具，看一种商品经济的制度特征，"要看它是同什么经济制度相联系，同资本主义制度相联系就是资本主义的商品生产，同社会主义制度相联系就是社会主义的商品生产"。社会主义时期，必须充分利用商品经济这个工具，使之为社会主义建设服务，中国的商品经济很不发达，一定要"有计划地大力发展社会主义的商品生产"；一味否定商品经济的观点"是错误的，这是违背客观法则的"②。他明确指出，价值规律在我国的社会主义建设中发挥着作用，"价值法则是一个伟大的学校，只有利用它，才有可能教会我们的几千万干部和几万万人民，才有可能建设我们的社会主义和共产主义。否则一切都不可能"③。他从中国实际国情出发明确指出，基于中国经济发展的现实状况，在对待资本主义和私营经济问题上，他既不搞教条化，也不搞西化，认为可以在搞国营的基础上搞私营，坚持社会主义的前提下搞资本主义，"可以搞国营，也可以搞私营"，可以消灭资本主义，又搞资本主义，因为"它是社会主义经济的补充"。在经济体制和所有制结构方面，他明确提出要调动两个积极性的思想，"我们不能像苏联那样，把什么都集中到中央，把地方卡得死死的，一点机动性都没有"，一定要划分好中央和地方的经济管理权限，充分发挥好中央和地方两个积极性。在对外开放的问题上，他提出"向外国学习"的口号，在对外开放问题上，要搞两点论而不是一

① 《毛泽东文集》第 8 卷，人民出版社 1999 年版，第 109 页。
② 《毛泽东文集》第 7 卷，人民出版社 1999 年版，第 434—441 页。
③ 《毛泽东文集》第 8 卷，人民出版社 1999 年版，第 34 页。

点论，"一切民族、一切国家的长处都要学，政治、经济、科学、技术、文学、艺术的一切真正好的东西都要学。但是，必须有分析有批判地学，不能盲目地学，不能一切照抄，机械搬用"①。他在经济建设的基本方针和方法上提出：既要反对保守又要反对冒进，在综合平衡中稳步前进，以农业为基础，以工业为主导，按农轻工重的次序安排国民经济计划，从中国的具体情况出发，搞好综合平衡，统筹兼顾，适当安排，勤俭办事。这些重要论断为改革开放时期我们党提出经济体制改革、对外开放、社会主义市场经济体制等做了重要的理论储备。

第六，提出发展社会主义文化的方针政策和战略思考，为建设中国式社会主义确定思想指南和文化旨要。

毛泽东首先明确了马克思主义在我国社会主义建设中的根本指导地位，把马克思主义牢固地确立为社会主义思想文化的灵魂。他反复强调，马克思主义是指导我们思想的理论基础，"马克思主义的基本原则又是不能违背的，违背了就要犯错误"②。马克思主义不是某一方面工作的指导思想，而是社会主义建设全部工作的根本指针，是当代中国一切发展进步的方向引领和思想保证，任何时候都不能偏离更不能动摇。他亲自主持把马克思列宁主义作为指导思想写进新中国的首部宪法当中，使作为领导阶级的工人阶级的世界观方法论——马克思主义成为社会主义的国家意志，使党的指导思想上升为国家的主流意识形态，形成了中国社会主义文化建设的核心内容和根本原则。他从中国社会主义制度长远发展的战略高度，高度强调共产主义理想信念教育，提出了培养共产主义接班人的重大历史任务，并提出了"又红又专"的接班人标准。明确提出了社会主义文化发展中判别大是大非的六条根本标准，即有利于团结全国各族人民、有利于社会主义改造和社会主义建设、有利于巩固人民民主专政、有利于巩固民主集中制、有利于巩固共产党的领导、有利于社会主义的国际团结和全世界爱好和平人民的国际团结，并特别强调，"这六条标准中，最重要就是坚持社会主义道路和党的领导这两条"③。这六条标准成为四项基本原则的直接理论源头，邓小平曾明确说过"四项基本原则并不是新东西，是我

---

① 《毛泽东文集》第7卷，人民出版社1999年版，第41页。
② 同上书，第278页。
③ 同上书，第233—234页。

们党长期以来所一贯坚持的"①。毛泽东创造性地提出了繁荣发展社会主义文化的根本方针,他指出:"百花齐放,百家争鸣,这是一个基本性的同时也是长期性的方针,不是一个暂时性的方针。"② 他提出要做到"古为今用、洋为中用",继承和吸收古今中外一切有益的科学文化知识。他高度重视科学技术在社会主义建设中的极端重要性,明确提出了"向科学进军"的口号,并把科学技术现代化作为社会主义现代化的重要组成部分。他充分肯定知识分子在社会主义建设中的地位作用,明确提出我国知识分子的大多数已经是中国工人阶级的组成部分,要实现达到世界先进水平的伟大目标,"决定一切的是要有干部,要有数量足够的、优秀的科学技术专家"③。

第七,规定中国外交工作总的方针政策,为建设中国式社会主义争取有利的外部环境。

毛泽东提出了"互相尊重主权和领土完整、互不侵犯、互不干涉内政、平等互利、和平共处"的五项原则,确定了新中国处理国际关系的根本原则。在世界总体格局上,提出了"三个世界"划分的战略思想,认为中国作为第三世界国家,要加强同广大第三世界国家的团结,争取第二世界国家,反对超级大国的控制,反对殖民主义、帝国主义和霸权主义,中国现在不是,将来也绝不做超级大国,着力改善和发展同新兴民族独立国家尤其是邻近国家的关系。在党际关系上,强调各个国家的共产党是兄弟党而不是父子党关系,各国共产党应该根据本国的具体国情确定自己的路线方针政策,在社会主义阵营中,各个国家应该独立自主地探索符合自身国情的社会主义道路。在依靠自己和借鉴外国经验的关系上,提出了自力更生为主、争取外援为辅的基本路线,强调必须破除迷信,独立自主地干工业、干农业、干科技革命和文化革命,打倒奴隶思想,埋葬教条主义,要认真学习外国的好经验也一定要研究外国的坏经验。毛泽东坚持独立自主的外交方针,为维护国家主权,同美国、苏联等超级大国进行斗争,坚决反对美国炮制的"两个中国"的阴谋,顶住来自苏联的压力,合理调整社会主义阵营中的党际国际关系;全面改善同周边国家的关系,和平解决

① 《邓小平文选》第 2 卷,人民出版社 1994 年版,第 165 页。
② 《毛泽东文集》第 7 卷,人民出版社 1999 年版,第 278 页。
③ 同上书,第 2 页。

同西南邻国的边界问题；妥善处理同世界范围内三种力量的关系，积极发展同广大发展中国家特别是亚非拉国家的友好合作关系；经过长时间艰苦的外交斗争，在 1971 年第 26 届联合国大会上成功恢复中华人民共和国在联合国的一切合法权利，取得了外交工作的重大突破；在反对大国霸权主义的前提下，同法国、加拿大、意大利、英国、日本等西方大国展开全面外交，并成功启动了中美关系正常化的历史进程。这些重大成果，极大地改善了中国的安全环境，拓展了中国外交活动的舞台，为开展社会主义建设创造了比较好的国际环境，为新时期的改革开放和更加积极地参与国际事务活动创造了前提基础。

第八，坚持中国共产党在中国社会主义建设中的领导核心地位，为建设中国式社会主义提供重要的组织保证。

毛泽东深刻论述了中国共产党在社会主义建设中的重要地位，强调党是全国人民的领导核心，是领导中国社会主义建设事业的核心力量，任何时候都必须坚持中国共产党的领导。党的七届二中全会上，他就告诫全党同志要牢记"两个务必"。新中国成立以后，针对中国共产党夺取政权后的形势和特点，及时提出了加强执政党建设的紧迫任务，强调要始终警惕和预防共产党变质变色。高度重视党的制度建设，强调维护和发展民主集中制，发展党内民主，加强党内监督，加强集体领导，反对个人崇拜，维护党的团结统一，初步提出了废除领导干部终身制的设想，并明确提出自己希望退出领导岗位，提出了在中央领导中设置一线、二线，推行党代表常任制和领导干部任期制。他还提出了思想工作是一切工作的生命线等科学论断，大力加强党的作风建设、思想建设，强调必须始终贯彻党的群众路线，密切联系群众，反对主观主义、宗派主义和官僚主义，全面推进党的建设伟大工程。

三　积累社会主义建设正反两方面的经验教训，为中国特色社会主义提供宝贵经验

在中国搞社会主义建设是前无古人的事情，必须要在实践中边实践、边探索、边总结、边发展。1961 年 6 月 12 日，毛泽东在中共中央扩大会议上就谈道："社会主义谁也没有干过，没有先学会社会主义的具体政策

而后搞社会主义的。我们搞了十一年社会主义，现在要总结经验。"① 在探索中不可能一帆风顺，失误在所难免，失误的教训也是宝贵经验，1963年9月3日，他曾谈道："我们有两种经验，错误的经验和正确的经验。正确的经验鼓励了我们，错误的经验教训了我们。"② 毛泽东在探索中既留下了成功的经验也留下了失误的教训，这两方面都为当今中国特色社会主义建设积累了宝贵经验和重要启示。

第一，毫不动摇地坚持马克思主义指导，坚持不懈地推进马克思主义中国化。

在全国人大第一次代表大会上，毛泽东明确指出，指导我们思想的理论基础是马克思列宁主义。从那时起，马克思主义就一直写在宪法当中，成为指导中国人民建设社会主义的光辉旗帜。正是坚持马克思主义的普遍原理同中国具体实际的有机结合，我们党开始独立自主地探索社会主义建设道路，取得了重大成就并不断纠正探索中的失误，在新的历史时期成功开辟了中国特色社会主义道路。进一步推进中国特色社会主义发展，必须毫不动摇地坚持马克思主义的指导地位，夯实党和国家发展的理论基础，任何企图搞指导思想多元化的主张都是错误的。同时，必须科学地而不是教条主义地对待马克思主义，着力用马克思主义的基本原理来解决发展中的矛盾和问题，提出新的思想、观点和论断，与时俱进地发展马克思主义，不断形成马克思主义中国化的理论创新成果，以不断创新的中国化的马克思主义指导不断前行的实践。

第二，始终不渝地坚持中国共产党的领导，不断提高执政党建设的科学化水平。

在探索中国社会主义建设道路的过程中，毛泽东反复强调，领导我们事业的核心力量是中国共产党。党的领导核心地位，不是自封的，而是历史的选择、人民的选择。党领导人民建立了人民民主专政的国家政权，真正实现人民当家作主，建立了社会主义制度，实现了中国历史上最深刻的社会变革，并经过艰辛探索开创了中国特色社会主义的伟大事业。中国共产党是当代中国一切发展进步的坚强领导核心，进一步推进中国特色社会主义发展，必须始终不渝坚持和巩固党的领导，充分发挥党总揽全局、协

---

① 《毛泽东文集》第8卷，人民出版社1999年版，第276页。
② 同上书，第338页。

调各方的领导核心作用，任何企图搞多党制，动摇党的领导地位的主张都是错误的。同时，必须不断提高党的建设的科学化水平，保持党的先进性和纯洁性，增强党的创造力、凝聚力、战斗力，改进党的领导方式和执政方式，提高党科学执政、民主执政、依法执政水平，建设学习型、服务型、创新型的马克思主义执政党，确保党始终成为中国特色社会主义事业的坚强领导核心。

第三，坚定不移地走社会主义道路，牢固树立中国特色社会主义共同理想。

只有社会主义才能救中国，这是中国人民从近代以来救国救民的艰辛探索和革命建设改革的实践中得出的不可动摇的历史结论，中国离开社会主义必然退回到半封建半殖民地的落后挨打的状态。改革开放以来，我们党成功开辟了中国特色社会主义道路，社会主义在中国获得了巨大成功，取得了举世瞩目的辉煌成就。中国特色社会主义是当代中国发展进步的根本方向，只有中国特色社会主义才能发展中国，越来越成为全体中国人民的集体共识，企图走封闭僵化的老路，或者改旗易帜的邪路，都是极端错误的。正如习近平总书记所说：“中国特色社会主义在本质上是科学社会主义而不是其他什么主义”，“是科学社会主义理论逻辑和中国社会发展历史逻辑的辩证统一，是根植于中国大地、反映中国人民意愿、适应中国和时代发展进步要求的科学社会主义”。任何企图放弃科学社会主义的基本原则，用其他的各种“主义”、“理论”来解释甚至取代中国特色社会主义的主张都是必须坚决反对的。

第四，加强和巩固人民民主专政，为中国特色社会主义发展提供最可靠的保障。

人民民主专政的国家政权，是中国人民发展中国特色社会主义的根本保障。人民民主专政从根本上说就是对人民实行民主、对敌人实行专政，没有人民民主专政，我们就不可能保卫从而也不可能建设社会主义。发展中国特色社会主义民主政治，必须坚持党的领导、人民当家做主、依法治国有机统一，以保证人民当家作主为根本，以增强党和国家活力、调动人民积极性为目标，扩大社会主义民主，加快建设社会主义法治国家，发展社会主义政治文明。但是，发展社会主义民主并不是要弱化甚至消除对敌视和破坏社会主义的势力的专政。我们正处于改革开放的关键时期，一些敌视和反对社会主义的势力乘势骚动，西方敌对势力也加紧对我国进行西化、分化，制造民族分裂，危害社会稳定，形成了特殊形式的阶级斗争。对于这些企图反对和颠覆社会主义的势力，必须实行人民民主专政，否则中国特色社会主义的事业就会受到冲击。

第五，紧紧抓住经济建设这个中心不放松，把发展社会主义社会生产力作为根本任务。

当年，毛泽东及时领导党和国家把工作重心转移到以经济建设为中心的社会主义建设上来，大力发展社会生产力。后来一度偏离了以经济建设为中心的正确轨道，走了一些弯路。改革开放以来，我们党明确提出，贫穷不是社会主义，发展才是硬道理，必须坚持以经济建设为中心、坚持改革开放、坚持四项基本原则的基本路线，使我国的经济社会发展不断实现新的飞跃。进一步推进中国特色社会主义发展，必须把解放和发展社会生产力作为根本任务，坚持以经济建设为中心为兴国之要，推动经济持续健康发展，筑牢国家繁荣富强、人民幸福安康、社会和谐稳定的物质基础。任何企图动摇以经济建设为中心、更换中心或搞"多中心论"的主张都是错误的，必须坚决反对。

第六，一刻也不能忘记和放松党的意识形态和宣传思想工作，不断巩固和强化全党全国人民发展中国特色社会主义的共同思想基础。

历史经验表明，经济工作搞不好，要出大问题；意识形态工作抓不好，也要出大问题。经济建设是中心工作，必须紧紧抓住不松劲，意识形态工作同样也不能有丝毫松懈。在以经济建设为中心工作的同时，必须大力抓好党的意识形态和宣传思想工作，抓好全党全国人民的思想道路建设，抓好社会主义核心价值观建设，筑牢全党全国人民团结奋斗、发展中国特色社会主义的思想理论基础。

第七，必须从社会主义初级阶段的基本国情出发制定路线方针政策，以更大的政治勇气推进改革开放。

科学认识和把握基本国情，是正确制定路线方针政策的根本依据和出发点。什么时候能够正确地科学地把握基本国情，什么时候社会主义建设事业就能够顺利发展，相反则会遭遇到曲折甚至严重挫折。毛泽东在民主革命时期就指出："认清中国社会的性质，就是说，认清中国的国情，乃是认清一切革命问题的基本的依据。"[1] 革命如此，建设和改革更是如此。

---

[1] 《毛泽东选集》第2卷，人民出版社1991年版，第633页。

改革开放以来，我们党科学把握基本国情，明确提出我国仍处于并将长期处于社会主义初级阶段，从这个最大的实际出发制定政策，推进各个方面的改革发展。立足于社会主义初级阶段的基本国情，我们必须把改革开放作为坚持和发展中国特色社会主义的必由之路，把改革创新精神贯彻到治国理政各个环节，以更大的政治勇气和智慧，发展和完善以公有制为主体、多种所有制经济共同发展的基本经济制度，把市场经济同社会主义制度结合起来，发展和完善社会主义市场经济体制；与此同时，不断推进政治、文化、社会等各方面改革创新，实现社会主义制度的自我完善和发展。

第八，把尊重历史规律同尊重群众首创精神结合起来，形成发展中国特色社会主义的历史合力。

社会主义建设是一项十分艰巨复杂的宏大历史工程，必须尊重客观规律，按照经济建设的规律办事。社会主义又是一项群众性的事业，必须充分尊重人民群众的主观能动性。毛泽东能够及时提出把工作重心转移到经济建设上来，把发展社会主义生产力作为工作中心，提出价值法则是一所大学校，必须学习经济规律。他能够适时地把广大群众建设社会主义的热情转化为行动，掀起社会主义建设的高潮。调动一切积极因素、团结一切可以团结的力量，把我国建设成为伟大的社会主义强国，为中华民族的发展振兴和人类的和平发展作出更大贡献，是毛泽东在探索中国社会主义建设中特别强调的基本方针。毛泽东同样告诉我们，不尊重历史发展的客观规律就会片面夸大人的主观能动性而陷入主观主义，不尊重群众的创造性就会错失发展机遇，这两种做法都会使社会主义建设遭遇严重挫折。发展中国特色社会主义，必须尊重历史发展的客观规律，科学制定发展战略和方针政策，同时必须尊重人民群众的首创精神，牢牢坚持人民主体地位，实现客观与主观的良性互动，形成推进中国特色社会主义发展进步的历史合力。

第九，勇于纠正工作失误并及时总结经验教训，推动中国特色社会主义健康发展。

由于缺乏历史经验和各种因素的影响，毛泽东在社会主义建设道路探索中出现过一些严重曲折。作为一个真正的马克思主义者，毛泽东勇于面对曲折并努力纠正工作失误。他多次进行纠"左"努力，大力提倡调查研究，充分发扬党内民主和人民民主，吸收各方面智慧，带头进行自我批评，勇于改正工作失误，较好地实现了国民经济的恢复调整，极大地减轻了失误带来的损失，使社会主义建设总体上走在健康发展的道路上。当然，由于在对国内基本矛盾的分析上出现了重大偏差，20 世纪 60 年代中期以后又遭遇了更严重的挫折，虽然毛泽东多次试图纠正，但没有从根本上改变。改革开放后，我们党充分汲取了这个经验教训，使中国特色社会主义事业日益兴旺发达，中国特色社会主义道路越走越宽。如今，改革开放事业又到了一个关键时期，当代中国共产党人既不能幻想失误不会出现，也不能在失误面前惊慌失措或刻意回避，而是要敢于知错、认错、纠错，及时总结经验教训，以发展着的马克思主义指导新的实践，不断增强发展的科学性和规范性，把中国特色社会主义事业进一步推向前进。

第十，深入探索社会主义建设的科学方法，完善中国特色社会主义的总布局。

分析把握和正确处理社会主义建设中的重大关系，是毛泽东留给后人最宝贵的重要经验之一。改革开放以来，我们党坚持和发展了这个宝贵经验，正确认识和妥善处理中国特色社会主义事业中的重大关系，统筹改革发展稳定、内政外交国防、治党治国治军各方面工作，统筹城乡发展、区域发展、经济社会发展、人与自然和谐发展、国内发展和对外开放，以及各方面利益关系，形成了良好的发展局面。在进一步推进中国特色社会主义事业的进程中，我们应该更加自觉地探索改革发展的科学方法，坚持全面协调可持续的科学发展，全面落实并不断完善经济建设、政治建设、文化建设、社会建设、生态文明建设五位一体的总布局，促进社会主义现代化建设各方面相协调，促进生产关系与生产力、上层建筑与经济基础相协调，不断开拓生产发展、生活富裕、生态良好的文明发展道路。

总之，当前，我国已经站在实现社会主义现代化和中华民族伟大复兴的新的历史起点上，党的十八大全面系统地提出了发展中国特色社会主义的八项基本要求，即必须坚持人民主体地位、解放和发展社会生产力、推进改革开放、维护社会公平正义、走共同富裕道路、促进社会和谐、和平发展、党的领导。这些基本要求揭示了中国特色社会主义建设中最本质的东西，体现了共产党执政规律、社会主义建设规律、人类社会发展规律，显示了中国共产党对中国特色社会主义规律的深度把握，对我国全面建成小康社会的各项工作，具有重大而长远的指导意义。我们一定要毫不动摇地牢牢把握坚持和发展中国特色社会主义的基本要求，努力把中国特色社会主义事业推向前进，为实现社会主义现代化和中华民族伟大复兴的中国梦而努力奋斗，创造中国人民和中华民族更加幸福美好的未来。

没有毛泽东对中国特色社会主义的奠基工作和先行探索，就没有中国特色社会主义的今天；同样，没有中国特色社会主义的今天，毛泽东开创的社会主义建设事业就不会持续发展。

（原载《中国社会科学报》2013 年 10 月 16 日）

纪念毛泽东同志《在延安文艺座谈会上的讲话》发表 70 周年

马克思主义中国化文艺理论的奠基之作

毛泽东同志《在延安文艺座谈会上的讲话》发表已经 70 周年了。在这 70 年里，中国经历了革命、建设、改革不同发展阶段，发生了创建新中国、成功进行社会主义革命和实行改革开放、走上中国特色社会主义道路这两次伟大的历史性变化。然而，这篇马克思主义中国化文艺理论的奠基之作，今天对于建设社会主义文化强国仍具有指导作用和现实意义。

第一，这篇讲话在系统总结五四运动以来革命文化发展的基本经验方面，占有开创性的地位。

五四新文化运动，对于打破封建专制主义文化起了十分重要的作用。当时的思想武器——资产阶级的人本主义思想和人性论等，曾经起了思想启蒙的进步作用。但是，随着新民主主义革命的深入，肃清资产阶级文艺理论的影响，确立马克思主义文艺理论在革命文艺中的指导地位，就成为新民主主义文化发展的首要任务。即使在当时的革命文艺阵营里面，也不同程度地受到资产阶级文艺理论和唯心主义历史观的影响，把自己看做是高于工农大众的社会精英，躲在精神贵族的"亭子间"里过生活，远离实际，脱离工农群众，在那里孤芳自赏，自我表现。尽管他们的文艺作品在动员群众、教育群众方面也起了重要作用，但是上述弱点大大降低了这种作用，导致了革命文艺理论的混乱。

毛泽东同志《在延安文艺座谈会上的讲话》，是在对延安革命文艺队伍的思想作风现状进行深入调查研究的基础上产生的。它比较系统地总结了革命文艺发展的历程和经验，充分肯定了作为革命斗争文武两个战线之一的文化战线和文武两支队伍之一的文化军队的重要地位和作用，并且指明了革命文化发展的根本方向。这个根本方向就是，要解决"为什么人"和"如何为"这两个根本问题，并在转变立场、转变态度、转变工作方式上下工夫，最终到达革命知识分子走同工农群众相结合、同火热的革命实际相结合的文艺创作之路。因此，这篇讲话发表之后，在延安和各个抗日根据地都引发了革命文艺工作者下基层的热潮，从而催生了一大批导向正确、艺术水平高、雅俗共赏、特别为群众所喜闻乐见的艺术精品，形成了革命文艺大发展大繁荣的局面，哺育了几代革命文艺工作者和文艺大家。这启示我们，文艺理论创新必须紧密联系和直面文艺界的思想实际，从世界观方法论的高度解决方向、途径、方法等重大问题，才能为文艺发展和文化发展提供转变立场、转变观念、转变作风的思想指导和行动指南。

第二，这篇讲话在马克思主义中国化的文艺理论形成与发展中，占有奠基性的地位。

马克思列宁主义正确地阐明了经济基础和包括文化思想在内的上层建筑的相互关系，正确地阐明了一定社会的文化思想和意识形态同社会阶级存在的相互关系，正确地阐明了文化思想的源泉及其发展的内在规律。这些都为马克思主义中国化的文化理论的产生奠定了理论基石。

在马克思主义中国化的探索过程中，革命文化理论也曾经受到苏联文化论争的影响，走过弯路。只有毛泽东同志在创立新民主主义理论的过程中，才第一次正确地阐明了五四运动以来中国革命文化的发展方向，第一次阐明了新民主主义革命的文化建设纲领，提出了建设民族的、科学的、大众的新民主主义文化的奋斗目标。新民主主义文化纲领的提出和阐发，为最终形成马克思主义中国化的文艺理论创造了前提条件。

毛泽东同志《在延安文艺座谈会上的讲话》的问世，标志着马克思主义中国化的文艺理论的诞生。这篇讲话从文学艺术的源泉出发，围绕着文艺建设上的群众观点和群众路线这个核心问题，系统阐明了文艺运动中的一些根本方向问题。包括文艺是为什么人服务的问题，文艺如何为工农兵服务的问题，革命文化同传统文化、外来文化的关系问题，文艺批评的政治标准和艺术标准问题，文艺工作的党内关系和党外关系问题。这篇讲话还有针对性地批判了抽象的"人性""人类之爱"等错误观念，澄清了歌颂光明和暴露黑暗、动机和效果、世界观和创作方法等关系问题上的许多糊涂思想。指出延安文艺界中还存在很多的唯心论、教条主义、空想、空谈、轻视实践、脱离群众等缺点，需要有一个切实的严肃的整风运动。这篇讲话，不仅标志着马克思主义中国化的文艺理论系统的形成，并且使延安及各抗日根据地成为中国先进文化的代表者，在凝聚民心、鼓舞民心、赢得民心方面发挥了重要作用，为新中国的文化建设奠定了基础，积累了经验。这启示我们，文艺理论创新必须以马克思主义的辩证唯物主义和历史唯物主义为指导，紧密结合文艺发展的内在规律与实际，并且辩证科学地剖析各种文艺理论和文艺思潮，才能在澄清大是大非的过程中确立起指导地位。

第三，这篇讲话在开辟中国特色社会主义文化发展道路中，占有开创性的地位。

特别需要指出的是，这篇讲话在系统总结五四运动以来中国革命文化发展基本经验的过程中，在创立马克思主义中国化的文艺理论的过程中，在当时的中国树立起一面代表中国先进文化发展根本方向的旗帜。

当时的中国，正面临着关乎前途命运的重大历史抉择。文化旗帜正是这种历史抉择与较量的集中反映。当时存在着几种有代表性的文化。一种是国民党政府所倡导的封建主义和买办官僚资产阶级的文化，是为维护其统治地位和统治合法性服务的；另一种是民族资产阶级及其知识分子所倡导的西方人文主义文化，同民族资产阶级一样具有两重性，一方面具有进步意义，是反对封建主义和帝国主义文化的同盟军；另一方面又具有空想的色彩，不可能在中国得到实现。还有一种就是中国共产党所倡导的新民主主义文化，将来的发展道路是构建社会主义先进文化。毛泽东同志继 1940 年 1 月发表《新民主主义论》之后，又在 1942 年 5 月发表《在延安文艺座谈会上的讲话》，在先进文化的理论与实践中，鲜明地树立起了一面旗帜，这是继五四运动以来树立的又一面引领中国先进文化走向的旗帜。这面旗帜牢固地确立起了新民主主义文化的领导权，团结其他一切可以团结的文化力量，结成浩浩荡荡的文化统一战线，为在政治上、经济上集中地彻底地完成反帝反封建的历史任务提供了坚强的文化支撑。

进入社会主义社会以后，毛泽东同志又在延安文艺座谈会讲话的基础上，针对思想和文化建设上的"单打一"等片面化、绝对化倾向，提出了"双百"方针。在如何正确对待古今中外一切人类优秀文化的问题上，提出"古为今用、洋为中用、百花齐放、推陈出新"，既同全盘西化倾向划清了界限，又同文化保守主义划清了界限。十一届三中全会以后，在邓小平同志、江泽民同志、胡锦涛同志的正确领导下，我们终于在继承和发扬五四运动以来革命文艺传统、延安文艺座谈会以来的先进文化建设宝贵经验的基础上，走上了中国特色社会主义文化发展道路。这是中华民族的大幸运，是社会主义文化强国建设的大幸运。这启示我们，在文化发展方向上举什么旗、走什么路，同样是关系党和国家前途命运的根本问题。只有同各种"左"的和右的文化思潮划清界限，排除干扰，才能旗帜鲜明、毫不动摇地沿着中国特色社会主义文化发展道路不断开辟更加美好的未来。

（原载《光明日报》2012 年 5 月 24 日）

认真学习马克思主义，为社会主义文化大发展大繁荣作贡献

——在纪念毛泽东同志《在延安文艺座谈会上的讲话》70 周年会议上的讲话

李慎明

同志们：

大家好！

今年是毛泽东同志《在延安文艺座谈会上的讲话》发表 70 周年，也是党的十七届六中全会在去年通过的《关于深化文化体制改革，推动社会主义文化大发展大繁荣若干重大问题的决定》实施的重要一年。在我院文学、哲学学部大力支持下，我院文学研究所、中国特色社会主义理论体系研究中心承办召开的这次全国性的"纪念《在延安文艺座谈会上的讲话》发表 70 周年学术研讨会"，是一件很重要并很有意义的事情。

1942 年 5 月，为解决中国无产阶级文艺发展道路上遇到的理论和实践问题，中共中央邀请在延安的作家、艺术家举行座谈会。毛泽东同志分别于 5 月 2 日和 23 日两次到会发表讲话，就一系列带有根本性的文艺理论问题和文艺政策阐述了意见。1943 年 10 月 19 日，《解放日报》以《在延安文艺座谈会上的讲话》（以下简称《讲话》）为题正式发表了毛泽东同志的这两次谈话。《讲话》总结了"五四"以后我国革命文艺运动的历史经验和阐明的基本文艺思想，对于当时渴望取得新民主主义革命胜利的中国人民而言，是非常及时的理论指导。许多作家正是在《讲话》精神的指引下，坚持文艺为人民大众、为工农兵服务的正确方向，走向农村，深入抗战第一线，创作出了一大批适应抗战需要、深受广大群众欢迎的优秀文艺作品，在文艺的民族化、大众化等方面取得了前所未有的成就。《讲话》的发表，标志着我国新文学与工农兵群众相结合的文艺新时期的真正

到来。

《讲话》论述了许多关于文艺理论的基本问题，是迄今为止当之无愧的马克思主义文艺思想中国化的经典文本，我这里不做全面论述，只想就文艺工作者学习马克思主义基本理论谈一点浅显的看法。

毛泽东同志在《讲话》中明确指出："马克思列宁主义是一切革命者都应该学习的科学，文艺工作者不能是例外。"① 以邓小平、江泽民同志为核心的党中央和以胡锦涛同志为总书记的党中央也多次强调文艺工作者要认真学习马克思主义。在全党全国深入学习贯彻党的十七届六中全会决定、推动社会主义文化大发展大繁荣之时，我们认真领会70年前毛泽东同志关于文艺工作者要认真学习马克思主义的相关论述，具有强烈的现实意义。

一 认真学习马克思主义，是坚持我国文艺的社会主义性质和方向的需要

马克思主义作为无产阶级的科学世界观，是我们党制定路线、方针、政策的理论基础，当然也是建设有中国特色社会主义宏伟大业有机组成部分的社会主义文艺工作的路线、方针、政策的理论基础。我国文艺的社会主义性质深深扎根在我国社会主义的实践之中，是在马克思主义指导文艺实践的过程中得到形成和巩固的。坚持文艺社会主义性质和方向的过程，同时也是广大文艺工作者认真学习马克思主义，廓清文艺工作中重大思想理论是非的过程。

比如文艺同政治的关系，主要涉及文艺为什么人的根本的问题，涉及文艺工作者要不要做"人类灵魂工程师"，坚持"弘扬主旋律"和文艺的社会功能的问题。文艺的一个基本特点是通过形象，通过美感和怡情悦性的作用，来实现认识和教育的社会功能的。狭隘地把艺术这种丰富、广阔和有自身特点的社会现象仅仅理解为只是直接实现党的政治任务的工具，显然是有害的。正因如此，在党的十一届三中全会后，我们党不再使用文艺从属于政治的口号。但是，在阶级和有阶级的社会里，我们也绝不能把文艺理解成为与政治、意识形态绝缘的"纯艺术"。所谓"饥者歌其食，

---

① 《毛泽东选集》，人民出版社1991年版，第852、858、875页。

劳者歌其事"，所谓"诗言志"，所谓"经国之大业，不朽之盛事"，都显示了中国文艺的进步传统，也揭示了文艺的固有规律。在革命战争年代，文艺工作者的文艺工作不可能"躲避政治"、"远离政治"；进入社会主义发展的新的历史时期，同样如此。这是因为，其一，每位文艺工作者既是自然人，同时又是社会人。从观察生活、素材搜集、想象构思、文体选择，直到遣词命笔，无不渗透着作者的强烈的感情。其二，我国现在实行的是社会主义的市场经济，市场自身的弱点和消极方面也必然反映到文艺工作中。在有阶级存在的社会里，绝大部分的文艺作品都带有一定的阶级属性。其三，我们还面临西方国家经济、科技占优势的压力和西方意识形态的渗透，这些也必然要反映到文艺工作中来。其四，政治绝不仅限于阶级斗争，对于文艺不能脱离政治绝不能作狭隘的、形而上学的理解。邓小平同志曾说过："培养社会主义新人就是政治。"文化工作对人民特别是青年的思想倾向有很大影响，对社会的安定团结有很大影响。在发展社会主义市场经济和对外开放的条件下，广大文艺工作者，应按照党中央的要求，更好地坚持"二为"方向，旗帜鲜明地反对资本主义和一切剥削阶级腐朽文化的侵蚀，旗帜鲜明地鼓舞人们为壮丽的社会主义现代化事业而奋发进取。又如，如何正确对待外来文化。毛泽东同志在《讲话》中创造性地提出了"洋为中用"、"批判地吸收"的基本原则。邓小平、江泽民和胡锦涛同志也都坚持和发展了这一思想。与各国进行广泛的文化交流是我们对外开放的一项重要内容，把世界各国所创造的一切优秀文化成果汲取过来，熔铸于我国社会主义文艺事业之中，无疑是十分有益的。保持我国文艺的社会主义性质的民族特色与汲取世界各国的一切优秀文化成果绝不矛盾。正如鲁迅所说："虽是西洋文明吧，我们能吸收时，就是西洋文明也变成我们自己的了。好像吃牛肉一样，决不会吃了牛肉自己也即变成牛肉的。"① 但是，我们也必须清醒地认识到，除了各国文化均有先进与落后、精华与糟粕之分，西方强国，一直妄图"西化"、"分化"我们社会主义中国。它们利用我们对外开放之机，加紧各方面的渗透，而我们有的同志对此却丧失了应有的警惕，主张文化上也要无条件地与国际"接轨"，对宣扬西方资本主义价值观念及腐朽生活方式的文艺作品津津乐道地进行推介。如果照此办理，西方殖民主义文化的侵蚀就会在我国长驱直入，我

---

① 《鲁迅全集》第 8 卷《集外集拾遗补编·关于知识阶级》，人民文学出版社 1981 年版。

国文艺的社会主义性质就会受到改变，民族特色就会丧失殆尽，变成西方殖民文化的附庸，我国则最终可能变成西方强国政治、经济上的附庸。再如，如何正确贯彻百花齐放、百家争鸣方针问题。马克思早在1842年就指出，丰富多彩的生活应当产生绚烂夺目的文化，每一滴露水在阳光下都会闪烁出无穷无尽的光彩，世界上最丰富的东西——精神的太阳，不能只有一种形式，精神上的东西不能千篇一律。马克思主义的文艺方针从来都认为，在文艺工作中，必须绝对保证有个人创造性和个人爱好的广阔天地，有思想和幻想、形式和内容的广阔天地。艺术上不同的形式和风格可以自由发展。利用行政力量，强制推行一种形式和风格，禁止另一种形式和风格，只会有害于艺术的发展和繁荣。我们提倡关西大汉执铁板击铜琶高歌"大江东去"，也决不排斥婉约纤绵、缱绻低吟"杨柳岸，晓风残月"。我们要热情鼓励不同的艺术观点和流派相互了解、相互切磋，互相学习，取长补短，只有这样，我们才能真正迎来姹紫嫣红的文艺界的春天。但我们也必须看到，在贯彻"双百"方针的过程中，在文学艺术领域会有正确和先进的东西，也会有错误和落后的东西；会有真、善、美，也会有假、恶、丑。对于错误的东西，我们一定要防止"左"的错误，决不能重复过去那种简单片面、粗暴过火的所谓批判，以及残酷斗争、无情打击的处理方法，而是要进行充分的说理和实事求是的科学分析。特别认真学习马克思主义，为社会主义文化大发展大繁荣作贡献是对有错误的同志，要与人为善，不能以势压人，给他们以时间认真考虑，让他们进行合情合理、澄清事实和论点的答辩，尤其要欢迎和鼓励他们进行诚恳的自我批评。有了这种自我批评就好，不要揪住不放。但是，我们坚持的"双百"方针，是一个无产阶级的方针。邓小平同志明确指出："有些人把'双百'方针理解为鸣放绝对自由，甚至只让错误的东西放，不让马克思主义争。这还叫什么百家争鸣？这就把'双百'方针这个无产阶级的马克思主义的方针，歪曲为资产阶级自由主义的方针了。"① 邓小平同志还明确指出："坚持'双百'方针也离不开批评和自我批评"，"决不能把批评看成打棍子"，② "批评

① 邓小平：《建设有中国特色的社会主义》（增订本），人民出版社1987年版，第35页。
② 邓小平：《邓小平论文艺》，人民文学出版社1989年版，第18、17页。

的武器一定不能丢"①。那种把"双百"方针同开展正常的文艺批评对立起来的思想，实质是否定马克思主义对文艺工作的指导，是否定党对文艺工作的领导，实质上也否定了"双百"方针本身。

除了上述文艺思想中一些重要的理论是非需要分清之外，文艺工作中还有不少关系，如：继承借鉴与探索创新、歌颂与揭露、社会效益与经济效益等关系都需要正确的认识和把握。对这些关系认识和把握的正确与否，都直接或间接地关联着我国文艺的社会主义性质与方向。正确认识和把握这些关系，同样需要文艺工作者加强对马克思主义的学习和掌握。

二　认真学习马克思主义,是深入群众、认识生活,抓住事物本质的需要

这实质上涉及文艺如何为人民服务，为社会主义服务的问题。文艺工作者为什么必须深入生活、深入群众？这本来是早已解决的老问题和常识性问题。马克思主义认为，作为观念形态的文艺作品，都是一定的社会生活在人类头脑中反映的产物。推动社会和历史前进的最大力量绝不是其他，只能是人民。人民生活中存在着的自然形态的、粗糙的然而也是最生动、最丰富、最基本的文学艺术原料的矿藏，是一切文艺尤其是社会主义文艺取之不尽、用之不竭的唯一的源泉。中国有出息的文艺工作者，必须长期地无条件地深入生活、深入群众、深入改革和社会主义现代化建设的第一线，去观察、体验、研究、分析一切人、一切阶级、一切生动的生活形式和改革、建设形式，去感受时代心脏的跳动，特别是普通工人、农民、知识分子和解放军战士的喜怒哀乐，才能与改革和建设事业，与广大人民群众产生强烈的共鸣，所谓的"灵感"才会在喷涌的激情中欢呼着活跃起来。通过对马克思主义的学习，真正认识了马克思主义和马克思主义文艺思想的这一基本原则，才能进一步提高深入生活、深入群众的自觉性。

社会生活的现象是复杂纷纭的，如果没有正确的世界观，就会像恩格斯所说的，连两个简单事实的联系也找不到。而要提高自己认识生活、分析生活、透过现象抓住事物本质的能力，同样需要加强对马克思主义的学

---

① 邓小平：《邓小平论文艺》，人民文学出版社1989年版，第18、17页。

习。这是从理论和实践上相结合的学习，所学习的马克思主义，正如毛泽东同志所说的："是要在群众生活群众斗争里实际发生作用的活的马克思主义，不是口头上的马克思主义。"① 真正具备了在实际生活中发生作用的活的马克思主义的素养，无疑会提高观察、体验、研究、认识社会生活的能力，提高艺术的表现能力，在创作的过程中，才可能做到"天机之锦用在我，剪裁妙处非刀尺"，"胸中历历著千年，笔下源源赴百川"。

代表无产阶级和广大人民群众根本利益的社会主义文艺能够要求生活的，就是自然和真实。文艺繁荣的时代是走向客观的时代，文艺衰微的时代是走向主观的时代。我国的广大文艺工作者只有通过深入生活、深入群众，并透过现象抓住了事物的本质，才能反映出比实际生活更高，更强烈，更有集中性，更典型，更理想，因此就更带普遍性的生活来，也才能按恩格斯所说："除细节的真实外，还要真实地再现典型环境中的典型人物。"② 创造出血流温暖、呼之欲出的人物形象，表现时代前进的要求和历史发展的趋势，给人民以光明和信心，给人民以团结进取、奋发图强的精神。我们十分高兴地看到，近些年来，一批文艺工作者积极响应以胡锦涛同志为总书记的党中央的号召，深入工厂、农村、军营第一线，用马克思主义的立场、观点和方法认识生活，分析生活，创作出一批反映国有企业和农村改革及火热军营生活的好作品，创作出一批反映建设社会主义精神文明，坚决开展反腐败斗争等内容的好作品。这些作品文学评论写出了在发展社会主义市场经济的新形势下，人们各种观念的演进和撞击，对改革认识的不断深化和把握，无情鞭挞了拜金主义、享乐主义、个人主义和一切消极腐败现象，热情讴歌了善于驾驭商品经济大潮，"手把红旗旗不湿"，捍卫国家、民族利益，努力发展经济，造福于黎民百姓的弄潮儿，热情讴歌了爱国主义、集体主义和社会主义的崇高精神，受到了人民群众的普遍欢迎和赞扬。这也使我们看到，如果脱离生活，脱离群众，满足于在宾馆饭店里，一杯浊酒、云山雾罩侃作品，侃出的作品只能是自我的"复印"和表现，也许从一些方面表明了作者的才华，但是不会有什么生命力。有的还专门闭门追求编造离奇荒诞情节、庸俗低级情调，散布享乐颓废、悲观绝望的情绪，这都理所当然地遭到了人民群众的批评和反对。

---

① 《毛泽东选集》，人民出版社1991年版，第852、858、875页。
② 《马克思恩格斯选集》第4卷，人民出版社1995年版，第683页。

也有的地区和部门，为了能推出在上级获奖的大家气象的精品，不去引导文艺工作者认真学习马克思主义，深入生活去创造，而是开列巨额奖金去悬赏，自以为"重奖之下必有佳作"，其结果所获无几。也有的文艺工作者不畏艰苦，沉入生活，收集积累了大量宝贵的生活素材，但由于缺乏马克思主义的理论素养，把握不了生活的本质，其生活素材也只能是一堆杂乱无章的部件，无力"组装"出好的作品。正反两方面的经验教训一再证明，离开了马克思主义的指导，忘记、忽略或是割断与人民大众的血肉联系，艺术生命之花就必然枯萎。

三 认真学习马克思主义，是改造世界观的需要

对文艺为什么人服务和如何服务，马克思主义文艺思想和党的文艺路线、方针、政策，从来都是明确的。但一些作家艺术家甚至是党员作家艺术家为什么对党的"二为"方针表示淡漠，对文艺的社会主义方向表示淡漠，对党和人民的革命历史和他们为社会主义现代化而奋斗的英雄业绩，缺少加以表现和歌颂的热忱，反而对写阴暗的、灰色的、胡编乱造、歪曲革命的历史和现实的东西，以及十分庸俗、低级乃至黄色的东西分外热心呢？对轻视实践、远离群众的创作生活洋洋自得呢？这是他们的世界观在作梗。

毛泽东同志在《讲话》中严肃指出："有许多党员，在组织上入了党，思想上并没有完全入党，甚至完全没有入党。这种思想上没有入党的人，头脑里还装着许多剥削阶级的脏东西，根本不知道什么是无产阶级思想，什么是共产主义，什么是党"，"需要展开一个无产阶级对非无产阶级的思想斗争"①。毛泽东同志又指出：文艺工作者一定要把立足点移过来，一定要在深入实际斗争的过程中，在学习马克思主义和学习社会的过程中，逐渐地移过来，移到无产阶级这方面来。只有这样，我们才会有真正无产阶级的文艺。时隔70年，这两段论述是否过时了呢？非但没有，读起来反而倍感亲切和深刻。毛主席所讲的立足点就是世界观。文艺工作者只有在学习马克思主义和学习社会的过程中逐步确立了无产阶级的世界观、人生观和价值观，才能够谈得上真正自觉地贯彻党的"二为"方针。只有认真

---

① 《毛泽东选集》，人民出版社1991年版，第852、858、875页。

学懂弄通马克思主义，确立无产阶级世界观，才会认清人类社会发展的必然趋势，共产主义理想和中国特色社会主义信念才能深入自己的血肉，才能在任何艰难困苦的情况下，都能对社会主义和共产主义事业忠贞不渝，也只有这样，文艺工作者才能充分发挥文学艺术自身特点，站在党的积极的革命立场上，自觉地在自己的作品中大力宣传社会主义制度的优越性，宣传马克思列宁主义、毛泽东思想和中国特色社会主义理论体系的正确性，宣传党的领导、党和人民群众团结一致的威力，宣传社会主义中国的巨大成就和无限前途，提高群众的认识，激发他们的热情，坚定他们的信心，而不是让他们灰心丧气，怀疑党的领导，动摇走社会主义道路的意志。只有认真学懂弄通马克思主义，确立了无产阶级世界观，才会真正懂得什么是高尚，什么是卑下；什么是幸福，什么是堕落；才能不被"一切向钱看"的思想牵着鼻子走，利用自己手中的笔和乐器，利用自己的歌喉充分展示自己的聪明才智，全心全意为人民大众服务。我们决不否认，在社会主义市场经济条件下，绝大多数的精神产品仍以商品的形式出现，它在一定程度上必然受到价值规律的制约。作家艺术家的劳动也是一种劳动，在其从事精神劳动的过程中，同样要消耗大量的脑力、体力以及物质材料。因此，精神产品讲求一定的经济效益是合理的、正当的。但有的文艺工作者置社会效益于不顾，只顾迎合一部分读者的低级趣味，与非法出版商勾结起来，以捞钱财，他们遭到广大人民群众的尖锐批评和强烈鄙视是理所当然的。广大人民群众对那些把社会效益放在首位，力争把最好的精神食粮奉献给人民的作家艺术家深表尊敬之情也是理所当然的。孟夫子曰："吾善养吾浩然之气。"对社会主义文艺工作者特别是党员文艺工作者来说，"浩然之气"就是马克思主义的无产阶级的世界观。"一点浩然气，千里快哉风。"广大文艺工作者通过学习马克思主义和学习社会，树立了正确的世界观，我国的文艺工作必将进入更加绚丽多姿、盎然勃发的灿烂春天。

四　认真学习马克思主义，不断坚定对马克思主义的信仰，进一步提高历史责任感

老子说："道生一，一生二，二生三，三生万物。"随着现代科学技术的发展，当今世界和社会中的各个领域和各个学科的划分越来越细。从一

定意义上讲，我们所从事的各个不同领域的工作和各个不同学科的研究，都是"三生万物"之后的万物层面的事情。因此，不论我们从事哪项具体工作和哪门具体学科的研究，不仅需要搞清这项具体工作领域或这项具体学科的规律，而且需要思考决定这项具体工作领域或这项具体学科的规律之上的即老子所说的"一"、"二"、"三"等"中规律"，也需要搞清"中规律"之上的最高规律亦可称为"顶层规律"即老子所说的道。马克思主义揭示了人类历史发展的根本规律，这就是共产党人的"道"。只有坚定信仰马克思主义，才能自觉学习马克思主义。这就需要明白，马克思主义的基本原理和基本观点，都在直接间接地讲述着人类历史发展的根本规律。这些基本原理和基本观点讲述的往往都是几百甚至上千上万年的事，绝不能仅凭以十或数十为单位的短暂时间来评判其正确与否和功过是非。因此，我们看待事物和评价功过是非，不仅要放到一定的空间全面综合地去看，还应放到一定的时段甚至是历史的长河中去看，全面、辩证和历史地看待事物，这才是我们要坚持的马克思主义一元论和历史唯物主义的真谛。弄清了这一道理，就有助于帮助一些同志克服"马克思主义过时了"的不正确的认识。坚定了对马克思主义的信仰，才能进一步增强学习马克思主义的自觉性，才能进一步增强自己的历史责任感。任何学者其中包括文艺工作者今天的所言所著，如同任何领导干部今天的所作所为，必将接受明天历史和人民的评说。一般说来，学者的声望愈大，领导干部的职位愈高，历史和人民对其的关注程度便愈强烈、愈细微和愈深刻。"宋太祖怕史官"的道理，是任何学者和各级领导干部都应该明白的浅显道理。康德说，他敬畏的一是心中的道德律，二是浩瀚的星空。什么是星空？星空就是自身之外的客观物质世界，就是客观物质世界中自在的客观规律，而人民是历史发展的根本动力，因此，归根到底，任何学者和各级领导干部敬畏的应该是时间和实践，是历史和人民，是反映了人类历史发展规律的马克思主义。同志们：2008 年下半年，在我院开展学习实践科学发展观活动中，院党组决定把加强马克思主义理论研究与学科建设作为一项重要工作来抓。院党组书记、院长陈奎元同志和院党组副书记、常务副院长王伟光同志对该项工作十分重视。我们要把学习马克思主义贯穿到中国社会科学院各个学科，其中包括文学哲学学科的建设中来，使我们的学科建设进一步上一个新的台阶。

毛泽东《在延安文艺座谈会上的讲话》与新中国文艺建设

——纪念《讲话》发表 70 周年学术座谈会综述

曹光章

5 月 18 日，由中国社会科学院当代中国研究所、中华人民共和国国史学会举办的主题为"毛泽东《在延安文艺座谈会上的讲话》与新中国文艺建设"的学术座谈会在京举行。中国社会科学院党组成员、副院长，当代中国研究所所长，中华人民共和国国史学会副会长李捷；中国社会科学院原副院长、当代中国研究所原所长、中华人民共和国国史学会常务副会长朱佳木；中宣部文艺局原局长、中国文联原副主席、书记处书记李准；中国社会科学院荣誉学部委员、中国作家协会原副主席张炯等以及来自教育部、中共中央党史研究室、中国文联、中国艺术研究院等单位的学者出席了座谈会并在会上发言。

李捷在致辞中从三个方面评价总结了这篇马克思主义中国化文艺理论奠基之作的历史作用和现实意义。

第一，《讲话》在系统总结五四运动以来革命文化发展的基本经验方面占有开创性地位。《讲话》比较系统地总结了五四新文化运动以来革命文艺发展的历程和经验，充分肯定了作为革命斗争文武两个战线之一的文化战线和文武两支队伍之一的文化军队的重要地位和作用，并指明了革命文化发展的根本方向。文化工作者要解决"为什么人"和"如何为"这两个根本问题，并在转变立场、转变态度、转变工作方式上下工夫，最终到达革命知识分子走同工农群众相结合、同火热的革命实际相结合的文艺创作之路。《讲话》发表后，在延安和各个抗日根据地都引发了革命文艺工作者下基层的热潮，催生了一大批导向正确、艺术水平高、雅俗共赏、特别为群众所喜闻乐见的艺术精品，形成了革命文艺大发展大繁荣的局面，哺育了几代革命文艺工作者和文艺大家。这启示我们，文艺理论创新必须紧密联系和直面文艺界的思想实际，从世界观方法论的高度解决方向、途径、方法等重大问题，才能为文艺发展和文化发展提供转变立场、转变观念、转变作风的思想指导和行动指南。

第二，《讲话》在马克思主义中国化的文化理论形成与发展中占有奠基性的地位。在马克思主义中国化的探索过程中，革命文化理论也曾经受到苏联文化论争的影响，走过弯路。《讲话》的问世，标志着马克思主义中国化的文艺理论的诞生。《讲话》从文学艺术的源泉出发，围绕着文艺建设上的群众观点和群众路线这个核心问题，系统阐明了文艺运动中的一些根本方向问题。包括文艺是为什么人服务的问题，文艺如何为工农兵服务的问题，革命文化同传统文化、外来文化的关系问题，文艺批评的政治标准和艺术标准问题，文艺工作的党内关系和党外关系问题。这篇讲话还有针对性地批判了抽象的"人性"、"人类之爱"等错误观念，澄清了歌颂光明和暴露黑暗、动机和效果、世界观和创作方法等关系问题上的许多糊涂思想。这不仅标志着马克思主义中国化的文艺理论的系统形成，并且由此形成的文艺成果在凝聚民心、鼓舞民心、赢得民心方面发挥了重要作用，为新中国的文化建设奠定了基础，积累了经验。

第三，《讲话》在开辟中国特色社会主义文化发展道路中占有开创性的地位。《讲话》在当时的中国树立起一面代表中国先进文化发展根本方向的旗帜。当时存在着几种有代表性的文化。一种是国民党政府所倡导的封建主义和买办官僚资产阶级的文化；另一种是民族资产阶级及其知识分子所倡导的西方人文主义文化；还有一种就是中国共产党所倡导的新民主主义文化。毛泽东继1940年1月发表《新民主主义论》之后，又在1942年5月发表《在延安文艺座谈会上的讲话》，在先进文化的理论与实践中，鲜明地树立起了继五四运动以来又一面引领中国先进文化走向的旗帜，牢固地确立起了中国共产党以及无产阶级和人民大众在新民主主义文化中的领导权。只有确立了这样的领导权，我们党才有可能团结其他一切可以团结的文化力量，在文化战线上结成浩浩荡荡的文化统一战线，为在政治上、经济上集中地彻底地完成反帝反封建的历史任务提供坚强的文化支撑，并确保中国未来文化的社会主义前进方向。进入社会主义社会以后，毛泽东在《讲话》精神的基础上，针对思想和文化建设上的"单打一"等片面化、绝对化倾向，提出了"双百"方针。在如何正确对待古今中外一切人类优秀文化的问题上，提出"古为今用、洋为中用、百花齐放、推陈出新"的思想。既同全盘西化倾向划清了界限，又同文化保守主义划清了界限。十七届六中全会提出走中国特色社会主义文化发展道路，是对五四运动以来革命文艺传统、延安文艺座谈会以来的先进文化建设宝贵经验的继承和发扬。

朱佳木在讲话中指出，毛泽东的《讲话》具有非常鲜明的生命力和极强的现实意义，它的精神没有过时。作为一个历史文献，《讲话》当然也有其历史局限性，我们要把其历史局限性和精神实质区分开来，要把后来给《讲话》附加的错误的解释和《讲话》本身区别开来。在阐明对待《讲话》应有的科学态度之后，朱佳木从三个方面阐述了如何学习《讲话》精神、从中汲取经验的问题。一是要重视思考和解决《讲话》中作了明确回答、现实中仍然存在的那些问题。如文艺创作要不要为多数人，为劳动群众服务；文艺创作应当迎合低俗，搞自我表现，还是应当反映真善美，弘扬正气，宣扬英雄；文艺创作对国外文艺应当简单地模仿、照搬，还是对好的东西加以批判地吸收；文艺创作应当深入生活，还是闭门造车；文艺创作能不能从抽象的"爱"出发；评价文艺创作的优劣要不要看效果，要不要看政治标准，政治标准和艺术标准到底是什么关系；文艺创作要不要学习马克思主义的理论；文艺工作者中的党员要不要坚持党性和立场等。二是重温邓小平在中共十二届二中全会上的讲话，对于加深对《讲话》的理解很有好处。邓小平的这篇讲话，是贯彻毛泽东《讲话》精神的力作，他把文艺工作提高到关系党和国家前途的高度来加以强调并提出要求。三是新中国文化史的编纂和研究仍然要以毛泽东《讲话》精神作为指导思想和判断是非的标准。

中国文联原副主席、书记处书记，重大革命和历史题材影视创作领导小组副组长李准发言指出，根据《讲话》精神，文艺是社会生活在作家头脑中的反映的产物，文艺创作必须反映现实生活。邓小平、江泽民、胡锦涛等领导人都不断阐发这一基本的文艺理论观点和文艺创作要求。概括起来有四条：一是人民群众的生活是创造文艺的唯一源泉；二是文艺工作者深入群众、深入生活是无条件的；三是深入群众必须和群众同吃、同住、同劳动，打成一片；四是文艺工作者写出的作品最终要满足人民群众各种需求，包括娱乐、审美的需求，同时也要帮助群众推动历史的前进。上述这些原则都是常识性的东西，也是经过古今中外文艺创作的历史实践反复证明了的。但是，当今文艺领域在局部范围内出现了一些与深入群众生活的要求背道而驰的现象和作品，从根本上颠倒了艺术和生活的关系，颠倒了艺术创作规律。这些虽然是局部的情况，却不能不引起重视。为此，要进一步弘扬《讲话》精神，把"文艺要反映群众生活"的号召变成切实的制度和做法。

教育部艺术教育委员会副主任、中国传媒大学艺术研究院院长仲呈祥在书面发言中指出：《讲话》的精髓是贯穿始终的唯物史观和辩证思维。一是它精辟地阐明了文艺的服务对象、表现对象和创作主体都是人民群众这一唯物史观的精神。我们在改革开放的时代语境下，在开创"弘扬主旋律，提倡多样化"的文艺繁荣局面过程中，尤须继承坚守这一精神。二是《讲话》的精湛辩证思维体现在对文艺与生活、普及与提高、政治标准与艺术标准、动机与效果等一系列重大关系上。我们对待文艺工作的普及和提高，评价电影、电视剧、出版物的经济效益和精神价值，运用和发挥市场对文艺资源的配置作用等方面，都不应忘却辩证思维。

中国作协名誉副主席、中国当代文学研究会会长张炯在会上发言说，《讲话》阐述的理论内涵，不但反映文艺发展的规律，许多方面也反映文化发展的规律，对于今天建设社会主义的先进文化和文艺，仍然是非常重要的理论指南。列宁早就提出，文艺必须为千千万万劳动人民服务。但是关于"如何为"的问题，结合实践去做理论上的透彻阐明却是《讲话》的新贡献。今天，我国社会主义时代文化和文艺是延安时代革命文化和文艺合乎历史逻辑的延伸，是延安传统在新的历史时代的拓展和发扬。但在社会主义初级阶段市场经济的历史条件下，文艺和文化"为什么人"和"如何为"的问题，在实践中并不能说已经完全解决。在这一问题上的种种偏颇，乃至完全错误的观点如果不能得到正确的认知，就必然要干扰、妨害文艺和文化真正为人民群众服务，文艺和文化的大发展大繁荣就会走到邪路上去。建设中国特色社会主义，是新的事业，面临着与延安时代不同的历史条件。但是，延安时代又与今天具有相同性，都为开辟人民当家作主的社会主义光辉未来而努力。因而《讲话》所昭示的真理仍然具有实践的指导性。

来自中共中央党史研究室、中国社会科学院当代中国研究所、中国社会科学院文学研究所、中国艺术研究院等单位的专家学者也在座谈会上发了言。与会学者充分肯定了《讲话》在中国当代文艺史特别是在新中国文艺和文化工作中所发挥的重要指导作用，深刻分析了《讲话》的重要内容在今天的理论和实践上的指导意义。与会学者认为，《讲话》作为马克思主义文艺理论发展划时代的文献，所阐述的理论内涵，不但反映了文艺发展的规律，许多方面也反映了文化发展的规律，对于我们今天建设社会主义先进文化和文艺，仍然是非常重要的理论指南。

（原载《当代中国史研究》2012 年第 4 期）

美术界隆重纪念毛泽东同志
《在延安文艺座谈会上的讲话》发表70周年

郝　斌

为纪念毛泽东同志《在延安文艺座谈会上的讲话》（以下简称《讲话》）发表70周年，2012年2月28日，由中国美术家协会主办、美术杂志社承办的"纪念毛泽东同志《在延安文艺座谈会上的讲话》发表70周年美术界座谈会"在中国文艺家之家隆重举行。中国文联党组成员、副主席、书记处书记冯远，中国文联国内联络部主任罗成琰，中国文联理论研究室主任陈建文，中国美协分党组书记、常务副主席吴长江，《中国艺术报》社社长向云驹，中国美协分党组副书记、秘书长刘健，中国美术家协会顾问杨力舟，中国壁画学会名誉会长侯一民，中国画学会副会长杜滋龄，中国美术馆副馆长马书林、胡伟、梁江，解放军总政治部宣传部艺术局副局长李翔，中国国家画院副院长张晓凌，一级美术师谢志高，中国艺术研究院中国油画院院长杨飞云，中国艺术研究院美术研究所所长吴为山，中国油画学会副主席张祖英，北京画院副院长袁武，中央美术学院教授王宏建、孙为民、王颖生、毕建勋，北京大学艺术学院教授李爱国，天津美术学院教授于小冬，武警政治部文艺创作室副主任苗再新，武警美术书法研究院副院长邵亚川，《人民日报》社文艺部美术编辑室主编邵建武和长城画院常务副院长邹立颖等领导、美术家和理论家应邀出席了会议。中国文联副主席、中国美协主席刘大为，中国美协理论委员会主任薛永年，中央美术学院教授孙景波、苏新平，中国国家画院一级美术师孔紫等提交了书面发言。座谈会由《美术》杂志执行主编尚辉主持。

与会美术家重温《讲话》精神，深情回顾了《讲话》对于延安美术和新中国美术发展的作用和影响；深入探讨了《讲话》精神对于今天美术创作的价值与意义，尤其是如何在新的历史条件下坚持艺术的"二为"方向、

"双百"方针，如何在今天的艺术创作中理解"人民生活是文学艺术创作的唯一源泉"以及深入生活与写生创作之间的关系。座谈会还举行了由中国美协组织的"纪念《讲话》发表 70 周年全国写生作品展"系列写生创作活动启动仪式。为纪念《讲话》发表 70 周年，中国美协于今年成立了三个采风写生团："浩瀚草原——中国美术家协会采风团"、"大美四川——中国美术家协会采风团"和"首届西部少数民族美术人才高研班采风团"。启动仪式向即将奔赴青藏高原、川藏高原和内蒙古草原的采风写生团颁授团旗，以正式启动纪念《讲话》发表 70 周年全国美术采风写生创作活动。

一　在新的历史条件下深刻领会《讲话》精神

在毛泽东同志《讲话》发表 70 周年之际，如何在新的历史条件下深刻领会《讲话》精神，是摆在当前所有美术工作者面前的重要课题。作为具有中国特色马克思主义美学和艺术理论的经典文献之一，《讲话》深刻的精神内涵、历史价值、哲学价值、美学价值对今天的艺术创作仍然具有巨大的指导意义。关于《讲话》的精神内涵和现实意义，冯远指出，《讲话》集中体现了中国共产党人孜孜以求的文化理想，生动反映了新民主主义革命阶段党领导人民推进文化建设的思想理念。今天，时代发展了，文化建设的任务、目标发生了变化，但是《讲话》中关于文化建设、文艺思想体现出来的基本立场、方法仍然具有深远的现实意义。他强调，重温《讲话》精神，促进美术创作，为推动社会主义文化大发展大繁荣承担使命，就要秉持崇高的文化追求，在弘扬先进文化、践行社会主义核心价值观上发挥带头作用；树立人民至上的观念，在贴近群众、反映群众、服务群众上发挥带头作用；保持与时俱进的品格，积极投身改革实践，在推进文化创新上发挥带头作用；强化精品意识，在生产更多高质量、高品质的精神文化产品上发挥带头作用；坚持崇德敬业，在恪守良好职业精神、职业道德上发挥带头作用。杜滋龄依据自身多年的美术创作和实践，认为今天回顾《讲话》的中心思想就是我们的文艺方向，我们的文艺创作始终是为大多数人民大众服务的。向云驹从党史的角度出发，谈到了《讲话》所具有的历史价值。他指出，《讲话》的发表实际是中国共产党建党以来第一篇系统、全面的文艺论述，也是建党 27 年后，党的文艺工作的阶段性理论总结，这个总结不仅是当时延安文艺界工作的需要，也是此后党在解放区、根据地、国统区各个方面文艺工作的指导方针;《讲话》树立了我们党又一个传统,始终高度重视文艺与人民的关系,高度重视文艺的根本问题,高度重视文艺是党的统一战线的一部分,高度重视文艺批评、尊重文艺规律、用文艺的方式开展文艺的工作。张晓凌则谈到了《讲话》在中国近现代文化史中的重要地位和意义,认为《讲话》是一个标志性的经典文本,是五四新文化运动以来文艺思想的一个总结和弘扬,系统、全面地解决了文艺为什么人服务的问题、普及与提高的问题、内容与形式统一的问题、歌颂与暴露的问题、文艺标准的问题以及文艺家的立场问题,是一部奠基性著作,对我们当下也有深刻指导意义。梁江表达了相似的观点,并且关注到《讲话》所体现出的现代性问题和在中国近现代文化史中的重要转折意义,他认为《讲话》不只是历史文献,实际是标志着中国艺术现代性的性质,体现了中国特色的现代性,是活态的、有生命力的,是对当下有指导意义的,并标志着中国文化艺术的历史性转折,是中国新文艺的开端。

作为对马克思主义美学和文艺理论的重要发展,《讲话》的哲学价值和美学价值也自然引起与会者的关注。杨力舟指出,毛泽东在70年前对文学艺术根本原则、社会功能、创作方法的完整论述是唯物主义的经典文献,是依据中国现实需要而尊崇规律的科学总结,富有永恒的价值。毛泽东主张艺术的内容和形式有着不可分割的辩证关系,艺术内容决定艺术形式,艺术内容必须依赖特定的形式才能表现出来,这既是艺术家创作的原则,也是艺术品评的标准。在强调艺术本体论的今天,这一原则仍然是不可含糊的准则。此外,他还肯定了《讲话》中关于社会生活是艺术的唯一源泉的论断,但强调关键是我们应该与时俱进地去执行和发展,并给青年一辈传承《讲话》精神。薛永年谈到,《讲话》推进了马克思主义文艺理论的中国化、时代化与大众化,为发展中国特色的社会主义美术理论体系指明了道路,不仅从社会学视野,而且从艺术与人生关系的角度深刻提出了艺术为什么人服务的问题,也从艺术本体、艺术规律的视角精辟回答了艺术与生活的关系问题,严格区分并深刻论述了艺术的"源"与"流",指出"生活是艺术创作唯一的源泉",也明确指出艺术高于生活的本质,使大家懂得艺术创作必然是对生活的开采与冶炼,因此只有从"源"的意义上重视"流",才能不忽视且有分析、有批判地借鉴古人和外国人的经验,使艺术创新由粗糙到精致。王宏建则着重探讨了《讲话》中所包含的美学思想,指出《讲话》是马克思主义美学文艺理论史上的一个经典文献,其理论意义和现实意义始终存在。他通过对《讲话》中艺术与受众、艺术与生活、艺术与政治、艺术受众与功能四个方面的分析，认为《讲话》建立了人类新型的艺术形态，提出了艺术的源泉是生活这样一个深刻的美学命题；《讲话》的精神不仅仅是文艺方针政策的问题，也是一个坚实的逻辑起点和理论基础，因此《讲话》是有长久生命力的。

此外，关于我们今天看待和审视《讲话》的方式，苏新平谈到，我们生活的时代和社会环境发生了翻天覆地的变化，回顾和学习《讲话》精神，要还原历史情境，在历史情境中思考毛泽东在处理文艺与社会间的关系时所想表达的最为本质的含义。《讲话》很好地把握了历史规律和中国现实，我们今天要学习的正是这种对于时代脉搏的准确把握。

二 《讲话》奠定了新中国美术的发展方向

在《讲话》精神的指引下，中国现实主义美术创作进入了一个新的历史时期，在中国人民反抗帝国主义侵略，建立新中国，实现民族独立、民族解放，确立人民当家做主，开展火热社会主义建设的伟大历史进程中，起到了积极而巨大的宣传作用。

《讲话》的发表直接推动了延安木刻的发展，使得延安木刻获得了质的飞跃，促进了一大批著名版画家和版画作品的涌现。如江丰的《念书好》、古元的《减租会》、彦涵的《当敌人搜山的时候》、力群的《丰衣足食图》、王式廓的《改造二流子》、胡一川的《牛惧变工队》、罗工柳的《马本斋将军的母亲》、沃渣的《把牲口夺回来》，不仅真实反映了当时的革命生活，而且塑造了众多杰出的人物形象，劳动人民成为了画面的主人，与此前的美术迥然有别，是中国美术史上的历史性变革，亦对新中国美术创作产生了深远影响。正如江丰在《解放区的美术工作》中指出的，在《讲话》确立的原则精神指引下，解放区的美术工作从整体上获得了很大推进。除了卓越的木刻成就之外，画报、新年画、连环画、新洋片、墙画、对敌宣传的传单画、街头展览等直接为中国革命和工农兵服务的美术工作，也有了根本性的发展，并由于它活动普遍，参加工作者多，产生了深远的影响。

新中国成立后，《讲话》和在《讲话》精神指引下的延安革命文艺传统得到了继承和延续。中国现实主义美术创作获得了新的土壤，进入了一个崭新的发展时期，表现社会主义新生活、新成就，表现革命斗争，表现民族团结，在普及的基础上得到提高，创作出一大批在新中国美术史上具有重要地位的作品，同时也逐步形成了具有中国文化精神的创作方法。1956年，毛泽东同志提出了"双百"方针，即"百花齐放"和"百家齐鸣"，是对《讲话》精神的再发展。改革开放以后，为继续推进我国文艺事业的繁荣发展，党又适时提出了"二为"方向，即文艺"为人民服务"和"为社会主义服务"，为改革开放之后社会主义文艺事业的大发展大繁荣创造了宽松的环境，指明了方向。2011年年底，党的十七届六中全会把握文化发展的趋势，展望文化发展的前景，恰逢其时地提出了建设社会主义文化强国的战略目标，亦是对《讲话》精神的继承和发展。

毋庸置疑，《讲话》对解放区美术和新中国美术都产生了极其深远的影响，是中国近现代美术史中一笔巨大的精神财富和文化遗产。这一影响鲜明地体现在推进中国美术转向对现实生活的关怀和对民族风格的探索等方面，这一重大转折的出现在很大程度上又归因于《讲话》所倡导的文艺为人民大众服务重要精神的指引。吴长江认为，正是这一基本精神引领，建构了新中国文艺特别是新中国美术发展的根基。他还指出，延安版画世界闻名，在美国、苏联等国家出版的专项纪念集、画册中都可以看到这些经典的中国美术作品。它们吸收了陕北民间艺术的艺术特色和创作方式，从"阴阳脸"转变为线刻，实际上却是中国木刻艺术发展中非常重要的转折，如古元的《打场》《乡政府》，不仅真实地表现出了解放区人民的现实生活，而且贴切地表达出了那个时代的精神。所以，直到今天，这些作品仍然是我国现代美术史上的经典作品。侯一民根据自己的革命经历，认为这一基本精神不仅具有进步色彩，而且也是很前卫的观念。他说："在抗日战争时期，这样的思想使我们创作了《黄河大合唱》《白毛女》，产生了延安木刻、产生了古元；在新的条件下，又使中国画的改造面向人民生活，面向民族题材的丰富内容，使革命历史画有了很大的发展，使原本很多不被重视的民间的东西——年画、连环画等得到了很大的发展，同时，新的木刻也有了巨大的发展。我说它前卫，因为我觉得它是新的，绝不是像有些人把它看成是落后的，只是简单的为政治的口号。"胡伟谈到了在《讲话》精神指引下延安美术创作的具体路径。他认为，《讲话》发表之后，率先在延安的文艺创作中反映出新变化，美术家们在塑造工农兵形象和反映伟大的革命斗争方面获得了新成就，如古元、彦涵、力群等延安版画家的作品，表现了革命根据地的战斗和生活，反映出毛泽东文艺思想的内涵，具有很高的艺术价值和深入民心的精神感召力。这也提醒着我们，虽然处于不同的历史阶段，但能够表现时代精神的艺术创作必须要深刻关切当下的生活。

《讲话》对中国美术发展的影响不仅表现在美术创作方面，也表现在美术教育方面。王颖生根据自己在中央美院多年的学习和教学经验指出："20 世纪 50 年代初，江丰、古元、罗工柳等延安来的美术家们的文艺创作方法对中央美术学院的教学产生了很大的影响，中央美院的前辈美术家通过源于生活的现实主义创作途径，取得很多重要的艺术成果，而且把这些宝贵经验凝结在教学中，以社会考察和下乡写生实践课程的形式固定下来，在此基础上培养了很多优秀美术家，创作了大量在中国现代美术史上具有影响力的作品，如艾中信的《红军过雪山》、罗工柳的《地道战》、叶浅予的《各族人民大团结》、董希文的《开国大典》、王式廓的《血衣》、冯法祀的《刘胡兰》、侯一民的《青年地下工作者》、詹建俊的《狼牙山五壮士》、靳尚谊的《十二月会议》、杜健的《激流中勇进》和李可染的《万山红遍》等；'文化大革命'后，又涌现出一批关注人民生活、深入社会现实的优秀作品，如陈丹青的《西藏组画》、孙景波的《阿佤山人》、克里木·纳斯尔丁的《麦西来甫·欢乐之夜》、李少文的《九歌图》、刘大为的《布里亚特婚礼》、杨力舟和王迎春的《黄河在咆哮》等，引领了 20 世纪 80 年代之后的中国绘画潮流。"

此外，张晓凌还重点谈到了现有艺术史写作对《讲话》指导下的中国美术变革评价不够的问题，他指出在《讲话》指导下，70 年来，中国美术开创着人类历史上全新的艺术形态。如新中国画的改造问题、油画民族化的问题也都是在毛泽东文艺思想指导下，曾进行过深入的讨论和探索，并取得了很高的成就，但在现有的艺术史写作中却都对此评价不够，这可能和艺术史家的史学观和艺术思想有很大的关系。最后，他提出我们对抗战以来新中国文艺的现代性的探索必须有一个重新的评估，尤其在今年我们学习《讲话》的时候。

三　《讲话》仍然是今天艺术创作的真谛

《讲话》作为中国现代美术史上的经典文献，对当代美术创作仍然具有重要的启迪和指导意义。《讲话》的启示意义首先体现在当代美术创作对《讲话》基本精神的回归，即美术创作为人民大众服务的艺术宗旨，这一宗旨又要求艺术家要深入生活、表现生活，从而使我们能够把握正确的文艺方向，推动美术创作向良性的方向发展。同时，在党的十七届六中全会的精神引领下，在党中央提出加快社会主义文化大发展大繁荣、努力建设社会主义文化强国的今天，重温《讲话》对于鼓励创作也具有十分重要的现实意义。刘大为指出："《讲话》是我国文化艺术工作者进行艺术创作的经典文献、指路明灯和创作宗旨，正是在《讲话》精神的指引下，文化艺术工作者在不同时期，关注时代，贴近现实，表现生活，创作出一大批优秀的艺术作品。我们始终认为《讲话》仍然是今天艺术创作的真谛，仍然是今天我们艺术工作者的座右铭，也是值得永远践行的座右铭，并且对今天的中国美术具有特殊的意义。"同时，他还强调中国美协将始终坚持党的政策，坚持社会主义核心价值观，坚持弘扬主旋律、提倡多样化，坚持社会主义的现实主义创作原则，鼓励支持美术家深入生活，并举办了一系列重大的美术展览活动，推出新人，推出精品力作，我们将更加深入地学习、践行《讲话》精神，推动我国美术的大发展大繁荣。马书林认为，重温《讲话》的重要意义正在于帮助我们把握正确的文艺方向，而坚持正确的文艺方向是当今时代能否产生优秀作品的根本。美术作品就是要为人民大众创造真、善、美，反映真实、真情、真理，表现人生的真谛，传达美德、善德，表现人的尊严、人的理解、人的关爱，为社会积善扬德、构建和谐，要发现美、表现美、创造美，以作品带给人民以美的享受、精神愉悦。刘健重点谈到《讲话》精神启迪了美术家在美术创作中要将对人民的感情建立在人文情怀的基础之上，要切切实实地从人民艺术的角度出发，对生活要实实在在地记录，对眼前要实实在在地关注；另外，较之当年革命文艺家无条件、无功利地承担革命文艺创作的自觉责任，我们美术家应该将这种创作的真诚继承下来。

改革开放以来，由于文化政策的宽松、文化环境的改变以及国力的日益增强，我国文化建设取得了很大成就，中国当代美术亦呈现出了前所未有的繁荣局面。进入21世纪，艺术市场不断扩大，一方面推动了中国当代美术创作的繁荣，内容丰富、形式多样、技巧复杂、作品量大、活动频繁，但同时，美术界中的浮躁作风也不容小觑，部分美术作品脱离社会生活。面对当前美术界中的各种现象，与会者进行了热烈的讨论，并提出了各自的建议。苗再新谈道："以中国画的创作为例，在市场经济大潮的冲击之下，急功近利者有之，不择手段炒作者有之，而真正坚守信念、潜心艺术、认真创作的艺术家少了，真正来自生活、贴近生活、反映时代的作品少了，内涵深刻、艺术上乘的精品力作则更如凤毛麟角。"吴为山认为当前美术界问题的产生显然源自缺乏生活、缺乏真情所致。他指出，我们今天学习《讲话》，不是仅仅纪念《讲话》发表多少年，也不是仅仅将《讲话》当作历史文献，而是要让这一哲学思想成为我们精神的源泉，融入到我们创作的灵魂中，还要让年青一代学习。张祖英建议今天的美术界应当将抓"提高"作为我们主要关注点，以此来引导社会的精神走向，反对低俗化、娱乐化的倾向。邵建武还提到文物与艺术品市场中的学术缺席问题，不仅干扰着市场的健康发展，也势必或者说已经对美术界、书法界、史论界产生不良影响，这应当引起我们的警觉。苏新平认为，《讲话》精神正提示了我们作为知识分子肩上所背负的社会责任，他谈到在中国社会与经济大发展的今天，各种价值评判标准介入中国文艺作品的评价体系，我们进入了一个多元的时代。这既是改革开放30年社会发展的成绩，也是我们所面对的新语境。文艺发展和改革的进程一样，进入了深水区，如同《讲话》产生的背景一样，我们正面临着种种思想的矛盾和困惑，这种复杂性可谓是前所未有的，我们能否对社会发展和美术创作有一个清醒而独立的认识，年轻一代能否有正确和健康的思想引导也取决于我们怎样真实面对，这是值得我们每一个人思考的。毕建勋谈到，《讲话》指出"为什么人的问题，是一个根本的问题，原则的问题"。今天的有些艺术已经偏离了"以人为本"的基本前提，在"传统"、"当代"、"学术"、"市场"等诉求以及许多非艺术的欲望中迷失了根本。杨飞云也指出，我们的文艺创作要有大方向，也要百花齐放，但必须是"花"；百家争鸣，也必须是"家"，这关系品质和水平问题。学习《讲话》有助于我们的艺术创作具有这样的品质和水平。

李翔重点谈到了军队美术创作对《讲话》精神的贯彻和对中国当代美术的贡献，他认为，军队美术创作始终以现实主义创作为最高艺术追求，自觉承载着国家责任感和民族使命感的崇高理念，彰显出军事美术作品独有的艺术魅力。这些成绩的取得与军队美术工作者认真贯彻《讲话》精神、坚持"人民文艺为人民"的创作方向是密不可分的。邹立颖也谈到了在《讲话》精神指引下的军事题材创作。他认为，学习《讲话》有助于更新创作观念,不应紧紧围绕或局限在军事题材里,把所有的美术创作跟军事挂钩或者要有军人,而是要拓展和突变军事题材的概念,要融合到更广阔的社会文化里,要创新和表现大的时代思想和文化精神。这样一方面拓宽了军事题材美术创作的道路;另一方面更有利于发挥军旅美术作品在思想上的引领作用。他还强调为兵服务是军旅美术工作者的根本。

此外,与会的几位老艺术家也各自谈到了《讲话》对自己创作的影响和体会。谢志高谈道:"我们这一代文化人,是在《讲话》精神的引领下成长起来的。沿着《讲话》精神的指引,几十年来,我创作了一系列主题性人物画作品。我的画,要让中国老百姓看得懂、能接受。我一向认为,占地球五分之一的十几亿人能够欣赏的艺术,让中国人拍手叫好的艺术,就是伟大的艺术。"袁武也谈道:"我始终认为一幅好的创作完成,应该具备三个基本元素:一是对所画内容熟悉,二是要表现自己的情感和思想良知,三是对题材的驾驭能力。一件作品创作出来,要代表一个画家的立场、追求,这包含着作者的艺术品格、思想品格和情愫倾向。艺术创作是精神劳动,是有思想使命的。我不反对艺术创作的多元化,但在我每每的作品创作中都竭力倾注我的情感和思想,都希望每一件精心之作有它的社会意义和广泛观众,使自己的画作既要打动受众的眼球,也要激动受众的心灵。这也许就是艺术工作者存在的价值吧。"

四 写生是画家认识生活、表现现实的重要途径

在一个图像的时代,需不需要写生,怎样写生,如何处理深入生活与写生、创作三者之间的关系一直困扰着当下美术的发展。重温《讲话》精神,有助于我们正确认识深入生活与写生创作之间的重要关系。薛永年指出,《讲话》总结了五四新文化运动以后,美术家走出象牙之塔、走向大众生活的经验,也极大地推动了此后的美术教育和美术运动一直通过写生贴近生活、改变创作面貌的伟大历程。当今,美术博物馆蓬勃发展,国际美术交流丰富频繁,美术出版兴旺发达,文物美术市场活跃繁盛,都极大丰富了美术家接触古代和外国名作的机会;但为推动我国文化的大发展大繁荣,不能只着眼于"流"的借鉴,而应该循"流"溯"源",保持美术创作的源头活水,应继续坚持《讲话》精神的指引,通过写生、采风等途径深入与改革开放伟大实践相联系的政治生活、经济生活、社会生活、文

化生活和精神生活中去，才能不断地有饱含时代精神与民族精神的精品力作问世。邵亚川根据自己多年的创作实践经验，指出深入生活出智慧、写生能画出品位，深入生活并不在于你走多远，而在于你对所关注的事物是否有深入的思考，面对照片进行创作让人苦恼，而直面写生则张弛有余、一挥而就；写生能画出感觉，恰到好处，这就是品位；纯粹学来的文化显得矫揉造作、肤浅，纯粹悟出来的文化虽不免粗俗生猛、手脚笨拙，可那是自己的"孩子"，怎么着都好看，打心眼里喜欢。李爱国也谈到了深入生活和写生的重要性，他谈到生活是文艺创作的唯一源泉，离开了生活，艺术作品便成了无源之水，无本之木，便失去了生机，而写生则是记录生活、提炼生活的最有效的手段。写生关注的往往是生活中最生动、最感人的某些事物、某个瞬间、某种形象，因此它最具鲜活的特质，最具强烈的情感，既是迈向优秀艺术家行列的必由之路，也是艺术家才能最直接的体现，还是艺术家风格形成至关重要的因素。尤其在现代科技材料与科技手段不断发展的今天，写生愈发显示出其独立的审美价值。孔紫还谈到了一些画家依赖画册进行创作的问题。她说，深入生活的写生实践使她认识到从生活中有感而发，由"源"所创作出的作品，是经得住推敲，经得起艺术考量的；反之，单纯从画册中找灵感，由画册到创作，从"流"中硬搬模仿，是导致艺术创作枯竭的死胡同。

显然，远离生活、远离写生，将使创作走进死胡同。而关于如何深入生活，如何写生，如何处理深入生活与写生、创作之间的关系，与会专家也进行了深入讨论。杜滋龄指出："作为一位美术工作者，更应不断地深入生活，到基层一线去倾听群众呼声，感受他们的生活，用画笔记录他们的生活。画家创作的作品成功与否，是与画家本人修养和对生活的认识分不开的，关键是画家能否和群众的感情发生共鸣。这样，才能有带着热气、意境和情感的作品出现。再者，画家写生过程也是认识自然、了解人、记录人民生活的唯一手段。故此深入生活与写生是统一的一个手段和方法。"胡伟也谈道："回顾新中国美术的发展历程，写生是体验和表现生活的利器法宝，它能够影响和改变艺术家对生活的认识以及对生活原型的生动表达和艺术塑造。通过写生获得生活体验将创作素材转化成为典型的艺术形象，能够反映出生活本质和深刻内涵。中央美术学院的教学一直坚持'深入生活'，为社会贡献了大量优秀作品，也成为国际美术教育中不可替代的形式典范。"孙为民则根据自身的创作和教学经验重点谈到了如何处理深入生活和写生、创作之间的关系，他说："深入生活、熟悉生活，大量地写生、记录、积累，既收集素材，又磨炼技巧，为创作储备实力，否则创作不会有大的起色，技艺也不会精进。创作更多的是随心所欲和个人的兴趣、偏爱、追求，有时候就是一个想法、一个印象、一个感动、一个趣味的着迷。然后，把那种感觉变成一个结构、一个组合、一个气氛。在这个气氛里，一切人和物都是鲜活的、有生命力的，而这种鲜活的生命力恰恰来自于生活，恰恰是在写生的直接体验到创作的转化而获得的。在创作中虚假编造，依赖、照抄照片以及图像化、概念化都使得写实绘画受到极大的损害。写实绘画只有走出这种困境，才能得到新的发展。"此外，与会专家还谈到了在《讲话》精神的指引下，深入生活进行写生创作的实践和体会。张祖英谈到了自己最近艺术写生和深入生活的体会，他说："基于对当今油画发展的认识和时代提出的新要求，我们在研究欧洲油画传统的同时，加强中国本土文化精神和美学理念的融会，着力于创造具有鲜明文化特色的中国油画。因而，对艺术写生又有进一步的要求，要更注重艺术家个人精神世界的导入，加强对生存环境的领悟和主观感受。"于小冬谈到自己的切身经历践行了《讲话》里倡导的从"小鲁艺"走向"大鲁艺"的过程，在西藏生活的 13 年时间里，在火热的充满激情的西藏艰苦岁月里多次与死亡擦肩而过的历险经验，持续不断地积累着自己的生活体验，用生命感悟了"深入生活"的真正含义。孙景波也根据自己的写生教学实践，肯定了写生是一切文学艺术的创作源泉以及写生在美术教育中的重要意义，他谈到 2000 年与杜建老师共同带领的中央美院油画、壁画系研究生进行的"走进大西北"的社会考察之旅。在这次考察中，师生们切实接触到各省会城市建设风貌，更贴近看到其间生活着的工、农、兵、学、商、牧和与改革大潮同步发展的少数民族生活现实，并用录像、录音、笔记、素描、油画写生的方式开展多种形式的考察采访，激荡着师生们的创作欲望。后来在中国美术馆举办了"大西北纪实作品汇报展"，展出了丰富的考察和创作成果，并受到了很高的评价。通过这次实践活动，他感受到写生最重要的是要走进去，走到最广大的民众生活的"唯一源泉"中去，那是一个艺术家树立艺术人生观的熔炉，是艺术创作思想联系时代精神的根本。

吴长江最后指出，在党中央提出建设社会主义文化强国战略，在胡锦涛总书记寄语全国文艺家的大背景下再读《讲话》内容，重温《讲话》精神，不仅有利于文艺理论成果与当代创作实践更加紧密的结合，而且有利于中国当代美术事业的不断稳步向前推进。今天，我们的社会主义建设不断迈出新的步伐、取得新的成就，国际影响持续攀升、经济实力日益增强，城市发展突飞猛进、新农村建设一日千里，科技创新佳绩频传、国防事业日新月异，物质生活稳步提高、精神文化丰富多彩……这一切，不但构成了我们当代生活的宏伟背景，更为美术事业的发展创造了新的机遇，为全国美术家的创作提供了丰富的素材。中国美协的各项工作，也正是在《讲话》精神的指引下，在全国美术家的共同努力下得以顺利开展的。这几年，中国美协组织了各种不同形式的美术家写生活动，是一种普遍的号召。希望美术家重视写生，走出画室，走出自己的小空间，走进社会的大空间，关注今天中国的巨大发展。美术创作是为我们的人民大众服务的，最根本的是要表现今天中国人的情感，表现这个时代的精神。我们要认真研究艺术发展的规律和存在的问题，根本的立足点就是要创作出真正代表我们这个时代的优秀美术作品。

此次座谈会主题鲜明、研讨问题集中、学术气氛热烈浓郁。正像主持人尚辉总结的那样，今天我们齐聚一堂，隆重纪念毛泽东同志《讲话》发表70周年，尤其是着眼于从当下的角度、从今天美术创作的角度来理解《讲话》的精神和内涵。这种纪念不仅仅停留在思想形态上，更为重要的是落实到如何推进当下的美术创作上。学习《讲话》精神，践行《讲话》精神，推进当代美术创作，这就是对于《讲话》发表70周年最好的纪念。

毛泽东与新民主主义革命研究

从井冈山精神到西柏坡精神

逄先知

中国共产党在长期的革命斗争中，不仅形成了一整套正确的理论、路线、方针、政策，还培育了许多熠熠生辉、影响深远的精神，包括井冈山精神、苏区精神、长征精神、延安精神、南泥湾精神、白求恩精神、西柏坡精神，等等。这些精神，具有共同性，一脉相承，都以马克思主义为理论基础，紧密结合中国革命实践。但它们又有各自的特点，都是在特定的历史条件下，在革命实践的过程中形成的。这些革命精神，一直是教育全党、凝聚全党、鼓舞全党，推动革命事业向前发展的有力武器。其中最有代表性的是井冈山精神、延安精神和西柏坡精神。

什么是井冈山精神？笔者个人认为，井冈山精神最核心的内容有两点。第一，是勇于创新，敢于开辟新路子的精神。1927 年大革命失败了，中国共产党人该怎么办？怎样继续革命？这是摆在当时中国共产党人面前的头等大事。走俄国十月革命城市武装起义的道路，这是当时中共许多领导人所主张的。因为有例可循，而且是上了书的。毛泽东则不然。他敢于闯新路，另辟蹊径，上山打游击，走农村包围城市的道路。这条道路同十月革命的方式截然不同。可以想象，这在当时是需要多么大的勇气！这勇气从哪里来的？就是在马克思主义的指导下，从中国的实际情况出发，既不迷信书本，又不照抄外国，走自己的路。几十年以后，邓小平开创中国特色社会主义道路，正是沿着这个思路创造出新的奇迹的。第二，是革命的坚定性，对理想信念的坚定性。20 世纪 20 年代末，当小小的红色政权处于强大敌人四面包围的极端严峻的形势下，在党内产生了一种对时局估量的悲观思想，有人发出了"红旗到底能打多久"的疑问。在这种情况下，毛泽东表现出异乎寻常的坚定性。他斩钉截铁地说："红军必须在边界这等地方，下斗争的决心，有耐战的勇气"；"边界红旗子始终不倒，不但表示了共产党的力量，而且表示了统治阶级的破产，在全国政治上有重大的意义"。这种革命坚定性，不是建立在盲目性的基础上，而是建立在对全国形势所作的科学分析基础上。事实最终证明毛泽东关于"星星之火，可以燎原"的伟大预见。后来，毛泽东总结出一条重要经验，他说："世界上出现过许多类似的情况，在紧要的关头，就看你坚定不坚定，坚持不坚持。你咬紧牙关坚持一下，就可以取得胜利。对方熬不下去，挺不住了，他就失败了。我自己就经历过许多这样的情况。"说到这里，笔者自然联想到今天的现实。自苏东剧变、社会主义处于低潮以后，有些共产党员丧失了对社会主义的理想信念，有的甚至走向相反的道路。在这关键时刻，邓小平出来说话，他深刻地指出："一些国家出现了严重曲折，社会主义好像被削弱了，但人民经受锻炼，从中吸取教训，将促使社会主义向着更加健康的方向发展。因此，不要惊慌失措，不要认为马克思主义就消失了，没用了，失败了。哪有这回事！"邓小平的话坚定了全党的信念。社会主义的新中国依然屹立在世界的东方，越来越强大。毛泽东对井冈山那段艰苦斗争的历史，似乎有着特殊的感情，总是念念不忘。1965 年，我国国民经济已根本好转，人民生活有了显著改善。他就提出："日子好过了，艰苦奋斗的精神不要丢了，井冈山的革命精神不要丢了。"井冈山精神为中国共产党的优良作风和光荣传统奠定了基础。

再谈谈延安精神。多年来，对延安精神的研究，已有大量成果问世，党的几代主要领导人对延安精神都有过精辟论述。早在 1949 年 10 月 26 日，毛泽东在给陕甘宁边区人民的复电中就指出："要保持在延安和陕甘宁边区的工作人员所具有的艰苦奋斗的作风。"1977 年 5 月 24 日，邓小平在一次谈话中说："民主作风是个党风问题、军风问题、民风问题，总起来说，是党风问题，是毛主席培养起来的延安作风、延安精神。"1980 年 12 月 25 日，邓小平又指出："我们一定要宣传、恢复和发扬延安精神、解放初期的精神，以及六十年代克服困难的精神。"后来，江泽民在前人论述的基础上将延安精神概括为四句话："坚定正确的政治方向，实事求是的思想路线，全心全意为人民服务的宗旨，自力更生、艰苦奋斗的作风。"延安精神的内容十分丰富，博大精深，可以说是中国共产党优良作风之集大成，同时又吸收了一些中华文化之精华。胡锦涛曾对延安精神作出这样的评价："延安精神是我们党的性质和宗旨的集中体现，是我们党的优良作风的集中体现，是中国共产党人崇高品德和远大情怀的集中体现。"值得注意的是，延安精神已经涵盖了党的第二个历史决议所概括的毛泽东思想活的灵魂的三个方面，即实事求是、群众路线、独立自主。延安精神的内容之所以如此丰富，其思想内涵之所以如此深刻，就是因为我们党已经奋斗了二十多年，积累了十分丰富的经验。特别是，毛泽东思想已经达到成熟，中国共产党已经有了一套正确的理论、路线、方针、政策，并且经过延安整风，达到全党思想上的统一。延安精神就是在这样的历史背景下形成的。

最后谈谈西柏坡精神。西柏坡精神，继承了井冈山精神、延安精神以及其他革命精神，并有所发展，突出了"两个务必"的思想。这是当时历史条件下的产物，也是中国人民革命发展的必然要求。革命就要在全国胜利了，中国共产党面临着全新的形势、全新的任务，将要经受从未有过的新的考验，这就是在和平环境中执政的考验。这时的毛泽东心情是复杂的，又高兴，又担心。他最担心的是什么呢？就怕党的干部在胜利面前骄傲起来，居功自傲，贪图享乐，不愿再过艰苦的生活，因而脱离人民群众，因此提出"务必使同志们继续地保持谦虚、谨慎、不骄、不躁的作风"；就怕党的干部被资产阶级的糖衣炮弹打倒，贪污腐败，蜕化变质，因此提出"务必使同志们继续地保持艰苦奋斗的作风"。毛泽东深知中国历史上一些封建王朝覆灭的经验教训，特别是李自成失败的教训。早在延安整风时期，他就把郭沫若的《甲申三百年祭》定为干部必读之书。综观毛泽东革命的一生，总是这样：在困难的时候，强调要看到成绩，要看到光明，要提高自己的勇气；在胜利的时候，则强调要想到困难和问题。他曾说过：我党历史上曾经有过几次表现了大的骄傲，都是吃了亏的。全党同志要引为鉴戒。在抗日战争即将胜利的时候，他认为这时更需要准备困难，所以他在党的七大上提出了十七条困难。1949 年，共产党就要进城了，就要在全国执政了，预防和警惕党内出现骄傲和腐化而导致革命失败，已是迫在眉睫的大问题。所以，毛泽东在党的七届二中全会报告的结尾（这是整篇报告的高潮），尖锐地提出了"两个务必"，告诫全党，敲响警钟。毛泽东的预见，他所担心的事情，在新中国成立不久，果然就出现了，有一些干部居功自傲，更有一些干部贪污腐化，被糖衣炮弹击中，毛泽东在党的七届二中全会上所讲的那些话，不幸而言中。

今天，我国经济的、政治的、文化的、社会的以及外部的环境同新中国成立初期更是大大的不同了。在改革开放和社会主义市场经济条件下，人们的价值取向、人与人之间的关系都发生了深刻的变化。产生腐败现象的根源和土壤，同新中国成立初期相比简直不可同日而语。在这种情况下，西柏坡精神、"两个务必"的思想，不但不能丢，而且要更加大力发扬，要落实到实际行动中去。这已经成为党的建设中的一项十分紧迫而又要长期坚持抓下去的任务。弘扬西柏坡精神，在今天比任何时候都更重要、更有针对性、更有现实意义。对西柏坡精神的研究，起步比较晚，应当加强研究和宣传的深度和力度，使它产生更深刻、更广泛的实际影响。人们还记得，胡锦涛当选总书记后，第一个令人瞩目的行动，就是带领中央书记处的同志，到西柏坡学习考察，瞻仰党的七届二中全会会址。这是党中央向全党发出的号召，要求全党各级干部都要发扬西柏坡精神，牢牢记住"两个务必"，实践"两个务必"。此景此情，今天仍然深刻地留在人们的记忆中。胡锦涛指出："我们一定要牢记毛泽东同志倡导的'两个务必'，首先要从自身做起，从每一位领导干部做起！"他强调："越是改革开放和发展社会主义市场经济，越要弘扬艰苦奋斗的精神。"胡锦涛的讲话，切中要害、意味深长，我们要很好地学习、宣传和贯彻实行。

从井冈山精神到西柏坡精神的发展过程，反映了中国共产党从领导革命武装斗争的开创时期到取得全国革命胜利的时期这22年的战斗历程。这些革命精神是从革命实践中来的，它反过来又极大地影响和推动革命实践向前发展。在今天，这些革命精神仍然是武装全党、推动中国特色社会主义事业科学发展的精神动力，是中国特色社会主义核心价值体系的根基。它们没有过时，也不会过时，是具有普遍意义和长久意义的。当然，要与时俱进，要结合新时代的特点来宣传，来弘扬，并且不断增添新的内容。

井冈山精神、延安精神、西柏坡精神等一系列革命精神，都是同毛泽东的名字分不开的，毛泽东是这些精神的主要培育者和倡导者。它们是毛泽东思想的一个组成部分。

今天，我们研究西柏坡精神，研究加强新时期党的建设问题，重温历史，十分重要。从历史中汲取智慧，汲取营养，借鉴历史的经验，可以使我们今后的路子走得更好。

（原载《毛泽东邓小平理论研究》2012年第7期）

中共第一代中央领导集体形成过程研究

——兼谈毛泽东的核心地位是怎样确立的

廖心文

以毛泽东为核心的党的第一代中央领导集体，从遵义会议开始，历经十年，于中共七大正式形成。这个领导集体的形成以及毛泽东核心地位的确立，经历了一个艰辛的过程，是一代共产党人共同努力的结果，是中国共产党走向成熟的重要标志。遵义会议解决军事路线和军事领导问题，确立毛泽东在党和红军中的实际领导地位，"任何一个领导集体都要有一个核心，没有核心的领导是靠不住的"①。这是邓小平总结党的建设的一条重要经验。党的第一代领导集体的形成，始于遵义会议，其重要标志是确立了毛泽东在党和红军中的领导地位。对遵义会议的这个重大历史贡献，党的两个历史决议都有明确的评价。但在史学界，对遵义会议确立毛泽东在党和红军中的领导地位始终存在一些疑惑，主要是遵义会议既没有推举毛泽东为党中央主要负责人，也没有确定毛泽东为军事指挥上的主要决策者，怎么能说确立了他在党和红军中的领导地位？如果仅从遵义会议决议和会后常委的分工来看，持这种观点是可以理解的。遵义会议决议和会后常委的分工是：（1）会议改组了中央机构，"毛泽东同志选为常委"，"常委中再进行适当的分工"。会后不久，"在由遵义出发到威信的行军中，常委分工上，决定以洛甫同志代替博古同志负总的责任"。（2）在军事上，"取消三人团②，仍由最高军事首长朱周为军事指挥者，而恩来同志是党内委托的对于指挥军事上下最后决心的负责者"；"扩大会完毕后中常委即分

---

① 《邓小平文选》第 3 卷，人民出版社 1993 年版，第 310 页。
② 三人团，指由博古、李德、周恩来三人组成的中共中央关于军事指挥的决策机构。

工，以泽东同志为恩来同志的军事指挥上的帮助者"。① 两个月后，在贵州鸭溪、苟坝一带，由周恩来、毛泽东、王稼祥组成新的三人团，统一指挥全军的军事行动。由此说明，从党的组织机构来说，张闻天排在第一位；从党对军事的领导来说，周恩来排在第一位。

那么，应该怎样正确理解遵义会议确立了毛泽东在党和红军中的实际领导地位呢？

（一）从遵义会议的目的来看，着重解决的是军事方向问题，对此，毛泽东发挥了举足轻重的作用，党内更加相信毛泽东的领导是正确的

一是遵义会议前同博古、李德的错误路线进行了持续地毫不妥协地斗争，使毛泽东提出的正确主张在决定红军行动的战略方向上发挥了主导作用。长征开始后，主力红军最初的方向和计划是突破国民党军的封锁包围，北上湘西与红二、六军团会合。但是，湘江战役之后，蒋介石判明红军的行动意图，集结近 20 万军队准备进行围歼。在这种形势下，毛泽东首先提出："部队应该放弃原定计划，改变战略方向。"② 但是，作为军事上的主要决策者博古、李德不顾已经变化了的实际情况，坚持原定计划。为此，毛泽东在中共中央召开的三次会议上同博古、李德的错误主张进行了坚决斗争。这三次会议是：（1）1934 年 12 月 12 日中共中央负责人在通道举行的临时紧急会议。毛泽东在会上明确表示不同意李德的意见，建议部队转兵西进敌人力量薄弱的贵州。毛泽东的主张得到多数与会者的赞同，但争论并未结束。（2）1934 年 12 月 15 日中共中央在黎平召开的政治局会议。毛泽东继续坚持西进贵州，在川黔边敌军力量薄弱的地区建立新根据地的意见。会议经过激烈争论，接受了毛泽东的主张，形成《中央政治局关于战略方针之决定》，明确提出："新的根据地区应该是川黔边区地区。"③ 这个《决定》有着重大的战略意义，实现了通道会议转兵西进的决策，为红军赢得主动。（3）1935 年初中共中央在乌江南岸猴场召开的政治局会议。毛泽东在会上重申了红军应在川黔边地区先以遵义地区为中心建立根据地的主张，得到多数与会者赞

---

① 《陈云文选》第 1 卷，人民出版社 1984 年版，第 43 页。

② 《毛泽东传（1893—1949）》，中央文献出版社 1996 年版，第 336 页。

③ 同上书，第 338 页。

同，从而否定了博古、李德在会上再次提出的"可以在乌江南岸建立一个临时根据地，再徐图进军湘西，与红二、红六军团会合"的错误主张。这三次重要会议，为遵义会议最终确定正确的军事路线奠定了重要基础。

二是在长征途中毛泽东做了大量团结争取工作，使正确的意见被大多数人所接受，为实现遵义会议的巨大转变做了组织上的准备。其中，最关键的是对张闻天和王稼祥的工作，使他们摆脱"左"倾错误路线的影响，站到正确立场一边。长征出发后，毛泽东主动提出和张闻天、王稼祥一起行动，一路上讨论第五次反"围剿"失败的原因和教训。张闻天回忆说："长征出发后，我同毛泽东、王稼祥二同志住一起。毛泽东同志开始对我们解释反五次'围剿'中中央过去在军事领导上的错误，我很快地接受了他的意见，并且在政治局内开始了反对李德、博古的斗争，一直到遵义会议"①；王稼祥说："一路上毛主席同我谈论了一些国家和党的问题，以马列主义的普遍真理和中国革命实践相结合的道理来教导我，从而促使我能够向毛主席商谈召开遵义会议的意见，也更加坚定了我拥护毛主席的决心。"② 在讨论中，三个人统一了思想。张闻天、王稼祥思想的转变以及周恩来等的支持，使毛泽东的主张能够在通道、黎平、猴场会议上占了上风，指引红军向正确的方向前进，也为开好遵义会议打下了重要的思想基础和组织基础。从这个意义上说，毛泽东对遵义会议最终扭转红军长征中的军事路线和军事方向问题发挥了举足轻重的作用，党内也由此更加相信毛泽东的领导是正确的。

（二）从遵义会议的过程来看，毛泽东起到了主导作用

遵义会议上有两篇讲话为会议取得成功发挥了重要作用。一篇是由张闻天代表毛泽东、王稼祥的联合发言，这个发言提纲实际上是"毛泽东、张闻天、王稼祥集体创作而以毛泽东的观点为主导的"③。这篇发言，被称

---

① 张闻天延安整风笔记，1943 年 12 月 16 日。
② 王稼祥：《回忆毛主席革命路线与王明机会主义路线的斗争》，《红旗飘飘》第 8 期。
③ 杨尚昆：《坚持真理竭忠尽智——缅怀张闻天同志》，《回忆张闻天》，湖南人民出版社1985 年版，第 5 页。

作是对博古关于第五次反"围剿"的总结报告①的"反报告"，为遵义会议彻底否定"左"倾军事路线定下调子。另一篇是毛泽东本人在会上的长篇发言，其中指出了导致第五次反"围剿"失败和大转移严重损失的原因；批驳了博古在总结报告中对错误的辩护；比较系统地阐述了适合中国革命战争特点的战略战术和今后军事行动的方向。毛泽东的这篇发言得到周恩来、朱德、陈云、刘少奇等多数与会者的支持。会后，张闻天遵照会议的决定根据毛泽东这篇发言的内容起草了《中共中央关于反对敌人五次"围剿"的总结决议》。

（三）从遵义会议的结果来看，毛泽东当选常委进入党中央领导核心，虽然排名不在第一位，但却成为实际上的决策者

第五次反"围剿"失败后，广大指战员对博古、李德路线"明显地增长了怀疑、不满和积极要求改变领导者的情绪"②；"博古再继续领导是困难的，再领导没有人服了"③。毛泽东的领导和指挥才能已经被人们所认识。黎平会议后，博古、李德继续坚持错误主张，张闻天首先提出要变换领导的问题。周恩来在一次讲话中也提到："洛甫那个时候提出要变换领导，他说博古不行。我记得很清楚，毛主席把我找去说，洛甫现在要变换领导，我们当时说，当然是毛主席，听毛主席的话。毛主席说，不对，应该让洛甫做一个时期。""毛主席取得领导地位，是水到渠成。"经过毛泽东的说服，张闻天继博古之后在党内负总责。毛泽东这样做有他的考虑，正如周恩来所说："毛主席总是采取这样的办法来教育人，使大家逐步地觉悟起来。所以，组织路线并没有完全解决。但是，这样比较自然，便于集中力量取得胜利。"④

遵义会议在解决组织问题的结果上，党内排序是"洛毛"，军内排序是"周毛王"，毛泽东并没有处于第一位。但从上述三个方面可以看出，遵义会议前后党内和军内掌握方向的是毛泽东，他取得的是党和红军中实际上的领导地位。这也说明，这个时候以毛泽东为核心的第一代中央领导

---

① 博古对第五次反"围剿"军事指挥上的错误做了一些检讨，但主要还是强调种种客观原因。

② 《刘伯承回忆录》，上海文艺出版社 1981 年版，第 4 页。

③ 周恩来：《党的历史教训》（节录）（1972 年 6 月 10 日），《党史通讯》1985 年第 1 期。

④ 同上。

集体还处于初步形成中。

一 六届六中全会解决政治路线和组织路线问题，进一步明确毛泽东在党内的领导地位

被称为是"决定中国命运的"中共六届六中全会是 1938 年 9 月至 11 月间抗日战争进入战略相持阶段召开的，会议通过的《中共扩大的六中全会政治决议案》批准了以毛泽东为代表的中央政治局的政治路线，进一步从组织路线上确立了毛泽东在全党的领导地位。六届六中全会能够取得这样的成果，共产国际发挥了重要作用。

中国共产党是共产国际的一个支部，从它成立到 1943 年 5 月共产国际解散，在重大决策和重要人事问题上都受共产国际的影响和制约。共产国际对毛泽东的认识和支持有一个过程。最初，共产国际更为看重和信任王明。1931 年王明到莫斯科后留在共产国际工作，并于 1935 年共产国际第七次代表大会上当选为共产国际执委会主席团委员和政治中共第一代中央领导集体形成过程研究书记处候补书记。1937 年 11 月，王明受共产国际委派回到中国。这时，抗日战争已经爆发，国共建立了抗日民族统一战线。毛泽东从国共关系的实际出发，提出了一系列正确主张。在王明回国前召开的政治局会议（洛川会议）上，以及会议前后一系列讲话中毛泽东坚持在统一战线中要"保持独立性"，并提出"谁领导谁的问题"，强调"必须坚决地反对投降主义"。[①] 共产国际一直密切关注着中国的抗日战争，共产国际执委会书记处曾多次召开会议，讨论中国局势和中国共产党的任务。但是，由于他们对中国的情况并不了解，过高地估计了执政的国民党的力量，主要期望由它所领导的政府和军队来抗击日本侵略军。共产国际执委会书记处书记季米特洛夫曾着重提出：由于共产党力量弱小，因此在国共统一战线中不要提谁占优势，谁领导谁的问题。应当运用法国共产党组织人民阵线的经验，遵循"一切服从统一战线"，"一切经过统一战线"的原则，努力从政治上影响国民党，做到共同负责、共同领导、共同发展，不要过分强调独立自主。为了帮助中共实行政策和策略上的转变，共产国际认为，必须有"熟悉国际形势的新生力量去帮助中国共产党中央委

---

① 《毛泽东选集》第 2 卷，人民出版社 1991 年版，第 392 页。

员会"。① 他们认为，这个"新生力量"就是王明。

王明是带着共产国际的指示精神回国的。回国后，在同年 12 月召开的政治局会议上，他对毛泽东在洛川会议上强调的坚持统一战线中的独立自主观点发出了指责。由于王明说是传达共产国际的指示，那时共产国际在中国共产党内有很高威望，所以对与会者产生很大影响。许多人对洛川会议以来的统一战线工作作了"自我批评"。毛泽东当时的处境十分困难，但对王明的指责仍作了正面回应。毛泽东在延安整风时期的政治局会议上讲过："十二月会议上有老实人受欺骗，作了自我批评，以为自己错了。""而我是孤立的。当时，我别的都承认，只有持久战、游击战、统战原则下的独立自主等原则问题，我是坚持到底的。"② 尽管王明的错误主张影响了不少与会者，对工作带来一些干扰，但从全局来看，在党内没有取得统治地位。因为"王明所说的内容，没有解决具体问题"③。更何况，经过大革命失败的教训和十年内战的磨炼，中国共产党已经逐步成熟起来。

共产国际改变认识，支持毛泽东的主张是在 1938 年，主要体现是这年 9 月中共驻共产国际代表王稼祥从莫斯科带回的国际指示。他说："根据国际讨论时季米特洛夫的发言，认为中共一年来建立了抗日统一战线，尤其是朱、毛等领导了八路军，执行了党的新政策。国际认为，中央的政治路线是正确的，中共在复杂环境及困难条件下真正运用了马列主义。"在王稼祥临回国时季米特洛夫还特别嘱咐：中共中央"在领导机关中要在毛泽东为首的领导下解决。领导机关中要有亲密团结的空气"。④

为什么共产国际对中国问题的认识会发生这样的变化呢？中共党内有两个人起了重要作用，一个是陈云，另一个是任弼时。

1935 年 10 月 15 日，陈云在共产国际执委会书记处会议上，详细汇报了红军长征和遵义会议的情况。其中说道："我们撤换了'靠铅笔指挥的战略家'，推选毛泽东同志担任领导"；"我们党能够而且善于灵活、正确地领导国内战争。像毛泽东、朱德等军事领导人已经成熟起来。我们拥有一支真正富有自我牺牲精神、英勇无畏、为实现共产国际总路线而斗争的

---

① 《毛泽东传（1893—1949）》，中央文献出版社 1996 年版，第 505—506 页。

② 同上。

③ 《彭德怀自述》，人民出版社 1981 年版，第 226 页。

④ 《毛泽东传（1893—1949）》，中央文献出版社 1996 年版，第 515 页。

干部队伍"。① 陈云的汇报,对共产国际正确了解中国共产党以及以毛泽东为代表的领袖群体,具有重要意义。1938 年 3 月召开的中央政治局会议决定,派任弼时去莫斯科向共产国际说明中国抗战的情况和国共两党的关系。1938 年 4 月 14 日,任弼时出席共产国际执委会,向主席团递交了题为《中国抗日战争的形势与中国共产党的工作和任务》的书面报告大纲,并于 5 月 17 日在共产国际执委会主席团会议上就书面报告大纲作了说明和补充。任弼时特别指出:为了适应统一战线的需要,中共中央改变了苏维埃时期的政策,这"不仅是我党策略上的改变,而是带着战略上改变的性质"。抗日民族统一战线中的困难主要来自国民党的"自大主义",以及对共产党的"仇视观念与成见","我们要使国共两党的合作能够更加迅速地进步与巩固,就必须更加壮大我们各方面的力量,扩大八路军、新四军,发展游击战争,发展群众运动与共产党组织"。② 6 月 11 日,共产国际执委会主席团经过讨论,做出了《关于中共代表报告的决议案》。《决议案》肯定了"中国共产党的政治路线是正确的";肯定了"抗日民族统一战线没有和不能有限制参加统一战线各党派在政治上及组织上独立性之目的","共产党的巩固,它的独立性及它的统一,正是继续向前发展民族统一战线和继续同日寇作胜利的斗争的基本保证"。任弼时的报告,对共产国际转变对中国问题的认识,特别是如何实行抗日民族统一战线的认识起了重要作用;增进了共产国际的主要领导人对中共中央政治路线和斗争策略的理解、信任和支持。

王稼祥从共产国际带回的指示,肯定了"中共中央的政治路线是正确的",也肯定了中共中央的领导机关要"以毛泽东为首"。这表明,共产国际既纠正了此前对中国问题的一些认识,也从根本上剥夺了王明以共产国际"钦差大臣"自居的资本,为随后召开的中共六届六中全会扫除了障碍。毛泽东说:"如果没有共产国际指示,六中全会还是很难解决问题的。"③ 李维汉说:"季米特洛夫的讲话在会上起了很大作用,从此以后,我们党就进一步明确了毛泽东的领导地位,解决了党的统一领导问题。"④

---

① 陈云:《在共产国际执行委员会书记处会议上关于红军长征和遵义会议情况的报告》(1935 年 10 月 15 日),《党的文献》2001 年第 4 期。

② 《任弼时选集》,人民出版社 1987 年版,第 177、178、180、186 页。

③ 《毛泽东文集》第 3 卷,人民出版社 1996 年版,第 425 页。

④ 李维汉:《回忆与研究》(上),中共党史资料出版社 1986 年版,第 416 页。

这以后，从组织上说，中央书记处仍由张闻天负责，但如胡乔木所讲："在党的工作上，闻天同志有事都征求毛主席的意见，很少独自解决问题。中央书记处会议虽然由闻天同志召集，但在党内分工方面，他主要管宣传、教育工作。全党的重大方针、政策，还是由毛主席拿主意，做决定。"①

二 延安整风学习运动解决思想路线问题，全党团结在毛泽东思想旗帜下

延安整风是抗战时期在全党范围内开展的一场马克思主义教育运动。这场运动通过整风学习解决了党内思想路线问题，为确定毛泽东思想为全党的指导思想，最终形成以毛泽东为核心的第一代中央领导集体奠定了重要基础。遵义会议和六届六中全会，分别解决了军事路线和军事领导、政治路线和组织路线问题，但党内在指导思想上仍旧存在一些分歧。这些分歧反映了党内对待马克思主义的两种态度，一种是主观主义、教条主义地运用马克思主义，另一种是一切从实际出发，把马克思主义同中国的具体情况结合起来。前者的代表是王明，后者的代表是毛泽东。

中共第一代中央领导集体形成过程研究全党范围内的整风开始于1942年，但酝酿、筹备工作从1938年秋六届六中全会就开始了。用这么长时间进行酝酿和准备主要有三个原因：（1）整风是为了解决思想路线问题，要树立实事求是、一切从实际出发的思想，克服形形色色的主观主义的东西，而思想问题的解决不可能短时间完成；（2）王明有共产国际背景，共产国际当时在中共党内有很高的威信，要完全消除王明教条主义的影响，也不可能短时间完成；（3）毛泽东提出的正确主张有一个实践检验的过程，对全党特别是党的高级干部来说，也有一个认识和接受过程。这些都需要时间。正如毛泽东所解释的："非经过各种步骤，使大家觉悟成熟不可。"②

考察延安整风学习运动过程，毛泽东的核心作用主要体现在以下几方面。

---

① 《胡乔木回忆毛泽东》，人民出版社1994年版，第272页。
② 《毛泽东传（1893—1949）》，中央文献出版社1996年版，第625页。

（一）主持编辑党的重要文献，为全党正确认识历史上的路线是非做准备

清理思想问题，必须熟悉历史情况，这样才能作出正确的分析和判断，找出错误认识的根源。六中全会前，中共中央曾考虑在准备召开的七大上讨论党的历史问题，但共产国际认为中共七大应主要着重于抗战中的许多实际问题，不应花很久时间争论过去十年内战中的问题。关于总结十年经验，共产国际认为要特别慎重。① 后来，由于战争形势的发展和党的高级干部难以集中，七大一直未能如期召开，有关党的历史问题的讨论也一直拖了下来。这个问题再提上议事日程已到了 1940 年。起因是王明于这年 3 月把集中反映他的"左"倾错误观点的《为中共更加布尔塞维克化而斗争》一书，在延安印了第三版，并在序言中写道："我们党近几年来有很大的发展，成千累万的新干部新党员，对于我们党的历史发展中的许多事实，还不十分明了。本书所记载着的事实，是中国共产党发展史中的一个相当重要的阶段，因此，许多人要求了解这些历史事实，尤其在延安各学校学习党的建设和中共历史时，尤其需要这种材料的帮助。"② 面对这种情况，应该怎样看待党的历史上的路线是非，就迫切地摆到中共中央面前。毛泽东从 1940 年夏开始，亲自主持收集、编辑和研究中国共产党六大以来的主要历史文献，为全党特别是党的高级干部学习和研究党的历史做了充分准备。

（二）主导统一思想的两次重要会议

在延安整风中，曾召开过两次重要会议，一次是 1941 年九月政治局扩大会议，另一次是 1943 年九月政治局扩大会议。这两次九月会议为统一全党思想发挥了重要作用。

（1）1941 年九月会议是在整风准备阶段召开的一次重要会议。毛泽东在主持编辑研究党的历史文献过程中，深刻地感受到教条主义对中国革命的危害。他在 1940 年 12 月 4 日召开的政治局会议上集中谈到对党的历史问题的认识：在大革命末期，陈独秀主张联合一切，下令制止工

---

① 参见《毛泽东传（1893—1949）》，中央文献出版社 1996 年版，第 626 页。
② 《建党以来重要文献选编》第 8 册，中央文献出版社 2011 年版，第 104 页。

农运动；在苏维埃时期，最初实行打倒一切，到六大时纠正了；但到后期，又是打倒一切。"左"的政策使军队损失十分之九，苏区损失不止十分之九，所剩的只有陕北苏区。这个时期的损失，实际上比立三路线时的损失还大。毛泽东认为，这些错误，是由于马列主义没有和实际联系起来。[①] 对毛泽东指出的苏维埃后期的错误即王明路线统治时期的错误是"路线错误"，党内一些高级干部并不赞成。不久后毛泽东为延安干部作的《改造我们的学习》报告在干部中也没有引起太大反响。在这个背景下，1941 年 9 月 10 日至 10 月 22 日中共中央召开了第一次九月会议，意在从统一高级干部的思想入手解决思想路线问题。为了开好这次会议，中央首先组织高级干部学习毛泽东主持编辑的历史文献集《六大以来》。这个措施对统一高级干部的思想非常有益。胡乔木回忆说："当时没有人提出过四中全会后的中央存在着一条'左'倾路线。现在把这些文件编出来，说那时中央一些领导人存在主观主义、教条主义就有了可靠的根据。有的人就哑口无言了。毛主席怎么同'左'倾路线斗争，两种领导前后一对比，就清楚看到毛主席确实代表了正确路线，从而更加确定了他在党内的领导地位。"[②] 毛泽东也说："党书（指《六大以来》——引者注）一出许多同志解除武装，故可能开九月会议。"[③] 由于会前认真学习了党的历史文献，许多同志转变了认识，会上有 28 人发了言，赞成毛泽东的意见，并以自我批评精神认真检讨了自己历史上所犯的错误，对犯错误的原因进行了深刻总结。王明在会上也表示赞成毛泽东的发言，承认苏维埃运动后期的错误是路线错误，但却完全推卸责任。在同毛泽东等人的谈话中，他不仅避而不谈自己的问题，反而攻击中共中央自抗战以来的方针太"左"了，认为目前应该以国民党为主，我党跟从之。他还表示，决心同中央争论到底，到共产国际去打官司。因为王明在争论中提出了对抗战以来时局的看法，毛泽东建议停止讨论苏维埃后期的错误问题，集中讨论抗战以来中央的政治路线，并希望王明将他的意见在政治局会议上加以说明。但王明却称病不肯出席政治局会议，使会议未能举行。此后，他长期称病，拒绝参加中央的整风会议。尽管如此，

---

① 参见《毛泽东传（1893—1949）》，中央文献出版社 1996 年版，第 627 页。
② 《胡乔木回忆毛泽东》，人民出版社 1994 年版，第 48 页。
③ 《毛泽东传（1893—1949）》，中央文献出版社 1996 年版，第 631 页。

这次九月会议，特别是毛泽东在会上所作反对主观主义和宗派主义的报告，为后来全面开展的延安整风运动确定了基调，也使党的领导层对如何看待党史上的路线是非基本取得共识。

（2）1943年九月会议是在全党普遍整风基础上召开的一次重要会议，会议的重点是总结党的历史经验，系统清算王明的错误路线。这个时候能够系统清算王明的错误路线，是因为条件已经成熟：一是经过第一次九月会议和1942年年初开始的全党整风学习，广大干部的思想发生了深刻变化，特别是毛泽东1942年2月在中央党校开学典礼上作的《整顿党的作风》的报告和在中央宣传部干部会议上作的《反对党八股》的报告，武装了人们的头脑，许多人开始从新的角度和新的高度来审视问题。二是在整风的基础上，中央领导机构进行了重大人事调整。1943年4月20日中央政治局通过《中共中央关于中央机构调整及精简的决定》，规定：在两次中央全会之间，中央政治局担负领导整个党的工作的责任，有权决定一切重大问题。政治局推定毛泽东为主席，凡重大的思想、政治、军事、政策和组织问题必须在政治局会议上讨论通过。书记处是根据政治局所决定的方针处理日常工作的办事机关，它在组织上服从政治局，但在政治局方针下有权处理和决定一切日常性质的问题。书记处由毛泽东、刘少奇、任弼时组成，毛泽东为主席。书记处会议讨论的问题，主席有最后决定权。这次人事调整，使毛泽东的领导地位在组织上也进一步得到巩固。三是共产国际于1943年5月22日宣布解散，消除了王明企图从共产国际得到支持的幻想，中共更便于独立自主地按照中国的实际情况去处理革命问题。四是粉碎了国民党顽固派借共产国际解散之际发动的第三次反共高潮，使人们对国民党的本质有了更深刻的认识，同时对王明抗战以来所鼓吹并推行的右倾投降主义错误看得更清楚了。五是1943年7月王稼祥、刘少奇先后提出"毛泽东思想，便是马克思列宁主义与中国革命运动实际经验相结合的结果"[①]，"应该用毛泽东同志的思想来武装中共第一代中央领导集体形成过程研究自己"[②] 的重要论断，并被党内广大干部所接受。

这次会议在对王明问题上的一个重要变化，是把王明苏维埃后期的错

---

① 《王稼祥选集》，人民出版社1989年版，第350页。

② 《刘少奇选集》（上卷），人民出版社1981年版，第300页。

误时间明确至六届四中全会。与会者们在系统回顾六届四中全会至遵义会议期间党内斗争历史的基础上，总结经验，集中批判了王明在十年内战期间和抗战初期的错误，并作了认真的自我批评。经过第二次九月会议，高级干部对党的历史上的路线是非及其根源，有了进一步认识，党内思想得到基本统一。

（三）主持撰写《关于若干历史问题的决议》

经过延安整风，在毛泽东主持下，全党在总结历史经验的基础上讨论形成《关于若干历史问题的决议》（以下简称《决议》）。对这个《决议》，中共中央采取了十分慎重的态度，主要表现在三方面：

（1）《决议》是集体智慧的结晶，毛泽东起到核心作用。党内很多同志参加了决议稿的起草、修改和讨论，最早的决议草案是任弼时在 1944 年 5 月完成的，题目是《检讨关于四中全会到遵义会议期间中央领导路线问题结论（草案）》。这个草案是以毛泽东 1941 年秋天起草的《关于四中全会以来中央领导路线问题结论草案》为基础的。在起草决议过程中，党的高级干部进行了多次讨论，提出许多重要的修改意见。1945 年春天，毛泽东在张闻天修改后的稿子上开始进行修改，前后改了七道。毛泽东的意见集中体现在两点：一是将题目确定为《关于若干历史问题的决议》。二是在修改稿上增加了许多新的带有指导性的重要内容：如在第二次修改中，他强调了六大的正确方面；批评四中全会在过分地打击犯立三路线错误的同志、错误地打击所谓犯调和路线错误的同志后，还错误地打击了当时所谓"右派"中的绝大多数同志，并对受打击的被诬为"右派"的何孟雄、林育南、李求实等作了肯定的评价；还指出遵义会议纠正了当时具有决定意义的军事上和组织上的"左"倾错误，确立了中央的新的领导，这是中共党内最有历史意义的转变。在 4 月 7 日修改稿中，他在起始部分加写了一段话，高度概括了党在三个历史阶段的成绩，以及取得这些成绩的原因是"以马克思主义的普遍真理与中国革命的具体实践相结合为自己一切工作的指针"。这一大段话，经毛泽东再修改后，成为后来通过的历史决议的第一部分。为什么这么多人参加决议稿的起草、修改和讨论？用毛泽东的话来说，是"学会了谨慎这一条"。[①] （2）对一些不成熟的问题没

---

① 参见《毛泽东传（1893—1949）》，中央文献出版社 1996 年版，第 669—671 页。

有写进决议草案。比如，"左"倾路线造成白区损失百分之百、苏区损失百分之九十的问题；犯错误者的品质问题；六届四中、五中全会的合法性问题；教条宗派、经验宗派问题等。此外，决议只对六届四中全会至遵义会议期间中央的领导路线问题作出正式结论，对抗战时期党的路线问题没有作结论。之所以这样处理，毛泽东解释说：一些问题不说，至多是缺点；说得过分，说得不对，却会造成错误。七大的方针是只解决已经成熟的历史问题，没有成熟的问题都不必急于做结论。① （3）改变了讨论并通过决议的形式。这个决议本来是七大的重要议事日程，后来拿到六届七中全会上讨论和通过。为什么要做这样重大的改变？毛泽东在六届七中全会上作了说明：总结经验可以说是算账。不采用大会这个形式来算账，才能使大会集中注意力于当前问题。他还要求参加七中全会的同志说服七大的代表们，把过去党的历史问题委托七中全会解决比较好，以便自己集中力量来解决抗战建国的任务。由于中共中央采取了极其谨慎的态度，《关于若干历史问题的决议》得到全党同志的一致认同，并在中共七届一中全会第二次会议上正式通过。

经过延安整风，全党思想达到空前统一，召开中共七大的条件成熟。"毛泽东思想"写入七大通过的党章。七大的一项重要任务是选举新的中央委员会。在毛泽东主持下，七大主席团确定的选举原则是："要由能够保证实行大会路线的同志来组织中央委员会。"② 在这个总原则下，针对代表们提出的问题确定三个标准：一是对犯过错误但已经承认错误并决心改正错误的同志要选；二是选拔新同志要注意照顾各个方面；三是候选人通晓一方面或者稍微多几个方面的知识就可以选。结果是，大会选出正式中央委员 44 人，全面体现了主席团确定的总原则和三个标准。经毛泽东做工作，落选的王稼祥也被选为候补中央委员。1945 年 6 月 9 日，中共七届一中全会选举毛泽东、朱德、刘少奇、周恩来、任弼时为中央书记处书记；选举毛泽东为中央委员会主席兼中央政治局和中央书记处主席。这样，以毛泽东为核心的中国共产党第一代中央领导集体建立起来。

从七大开始，以毛泽东为核心的第一代中央领导集体真正建立起来。这个领导集体，不仅领导中国人民取得了抗日战争和解放战争的胜利，建

① 参见《毛泽东传（1893—1949）》，中央文献出版社 1996 年版，第 671 页。

② 同上书，第 715 页。

立了新中国，并且为建设一个富强民主文明的新中国付出了巨大努力，作出了重大贡献。如果从遵义会议算起，到"文化大革命"之前，30 余年的历史证明，这个领导集体，完全符合邓小平所说的是中共历史上第一个"稳定的成熟的领导集体"①。

（原载《党的文献》2012 年第 1 期）

---

① 《邓小平文选》第 3 卷，人民出版社 1993 年版，第 298 页。

延安时期毛泽东思想阐述与宣传的历史考察及经验启示[①]
——以党的领导人和党的理论工作者的阐述与宣传为视角

张远新

延安时期是毛泽东思想形成和成熟的重要时期，也是毛泽东思想被确立为中国共产党指导思想的重要时期。关于这些，学界已有较多研究，并达成了许多共识和定论。但有一问题，学界的研究至今还十分薄弱，即延安时期毛泽东思想的阐述与宣传问题。事实上，从 1938 年党的六届六中全会开始，尤其是 1943 年到 1945 年党的七大期间，党对毛泽东思想进行了大量的阐述与宣传。这些阐述与宣传对毛泽东思想成熟、普及和被确立为党的指导思想起到了重要的作用。本文仅以党的领导人和党的理论工作者为视角，考察当时他们是怎样阐述与宣传毛泽东思想的，并总结其经验启示，为当前进一步推进中国马克思主义研究和大众化服务。

一　延安时期毛泽东思想阐述与宣传的社会历史背景

延安时期，随着毛泽东思想日臻成熟，全党同志日益认识到只有毛泽东思想才是我们党唯一正确的指导思想；毛泽东指明的革命道路是中华民族达到彻底解放的唯一正确道路。为了统一全党思想，反对国民党的思想独裁，进一步推动中国革命的发展，党的领导人和党的理论工作者对毛泽东思想进行了全面阐述与大力宣传。

① 本文系教育部哲学社会科学研究后期资助项目"延安时期中国共产党领导群体与马克思主义中国化研究"［10JHQ035］的阶段性成果。

（一）毛泽东思想的系统阐述和广泛宣传具有坚实的基础和前提

《关于建国以来党的若干历史问题的决议》指出：毛泽东思想"在土地革命战争后期和抗日战争时期得到系统总结和多方面展开而达到成熟，在解放战争时期和中华人民共和国成立以后继续得到发展"。① 这里所说的土地革命战争后期、抗日战争时期和解放战争前期就是指延安时期。邓小平也说："延安时期那一段，可以说是毛泽东思想比较完整地形成起来的一段。"② 这一时期，中国革命经过了北伐战争的胜利与失败、土地革命战争的胜利与失败及再走向新胜利的比较，有了比较丰富完整的经验教训，以毛泽东为代表的中国共产党人对中国革命的规律达到了比较系统和深刻的认识。据统计，《毛泽东选集》收入延安时期的文章有 70 余篇，占整个《毛泽东选集》的 1/2 还多。这些著作系统地阐述了中国共产党思想路线的哲学基础，党的新民主主义革命、社会和文化的理论，党的军事理论，党的政策策略理论及党的建设理论。这表明，毛泽东思想已逐步成熟。既然如此，那么，就有必要对它进行深入的阐述与宣传，以便在伟大的中国革命中发挥应有的指导作用。

（二）是应对复杂的国内外形势、指导中国革命实践的需要

延安时期，中国革命所面临的国内外形势和社会矛盾异常复杂和尖锐。抗日战争的爆发，一方面，使得日本帝国主义和中华民族的矛盾上升为中国社会的最主要矛盾；另一方面，也使得国内各阶级、阶层、政治集团和派别之间的矛盾得到了最为充分的展开。同时，又使得日本帝国主义和其他帝国主义国家之间的矛盾，以及中国同其他国家之间的矛盾不断发生重组。可以说，抗日战争是"中国革命的一个新阶段，而且是最伟大、最活跃、最生动的一个新阶段"。③ 阶级矛盾和民族矛盾并存，民族解放与民主革命两个任务并存，国民党和共产党两个领导中心并存，形成了民族斗争与阶级斗争两种矛盾交织在一起而以民族斗争为主的复杂局面。这需要中国共产党作出正确的回答和处理，否则就不能取得抗日战争的胜利。

---

① 《关于建国以来党的若干历史问题的决议》，人民出版社 1983 年版，第 47 页。
② 《邓小平文选》第 2 卷，人民出版社 1994 年版，第 292 页。
③ 《毛泽东选集》第 2 卷，人民出版社 1991 年版，第 567 页。

而抗日战争结束后，虽然取得了民族战争的伟大胜利，但中国的形势依然复杂。美帝国主义实行扶蒋反共的政策，妄图变中国为它的附庸；蒋介石一面抢夺胜利果实，一面玩弄和平阴谋；还有一些民主党派幻想走第三条道路。此时，阶级矛盾上升为主要矛盾，民族战争转变为国内战争，中国又面临着两种命运、两种前途的大决战。为了解决这些重大的复杂的现实问题，取得中国革命的最后胜利，迫切需要以中国化的马克思主义——毛泽东思想来指导中国革命。而指导的前提就是要系统阐述和广泛宣传毛泽东思想。

（三）是统一全党思想、反对各种错误认识，加强党的思想建设的需要

延安时期尤其是初期，我们党内存在着比较严重的非无产阶级思想，主要表现为：一是王明的右倾投降主义。王明抹杀共产党的全面抗战路线同国民党的片面抗战路线的原则分歧，认为国民党是抗战的领导者，否认共产党的领导作用；否认独立自主原则，主张"一切服从统一战线"、"一切经过统一战线"；轻视共产党领导的游击战争和人民军队以及敌后抗日根据地的作用，幻想依靠国民党军队求得速胜；赞同国民党"统一军令"的主张，提出"七个统一"。由于王明打着共产国际的旗号，使党内不少人（包括一些领导人）一时不能明辨是非，认为王明才是"理论家"，造成了很大的思想混乱。二是新党员中的非无产阶级思想。抗战爆发后，由于革命形势的迅速发展，党员队伍也迅速扩大。但是当时一些新发展的党员，绝大多数出身于农民和小资产阶级家庭，马克思主义理论水平较低，思想中存在着比较严重的个人主义、绝对平均主义和极端民主化等非无产阶级意识，这就容易被披着马克思主义外衣的主观主义、宗派主义所蒙蔽，成为党内错误倾向滋长的温床。三是党在历史上的历次机会主义，特别是教条主义，还没有从思想根源上彻底清算，主观主义等不良思想在党内还广泛存在。这严重妨碍了党的团结和统一，影响了中国革命的发展。因此，为了克服党内存在的各种非无产阶级思想，建设一个政治上、思想上、行动上统一的大党，必须系统阐述和广泛宣传毛泽东思想，用毛泽东思想武装全党。

（四）是反对国民党蒋介石反共宣传的需要

抗日民族统一战线的建立，为各方人士携手抗日、共赴国难创造了十分有利的条件。但国民党却言行不一、出尔反尔，不仅消极抗日，而且始终未放弃反共立场，不断制造各种事端，攻击共产党。1939年冬至1940年春，国民党发动了第一次反共高潮，在军事上展开进攻的同时，也在思想战线上发动攻势，公开叫嚣"一个主义、一个政党、一个领袖"的专制主义，要求取消边区和八路军，取消马克思主义和共产主义。1943年3月，蒋介石又发表了《中国之命运》一书，极力歌颂封建主义和法西斯主义，公开反对共产主义，诬蔑共产党领导的人民武装是"新式军阀"，还大量出版其他反共、反民主的书刊，企图压制和扼杀进步文化。同年5月，国民党顽固派又利用共产国际解散之机，大肆制造反共舆论，叫嚷"马列主义已经破产"，"共产主义不适用于中国"，要求"解散共产党"，"取消陕北特区"。同时，国民党的一些反共文人也发表文章，歪曲和攻击毛泽东思想。如1941年，原国民党御用文人叶青认为，"毛泽东主义"就是"中国的农民主义"，是"太平天国洪秀全的一个再版"。这无疑是对毛泽东思想的极大歪曲和攻击。为了反击国民党在思想领域掀起的反共、反民主的逆流，在政治上树立毛泽东的领袖地位，在思想上确立毛泽东思想的指导地位，也需要对毛泽东思想进行全面阐述和广泛宣传。

二　延安时期毛泽东思想阐述与宣传的基本历程

延安时期，党的领导人和理论工作者对毛泽东思想的阐述与宣传大致可分为3个阶段：1938—1942年为第一个阶段；1943—1944年为第二个阶段；1945年为第三个阶段。这3个阶段既紧密联系、一脉相承，又各有侧重，有一定的层次，是一个逐步展开、逐步系统、逐步深入的过程。

（一）1938年10月—1942年年底：毛泽东思想的最初阐述与宣传

众所周知，1935年1月召开的遵义会议，实际上确立了毛泽东在全党的领导地位。但是，这种"确立"是初步的。到1938年年初，毛泽东的领导地位，并不稳固，曾两次受到大的冲击：一次是张国焘企图夺取中央的领导权；另一次是王明企图取代毛泽东。直到1938年10月党的六届六中全会的召开，毛泽东的领导地位才稳固下来。从此，党内对毛泽东思想的阐述和宣传才逐渐多起来。在中共领导层中，较早对毛泽东思想进行阐述和宣传的是王明。1940 年 5 月 3 日，在"泽东青年干部学校"的开学典礼上，王明作了《学习毛泽东》的讲演，从 3 个方面评价和阐释了毛泽东及其理论：一是充分肯定了毛泽东。认为，在农民工作中，他是一个有名的农民工作大王；在军事工作中，他是伟大的战略家；在政权工作中，他是天才的政治家；在党的工作中，他是公认的领袖。二是着重论述了毛泽东在理论和实践上的新创造：建立了工农民主专政的苏维埃政权；创立了新的中国的工农红军；把游击战争提高到战略地位；正确地制定了抗日民族统一战线政策，保证了民族团结和抗战坚持；提出了建立新民主主义政权的理论。三是要学习毛泽东五种精神："忠于革命的精神"，"勤于学习的精神"，"勇于创造的精神"，"长于工作的精神"，"善于团结的精神"①。这是中国共产党人第一次较系统地阐述毛泽东的思想，虽然比较简略，也没有使用毛泽东思想一词，但初步概括了毛泽东思想的一些基本内容。1942 年 7 月，为了纪念中国共产党成立 21 周年，党的领导人朱德、陈毅等纷纷撰文阐述毛泽东的理论。朱德指出：在毛泽东的领导下，"今天我们党已经积累下了丰富的斗争经验，正确地掌握了马列主义的理论，并且在中国革命的实践中创造了指导中国革命的中国化的马列主义的理论"。② 陈毅从中国社会性质、革命的动力、前途及革命战略和策略问题，革命战争问题，苏维埃政权问题，建党问题，思想方法问题 5 个方面论述了毛泽东的新创造，并指出毛泽东创立了正确的思想体系。③ 与此同时，党的理论工作者也开始了对毛泽东思想的阐述与宣传。1940 年 7 月，杨松谈到了毛泽东的军事贡献。他说："关于建立新的人民的革命军队和军事战略战术的学说，中国共产党以毛泽东同志为首，发挥了和具体化了马克思、恩格斯、列宁、斯大林关于战争和军事的学说（如像毛泽东同志在十年内战中战略和战术的发挥，在目前抗战中所著的《论持久战》和《论新阶段》）。"④ 1941 年年初，张仲实论述了以毛泽东为首的中国共产党在 20 年来的革命斗争中，不仅学会了把马列主义应用于中国的实际，"而且在

----

① 王明：《学习毛泽东》，《新中华报》1940 年 5 月 7 日。
② 朱德：《纪念党的二十一周年》，《解放日报》1942 年 7 月 1 日。
③ 陈毅：《伟大的二十一年》，《解放日报》1942 年 7 月 1 日。
④ 杨松：《关于马列主义中国化的问题》，《中国文化》1940 年第 1 卷第 5 期。

殖民地半殖民地革命问题上，已经向前推进了马列主义……毛泽东同志的《论持久战》、《论新阶段》、《新民主主义论》等著作，是中国的最优秀的真正马列主义的作品"。① 张如心是党内阐述、宣传毛泽东思想最为杰出的理论工作者，从 1941 年 2 月到 1942 年 2 月的一年里，他连续发表 6 篇文章②，对毛泽东思想进行了深入阐述和宣传：一是高度评价了毛泽东。认为，毛泽东不仅是"我党最好的领袖，最好的理论家、战略家，而且他同时又是我党最优秀的马列主义宣传家、鼓励家、教育家"。③ 二是论述了毛泽东思想的主要内容及精神实质。认为，毛泽东思想包括思想路线、政治路线、军事路线 3 个部分，毛泽东的理论是马列主义理论在中国的运用和发展，是中国的马列主义。三是初步界定了毛泽东思想的内涵。认为，"毛泽东主义绝不是什么农民主义、洪秀全主义，它是 20 世纪的中国无产阶级的理论和策略，是中国民族解放和社会解放的科学武器"。④ 四是强调全党必须学习毛泽东著作和方法，把马列主义与中国革命的实践结合起来。

在毛泽东思想阐述与宣传的过程中，邓拓也作出了较大贡献：一是关于"毛泽东思想"概念的提法，邓拓分别使用了"毛泽东主义"、"毛泽东同志的学说"及"毛泽东同志的思想"三个概念。二是关于毛泽东思想的内涵，邓拓认为，毛泽东主义是中国的马列主义，是中国共产党领导中国革命的理论与策略的统一完整的体系。⑤ 三是关于毛泽东思想的内容，邓拓从 3 个方面进行了归纳，即：在思想方法上，毛泽东坚持马列主义与中国革命相结合，强调调查研究，反对主观主义，坚持唯物辩证法；在政治路线上，毛泽东创立了"三三制"的政权，提出了统一战线、武装斗争、党的建设三大基本问题；在军事路线上，毛泽东提高了游击战的战略地位，创造了中国革命军队的组织形式和建设原则。四是他提出每一个

① 张仲实：《掌握创造性的马克思主义——为纪念列宁逝世十七周年而作》，《解放》1941 年第 123 期。

② 《论布尔什维克的教育家》（1941 年 3 月），《在毛泽东同志的旗帜下前进》（1941 年 4 月），《论创造性的学习》（1941 年 7 月），《理论与实践的统一，干部修养问题之一》（1941 年 8 月），《八路军军政学院的教育方针》（1941 年 8 月），《学习和掌握毛泽东同志的理论和策略》（1942 年 2 月）。

③ 张如心：《论布尔什维克的教育家》，《共产党人》1941 年第 16 期。

④ 张如心：《学习和掌握毛泽东同志的理论和策略》，《解放日报》1942 年 2 月 18 日。

⑤ 《邓拓文集》第 1 卷，北京出版社 1993 年版，第 46 页。

共产党人都必须学习掌握毛泽东主义，以毛泽东主义武装自己。综上所论，这一阶段，党的领导人和党的理论工作者对毛泽东思想进行了初步阐述与宣传，主要表现在五个方面：一是初步使用了"毛泽东主义"、"毛泽东同志的学说"及"毛泽东同志的思想"等概念来表述毛泽东思想；二是初步界定了毛泽东思想的内涵，即毛泽东思想是关于中国革命的理论，是马列主义与中国革命实践结合的产物，是中国的马列主义；三是从思想、政治、军事等方面初步阐述了毛泽东思想的内容；四是初步评价了毛泽东思想的作用与地位；五是学习毛泽东思想，用毛泽东同志的思想武装全党。

（二）1943—1944 年：毛泽东思想的多方面阐述与宣传

1943 年是党的领导人和党的理论工作者阐述和宣传毛泽东思想较为集中深入的一年。出现这种情况，除了背景中提到的原因之外，还有以下几点缘由：一是 1943 年 3 月，毛泽东被推选为政治局主席和书记处主席，在组织上正式成为党的领袖，因此非常有必要深入阐述和宣传毛泽东思想。二是为了更好地反对教条主义，必然从正面对中国化的马克思主义——毛泽东思想进行系统阐述和宣传。三是为了反击国民党在思想领域掀起的反共、反民主逆流，中国共产党需要鲜明地举起自己的思想旗帜。四是 1943 年 5 月共产国际的解散，也为中国共产党树立自己的旗帜提供了宽松的国际环境。1943 年 6 月，为纪念中国共产党成立 22 周年，任弼时率先发表文章，对毛泽东思想进行了阐述，指出：毛泽东"真正使马克思主义不是教条，而是行动的指南，真正使马列主义的普遍真理与中国革命的具体实践相结合，真正使马列主义具体化、中国化，并有新的发展"。"毛泽东同志的思想方法与工作方法最大的特点，就是他的强烈的群众观念，他的虚心向群众学习的态度。他使理论与实践统一，学习与工作一致。"[①] 7 月 4 日，朱德发表文章指出，中国共产党是马列主义的普遍真理与中国革命的具体实践相结合的党，它吸收了世界各国工人运动的宝贵经验，继承了中国几千年历史积累下的优良遗产，在大革命、土地革命、抗日战争三大阶段中锻炼和丰富了自己。它把马列主义中国化了，这种光辉的成就，体现在我们党有了伟大的领袖毛泽东同志及以毛泽东同志为首的

---

① 《任弼时选集》，人民出版社 1987 年版，第 304 页。

党中央。① 1944 年，他又进一步指出，毛泽东的思想，就是实事求是，群众观点。7 月 6 日，刘少奇发表文章论述了毛泽东思想的产生机制及其科学性。认为，毛泽东思想是在长期复杂的革命斗争中产生的，是真正的马克思主义，它不仅坚持了马克思主义的精神实质，而且将马克思主义与中国的实际结合起来，用马克思主义去分析、解决中国实际问题。文章还要求，一切干部、党员，都应用毛泽东的思想来武装自己，并以此清算党内的孟什维主义思想。②

7 月 8 日，王稼祥发表的文章不仅第一次正式提出"毛泽东思想"这个概念，而且阐述了毛泽东思想的科学内涵和理论地位，具有开创意义。他说："中国民族解放整个过程中——过去现在与未来——的正确道路就是毛泽东同志的思想，就是毛泽东同志在其著作中与实践中所指出的道路。毛泽东思想就是中国的马克思列宁主义，中国的布尔什维主义，中国的共产主义。"毛泽东思想"是马克思列宁主义与中国革命运动实际经验相结合的结果"，"是引导中国民族解放和中国共产主义到胜利前途的保证"。③

8 月 6 日，周恩来发表文章指出："我们党二十二年的历史，证明只有毛泽东同志的意见是贯穿着整个历史时期，发展成为一条马列主义中国化，也就是中国共产主义的路线。毛泽东同志的方向，就是中国共产党的方向。毛泽东同志的路线，就是中国的布尔什维克的路线。"④

12 月 4 日，邓小平在北方局党校整风运动会上的讲话中，不仅使用了毛泽东思想的概念，而且明确指出我们党及其中央是以毛泽东思想为指导的。他说："我党自从一九三五年一月遵义会议之后，在以毛泽东为首的党中央领导之下，彻底克服了党内'左'右倾机会主义，一扫主观主义、宗派主义和党八股的气氛，把党的事业完全放在中国化的马列主义，即毛泽东思想的指导之下，直到现在已经九年的时间，不但没有犯过错误，而且一直是胜利地发展着。"⑤

此外，彭德怀、罗荣桓、陆定一等中央领导人也纷纷发表文章从多方

① 《毛泽东选集》第 1 卷，苏中出版社 1945 年版，第 1 页。
② 《刘少奇选集》（上卷），人民出版社 1981 年版，第 300 页。
③ 王稼祥：《中国共产党与中国民族解放的道路》，《解放日报》1943 年 7 月 8 日。
④ 《周恩来选集》（上卷），人民出版社 1980 年版，第 137—138 页。
⑤ 《邓小平文选》第 1 卷，人民出版社 1994 年版，第 88 页。

面阐述和宣传了毛泽东思想。① 在此期间，党的理论工作者何长工、艾思奇、周扬等也撰文从不同角度阐释了毛泽东思想。何长工提出，中国共产党在毛泽东的领导下把马列主义中国化了，毛泽东创造了一套完整的军事原理原则。艾思奇认为，只有毛泽东根据中国的实际发展和具体化了的辩证法唯物论，才是人民的革命的哲学。周扬在《解放日报》上发表文章，较全面地研究了毛泽东的文艺思想。

综上所述，这一阶段党的领导人和理论工作者对毛泽东思想有了进一步的阐述与宣传，集中体现在五个方面：一是明确提出了"毛泽东思想"这一概念，为党的七大正式使用"毛泽东思想"概念奠定了基础；二是进一步阐发了毛泽东思想的内涵，认为毛泽东思想是马列主义的普遍真理与中国革命的具体实践相结合的产物，是中国的马克思主义；三是从思想、政治、军事、文艺等方面进一步概括了毛泽东思想的内容，并指出其实质是实事求是、群众观点，这是较早对毛泽东思想灵魂的探讨；四是高度评价了毛泽东思想的重要价值；五是进一步倡议全党要学习和宣传毛泽东思想。

（三）1945 年：毛泽东思想的系统阐述与宣传及毛泽东思想指导地位的确立

1945 年召开的中共七大是毛泽东思想发展史和宣传史上的重要里程碑。七大期间，党的领导人纷纷发言，全面深入地阐述了毛泽东思想，并作出了高度评价，大大推动了毛泽东思想的成熟及其确立为党的指导思想。

1945 年 4 月 23 日，任弼时在七大的开幕讲话中指出："中国人民……把希望寄托在我们党的身上，寄托在我们党的领袖毛泽东身上"，"毛泽东三个字不仅成为中国人民的旗帜，而且成为东方各民族争取解放的旗帜！"②

同一天，周恩来在大会的演说中说：中国共产党之所以能够锻炼成为不仅在中国而且在世界也是一个很强大很有能力的共产党，最主要的是，

---

① 彭德怀：《民主政治与三三制政权》；罗荣桓：《学习毛泽东同志的思想》；陆定一：《为什么整风是党的思想革命》。参见《毛泽东选集》第 1 卷代序 "论毛泽东思想"，苏中出版社 1945 年版，第 13—15 页。

② 《任弼时选集》，人民出版社 1987 年版，第 383 页。

毛泽东同志的英明领导。他指示了我们以新民主主义的方向，教育了我们以中国马克思主义的思想和学说，领导了我们经过三个历史时期，创造了伟大的革命力量，经历了无数次革命斗争，克服了无数艰难困苦，达到了今天的初步胜利。朱德在演说中也指出：二十四年的历史证明了……毛泽东同志的指导是完全正确的。"毛泽东同志的正确政治方针与正确军事方针的结合，就造成了人民军队，造成了解放区，造成了解放区三三制的民主联合政府，造成了解放区真正的人民战争，并使解放区战场所进行的战争能够争取不断的、伟大的胜利。"①

5月2日，张闻天作了长篇发言，其中着重谈了对毛泽东思想的认识。指出，毛泽东的思想与作风，是马克思主义在中国的发展，因此，是全党必须学习的课程，毛泽东不但是中国革命的行动家，而且也是中国革命的理论家。5月14日，刘少奇在《关于修改党章的报告》中，集中阐述了毛泽东思想的含义、内容、产生的必然性及毛泽东思想的理论与实践意义等问题。这一阶段，党的领导人对毛泽东思想的阐述与宣传更加系统、深入，主要表现在以下几个方面：第一，关于毛泽东思想的成因。党的领导人认为：一是毛泽东思想是近现代以来中国革命实践的产物。一百多年来，中国人民为民族独立和自己解放而进行的丰富的革命实践，是毛泽东思想产生的基础。二是毛泽东思想是在斗争中形成的。它不仅是在和国内外各种敌人进行革命的斗争中，同时也是在和各种错误的机会主义的斗争中，生长和发展起来的。三是毛泽东思想是高度的科学精神与革命精神相结合的产物。毛泽东在理论上大胆创造，抛弃马克思主义理论中某些已经过时的、不合适中国具体环境的个别原理和结论，而代之以适合中国历史环境的新原理和新结论，实现了马克思主义中国化。

第二，关于毛泽东思想的科学内涵。党的领导人界定为：一是毛泽东思想是马列主义理论与中国革命实践相统一的思想，中国的马克思主义。二是毛泽东思想是马列主义在目前时代的殖民地、半殖民地、半封建国家民族民主革命中的继续发展，是马克思主义民族化的优秀典型。三是毛泽东思想是中国共产主义的理论与实践。②

第三，关于毛泽东思想的主要内容。党的领导人概括为："关于现代

① 《朱德选集》，人民出版社1983年版，第136页。
② 《邓小平文选》第1卷，人民出版社1994年版，第333—334页。

世界情况及中国国情的分析，关于新民主主义的理论与政策，关于解放农民的理论与政策，关于革命统一战线的理论与政策，关于革命战争的理论与政策，关于革命根据地的理论与政策，关于建设新民主主义共和国的理论与政策，关于建设党的理论与政策，关于文化理论与政策等。"①

第四，关于毛泽东思想的基本特点。党的领导人归纳为：一是毛泽东思想是中国化的马克思主义，它既坚持了马克思主义又符合中国实际。二是毛泽东思想"是发展着与完善着的中国化的马克思主义"。② 三是毛泽东思想是创造性的马克思主义，它对马克思主义作出了独特的发展，使之适合于中国的特殊国情。

第五，关于毛泽东思想的意义与价值。党的领导人从中国共产党和中华民族的生存和发展的高度进行了评价，指出：毛泽东"是我们党和现代中国革命的组织者和领导者"，也是"天才的创造的马克思主义者"，他"为灾难深重的中国民族与中国人民指出了达到彻底解放的唯一正确的道路——毛泽东道路"；中国革命的历史事实已经反复证明，毛泽东思想"是我们党的唯一正确的指导思想，唯一正确的总路线"。③

党的领导人号召要用毛泽东思想来武装全党干部和全国人民，使毛泽东思想变为实际的不可抗御的力量。总之，延安时期，党的领导人和党的理论工作者对毛泽东思想的系统阐述与大力宣传，极大地推动了毛泽东思想的形成和成熟，有效地扩大了毛泽东思想在全党、全国的影响，为毛泽东思想在全党指导地位的确立，以及为中国革命的胜利，奠定了坚实的思想理论基础。党的七大通过的《党章》规定："中国共产党以马克思列宁主义的理论与中国革命实践之统一的思想——毛泽东思想，作为自己一切工作的指针，反对任何教条主义的或经验主义的偏向。"④ 这一规定，标志着毛泽东思想在全党指导地位的确定，标志着毛泽东思想的成熟。党在理论上的成熟，是政治上成熟的基础。这标志着中国共产党已成为一个完全成熟的马克思主义政党。从此，中国共产党和中国革命在毛泽东思想的指导下，进入了一个新的发展阶段。

---

① 《刘少奇选集》（上卷），人民出版社1981年版，第335页。
② 同上。
③ 同上书，第319—337页。
④ 同上书，第332页。

三 延安时期毛泽东思想阐述与宣传的经验启示

（一）阐述与宣传是推进马克思主义研究和大众化的重要途径

科学理论的价值是在实践中体现出来的。一个科学的理论形成之后，要发挥它认识世界和改造世界的指导作用，就必须为信仰这一理论的骨干分子所掌握，为广大人民群众所掌握。而要做到这一点，就需要对该理论进行深入系统的阐述和广泛大力的宣传。毛泽东思想是马克思列宁主义普遍原理和中国革命具体实践相结合的产物，是被实践证明了的关于中国革命的科学的理论体系。延安时期，党不仅认识到毛泽东思想的正确性和重要性，而且也认识到阐述、宣传毛泽东思想的必要性与重要性。从党的领导人刘少奇、周恩来、张闻天、王稼祥等到党的理论工作者张如心、邓拓、艾思奇等，都纷纷发表文章或讲话，有的甚至数次发表文章或讲话，从各个方面阐述和宣传毛泽东思想。正因为有了这些阐述和宣传，才有力地推动了毛泽东思想的形成与成熟，并被确立为党的指导思想，才推动了毛泽东思想的普及与大众化。

今天，虽然中国的情况与延安时期完全不一样了，理论阐述与宣传的手段和途径也更丰富更先进了，但是，理论阐述与宣传仍然是推动马克思主义研究和大众化的重要途径。尤其是当前，国内外形势正在发生广泛而深刻的变革，意识形态与思想文化领域的交流、交融、交锋十分复杂、多变，因此，推进社会主义核心价值体系建设，确立中国特色社会主义的共同理想，以当代中国马克思主义引领各种社会思潮显得异常重要。而要做到这一点，一方面要通过理论阐述，讲清楚马克思主义特别是中国化马克思主义的科学性、指导性和发展性；另一方面又要通过宣传，让人民了解、认识，并在同各种主义、思潮的比较中自觉接受和信仰马克思主义，特别是中国化的马克思主义。同时，还要进一步推进当代中国马克思主义与群众现实生活相结合，将这种理论或价值观渗透到群众的各种生活形态中去，通过生动、通俗的群众语言来表达，使群众看得明，听得懂，学得进，当代中国马克思主义才会受到群众欢迎，才能在形形色色的社会思潮中发挥引领作用。

（二）党的理论工作者是推进马克思主义研究和大众化的重要力量

延安时期，党的理论工作者为阐述和宣传毛泽东思想作出了突出的贡献。这一时期，张如心、邓拓、艾思奇等曾发表多篇文章，从毛泽东思想的概念提法、内涵界定、内容体系、地位作用和学习运用等视角来阐述和宣传毛泽东思想；何长工、张平化、周扬等也发表文章从辩证法唯物论、中国化马克思主义和文艺思想等方面来阐述和宣传毛泽东思想。这些文章不仅较全面深入地研究了毛泽东思想，而且为广大党员群众学习和掌握毛泽东思想提供了十分有益的帮助，大大扩大了毛泽东思想的影响。不仅如此，针对国民党对"一个主义、一个政党、一个领袖"的叫嚣鼓噪、对毛泽东思想的诬蔑歪曲以及对"马克思主义中国化"的否定诋毁，艾思奇、邓拓等还积极撰文深入地批判了蒋介石的"力行哲学"、陈立夫的"唯生论"、阎锡山的"中的哲学"以及叶青等人反对马克思主义中国化的论调，全面阐述了马克思主义中国化的必要性、科学内涵及毛泽东思想的正确性，从而大大捍卫和宣传了马列主义、毛泽东思想。

新时期，尽管时代和社会发生了翻天覆地的变化，然而理论工作者在马克思主义大众化过程中的重要地位与作用并没有改变。推动当代中国马克思主义大众化，仍然需要发挥理论工作者的重要作用。这是因为，当代中国马克思主义的学习、研究、宣传和普及，不仅要从实际出发，对马克思主义基本原理和科学精神进行准确地把握和运用，而且要结合新的实践不断推进理论创新与普及。在这个过程中，专业化的理论队伍至关重要。如果没有一支理想信念坚定、专业基础扎实、理论素养较高的专业化队伍，是很难推进马克思主义研究和大众化工程的。

（三）党的纪念活动和重要会议是推进马克思主义研究和大众化的重要平台

中国共产党纪念活动和重要会议是一种政治仪式、政治象征，也是一种政治动员、政治宣传，具有独特的政治功能和效应。依托党的纪念活动和重要会议，通过发表纪念文章社论、开展纪念活动和大会讲话发言等丰富多彩的形式，可以回顾党的历史，总结党的经验，阐明和贯彻党的路线、方针、政策，阐述和宣传党的重要领导人的思想理论。在延安时期，党的领导人和党的理论工作者就充分利用了党的纪念活动和重要会议，积极阐述和宣传毛泽东思想，收到了良好的效果。1942年7月1日，为了纪念中国共产党成立21周年，党的领导人朱德、陈毅和党的理论工作者邓拓等分别发表文章，对毛泽东思想的提法、定义、内容及地位等问题进行了初步阐述和宣传。1943年7月，为了纪念中国共产党成立22周年，任弼时、刘少奇、朱德、王稼祥等领导人又分别发表文章，不仅首次正式提出了"毛泽东思想"这一概念，科学界定了其内涵，进一步阐述了其内容，而且概要地说明了毛泽东思想的形成机制和理论地位。党的七大召开期间，任弼时、周恩来等党的领导人的讲话，更加深入地阐述了毛泽东思想，并作出了高度评价。特别是刘少奇在大会上所作的《关于修改党章的报告》，第一次把毛泽东思想的内容概括为9个方面，并号召全党学习和宣传毛泽东思想，按照毛泽东思想的要求去工作。经过讨论，大会将毛泽东思想确立为中国共产党的指导思想。显然，党的纪念活动和重要会议极大地推动了毛泽东思想的形成发展和宣传普及。

党的纪念活动和党的重要会议是中国共产党重要的政治资源。在新的历史条件下，合理发掘和充分利用这一重要的政治资源，对于继续推进当代中国马克思主义大众化，仍具有重要意义。我们应当有意识、有目的、有计划、积极充分地利用党的纪念活动和重要会议，通过召开纪念大会、发表纪念文章、出版纪念特刊专辑、强化理论阐述与宣传等多种形式，营造一种声势和氛围，引起社会的广泛关注，进一步确立当代中国马克思主义在大众中的统领地位，增强大众对当代中国马克思主义的价值认同，从而实现更好地诠释、传播、运用当代中国马克思主义的目的。

总的来说，延安时期党的领导人与理论工作者对毛泽东思想的阐述与宣传是客观的、科学的，既符合唯物史观的立场，也顺应了中国革命发展的实际需要，为毛泽东思想的成熟、普及及其在全党指导地位的确立起到了重要作用，并为党的理论宣传积累了丰富的经验。但是，毋庸讳言，当年的阐述与宣传也存在着明显的不足：一是对毛泽东思想形成的社会历史条件阐述得不够充分；二是没有强调毛泽东思想是中国共产党集体智慧的结晶，而是过分强调了毛泽东的"天才创造"，这已显露出对毛泽东的个人崇拜的端倪；三是没有指出毛泽东思想要在今后的实践中不断经受检验。这些在当年难以觉察的问题，对以后的影响却是显而易见的。

（原载《毛泽东邓小平理论研究》2012年第4期）

解放战争时期毛泽东与党内
报告制度的建立

解放战争后期，战争形势迅速发展亟须克服党内军内存在的无纪律、无政府状态，保证政令军令畅通，为此，中共中央和毛泽东建立了党内请示报告制度并对该制度作了具体规定。这一报告制度的建立对解放战争的胜利起了重要作用，对新时期党的制度建设仍有重要价值。

一　建立党内报告制度的原因

解放战争时期革命形势发展迅速，为了加强党的集中领导，保证政令军令畅达，毛泽东主要出于历史和现实两方面的考虑，建立了党内请示报告制度。

（一）党内军内长期存在的无纪律无政府状态严重影响党的工作，是毛泽东建立党内报告制度的根本原因

革命战争时期，由于各地革命形势发展不平衡，党及其领导的人民军队和红色政权长期处在敌人白色政权的包围和分割之中，对处在开展游击战争和实行武装割据环境状况下的各地方党组织与军事领导机关，中共中央给予了较大的"自治权"，这对发挥地方党组织积极性，克服和度过当时困难形势具有积极作用，但也产生了一定程度上的无纪律、无政府状态的负面影响，"这种状态，给予革命利益的损害，极为巨大"①，"已相当

---

① 《毛泽东选集》第4卷，人民出版社1991年版，第1332页。

严重地影响了党的工作的发展"①。这种无政府、无纪律状态主要有以下几个方面：其一，某些地方的党组织和军队的领导机关由于受游击主义、地方主义和经验主义的干扰，从狭隘的经验论出发，自行其是，擅自修改中共中央的政策和策略，"不但不请示中央甚至也不请示中央局"②。一些地区的党组织在土改的过程中，片面照顾贫雇农的要求和情绪，竟提出"村里的一切事，由贫农团领头来办"、"贫雇农打江山坐江山"等"左"倾错误口号。其二，某些地方党组织和军队的领导机关各自为政，将自己管理的地方看成是一个不服从上级领导的"独立王国"。例如，在解放战争中攻占大城市后，某部门未经上级请示报告，就擅自切断外国领事馆内的自来水供应、通信和电源③，将三国领事馆人员也都统统软禁起来，与苏联订立商业性协定等私自处理外事问题；有些宣传部门违反党的宣传纪律，未经中央同意，就自作主张，率先在当地报纸上披露影响全国的重大消息。其三，无政府无纪律状态严重影响了军纪，违反军纪的事件常有发生。有些部队的后勤人员借口"军用"而没收蒋伪敌产，"侵犯工商业，搬运器材，拆卸零件，拿走皮带，损害工厂设备"；某些后方机关的生产人员，不顾党纪军纪，为本单位利益"到新收复的城市抢购物资，做买卖，扰乱新收复城市的金融物价"④。有的地方乱打乱杀现象严重，例如有农会明文规定：对于农村中地主、恶霸等人员，"村有杀人之权"，出现了"大家要怎样惩办，就怎样惩办"⑤ 的现象。

（二）解放战争形势的迅速发展迫切要求加强中央与地方的密切联系，是毛泽东建立党内报告制度的现实原因

在解放战争进入战略反攻阶段，党的工作必须适应形势发展以实现"三个转变"，即："战争形式由游击战争向正规战争转变，解放区的工作

---

① 《毛泽东文集》第 5 卷，人民出版社 1996 年版，第 72 页。

② 中共中央文献研究室：《毛泽东年谱（1893—1949）》（下卷），中央文献出版社 2002 年版，第 291 页。

③ 赵宝煦：《跨世纪的中美关系——中美学者论中美关系的现状与前景》，东方出版社 1999 年版，第 273 页。

④ 中央档案馆编：《中共中央文件选集》第 17 册，中共中央党校出版社 1992 年版，第 211 页。

⑤ 山西省档案馆编：《晋绥边区财政经济史资料选编（农业编）》，山西人民出版社 1986 年版，第 374 页。

由分散向集中转变，全党工作的重心由乡村向城市转变。"① 战争形式的转变，迫切要求全党全军始终与中央保持高度一致，将权力统一于中央，要求党缩小地方的"自治权"。一方面，中共七大以后，由于没能把党内请示和报告制度化、经常化，有一些中央局和分局的领导，没能认识到向中央请示和报告的必要性和重要性，出现了地方领导机关不经中央及中央委托领导机关同意，"自由地迫不及待地粗率地冒险地规定及执行明显地违背中央路线和政策的某些政策"②，即使向中央作了请示和报告，也只是一些技术性的报告和请示，导致"中央不明了或者不充分明了他们重要的（不是次要的或技术性的）活动和政策的内容，因而发生了某些不可挽救的，或难以挽救的，或能够挽救但已受了损失的事情"；相反，"那些事前请示、事后报告的中央局或分局，则避免了或减少了这样的损失"。③ 另一方面，"各中央局和分局是受中央委任、代表中央执行其所委托的任务的机关，必须同中央发生最密切的联系。各省委或区委，同各中央局和分局也必须密切联系"。④ 此时，许多解放区已经连成一片，许多城市已经解放或即将解放，加强中央与地方的联系显得极为必要，"以便掌握运动的动态，随时互通情报，交流经验，及时纠正错误，发扬成绩。……全党迫切需要的，是不失时机的生动的具体的报告和指示"。⑤ 此外，随着党的工作重心由农村逐步转向城市，解放区逐渐扩大，地方各级新政权相继建立，党内请示报告制度就成了紧密加强中央与地方联系的桥梁。所以，毛泽东强调："从今年起（指 1948 年——引者注），全党各级领导机关，必须改正对上级事前不请示、事后不报告的不良习惯。"⑥

二 建立党内报告制度的过程

出于历史和现实等原因的考虑，从 1948 年 1 月至 9 月，中共中央和毛泽东在党内开展了反对无纪律无政府状态的斗争，建立起了党内请示报告

---

① 薄一波：《七十年奋斗与思考》（上卷），中共党史出版社 1996 年版，第 470 页。
② 《毛泽东文集》第 5 卷，人民出版社 1996 年版，第 86 页。
③ 《毛泽东选集》第 4 卷，人民出版社 1991 年版，第 1265 页。
④ 同上。
⑤ 同上书，第 1333 页。
⑥ 同上书，第 1265 页。

制度。1948 年 1 月 7 日，为坚决克服许多地方存在着的无纪律无政府状态的负面影响，毛泽东起草了党内指示《关于建立报告制度》（即"子虞电"），明确指出从当年起，全党各级领导机关必须反对无政府无纪律状态，各中央局和分局书记以及各野战军首长和军区首长必须定期向中央作报告，并对报告内容、发送方式、发送频率、报告日期等报告的内容和形式做了规定，标志着党内请示报告制度的正式提出。"子虞电"发出后，各级党组织认真贯彻实施党内请示报告制度并把该制度作为开展无政府无纪律状态斗争的切入点。同年 2 月，中共中央和中央军委再次发文指示，要求各级领导机关要充分认识到无政府无纪律状态对革命胜利的严重危害性，再次强调建立请示报告制度对取得解放战争胜利的重要意义，要求从中央到各兵团级都要建立和实行请示报告制度。为了保障党内报告制度得到有效落实，3 月 25 日，毛泽东在《中央关于建立报告制度的补充指示》中对党内请示报告制度做出了三项补充。由于东北局书记林彪未按照规定执行党内请示报告制度，中央对东北局和林彪作了批评。5 月 25 日，毛泽东在为中共中央起草的党内指示《一九四八年的土地改革工作和整党工作》对无纪律状态或无政府状态的具体表现形式作了列举，强调要"认真克服这种无纪律状态或无政府状态，将一切可能和必须集中的权力，集中于中央和中央代表机关"。① 为了加强党的组织纪律性和提高党员干部理论认识，中共中央号召全党学习列宁《共产主义运动中"左派"幼稚病》一文的第二章，6 月 1 日中央宣传部重印该书第二章前言，指出："如果领导中国革命的中国共产党没有极严格的真正铁的纪律……那么，我们就将不能取得全国革命的胜利。"② 党中央为克服宣传工作中存在的无纪律状况，于 6 月 5 日及时对宣传工作中如何落实请示报告制度做了具体规定。该规定强调了宣传部门也应实行请示报告制度，同时要求宣传工作必须严守党的宣传纪律。25 日，毛泽东又起草了《各中央局、分局、前委应向中央报告的事项》，具体规定涉及金融、外交、文教、军队等方面的十八项内容，上述单位必须严格执行请示报告制度。一个月之后，即 7 月 26 日，毛泽东针对某些单位和领导干部没有完全执行党内报告制度的情况，再次要求

---

① 《毛泽东选集》第 4 卷，人民出版社 1991 年版，第 1332 页。

② 中央档案馆编：《中共中央文件选集》第 17 册，中共中央党校出版社 1992 年版，第 189—190 页。

"彻底消灭事前不请示、事后不报告的不正确态度，彻底纠正存在着的某些严重的无纪律无政府状态"。① 8 月 9 日，党中央催促林彪执行请示报告制度，林彪于四天后致电中共中央表示"从此以后当坚决按期作报告"②。针对有些地方仍将自己指挥的兵团或机关部队视为不受约束的"独立国"，对无纪律状态的严重危害性仍未引起高度重视，8 月 14 日，毛泽东要求各兵团及军区负责人"严格执行及时的和完备的报告制度"。③ 9 月 8 日，毛泽东再次指出各单位要加强纪律性，要求从中央到地方"要在战争的第三年内，在全党全军克服无政府、无纪律状态"。④ 在 1948 年 9 月召开的政治局会议"九月会议"上，中共中央政治局一致通过了《关于各中央局、分局、军区、军委分会及前委会向中央请示报告制度的决议》（下文简称《决议》）。该《决议》规定了下级都要向上级请示报告的制度，同时对哪些是中央的决定权以及下级向上级请示备案制度等作了明确规定。至此，经过半年多时间，报告制度就建立起来了，并一直沿用至今。

三 建立党内报告制度的具体规定

毛泽东和中共中央通过一系列党内指示和通知形式，逐步确立了党内请示报告制度，对报告的撰写人、报告的内容、报告的形式以及如何落实请示报告制度等基本问题作出了具体规定。

（一）对报告的撰写人的规定

由谁写报告及写作态度，直接关系着报告的质量。一份报告能否真实客观的反映现实情况，关键看报告的撰写人对报告采取何种态度。毛泽东就对报告的撰写人作出了严格规定，他认为报告应该由"各中央局和分局，由书记负责（自己动手，不要秘书代劳）"⑤。书记是各级党组织的主

---

① 中共中央文献研究室：《毛泽东年谱（1893—1949）》（下卷），中央文献出版社 2002 年版，第 327 页。

② 双传学：《毛泽东干部教育思想研究——新民主主义革命时期》，江苏人民出版社 2006 年版，第 515 页。

③ 中共中央文献研究室：《毛泽东年谱（1893—1949）》（下卷），中央文献出版社 2002 年版，第 335 页。

④ 《毛泽东文集》第 5 卷，人民出版社 1996 年版，第 138—139 页。

⑤ 《毛泽东选集》第 4 卷，人民出版社 1991 年版，第 1264 页。

要负责人，由各中央局和分局的书记亲自撰写报告，可以使中央了解各地各方面的真实情况，领导亲自写报告不要秘书代劳，也是对领导干部要注重调查研究的要求；同时对报告撰写人写报告的态度也作了严格要求，指出：报告的撰写人必须以"实事求是，知之为知之，不知为不知的老实态度"写作报告①，报告要充分反映现实问题，以免使报告流于形式。战争时期对报告的准确性和时效性提出了极高的要求，毛泽东非常重视对整个战争局势的把握，他要求"书记在前线指挥作战时，除自己报告外，指定代理书记或副书记作后方活动的报告"，各野战军首长和军区首长对于"作战方针必须随时报告和请示"。②各书记前线的报告和代理书记或者副书记的后方报告，以及各野战军首长与军区首长根据战争发展状况而作的随时报告，给中央提供了全面可靠的信息，为其了解整个战争发展动态，以便制定科学的政策和策略提供了依据。

（二）对党内报告的内容的规定

报告的内容是报告的核心，它能否真实具体反映客观现实，直接影响到报告的价值。首先，报告的内容不应只局限于某一方面，而应反映现实情况的多方面。毛泽东基于解放战争形势需要考虑，指出：各党组织的报告的内容应"包括该区军事、政治、土地改革、整党、经济、宣传和文化等各项活动的动态"③，军事首长报告的内容应包括"关于该军纪律，物质生活，指战员情绪，指战员中发生的偏向，克服偏向的方法，技术、战术进步或退步的情况，敌军的长处、短处和士气高低，我军政治工作的情况，我军对土地政策、城市政策、俘虏政策的执行情况和克服偏向的方法，军民关系和各阶层人民的动向等"④。他认为反映上来的应该是带有政策性的综合性的报告，而不是作一些技术性或次要的报告和请示。随着党的工作重心逐步由农村转到城市，全面反映城乡各方面工作的报告，可使中央制定的方针政策更科学化。其次，报告的内容在对工作动态充分反映的同时，还应对所反映的问题提出解决方法。毛泽东认为报告应按照"反映现实情况——指出存在问题——提出解决办法"的逻辑写报告，报告内

---

① 中央档案馆编：《中共中央文件选集》第 17 册，中共中央党校出版社 1992 年版，第 366 页。
② 《毛泽东选集》第 4 卷，人民出版社 1991 年版，第 1265 页。
③ 同上书，第 1264 页。
④ 同上书，第 1266 页。

容不仅要反映"活动中发生的问题和倾向",而且要对报告中述及的具体材料及提出的问题应有具体"解决方法"①;"对于事前请示事后报告的内容,必须是有分析有结论的,而不是空洞无物的;必须是既说优点长处,又说缺点错误,而不是只说优点长处不说或少说缺点错误的"②。再次,毛泽东指出:报告"一次不能写完全部问题时,分两次写。或一次着重写几个问题,对其余问题则不着重写,只略带几笔;另一次,则着重写其余问题,而对上次着重写过的只略带几笔"。③ 有限的篇幅不能反映错综复杂的情况,而且战事紧急,报告的撰写人也不可能在一份报告中面面俱到地反映当时该地区所有的问题,所以报告的内容必须主题鲜明,规定一份报告着重反映一个问题是十分必要的。

(三) 对报告的形式的规定

毛泽东深知:报告的内容决定报告的形式,但报告的形式对做好报告具有重要价值。毛泽东在对报告的内容作出详细规定的同时,且对报告的形式作出了相应要求。报告的发送频率、发送方式、写作风格等是报告形式的主要构成元素。首先,毛泽东对报告的发送频率作了具体规定,他说:各中央局和分局的书记"每两个月,向中央和中央主席作一次综合报告","写发综合报告的日期是单月的上旬"④,各野战军首长和军区首长"每月作一次战绩报告、损耗报告和实力报告外,从今年起(1948 年——引者注),每两个月要作一次政策性的综合报告和指示"⑤,这里,他对各中央局和分局的书记和各野战军首长和军区首长对报告的发送频率作了不同要求,这主要是考虑到各自职责和分工不同,但都坚持定期定时作报告这一基本原则。毛泽东在坚持定期作报告这一原则的同时,又要依据现实情况的轻重缓急灵活处理,指出各军事首长对于作战方针要做到随时向中央报告与请示,各地党组织要根据形势的需要向中央及时报告和请示。其次,毛泽东对报告的发送方式也作了特别规定和要求。毛泽东要求各单位

① 《毛泽东选集》第4卷,人民出版社1991年版,第1264页。

② 中共中央文献研究室:《毛泽东年谱(1893—1949)》(下卷),中央文献出版社2002年版,第335页。

③ 《毛泽东选集》第4卷,人民出版社1991年版,第1264—1265页。

④ 同上。

⑤ 同上书,第1265—1266页。

党组织和军事首长要用电报的方式向中央及时报告请示，通过电报这种高效快捷的发送方式大大提高报告的时效性。以毛泽东为首的中共中央在《决议》中规定，根据事件轻重缓急和时间紧迫情况对报告的发送方式可作灵活选择，指出各种请示报告事项以及需送中央备审的文件材料等，时间紧迫者，由电报报告中央；时间不很紧迫者，关内各地应尽量用书面送达。① 最后，毛泽东对报告的字数和写作风格作了具体要求。毛泽东指出："报告文字每次一千字左右为限，除特殊情况外，至多不要超过两千字。"② 毛泽东认为：战火连天的岁月，各方面的工作繁杂，报告的文字简明扼要，指出问题或争论之所在，既能说明问题又可提高办事效率。

（四）对落实报告制度的规定

一项制度能否产生预期的效果，关键是看对如何落实该项制度做了哪些具体的规定。要从根本上克服党内军内存在的无政府无纪律状态，毛泽东以制定党内请示报告制度为抓手，对如何落实请示报告制度作了详细规定。首先，以毛泽东为首的中共中央充分认识到划分中央和地方权限的至关重要性，因而，1948 年政治局会议"九月会议"上通过的《决议》规定：决策权属于各地的事项，一律将决议、指示、条例、命令等，呈报中央备审，待中央批准后，始得执行③，避免了各级党组织因事无巨细而影响工作积极性的发挥。其次，毛泽东认为请示报告制度必须保证中央的权威，他指出：各地党委和军事单位"不得将自己和中央处于平列的地位，甚或向党内军内将自己造成高出中央的影响"④。再次，中央对地方的工作动态享有知情权。毛泽东在《关于建立报告制度的补充指示》中要求：中央局、分局和前委"对于下级发出的一切有关政策及策略性质的指示及答复，不论是属于何项问题……均须同时发给中央一份"，下级所作的"政策及策略性的报告，其内容重要者"，亦须同时告知中央；"每一个中央委员中央候补委员均有单独向中央或中央主席随时反映情况及陈述意见的义务及权利"⑤。此外，毛泽东对宣传部门如何落实请示报告制度也作了相应

---

① 中央档案馆编：《中共中央文件选集》第 17 册，中共中央党校出版社 1992 年版，第 365 页。
② 《毛泽东选集》第 4 卷，人民出版社 1991 年版，第 1264 页。
③ 吕澄：《党的建设七十年纪事（1919—1991）》，中共党史出版社 1992 年版，第 237 页。
④ 《毛泽东文集》第 5 卷，人民出版社 1996 年版，第 127 页。
⑤ 中央档案馆编：《中共中央文件选集》第 17 册，中共中央党校出版社 1992 年版，第 132 页。

要求："必须无条件地宣传中央的路线和政策，并不得在宣传中将中央和受中央委托执行中央的路线、政策和任务的机关处于平列的地位。"① 各地方党的负责人"对于带有全国性或全党性的问题的言论……凡其内容有不同于中央现行政策和指示者，均应事前将意见和理由报告中央批准"。②

四　党内报告制度的历史作用

解放战争时期，以毛泽东为首的中共中央建立的党内请示报告制度，对促进军队正规化建设和战争形式转变，克服党和军队中存在的无纪律无政府的现象，加强党的集中统一领导和转变干部作风等具有重大作用。

（一）改变了党和军队中存在的无纪律无政府的状况，促进了军队由游击战向正规战顺利转变随着解放战争规模不断扩展，战争局势不断发展

战略决战即将到来，党和人民军队要想取得战争的最后胜利并夺取全国政权，取决于能否实现由游击战向正规战顺利转变以及能否实行军队建设正规化。反对无政府无纪律状态的重要目的，就是要使全党全军紧跟战争形势，保证党的政策和策略落到实处。贯彻落实党内请示报告制度基本上使党和军队有力克服了长期存在的无纪律无政府状态，保证了战争形势顺利转变，实现了"军队向前进，生产长一寸，加强纪律性，革命无不胜"的革命号召，为解放战争取得最终胜利提供了保障。1948 年 8 月 22 日，毛泽东给东北局的复电中着重指出了建立请示报告制度的重要性，执行党内请示报告制度以克服无纪律无政府状态这一问题至关重要，"只有解决这一问题，才能由小规模的地方性的游击战争过渡到大规模的全国性的正规战争，由局部胜利过渡到全国胜利。这是许多环节在目前时期的一个中心环节，这个环节问题解决了，其他环节就可以顺利解决。"③ 党内请示报告制度的建立和实行，中央有了相对集中的权力，树立了中央权威，从而保证了全国上下一盘棋，有效地协调了各战区的统一作战行动。由于全党全军严格执行了及时而完备的请示报告制度，提供的准确、及时、全

---

① 《毛泽东文集》第 5 卷，人民出版社 1996 年版，第 127 页。

② 中央档案馆编：《中共中央文件选集》第 17 册，中共中央党校出版社 1992 年版，第 202—203 页。

③ 《毛泽东文集》第 5 卷，人民出版社 1996 年版，第 125 页。

面的信息有助于中央军委准确了解和控制全国各战区的真实情况，确保了军事战略和重大战役的完全统一，形成了战役行动上各地互相配合和统一调度的良好局面，人民军队在解放战争中掌握了主动权，为最终夺取战略决战和解放战争的完全胜利提供了保障。

（二）维护了党的权威与集中领导，加强了党的制度建设

组织内部越团结和睦，其凝聚力就越强，而组织的制度化建设是增强组织凝聚力的根本举措。党内请示报告制度是党的制度建设的重要内容，增强了党的集中统一，使全党全军严格遵守党的政治纪律和组织纪律，为严肃党纪军纪提供了制度保障。为把党内请示报告制度落到实处，毛泽东把党的纪律教育和政策教育贯穿于反对无政府无纪律斗争始终，使全党全军在思想上政治上组织上达到空前团结和统一。请示报告制度使党对军队实行绝对领导这一建军原则得以制度化和具体化，保证了党对军队的领导和指挥更加高效。1948 年 6 月，中央宣传部在《关于重印〈左派幼稚病〉第二章前言》中指出："如果我们不能实现全党的统一意志、统一行动与统一纪律，那么，我们就不能实现对于全国革命人民的统一领导，就不能克服革命阵营内部的各种动摇，就不能战胜敌人的各种反抗，就不能把四万万五千万人民的中国团结成为统一的国家。"① 由于中央要求党内厉行请示报告制度并将其作为一项不可违抗的指令，使得原先党的组织意识比较淡薄的东北局和林彪所存在的无政府无纪律状态得到有效克服，纠正了各级地方存在的把自己管理的地方经营成无政府状态的"独立王国"现象，有利于增强各级党组织和军队的领导机关服从中央领导的大局意识和形成奉公守法的良好风气。

（三）提高了干部贯彻党的政策的自觉性，转变了干部作风

1948 年 8 月 20 日，毛泽东在给林彪的复电中说道："对于写作此种报告的同志亦有一种好处，就是他必须在写作时既要联系又要超脱各项具体问题、各项事务工作，在全局上，在共同性上，好好思索一会。而这种思索则是一个领导同志所不可缺少的，缺少了此种思索，领导工作就会失

---

① 中央档案馆编：《中共中央文件选集》第 17 册，中共中央党校出版社 1992 年版，第191—192 页。

败。"① "政治路线确定之后，干部就是决定的因素。"② 解放战争时期制定的党的领导干部经常性地亲自向上级写政策性综合性的报告制度，有利于增强下级执行中央指示的自觉性和坚定性。党内请示报告制度"是一种实际有效的学习马克思列宁主义、毛泽东思想的好方法。通过写报告，领导干部可以提高对问题的分析综合能力，提高理论水平，有助于防止和克服工作中的经验主义、事务主义，去掉盲目性，增强领导工作所必需的自觉性、系统性和预见性"③。请示报告制度不仅仅是加强上级对下级工作领导的工作制度，也是一项加强党内学习的制度。党内请示报告制度要求的注重调查研究的务实作风、实事求是的工作态度、走群众路线的工作方法、服从上级领导的工作原则等，有利于提高领导干部的理论修养和综合能力，对领导干部对形势的判断能力、对工作全局的驾驭能力、分析和解决问题的能力有着积极作用。

总之，解放战争时期毛泽东对为何要建立党内请示报告制度、如何建立该项制度等都作出了具体解释和详细规定，这对保证解放战争的完全胜利有重大的历史作用。报告制度成为党的制度建设的重要组成部分，认真贯彻和执行报告制度，有利于加强上下级联系，发扬党内民主以建立党内和谐的良性政治生态环境；有利于把维护中央权威与发挥地方积极性结合起来，贯彻群众路线以提高党的决策民主化和科学化水平。

［原载《湘潭大学学报》（哲学社会科学版）2012 年第 3 期］

---

① 中共中央文献研究室：《毛泽东年谱（1893—1949）》（下卷），中央文献出版社 2002 年版，第 336 页。

② 《毛泽东选集》第 2 卷，人民出版社 1991 年版，第 526 页。

③ 薄一波：《七十年奋斗与思考》（上卷），中共党史出版社 1996 年版，第 472 页。

毛泽东与新中国建设研究

研究社会主义建设历史的代表性著作
——毛泽东《读苏联〈政治经济学教科书〉的谈话(节选)》导读

李 捷

《读苏联〈政治经济学教科书〉的谈话(节选)》是毛泽东在社会主义建设时期总结社会主义建设规律的一篇代表性著作,对研究社会主义建设时期的历史有着重要的指导意义。

从1958年11月第一次郑州会议起,到1959年7月庐山会议初期,毛泽东多次提议各级领导干部读苏联《政治经济学教科书》。这部书是苏联科学院经济研究所编写的,其修订第三版由人民出版社出版了中文版。这部书的下册,阐述了马克思主义政治经济学关于社会主义建设的一般原理。毛泽东提倡读这部书的目的,是为了使各级领导干部更多地了解马克思主义经济理论,以便更好地认识与纠正"大跃进"和人民公社化运动中已经发现的一些错误倾向,进一步探索社会主义建设的规律。1959年12月10日至1960年2月9日,毛泽东组织有陈伯达、胡绳、邓力群、田家英等参加的读书小组,先后在杭州、上海和广州,采取边读边议的方法,通读了这部《政治经济学教科书》的下册。在边读边议的过程中,毛泽东发表了许多谈话,比较系统地总结了中国革命和社会主义建设的经验,阐述了社会主义社会发展规律,并且论述了如何用马克思主义的立场、观点和方法来研究社会主义时期的问题。后经集纳整理,节选其中的部分内容收入《毛泽东文集》第8卷。

本文着重对收入《毛泽东文集》第8卷的《读苏联〈政治经济学教科书〉的谈话(节选)》一文的第一、第四两个部分作一些分析。这些内容,分别论述了如何结合历史分析来总结社会发展规律,如何用对立统一规律来研究社会历史过程和社会历史现象,如何正确认识革命在人类社会历史上的起因及其作用，如何认识和把握社会主义社会的矛盾运动等重要问题。

一 从历史发展过程的分析中来发现和证明规律

认识和把握规律，是社会历史研究的出发点和立脚点。毛泽东在读苏联《政治经济学教科书》的谈话中，就如何认识社会历史规律集中阐述了以下三个问题。

（一）规律存在于历史发展的过程中，是在事物的运动中反复出现的东西

人类历史发展究竟有没有规律？历史规律能不能被人类自身所认识？人类能否自己掌握自己的命运？这是在马克思主义诞生以前，所有的唯心论者和唯物论者都无法正确解答的问题。历史唯物主义第一次科学地解答了这些根本问题，使历史研究真正成为一门科学。历史唯物主义认为，人类历史发展看似充满了偶然性，杂乱无章，实际上却循着大体一致的发展规律。毛泽东在读苏联《政治经济学教科书》的谈话中强调指出：规律是在事物的运动中反复出现的东西，不是偶然出现的东西。思想、认识是物质运动的反映。规律既然反复出现，因此就能够被认识。

他还举例说明上述论点。例如资本主义的经济危机，过去是 8 年到 10 年出现一次，经过多次的反复，就有可能使我们认识到资本主义社会中经济危机的规律。在土地改革中要实行平分土地的政策，也是经过反复多次以后才能认识清楚的。第二次国内战争的后期，当时的中央曾经主张按劳力分配土地，不赞成按人口平分土地。实践证明错的不是按人口平分土地，而是按劳动力分配土地。这个问题经过反复争论和实践，结果证明，按人口平分土地是符合我国民主革命阶段彻底解决土地问题的客观规律的。

（二）把个别社会的特殊规律研究清楚了，整个社会的普遍规律就容易认识了

社会历史发展的规律，总是包含一般规律与特殊规律两个方面。一般规律寓于特殊规律之中。人们认识社会历史规律，也需要通过个别社会的

特殊规律来逐步认识人类社会的普遍规律。

毛泽东在读苏联《政治经济学教科书》的谈话中提出："研究通史的人，如果不研究个别社会、个别时代的历史，是不能写出好的通史来的。研究个别社会，就是要找出个别社会的特殊规律。把个别社会的特殊规律研究清楚了，那么整个社会的普遍规律就容易认识了。要从研究特殊中间，看出一般来。特殊规律搞不清楚，一般规律是搞不清楚的。例如要研究动物的一般规律，就必须分别研究脊椎动物、非脊椎动物等等的特殊规律。"①

他还提出，为了很好地研究中国近代以来的历史，很有必要写出一部中国资本主义发展史来。同样的，我们要研究清楚资本主义的发展规律，不仅要研究英美法德等资本主义发达国家，还要研究亚非拉国家，研究近代中国的有关情况。只有深入研究各种类型的资本主义社会，才能更加深刻地把握世界资本主义的一般发展规律。

（三）研究问题应该从历史的分析开始，而不能只从规律出发进行演绎

对社会规律的研究以及历史研究，除了要注意从具体社会的特殊规律入手外，还要从对社会历史现象的具体分析入手。这是毛泽东在读苏联《政治经济学教科书》的谈话中，着重阐明的研究和掌握规律的又一个方法论原则。

他指出："规律自身不能说明自身。规律存在于历史发展的过程中。应当从历史发展过程的分析中来发现和证明规律。不从历史发展过程的分析下手，规律是说不清楚的。"② 世界上没有不能分析的事物。许多基本范畴，特别是对立统一的法则，对各种事物都是适用的。

毛泽东在具体论述中提出的以下论点，对历史研究很有启示。

第一，研究历史，要从历史实际出发，而不是从一般原理出发，不是要从一般原理中推演出历史结论，而是要从历史实际中发现其内在的规律性。所以必须进行系统的周密的调查研究，尽可能全面、充分地掌握第一手材料。研究问题应该从历史的分析开始。

---

① 《毛泽东文集》第 8 卷，人民出版社 1999 年版，第 106 页。
② 同上。

第二，研究历史，要分析矛盾。研究社会历史问题，要从生产力和生产关系的矛盾、经济基础和上层建筑的矛盾出发。研究阶级社会的历史，要研究阶级矛盾。

第三，研究问题，要从人们看得见、摸得到的现象出发，来研究隐藏在现象后面的本质，从而揭示客观事物的本质的矛盾，然后再用本质解释现象。人的认识总是先接触现象，通过现象找出原理、原则来，不能从概念入手。

二 用对立统一法则研究问题，就有了一贯的 完整的世界观和方法论

对立统一规律是自然界和人类社会发展的根本规律，也是辩证唯物主义和历史唯物主义分析社会历史问题的根本方法。毛泽东对此高度重视，将其贯穿到认识社会、改造社会的全部实践活动之中，并提出："要运用马克思主义的对立统一学说，观察和处理社会主义社会阶级矛盾和阶级斗争的新问题，观察和处理国际斗争中的新问题。"①

毛泽东在读苏联《政治经济学教科书》的谈话中，就如何运用对立统一规律研究社会历史问题从以下三个方面做了论述。

（一）任何事物都有两重性

事物的两重性，是事物内部矛盾对立统一运动的结果。毛泽东认为："两重性，任何事物都有，而且永远有，当然总是以不同的具体的形式表现出来，性质也各不相同。"②

在另一次讲话里，毛泽东还运用事物的两重性论述了帝国主义和一切反动派既是真老虎又是纸老虎，对待它们以及一切困难，都要把在战略上藐视同战术上重视结合起来。

毛泽东指出："同世界上一切事物无不具有两重性（即对立统一规律）一样，帝国主义和一切反动派也有两重性，它们是真老虎又是纸老虎。历史上奴隶主阶级、封建地主阶级和资产阶级，在它们取得统治权力以前和

---

① 《毛泽东文集》第7卷，人民出版社1999年版，第201页。
② 《毛泽东文集》第8卷，人民出版社1999年版，第107页。

取得统治权力以后的一段时间内，它们是生气勃勃的，是革命者，是先进者，是真老虎。在随后的一段时间，由于它们的对立面，奴隶阶级、农民阶级和无产阶级，逐步壮大，并同它们进行斗争，越来越厉害，它们就逐步向反面转化，化为反动派，化为落后的人们，化为纸老虎，终究被或者将被人民所推翻。反动的、落后的、腐朽的阶级，在面临人民的决死斗争的时候，也还有这样的两重性。"① "所以，从本质上看，从长期上看，从战略上看，必须如实地把帝国主义和一切反动派，都看成纸老虎。从这点上，建立我们的战略思想。另外，它们又是活的铁的真的老虎，它们会吃人的。从这点上，建立我们的策略思想和战术思想。向阶级敌人作斗争是如此，向自然界作斗争也是如此。" "这些都是从马克思主义关于宇宙发展的两重性，关于事物发展的两重性，关于事物总是当作过程出现而任何一个过程无不包括两重性，这样一个基本观点，对立统一的观点，出发的。"②

这些关于事物两重性的论述，为我们在历史研究中坚持用发展变化的观点看问题，在研究事物发展的阶段性的同时，注意分析把握事物性质变化的两重性，提供了重要的分析方法。

（二）保守和进步，稳定和变革，都是对立的统一 保守和进步，稳定和变革，是历史研究中经常遇到的两对范畴

如何看待保守和进步、稳定和变革在社会历史发展中的地位和作用，也是历史研究的重要问题。毛泽东在读苏联《政治经济学教科书》的谈话里，为我们用历史的与发展的眼光来分析和评价这些问题指明了方向。

毛泽东认为：保守和进步，稳定和变革，都是对立的统一，这也是两重性。生物的代代相传，就有而且必须有保守和进步的两重性。稻种改良，新种比旧种好。儿子比父母更聪明粗壮。这是进步、是变革。但是，如果只有进步的一面，变革的一面，那就没有一定相对稳定形态的具体的动物和植物。所以，保守的一面也有积极作用，可以使不断变革中的植物、动物，在一定时期内相对固定起来，或者说相对地稳定起来。但是如果只有保守和稳定，没有进步和变革一方面，植物和动物就没有进化，就

---

① 《毛泽东文集》第 7 卷，人民出版社 1999 年版，第 455 页。
② 同上书，第 456 页。

永远停顿下来，不能发展了。①

毛泽东的这段论述表明，考察事物存在与发展的条件是十分重要的。马克思主义的活的灵魂，就是对具体情况作具体分析。评价社会历史现象，评价保守和改良、稳定和变革，一定要结合当时当地的具体条件，考察它们对历史的发展，主要是起积极的、推动的作用还是消极的、阻碍的作用。

（三）事物的发展经过量变、部分质变达到质变，由此呈现出发展过程的阶段性

量变质变规律，是唯物辩证法的基本规律之一，也是对社会历史发展过程进行深入分析时需要经常运用的基本规律。

毛泽东指出："量变和质变是对立的统一。量变中有部分的质变，不能说量变的时候没有质变；质变是通过量变完成的，不能说质变中没有量变。质变是飞跃，在这个时候，旧的量变中断了，让位于新的量变。在新的量变中，又有新的部分质变。"② 这就告诉我们，要把社会看作是一个活的有机体，从其发展、变化中去把握它。

毛泽东举例说："打垮蒋介石，这是一个质变。这个质变是通过量变完成的。例如，要有三年半的时间，要一部分一部分地消灭蒋介石军队和政权。而这个量变中，同样有若干的部分质变。在解放战争期间，战争经过几个不同的阶段，每个新的阶段同旧的阶段比较，都有若干性质的区别。"③

量变、部分质变、质变，涉及历史上的改良、改革与革命的问题。在矛盾发展的不同阶段，需要用不同的马克思主义原著研读手段来解决。当社会矛盾的发展尚处在量变和部分质变的时候，改良具有不同程度的进步意义。当社会矛盾的发展已处于质变的时候，革命便成为历史发展的客观要求和主要动力，而改良主义便可能成为维护旧有统治、消弭革命的手段。

---

① 《毛泽东文集》第 8 卷，人民出版社 1999 年版，第 107 页。
② 同上。
③ 同上书，第 108 页。

三 人类社会一切革命的历史都证明,只有进行革命, 夺取政权,才有可能消灭旧的生产关系

社会革命是历史中的重要现象。毛泽东在读苏联《政治经济学教科书》的谈话里,结合中国革命和国外资产阶级革命的历史,着重论述了以下问题。

(一) 革命与社会的发展

革命对社会发展具有巨大的推动作用。社会的发展到了质变的阶段,革命的发生就有其客观的必然性,不是由任何人的主观意志决定的。由代表社会先进生产力发展方向的进步阶级所领导的革命,其目的是为了推翻阻碍生产力发展的反动统治,进而变革旧的生产关系,为生产力的进一步发展扫清道路。资产阶级革命是如此,无产阶级革命更是如此。

有人提出"告别革命"的口号来迷惑人。他们把革命的作用说得一无是处,企图全盘否定革命而神化改良。实际上,"告别革命"的论调是站不住脚的。第一,革命是不能"告别"的。革命是社会矛盾客观运动的产物,不是人的主观随意而为的。第二,对社会历史发展而言,革命是好事,不是坏事,是历史发展的火车头。第三,革命所破坏的,主要是阻碍生产力发展和社会进步的东西,这是为建设扫清障碍,创造前提。对于掌握了人类历史发展规律的无产阶级政党来说,制定科学的、符合实际的政策和策略原则,并且严格实行,不但可以避免革命对社会生产力的破坏,而且可以解放和发展社会生产力。第四,社会主义从本质上就是革命的。在社会主义条件下的改革开放,就其深度和广度而言,是新中国又一次伟大的革命,是推动中国特色社会主义事业向前发展的强大动力。

(二) 生产关系的革命是生产力的一定发展所引起的

毛泽东在回顾资产阶级革命的历史时指出:"生产关系的革命,是生产力的一定发展所引起的。"[①] 毛泽东在另一次讲话中还指出:"生产力是最革命的因素。生产力发展了,总是要革命的。生产力有两项,一项是

---

① 《毛泽东文集》第 8 卷,人民出版社 1999 年版,第 132 页。

人，一项是工具。工具是人创造的。工具要革命，它会通过人来讲话，通过劳动者来讲话，破坏旧的生产关系，破坏旧的社会关系。"①

生产力的发展，到什么时候提出进行革命的客观要求，关键是看受旧的上层建筑保护的旧的生产关系是否从根本上严重阻碍了生产力的发展。

（三） 先制造舆论，进行革命，夺取政权，然后解决所有制问题，再大大发展生产力，这是一般规律

毛泽东总结资产阶级革命和无产阶级革命的历史经验，概括提出："首先制造舆论，夺取政权，然后解决所有制问题，再大大发展生产力，这是一般规律。"② 这段重要而精彩的论述，把这种历史现象上升为一般规律的高度，发展了马克思主义经典作家关于无产阶级革命的社会物质条件的思想。

社会革命是生产力发展到一定阶段提出的客观要求，但这并不是说必须等到有了充分发展的生产力才能进行社会革命。庸俗生产力论，将社会革命的物质条件绝对化，否认在特定历史条件下社会生产力发展相对落后的国家进行社会革命的历史必然性。这一观点，实际上否认了社会革命具有解放和发展生产力的重要作用。毛泽东指出："一切革命的历史都证明，并不是先有充分发展的新生产力，然后才改造落后的生产关系，而是要首先造成舆论，进行革命，夺取政权，才有可能消灭旧的生产关系。消灭了旧的生产关系，确立了新的生产关系，这样就为新的生产力的发展开辟了道路。"③

在无产阶级革命夺取政权以前，不存在社会主义的生产关系，而资本主义的生产关系，在封建社会中已经初步成长起来。在这点上，无产阶级革命和资产阶级革命有所不同。但是，这个一般规律，对无产阶级革命和资产阶级革命都是适用的，基本上是一致的。

毛泽东回顾历史，指出：从世界的历史来看，资产阶级工业革命，不是在资产阶级建立自己的国家以前，而是在这以后；资本主义的生产关系的大发展，也不是在上层建筑革命以前，而是在这以后。都是先把上层建

---

① 《毛泽东著作专题摘编》（上），中央文献出版社 2003 年版，第 160—161 页。
② 《毛泽东文集》第 8 卷，人民出版社 1999 年版，第 132 页。
③ 同上。

筑改变了，生产关系搞好了，上了轨道了，才为生产力的大发展开辟了道路，为物质基础的增强准备了条件。在英国，是资产阶级革命（17世纪）以后，才进行工业革命（18世纪末到19世纪初）。法国、德国、美国、日本，都是经过不同的形式，改变了上层建筑、生产关系之后，资本主义工业才大大发展起来的。①

这些论述，为我们在社会历史研究中既遵循历史唯物主义关于生产力决定作用的基本观点，又避免陷入庸俗生产力论，指明了方向。

四 社会主义社会的发展也存在矛盾运动，也要分阶段

毛泽东在读苏联《政治经济学教科书》的谈话里，根据中国社会主义建设的实践，继《关于正确处理人民内部矛盾的问题》之后，进一步论述了社会主义社会的矛盾运动规律等问题。

（一） 在社会主义时代，矛盾仍然是社会运动发展的动力

毛泽东在读苏联《政治经济学教科书》的谈话里，进一步发挥了《关于正确处理人民内部矛盾的问题》一文中关于矛盾仍然是社会主义社会运动发展的动力的观点。毛泽东指出："没有矛盾就没有运动。社会总是运动发展的。在社会主义时代，矛盾仍然是社会运动发展的动力。"②

毛泽东既肯定了苏联《政治经济学教科书》在这个问题上的进步，又指出了它的严重理论缺陷，认为这部教科书承认"社会主义社会中生产关系和生产力的矛盾的存在，也讲要克服这个矛盾，但是不承认矛盾是动力"。③

社会主义社会的自身发展有没有阶段性，这也是毛泽东在纠正"大跃进"和人民公社化运动期间已经察觉的错误的过程中，不断思考的重要问题。在读苏联《政治经济学教科书》的谈话里，毛泽东指出："社会主义这个阶段，又可能分为两个阶段，第一个阶段是不发达的社会主义，第二

---

① 《毛泽东文集》第8卷，人民出版社1999年版，第131—132页。
② 同上书，第133页。
③ 同上。

个阶段是比较发达的社会主义。后一阶段可能比前一阶段需要更长的时间。经过后一阶段，到了物质产品、精神财富都极为丰富和人们的共产主义觉悟极大提高的时候，就可以进入共产主义社会了。"① 这个观点，对于我们科学地认识中国进入社会主义社会以后的基本国情，认识社会主义社会的历史发展，具有重要意义。它是社会主义初级阶段理论的重要思想来源。

（二） 要以生产力和生产关系、生产关系和上层建筑的平衡和不平衡作为纲，来研究社会主义社会的经济问题

在总结"大跃进"失误的教训中，毛泽东感受最为深切的就是综合平衡的问题。他指出："大跃进的重要教训之一、主要缺点是没有搞平衡。"②

时隔半年，毛泽东在读苏联《政治经济学教科书》的谈话里进一步提出："我们要以生产力和生产关系的平衡和不平衡，生产关系和上层建筑的平衡和不平衡，作为纲，来研究社会主义社会的经济问题。"③

应当怎样正确认识生产力和生产关系的平衡和不平衡，生产关系和上层建筑的平衡和不平衡呢？生产力和生产关系之间、生产关系和上层建筑之间的矛盾和不平衡是绝对的。上层建筑适应生产关系，生产关系适应生产力，或者说它们之间达到平衡，总是相对的。如果只有平衡，没有不平衡，生产力、生产关系、上层建筑就不能发展了，就固定了。毛泽东认为："有了这样的观点，就能够正确认识我们的社会和其他事物；没有这样的观点，认识就会停滞、僵化。"④

（三） 社会主义社会里面的经济范畴，都是历史范畴

毛泽东把辩证唯物主义和历史唯物主义关于一切社会现象都是发展变化着的、都是历史的论点，贯彻到社会主义政治经济学之中，提出一个重要论断：社会主义社会里面的经济范畴都是历史范畴。

他认为："社会主义社会里面的按劳分配、商品生产、价值规律等等，现在是适合于生产力发展的要求的，但是，发展下去，总有一天要不适合

---

① 《毛泽东文集》第 8 卷，人民出版社 1999 年版，第 116 页。
② 同上书，第 80 页。
③ 同上书，第 130—131 页。
④ 同上书，第 131 页。

生产力的发展，总有一天要被生产力的发展所突破，总有一天它们要完结自己的命运。能说社会主义社会里面的经济范畴都是永久存在的吗？能说按劳分配这些范畴是永久不变的，而不是像其他范畴一样都是历史范畴吗？"①毛泽东还以"需要"这一经济范畴的历史变化为例，说明他的上述论点。他说：需要是不断被创造的。拿过去来说，没有文字，人们就没有对文具的需要，文字产生了，人们对文具的需要也随着创造出来了。拿现在来说，因为发明了电视机，所以人们对于它的需要也随着提出来了。人民的需要是逐步满足的，需要刺激生产的不断发展，生产也不断创造新的需要。②

毛泽东在以上论述当中体现出来的用历史的眼光，用不断发展的眼光观察社会主义社会的现象与问题的精神，对于研究历史特别是社会主义建设和改革的历史很有帮助。

（四） 社会主义社会也要进步和变革

社会主义社会也要进步和变革，这是科学地分析社会主义社会基本矛盾及其运动规律以后，得出的必然结论。

毛泽东在读苏联《政治经济学教科书》的谈话里，以劳动和分配关系为例，说明了社会主义社会也需要不断进步的道理。他指出：在劳动生产中人与人的关系，也是一种生产关系。生产关系包括生产资料所有制、劳动生产中人与人的关系、分配制度这三个方面。所有制方面的革命，在一定时期内是有底的。但是，人们在劳动生产和分配中的相互关系，总要不断地改进，这方面很难说有什么底。原始社会的公有制度，时间很长，多少万年都是同样性质的，但是人们在劳动生产中的相互关系却有很多变化。可以设想，将来全世界实现共产主义以后，人们在劳动生产和分配中的相互关系，还会有无穷的变化，但是所有制方面不会有多大变化。③

毛泽东还认为：社会主义制度的矛盾，是前进道路上的矛盾。社会主义制度下，虽然没有一个阶级推翻另一个阶级的革命，但是还有革命，技术革命，文化革命，也是革命。就是到了共产主义阶段，也还是要发

①　《毛泽东文集》第8卷，人民出版社1999年版，第137页。
②　同上书，第136—137页。
③　同上书，第135—136页。

展的。①

这种不断发展、不断变化、不断改革的观点，对于研究社会主义社会的发展过程，研究其历史、现状和未来，很有帮助。

五　研究社会现象和历史现象要以辩证唯物论和历史唯物论为指导

毛泽东在读苏联《政治经济学教科书》的谈话里，对于这部教科书的研究方法提出了批评，并从正面阐述了如何运用辩证唯物主义和历史唯物主义来分析研究现实的问题。这些精辟的论述，对于历史研究具有重要的方法论价值。

（一）　政治经济学和唯物史观难得分家

毛泽东指出："这本教科书，只讲物质前提，很少涉及上层建筑，即：阶级的国家，阶级的哲学，阶级的科学。政治经济学研究的对象主要是生产关系，但是，政治经济学和唯物史观难得分家。不涉及上层建筑方面的问题，经济基础即生产关系的问题不容易说得清楚。"② 他认为，不从生产力和生产关系的矛盾、经济基础和上层建筑的矛盾出发，来研究问题，是这部教科书的一大缺点。③

马克思写作《资本论》这部马克思主义政治经济学的奠基之作时，就是运用辩证唯物主义和历史唯物主义的世界观和方法论，揭示了资本主义社会的经济运动规律，阐述了资本主义产生、发展和必定灭亡的规律，论证了资本主义为共产主义所取代的历史必然性。可以说，这是马克思主义研究的一个传统优势。不仅政治经济学研究是如此，史学研究是如此，与人类社会研究有密切关系的人文社会科学的各个学科都要贯彻马克思主义哲学的世界观和方法论，以学科研究对象为重点，紧紧抓住生产力和生产关系、经济基础和上层建筑的矛盾运动这一人类社会的基本矛盾，才能透过现象看本质，深刻地揭示研究对象的本质及其内在规律。

---

① 《毛泽东文集》第8卷，人民出版社1999年版，第108页。
② 同上书，第138—139页。
③ 同上书，第138页。

（二）　没有哲学家头脑的作家，要写出好的经济学来是不可能的

毛泽东指出："没有哲学家头脑的作家，要写出好的经济学来是不可能的。马克思能够写出《资本论》，列宁能够写出《帝国主义论》，因为他们同时是哲学家，有哲学家的头脑，有辩证法这个武器。"① 他认为，这部教科书的作者们没有辩证法。他们做实际工作的人没有概括能力，不善于运用概念、逻辑这一套东西；而做理论工作的人又没有实际经验，不懂得经济实践。理论和实践没有结合起来。②

有没有哲学家的头脑，关键不是会不会使用哲学术语，而是在研究中能不能融会贯通地运用马克思主义哲学的世界观和方法论，能不能灵活自如地运用唯物辩证法。恩格斯指出："如果不把唯物主义方法当做研究历史的指南，而把它当做现成的公式，按照它来剪裁各种历史事实，那它就会转变为自己的对立物。"③ 毛泽东也针对文学艺术创作中的教条主义倾向指出："学习马克思主义，是要我们用辩证唯物论和历史唯物论的观点去观察世界，观察社会，观察文学艺术，并不是要我们在文学艺术作品中写哲学讲义。"④

对于历史研究来说，也应当如此。历史研究的任务，不只是要描述历史的现象，而是要揭示历史的规律性。因此，没有哲学家头脑的作家，要写出好的历史学著作来是不可能的。一个合格的马克思主义史学工作者，应当通过研读马克思主义史学经典著作，努力掌握贯穿其中的辩证唯物主义和历史唯物主义的立场、观点、方法，做到真懂、坚信、会用。

"有哲学家的头脑"，对于历史研究的另一个要求，就是要把宏观研究和微观研究有机地结合起来。历史研究一定要从具体材料出发，一定要从具体事例出发，否则就不可能深入，就会史论脱节。宏观研究一定要以微观考察为基础。但是，仅有微观考察，没有宏观研究，犹如盲人摸象，只见树木、不见森林，只见局部、不见全局，甚至以局部代替全局。因此，微观考察要同宏观研究有机结合，走出就事论事的狭小圈子，使其建立在历史唯物主义的科学思辨分析之上。只有这样，历史研

---

① 《毛泽东文集》第8卷，人民出版社1999年版，第140页。

② 同上。

③ 《马克思恩格斯文集》第10卷，人民出版社2009年版，第583页。

④ 《毛泽东选集》第3卷，人民出版社1991年版，第874页。

究才能做到洞悉历史现象的本质，把握历史发展规律，揭示历史发展趋势。

（三） 对马克思主义的基本原理必须遵守，同时要创造新的理论，写出新的著作

毛泽东指出："我们党里有人说，学哲学只要读《反杜林论》、《唯物主义和经验批判主义》就够了，其他的书可以不必读。这种观点是错的。马克思这些老祖宗的书，必须读，他们的基本原理必须遵守，这是第一。但是，任何国家的共产党，任何国家的思想界，都要创造新的理论，写出新的著作，产生自己的理论家，来为当前的政治服务，单靠老祖宗是不行的。"①

毛泽东还以马克思主义发展史为例，说明上述论点。他说：只有马克思和恩格斯，没有列宁，不写出《社会民主党在民主革命中的两种策略》等著作，就不能解决俄国 1905 年和以后出现的新问题。单有列宁的《唯物主义和经验批判主义》，还不足以对付十月革命前后发生的新问题。适应这个时期革命的需要，列宁就写了《帝国主义是资本主义的最高阶段》、《国家与革命》等著作。列宁死了，又需要斯大林写出《论列宁主义基础》和《论列宁主义的几个问题》这样的著作，来对付反对派，保卫列宁主义。我们在第二次国内战争末期和抗战初期写了《实践论》、《矛盾论》，这些都是适应于当时的需要而不能不写的。现在，我们已经进入社会主义时代，出现了一系列的新问题，如果单有《实践论》、《矛盾论》，不适应新的需要，写出新的著作，形成新的理论，也是不行的。②

为了进一步阐明这个论点，毛泽东还以近代资产阶级哲学的发展作例证。他说：无产阶级哲学的发展是这样，资产阶级哲学的发展也是这样。资产阶级哲学家都是为他们当前的政治服务的，而且每个国家，每个时期，都有新的理论家，提出新的理论。英国曾经出现了培根和霍布斯这样的资产阶级唯物论者，法国曾经出现了百科全书派这样的唯物论者，德国和俄国的资产阶级也有他们的唯物论者，各有特点，但都是为当时的资产阶级政治服务的。所以，有了英国的，还要有法国的；有了法国的，还要

---

① 《毛泽东文集》第 8 卷，人民出版社 1999 年版，第 109 页。
② 同上。

有德国的和俄国的。①

　　这里提出了在社会科学研究和历史研究中如何对待马克思主义的问题。恩格斯指出："我们的理论是发展着的理论，而不是必须背得烂熟并机械地加以重复的教条。"② "每一个时代的理论思维，包括我们这个时代的理论思维，都是一种历史的产物。"③ "我们只能在我们时代的条件下去认识，而且这些条件达到什么程度，我们就认识到什么程度。"④ 列宁指出："马克思主义的全部精神，它的整个体系，要求人们对每一个原理都要（α）历史地，（β）都要同其他原理联系起来，（γ）都要同具体的历史经验联系起来加以考察。"⑤ 毛泽东的上述论述同马克思、恩格斯、列宁的论述，在精神实质上都是一致的。

　　总之，马克思主义基本原理，是放之四海而皆准的普遍真理。马克思主义老祖宗的东西绝不能丢，丢了就会丧失根本。在史学研究中，否定了这一点，就会重新陷入历史唯心主义的陷阱。马克思主义理论又是开放的、发展着的理论，需要与时俱进，研究新问题，产生新理论。在史学研究中，如果保守、僵化，搞教条主义，历史科学就难以向前推进，甚至会陷入停滞、倒退的境地。作为历史研究工作者，我们必须牢记这些历史的经验教训，结合历史研究，始终坚持马克思主义史学理论，并不断推动它的发展与创新。

（原载《思想理论教育导刊》2012 年第 7 期）

---

① 《毛泽东文集》第 8 卷，人民出版社 1999 年版，第 109—110 页。
② 《马克思恩格斯文集》第 10 卷，人民出版社 2009 年版，第 562 页。
③ 《马克思恩格斯文集》第 9 卷，人民出版社 2009 年版，第 436 页。
④ 同上书，第 494 页。
⑤ 《列宁专题文集·论马克思主义》，人民出版社 2009 年版，第 163 页。

毛泽东关于社会主义文化建设的若干思想

沙健孙

毛泽东文化思想是毛泽东思想的重要组成部分。笔者曾在《毛泽东论新民主主义文化》（载于《北京大学学报》2002年第5期）一文中，对毛泽东的新民主主义文化思想作过一次梳理。在本文中，笔者想对毛泽东关于社会主义文化建设的思想也进行一次梳理。

一 社会主义文化建设的重要性

社会主义文化建设是社会主义建设的重要方面。还在革命战争的年代，毛泽东就说过："文化是反映政治斗争和经济斗争的，但它同时又能指导政治斗争和经济斗争。文化是不可少的，任何社会没有文化就建设不起来。"① 建设社会主义社会，尤其是这样。

在民主革命取得全国性胜利的时候，中国的经济文化都还很落后。我们一为"穷"，二为"白"。"穷"，就是没有多少工业，农业也不发达。"白"，就是一张白纸，文化水平、科学水平都不高。② 有80%的中国人是文盲。所以，"在革命胜利以后，我们的任务主要地就是发展生产和发展文化教育"。③ 为什么要进行文化建设、发展文化教育呢？

首先，我们进行革命和建设的根本目的之一，就是要帮助人民摆脱愚昧状态、提高人民的文化水准，使他们享有高尚的文明的精神生活。毛泽东说，在革命胜利以后，我们要"领导全国人民克服一切困难，进行大规

---

① 《毛泽东文集》第3卷，人民出版社1996年版，第109—110页。
② 《毛泽东文集》第7卷，人民出版社1996年版，第44页。
③ 中共中央文献研究室编：《毛泽东文艺论集》，中央文献出版社2002年版，第129—130页。

模的经济建设和文化建设，扫除旧中国所留下来的贫困和愚昧，逐步地改善人民的物质生活和提高人民的文化生活"。① "除了钢，我们还要别的东西，还要办学校，全国人民至少要初中毕业，再过多少年，扫马路的人、大厨师以及所有的人都要能够大学毕业，要上知天文，下知地理。我们一切的工作就是为了要达到这个目的。"我们要准备用几十年的时间，在生产上、科学上、文化上翻身。②

其次，不进行文化建设，中国就不可能成为一个社会主义现代化强国。因为如果人民的文化水准不提高，经济建设和其他方面的建设也是搞不好的。毛泽东引证列宁说过的话："在一个文盲充斥的国家内，是建成不了共产主义的。"他说："我国现在文盲这样多，而社会主义的建设又不能等到消灭了文盲以后才去开始进行，这就产生了一个尖锐的矛盾。"③ 比如，我们要打好发展科学技术这一仗，而不提高人民的文化水准，科学技术这一仗是无法打好的。这是一个严重的问题，这个问题必须也只有在建设社会主义的过程中加以解决。

再次，进行文化建设，克服文化落后的现象，是赢得完全的民族独立的必要条件。毛泽东说："中国现在经济上文化上还很落后，要取得真正的独立，实现国家的富强和工业现代化，还需要很长的时间。"④ 他之所以把发展文化与民族独立联系起来，一方面是因为，经济文化不发达，中国就不可能成为现代化的强国，帝国主义就还有可能来欺负我们；另一方面是因为，不发展先进的、植根于中国大地的民族文化，中国被落后的帽子压得挺不直腰杆，缺少文化自信，也难以坚强地自立于世界的民族之林。正如一位学者所说的那样："我们是个多民族国家，这个统一，靠政治，靠经济，但是更主要是靠文化纽带形成凝聚力。"⑤

在社会主义改造基本完成的时候，毛泽东明确地提出了"建设一个具有现代工业、现代农业、现代国防和现代科学文化的社会主义国家"的任务。

对于中国的文化建设，毛泽东是抱有坚定的信念的。他说："随着经

---

① 《毛泽东文集》第5卷，人民出版社1996年版，第348页。
② 《毛泽东文集》第7卷，人民出版社1999年版，第182页。
③ 《毛泽东文集》第6卷，人民出版社1999年版，第455页。
④ 《毛泽东文集》第7卷，人民出版社1999年版，第64页。
⑤ 赵超构：《文化建设与我国国情》，《群言》1991年第1期。

济建设的高潮的到来，不可避免地将要出现一个文化建设的高潮。中国人被人认为不文明的时代已经过去了，我们将以一个具有高度文化的民族出现于世界。"① 这是因为：第一，"人民革命的胜利和人民政权的建立，给人民的文化教育和人民的文学艺术开辟了发展的道路"。② 第二，尽管我们一"穷"二"白"，但是"从发展的观点看，这并不坏。穷就要革命，富的革命就困难。科学技术水平高的国家，就骄傲得很。我们是一张白纸，正好写字"。③ 第三，我们要承认文化落后这个事实，但也要看到自己在这方面具有的优势。因为伟大的胜利的中国人民解放战争和人民大革命，已经复兴了并正在复兴着伟大的中国人民的文化。"这种中国人民的文化，就其精神方面来说，已经超过了整个资本主义的世界。"④ 我们应当具有发展先进文化的自信心。

二 从新民主主义文化到社会主义文化

社会主义文化是从新民主主义文化发展而来的。两者之间，有许多共同点。所谓新民主主义的文化，一句话，就是无产阶级领导的人民大众的反帝反封建的文化。"民族的科学的大众的文化，就是人民大众反帝反封建的文化，就是新民主主义的文化，就是中华民族的新文化。"⑤

新民主主义的文化，由于它是无产阶级领导的缘故，就具有社会主义的因素，并且不是普通的因素，而是起决定作用的因素。⑥ 社会主义的文化同样是无产阶级领导的文化，社会主义因素同样是在社会主义文化中起决定作用的因素，而且它的作用更大，由于党在全国执政地位的确立，其作用的覆盖面也更宽了。这是它们之间最大的共同点。

新民主主义的文化是民族的、科学的、大众的文化。即它是反对帝国主义压迫，主张中华民族的尊严和独立的。它是反对一切封建思想和迷信思想，主张实事求是，主张客观真理，主张理论和实践一致的。它是大众

---

① 《毛泽东文集》第 5 卷，人民出版社 1996 年版，第 345 页。
② 中共中央文献研究室编：《毛泽东文艺论集》，中央文献出版社 2002 年版，第 130 页。
③ 《毛泽东文集》第 7 卷，人民出版社 1999 年版，第 44 页。
④ 《毛泽东选集》第 4 卷，人民出版社 1991 年版，第 1516 页。
⑤ 《毛泽东选集》第 2 卷，人民出版社 1991 年版，第 708—709 页。
⑥ 同上书，第 704—705 页。

的，因而即是民主的。它应为全民族中95%以上的工农劳苦民众服务，并逐渐成为他们的文化。这些基本点，同样是社会主义的文化所必须具有的属性。

还应当看到，在新民主主义文化建设中应当解决但没有来得及解决或者没有来得及完全解决的一些任务，也需要在社会主义文化建设中进一步解决。比如，在革命战争的年代，我们曾提出：对于"一切奴化的、封建主义的和法西斯主义的文化和教育，应当采取适当的坚决的步骤，加以扫除"。尽管进入社会主义社会以后的情况与当年已经有很大的不同，但是，反对奴化的、封建主义的文化思想等，仍然是我们应当面对的一项任务。

那么，社会主义文化与新民主主义文化之间是否有区别呢？有。它们的主要区别，在于后者是反映新民主主义的经济、政治的文化，是为新民主主义革命服务的；前者是反映社会主义的经济、政治的文化，是为社会主义革命和社会主义建设服务的。

新民主主义革命的对象主要是帝国主义、封建主义和官僚资本主义，而不是一般的资本主义和民族资产阶级。表现在文化战线上，无产阶级的文化思想对于资本主义的文化思想虽然在一定程度上也有斗争，但在反帝反封建方面是可以而且应当与之联合的，它们有必要也有可能组成新民主主义革命的文化统一战线。

从新民主主义社会向社会主义社会的过渡经历了一个过程，从新民主主义文化发展为社会主义文化也经历了一个过程。在新民主主义革命胜利以后的一个时期内，由于仍然允许资产阶级的合法存在，毛泽东认为，要求资产阶级接受工人阶级的基本思想，例如消灭剥削，消灭阶级，消灭个人主义，接受马克思主义的宇宙观，等等，并不妥当。"这些对于少数进步分子说来是可能的，当作一个阶级，则不宜这样要求，至少在第一个五年计划时期不宜如此宣传。当作一个阶级，在现阶段，我们只应当责成他们接受工人阶级的领导，亦即接受《共同纲领》，而不宜过此限度。"[1]

但是，由于"经济有变化，反映经济之政教亦将有变化，文事亦将有变化。一成不变之事，将不可能"。[2] 在1956年我国社会主义改造基本完

---

[1] 《毛泽东文集》第6卷，人民出版社1999年版，第236页。
[2] 毛泽东：《读〈柳文指要·跋〉的批注》（1965年8月）。

成之后，毛泽东即指出："资产阶级意识形态的存在，国家机构中某些官僚主义作风的存在，国家制度中某些环节上缺陷的存在，又是和社会主义的经济基础相矛盾的。"① 在这里，他已经把批判资产阶级意识形态作为一项实际的任务提出来了，并且认为这是解决它与社会主义的经济基础之间的矛盾、促进社会主义发展的重要条件。

马克思、恩格斯在《共产党宣言》中就提出："共产主义革命就是同传统的所有制关系实行最彻底的决裂；毫不奇怪，它在自己的发展进程中要同传统的观念实行最彻底的决裂。"② 毛泽东提出批判资产阶级意识形态的任务，是实行《共产党宣言》提出的这个任务的体现。

"资产阶级思想体系的渊源比社会主义思想体系久远得多，它经过了更加全面的加工，它拥有的传播工具也多得不能相比。"③ 而且，它同几千年私有制社会的传统观念又有相通之处。因此，人们很容易自发地接受它的影响。即使在社会主义革命取得胜利之后，资产阶级的腐朽思想也是不可能被装进棺材、埋入坟墓的。它还会在人们中间腐烂发臭，毒害人们的健康肌体。列宁的这些论述，为我们思考中国的社会主义文化建设提供了重要的启示。

社会主义基本制度的确立，为中国而后的一切进步和发展创造了政治前提、奠定了制度基础。不过，"一个崭新的社会制度要从旧制度的基地上建立起来，它就必须清除这个基地。反映旧制度的旧思想的残余，总是长期地留在人们的头脑里，不愿意轻易地退走的"。④ 我国社会主义的经济基础确立以后，由于思想意识具有相对的独立性，资产阶级的思想影响还会在长时间内被保留下来。这对社会主义的政治、经济制度的巩固和发展会起消极的作用。这就是说，解决资产阶级意识形态与社会主义经济基础、社会主义政治制度之间的矛盾，将是一个必须面对的同时又是长期的历史性的任务。

基于对这种状况的分析，毛泽东指出："无产阶级和资产阶级之间的阶级斗争，各派政治力量之间的阶级斗争，无产阶级和资产阶级之间在意识形态方面的阶级斗争，还是长时期的，曲折的，有时甚至是很激烈的。

① 《毛泽东文集》第 7 卷，人民出版社 1999 年版，第 215 页。
② 《马克思恩格斯文集》第 2 卷，人民出版社 2009 年版，第 52 页。
③ 《列宁专题文集·论无产阶级政党》，人民出版社 2009 年版，第 87 页。
④ 《毛泽东文集》第 6 卷，人民出版社 1999 年版，第 450 页。

无产阶级要按照自己的世界观改造世界，资产阶级也要按照自己的世界观改造世界。在这一方面，社会主义和资本主义之间谁胜谁负的问题还没有真正解决。无论在全人口中间，或者在知识分子中间，马克思主义者仍然是少数。因此，马克思主义仍然必须在斗争中发展。"① 他强调：在我国，巩固社会主义制度的斗争，社会主义和资本主义谁战胜谁的斗争，还要经过一个很长的历史时期。"如果对于这种形势认识不足，或者根本不认识，那就要犯绝大的错误，就会忽视必要的思想斗争。"②

所以，从性质和内容方面来说，资产阶级的意识形态已经成为文化革命的对象，这是社会主义文化与新民主主义文化的一个主要区别点。

除了这种性质和内容方面的区别以外，从任务和规模方面来说，社会主义文化与新民主主义文化也有不同。新民主主义文化是为无产阶级领导的反帝反封建的新式资产阶级民主革命服务的，它的主要任务是破坏一个旧世界；由于当时中国共产党只是在局部地区执政，新民主主义文化建设的规模开始时是比较小的，它是在斗争中才逐渐得到扩大的。社会主义文化主要是为社会主义建设服务的，它的主要任务是建设一个新世界，虽然在布新的过程中它仍然需要除旧；由于中国共产党已经成为全国范围的执政党，社会主义文化建设的广度和深度，是新民主主义文化建设无法比拟的。

三　坚持马克思主义在思想文化领域的指导地位

进行社会主义文化建设，必须坚持马克思主义在思想文化领域中的指导地位。

历史经验表明，只有社会主义才能救中国，才能发展中国。企图通过走资本主义道路使中国走向独立和富强，是不可能的。中国既然只能走社会主义道路，我们就必须以马克思主义为指导，用社会主义思想教育和引导广大人民群众，沿着社会主义道路努力实现中华民族的伟大复兴。

坚持马克思主义在思想文化领域中的指导地位，具有极大的重要性。应当看到：即使是工人阶级，单靠自己的力量也是不可能形成社会主义的

---

① 《毛泽东文集》第 7 卷，人民出版社 1999 年版，第 230 页。
② 同上书，第 231 页。

意识的,"这种意识只能从外面灌输进去"。① 如果不这样做,而是去崇拜自发性,那"恰恰会受资产阶级思想体系的控制"。② 工人阶级尚且如此,其他阶级、阶层的群众就更不必说了。所以,坚持马克思主义的指导,用社会主义思想教育全国人民,这是党在领导建设社会主义的过程中必须实现的重要任务。比如,针对农民的情况,毛泽东就说过:"使我国五亿多农民实行社会主义改造这样一种惊天动地的事业,不可能是在一种风平浪静的情况下出现的,它要求我们共产党人向着背上背着旧制度包袱的广大的农民群众,进行耐心的生动的容易被他们理解的宣传教育工作。""反对自私自利的资本主义的自发倾向,提倡以集体利益和个人利益相结合的原则为一切言论行动的标准的社会主义精神,是使分散的小农经济逐步地过渡到大规模合作化经济的思想的和政治的保证。"③ 他强调,思想政治工作是经济工作和其他一切工作的生命线,要实行政治和经济的统一、政治和技术统一的方针。

坚持马克思主义的指导地位的一个重要条件,就是必须把马克思主义的一般原理与中国的实际全面地正确地结合起来,使马克思主义中国化。只有这样,它才能解决中国的问题,才能为中国人民所理解和掌握。

毛泽东认为:马克思主义和中国实际"这是树干和枝叶的关系"。但杨柳和松柏就不一样。即使同样是松树,这一棵和那一棵也是不同的。各国具体的历史、具体的传统、具体的文化都不同,应该区别对待,应该允许把马克思列宁主义具体化。④ 马克思主义不是封闭的体系,而是发展的学说。所以,"马克思这些老祖宗的书,必须读,他们的基本原理必须遵守,这是第一。但是,任何国家的共产党,任何国家的思想界,都要创造新的理论,写出新的著作,产生自己的理论家,来为当前的政治服务,单靠老祖宗是不行的"。⑤ 这是发挥马克思主义指导作用的重要前提。

坚持马克思主义的一般原理与中国实际相结合的原则,必须从中国的实际出发,创造性地运用马克思主义的基本原理,反对对马克思主义采取教条主义的态度。毛泽东反复地讲过:用形而上学的观点来看待马克思主

① 《列宁专题文集·论无产阶级政党》,人民出版社 2009 年版,第 76 页。
② 同上书,第 87 页。
③ 《毛泽东文集》第 6 卷,人民出版社 1999 年版,第 460、450 页。
④ 吴冷西:《十年论战》(上),中央文献出版社 1999 年版,第 450、451 页。
⑤ 《毛泽东文集》第 8 卷,人民出版社 1999 年版,第 109 页。

义，把它看成僵死的东西，这是教条主义。"教条主义不是马克思主义，而是反马克思主义"的。①马克思主义一定要向前发展，要随着实践的发展而发展，不能停滞不前。停止了，老是那么一套，它就没有生命力了。与此同时，马克思主义的基本原则又是不能违背的，违背了就要犯错误。在苏共二十大以后，针对赫鲁晓夫全盘否定斯大林，导致国际共产主义运动中发生极大的思想混乱、导致一些人对社会主义信念的严重动摇这种情况，毛泽东又提出："我们在批判教条主义的时候，必须同时注意对修正主义的批判。"否定马克思的基本原则，否定马克思主义的普遍真理，这就是修正主义。修正主义是一种资产阶级思想。修正主义者抹杀社会主义和资本主义的区别，抹杀无产阶级专政和资产阶级专政的区别。他们所主张的，在实际上并不是社会主义路线，而是资本主义路线。"在我国社会主义革命取得基本胜利以后，社会上还有一部分人梦想恢复资本主义制度，他们要从各个方面向工人阶级进行斗争，包括思想方面的斗争。而在这个斗争中，修正主义者就是他们最好的助手。"②

只有坚持马克思主义在思想文化领域的指导地位，我国的思想文化工作才能沿着社会主义的道路健康地向前发展。

四 实行百花齐放、百家争鸣的方针

为了促进艺术发展和科学进步，毛泽东提出了"百花齐放、百家争鸣"的方针。实行这个方针，与有效地坚持马克思主义在思想文化领域的指导地位和作用，有着密切的关系。

"百花齐放"是群众提出来的。1951 年，毛泽东为中国戏曲研究院成立题词，就写了"百花齐放，推陈出新"这几个字。1953 年，他在谈及历史研究的方针时，提出应当"百家争鸣"。把"百花齐放，百家争鸣"两句话连在一起，作为党的科学文化工作的基本方针提出来，则是 1956年 4 月间的事。当年 4 月 28 日，毛泽东在政治局扩大会议上讲，"艺术问题上的百花齐放，学术问题上的百家争鸣，我看，这应该成为我们的方针"。中共中央赞同毛泽东的意见，确定"百花齐放，百家争鸣"为党的

---

① 《毛泽东文集》第 7 卷，人民出版社 1999 年版，第 251 页。
② 同上书，第 233 页。

科学和文化工作的方针。根据中央的指示，陆定一于1956年5月26日在怀仁堂作报告，对这个方针作了初步的同时又是比较系统的阐述。

对于"百花齐放，百家争鸣"的方针，毛泽东解释说：这"是促进艺术发展和科学进步的方针，是促进我国的社会主义文化繁荣的方针。艺术上不同的形式和风格可以自由发展，科学上不同的学派可以自由争论"。① "在中华人民共和国宪法范围之内，各种学术思想，正确的、错误的，让他们去说，不干涉他们。"② 1957年3月，他在全国宣传工作会议上对这个方针作了进一步的解释。他说：领导我们的国家可以采用两种不同的办法，或者说两种不同的方针，这就是放和收。"放，就是放手让大家讲意见，使人们敢于说话，敢于批评，敢于争论；不怕错误的议论，不怕有毒素的东西；发展各种意见之间的相互争论和相互批评，既容许批评的自由，也容许批评批评者的自由；对于错误的意见，不是压服，而是说服，以理服人。"我们应当采取放的方针，因为这是有利于我们国家巩固和文化发展的方针。他强调："这是一个基本性的同时也是长期性的方针，不是一个暂时性的方针。"③

中国共产党之所以在这个时候提出这个方针，是因为当时已经具备了实行这个方针的条件。这些条件就是陆定一在报告中所指出的：第一，社会主义改造在全国基本地区内已在各方面取得决定性的胜利。第二，知识界的政治思想状况已经有了根本的变化，并且正在发生更进一步的根本变化。我们的思想界已经大有进步。第三，我们还有敌人，国内也还有阶级斗争，但是敌人特别是国内的敌人已经大大削弱了。第四，全国人民政治上思想上的一致性大大增强，而且还在继续增强之中。正是估计到这样的情况，中共中央认为这时已经有条件提出"百花齐放，百家争鸣"的政策，以便把一切积极因素都调动起来，更好地为繁荣我国的文学艺术、为使我国的科学工作赶上世界先进水平而努力。

"百花齐放，百家争鸣"这个方针是怎样提出来的呢？毛泽东说，这"是根据中国的具体情况提出来的，是在承认社会主义社会仍然存在着各种矛盾的基础上提出来的，是在国家需要迅速发展经济和文化的迫切要求

---

① 《毛泽东文集》第7卷，人民出版社1999年版，第229页。
② 中共中央文献研究室编：《毛泽东文艺论集》，中央文献出版社2002年版，第144页。
③ 《毛泽东文集》第7卷，人民出版社1999年版，第278、179页。

上提出来的"。①

首先，是根据中国的具体情况提出来的。

就我国文艺领域的情况来说，文艺工作本来就有很多门类，同一门类中又有不同的流派；而对于文艺的创作者来说，他们选择的题材和创作方法，也从来就是各有特点的。这是合乎文艺工作发展规律的现象。因为"艺术的基本原理有其共同性，但表现形式要多样化，要有民族形式和民族风格"。② 所以，为了繁荣艺术，必须百花齐放。如果只是一花独放，不论那朵花怎么好，也是不会繁荣的。陆定一在报告中以戏剧为例，说明了这一点。他说：几年以前，还有人反对京戏。那时，党中央决定在戏剧方面实行"百花齐放，推陈出新"的政策。现在大家都看到，这个政策是正确的，收到了巨大的效果。由于有了各剧种之间的自由竞赛和相互观摩，戏剧的进步就很快。当然，在文学艺术领域里，确有一些显然有害的东西。如海盗海淫的小说是一个例子。"把这样的有毒的文艺，同苍蝇、蚊子、老鼠一例看待，加以消灭，是完全应该的。"我们所需要的，是为工农兵服务的文艺，为人民大众服务的文艺。

在科学工作方面，我们也有历史经验。我国在两千年前的春秋战国时代，学术方面曾经出现过"百家争鸣"的局面，这成了我国历史上学术发展的黄金时代。为了使我国能得到迅速的发展，这个历史经验值得借鉴。

在自然科学领域，本来就存在不同的学派。自然科学本身是没有阶级性的，虽然自然科学工作者每个人都有自己的政治立场。因此，在某一种医学学说上，生物学或其他自然科学的学说上，贴上什么"封建"、"资本主义"、"社会主义"、"无产阶级"、"资产阶级"之类的标签，例如说什么"中医是封建医，西医是资本主义医"、"巴甫洛夫的学说是社会主义的"、"米丘林的学说是社会主义的"、"孟德尔—摩尔根的遗传学是资本主义的"之类，都是错误的。但是，这种不利于自然科学发展的做法，还是在实际生活中发生了。这种情况应当引起我们的警觉，并且加以纠正。

就新中国的哲学社会科学领域的情况来说，马克思主义的理论、工人阶级的思想应当居于主导地位，这是没有疑问的。但是，由于资产阶级、小资产阶级的思想还将长期存在，唯心主义的思想还将长期存在，它们总

① 《毛泽东文集》第 7 卷，人民出版社 1999 年版，第 229 页。
② 同上书，第 76 页。

是要寻找机会表现自己的，不准它们表现事实上是做不到的。即使是在马克思主义的学者中间，由于掌握的材料不同、观察与思考问题的角度不同等原因，他们对同一个问题也会有不同的看法。在当时关于中国古代历史分期问题的讨论中，就发生了这种情况。所以，在哲学社会科学领域中，形成不同的学派，发生这样那样的不同意见的争论，是正常的、不可避免的，不应当加以干涉。

正是基于对中国具体情况的实事求是的分析，毛泽东指出："利用行政力量，强制推行一种风格，一种学派，禁止另一种风格，另一种学派，我们认为会有害于艺术和科学的发展。艺术和科学中的是非问题，应当通过艺术界科学界的自由讨论去解决，通过艺术和科学的实践去解决，而不应当采取简单的方法去解决。"① 因为这种讨论可以使本来能够融通和互补的意见、风格、方法在相互交流和碰撞中得到发展，可以使一些是非问题在争鸣中逐步得到澄清，可以使马克思主义者在斗争的风雨中锻炼自己、发展自己，扩大自己的阵地。

其次，是在承认社会主义社会仍然存在着各种矛盾的基础上提出来的。

对立统一规律是宇宙的根本规律。应用这个规律去观察社会主义社会，就要承认这个社会仍然存在着各种矛盾。毛泽东指出：在我们面前存在着敌我之间的和人民内部的这样两种不同性质的矛盾。"凡属于思想性质的问题，凡属于人民内部的争论问题，只能用民主的方法去解决，只能用讨论的方法、批评的方法、说服教育的方法去解决，而不能用强制的、压服的方法去解决。"② "斯大林常常把两种矛盾混淆起来了。我们的文化教育政策不采取他们的办法，我们采取有领导的百花齐放、百家争鸣。"③ "这个方针不但是使科学和艺术发展的好方法，而且推而广之，也是我们进行一切工作的好方法。"④

采取"百花齐放，百家争鸣"这个方针，就是按照辩证法办事。因为"真理是跟谬误相比较，并且同它作斗争发展起来的。美是跟丑相比较，并且同它作斗争发展起来的。善恶也是这样，善事、善人是跟恶事、恶人

---

① 《毛泽东文集》第7卷，人民出版社1999年版，第229页。
② 同上书，第209页。
③ 同上书，第253页。
④ 同上书，第279页。

相比较，并且同它作斗争发展起来的。总之，香花是跟毒草相比较，并且同它作斗争发展起来的。禁止人们跟谬误、丑恶、敌对的东西见面，跟唯心主义、形而上学的东西见面，跟孔子、老子、蒋介石的东西见面，这样的政策是危险的政策。它将引导人们思想衰退，单打一，见不得世面，唱不得对台戏"。① 他反复地告诫人们："反面的东西，需要读一读。不懂得唯心主义和形而上学，没有同这些反面的东西作过斗争，你那个唯物主义和辩证法是不巩固的。"② 正是出于这种考虑，他主张出版并扩大发行《参考消息》，使党内党外都能看到。他说："这是共产党替帝国主义出版报纸，连那些骂我们的反动言论也登。为什么要这样做呢？目的就是把毒草，把非马克思主义和反马克思主义的东西，摆在我们同志面前，摆在人民群众和民主人士面前，让他们受到锻炼。不要封锁起来，封锁起来反而危险。这一条我们跟苏联的做法不同。"③ "发行《参考消息》以及出版其他反面教材，就是'种牛痘'，增强干部和群众在政治上的免疫力。"④ 这种做法，是辩证法在思想文化工作中的创造性运用，表现了毛泽东在政治上的远见卓识和理论上的高度自信。

再次，是在国家需要发展经济和文化的迫切要求基础上提出来的。

为了改变国家一"穷"二"白"的面貌，推进经济和文化的发展，重要的是要调动广大人民群众、广大知识分子的积极性、主动性和创造性。我国的历史证明，如果没有对独立思考的鼓励，没有自由讨论，那么，学术的发展就会停滞。反过来说，有了对独立思考的鼓励，有了自由讨论，学术就能迅速发展。所以，我们应当采取"百家争鸣"的政策，鼓励独立思考和自由讨论。毛泽东特别提出："像中国这样大的国家，应该'标新立异'，但是，应该是为群众所欢迎的标新立异。为群众所欢迎的标新立异，越多越好，不要雷同。雷同就成为八股。"⑤ 因为只有敢于独立思考，勇于革新创造，我们才能在原有基础上有所发现、有所发明、有所创造、有所前进，从而推动原来落后的中国实现跨越式的发展。

采取"百花齐放，百家争鸣"的方针，还有助于保护人们坚持真理的

① 《毛泽东文集》第7卷，人民出版社1999年版，第192—193页。
② 同上书，第193页。
③ 同上书，第196页。
④ 同上。
⑤ 同上书，第80页。

权利，有助于为新生事物的健康成长创造有利的环境。历史的经验告诉我们，为了判断正确的东西和错误的东西，常常需要有考验的时间。真理，有时候在少数人手里。历史上新的正确的东西，在开始的时候常常得不到多数人的承认，只能在斗争中曲折地发展。尽管同旧社会比较，在社会主义社会中，新生事物成长的条件要好得多了；但是，压抑新生力量，压抑合理意见，仍然是常有的事。这里不是指有意压抑，只是由于鉴别不清，也会妨碍新生事物的成长。因此，对于科学上、艺术上的是非，保持慎重的态度，不轻率地作结论，而是提倡自由讨论，允许批评与反批评，允许坚持和保留自己的意见，这种做法可以帮助科学和艺术得到比较顺利的发展。

对于贯彻执行"百花齐放，百家争鸣"的方针，毛泽东是抱有很高期待的。他认为："采取现在的方针，文学艺术、科学技术会繁荣发达，党会经常保持活力，人民事业会欣欣向荣，中国会变成一个大强国而又使人可亲。"①《毛泽东传（1949—1976）》一书的作者认为：这段话，是一个画龙点睛之笔。"这里面，寄托着毛泽东对社会主义的现代中国的理想和希望。"②

在中国刚刚开始进入全面建设社会主义的时候，中国共产党就及时提出了"百花齐放，百家争鸣"的方针，这说明以毛泽东为代表的中央领导集体的思想是很解放的，视野是很开阔的，体现了实事求是、与时俱进的创新精神。不过，提倡"百花齐放，百家争鸣"这个方针，绝不是主张无批判的兼收并蓄，无原则的包容一切。这是一个马克思主义的方针，绝不是一种资产阶级自由化的方针。

为什么这样说呢？

首先，在提出这个方针的时候，党就明确地讲过，这里提倡的是人民内部的自由，并且主张随着人民政权的巩固而扩大这种自由；但是政治上必须分清敌我，这是一条政治界线。其次，毛泽东指出："统一物的两个互相对立互相斗争的侧面，总有个主，有个次。在我们无产阶级专政的国家里，当然不能让毒草到处泛滥。无论在党内，还是在思想界、文艺界，主要的和占统治地位的，必须力争是香花，是马克思主义。毒草，非马克

---

① 《毛泽东文集》第 7 卷，人民出版社 1999 年版，第 291 页。

② 《毛泽东传（1949—1976）》（上卷），人民出版社 2003 年版，第 652 页。

思主义和反马克思主义的东西，只能处在被统治的地位。"① 从这样的观点来看，百花齐放，百家争鸣，才能是有益无害的。

再次，对人民内部的错误思想，允许它存在，不等于不准许对它进行批评。毛泽东讲得很清楚："对于一些有害的言论，要及时给予有力的反驳。"② "社会上的歪风一定要打下去。无论党内也好，民主人士中间也好，青年学生中间也好，凡是歪风，就是说，不是个别人的错误，而是形成了一股风的，一定要打下去。打的办法就是说理。只要有说服力，就可以把歪风打下去。没有说服力，只是骂几句，那股歪风就会越刮越大。对于重大问题，要作好充分准备，在有把握的时候，发表有充分说服力的反驳文章。书记要亲自管报纸，亲自写文章。"③

最后，开展不同意见的争论，根本目的是分清是非，追求真理，加强马克思主义的指导地位。因为"有比较才能鉴别。有鉴别，有斗争，才能发展。真理是在同谬误作斗争中间发展起来的。马克思主义就是这样发展起来的。马克思主义在同资产阶级、小资产阶级的思想作斗争中发展起来，而且只有在斗争中才能发展起来"。④

所以，采取这个方针，"并不会削弱马克思主义在思想界的领导地位，相反地正是会加强它的这种地位"。⑤

所有这些，都是在提出"百花齐放，百家争鸣"这个方针时就加以明确了的。

为了帮助人们在我国人民的政治生活中判断言论和行动的是非，毛泽东特地根据我国的宪法原则，根据我国最大多数人民的意志和我国各党派历次宣布的共同的政治主张，提出了下列标准：（一）有利于团结全国各族人民，而不是分裂人民；（二）有利于社会主义改造和社会主义建设，而不是不利于社会主义改造和社会主义建设；（三）有利于巩固人民民主专政，而不是破坏或者削弱这个专政；（四）有利于巩固民主集中制，而不是破坏或者削弱这个制度；（五）有利于巩固共产党的领导，而不是摆脱或者削弱这种领导；（六）有利于社会主义的国际团结和全世界爱好和

---

① 《毛泽东文集》第7卷，人民出版社1999年版，第197页。
② 同上书，第196页。
③ 同上书，第197页。
④ 同上书，第280页。
⑤ 同上书，第232页。

平人民的国际团结，而不是有损于这些团结。这六条标准中，最重要的是社会主义道路和党的领导这两条。毛泽东强调，提出这些标准，是为了帮助人民发展对于各种问题的自由讨论，而不是为了妨碍这种讨论。[①] 切实把握这些标准，对于正确地贯彻执行"百花齐放，百家争鸣"的方针，发展文艺和科学工作，建设社会主义，都具有重要的意义。

五 正确处理文化问题上的古今中外的关系

为了建设社会主义的文化，有一个问题需要解决，这就是：如何正确地对待中国古代文化？如何正确地对待外国文化？

马克思主义认为，作为意识形态的文化，具有历史的继承性。每一个社会的特定的意识形态，无论就其内容或形式来说，都有两个来源：内容上，主要是反映现实的社会存在、社会经济形态，同时也保留着历史上形成的对过去社会的某些意识或材料；形式上，主要是从过去继承下来的方式、方法和手段，同时又根据新的内容和条件对它们加以改造、补充和发展，并增添某些新的具体形式。没有这两个来源，任何社会意识形态的发展都无从谈起。[②]

列宁指出："无产阶级文化应当是人类在资本主义社会、地主社会和官僚社会压迫下创造出来的全部知识合乎规律的发展。应当明确地认识到，只有确切地了解人类全部发展过程所创造的文化，只有对这种文化加以改造，才能建设无产阶级的文化。"[③] 毛泽东继承了列宁的这个观点。他在领导新民主主义文化建设的过程中就明确指出："我们信奉马克思主义是正确的思想方法，这并不意味着我们忽视中国文化遗产和非马克思主义的外国思想的价值。"[④]

关于中国古代文化的问题，毛泽东早就指出："清理古代文化的发展过程，剔除其封建性的糟粕，吸收其民主性的精华，是发展民族新文化提高民族自信心的必要条件；但是决不能无批判地兼收并蓄。"[⑤] 这个原则在

---

① 《毛泽东文集》第 7 卷，人民出版社 1999 年版，第 233、234 页。
② 萧前等：《历史唯物主义原理》，人民出版社 1983 年版，第 296 页。
③ 《列宁选集》第 4 卷，人民出版社 1972 年版，第 285 页。
④ 中共中央文献研究室编：《毛泽东书信选集》，人民出版社 2003 年版，第 191 页。
⑤ 《毛泽东选集》第 2 卷，人民出版社 1991 年版，第 707—708 页。

社会主义文化建设中仍然是适用的。1960 年 12 月，他在一次谈话中进一步提出了"对中国的文化遗产，应当充分地利用，批判地利用"的问题。①

毛泽东认为，中国的古代文化，主要是指中国封建时代的文化。这种文化不是统一的，也不是一成不变的。首先，封建时代的文化，也并不全是封建主义的，也有非封建乃至反封建的。所以，我们必须将古代封建统治阶级的一切腐朽的东西和古代优秀的人民文化，即多少带有民主性和革命性的东西区分开来。其次，封建主义的东西也不全是坏的。我们要注意区分封建主义发生、发展和灭亡不同时期的东西。当封建主义还处在发生和发展的时候，它有很多东西还是不错的。再次，封建时代的思想家所概括的伦理道德、行为规范固然主要反映了统治阶级的利益和道德要求，具有阶级的和历史的局限性；但它的某些方面也在一定程度上反映了人们在长期的共同生活中所应当遵循的规则，是可以批判地加以利用的。比如，父慈子孝是孔夫子提倡的。而我们也"还要提倡父慈子孝"，当然，这样做，并不是无条件的。② 同样，封建时代的思想家的一些理论，也是可以而且需要分析的。比如，他认为，孔子的体系是观念论（即唯心论），从认识的全体来说，是不正确的，"但作为片面真理则是对的，一切观念论都有其片面真理，孔子也是一样"。③ "观念论哲学有一个长处，就是强调主观能动性，孔子正是这样，所以能引起人的注意与拥护。"④ 最后，反封建主义的文化也不是全部可以无批判地利用的，因为封建时代的民间作品，多少都带有封建统治阶级的影响。这一点也是不应当被忽略的。

这就是说，毛泽东主张，我们应当运用马克思主义的观点对中国古代文化进行具体的分析，弄清楚从中需要吸取什么、摒弃什么、改造什么，这样才能正确地对它进行批判地继承，才能有助于推进社会主义文化建设。在这个问题上，我们既要反对历史虚无主义，又要反对封建复古主义。

对古代文化一概加以排斥是不正确的。因为社会主义文化，并非从天而降，它必须对旧文化有所承传，有所择取。同样，对古代文化主张盲目搬用更是错误的。因为社会已经前进了，企图让人们的思想永远停留在旧

---

① 《毛泽东文集》第 8 卷，人民出版社 1999 年版，第 225 页。
② 《毛泽东文集》第 3 卷，人民出版社 1996 年版，第 115—116 页。
③ 《毛泽东文集》第 2 卷，人民出版社 1993 年版，第 160 页。
④ 同上书，第 161 页。

的、封建主义的伦理原则和社会秩序的范围之内，甚至企图重新树立封建社会的正统思想——孔学在中国思想文化领域的支配地位，是根本不可能的，而且是十分有害的。毛泽东讲过："文化遗产中有许多毒素和糟粕呢！对一些传统剧目过去我们禁了几年，别人有些反感，现在开放了，也可以批评，但批评要说理。对牛鬼蛇神，戏是看，鬼不一定相信。"① 我们不能忘记，批判地继承古代文化的优秀遗产，其根本目的，是为了建设和发展社会主义文化。无批判地包容文化遗产中的那些毒素和糟粕，是同社会主义文化建设的目的背道而驰的。

当然，由于不批判地继承中国古代文化，就不能有效地建设社会主义文化，所以毛泽东着重提出的是，"应当充分地利用，批判地利用"古代文化，并且指明这是我们现在的方针。他认为："充分利用文化遗产，我们现在还没有做到。中国古典著作多得很，现在是分门别类地在整理，用现代科学观点逐步整理出来，重新出版。"②

在主张批判地继承中国古代文化的优秀遗产的同时，毛泽东在民主革命时期也已经提出，"中国应该大量吸收外国的进步文化，作为自己文化食粮的材料"。他所说的外国进步文化，不但是外国的"社会主义文化和新民主主义文化，还有外国的古代文化，例如各资本主义国家启蒙时代的文化"，一句话，"凡属我们今天用得着的东西，都应该吸收"。③ 这个原则，在社会主义文化建设中也仍然是适用的。1956 年 4 月，毛泽东提出"向外国学习的口号"，其中就包括学习外国的优秀文化。他说："我们的方针是，一切民族、一切国家的长处都要学，政治、经济、科学、技术、文学、艺术的一切真正好的东西都要学。但是，必须有分析有批判地学，不能盲目地学，不能一切照抄，机械搬用。"④ 同年 8 月，他在同音乐工作者的谈话中，进一步就如何学习外国文化的问题作出了全面、深入的论述。

敢于提出"向外国学习"的口号，是要有一点勇气的。这就是说，要把戏台上的那个架子放下来。毛泽东说："近代文化，外国比我们高，要承认这一点。艺术是不是这样呢？中国某一点上有独特之处，在另一点上

① 《毛泽东文集》第 7 卷，人民出版社 1999 年版，第 527 页。
② 《毛泽东文集》第 8 卷，人民出版社 1999 年版，第 225 页。
③ 《毛泽东选集》第 2 卷，人民出版社 1991 年版，第 706—707 页。
④ 《毛泽东文集》第 7 卷，人民出版社 1999 年版，第 41 页。

外国比我们高明。小说，外国是后起之秀，我们落后了。"① 不承认这一点，不利于中国的进步。从历史上看，我们这个民族，从来就有接受外国的先进经验和优秀文化的传统。在近代，从 1894 年到 1911 年那段时间，全国学习西方资本主义国家的民主主义思想、文化以及自然科学形成了热潮。"那一次学习对我们是有很大帮助的。"② 我们应当尽量吸收进步的外国文化，以为发展中国的新文化借镜。对于外国的科学、技术和文化不加分析地一概排斥，采取排外主义的方针，是错误的。这是一种缺乏文化自信的表现。

外国文化并不是统一的、一成不变的文化。正如对中国古代文化需要进行分析一样，对外国文化也需要用马克思主义的观点去进行分析。只有这样，才能懂得哪些应当吸收，哪些应当摒弃，哪些应当改造。毛泽东早就说过：在外国文化中，"有我们必须接受的、进步的好东西，而另一方面，也有我们必须摒弃的腐败的东西，如法西斯主义"。③ 在提出"向外国学习"的口号时，他更明确地指出："外国资产阶级的一切腐败制度和思想作风，我们要坚决抵制和批判。但是，这并不妨碍我们去学习资本主义国家的先进的科学技术和企业管理方法中合乎科学的方面。"④ 他认为："自然科学方面，我们比较落后，特别要努力向外国学习。但是也要有批判地学，不可盲目地学。在技术方面，我看大部分先要照办，因为那些我们现在还没有，还不懂，学了比较有利。但是，已经清楚的那一部分，就不要事事照办了。"⑤ 对于外国的东西，必须去除其糟粕，吸收其精华，才能对我们有益。对于外国的科学、技术和文化不加分析地一概吸收，即搞"全盘西化"、盲目搬用，同样是错误的。这也是缺乏文化自信的一种表现。

在"向外国学习"的态度上，既要放下架子，又要破除迷信。毛泽东说："帝国主义者长期以来散布他们是文明的、高尚的、卫生的。这一点在世界上还有影响，比如存在一种奴隶思想。我们也当过帝国主义的奴隶，当长久了，精神就受影响。现在我国有些人中还有这种精神影

---

① 《毛泽东文集》第 7 卷，人民出版社 1999 年版，第 81 页。
② 《毛泽东文集》第 6 卷，人民出版社 1999 年版，第 264 页。
③ 《毛泽东文集》第 3 卷，人民出版社 1996 年版，第 192 页。
④ 《毛泽东文集》第 7 卷，人民出版社 1999 年版，第 43 页。
⑤ 同上书，第 42 页。

响，所以我们在全国人民中广泛宣传破除迷信。"① 对西方的崇拜是一种迷信，这是由历史形成的。近代以来，中国长期陷于半殖民地的境遇。"有些人做奴隶做久了，感觉事事不如人，在外国人面前伸不直腰，像《法门寺》里的贾桂一样，人家让他坐，他说站惯了，不想坐。在这方面要鼓点劲，要把民族自信心提高起来。"② 他强调，西方世界的太阳是傍晚的没落的太阳。东方人"要在破除迷信的条件下学习西方"。③ 很明显，如果不清除贾桂思想，不反对盲目崇拜西方的教条主义，在外国人面前抬不起头来，只会跟在他们后边亦步亦趋，丧失了独立思考的能力和创造的精神，那么我们将永远不可能摆脱落后状态，无法自立于世界的民族之林，更谈不上成为经济上、文化上的强国了。

必须明确，学习外国文化的根本目的，是为了建设和发展中国的社会主义文化。首先，"学习的时候用脑筋想一下，学那些和我国情况相适合的东西，即吸取对我们有益的经验，我们需要的是这样一种态度"。④ 这就是说，我们中国人必须用我们自己的头脑进行思考，并决定什么东西能在我们自己的土壤里生长起来。对于社会主义国家的思想理论、科学文化，我们固然应该采取真心真意的态度去学习，但是也应当根据中国的需要和具体情况进行选择，"择其善者而从之。其不善者不从之"。⑤ 对于西方发达资本主义国家占统治地位的思想理论，更需要有分析和批判的态度。一位权威的经济学家在论述西方经济学与中国现代化的关系时曾着重阐明了以下几个观点：第一，我们"要认识到，这些国家的经济制度和我们的社会经济制度根本不同，从而，西方经济学作为一个整个体系，不能成为我们国民经济发展的指导理论"；第二，"我们又要认识到，在若干具体的经济问题的分析方面，它确有可供我们参考、借鉴之处"；第三，"由于制度上的根本差异，甚至在一些具体的、技术的政策问题上，我们也不能搬套西方的某些经济政策和措施"。这些分析是很精辟的，很好地体现了毛泽东的有关主张。

---

① 《毛泽东文集》第 7 卷，人民出版社 1999 年版，第 382 页。
② 同上书，第 43 页。
③ 中华人民共和国外交部、中共中央文献研究室编：《毛泽东外交文选》，中央文献出版社、世界知识出版社 1994 年版，第 394 页。
④ 《毛泽东文集》第 7 卷，人民出版社 1999 年版，第 242 页。
⑤ 同上书，第 366 页。

其次，我们"应该是在中国的基础上，吸收外国的东西"。这就是说，对于外国的东西，我们必须根据具体条件加以采用，使之适合中国的实际。以艺术为例。毛泽东认为："艺术上'全盘西化'被接受的可能性很少，还是以中国艺术为基础，吸收一些外国的东西进行自己的创造为好。""艺术离不了人民的习惯、感情以至语言，离不了民族的历史发展。""我们要熟悉外国的东西，读外国书。但是并不等于中国人要完全照外国办法办事，并不等于中国人写东西要像翻译的一样。中国人还是要以自己的东西为主。"①

再次，"学习有两种方法：一种是专门模仿；一种是有独创精神，学习与独创结合"。② 这就是说，我们要把学习和独创结合起来。毛泽东主张，我们"要向外国学习科学的原理。学了这些原理，要用来研究中国的东西"。③ "外国有用的东西，都要学到，用来改进和发扬中国的东西，创造中国独特的新东西。搬要搬一些，但要以自己的东西为主。"④ 应该在中国的基础上面，吸取外国的东西。应该交融起来，有机地结合。应该学习外国的长处来整理中国的，创造出中国自己的、有独特民族风格的东西。这样的道理才能讲通，也才不会丧失民族信心。⑤ 在文化方面，各国人民应该根据本民族的特点，对人类有所贡献。⑥ 他提出，要向科学进军，不能走世界各国发展科学技术的老路，而应独立自主、自力更生、奋发图强，努力赶超世界先进水平。

早在青年时期，毛泽东就提出，对于中国历史要"观往迹，制今宜"；对于西洋历史，要"取于外，资于内"。⑦ 他提出要批判地继承中国古代文化和批判地吸收外国文化的主张，是上述思想的进一步发展。他强调："向古人学习是为了现在的活人，向外国人学习是为了今天的中国人。"⑧ 所以，总起来讲，正确处理文化问题上古今中外的关系，应当做到"古为今用"、"洋为中用"、"推陈出新"。这是我们为建设和发展社会主义的文

---

① 《毛泽东文集》第 7 卷，人民出版社 1999 年版，第 77 页。
② 同上书，第 366 页。
③ 同上书，第 78 页。
④ 同上书，第 82 页。
⑤ 同上书，第 83 页。
⑥ 《毛泽东文集》第 8 卷，人民出版社 1999 年版，第 227 页。
⑦ 《毛泽东早期文稿》，湖南人民出版社 1990 年版，第 22 页。
⑧ 《毛泽东文集》第 7 卷，人民出版社 1999 年版，第 82 页。

化所必须坚持的重要原则。

六　建设工人阶级知识分子的宏大队伍

进行社会主义文化建设，必须充分发挥知识分子的作用。20世纪50年代中期，中国约有五百万知识分子。毛泽东说："我们的国家是一个文化不发达的国家。五百万左右的知识分子对于我们这样一个大国来说，是太少了。没有知识分子，我们的事情就不能做好，所以我们要好好地团结他们。"① 1957年7月，他明确提出："为了建成社会主义，工人阶级必须有自己的技术干部的队伍，必须有自己的教授、教员、科学家、新闻记者、文学家、艺术家和马克思主义理论家的队伍。这是一个宏大的队伍，人少了是不成的。"② 他强调："无产阶级必须造就自己的知识分子队伍，这跟资产阶级要造就它自己的知识分子队伍一样。一个阶级的政权，没有自己的知识分子那是不行的。美国没有那样一些知识分子，它资产阶级专政怎么能行？我们是无产阶级专政，一定要造就无产阶级自己的知识分子队伍。"③ 在这个工人阶级知识分子宏大新部队没有造成以前，工人阶级的革命事业是不会充分巩固的。④

什么是无产阶级的知识分子呢？毛泽东进一步解释说：无产阶级应当有自己的"秀才"，这些人一方面"要较多地懂得马克思主义"，另一方面又"要有一定的文化水平、科学知识、辞章修养"。⑤

建设工人阶级知识分子的宏大队伍，"这是历史向我们提出的伟大任务"。⑥ 第一，我国艰巨的社会主义建设事业，需要尽可能多的知识分子为它服务，需要有大批人民的教育家和教师，人民的科学家、工程师、技师、医生、新闻工作者、著作家、文学家、艺术家和普通文化工作者。我

① 《毛泽东文集》第7卷，人民出版社1999年版，第270页。

② 中共中央文献研究室：《建国以来重要文献选编》第10册，中央文献出版社1994年版，第491页。

③ 《在最高国务会议第十三次会议上的讲话》，1957年10月13日。

④ 中共中央文献研究室：《建国以来重要文献选编》第10册，中央文献出版社1994年版，第491页。

⑤ 《毛泽东文集》第7卷，人民出版社1999年版，第360页。

⑥ 中共中央文献研究室：《建国以来重要文献选编》第10册，中央文献出版社1994年版，第491页。

国人民要改变我国在经济上和科学文化上的落后状况，达到世界上的先进水平，"决定一切的是要有干部，要有数量足够的、优秀的科学技术专家"。① 如果广大的知识分子不仅有专业知识，而且有较高的社会主义觉悟，他们就能够在社会主义建设中更加自觉、更加有效地发挥积极作用。

第二，知识分子在社会主义建设中的一个特殊作用，就是"要经过他们去教育中国几亿人民"。② 他们不仅要向人民传授建设社会主义的专业知识，而且应当通过开展学校工作和创作文艺作品、发行新闻出版物等各种形式，向人民进行爱国主义、集体主义、社会主义的思想教育。而只有建设一支工人阶级知识分子的宏大队伍，才能很好地起到这种作用。

第三，建设一支工人阶级知识分子的宏大队伍，对于巩固我国的社会主义事业具有十分重要的意义。1956 年匈牙利事件中，一部分资产阶级自由主义知识分子曾经在反政府暴乱中起过先导和骨干作用。1957 年夏季，中国知识分子中的极少数右派也成了反党反社会主义的煽动者和骨干力量。这些事实从一个特定的角度警示人们："在这个工人阶级知识分子宏大新部队没有造成以前，工人阶级的革命事业是不会充分巩固的。"③

工人阶级知识分子的宏大队伍怎样才能形成呢？这主要有两个途径：一方面，是有计划地从广大人民中培养各类新型的知识分子。毛泽东提出："共产党员、青年团员和全体人民，人人都要懂得这个任务，人人都要努力学习。有条件的，要努力学技术，学业务，学理论。"④ "中央各部，省、专区、县三级，都要比培养'秀才'。"⑤ 另一方面，是注意团结教育现有的一切有用的知识分子。毛泽东提出，凡是真正愿意为社会主义事业服务的知识分子，党和政府都应当给予信任，从根本上改善同他们的关系，帮助他们解决各种必须解决的问题，使他们得以积极地发挥他们的才能。而工人阶级知识分子的这个新队伍，是"包含从旧社会过来的真正经过改造站稳了工人阶级立场的一切知识分子"在内的。⑥

---

① 《毛泽东文集》第 7 卷，人民出版社 1999 年版，第 2 页。

② 同上书，第 254 页。

③ 中共中央文献研究室：《建国以来重要文献选编》第 10 册，中央文献出版社 1994 年版，第 491 页。

④ 同上。

⑤ 《毛泽东文集》第 7 卷，人民出版社 1999 年版，第 360 页。

⑥ 中共中央文献研究室：《建国以来重要文献选编》第 10 册，中央文献出版社 1994 年版，第 491 页。

实际上，这两个方面的工作是互相依存的。因为工人阶级知识分子的造就，并不能离开利用社会原有的知识分子的帮助；而造就了工人阶级自己的知识分子，党也就有了进一步团结、教育、改造社会原有知识分子的能力，从而有利于更好地发挥这些知识分子的作用。

为了自觉地、有针对性地做好知识分子的工作，毛泽东对当时中国知识分子队伍的状况作出了具体的分析。

首先，是阶级成分问题。在新中国成立前夕，毛泽东即指出：对于知识分子，应"将着重点不放在社会出身方面，而放在社会职业方面，方可避免唯成分论的偏向"。① 如参加军队者是军人，参加政府工作者是职员等。1950 年 8 月，中央人民政府政务院公布的《关于划分农村阶级成分的决定》作了如下规定："凡受雇于国家的、合作社的或私人的机关、企业、学校等，对其中办事人员，取得工资以为生活之全部或主要来源的人，称为职员。职员为工人阶级中的一部分。"知识分子中的高级职员，"其阶级成分与职员同"。这些规定，是同毛泽东的上述主张一致的。1957 年 3 月，他在分析知识分子问题时明确指出："在社会主义社会里，主要的社会成员是三部分人，就是工人、农民和知识分子。知识分子是脑力劳动者。他们的工作是为人民服务的，也就是为工人农民服务的。"②

其次，是政治态度问题。毛泽东认为，这有两种状况。知识分子中的绝大多数人都是爱国的，愿意为人民服务，为社会主义的国家服务。有少数知识分子对社会主义还有怀疑，但是在帝国主义面前还是爱国的。只有极少数的知识分子对于我们的国家抱着敌对情绪，一遇机会，就会兴风作浪，想要推翻共产党，恢复旧中国。这种人在知识分子中大约只占百分之一、二、三。

再次，是对待马克思主义的态度问题。这有三种情况。大约有百分之十几的人比较熟悉马克思主义，并且站稳了无产阶级立场。这些人是少数，但他们是核心，有力量。"多数人想学习马克思主义，并且也学了一点，但是还不熟悉。还是处在一种中间的状态。坚决反对马克思主义、对于马克思主义抱着仇视态度的人，是占极少数。"③

---

① 《毛泽东文集》第 5 卷，人民出版社 1996 年版，第 97 页。
② 《毛泽东文集》第 7 卷，人民出版社 1999 年版，第 270 页。
③ 同上书，第 268、269 页。

　　基于以上分析，毛泽东认为，由于知识分子与工人、农民一起，是构成我国基本群众的重要部分，由于他们的绝大多数是爱国的，愿意为人民服务、为社会主义国家服务，所以，我们要实行"巩固团结他们的方针"；同时，就知识分子的"多数人来说，用无产阶级世界观完全代替资产阶级世界观，那就还相差很远"。① 因此，我们应当提出知识分子进行思想改造、转变世界观的任务。不但资产阶级知识分子需要改造，就是工农出身的知识分子因为在各方面受资产阶级的影响，也需要进行改造。

　　为什么要求知识分子进行思想改造、转变世界观呢？毛泽东说：就是为了使知识分子能够"充分适应新社会的需要"，"同工人农民团结一致"，② "就是为了要资产阶级知识分子建立无产阶级世界观，改造成为无产阶级知识分子"。③ 总之，这不是为了贬抑知识分子，而是为了更有效地、更充分地发挥他们在社会主义建设中的积极作用。这就是说，这样做的出发点和落脚点都完全是积极的。按照他的估计，"我国绝大部分的知识分子是愿意进步的，愿意改造的，是可以改造的"。④ 从旧社会过来的知识分子，"大多数人是能够前进的，一部分人是能够改造成无产阶级知识分子的"。⑤ 他在同音乐工作者谈话时说："音乐家中的许多人在思想上是属于资产阶级的。我们这些人过去也是这样。但是我们从那方面转过来了，他们为什么不能过来呢？事实上已经有许多人过来了。"⑥ 当然，"知识分子的改造，特别是他们的世界观的改变，要有一个长时期的过程"。⑦

　　应当通过什么途径来进行思想改造、转变世界观呢？

　　首先，要学习马克思主义。毛泽东说："在知识分子当中提倡学习马克思主义是很有必要的，要提倡大家学他十年八年，马克思主义学得多了，就会把旧思想推了出去。"⑧ 这当然不是说，从事各行各业的知识分子都应当成为马克思主义的理论家，这是不必要，也不可能的。他在论述知

①　《毛泽东文集》第 7 卷，人民出版社 1999 年版，第 271 页。

②　同上书，第 225 页。

③　《在最高国务会议第十三次会议上的讲话》，1957 年 10 月 13 日。

④　《毛泽东文集》第 7 卷，人民出版社 1999 年版，第 279 页。

⑤　《在最高国务会议第十三次会议上的讲话》，1957 年 10 月 13 日。

⑥　《毛泽东文集》第 7 卷，人民出版社 1999 年版，第 80 页。

⑦　同上书，第 279 页。

⑧　同上书，第 261 页。

识分子应当走又红又专的道路时指出:"红,就要下一个决心,彻底改造自己的资产阶级世界观。这并不是要读很多书,而是要真正弄懂什么叫无产阶级,什么叫无产阶级专政,为什么只有无产阶级有前途,其他阶级都是过渡的阶级,为什么我们这个国家要走社会主义道路,不能走资本主义道路,为什么一定要共产党领导等等问题。"①

同时,要深入实际,同劳动群众相结合。毛泽东指出:"学习马克思主义,不但要从书本上学,主要地还要通过阶级斗争、工作实践和接近工农群众,才能真正学到。"②

还在革命战争的年代,毛泽东就提出知识分子应当与工农群众相结合的问题。在社会主义时期,他进一步提出:"劳动人民要知识化,知识分子要劳动化。"③

知识分子与劳动人民加强联系,是十分重要的。因为知识分子不是游离于社会之外或社会之上的独立的群体。"离开共产党所领导的劳动人民,他们就会无所依靠,而不可能有任何光明的前途。"④

因为"知识分子既然要为工农群众服务,那就首先必须懂得工人农民,熟悉他们的生活、工作和思想"。因为"知识分子既然要为工农群众服务,那就首先必须懂得工人农民,熟悉他们的生活、工作和思想"。他们"一定要研究当前的情况,研究实际的经验和材料,要和工人农民交朋友"。⑤ 因为知识分子又是教育者,他们就有一个先受教育的任务。只有首先当好群众的学生,才能当好群众的先生;因为知识分子在同劳动群众相结合的过程中,可以从劳动群众身上学到许多在书本上不容易学到的知识,进一步了解他们的生活和思想感情,增强自身为人民服务的自觉性。

毛泽东对知识分子的进步抱有热烈的期待。他说:"如果我们的知识分子读了一些马克思主义的书,又在同工农群众的接近中,在自己的工作实践中有所了解,那末,我们大家就有了共同的语言,不仅有爱国主义方面的共同语言、社会主义制度方面的共同语言,而且还可以有共产主义世

---

① 《在最高国务会议第十三次会议上的讲话》,1957 年 10 月 13 日。
② 《毛泽东文集》第 7 卷,人民出版社 1999 年版,第 273 页。
③ 《毛主席论教育革命》,人民出版社 1967 年版,第 11 页。
④ 《毛泽东文集》第 7 卷,人民出版社 1999 年版,第 231 页。
⑤ 同上书,第 272 页。

界观方面的共同语言。"① 如果这样，知识分子就能够"充分适应新社会的需要"、"同工人农民团结一致"，党和知识分子的关系就会更加紧密，"大家的工作就一定会做得好得多"。这是实现造就工人阶级知识分子宏大队伍这一战略任务的必由之路。

七 加强共产党对社会主义文化建设的领导

为了搞好社会主义文化建设，必须加强共产党对思想文化工作的领导。没有共产党的领导，上面所说的坚持马克思主义的指导地位，贯彻执行"百花齐放，百家争鸣"的方针，正确处理文化发展问题上古今中外的关系，造就工人阶级知识分子的宏大队伍等项任务，都是不可能实现的。

在领导社会主义文化建设的问题上，毛泽东把加强党的思想理论工作放在了突出的地位。他指出："我们国内革命时期的大规模的急风暴雨式的群众阶级斗争已经基本结束，但是还有阶级斗争，主要是政治战线上和思想战线上的阶级斗争，而且还很尖锐。思想问题现在已经成为非常重要的问题。各地党委的第一书记应该亲自出马来抓思想问题，只有重视了和研究了这个问题，才能正确地解决这个问题。"② 他主张："要责成省委、地委、县委书记管思想工作，管报纸、学校、文学艺术和广播。"他认为："第一书记挂帅，动手修改一些最重要的社论，是必要的。一张省报，对于全省工作，全体人民，有极大的组织、鼓舞、激励、批判、推动的作用。"③ 他同时提出："全党都要注意思想理论工作，建立马克思主义的理论队伍，加强马克思主义理论的研究和宣传。"④

加强共产党对思想文化工作的领导，其重要的组织保证，就是必须使思想文化领域的领导权牢牢地掌握在马克思主义者手中。中国共产党人尤其是担任领导工作的干部，一定要认真学习马克思主义。而且"学习马克思主义也要形成风气"，因为没有风气是学不好的。⑤ 如

---

① 《毛泽东文集》第 7 卷，人民出版社 1999 年版，第 273 页。
② 同上书，第 282 页。
③ 同上书，第 247、338 页。
④ 同上书，第 200—201 页。
⑤ 同上书，第 261 页。

果掌管思想文化工作部门的人们自身不学习马克思主义，他们又怎么可能在这些部门中坚持马克思主义的指导、保证思想文化工作发展的正确方向呢？

为了加强共产党对思想文化工作的领导，中国共产党人尤其是担任文化科技教育等部门领导工作的党员干部，还"必须学文化（科学、技术），学建设"，使自己从外行变成内行。① 他说："我们进入了这样一个时期，就是我们现在所从事的、所思考的、所钻研的，是钻社会主义工业化，钻社会主义改造，钻现代化的国防，并且开始要钻原子能这样的历史的新时期。……适合这种新的情况钻进去，成为内行，这是我们的任务。"② 如果对文化、科技、教育等部门缺乏必要的知识，不了解这些部门工作的规律，我们又怎么可能在那里结合实际坚持马克思主义，实行令人信服的领导呢？

针对那种"外行不能领导内行"的说法，毛泽东指出："说共产党不能领导科学，这话有一半真理。现在我们是外行领导内行，搞的是行政领导、政治领导。"③ 但是，外行是可以而且能够变成内行的，办法就是学习。"我们是否可以学会科学技术？如过去一样，可以学会的。"④ 他说："现在的中央委员会，我看还是一个政治中央委员会，还不是一个科学中央委员会。中央委员会中应该有许多工程师，许多科学家。"⑤ 这样，党对科学技术、文化教育等方面的领导一定会得到有效的改善和加强。

为了坚持共产党在思想文化领域的领导地位，毛泽东还提出，我们党要发扬人民民主，团结、吸引、带领人民群众参加对思想文化领域的管理。他在读苏联《政治经济学（教科书）》的谈话时讲道：劳动者管理国家、管理军队、管理各种企业、管理文化教育的权利，这是社会主义制度下劳动者最大的权利，最根本的权利。没有这种权利，劳动者的工作权、休息权、受教育权等权利，就没有保证。⑥ 他强调：社会主义

---

① 《毛泽东文集》第7卷，人民出版社1999年版，第290页。
② 《毛泽东文集》第6卷，人民出版社1999年版，第395页。
③ 《毛泽东文集》第7卷，人民出版社1999年版，第264页。
④ 同上书，第290页。
⑤ 同上书，第102页。
⑥ 《毛泽东文集》第8卷，人民出版社1999年版，第129页。

民主的问题，首先就是劳动者有没有权利来克服各种敌对势力和它们的影响的问题。像报纸刊物、广播、电影这类东西，掌握在谁手里，由谁来发表议论，都是属于权利的问题。由于人民群众是报纸刊物、广播、电影这类东西的主要受众，这类东西是否符合人民群众的需要，能不能维护他们的权利，他们最有发言权。所以，人民自己必须管理上层建筑，不管理上层建筑是不行的。我们不能够把人民的权利问题，了解为国家只由一部分人管理，人民在这些人的管理下享受劳动、教育、社会保险等权利。这是保证文化建设坚持社会主义方向、为人民服务的重要条件。

八　结语

总起来说，毛泽东关于社会主义文化建设的思想构成了一个相当完整的体系。这是以毛泽东为代表的老一辈无产阶级革命家在探索适合中国国情的社会主义建设道路的过程中所取得的重要思想成果。

诚然，党在领导文化工作的过程中曾经历过重大的曲折，甚至犯过严重的错误。比如，在"文化大革命"时期，就发生过"打倒一切，全面内战"的严重问题，这是毛泽东自己讲过的。他也批评过文化界的许多不好的现象，如指出"样板戏太少，而且稍微有点差错就挨批。百花齐放没有了。别人不能提意见"，人们"怕写文章，怕写戏。没有小说，没有诗歌"，"缺少散文，缺少文艺评论"。为了改变这种状况，他主张"党的文艺政策应该调整一下"。由于混淆两类不同性质的矛盾，使一些爱国的知识分子受到不公正的待遇，他也说过，"对于作家，要惩前毖后、治病救人，如果不是暗藏的有严重反革命行为的反革命分子，就要帮助"，等等。① 毫无疑问，对于文化工作中发生过的问题，我们必须予以正视，并且认真地从中吸取教训。但是，我们不能据此就从根本上否定毛泽东关于社会主义文化建设的许多正确思想的重大意义。

马克思主义理论研究和建设工程重点教材《中国近现代史纲要》，对毛泽东关于社会主义文化建设方面的重要思想，作出了科学的概括，其中包括"要坚持马克思主义的指导地位，实行'百花齐放，百家争鸣'的方

---

① 《毛泽东文集》第 8 卷，人民出版社 1999 年版，第 448 页。

针，对古今中外的优秀文化实行'古为今用、洋为中用、百花齐放、推陈出新'的方针"和提出建设一支宏大的工人阶级知识分子队伍的任务等。实践证明，这些思想符合中国的实际，是正确的。结合新的历史条件，科学地继承和创造性地运用这些思想，是推进社会主义文化大发展、大繁荣的一个重要条件。

（原载《毛泽东邓小平理论研究》2012 年第 8 期）

毛泽东发展科学技术的若干思想论析

梁　柱

毛泽东非常重视科学技术的作用。他从马克思主义认识论的高度，指明科学技术对人类社会的进步、对发展工农业生产的决定性作用。他提出了一系列促进科学技术发展的重要思想，对于实现我国的社会主义现代化具有长远的指导意义。

一　一定要打好科学技术这一仗

毛泽东在他的革命生涯中，不仅看到自然科学对理解和发展马克思主义的重要作用，而且深刻认识到自然科学对发展生产力有着不可替代的重要作用。早在抗日战争时期，他就指出："自然科学是很好的东西，它能解决衣、食、住、行等生活问题，所以每一个人都要赞成它，每一个人都要研究自然科学。""自然科学是人们争取自由的一种武装。人们为着要在社会上得到自由，就要用社会科学来了解社会，改造社会，进行社会革命。人们为着要在自然界里得到自由，就要用自然科学来了解自然，克服自然和改造自然，从自然里得到自由。"① 他还从技术基础的角度，考察了新民主主义社会，他认为新民主主义社会的基础不是手工而是机器，充分肯定了科学技术对实现革命目标的作用。新中国成立后，毛泽东以极大的热情关心科学技术事业。1949 年 10 月 31 日，新中国成立刚一个月，毛泽东便亲自将中国科学院的印信颁给郭沫若院长。第二天，中国科学院正式成立。这一举措在全国和海外华裔科技人员中引起了强烈反响。从这时起，党中央和毛泽东就充分肯定科学技术对经济、国防和文化建设具有决

① 《毛泽东文集》第 2 卷，人民出版社 1993 年版，第 269 页。

定性的意义，把科学研究作为国家的一项基本建设。毛泽东强调指出：
"科学技术这一仗，一定要打，而且必须打好。过去我们打的是上层建筑
的仗，是建立人民政权、人民军队。建立这些上层建筑干什么呢？就是要
搞生产。搞上层建筑、搞生产关系的目的就是解放生产力。现在生产关系
是改变了，就要提高生产力。不搞科学技术，生产力无法提高。"[①] 从这里
可以看到，依靠科学技术发展生产力，推进社会主义建设，已成为当时的
一个重要的指导思想。毛泽东对科学技术的重视，是基于以下几个方面的
认识。

**（一）深刻总结近代中国的历史经验，必须打好科学技术这一仗，是
中华民族经历刻骨铭心的痛苦而得出的历史结论**

毛泽东从鸦片战争以来 100 多年的近代中国屈辱史中，深刻总结了中
国之所以长期被帝国主义列强欺凌、积弱积贫的原因：一是社会制度腐
败；二是经济技术落后。对于第一个原因的解决，他在回答中国向何处去
的问题时，明确指出，在半殖民地半封建的近代中国，企图通过走资本主
义道路来求得民族独立和人民解放，实现国家富强和人民富裕，是行不通
的。历史似乎在开玩笑，当时资本主义列强是代表先进生产力的，来到中
国却扶植最反动、最落后、最保守的封建势力及其生产关系，而排斥中国
独立走上资本主义道路。这种看似历史的悖论，其实道理是很简单的，他
们懂得如果中国这样一个大国独立走上资本主义的道路就有可能成为他们
强大的竞争对手，所以要使中国保持一个落后的状态，以便于他们的掠
夺。"帝国主义列强侵入中国的目的，绝不是要把封建的中国变成资本主
义的中国"，讲的就是这个道理，它深刻反映了近代中国历史必须有新的
走向。社会主义在中国的胜利，正是反映了这种历史的要求，使造成中国
落后的第一个原因获得了基本解决。现在，"第二个原因也已开始有了一
些改变"，但是，"落后就要挨打"，对我们同样是适用的，因此"我们应
当以有可能挨打为出发点来部署我们的工作"，"如果不在今后几十年内，
争取彻底改变我国经济和技术远远落后于帝国主义国家的状态，挨打是不
可避免的"。[②] 这是新中国面临的一个巨大的威胁，也是必须加以解决的艰

---

① 《毛泽东文集》第 8 卷，人民出版社 1999 年版，第 351 页。
② 同上书，第 340 页。

巨任务。我国同西方发达国家比较，从表面上看是经济和文化发展程度的差距，而实质上是科学技术和国民素质的差距。很显然，如果我们不在经济和科学技术方面赶上去，不但国家现代化没有希望，而且已经获得的民族独立也得不到保证。毛泽东正是以这样深刻的忧患意识，提出必须打好科学技术这一仗。

（二）自然科学是理解马克思主义、促进马克思主义中国化的必要的知识准备

马克思主义不但是工人运动经验的总结，也是人类优秀文化遗产的结晶。而人类优秀文化遗产，就包括自然科学的发生和发展。马克思主义经典作家在他们的理论活动和对实践的指导中，既注视社会生活的变动，也密切注意科学技术的进步与变革及其对社会进程的影响。因此，离开自然科学知识，对马克思主义的理解和掌握就不可能是全面的、深刻的。毛泽东说："马克思主义包含有自然科学，大家要来研究自然科学，否则世界上就有许多不懂的东西，那就不算一个最好的革命者。"①毛泽东在青年时期投身革命运动后，他在钻研革命理论中就感受到自己自然科学知识不足所带来的缺陷，他说："因缺乏数学、物理、化学等自然的基础科学的知识，想设法补足。"②而他在自己的革命实践和革命理论活动中，更加感受到充实自然科学知识的重要性。1936 年 10 月 22日，毛泽东写信委托当时在西安从事统一战线工作的叶剑英、刘鼎，请他们务必帮助购买"一批通俗的社会科学自然科学"书籍，要求这些书要"经过选择真正是通俗的而又有价值的"，"每种买五十部"。③ 我们在毛泽东的哲学、政治、军事等著作中，都可以看到他所掌握的自然科学知识对促进马克思主义中国化的作用。比如，他在写作《矛盾论》一文中，就注意运用自然科学成果来论证辩证法的基本原理，通过对机械运动、电磁运动、化学运动、生物运动和社会运动来论证矛盾的普遍性，同时又根据事物不同形式进行科学分类的思想，深入探讨矛盾的特殊性，使文章写得深入浅出，引人入胜。

---

① 《毛泽东文集》第 2 卷，人民出版社 1993 年版，第 270 页。
② 《新民学会资料》，人民出版社 1980 年版，第 32 页。
③ 《毛泽东书信选集》，人民出版社 1983 年版，第 80 页。

（三）科学技术是建设社会主义强大国家的伟大革命力量

马克思主义经典作家在考察资本主义生产方式发展史时，深刻指明了科学技术对生产力发展的巨大作用。他们指出："科学是一种在历史上起推动作用的、革命的力量"①，"劳动生产力是随着科学技术的不断进步发展的"②。毛泽东始终坚持马克思主义的这些观点，充分重视科学技术在认识世界和改造世界中的巨大作用。如前所述，在民主革命时期，他就把自然科学看作是了解自然、改造自然的强大武器。在20世纪50年代中期进行社会主义改造时，他又提出技术革命的马克思主义中国化任务。他说："我们现在不但正在进行关于社会制度方面的由私有制到公有制的革命，而且正在进行技术方面的由手工业生产到大规模现代化机器生产的革命，而这两种革命是结合在一起的。"③当大规模社会主义建设的任务提上日程后，毛泽东在探索我国自己的建设道路时，进一步强调要开展技术革命，革技术落后的命，迅速赶上世界科学先进水平。1958年，他明确提出要把党的工作的着重点放在技术革命上去，强调一定要鼓把劲儿，一定要学习并完成这个历史赋予我们的伟大技术革命。1960年他在关于"鞍钢宪法"的批示中，特别提出要有领导地、一环接一环、一浪接一浪地实行伟大的马克思列宁主义的城乡技术革命运动。1963年12月，他在听取聂荣臻关于科学技术十年规划汇报时，强调"不搞科学技术，生产力无法提高"④。他认为，只有打好科学技术这一仗，才能够使我国的社会主义建设超常地发展。他指出："我们不能走世界各国技术发展的老路，跟在别人后面一步一步地爬行。我们必须打破常规，尽量采用先进技术，在一个不太长的历史时期内，把我国建设成为一个社会主义的现代化的强国。"⑤在五六十年代，在毛泽东、周恩来等领导下，形成了包括科学技术现代化在内的"四个现代化"的建设社会主义强国的战略目标。

---

① 《马克思恩格斯全集》，人民出版社1963年版，第375页。
② 《马克思恩格斯全集》，人民出版社1979年版，第664页。
③ 《毛泽东文集》第8卷，人民出版社1999年版，第432页。
④ 同上书，第351页。
⑤ 同上书，第341页。

二 发展科学技术的若干重要思想

毛泽东关于科学技术的思想，是围绕着建设一个强大的社会主义国家这一主题而展开的。他运用自然科学，探索经济社会发展的规律，推进社会主义现代化建设。他强调，只要我们更多地懂得马克思列宁主义，更多地懂得自然科学，更多地懂得客观世界的规律，少犯主观主义错误，我们的革命工作和建设工作就一定能够达到目的。毛泽东的科学技术思想涉及的范围很广，现择其要者说明之。

（一）依靠科学技术发展社会生产力

毛泽东高度重视科学技术对社会经济发展和维护民族独立的支撑作用，把科技进步作为实现国家现代化的关键因素。新中国成立时，国际环境十分恶劣，国内建设困难重重。在这种情况下，如何使国家强大起来，能够自立于世界民族之林，这不仅关系到人民的幸福，而且也关系到国家的安全，民族的独立。这使毛泽东更加深刻认识到发展科学技术、改变国家落后面貌的紧迫性。他通过研究和分析世界先进国家的发展道路，指出："资本主义各国，苏联，都是靠采用最先进的技术，来赶上最先进的国家，我国也要这样。"① 1956 年社会主义制度在中国确立，这就为科学技术和社会生产力的发展开辟了广阔的前景。1956 年 1 月，毛泽东、周恩来在中央召开的全国知识分子问题会议上，号召全党全国人民"向科学进军"，努力学习科学知识，为迅速赶上世界科学技术先进水平而努力奋斗。毛泽东在讲话中指出：我们国家大，人口多，资源丰富，地理位置好，应该建设成为世界上一个科学、文化、技术、工业各方面更好的国家。他号召"全党努力学习科学知识，同党外知识分子团结一致，为迅速赶上世界科学先进水平而奋斗"②。周恩来在会上强调科学的重要性时说："这不但因为科学是关系我们的国防、经济和文化各方面的有决定性的因素，而且因为世界科学在最近二三十年中，有了特别巨大和迅速的进步，这些进步

① 《毛泽东文集》第 8 卷，人民出版社 1999 年版，第 126 页。
② 《建国以来毛泽东文稿》第 13 卷，中央文献出版社 1992 年版，第 12 页。

把我们抛在科学发展的后面很远。"①

毛泽东深信，依靠并善于发挥社会主义制度的优越性，能够加快促进科学技术的发展，更好地发挥科学技术对社会生产力的促进作用。他从我国的国情出发，提出发展科学技术要有长远的规划，有领导、有计划地进行，更好地组织有限的资源进行协同攻关。应当说，这是充分发挥社会主义能够集中力量办大事优势的一个很好的思路。在毛泽东、党中央的重视和领导下，我国开始制定第一个为期十二年的科学技术发展规划，即《一九五六至一九六七年科学技术发展远景规划纲要》，它以"重点发展，迎头赶上"为方针，调集全国 23 个单位的 600 多名科学家和技术专家，并邀请近百名苏联专家参加规划编制工作。规划由周恩来亲自领导，陈毅、李富春、聂荣臻三位副总理具体负责。到 1956 年年底，规划草案及附件《57 项重要科学技术》、《对十二年规划的一些评价》编制完成。这个规划根据我国工业化建设的需要，提出 57 项重大科技课题；同时根据战后世界新科技发展趋势，在计算机、半导体、自动化、无线电、核技术和喷气技术等新科技领域采取六大紧急措施。这个规划得到了认真实施并提前完成，取得良好的效果。它使一系列新技术从无到有发展起来，带动了许多新兴工业部门在我国诞生和发展，初步改变了我国科学技术落后的状况，同时也积累了像我国这样"一穷二白"的国家依靠社会主义独立自主地发展科学技术的经验。

20 世纪 60 年代，美苏两霸加紧打压中国，使我们面临着更加严峻的国际形势。1963 年 9 月，毛泽东就提出应当以可能挨打为出发点来部署我们的工作，争取在今后几十年内，彻底改变我国经济和技术远远落后于帝国主义国家的状态。正是在毛泽东加快发展我国科学技术的思想指导下，国家开始制定第二个科学技术发展远景规划，即《1963—1972 年科学技术发展规划》。这个规划对我国科技发展同样起到了一定的作用，但后来由于"文化大革命"的发生没能得到很好的实施，但它反映了党和国家重视发展科学技术和依靠科学技术发展社会生产力的思想认识。

（二）用科学和技术革命促进工业和农业现代化

毛泽东十分注重应用科学和抓技术革命来改变社会经济面貌。他在

---

① 《周恩来选集》，人民出版社 1984 年版，第 181 页。

1953 年修改《党在过渡时期总路线的宣传与学习提纲》时就提出：在技术上发起一个革命，把在我国绝大部分社会经济中使用简单的落后的工具农具去工作的情况，改变为使用各类机器直至最先进的机器去工作的情况，借以达到大规模地出产各种工业和农业产品，满足人民日益增长着的需要。1955 年，他在《关于农业合作化问题》一文中进一步强调："中国只有在社会经济制度方面彻底地完成社会主义改造，又在技术方面，在一切能够使用机器操作的部门和地方，统统使用机器操作，才能使社会经济面貌全部改观。"① 毛泽东这时十分强调技术革命的作用。他后来对技术革命和技术革新作了区别，并给予科学的界定：一般小的技术改革，可以叫做技术革新；而在技术上带根本性的、有广泛影响的大的变化，叫做技术革命。他举例说，蒸汽机的出现是一次技术革命，电力的出现是一次技术革命，当今世界的原子能（即现在的核能）的出现也是一次技术革命。正如后来他在一个批语上说的："对每一具体技术改革说来，称为技术革新就可以了，不必再说技术革命。技术革命指历史上重大技术变革，例如用蒸汽机代替手工，后来又发明电力，现在又发明原子能之类。"② 毛泽东对技术革新和技术革命都同样重视，当然，他更希望中国的技术有一个大的变革，革命性的变革。

对于旧中国底子薄、基础差、经济文化十分落后这一基本国情，毛泽东多次用"一穷二白"作比喻。他在《论十大关系》一文中指出："我曾经说过，我们一为'穷'，二为'白'。'穷'，就是没有多少工业，农业也不发达。'白'，就是一张白纸，文化水平、科学水平都不高。"③ 就以工业基础薄弱来说，这不仅是指它在国民经济中的比重，同时也是指它内部的技术含量低，相当大的一部分工业中，还停留在工场手工业的水平上。对于这种情况，毛泽东认为除了要建设一批现代化的工厂做骨干外，对老厂要实行挖潜革新，技术改造，逐步地引向现代化。他在主张技术革新和技术改造的同时，还十分注意对传统工艺的保护、完善和发展工作。

毛泽东对农业现代化、科学化倾注了很大精力，他指出："农业的根本出路在于机械化"，④ "用机械装备农业，是农、林、牧三结合大发展的

① 《毛泽东文集》第 6 卷，人民出版社 1999 年版，第 438 页。
② 《建国以来毛泽东文稿》第 13 卷，中央文献出版社 1998 年版，第 49 页。
③ 《毛泽东文集》第 7 卷，人民出版社 1999 年版，第 43—44 页。
④ 《毛泽东文集》第 8 卷，人民出版社 1999 年版，第 49 页。

决定性条件"。① 并对农业的技术改造作了这样的规划："在第一第二两个五年计划时期内，农村中的改革将还是以社会改革为主，技术改革为辅，大型的农业机器必定有所增加，但还是不很多。在第三个五年计划时期内，农村的改革将是社会改革和技术改革同时并进，大型农业机器的使用将逐年增多。""由于我国的经济条件，技术改革的时间，比较社会改革的时间，会要长一些。估计在全国范围内基本上完成农业方面的技术改革，大概需要四个至五个五年计划，即二十年至二十五年的时间。全党必须为了这个伟大任务的实现而奋斗。"② 这里在时间估计上显然是短了，但它确实反映了毛泽东对农业技术改造的重视。

中国是一个农业大国，毛泽东对农业有着超乎寻常的重视。他要求全党干部钻研农业，学习农业科学知识，提高我国农业的现代化水平。他说："要较多地懂得农业，还要懂得土壤学、植物学、作物栽培学、农业化学、农业机械，等等；还要懂得农业内部的各个分业部门，例如粮、棉、油、麻、丝、茶、糖、菜、烟、果、药、杂等等；还有畜牧业，还有林业。"他表示自己相信苏联威廉斯的土壤学，"在威廉斯的土壤学著作里，主张农、林、牧三结合。我认为必须要有这种三结合，否则对于农业不利"③。他在领导社会主义建设中，提出了许多关于农业的科学论断，如农业是国民经济的基础；农业的根本出路在于机械化；森林是很宝贵的资源；水利是农业的命脉；农林牧副渔要并举，综合平衡等，这些论断对我国农业生产具有长远的指导意义。他提倡科学种田，并总结我国农业生产的经验，提出了土、水、肥、种、密、保、管、工为农业增产、科学种田的"八字宪法"。后来，他读了科学家竺可桢《论我国气候的几个试点及其与粮食作物生产的关系》的文章，虚心地向他表示自己提出的农业"八字宪法"还有不足之处，应该加上他提出的"日光"和"气候"两个因素。毛泽东还非常重视发展养猪业，认为"一头猪就是一个小型有机化肥工厂"④，他主张种地要多用有机肥，把有机肥和无机肥结合起来，如果只用无机肥，将来是要吃亏的。他说："光靠化学化来得到稳定的丰收，有

---

① 《毛泽东文集》第 8 卷，人民出版社 1999 年版，第 101 页。
② 《毛泽东文集》第 6 卷，人民出版社 1999 年版，第 438—439 页。
③ 《毛泽东文集》第 8 卷，人民出版社 1999 年版，第 303 页。
④ 同上书，第 101 页。

危险。"① 他还提出："无产阶级专政的国家，一定可以做到有菜吃，有油吃，有猪吃，有鱼吃，有牛吃，有羊吃，有鸡鸭鹅兔吃，有蛋吃。我们应当有志气、有决心做到这一项在政治上经济上都有伟大意义的社会主义事业，也应当有信心做到这一项事业。"② 应当说，新中国成立以来，我国的农业产量连年丰收，农业的基础地位不断得到巩固和发展，除了社会因素之外，也是同毛泽东重视农业、重视农业科学密切相关的。

（三）要发展尖端科学技术，促进国防现代化

新中国的成立，使有国无防、受人欺凌的历史一去不复返了，但是，面对着西方敌对势力对新中国采取政治上孤立、经济上封锁和军事上包围的严峻局面，建立起强大的国防力量，发展尖端科学技术，实现国防现代化，是一个关系到国家安全、民族独立的大问题。1954 年 10 月，毛泽东在国防委员会第一次会议上说："我们现在工业、农业、文化、军事都不行，帝国主义估量你只有那么一点东西，就来欺负我们。他们说'你有几颗原子弹？'但他们有一条对我们的估计是失算的，就是中国现在的潜在力量将来发挥出来是惊人的。"他对这一年我国自行制造的第一架小飞机问世，倍感豪迈地说："我们国家自己出产了第一架飞机，自从盘古开天地，三皇五帝到如今，这是一件惊天动地的大事，虽然还只是一架教练机。"并由此提出："中国是个大国，要有强大的海、陆、空军。"③ 对这样一架小飞机问世如此动情，深刻反映了老一辈革命家情系国家安危。

1955 年 1 月，毛泽东主持召开中央书记处扩大会议，正式作出发展原子能工业的决策。他说：我们的国家，现在已经知道有铀矿，进一步勘探一定会找出更多的铀矿来。他强调我国的原子能工业"总是要抓的。现在到时候了，该抓了。我们自己干，一定能干好。"④ 随后中央指定陈云、聂荣臻、薄一波组成领导小组，全面负责原子能工业的发展工作。1956 年 4 月，毛泽东在《论十大关系》著名讲演中，从发展尖端武器的角度论述了国防与经济建设的辩证统一关系，强调中国必须掌握尖端国防科学技术和

---

① 毛泽东：《读苏联〈政治经济学教科书〉的谈话》，1959 年 12 月。
② 《建国以来毛泽东文稿》第 13 卷，中央文献出版社 1998 年版，第 327 页。
③ 《毛泽东军事文集》，军事科学出版社、中央文献出版社 1993 年版，第 359—360 页。
④ 《钱三强科普著作选集》，上海教育出版社 1990 年版，第 100 页。

先进武器。他指出："我们现在已经比过去强，以后还要比现在强，不但更要有更多的飞机和大炮，而且还要有原子弹。在今天的世界上，我们要不受人家欺负，就不能没有这个东西。"①

毛泽东在抓原子能工业的同时，还下大气力抓尖端科学的研制。在他的关怀下先后组建了导弹研究院和原子能研究设计院，汇集了一批像钱学森、钱三强、邓稼先等一流科学家进行研究和设计。在 12 年科学技术发展远景规划中，以原子能、火箭、喷气技术、遥控技术等为研究重点，为国防尖端科学技术发展奠定了坚实的基础。1958 年 6 月，毛泽东在中央军委扩大会议上特别提出："搞一点原子弹、氢弹、洲际导弹。"他预言："我看有十年工夫是完全可能的。"他要求"一年不是抓一次，也不是抓两次，也不是抓四次，而是抓它七八次"②。

我国原子弹的研制工作，开始是得到苏联的帮助，但在 60 年代初我国面临严重经济困难的时候，苏联单方面撕毁合同、撤走在华全部专家，这使我们的研制工作出现了来自国内外压力的严峻局面。毛泽东、周恩来等老一辈革命家在国家经济困难面前力排"下马"的主张，决定迎着困难坚决上马。正如当时主管国防科技工作的张爱萍所表达的："再穷也要有一根打狗棒。"而对于苏联方面背信弃义的行为，毛泽东则把它看成一件大好事，可以激励我们自力更生，否则这个账将是很难还的。他提出："在科学研究中，对尖端武器的研究试制工作，仍应抓紧进行，不能放松或下马。"③

在毛泽东、周恩来等悉心领导下，我国国防尖端技术取得了举世瞩目的成就。1960 年 11 月 5 日，我国使用新的推进剂，成功发射了第一颗导弹。1964 年 10 月 16 日，第一颗原子弹爆炸成功。当原子弹爆炸成功后，毛泽东指示："原子弹要有，氢弹也要快！"1967 年 6 月 17 日，我国第一颗氢弹爆炸成功。在这同时，毛泽东还关心人造地球卫星的研究和试制工作。1970 年 4 月 24 日，中国第一颗人造地球卫星发射成功；五年后返回式卫星也成功发射，新中国成为世界上一个航天大国。此外，毛泽东在制造核潜艇的外援遭到拒绝后毅然决定："核潜艇一万年也要搞出来！"结果

---

① 《毛泽东文集》第 8 卷，人民出版社 1999 年版，第 101 页。
② 《毛泽东军事文集》第 6 卷，军事科学出版社、中央文献出版社 1993 年版，第 374 页。
③ 同上书，第 392 页。

只用八年时间我国就研制出具有世界先进水平的核潜艇。以"两弹一星"为标志的国防尖端技术的巨大成就，大长了中华民族的志气，极大地提高了我国的国防力量和国际地位。邓小平在新时期指出："如果六十年代以来中国没有原子弹、氢弹，没有发射卫星，中国就不能叫有重要影响的大国，就没有现在这样的国际地位。这些东西反映一个民族的能力，也是一个民族、一个国家兴旺发达的标志。"[①]

（四）要加强基础理论研究，提高我国科学水平

毛泽东指出："科学研究有实用的，还有理论的。要加强理论研究，要有专人搞，不搞理论是不行的。要培养一批懂得理论的人才，也可以从工人农民中间来培养。我们这些人要懂得些自然科学理论，如医学方面、生物学方面。"他还举例说，"死光（即激光），要组织一批人专门去研究它。要有一小批人吃了饭不做别的事，专门研究它。没有成绩不要紧"[②]。

毛泽东非常重视基础理论研究和理论对实践的指导作用。比如，西方一些人所散布的"中国贫油论"，对我国石油工业的发展起着很大的消极影响作用。1953 年毛泽东专门邀请李四光到家里做客，征求他对我国石油前景的看法。李四光依据自己的大地构造理论和油气形成移聚条件的理论，反驳了"中国贫油论"、"东北贫油论"的错误观点，认为中国油气资源的蕴藏量应当是丰富的，关键问题是要打破偏西北一隅找油的局面，抓紧做好全国范围的地质勘查工作。毛泽东非常赞赏他的观点，重新部署石油战线的工作。通过地质勘查，证实了东北松辽平原地下蕴藏着大量石油，建成了大型的大庆油田。在这过程中，以李四光为代表的中国地质学家在成油理论方面取得了许多创新性理论成果，又有力地指导了我国石油工业的发展。正是在李四光地质理论的指导下，我国甩掉了"贫油国"的帽子。这充分说明基础理论研究的重要性。

毛泽东很注意研究自然科学的前沿理论，从中吸收新的科学知识，并用于丰富自己的科学思想。他以极大兴趣关心物理学中微观粒子结构及对称问题，并概括 20 世纪以来微观粒子物理学的新资料，进一步发挥了物

---

① 《邓小平文选》第 3 卷，人民出版社 1993 年版，第 279 页。
② 《毛泽东文集》第 8 卷，人民出版社 1999 年版，第 351—352 页。

质是无限可分的理论观点。在 1955 年 1 月召开的中央书记处扩大会议上，毛泽东向列席会议的科学家询问有关质子、中子是否可分的问题时，有的科学家认为质子、中子是构成原子的基本粒子，根据科学实验，是不可分的。毛泽东表示，从哲学的观点来看，物质是无限可分的。质子、中子、电子，也应该是可分的，一分为二，对立统一。他很自信地说："你们不信，反正我信。现在，实验室里还没有做出来，将来，会证明它们是可分的。"事隔不久，美国科学家用 62 亿电子伏能的质子轰击铜靶，先后发现了反质子、反中子，从而证实了毛泽东关于质子、中子这样的基本粒子也是可分的哲学预言。

1957 年，毛泽东在莫斯科会议上进一步阐述一分为二是普遍现象，他说："你看在原子里头，就充满矛盾的统一。有原子核和电子两个对立面的统一。原子核里头又有质子和中子的对立统一，质子里又有质子、反质子，中子里又有中子、反中子。总之，对立面的统一是无往不在的。"①1963 年秋《自然辩证法研究通讯》复刊，刊登了日本物理学家坂田昌一的《基本粒子的新概念》，提出了基本粒子并不是最后的不可分的粒子的观点。毛泽东读到后，很赞赏坂田昌一的这个观点。为此，他在同我国几位哲学工作者的谈话中，专门谈到了这个问题。

随后，毛泽东又同周培源等谈了他对自然辩证法的一些见解，涉及宇宙的无限：宇宙从大的方面是无限的，从小的方面也是无限的，是无限可分的；讲到细胞的起源；讲到地球和人类的未来；讲到认识主体和认识的工具；等等。这些，反映了毛泽东对基础理论的重视，而他所发挥的辩证法思想对科学研究也有重要的指导意义。毛泽东逝世后，1977 年在夏威夷召开的第七届粒子物理学讨论会上，诺贝尔物理奖获得者格拉肖讲了一段意味深长的话："洋葱还有更深的一层吗？夸克和轻子是否都有共同的更基本的组成部分呢？许多中国物理学家一直是维护这种观念的。我提议把构成物质的所有这些假设的组成部分命名为'毛粒子'，以纪念已故的毛主席，因为他一贯主张自然界有更深的统一。"这个建议表达了一个科学家对一个哲学家的深刻见解的敬意。

这里还要特别提到，毛泽东倡导的"百花齐放，百家争鸣"的方针，对科学研究起了重要的促进作用。早在 20 世纪 50 年代初，在遗传学领域，

---

① 《毛泽东文集》第 7 卷，人民出版社 1999 年版，第 332 页。

由于受到苏联李森科学派错误做法的影响，国内有的大学粗暴对待摩尔根学派学者，引起了党和自然科学家关系的紧张。毛泽东看到有关报告后，在批示中写道：这种做法"所表现的作风是不健全的"，在其"思想中似有很大毛病"，制止了对待不同学派问题的简单粗暴的错误做法。1956 年 4 月，毛泽东看到一份材料，反映德国统一社会党中央宣传部部长哈格尔说过去宣传苏联农学家李森科的学说一切都好，而奥地利遗传学家孟德尔的一切都是反动的，这不对，科学可以有不同学派。他还说，过去德国哲学界与某些苏联哲学家一样对黑格尔采取完全否定的态度，是错误的。毛泽东对这个材料非常重视，他在批语中说："此件值得注意。请中宣部讨论一下这个问题。讨论时，邀请科学院及其他有关机关的负责同志参加。"① 1956 年 4 月，北京大学教授李汝琪在《光明日报》上发表《从遗传学谈百家争鸣》一文。这是他参加青岛遗传学座谈会后，谈自己的收获和意见的文章。毛泽东读到后要《人民日报》转载，并重新拟定标题：《发展科学的必由之路》。他在为报纸代写的编者按说："我们将原题改为副题，替作者换了一个肯定的题目，表示我们赞成这篇文章。我们欢迎对错误作彻底的批判（一些真正错误的思想和措施都应批判干净），同时提出恰当的建设性的意见来。"② "发展科学的必由之路"这一简明而精辟的论断，深刻阐明了百家争鸣方针对科学发展的重要意义。又如，在医学方面也存在贴"政治标签"的错误思想，一度有人把中医当成"封建医学"，提出要加以取缔；把西医也看作"资本主义医学"，提出要进行改造。毛泽东则明确指出："中国传统的医药学，包含着中国人民同疾病作斗争的丰富经验和理论知识，它是一个伟大的宝库，必须继续努力发掘，并加以提高。"他提出了"中西医结合"的正确方向。1956 年 8 月，他在同音乐工作者谈话时说：应该学外国的东西，"就医学来说，要以西方的近代科学来研究中国的传统医学的规律，发展中国的新医学"。"如果先学了西医，先学了解剖学、药物学等等，再来研究中医、中药，是可以快一点把中国的东西搞好的。"③ 这些意见是十分正确的、符合实际的。毛泽东对我国科学事业的关心、指导，给许多科学家留下了不可磨灭的印象。谈家桢曾说："毛主席在世时，十分

---

① 《建国以来毛泽东文稿》第 6 卷，中央文献出版社 1992 年版，第 74 页。
② 同上书，第 453—454 页。
③ 《毛泽东文集》第 8 卷，人民出版社 1999 年版，第 81、78—79 页。

关心祖国科学技术的发展。""许多学科的研究都是在老人家的直接关怀下发展起来的。我可以说，没有毛主席的亲切关怀和热情支持，也就没有中国遗传学的今天。"①

（五）我们必须打破常规，通过赶超战略，发展我国的科学技术

毛泽东在指导我国科学技术事业中，既倡导要善于向外国学习，同时又强调要把立足点放在独立自主、自力更生上面。在发展科学技术方面，他强调，我们不能走世界各国技术发展的老路，跟在别人后面一步一步地爬行。我们要善于发挥我们的优势，要按着自己的宏伟目标的要求，打破常规，尽量采用先进技术，在一个不太长的历史时期内，把我国建设成为一个社会主义的现代化的强国。

新中国成立之初，在当时的国际环境下，我们十分珍视来自苏联的技术和设备援助，这对于奠定我国的工业化基础起了重要作用。在苏联的帮助下，到 20 世纪 60 年代初，我国成功地启动了航空、核能、火箭、电子、自动化等现代化科技的研制工作。到 1960 年 7 月，苏共把意识形态方面的争论扩大到国家关系上，撤离全部在华专家并带走全部设施图纸，撕毁已签订的设备供应合同。在这种严峻的形势下，毛泽东以大无畏的精神，带领广大科技人员进一步确立独立自主的发展道路。他明确表示："要下决心，搞尖端技术。赫鲁晓夫不给我们尖端技术，极好！如果给了，这个账是很难还的。"② 1961 年，在中央批准的《关于自然科学研究机构当前工作的十四条意见》中，较好地纠正了"左"的错误影响，明确了科研机构的根本任务是出成果，出人才。后来，又通过制定《1963 年至 1972 年科学技术发展规划》，安排了 374 项重点科研项目，其中关系国民经济和国防建设急需的 333 项，基础研究 41 项。这些措施，有力地促进了自主研制和自主开发工作。

中国人民是有志气的，只要有正确的引导，我国的科学技术工作者是有能力创造人间奇迹的。在毛泽东领导时期，虽然经历过曲折和失误，但仍然在独立自主的基础上，取得了一大批有世界影响的重大科技成果。

---

① 《难忘的回忆——怀念毛泽东》，中国青年出版社 1985 年版，第 128 页。
② 毛泽东：《要下决心搞尖端技术》，《党的文献》1996 年第 1 期。

（六）要改变我国科学落后的状况，决定一切的是要有数量足够的、优秀的科学技术专家队伍

1956 年 1 月，毛泽东在全国知识分子问题会议上的讲话中，提出要在几十年内，努力改变我国在经济上和科学文化上的落后状况，迅速达到世界上的先进水平的任务。为此，他特别强调："为了实现这个伟大的目标，决定一切的是要有干部，要有数量足够的、优秀的科学技术专家。"① 他还谈道，我们现在要搞技术革命，没有科技人员不行，不能靠我们这些大老粗；中国要培养大批知识分子，要有计划地在科学技术上赶超世界水平，先接近，后超过。后来，他在听取国家科委工作汇报时，针对科学规划问题又进一步指出，要培养一支强大的科学技术队伍，这支队伍必须又红又专。

毛泽东从建设和巩固社会主义的战略高度，提出培养包括科学家在内的工人阶级知识分子队伍。他说："为了建成社会主义，工人阶级必须有自己的技术干部的队伍，必须有自己的教授、教员、科学家、新闻记者、文学家、艺术家和马克思主义理论家的队伍。这是一个宏大的队伍，人少了是不成的。""这是历史向我们提出的伟大任务。在这个工人阶级知识分子宏大新部队没有造成以前，工人阶级的革命事业是不会充分巩固的。"②对于培养这样一支宏大的工人阶级知识分子队伍，一方面，毛泽东提出"可以从工人农民中间来培养"；另一方面，他倡导"科学家要同群众密切联系，要同青年工人、老工人密切联系"③。强调知识分子要同工农相结合，要同工农业的实践相结合，要改造自己的世界观。诚然，毛泽东这时对知识分子的阶级属性没能作出正确的判断，严重伤害了知识分子的感情，影响了对他们的使用。这是一个深刻的历史教训。但同时我们也要看到，毛泽东关于建立工人阶级科技队伍的一些重要思想，如强调把政治与技术统一起来，鼓励知识分子走又红又专的道路；提倡结合科学实践学习马克思主义，自觉地用马克思主义指导科学研究；鼓励与工农群众相结合，与生产实践相结合，为工农服务，为生产建设服务，这在今天都仍然有重要的现实指导意义。

---

① 《毛泽东文集》第 8 卷，人民出版社 1999 年版，第 2 页。
② 《建国以来毛泽东文稿》第 13 卷，中央文献出版社 1992 年版，第 550 页。
③ 《毛泽东文集》第 8 卷，人民出版社 1999 年版，第 393 页。

这个历史时期，科学研究机构和科学技术队伍获得了重大发展。新中国成立初期，旅居国外的科学家大约有 5000 人，到 1956 年年底，有近 2000 名科学家回到了祖国。到 1965 年年底，全国科技人员已达到 245.8 万人。全国专门的科学研究机构达到 1714 个，专门从事科学研究的人员达 12 万人。科学技术的各个主要领域大体上都有了相应的研究机构和研究人员，初步形成了一支在政治上和专业上都具有较高素质的科学技术研究工作队伍。这一切，都为改革开放新时期的经济建设和科学技术发展奠定了坚实的基础。

毛泽东关于科学技术的思想，是毛泽东思想的组成部分，是探索适合中国国情的社会主义建设道路、建设社会主义强大国家的重要思想资源。诚然，毛泽东关于科技的思想，并不是系统的、全面的，但它是紧紧围绕着如何建设社会主义强国这个主题而展开的，它所具有的深刻性、指导性和继承性也是显而易见的。在新的历史条件下，继承和发展毛泽东的科技思想，有着重要的现实意义。

（原载《中国特色社会主义研究》2012 年第 2 期）

新中国成立后毛泽东军事思想
丰富发展要略
——《建国以来毛泽东军事文稿》编辑手记

李德义

《建国以来毛泽东军事文稿》（以下简称《文稿》），是第一部比较全面系统地反映新中国成立后毛泽东伟大军事实践和军事思想丰富发展的重要军事文献集。笔者作为《文稿》编辑组的一名成员①，经历了编辑出版工作的全过程，并成为《文稿》最早的读者之一。通过广泛接触从各种渠道搜集的 1400 余篇原始文献，重点学习研究收入《文稿》的 821 篇文献，尤其是其中首次公开发表的 91 篇文献，从而对创立于革命战争时期的毛泽东军事思想在新中国成立后的丰富发展的基本内容，有了较为完整的了解。下面，试从科学认识当代战争与和平问题、坚决捍卫国家的主权安全和统一、正确处理国防建设与经济建设的关系、努力实现国防现代化、建设强大的现代化正规化的革命军队、立足于应付最严重的情况做好反侵略战争准备、用人民战争战胜强大敌人、实行积极防御战略方针和实行"灵机应变，主动在我"的作战指导九个方面，将笔者在参与编辑工作中和《文稿》出版后的学习札记进行综合整理，力求能反映出新中国成立后毛泽东军事思想丰富发展之要略。

一　科学认识当代战争与和平问题

判断世界战争与和平的形势，判明威胁的性质、程度和战争发生、

---

① 《建国以来毛泽东军事文稿》的编辑工作由中共中央文献研究室和军事科学院共同承担。为完成这项重大任务，军事科学院原战争理论和战略研究部成立了课题组，笔者担任课题组长。

发展、结局的可能情况，是进行军事决策和指导军事实践的前提和根据。在新中国成立前的短短 30 多年的时间里，曾经爆发了两次世界大战。新中国成立后，世界长期处于冷战状态，其间在中国的东北部边境曾发生了朝鲜战争、南部边境曾发生了两次印度支那战争，国家安全面临十分严峻的国际形势。在这种大背景下，毛泽东思考和指导国家发展与安全的出发点就是正确判断世界战争与和平的形势。他娴熟地运用马克思主义战争观，紧密结合二战后的国际形势和新中国面临的安全环境，对当代战争根源、战争与和平、对待战争的根本态度等问题作出了一系列新论述。

（一）垄断资本和帝国主义、霸权主义是当代战争的根源

马克思主义认为，阶级社会的战争，归根到底是由对立阶级之间的对抗性的经济利益冲突引发或派生的。毛泽东在战争根源问题上坚持了这一基本原理。从 1956 年 8 月他在对中共八大政治报告稿修改时加写的一段话来看，他认为当代"爆发战争的原素，即垄断资本"。以后，他又多次阐释这一基本观点，指出"世界大战是从垄断资本来的"[1]，垄断资本家是主张战争的，帝国主义是准备打的，不然军火商发不了财。"帝国主义当然要打。它打的目的，一是为了灭火。你们那个地方起火，它要灭火。二是为了军火资本。"[2] 毛泽东的认识并没有停留在仅把当代战争根源归结为垄断资本上，到了 20 世纪 60 年代末期和 70 年代初期，他进一步指出帝国主义、霸权主义是产生战争的根源，"美苏勾结，扩军备战，想重新瓜分世界"[3]。"美国在世界上有利益要保护，苏联要扩张，这个没法子改变。"[4] 建立在这种对战争根源的彻底的历史唯物主义的认识上，对于消灭战争问题，他认为在战争根源没有消除、没有消灭阶级的情况下，要消灭战争武器，这不可能。"只有消灭了阶级才能永

---

① 《建国以来毛泽东军事文稿》（中卷），军事科学出版社、中央文献出版社 2010 年版，第 383 页。

② 《建国以来毛泽东军事文稿》（下卷），军事科学出版社、中央文献出版社 2010 年版，第 345—346 页。

③ 同上书，第 356 页。

④ 同上书，第 401 页。

远消灭战争。"①

（二）战争与和平互相排斥、互相联结，并在一定条件下互相转化

毛泽东坚持并进一步丰富发展了马克思主义关于战争与和平的思想。1957 年 1 月 27 日，他在省市自治区党委书记会议的讲话中，针对苏联编的《简明哲学辞典》中关于"同一性"的条目释文把战争与和平绝对对立起来的观点，指出：说战争与和平只是互相排斥，不互相联结，不能在一定条件下互相转化，这种说法是根本错误的。列宁引用过克劳塞维茨的话："战争是政治通过另一种手段的继续。"和平时期的斗争是政治，战争也是政治，但用的是特殊手段。战争与和平既互相排斥，又互相联结，并在一定条件下互相转化。和平时期不酝酿战争，为什么突然来一个战争？战争中间不酝酿和平，为什么突然来一个和平？在另外两次谈话，即 1960年 5 月 27 日同蒙哥马利、1976 年 2 月 23 日同尼克松的谈话中，毛泽东进一步指出：在阶级存在的时代，战争是两个和平之间的现象。战争是政治的继续，也就是说是和平的继续。和平就是政治。冷战也是可以转化的，它有可能转为热战，也有可能转为和平共处。

（三）世界存在和平过渡与战争过渡两种可能性

毛泽东在不同时期对战争与和平的形势的判断是有所区别的，但他始终认为世界存在和平过渡与战争过渡两种可能性。1950 年 6 月 6 日，毛泽东在中共七届三中全会的书面报告中，对战争与和平的形势作出了如下判断：帝国主义阵营的战争威胁依然存在，第三次世界大战的可能性依然存在。但是，制止战争危险，使第三次世界大战避免爆发的斗争力量发展得很快，新的世界战争是能够制止的。1958 年 6 月 16 日，毛泽东在同部分驻外使节的谈话中指出：就全世界的人民来说，要有两条腿走路。一条腿——和平过渡，一条腿——战争过渡，两条腿才好走路。过去人民的力量还不能制止战争，现在战争不是不可避免的。1959 年10 月 18 日，毛泽东在同日本共产党代表团的谈话中指出：我们利用帝国主义的困难争取比较长的和平时间是可能的。但对战争的情况也要估

---

① 《建国以来毛泽东军事文稿》（下卷），军事科学出版社、中央文献出版社 2010 年版，第 69 页。

计到。以后，毛泽东又多次指出，"这里存在着战争可以避免和战争不可避免这样两种可能性"。"世界性的战争有可能避免。"①"新的世界大战的危险依然存在，各国人民必须有所准备。但是，当前世界的主要倾向是革命。"②

（四）坚决反对战争但绝不害怕战争

毛泽东以彻底的唯物主义精神阐明了共产党人坚决反对战争但绝不害怕战争的根本态度，"我们对待这个问题的态度，同对待一切'乱子'的态度一样，第一条，反对；第二条，不怕"③。首先，他从战争的破坏性的角度表明了坚决反对战争的态度。1954年10月23日，在同尼赫鲁的谈话中，毛泽东这样谈道：战争归根结底是以力量损毁的范围和大小来决定胜负的。不管用什么武器，不管是哪一个时代进行的战争，不管战争的规模是地方性的或是世界性的，结果多是一方摧毁另一方。固然，战争也有不分胜负而讲和的，例如"三八线"战争和"十七度线"的战争。在这种战争中，没有任何一方根本打败另一方。但是在大多数的战争中，总是一胜一败，败者的力量被摧毁得更多些。冷兵器杀伤的人较少，热兵器杀伤的人多一些，原子弹杀伤的人更多。如果打第三次世界大战，那么死伤的人数恐怕就不是以千万计，而且要以亿万计。如果发生战争，我们的全盘计划就会打乱，中国的工业化过程就会延迟。因此，归根一句话，不打仗最好。同时，毛泽东又认为把战争问题想透了就不害怕战争了。1959年3月23日他同安娜·路易斯·斯特朗等人的谈话中指出：如果帝国主义一定要发动战争，你害怕有什么用呢？你怕也好，不怕也好，战争反正要到来。你越是害怕，战争也许还会来得早一些。因此，我们有两条：第一条，坚决反对战争；第二条，如果帝国主义一定要打仗，我们就同它打。把问题这样想透了，就不害怕了。毛泽东为了表明不怕战争的彻底唯物主义态度，还讲过这样的话：帝国主义"要打原子战争，那就打嘛，不是我们要打。打起来，即使人都死光了，五

---

① 《建国以来毛泽东军事文稿》（下卷），军事科学出版社、中央文献出版社2010年版，第194页。

② 同上。

③ 《建国以来毛泽东军事文稿》（中卷），军事科学出版社、中央文献出版社2010年版，第343页。

十万年以后又恢复原状，人还是会生长出来的"①。"我看，还是横了一条心，要打就打，打了再建设。"②

（五）尽一切力量防止和推迟战争争取持久和平

为了给中国的社会主义建设事业赢得尽可能长的和平发展环境，毛泽东主张"和平为上"③，提出要尽一切力量来争取持久和平，努力阻止和推迟战争的爆发。1954 年 10 月 23 日，他在同印度总理尼赫鲁谈话时指出：我们现在需要至少几十年的和平，以便开发国内的生产，改善人民的生活。我们不愿打仗。不应该再打大战，应该长期和平。世界和平的责任我们是要担负的。国与国之间不要用战争来解决问题，不同的社会制度是可以和平共处的，社会主义国家和资本主义国家实行和平竞赛，各国内部的事务由本国人民按照自己的意愿解决。一切国家实行互相尊重主权和领土完整、互不侵犯、互不干涉内政、平等互利、和平共处这五项原则，创造一个和平的国际环境。我们要努力阻止战争的爆发。即使有战争，我们也可以把它推迟。我们尽一切力量争取和平。1960 年 5 月 27 日在同蒙哥马利元帅谈话时，毛泽东曾提出，把冷战转为和平共处。

（六）建立国际反霸统一战线共同制止战争

毛泽东在思考世界战争与和平问题的过程中，高度重视如何联合世界上一切反对战争的力量来共同制止战争，创造一个和平的国际环境的问题，并由此逐步形成和提出了三个世界划分的理论。从 1950 年 6 月 6 日他在中共七届三中全会上的书面报告可以看出，此时，毛泽东就已经注意到了如何"使第三次世界大战避免爆发的斗争力量"发展的问题，认为世界各国争取和平反对战争的人民运动有了发展，同时，帝国主义国家之间的矛盾也发展了。1956 年 8 月，他在对中共八大政治报告的修改中指出：就西方国家来说，那里有一个很大的力量可以作为我们和平事业的同盟军。1958 年 9 月 5 日，他在最高国务会议第十五次会议上指出：除了垄断资本家，其他的人，大多数（不是全体）是不愿意战争

---

① 《建国以来毛泽东军事文稿》（中卷），军事科学出版社、中央文献出版社 2010 年版，第382 页。

② 同上书，第 418 页。

③ 同上书，第 274 页。

的。比如北欧几个国家，当权的也是资产阶级，他们是不愿意战争的。1962 年 1 月 3 日在会见日本禁止原子弹氢弹协会理事长安井郁时的谈话中，提出了社会主义阵营算一个方面，美国算另一个方面，除此以外，都算中间地带的思想。1963 年 9 月 28 日在中央工作会议的讲话和 1964 年 1 月、7 月间同外宾的两次谈话中，提出了"两个中间地带"的思想：第一个中间地带是指亚洲、非洲和拉丁美洲的广大经济落后的国家，第二个中间地带是指欧洲、北美加拿大、大洋洲，日本也属于第二个中间地带。这两部分都反对美国的控制。在东欧各国则发生反对苏联控制的问题。① 1964 年 1 月 17 日，在同美国著名记者斯特朗等人的谈话中提出了"两个'第三世界'"的概念，第一个"第三世界"是指亚、非、拉，第二个"第三世界"是指以西欧为主的一批资本主义高度发展的、有些还是帝国主义的国家，认为美国现在在两个"第三世界"都遇到抵抗。1974 年 2 月 22 日，毛泽东在会见赞比亚总统卡翁达时，明确提出了关于三个世界划分问题：美国、苏联是第一世界。中间派，日本、欧洲、澳大利亚、加拿大，是第二世界。咱们是第三世界。美国、苏联原子弹多，也比较富。第二世界，欧洲、日本、澳大利亚、加拿大，原子弹没有那么多，也没有那么富，但是比第三世界要富。亚洲除了日本，都是第三世界。整个非洲都是第三世界，拉丁美洲也是第三世界。希望第三世界团结起来。毛泽东关于三个世界划分的理论虽然涉及的是当时世界国家间、民族间的关系，但实质上，这一理论是毛泽东在思考世界战争与和平问题的过程中提出的，是一个关乎当时世界范围内战争与和平的关键问题。三个世界划分的理论指明了苏联和美国这两个霸权主义大国之间的争夺是导致新的世界战争的根源，而包括中国在内的广大第三世界国家是反帝反霸和制约战争的主要力量，第二世界国家则是反霸和制约战争可以联合的力量。毛泽东希望通过加强第三世界的团结，并联合第二世界，形成国际反帝反霸统一战线，共同制止战争的发生。

二 坚决捍卫国家的主权、安全和统一

在结束了旧中国百多年来屡遭外敌欺侮和凌辱的历史之后成立起来的

① 《建国以来毛泽东军事文稿》（下卷），军事科学出版社、中央文献出版社 2010 年版，第 196—198 页。

新中国，国家的主权、安全和统一是至高无上的。而由于以美国为首的西方国家长期对我国实行经济封锁、军事威慑、战略遏制的政策，使我国长期处于周边战争的威胁之中。美国还插手干涉中国内政，使得中国台湾海峡两岸长期处于分裂状态。再加上英法等殖民主义和旧中国在我国边境地区遗留下若干历史问题，更使得我国在保卫边疆的过程中遇到了许多挑战。毛泽东在领导进行反侵略战争准备以及抗美援朝战争、对台斗争、边境自卫防御作战的伟大实践中，坚决捍卫国家主权和民族独立、捍卫国家领土完整和祖国统一，为我们留下了极为宝贵的精神财富。

（一）把确保祖国领土主权不受侵犯作为不可动摇的原则

在新中国筹建的过程中，毛泽东就把国家的安全问题作为立国之本提到了重要议事日程。1949 年 9 月 21 日，在中国人民政治协商会议第一届全体会议上的开幕词中，他告诫人们，帝国主义者和国内反动派决不甘心于他们的失败，他们还要作最后的挣扎。在全国平定以后，他们还会以各种方式从事破坏和捣乱，他们将每日每时企图在中国复辟。我们务必不要松懈自己的警惕性。并宣告"不允许任何帝国主义者再来侵略我们的国土"。1949 年 10 月 1 日，在他签署的第一个政府公告中，就把"遵守平等、互利及互相尊重领土主权等项原则"确立为中国与外国政府建立外交关系的根本前提。1950 年 6 月 28 日，针对美国第七舰队公然入侵中国台湾海峡的行为，毛泽东针锋相对指出，全世界各国的事务应由各国人民自己来管，亚洲的事务应由亚洲人民自己来管，而不应由美国来管，表达了不允许外国干涉我国内政和主权的坚定意志。1958 年 7 月 15 日，美军在黎巴嫩首都贝鲁特附近登陆，制造了中东事件，8 月 8 日，美国海军参谋长宣称，美军正密切注视台湾地区局势，随时准备进行像在黎巴嫩那样的登陆。在这种背景下，毛泽东斩钉截铁地指出："我国人民不需要也不应当侵占外国任何领土主权，但是我国人民必须保卫自己的领土主权不受侵犯。"① 并定下了"意在击美"② 的金门炮战的决心。1964 年 9 月 10 日，他在会见法国技术展览会负责人的谈话时指出：各国的事情应由各国人民

---

① 《建国以来毛泽东军事文稿》（中卷），军事科学出版社、中央文献出版社 2010 年版，第 410 页。

② 参见《当代中国·中国人民解放军》（上卷），当代中国出版社 1994 年版，第 193 页。

来管，不能允许任何外国人干涉。毛泽东认为，在国家内政和主权问题上，"我们从来就不接受强大力量的威胁。不接受这样威胁，在我们力量再小的时候也是如此"①。

（二）不能听任美国侵入中朝边界而置之不理

1950 年 6 月 25 日朝鲜战争爆发，27 日美国宣布派遣空海军部队支援南朝鲜军作战，公然武装介入朝鲜内战。同时，下令美国第七舰队入侵台湾海峡。美空军还轰炸了中国的东北。面对这场发生在家门口的已经殃及国家安全的战争，毛泽东和党中央认为"不能听任美国侵入中朝边界而置之不理"②。并且冒着"准备美国宣布和中国进入战争状态"，"使中国现在已经开始的经济建设计划归于破坏，并引起民族资产阶级及其他一部分人民对我们不满"③ 的危险，十分艰难地作出了派志愿军入朝参战的决策。这是一个"坚决地站在抗美援朝、保家卫国的爱国立场上"④ 作出的"对中国、对朝鲜、对东方、对世界都极为有利"⑤ 的战略决策。正如 1970 年10 月 10 日毛泽东在会见金日成时所谈道的：那时候，我们虽然摆了五个军在鸭绿江边，可是我们政治局总是定不了，这么一翻，那么一翻，这么一翻，那么一翻，最后还是决定了。你不帮助，怎么办啊？不仅你们没有发言权，我们也没有发言权了。当时又把国际主义跟爱国主义结起来，叫"抗美援朝，保家卫国"。是为了保家卫国嘛，就是你要保家，你要卫国，要到那个地方去保，那个地方去卫。

（三）对西藏问题任何外国无置喙的余地

在新中国宣告成立，解放战争已近尾声之时，毛泽东及时地把战略目光投向西藏。他认为战争已在大陆上基本解决，只有台湾和西藏还待解放，还是一个严重的斗争任务。西藏人口虽不多，但国际地位极重要，我们必须占领，并改造为人民民主的西藏。毛泽东指示西南局在川、康平定

---

① 《建国以来毛泽东军事文稿》（下卷），军事科学出版社、中央文献出版社 2010 年版，第264 页。

② 《建国以来毛泽东军事文稿》（上卷），军事科学出版社、中央文献出版社 2010 年版，第325 页。

③ 同上书，第 226、227 页。

④ 同上书，第 381 页。

⑤ 同上书，第 252 页。

后，即应着手经营西藏，并于 1950 年 1 月 10 日批准了刘邓进军西藏计划。在中国人民解放军进军西藏遭到印度政府质疑时，毛泽东指出："西藏是中国的领土，西藏问题是中国的内政问题。人民解放军必须进入西藏。"①1950 年 10 月 26 日，当看到中国驻印度大使袁仲贤所反映的印度政府关于西藏问题照会中国政府，希望中国用和平方式解决西藏问题，并在照会中使用了在印度报纸上时常看到的中国"侵略"西藏的字样时，毛泽东做了如下批示："应该说中国军队是必须到达西藏一切应到的地方，无论西藏地方政府愿意谈判与否及谈判结果如何，任何外国对此无置喙的余地。"②1959 年 3 月 10 日西藏上层反动集团发动叛乱，我军迅速取得平叛斗争的胜利。针对印度政府对这次平叛的干涉，毛泽东在 4 月 28 日为新华社写的一篇电讯稿中指出："我们的印度朋友没有惧怕的理由"，"我们是共产党人，原则上不许可干涉别人内政。但是也请你们不要管喜马拉雅山以北的闲事，并且最好少嚷嚷。嚷是无益的"。

（四）整台湾是整家法

最为集中地反映毛泽东坚决捍卫国家的主权、安全和统一思想的莫过于台湾问题。从《文稿》收入的《海空军强大起来就能够收复台湾》、《在国防委员会第一次会议上的讲话》、《不能承认两个中国》、《对周恩来在全国政协二届二次会议上政治报告稿的修改》、《对中共八大政治报告稿的修改》、《整台湾是整家法》、《中华人民共和国告台湾同胞书》、《反对美国推行"两个中国"的政策》、《台湾问题有和平解决或武力解决两个办法》等文献的有关内容来看，毛泽东关于解决台湾问题的论述，大致可归结为以下几点：（1）台湾问题是中国的内政，任何外国、联合国无权干涉。台湾是中国的地方，那是无论如何不能让步的。台、澎、金、马整个地收复回来，完成祖国统一，这是中国人民的神圣任务。这是中国内政，外人无权过问，联合国也无权过问。不能承认美国的占领合法化，不能放弃解放台湾的口号，不能承认"两个中国"。我们整金门是整家法，整台湾也是整家法。这是我们国内的事。（2）世界

---

① 《建国以来毛泽东军事文稿》（上卷），军事科学出版社、中央文献出版社 2010 年版，第245 页。

② 同上书，第 316 页。

上只有一个中国，没有两个中国。在台湾问题上，美国企图搞"两个中国"，一个大中国，一个小中国。他们说，德国有东德、西德两个，为什么不能有两个中国？我们说中国问题和德国问题不同，因为中国在战时是个同盟国，战后是个战胜国，而德国是战败国。德国是用国际条约，即用波茨坦条约分开的。朝鲜三八线是在波茨坦会议上划定的，南越和北越是由日内瓦会议决定的。而台湾和祖国大陆的分裂，并无任何国际协定来规定。中国在第二次世界大战时是个同盟国。按丘吉尔、罗斯福、蒋介石参加的开罗会议的规定，台湾从日本手里归还中国。台湾本来就是中国的，日本人暂时占领了，日本失败后应归还中国。（3）坚决不能同意美国人用沿海岛屿交换台湾澎湖造成"两个中国"的要求。美国的政策是要迫使蒋介石让出金、马，使台湾和金、马分开，这样台湾就离大陆更远了，便于美国推行"两个中国"的政策。在这一点上我们是不能让步的。我们坚决不能同意美国人用沿海岛屿交换台湾澎湖造成"两个中国"的要求。即是说，我们宁可让美国人在一个时期内事实上占领台湾而不去进攻台湾，但不能承认美国的占领合法化。因此我们不忙于去解放金、马，而让蒋介石在那里。我们要的是整个台湾地区，是台湾和澎湖列岛，包括金门和马祖，这都是中国的领土。你把金门、马祖交我们，台湾就成为独立国，这个东西总不可以吧！（4）解决台湾问题有和平和战争两种方法，但绝不能答应美国对我国提出的"不以武力解放台湾"的要求。1955年2月28日，美国曾通过英国首相艾登给我国政府来信，试探中国是否愿意"私下地或公开地声明""不准备用武力来达到"解放台湾问题的要求。对此，毛泽东在3月5日给赫鲁晓夫的信中指出：美国想要我们答应不以武力解放台湾和沿海岛屿，来交换沿海岛屿的撤退，这一点我们是不能让步的，不能放弃解放台湾的口号。毛泽东虽然坚持不承诺放弃武力，但他并没有否定存在着用和平方式解放台湾的可能性，认为解放台湾的办法有两个：一个是用和平的方法，另一个是用战争的方法。1956年1月，他对周恩来在全国政协二届二次会议上政治报告稿中有关解放台湾问题的一段话作了多处修改，经他修改后的这段话是："除了用战争方式解放台湾以外，还存在着用和平方式解放台湾的可能性。这样，我国大陆人民和台湾人民就有一种共同的爱国的责任，这就是除了积极准备在必要的时候用战争方式解放台湾以外，努力争取用和平方式解放台湾。"1956年8月，他又对中共八大政治报告稿的有关内容做了修改和加写，在这段话中，他表达了希望用和平谈判方式使台湾重新回到祖国的怀抱，而避免使用武力的愿望。同时又指出：如果不得已而使用武力，那是在和平谈判丧失了可能性，或者是在和平谈判失败以后。

（五）在主权问题上讲条件，连半个指头都不行

1958 年 7 月 21 日，苏联驻中国大使尤金向毛泽东转达了苏共中央第一书记赫鲁晓夫和苏共中央主席团关于苏联同中国建立一支共同核潜艇舰队的建议，并希望周恩来、彭德怀去莫斯科进行具体商量。毛泽东当即表示："首先要明确方针：是我们办，你们帮助？还是只能合办，不合办你们就不给帮助？就是你们强迫我们合办。"① 并与 22 日约见尤金，就此问题做了深谈，指出：建立潜艇舰队的问题，这是个方针问题：是我们搞你们帮助，还是搞"合作社"。搞"合作社"有一个所有权问题，你们提出双方各占百分之五十。你们把俄国的民族主义扩大到了中国的海岸。你们为什么要提出所有权各半的问题？这是一个政治问题。"要讲政治条件，连半个指头都不行。""在这个问题上，我们可以一万年不要援助。"7 月 31 日，毛泽东又和赫鲁晓夫谈了这个问题，对苏方提出建立共同舰队和在中国海岸建设一个长波雷达观测站这两个涉及中国主权和民族尊严的问题表达了我国决不退步的原则立场。虽然同赫鲁晓夫的这次谈话未能收入《文稿》，但《文稿》收入的 1963 年 5 月 22 日毛泽东会见新西兰共产党总书记威尔科斯特时的谈话，回忆了当年他和赫鲁晓夫谈话的情况：一九五八年，赫鲁晓夫到中国来了一次，就是为了建立共同舰队的问题。我对他说，可以有两个办法。一个办法是把一万八千公里中国海岸线全部交给你。他说，把海岸线交给我以后你们干什么？我说我们搞游击队嘛！他说搞游击队干什么？我说你把全部海岸线都搞去了，堵住了我的鼻子，我不搞游击队怎么办？第二个办法是全部海岸仍旧归我管，你帮我搞海军，建立好了也归我们管，全部费用归我们出，战时共同使用。这两个办法由你选择。两个办法他都不赞成。建立长波电台是他们建议的，目的是侦察整个太平洋地区的敌情。但是他们提出这样的条件：苏联出建设费百分之七

---

① 参见《建国以来毛泽东军事文稿》（中卷），军事科学出版社、中央文献出版社 2010 年版，第 405 页。

十五，只许我们出百分之二十五。我说，建立电台的费用我们一个钱也不要你们出，苏联可以卖电台的器材给我们，电台归我们管，共同使用。这就谈不拢了。①

三　正确处理国防建设与经济建设的关系

新中国成立伊始，面临着长期战争所遗留下来的巨大困难，百废待兴，百业待举，而其中最为重要的，一是加速新民主主义的经济建设，二是加强国防力量建设确保新中国的国家安全。而这两件大事又是对立统一的关系，处理得好不好，关乎国家的发展与安危。毛泽东立足于国家的根本利益和长治久安，始终把正确处理国防建设与经济建设的关系作为一项基本的国策来考虑，提出了正确处理二者关系的一系列重要的理论原则。

（一）把建立强大的经济力量和建立强大的国防作为两件大事

毛泽东认为，新中国成立后，要医治长期战争遗留下的创伤，要从事经济的文化的国防的各种建设工作，国家的收入不足，开支浩大，这是一项巨大的困难，而要克服这种困难，首先必须逐步的恢复与发展生产，加速新民主主义的经济建设。同时，他又清醒地看到，帝国主义阵营的战争威胁依然存在，第三次世界大战的可能性依然存在，因此，在加速经济建设的同时，还必须大力加强国防建设。正是基于这种客观的分析，他明确提出："中国必须建立强大的国防军，必须建立强大的经济力量，这是两件大事。这两件事都有赖于同志们和全体人民解放军的指挥员、战斗员一道，和全国工人、农民及其他人民一道，团结一致，协同努力，方能达到目的。"②

（二）经济建设的发展是国防建设的物质基础，要加强国防一定要首先加强经济建设

马克思主义是把国防放在整个社会物质生产的大背景下加以考察的，认为国防的发展依赖于社会的发展，社会生产力的增长必然推动国防建设

---

① 参见《建国以来毛泽东军事文稿》（下卷），军事科学出版社、中央文献出版社2010年版，第172页。

② 《建国以来毛泽东军事文稿》（上卷），军事科学出版社、中央文献出版社2010年版，第217页。

的发展。毛泽东在指导新中国经济建设和国防建设的伟大实践中坚持和发展了马克思主义的这一基本原理，认为经济建设"是加强国防建设的物质基础"①，"只有经济建设发展得更快了，国防建设才能够有更大的进步"②。"我们一定要加强国防，因此，一定要首先加强经济建设。"③ 他在《论十大关系》的重要讲话中指出：你对原子弹是真正想要、十分想要，还是只有几分想，没有十分想呢？你是真正想要、十分想要，你就降低军政费用的比重，多搞经济建设。这是战略方针的问题。以后，在1958年5—7月期间召开的中共中央军委扩大会议上，他又指出：国大，军就会大。国不大，军就不能大。你就没有钢嘛。一无粮，二无钢，三无机器。有钢什么东西都可以搞，轮船可以搞，军舰也可以搞，铁路也可以搞，空军也可以搞，陆军装备也大为不同。有了现代化工业，现代国防工业就好办了。基于这种正确的理论认识，毛泽东采取了一系列国防建设服从经济建设的重大举措。新中国成立初期，确定了大规模裁军和军队参加经济建设的方针，减少军政费用以争取国家财政经济状况根本好转的方针；提出军队帮助地方试办集体农庄和经营国营农场；决定通过集体转业的方式把30万至40万编余部队调拨为工程部队和屯垦部队，变成水利工程师、铁路工程师、工程建筑师、林垦师、种橡胶的师等，成为生产战线上的"建设突击队"。在毛泽东领导下，军队实行了"精兵简政"的方针，到1953年9月，全军总人数由627.9万人减至422.9万人；到1957年年底减至311万人；到1958年，减至237万人。即使在20世纪中期以后在时刻准备打仗的情况下，毛泽东仍然强调精兵简政。

（三）国防建设的加强和巩固是经济建设发展的可靠保障，在集中力量进行经济建设的同时必须大力加强国防建设

毛泽东在强调要首先加强经济建设的同时，从来没有把国防建设放在可有可无的位置上，而是始终认为我们国家的国防任务很大，"国防不可

---

① 《建国以来毛泽东军事文稿》（中卷），军事科学出版社、中央文献出版社2010年版，第6页。

② 同上书，第308页。

③ 同上书，第309页。

不有”①，“必须大力加强国防建设，巩固人民民主专政，巩固国防，来保障祖国的建设”。② 正是由于在把经济建设作为国防建设的物质基础的同时，又把国防建设放在了经济建设发展的可靠保障的重要位置上，因此才确保了无论在任何情况下，都较好地处理了经济建设与国防建设的关系，确保了在集中精力发展经济的同时，始终不忘建设工业就是为了搞国防，在一定时期内减少些国防，多搞些工业，正是为了国防。

（四）必须学会在军事工业中生产民用产品和在民用工业中生产军事产品两套本事

1956 年 4 月，毛泽东在听取关于第二个五年计划汇报时指出：“学两套本事，在军事工业中练习生产民用产品的本事，在民用工业中练习生产军事产品的本事。这个办法是好的，必须如此做。”根据毛泽东的这个重要思想，我国的国防工业找到了一条适应平时和战时国家对军品的需求相差悬殊的客观情况，解决军工生产能力过剩问题的路子，这就是实行军民结合、平战结合，担负两种职能，学会既能生产军需品又能生产民用品两套本领；同时，民用工业也要根据军事需求承担军用品的生产。进入 21 世纪以后，我们党提出的建立和完善军民结合、寓军于民的武器装备科研生产体系、军队人才培养体系和军队保障体系，走出一条中国特色军民融合式发展路子的思想，正是对毛泽东提出的“两套本事”思想的继承和发展。

四 努力实现国防现代化

新中国成立以后，中国共产党的军事实践的基本任务由领导革命战争转向了建设和巩固国防。而从我党领导新中国国防建设的第一天起，就面临着一个巨大的挑战，这就是国防工业基础十分薄弱，国防科技十分落后。与美国、苏联等世界军事强国当时已将坦克、飞机、军事电子装备等机械化武器装备作为国防基本配置，并展开了研制核武器、导弹等尖端武器装备的激烈竞争相比较，存在着巨大的差距；与新中国国防安全面临的

---

① 《建国以来毛泽东军事文稿》（中卷），军事科学出版社、中央文献出版社 2010 年版，第 308 页。

② 同上书，第 6 页。

严峻形势所提出的国防安全需求相比较，显得很不适应。正是在这种形势下，毛泽东提出了建设现代化国防的思想。

（一）没有现代的装备，要战胜帝国主义的军队是不可能的

新中国刚刚成立不到一年时爆发的朝鲜战争以及中国人民志愿军赴朝参战遇到的武器装备上的巨大困难，是新中国加速国防现代化建设的最直接的动因。朝鲜战争是继第二次世界大战之后发生的一场具有相当规模的国际性局部战争。敌方是以美国为首的 16 个国家的军队组成的所谓"联合国军"以及南朝鲜军队。当时的美国已高度工业化，经济力量居世界首位，军队拥有高度现代化的武器装备，不但地面部队全部机械化，而且有强大的空军、海军。在这场战争中，美国使用了除原子弹以外的所有现代化武器，掌握着制空权和制海权。而我国当时经济极为落后，军队现代化建设尚未起步，参战初期既无空军又无海军，陆军装备相当落后，基本上是靠步兵和少量炮兵、坦克作战，火力、机动力远不如敌人。技术装备的劣势，给我军作战带来的巨大困难，使毛泽东"深感敌我装备的悬殊和急于改善我军装备的必要"[1]，"没有现代的装备，要战胜帝国主义的军队是不可能的"[2]，"我们的陆军、空军和海军都必须有充分的机械化的装备和设备"[3]。为了适应朝鲜战场的急需，毛泽东一方面要求尽快向苏联订购 60 个师的步兵装备；另一方面要求我们的兵工生产加快有关装备的生产。

（二）把建设现代化国防作为国家现代化的基本战略目标之一

毛泽东努力实现国防现代化思想的提出，不仅是为应对朝鲜战争这场现实危机和当时收复台湾这个现实需要考虑的，而且是从新中国的长治久安、从实现国家现代化和把新中国建设成为一个繁荣昌盛的国家的战略高度提出的，是把建设现代化国防作为国家现代化的基本战略目标之一来筹划的。1953 年 8 月 26 日毛泽东在给军事工程学院的训词中明确提出了

---

① 《建国以来毛泽东军事文稿》（上卷），军事科学出版社、中央文献出版社 2010 年版，第504 页。

② 同上书，第506 页。

③ 《建国以来毛泽东军事文稿》（中卷），军事科学出版社、中央文献出版社 2010 年版，第171 页。

"建设现代化的国防"的概念。1954年9月召开的第一次全国人民代表大会，根据党中央和毛泽东的意见，把"建设现代化的工业、现代化的农业、现代化的交通运输业和现代化的国防"作为国家发展的宏伟目标。1955年3月31日毛泽东在中国共产党全国代表会议上指出："我们进入了……钻社会主义工业化、钻社会主义改造、钻现代化国防，并且开始要钻原子能这样的历史新时期。"1959年12月到1960年2月毛泽东在读苏联《政治经济学教科书》的谈话中更为明确地指出："建设社会主义，原来要求是工业现代化，农业现代化，科学文化现代化，现在要加上国防现代化。"

（三）大力发展现代化的国防科技工业

在毛泽东看来，要实现国防现代化，关键在于掌握现代技术。"为了建设现代化的国防，我们的陆军、空军和海军都必须有充分的机械化的装备和设备，这一切都不能离开复杂的专门的技术。今天我们迫切需要的，就是要有大批能够掌握和驾驭技术的人，并使我们的技术能够得到不断的改善和进步。"[①] "我们现在已经进到了建军的高级阶段，也就是进到了掌握现代技术的阶段。[②]" 正是基于现代技术对实现国防现代化关键性作用的清醒认识，毛泽东力主大力发展现代化的国防科技工业，提出了发展国防科技工业的一系列重要思想：科学技术这一仗，一定要打，而且必须打好；要好好研究国防工业和国防科技的方针；建立完整的国防工业和国防科研体系；必须加强尖端军事科学技术研究；技术发展必须打破常规，不能跟在别人后面一步一步地爬行；要下决心搞尖端技术，对尖端武器的研究试制工作，应抓紧进行，不能放松或下马；发展尖端武器与常规武器并举；搞一点原子弹、氢弹、洲际导弹，搞少数人专门研究防弹道式导弹的方法、技术途径；我们也要搞人造卫星；重视和加强电子对抗工作；我们的技术要赶上和超过国际水平。毛泽东大力发展现代化的国防科技工业的思想，结出了丰硕的成果。在毛泽东的领导下，1964年10月，中国第一颗原子弹爆炸成功；1966年10月，成功地进行了原子弹与导弹结合发射

---

① 《建国以来毛泽东军事文稿》（中卷），军事科学出版社、中央文献出版社2010年版，第171页。

② 同上书，第38页。

和爆炸试验；1967 年 6 月，成功爆炸了中国第一颗氢弹；1970 年 4 月，中国第一颗人造地球卫星发射成功。毛泽东大力发展现代化的国防科技工业的重要思想，极大地推动了中国国防现代化的总体发展，大大增强了国防力量的整体威力，提高了中国的国际地位，对维护国家主权和安全，维护世界和平与稳定，发挥了重要作用。

（四）建设现代化国防必须坚持自力更生为主、争取外援为辅的方针

实现国防现代化必须把基点放在依靠自己的力量上，是毛泽东十分强调的一个重大原则。即使当初在我国大批订购苏联武器装备时，毛泽东也没有忽略这个问题。1951 年 5 月 12 日，毛泽东对聂荣臻在今后兵工建设方针报告中提出的"国防军的装备，必须向着生产自给的方向努力"，给予充分肯定。同年 6 月 21 日，毛泽东在给当时率中国兵工代表团访苏的徐向前的电报中，在提出向苏联订购的 60 个师的装备必须按时运来的同时，又指出，我整个国防军 180 个师的装备，主要还要靠我们的兵工生产来装备。1958 年 6 月 16 日，毛泽东在同部分驻外使节谈话时指出，对原子弹、氢弹这些尖端技术，"主要靠我们自己动脑筋来搞"。次日，他在向军委扩大会议印发"二五"计划要点的批语中，明确批示："自力更生为主，争取外援为辅，破除迷信，独立自主地干工业、干农业、干技术革命和文化革命"，"经济战线上如此，军事战线上也完全应当如此"[①]。1960 年 7 月 18 日，毛泽东在北戴河中央工作会议上的讲话中说：一九一七年到一九四五年，苏联是自力更生，一个国家建设社会主义。这是列宁主义的道路，我们也要走这个道路。赫鲁晓夫不给我们尖端技术，极好！如果给了，这个账是很难还的。1968 年 11 月 10 日，毛泽东在对巴基斯坦武装部队友好代表团的谈话中指出：要有些进口，但主要靠自己。一个国家的武器专靠外国是很危险的。要树立自力更生的思想，基本上靠自己。

五 建设强大的现代化、正规化的革命军队

毛泽东的人民军队思想，在新中国成立后得到了进一步的丰富和发

---

① 《建国以来毛泽东军事文稿》（中卷），军事科学出版社、中央文献出版社 2010 年版，第 386 页。

展。毛泽东认为，中国是个大国，必须"为建设强大的国防军而奋斗"①！中国军队的近代化分作三个阶段，第一代是清末搞的新军（清朝政府仿照西方资本主义国家军制编练的新式陆军）；第二代是黄埔军（1925年广东革命政府组织的以黄埔军校校军为主干的国民革命军部队）；第三代是中国人民解放军。中国人民解放军的建设现在已经进到了建军的高级阶段——掌握现代技术的阶段。原子武器出现以后，军队的装备和战略战术都有很大的变化。我们的军队距离现代化很远。必须积极地有步骤地建设自己成为世界上最优良的现代化正规化的革命军队。

（一）中国必须建立强大的诸军兵种合成的国防军

新中国成立之时，我军基本上是一支单一的以普通步兵为主的陆军部队。从宣告中国人从此站起来了的那一天起，毛泽东的战略目光就投向了建立强大的诸军兵种合成的国防军的宏伟目标——"我们将不但有一个强大的陆军，而且有一个强大的空军和一个强大的海军"。② 毛泽东认为，我国有那样长的海岸线，为了肃清海匪的骚扰，保障海道运输的安全，为了准备力量于适当时机收复台湾，最后统一全部国土，为了准备力量，反对帝国主义从海上来的侵略，我们必须在一个较长时期内，根据工业发展的情况和财政的情况，有计划地逐步地建设一支强大的海军，尽一切办法搞好海军阵容。这支海军要搞好，使敌人怕，能保卫我们的海防，有效地防御帝国主义的可能的侵略。毛泽东认为，尤其是空军，更应该加强。我们打了几十年的仗，就是对于头上的东西，没有办法应付，只得凭不怕死，凭勇敢，凭牺牲精神。然而在今天，我们有了建立和加强空军的条件，因此也就应该着手建立起来。要建立一支强大的人民空军，保卫祖国，准备战胜侵略者。毛泽东认为，为了反对帝国主义的核垄断，中国必须建立和发展我国的核武器并建立一支独立的核打击力量，并亲自决策和领导了核武器的发展和战略导弹部队——第二炮兵的组建。在毛泽东建立强大的诸军兵种合成的国防军思想的指引下，我军在20世纪五六十年代，实现了由单一的陆军向包括海军、

① 《建国以来毛泽东军事文稿》（上卷），军事科学出版社、中央文献出版社2010年版，第221页。

② 同上书，第4页。

空军、第二炮兵在内的诸军兵种合成军队的转型。并通过多次精简整编，使各军兵种的编制体制逐步优化，合成范围和程度不断扩大和加强，战斗力显著提高。

（二）把现代化建设作为军队建设的中心任务

新中国成立后，毛泽东领导军队建设的实践活动，是紧紧围绕着军队现代化建设这个中心来展开的。毛泽东军队现代化建设思想的内容十分丰富，主要包括：（1）把逐步实现军队的现代化确立为全党、全军的目标。他说："除苏联军队外，我们要建设世界上第二支强大的近代化的革命军队。现在我们的经济建设有计划，文化建设有计划，军事建设也应当有计划，以便有步骤地达到我们建设强大的近代化的革命军队的目标。这是人民的目标，是宪法规定的目标。"[1] 要"把建设正规化、现代化的国防部队的精神，贯彻到所有部队中去"[2]。在人民拥护的基础上，加上我们的努力，就"一定能够建设一支现代化的革命军队"[3]。（2）我军的现代化建设最根本的是要掌握最新的装备和最新的战术。毛泽东认为，"为了保卫祖国免受帝国主义者的侵略，依靠我们过去和较为落后的国内敌人作战的装备和战术是不够的了，我们必须掌握最新的装备和随之而来的最新的战术。我们必须向苏联的军事科学学习，以便迅速把我军提高到足以在现代化的战争中取胜的水平[4]"。建设现代化的军队，一方面必须有充分的机械化的装备和设备；另一方面必须有大批能够掌握和驾驭技术的人。必须提高全体指挥员、战斗员的文化科学与技术水平，全军除执行规定的作战任务和生产任务外，必须在今后一个相当时期内着重学习文化，以提高文化为首要任务，使军队形成一个巨大的学校。必须"加强正规化、现代化的训练"[5]，通过现代化的训练，使广大官兵掌握最新的装备和随之而来的最新的战术。为了培养大批的具备现代化素质的军事人才，在毛泽东的领导下，军队各级各类指挥院校和各类专业技术院校相继成立，并建立起专业

---

① 《建国以来毛泽东军事文稿》（中卷），军事科学出版社、中央文献出版社 2010 年版，第237 页。

② 同上书，第 39 页。

③ 同上书，第 239 页。

④ 同上书，第108 页。

⑤ 同上书，第 6 页。

门类齐全的较为完整的培训体系。（3）必须建设具有组织现代战争能力的司令机关。为了组织这种复杂的、高度机械化的、近代的战役和战斗，没有健全的、具有头脑作用的、富于科学的组织和分工的司令机关不行。过去那种不健全的、效率不高的甚至是极不胜任的司令机关，今后就必须大大地加强起来。过去那种只重视政治工作，而忽视参谋工作的现象，必须加以坚决的改变。今后必须挑选优秀的、富于组织和指挥才能的指挥员到各级司令机关来，以创造司令机关新的作风和新的气象。这同样是建设现代化的国防部队所不可缺少的重要的条件之一。（4）高度重视军队后勤工作的现代化。"对于现代的军队，组织良好的后方勤务工作有极其重大的意义。""我们必须学习苏联军队完整的后勤工作建设，研究朝鲜战争中后勤工作的状况和经验，以达到我军后勤工作现代化和正规化的目的。"①（5）军队必须掌握先进的现代军事科学。一方面，毛泽东要求要学习外军的经验，必须向苏联的军事科学学习，要研究敌情、友情，要翻译美国和日本的东西，以便迅速把我军提高到足以在现代化的战争中取胜的水平。但这种学习，要有选择地学，要以我为主，要和自己的独创相结合；另一方面，他要求要重视总结自己的经验，发展自己的军事理论。他说，我们打败过蒋介石、日本帝国主义，特别是在朝鲜战争中打败了美帝国主义，获得了宝贵经验，一定要总结。战争中按照苏军条令执行是不行的，还是搞自己的条令。要集中一些有丰富工作经验和战斗经验的同志，搞出一本自己的战斗条令来。他强调要根据现代战争的实际情况发展和修正原有的军事理论，"十大军事原则目前还可以用，今后有许多地方还可以用。但马克思列宁主义不是停止的，是向前发展的，十大军事原则也要根据今后战争的实际情况，加以补充和发展，有的可能要修正②"。

（三）适应现代化要求加强正规化建设

毛泽东是把正规化作为军队现代化的题中应有之意来考虑的，是在革命化的前提下，把正规化、现代化视为二位一体的不可分割的有机整体

---

① 《建国以来毛泽东军事文稿》（中卷），军事科学出版社、中央文献出版社 2010 年版，第115 页。

② 同上书，第389—390 页。

的。他在新中国成立之初就明确提出"建设正规化、现代化的国防部队"①。他指出："与现代化装备相适应的，就是要求部队建设的正规化，就是要求实行统一的指挥、统一的制度、统一的编制、统一的纪律、统一的训练，就是要求实现诸兵种密切的协同动作。为此，就需要克服在过去时期曾经是正确的，而现在则是不正确的那种不集中、不统一、纪律不严、简单现象和游击习气等，而必须加强整个工作上、指挥上，而首先又应该是从教育训练上来培养的那种组织性、计划性、准确性和纪律性。这是建设正规化、现代化的国防部队所不可缺少的重要的条件之一。"② 正是在毛泽东军队正规化思想的指导下，从 20 世纪 50 年代开始，我军的正规化建设迈出了巨大步伐：建立健全了统帅机构和领导机关，实行了编制体制的调整，颁布了内务条令、队列条令、纪律条令即共同条令（草案），实行了军官薪金制、军衔制、义务兵役制三大制度，实行了以军事为主的正规化训练，并开始了诸军兵种的协同训练和演习。

（四）坚持共产党对军队的绝对领导，保持人民军队的性质和本色

毛泽东在以巨大精力推进军队现代化正规化建设的时候，丝毫没有放松军队的政治建设。如何使这支军队永远置于党的绝对领导之下，如何永远保持人民军队的性质和本色，是他始终抓住不放的根本问题。其一，他认为我军应始终保持自己的革命性质。1953 年 11 月，他在对彭德怀为全国军事系统高级干部会议准备的《四年来军事工作总结和今后建军中的若干基本问题（初步定稿）》讲话稿所做的修改中，将稿中两处"建设我军为世界上第二支最优良的现代化的军队"，加写了"革命"二字，修改为"建设我军为世界上第二支最优良的现代化的革命军队"。他一再强调"我们是工人农民的军队，不是地主资产阶级的军队；是共产党领导的军队，不是国民党领导的军队"③。"无产阶级革命军队跟资产阶级军队不同，它是人民的军队。"④ 其二，他认为我军应始终坚持党

① 《建国以来毛泽东军事文稿》（中卷），军事科学出版社、中央文献出版社 2010 年版，第 39 页。

② 同上。

③ 《建国以来毛泽东军事文稿》（下卷），军事科学出版社、中央文献出版社 2010 年版，第 163—164 页。

④ 同上书，第 224 页。

领导军队的根本原则和制度。在对彭德怀上述讲话稿的修改中，毛泽东对其中有关"发挥党委员会集体领导的原则，采取在党委统一（集体）领导下的首长分工负责制"的内容和其中批评把个人的权力放在党委集体的权力之上的做法的内容，不但给予了充分肯定，而且做了文字的修改。1954 年 1 月下旬，时在杭州的毛泽东，组织有关人员对朱德在全国军事系统党的高级干部会议上闭幕词中涉及党军关系的内容做了重要修改，加写了"必须使全军了解：我们的武装部队是在党的领导之下建设和发展起来的，是在党的领导之下战胜了敌人的。没有党的领导，就没有我们的革命武装部队。我们军委是在党中央的领导之下进行工作。我们武装部队的高级干部应当时刻记住毛泽东同志的指示：'我们的原则是党指挥枪，而决不容许枪指挥党。'就是说，我们的武装部队和武装部队的一切干部，要忠诚地服从党的领导，在党中央的领导之下紧紧地团结起来。"并亲笔批示："我看了认为可以"，"现将有修改处的几段照发如下"①。以后，他反复强调："党委要抓军事。军队必须放在党委的领导和监督之下②。"其三，他认为应始终坚持把政治工作作为军队的生命线。1954 年 4 月 15 日，毛泽东在对即将印发的《中国人民解放军政治工作条例（草案）》所做修改中，将总则第四条中"中国共产党在中国人民解放军中的政治工作是我军战斗力量的保证"一句，恢复为原稿的"中国共产党在中国人民解放军中的政治工作是我军的生命线"，并重写了被划去的"的生命线"四个字。他指出："革命单搞军事不行"，"重要的是政治工作，只有会做政治工作的人才会打仗，不懂政治的人就不会打仗"③。其四，他认为我军应始终保持和发扬优良传统。1954年 8 月 26 日，毛泽东在给军事工程学院的训词中指出："保持和发扬中国人民解放军的光荣传统，特别是全心全意为人民服务的精神和自我牺牲的英雄气概，这在你们的学院，是和全军一样，必须充分领会和一刻也不可忘记的。"④ 他指出，在和平时期，在实行了军衔制度和其他一些

---

① 《建国以来毛泽东军事文稿》（中卷），军事科学出版社、中央文献出版社 2010 年版，第 199 页。

② 同上书，第 375 页。

③ 《建国以来毛泽东军事文稿》（下卷），军事科学出版社、中央文献出版社 2010 年版，第 224 页。

④ 《建国以来毛泽东军事文稿》（中卷），军事科学出版社、中央文献出版社 2010 年版，第 172 页。

制度的情况下，更应注意保持和发扬我军的优良传统。根本的是要提倡艰苦奋斗，艰苦奋斗是我们的政治本色，要"拒腐蚀，永不沾"；要保持过去革命战争时期的那么一股劲，那么一股革命热情，那么一种拼命精神，把革命工作做到底；现在实行了军衔制度和其他一些制度，但是，上级跟下级还是要打成一片，干部跟士兵还是要打成一片，还是要准许下级批评上级，士兵批评干部，不要因为有了军衔制度和其他一些制度，而使上下级、官兵、军民、军队同地方的密切关系受到损害。

六 立足于应付最严重的情况做好反侵略战争准备

社会主义国家在开展和平建设时应随时做好战争准备，是马克思主义军事理论的一个重要原则。毛泽东在领导新中国的社会主义建设事业的过程中，帝国主义对我国的战争威胁始终没有解除，特别是到了20世纪60年代中期，我国同时面临着美苏两个超级大国的军事威胁，国家安全环境恶化。在这种情况下，如何做好反侵略战争准备，成为毛泽东战略思考的一个重要问题。在这个时期产生的毛泽东关于做好反侵略战争准备的大量论述，成为毛泽东军事思想的极具特色的重要组成部分。

（一）战争准备要考虑到两种可能

毛泽东认为，战争的打与不打，是不以人们的意志为转移的。因此，他始终强调战争准备要放在打与不打两个可能上。无论在世界安全形势缓和，还是紧张的情况下，他都坚持这种两分法的思想观点。当1957年下半年国际形势出现"东风压倒西风"的特点时，毛泽东一方面看到"社会主义的力量对于帝国主义的力量占了压倒的优势"，看到了"争取十五年和平"的可能性，另外，又告诫人们："还要估计一种情况"，即爆发战争的情况。要把"两种可能性都估计到了"①。到了1965年，在面临美苏两个超级大国的军事威胁的严峻形势下，他认为"我们要准备，不但准备帝国主义整我们，还要准备帝国主义和修正主义合伙整我们"，同时，他也考虑到打不起来的可能，"一个可能按我们讲的早打、大打，一个可能它

---

① 《建国以来毛泽东军事文稿》（中卷），军事科学出版社、中央文献出版社2010年版，第366页。

不来，这是不以人们意志为转移的"①。

（二）从最坏的基点上来考虑做好反侵略战争准备

在考虑到战争打与不打两种可能性的前提下，毛泽东认为战争的准备必须从最坏的基点上来考虑，以有可能挨打为出发点来部署我们的工作。毛泽东在革命战争时期形成的对付战争要从最坏的可能性着想的一贯思想，在和平建设时期又得到了进一步的运用和发挥。他之所以坚持立足于应付最严重的情况做战争准备，主要出于这样的考虑：一是基于当时确实存在着战争的可能性，帝国主义是准备打的；二是基于落后就可能挨打的历史规律。"如果不在今后几十年内，争取彻底改变我国经济和技术远远落后于帝国主义国家的状态，挨打是不可避免的"，"我们应当以有可能挨打为出发点来部署我们的工作，力求在一个不太长久的时间内改变我国社会经济、技术方面的落后状态，否则我们就要犯错误"②；三是基于"有备无患"的历史经验。"战争不准备不行，有备无患"③，"准备打，也许打不起来；不准备打，打起来就措手不及了"④。"就是要准备打仗，没有准备就危险。"⑤ 1965 年 4 月，毛泽东根据美帝国主义在越南扩大战争步骤，严重威胁我国安全的严峻形势，指示起草并批准下发了《中共中央关于加强战备工作的指示》，在这份文件中，完整地体现了毛泽东有备无患的思想："要估计到敌人可能的冒险。我们在思想上和工作上应当准备应付严重情况……我们必须把情况想得严重一些，把备战工作做得充分一些……我们对小打、中打以至大打，都要有所准备。这样，对我们只有好处，没有什么坏处。只要我们做好一切准备，无论出现什么情况，我们就立于不败之地。"1965 年 5 月 21 日，总参谋部报送了刘少奇、周恩来、朱德等接见参加全军作战会议全体同志时的指示纪要，纪要对备战工作提出了一系列意见，其中指出"要立足于准备早打、大打，从各方面来打，我们准备好了，敌人就不敢轻易来打，就有可能争取推迟战争，甚至使战争打不起

---

① 《建国以来毛泽东军事文稿》（下卷），军事科学出版社、中央文献出版社 2010 年版，第327—328 页。

② 同上书，第194 页。

③ 同上书，第326 页。

④ 同上书，第313 页。

⑤ 同上书，第168 页。

来"。对此，毛泽东批示"所提各项意见，都同意"①。正是基于以上考虑，毛泽东提出："不论任何工作，我们都要从最坏的可能性来想，来部署。"② "要从困难着想，不管什么问题只要从困难着想就不怕，所以不妨把困难想多一点，想尽。……不要只看到好的方面，要两分法③。"

（三）要在物质和精神上准备打仗

对于如何进行战争准备，毛泽东不但深知战争是物质力量的较量，高度重视物质准备，而且深知战争胜负不仅仅决定于物质上的准备，还取决于精神上的准备。因此，他十分强调在精神上和物质上都要有所准备。1969 年 4 月 28 日，他在中共九届一中全会的讲话中指出：要在物质和精神上准备打仗，不但要有物质上的准备，而主要的是要有精神上的准备。精神上的准备，就是要有准备打仗的精神。不仅是我们中央委员会，要使全体人民中间的大多数有这个精神准备。在毛泽东的领导下，不但武器装备、国防工程、战场建设、军事训练等物质方面的战争准备取得了巨大成就，而且实行了广泛深入的全民国防教育，极大地增强了全国人民的战备观念和国防观念，极大地提高了全民族的凝聚力。

（四）防止敌人的战略突袭

毛泽东十分清醒地看到随着军事科技的发展，军队机动和突击能力有了很大增强，特别是在二战后，远程兵器和大规模杀伤性武器的出现，使战争防御的一方预防战略突袭问题变的更为突出。由此，防止敌人的战略突袭，成为毛泽东战争准备思想中的重要内容。1955 年 3 月 21 日、31 日，毛泽东在中国共产党全国代表会议上指出："我们必须准备应付可能的突然事变。今后帝国主义如果发动战争，很可能像在第二次世界大战时期那样，进行突然的袭击。因此，我们在精神上和物质上都要有所准备，

---

① 《建国以来毛泽东军事文稿》（下卷），军事科学出版社、中央文献出版社 2010 年版，第 311 页。

② 《建国以来毛泽东军事文稿》（中卷），军事科学出版社、中央文献出版社 2010 年版，第 265 页。

③ 《建国以来毛泽东军事文稿》（下卷），军事科学出版社、中央文献出版社 2010 年版，第 228 页。

当着突然事变发生的时候，才不至于措手不及。"① 1964 年毛泽东曾指示总参谋部等部门对国家经济建设如何防备敌人突然袭击问题进行研究，当年 4 月 25 日总参谋部就此专题调查的情况写出报告，指出了国家经济建设在防备敌人突然袭击问题上存在的严重问题，并建议由国务院组织一个专案小组，根据国家经济的可能情况，研究采取一些切实可行的积极措施。8 月 12 日，毛泽东对此报告批示："此件很好，要精心研究，逐步实施②。"以后，毛泽东又多次讲到准备对付突然袭击的问题，要有战略设防思想，要注意防空袭、防空降。

七　用人民战争战胜强大敌人

在中国革命战争时期创立并指导革命战争赢得最终胜利的毛泽东人民战争思想，在新中国成立后，又紧密结合反对帝国主义侵略、维护国家安全的新的历史情况，获得了新的充实和发展。正是在毛泽东人民战争思想的指导下，我们不但取得了解放战争的最后胜利和抗美援朝、中印边境自卫反击作战等胜利，而且形成了"全民皆兵"的强大威慑力量，确保了新中国的安全和发展。

（一）战争胜负首先由人心的向背来做决定

战争力量的对比，不但是军力和经济力的对比，而且是人力和人心的对比，这是毛泽东一贯的观点。中国革命的胜利，抗美援朝战争的胜利，进一步证明了这个历史唯物主义的观点。1957 年 11 月 18 日毛泽东在莫斯科社会主义国家共产党和工人党代表会议上的发言中指出："问题是不能用钢铁数量多少来做决定，而是首先由人心的向背来做决定的。历史上从来就是如此。" 1963 年 3 月 22 日，毛泽东在会见古巴武装部军训部长时的谈话，又联系古巴革命的实际，阐述了不得人心武器再强也不免失败的道理："你们的敌人巴蒂斯塔有重炮，有空军，有海军，比你们强，为什么会打败仗呢？就是不得人心。那时根本无人援

---

① 《建国以来毛泽东军事文稿》（中卷），军事科学出版社、中央文献出版社 2010 年版，第 265 页。

② 《建国以来毛泽东军事文稿》（下卷），军事科学出版社、中央文献出版社 2010 年版，第 258 页。

助你们，尽管美国援助巴蒂斯塔，也不免失败。简单的道理，和蒋介石一样，不得人心。人民不赞成他，那有什么办法？武器再强也没有办法。这道理自古以来就是这样的。""联系群众永远不会失败。帝国主义和各国反动派脱离群众，他们总有一天要失败的。"当年 7 月 26 日，在同另一古巴代表团的谈话中他又指出："不管敌人武器多么好，多么强，因为他们是反对革命，不利于人民的，不可能得到胜利。"为了说明这个观点，在这次谈话中他还说了这样一段话：法国军队出版我写的小册子，企图用来打败阿尔及利亚民族解放军。我告诉他们，我写的小册子，是人民战争的小册子，反人民战争的那一方面，不可能利用。……我们在国内战争时期，蒋介石也利用我写的小册子，想把我们打败，结果还是不行。美国人也想利用我们的办法，他们有很多人研究中国的游击战、运动战的战略战术，但是在朝鲜战争中间，没有得到什么好处。毛泽东告诫人们："只要依靠人民，世界上就没有攻不破的'法宝'。"①"人民力量一定要胜过反人民力量"②，"我们无论国内、国外，主要靠人民，不靠大国领袖。靠人民靠得住"③。"对老百姓不能搞得太紧，否则他就不同你一起打仗了。……老百姓高兴了，后方巩固了，加强纪律性听话了，不胜才怪呢！""总而言之……不能丧失民心；……脱离老百姓，毫无出路。"④"我们要依靠根据地，依靠人民群众，要关心人民群众的经济利益和政治权利。"⑤

（二）依靠人民，再加上一个比较正确的领导，就可以用我们劣势装备战胜优势装备的敌人

新中国成立后不久进行的抗美援朝战争，是中国共产党掌握全国政权后，在新的历史条件和在异国作战的情况下进行的全新的人民战争。毛泽东通过对这场战争经验的总结，使他在战争年代创立的人民战争思想有了新的发展。1953 年 9 月 29 日，毛泽东在中央人民政府委员会第二十四次

---

① 《建国以来毛泽东军事文稿》（中卷），军事科学出版社、中央文献出版社 2010 年版，第 266 页。

② 同上书，第 349 页。

③ 《建国以来毛泽东军事文稿》（下卷），军事科学出版社、中央文献出版社 2010 年版，第 197 页。

④ 同上书，第 316 页。

⑤ 同上书，第 150 页。

会议上的讲话中，论述了抗美援朝的胜利和意义，其中集中阐明了同武器比我们强许多倍的美帝国主义作战我们为什么能够胜利的问题。他指出：抗美援朝的胜利是靠什么得来的呢？主要是因为我们的战争是人民战争，全国人民支援，中朝两国人民并肩战斗。现在中国人民已经组织起来了，是惹不得的。如果惹翻了，是不好办的。我们有人民的支持，在抗美援朝战争中，人民踊跃报名参军。领导是一个因素，没有正确的领导，事情是做不好的，但最主要的因素是群众想办法。"我们的经验是：依靠人民，再加上一个比较正确的领导，就可以用我们劣势装备战胜优势装备的敌人。""今后，敌人还可能打……可是，我们在抗美援朝中得到了经验，只要发动群众，依靠人民，我们是有办法来对付他们的。"①

（三）帝国主义如果发动对我国的侵略战争，我们将实现全民皆兵

毛泽东对我们党在长期革命战争中创建的民兵制度这项传统的军事制度在党执政后的作用高度重视。新中国成立后，民兵被确定为中华人民共和国武装力量的组成部分，是人民解放军的助手和后备力量。毛泽东认为：军事工作也要抓两头，尖端武器的研制和常备兵、民兵建设；搞民兵跟资本主义国家搞的"国民军训"有关系，民兵制度是我国广大劳动人民喜闻乐见的军事制度；民兵是常备军的基础，民兵武装像割韭菜一样，可以不断地生长力量，生长主力部队；在军队实行精简整编，只有二百五十万人的情况下，有民兵作基础就好一些，有了民兵气势就壮了，敌人就怕我们了；民兵在平时有维持秩序的作用，但主要是对付帝国主义侵略，一旦战争打起来，我们要使侵略者到处遇敌，乡村有民兵，城市也有民兵；要把民兵组织的范围扩大一些，男的从十六岁到五十岁，女的从十六岁到四十五岁，统统组织到民兵里面，军队每年有几十万人退伍，他们到乡村、工厂就可以当民兵的骨干，退伍的军官可以当民兵的指挥员，把全体人民武装起来；民兵组织必须放在党的领导之下，民兵工作要做到组织落实、政治落实、军事落实；我们不但要有强大的正规军，我们还要大办民兵师，这样，在帝国主义侵略我国的时候，就会使他们寸步难行。"帝国主义如果竟敢发动对我国的侵略战争，那时我们就将实现全民皆兵，民兵

① 《建国以来毛泽东军事文稿》（中卷），军事科学出版社、中央文献出版社 2010 年版，第174—175 页。

就将配合人民解放军，并且随时补充人民解放军，彻底打败侵略者。"①

八　实行积极防御战略方针

毛泽东认为："搞军事工作要先搞战略。"② 虽然在长期革命战争中他已形成完整的积极防御军事战略思想，但他并未停留在原有的认识上，而是结合新中国国家安全和军事工作的实际，不断研究和完善在战略方面的认识。他提出"要注意防御问题的研究，也许我们将来在作战中主要是防御"③。以后，他专门作出批示，要求总参安排有政治军事头脑的同志，认真研究苏联红军总参谋长瓦达索科洛夫斯基主编的《军事战略》一书和美国的一些战略书，写出评论给他一看。

（一）中国的战略方针是积极防御

这是毛泽东确立的中国基本的军事战略思想。毛泽东领导的新中国，自一成立，全国的军事工作，就是按照积极防御的战略方针进行的。④ 在指导抗美援朝战争中，毛泽东总的战略思想，仍然是积极防御。朝鲜战争结束后，面对美国在中国东部构筑了一道针对我国的新月形包围圈的严重形势，毛泽东及时地把国防问题的战略指导提上了议事日程。1955 年 4 月底，在中央书记处会议上，毛泽东提出，中国的战略方针是积极防御，决不先发制人⑤。1955 年 12 月 7 日，毛泽东批准了中央军委关于在军委扩大会议上深入讨论积极防御战略方针以统一全军高级干部认识的建议。1956年 3 月 6 日，彭德怀在军委扩大会议上作了《关于保卫祖国的战略方针和国防建设问题》的报告，在"这个报告里，把 50 年代前期毛泽东和军委

---

① 《建国以来毛泽东军事文稿》（中卷），军事科学出版社、中央文献出版社 2010 年版，第 463 页。

② 《建国以来毛泽东军事文稿》（下卷），军事科学出版社、中央文献出版社 2010 年版，第 291 页。

③ 同上书，第 211 页。

④ 参见《建国以来毛泽东军事文稿》（中卷），军事科学出版社、中央文献出版社 2010 年版，第 292 页。

⑤ 在编辑《建国以来毛泽东军事文稿》的过程中，我们虽几经努力，试图找到并编入这次会议的文献，但未果而终。据当代中国出版社出版的《彭德怀传》记载，这次中央书记处会议是彭德怀出席华沙条约国会议之前召开的，毛泽东在会议上重申中国的战略方针是积极防御，绝不先发制人。并指示彭德怀到莫斯科，就共同反侵略战争问题同苏联交换意见。

关于战略指导思想的指示和决定，综合起来作了全面阐述和发挥"。① 1956年4月2日，毛泽东批准了彭德怀的报告。报告阐发的保卫祖国的战略方针的基本内容是：我们不应当采取消极防御的战略方针。因为消极防御在战争爆发之前，既不从积极方面设法制止战争的爆发或推迟战争的爆发，而在战争爆发之后，在战役和战术上又不采取积极的行动去打破敌人的进攻，只是企图用单纯防御的方法来阻挡敌人的进攻，其结果则只有到处招架、到处挨打，使自己处于非常被动的地位。我们应当采取积极防御的战略方针。积极防御的方针，应该是不断地加强我国的军事力量，继续扩大我国的国际统一战线活动，从军事上和政治上来制止或推迟战争的爆发。当帝国主义不顾一切后果向我国发动侵略战争的时候，我军要能够立即给予有力的还击，并在预定设防地区阻止敌人的进攻。要在战略部署上掌握强大的机动部队，以便在战争一旦发生之后，能够在战役和战术上适时地组织积极的反攻和进攻，配合守备部队消耗和消灭敌人，完成战略防御的任务。只有采取积极的而不是消极的防御方针，才能够在战争的初期将敌人的进攻阻止在预定设防的地区，把战线稳定下来，打破敌人速战速决的计划，迫使敌人同我军进行持久作战，以便逐渐剥夺敌人在战略上的主动权，使我军逐渐转入战略上的主动，也就是由战略的防御转入战略的进攻。②

（二）诱敌深入，有顶有放

对未来反侵略战争怎么打，毛泽东从新中国成立之初开始就认为还是要诱敌深入。1951年1月24日，在讲到沿海设防问题时，毛泽东就讲"汕头至大亚湾一线及其他海岸线与内地，根本不要修工事或要塞，敌来让其登陆，并须诱其深入，然后聚而歼之"。到了20世纪60年代前期，毛泽东反复讲"还是要诱敌深入才好打。人家得不到好处不行，那样就不能诱敌深入。……御敌于国门之外，我从来就说不是好办法"。③ "还是让敌人进来，尝点甜头，诱敌深入，好消灭他。"④ 虽然毛泽东在新中

---

① 《彭德怀传》，当代中国出版社1993年版，第534页。

② 参见《建国以来毛泽东军事文稿》（中卷），军事科学出版社、中央文献出版社2010年版，第303页。

③ 《建国以来毛泽东军事文稿》（下卷），军事科学出版社、中央文献出版社2010年版，第315页。

④ 同上书，第332页。

国成立后依然主张诱敌深入，但和革命战争时期相比他的思想有了很大发展。一是提出了"今后诱敌深入，可能不灵"，诱敌深入"要做两手准备"①的思想。这一思想，集中反映在 1966 年 2 月 21 日、22 日毛泽东在同叶剑英、杨成武的谈话中，他指出：在抗美援朝战争中，诱敌深入第一阶段灵，第二阶段就不灵了；美国不会走日本、希特勒的老路，长驱直入的办法美国不敢搞，它没有多少兵，它怕死人，怕我们消灭它；打起仗来，总不能把城市空起来，上海人口七百万，搬到哪里去！因此，毛泽东的结论是：敌人不会轻易长驱直入，要做两手准备，要考虑到他不深入怎么办？并说可以搞几十公里之内的小的诱敌深入。二是根据我们已经掌握国家政权和有大后方做依托等新情况，强调诱敌深入要有顶有放，顶放结合。20 世纪 60 年代初期中央军委确定"北顶南放"方针，即在北方一些地区要立足顶住敌人，在南方一些地区则诱敌深入，把敌人放进来打，就是一个顶放结合的方针。1964 年 6 月 16 日，毛泽东在北京十三陵水库召开的中共中央政治局常委和各中央局第一书记会议上的讲话中，虽然讲"北顶南放，我看不一定"，并说"不能放在顶得住上"，但他仍然认为"顶，要顶一下"，并未否定顶的方针。1966 年毛泽东在同叶剑英、杨成武的谈话中，进一步阐发了顶放结合的问题，强调"诱敌深入有两个深度，差不多了"，"利用城市打，也是个办法。采取斯大林格勒的办法。……战争开始，可以采取这个方针，打几个月，看情况再说"，"不管怎样，我们在第一线总得顶几个月，使后方有所准备"，"反正要在第一线顶几个月、半年时间，使后方有所准备。还要考虑顶不住"。可以看出，毛泽东在讲到诱敌深入时，是把顶和放结合起来考虑的，虽然不主张御敌于国门之外，但强调战争初期该顶的地方要顶，使后方有所准备。可以说，对敌人深入和不深入要做两手准备，对付的办法实行顶放结合，是新中国成立后毛泽东诱敌深入思想的精髓，也是对革命战争时期诱敌深入思想的重大发展。

（三）重点设防、重点守备

毛泽东重点设防、重点守备的思想，形成于新中国成立之初。在 1951

---

① 《建国以来毛泽东军事文稿》（下卷），军事科学出版社、中央文献出版社 2010 年版，第 334 页。

年1月的几件文献（《对沿海地区设防和构筑工事的意见》《不要到处设防修工事》《华东沿海构筑公事等须在指定地区择最需要者去做》）中，毛泽东严肃批评了那种畏敌如虎，在沿海地区到处设防、到处修工事的错误做法，深刻指出我军应当位于纵深机动地区，待敌深入，然后包围歼灭之。而不能到处设防修工事，摆成被动挨打的姿势，使我军丧失主动，丧失歼敌的机会。毛泽东要求：不要在指定地区不经研究设计随便修建工事；在指定地区内亦只择最需要者做，不要到处做；大陆海岸线及内地根本不要做；大陆兵力，位于纵深地区，敌来应让其登陆然后相机歼击之。到20世纪60年代中后期，毛泽东从应付全面战争着想，进一步把重点设防、重点守备提高到战略指导的层面加以强调。1965年11月，毛泽东在同谭启龙、李葆华等人的谈话中指出：敌人登陆要找弱点。青岛工事修那么好，敌人为什么要在青岛登陆？龙口、成山头，过去日本人就登过陆。越是认为他来不了的地方，设防薄弱的地方，他就在那里登陆了。1969年1月28日，毛泽东在听取中共中央军委办事组汇报时指出：现在是立体战争，敌人要打你的后方，做工事要防空降、防空袭。打仗不是工事问题，而是战斗力问题，集中兵力消灭有生力量的问题。在战场上要占领制高点，做点工事就可以了。工事做多了，将来大部分没有用。并举例说，马其诺防线不是突破了吗？也没有起什么作用。毛泽东对设防问题的考虑始终是在诱敌深入思想的指导下进行的，新中国成立初期，当他设想诱敌于我纵深地区聚而歼之时，他更多地强调不要到处修工事；而到20世纪60年代中期，当他感到诱敌深入可能不灵、需要在第一线顶几个月的时候，他就提出："沿海城市要多修几层工事，他突破一层，还有一层。还要注意城市翼侧的设防。"①

（四）要考虑积极防御，也要考虑打垮敌人后的战略追击问题

毛泽东历来认为积极防御就是攻势防御、决战防御，所谓积极防御，主要地就是指带决战性的战略反攻或战略进攻。毛泽东所确立的新中国积极防御的战略方针，就包含了这种战略进攻的思想。1958年6月29日，毛泽东在中共中央军委扩大会议小组长座谈会上的讲话中提出了

---

① 《建国以来毛泽东军事文稿》（下卷），军事科学出版社、中央文献出版社2010年版。第335页。

战略追击的问题，"把它打垮，就要考虑追击，要修水上铁路（造军舰）。要考虑积极防御，也要考虑打垮敌人后的追击问题"①。1958 年 7月，毛泽东在对彭德怀在中共中央军委扩大会议上总结讲话第三部分《战略方针和国防建设工作》一段文字所作的修改中，明确提出采取追击的战略，经毛泽东修改和加写后的这段话是："依靠我国有利的地形，特别是星罗棋布的岛屿，就可能把进攻的敌人主力歼灭在海岸和海上，不许敌人主力深入我国国土，并且还要在敌人发动进攻的基地上给以打击。我们将不但胜利地保卫祖国，而且要在歼灭了侵略的敌人主力之后，采取追击的战略，进而将敌人的出发根据地的侵略武装力量加以解除，借以根绝侵略后患，同时也就解放敌国被压迫人民。"② 1963 年 5月 22 日，在会见新西兰共产党总书记威尔科克斯时，毛泽东进一步谈到在战略反攻阶段"打出去"的问题："我们也不打出国境，只是他们侵略进来，我们才以防御战把他们打出去，那时才发生出国境问题。……我不相信中国会永远是个游击区，总有一天会把帝国主义赶出去。只是在那种情况下，我们才出国境。他们从哪里来，我们就往哪里去。"③

（五）我们是用原子弹作为防御的武器

在毛泽东领导下所确立中国的核战略，尤为充分地体现了积极防御的战略思想。毛泽东认为，面临着帝国主义、霸权主义的核威慑，我们要不受人家欺负，就不能没有原子弹，没有这个东西，人家说你不算数，因此，我们必须"搞一点原子弹、氢弹、洲际导弹"④。但他同时指出，原子弹是吓人的东西，这个东西不会用的，越造得多，核战争就越打不起来，"我们不想用原子弹、氢弹在战争中取胜。怎么能用这种武器打胜帝国主

① 《建国以来毛泽东军事文稿》（中卷），军事科学出版社、中央文献出版社 2010 年版，第394 页。

② 同上书，第 395 页。

③ 《建国以来毛泽东军事文稿》（下卷），军事科学出版社、中央文献出版社 2010 年版，第4 页。

④ 《建国以来毛泽东军事文稿》（中卷），军事科学出版社、中央文献出版社 2010 年版，第387 页。

义呢？还是要搞常规武器"①。以后，他进一步明确指出："我们的国家将来可能生产少量的原子弹，但是并不准备使用。既然不准备使用，为什么要生产呢？我们是用它作为防御的武器。"② 但同时，毛泽东也指出"假使敌人在北京、上海扔了原子弹，我们也得还手，要打它"③。

九 实行"灵机应变，主动在我"的作战指导

实行灵活机动的战略战术，牢牢掌握作战主动权，是毛泽东作战指导思想之精髓。新中国成立后，毛泽东在指导解放中南、新疆、西南、西藏、闽南和闽浙沿海岛屿，以及炮击金门、抗美援朝、援越抗法、援越抗美、中印边境自卫反击作战、珍宝岛自卫反击作战的作战实践中，使他在长期革命战争年代形成的作战思想得以出神入化的成功运用，并使他的作战指导思想得到新的丰富和发展。

（一）灵机应变，主动在我

1958 年 10 月 5 日，中共中央军委向毛泽东报送的关于当前对金门马祖等沿海岛屿军事斗争的指示中指出，自 8 月 23 日炮击金门以来，情况变化极其复杂。蒋介石集团企图坚守金门马祖，并用各种办法拖美国下水。美国正在玩弄有条件撤退金、马的阴谋。一是玩弄所谓"停火"的阴谋，争取蒋军留在金、马；二是要蒋撤退金、马，驻守台湾，以放弃金、马换取盘踞台湾的合法地位，从而达到制造"两个中国"的阴谋；三是不得已时，掩护和强迫蒋军撤退。为此，军委决定减轻对金、马的军事压力，使金、马的蒋军能够生存下去。炮兵对金门各岛，在一定时期内，停止大规模的炮击，只做袭扰性的打击。毛泽东对这份文件作了修改，并加写了"为了打破美国停火阴谋，在必要时，我仍可组织过去那样的大打。灵机应变，主动在我"④。"灵机应变，主动在我"是毛泽东指导震惊中外

① 《建国以来毛泽东军事文稿》（上卷），军事科学出版社、中央文献出版社 2010 年版，第 174 页。

② 同上书，第260 页。

③ 《建国以来毛泽东军事文稿》（中卷），军事科学出版社、中央文献出版社 2010 年版，第 394 页。

④ 《建国以来毛泽东军事文稿》（下卷），军事科学出版社、中央文献出版社 2010 年版，第 436 页。

的炮击金门这一重大而特殊军事行动的作战指导原则。当时,面对美国对台湾海峡地区的侵略活动和国民党军队对大陆的骚扰破坏活动,毛泽东和中央军委经慎重考虑,决定炮击金、马。在毛泽东的精心指挥下,先是对金门诸岛实施了44天的全面炮火封锁,经过4次大打83次中小打和上千次零炮射击,使金门国民党军陷入严重的困境,美国也处于进退两难的境地。继之,从1958年10月6日宣布暂停炮击到1961年12月中旬,采取高度灵活的策略,采取打打停停的方式炮击金门,打而不登,封而不死,从而稳住了金门国民党军,拖住了美国,打击了美国政府企图制造"两个中国"的阴谋,我军则牢牢掌握了斗争的主动权,谱写了我军作战史上"灵机应变,主动在我"的瑰丽篇章。

(二)战略战术无非是你打你的,我打我的,打得赢就打,打不赢就走

《文稿》所收录的文献中,有许多篇是毛泽东会见外宾时谈中国革命战争胜利的基本经验的,其中他讲得最多、一再重申的就是他在革命战争年代总结的掌握战场行动主动权、化被动为主动的打仗办法。1965年3月24日,他在会见巴勒斯坦解放组织代表团时说:"你们不是说读了我写的文章吗?这些东西用处不大。主要是两条,你打你的,我打我的。我打我的,又有两句话,打得赢就打,打不赢就走。""打得赢,我就把你吃掉;打不赢,我就走掉,你也吃不着。""什么军事道理,简单地说就这么两句话。"毛泽东认为,过去对付国民党军队用这种办法,现在对付帝国主义也要用这种办法,"帝国主义最怕这种办法"[1]。1950年9月5日,毛泽东在中央人民政府委员会第九次会议上讲到朝鲜战局和如何对付美帝国主义时指出:"你打你的,我打我的,你打原子弹,我打手榴弹,抓住你的弱点,跟着你打,最后打败你。"1965年4月28日,他在听取罗瑞卿、杨成武等汇报作战问题时,在谈到如何对付可能发生的帝国主义对我国的侵略战争时,毛泽东又指出:"打仗并没有什么神秘,打得赢就打,打不赢就走,你打你的,我打我的。什么战略战术,说来说去,无非就是这四句话。走,你就打不着我。打,我就要打上你,打准你,吃掉你。"

————————————

[1] 《建国以来毛泽东军事文稿》(下卷),军事科学出版社、中央文献出版社2010年版,第303页。

（三）打仗不是工事问题，而是战斗力问题，集中兵力消灭有生力量的问题

毛泽东会见外宾谈中国革命战争胜利的基本经验，在讲到"你打你的，我打我的"这条基本经验时，往往要讲到如何集中兵力消灭敌人有生力量的问题。1962 年 9 月 30 日，在会见南非共产党学员代表团时，讲了我们用"割指头"的办法战胜国民党军队的经验：我们采取内线、外线结合作战。他分五路向我们进攻，每路一个师，怎么办？有四路我们统统不管，或者只用少数兵力去打，而集中大量优势兵力去打他的一路，采取割他一个手指的办法，我们用四五个师的兵力打他一个师。这样，就可以一个个地把他吃下了。采用割指头的办法，先割掉他一个指头，然后割掉第二个、第三个。1965 年 3 月 24 日，他又同外国朋友谈道：事物都是可以分割的，帝国主义也是事物，也可以分割，也可以一块块地消灭。蒋介石八百万军队也是事物，也可以一块块地消灭。这就叫做各个击破。在思考中国未来反侵略战争时，毛泽东也始终重视和反复强调集中兵力歼敌问题。"关于集中优势兵力的问题，还是老话，十则围之，五则攻之。如果是围城，就要十倍；如果是野战，就要五倍。在具体的战术动作上就不止了，就要占绝对优势。"① "总之，要打歼灭战……消灭敌人的有生力量。"② "现在是立体战争。打仗不是工事问题，而是战斗力问题，集中兵力消灭有生力量的问题。"③

（四）用"零敲牛皮糖"的办法多打小规模的歼灭仗

抗美援朝经过五次战役之后扭转了战局，敌人被我军赶到三八线附近。但是由于敌军在武器装备上的优势和对制空权的掌握，以及经过几次战役已经基本摸清了我军受后勤保障制约每次战役进攻只能维持在七天左右的规律，我军继续作战的不利条件越来越多。为此，毛泽东提出了打小规模的歼灭仗，不断歼灭和消耗敌人有生力量，使敌经常处于被动挨打地位，促使战局不断向着有利于我的方向发展的战略战术思想。1951 年 5 月

---

① 《建国以来毛泽东军事文稿》（下卷），军事科学出版社、中央文献出版社 2010 年版，第 165 页。

② 同上书，第 308 页。

③ 同上书，第 354 页。

26 日，毛泽东在给彭德怀的电报中提出了对美英军在几个月内只打小歼灭战，即对美英军不实行大包围，只实行战术的小包围，每军每次只精心选择敌军一个营或略多一点为对象而全部地包围歼灭之的作战思想。次日，他在听取陈赓关于朝鲜战场情况汇报后，又指示：志愿军总的政治任务是轮番作战，消灭美英军九个师（几个杂牌旅营全计在内）。打法上同意彭总提出的不断轮番各个歼灭敌人的方针，即"零敲牛皮糖"的办法。每军一次以彻底干脆歼灭敌一个营为目标。一次使用三四个军（也可多一点），其他部队整补待机，有机会就打。如此轮番作战，在夏秋冬三季内将敌人削弱，明春则可进行大规模的攻势；如能提前于夏秋两季达到削弱敌人目的，即可于冬季打大仗，求得一次大量歼灭敌人。① 对这种用"零敲牛皮糖"的办法多打小规模的歼灭仗的思想，以后毛泽东又曾用"蚂蚁啃骨头"的形象说法来表述。1965 年 8 月 17 日，他在接见击沉国民党军"剑门"、"章江"两舰战斗的有功单位、有功人员代表时说："你们打得好。""蚂蚁啃骨头，我们向来就是用这种方法消灭敌人的。"②

（五）实行战术性反击作战制敌死命

抗美援朝战争到 1952 年秋季，在整个战线上，形势对敌人愈来愈不利。为了粉碎敌人可能的局部进攻计划，我军在第一线以三个军为重点各选择三至五个目标（其他各军各选择一至二个目标），对敌进行了战术性反击作战。在一个月内，取得了歼灭和击伤敌军三万人以上的巨大胜利。早在 1951 年 8 月 21 日，毛泽东对邓华提出的目前不进行战役反击，而应当尽可能做战术反击的意见，表示"值得认真考虑"。1952 年 10 月 24 日他在给彭德怀等人的电报中，对这种作战方法做了精辟总结：此种作战，在若干个被选定的战术要点上，集中我军优势的兵力、火力，采取突然动作，对成排成连成营的敌军，给予全部或大部歼灭的打击；然后在敌人向我军举行反击的时机，又在反复作战中给敌以大量杀伤；然后以情况，对于被我攻克的据点，凡可以守住者固守之，不能守住者放弃之，保持自己的主动，准备以后的反击。毛泽东认为，这种有组织的带全线性的依靠阵

---

① 《建国以来毛泽东军事文稿》（上卷），军事科学出版社、中央文献出版社 2010 年版，第 492 页。

② 《建国以来毛泽东军事文稿》（下卷），军事科学出版社、中央文献出版社 2010 年版，第 325 页。

地实行的作战方法，可以大量歼灭敌人有生力量而又减少我之伤亡，继续实行下去，必能制敌死命，必能迫使敌人采取妥协办法结束朝鲜战争。

（六）充分准备确有把握而后动作，在稳当可靠的基础上争取一切可能的胜利

1949 年 10 月 24 日至 27 日进行的金门作战，由于轻敌和急躁，作战准备严重不足，我 28 军、29 军投入的 7 个团 9000 余人大部壮烈牺牲。金门作战的失利，使毛泽东更为重视他在十大军事原则中所强调的不打无准备之仗、不打无把握之仗的思想。他要求全军"必须以金门岛事件引为深戒"①，务必力戒轻敌急躁，稳步地有计划地歼灭残敌，解放全国。在指导定海作战（今浙江舟山）中，他强调务必"采取慎重态度，集中优势兵力，事先作充分准备，力戒骄傲轻敌"②，"如果准备未周，宁可推迟时间"。③ 在指导海南岛作战中，他要求认真研究和借鉴金门作战中我军无援无粮、被敌围攻、全军覆灭的教训，以免重蹈金门覆辙，"以充分准备确有把握而后动作为原则，避免仓促莽撞造成过失"④。在指导抗美援朝战争中，从一开始，他就强调"我们应当从稳当的基点出发，不做办不到的事"，"我们应当在稳当可靠的基础上争取一切可能的胜利"⑤。

（七）捕捉战机最关紧要

在志愿军入朝之前，毛泽东考虑"第一个时期只打防御战，歼灭小股敌人，弄清各方面情况；一面等候苏联武器到达，并将我军装备起来，然后配合朝鲜同志举行反攻，歼灭美国侵略军"⑥。在彭德怀去德川与金日成会面之前，他又告彭德怀到德川研究情况后，在平壤、元山铁路线以北，德川、宁远公路以南地区，构筑两道至三道防御阵线，如敌来攻，则在阵地前面分割歼灭之；如平壤美军、元山伪军两路来攻，则打孤立较薄弱之一路。但一个星期后，当志愿军向预定战区开进中发现敌军仍未察觉我军

---

① 《建国以来毛泽东军事文稿》（上卷），军事科学出版社、中央文献出版社 2010 年版，第57 页。
② 同上书，第65 页。
③ 同上书，第75 页。
④ 同上书，第110 页。
⑤ 同上书，第278—279 页。
⑥ 同上书，第227 页。

入朝，继续分兵冒进，部分已先我军到达我军预定防御地区，而我军离预定防御地区尚有一定距离的时候，毛泽东敏锐地觉察到敌军对我军战略上的判断失误和分兵冒进的态势，是我军各个歼敌的极好战机。于是当机立断，于1950年10月21日指示志愿军放弃原定计划，明确指出"现在是争取战机问题，是在几天之内完成战役部署以便几天之后开始作战的问题，而不是先有一个时期部署防御然后再谈攻击的问题"①。23日，又电示："敌进甚急，捕捉战机最关紧要。两三天内敌即可能发觉是我军而有所处置，此时如我尚无统一全军动作的处置，即将丧失战机。"② 敦促志愿军领导人尽快决定战役计划，并指挥作战。正是由于抓住了战机，及时作出在运动中歼敌的正确决策，打好了出国第一仗，才使抗美援朝战争从一开始就向着有利于我军的方向发展，使战争胜利的天平出现倾斜。如果丧失这个战机，朝鲜战争的历史很有可能改写。

新中国成立后毛泽东军事思想的丰富发展涉及的领域十分广泛，内容十分丰富，上述阐释只是其大概。在学习研究《文稿》的过程中，笔者深感，新中国成立后，毛泽东虽然没再写下如他在革命战争年代所写的《中国革命战争的战略问题》、《论持久战》这类专门的军事著作，但是，作为新中国军事实践的伟大领导者，作为我国国防现代化和军队革命化现代化正规化建设事业的开创者和奠基人，作为伟大的战略家、军事家，毛泽东从未停止过对军事实践和军事理论问题的思考和创造。他在领导新中国国防和军事实践中所留下的电报、批示、讲话、谈话、书信、题词等文献，集中地体现了他对当代世界战争与和平问题以及战争准备问题的独特观察和缜密思考，体现了他对维护和平制止战争和捍卫国家主权、安全、领土完整的坚强意志和宏图大略，体现了他在领导指挥抗美援朝战争、对台斗争、边境自卫防御作战等局部战争实践中对现代战争的军事战略、作战指导等问题的前瞻眼光和独到见解，体现了他对建设强大的现代化国防特别是建设一支现代化正规化的革命军队的深谋远虑和匠心运筹，还体现了他对中国近代以来特别是我们党领导军事斗争基本经验的深入思考和科学总结。毛泽东军事思想的发展并未因中

---

① 《建国以来毛泽东军事文稿》（上卷），军事科学出版社、中央文献出版社2010年版，第270页。

② 同上书，第285页。

国革命战争的结束而停滞，而是在新中国军事实践的源头活水中找到了继续发展的新的源泉。上述九个方面的思想内容，有一些是对其革命战争时期形成的某些思想的继续运用和丰富发展，而更多的内容则产生和创造于新中国成立后新的伟大军事实践之中，是在革命战争时期无法产生的东西。由《文稿》所展现的新中国成立后毛泽东军事思想的新内容，蕴藏着一代伟人毛泽东的慑敌制胜之策、安国全军之道。在当今时代，随着中华民族的崛起，世界上那些不愿看到中国崛起的力量仍然对我实施遏制战略，我国的安全环境旧忧未解、新忧频添，国防和军队建设与打赢信息化条件下局部战争的要求还很不适应。在这种新的情况下，毛泽东的这笔宝贵的军事思想遗产显得弥足珍贵，不但会给人们很多的启示和借鉴，而且它本身将作为一种重要的军事软实力而引起人们的重视，从而在当代军事实践中继续展现其强大的生命力。

毛泽东的政体观念[①]

黄显中

政体既是一切革命斗争的核心问题，又是一切政治理论的根本问题。毛泽东在毕生从事革命与建设的共和国事业中，不仅反复思考和不断完善共和国政体，同时也对政体问题作出了卓著的理论创新。在此意义上，若非研究毛泽东的政体实践，不可能了解和理解毛泽东的共和国事业；若非研究毛泽东的政体理论，不可能把握和领会毛泽东的政治思想。然而，长期来对于毛泽东的政体实践与思想，按照历史逻辑进行梳理和阐述的多，而按照逻辑进行理论阐释和剖析的少。毛泽东的政体理论无疑是其长期实践的理论升华，理论不过是实践的土壤上加工了的思想体系。但是，如果我们不首先从理论上探究其政体思想，毛泽东政体实践不可避免丧失其科学性和实效性。这种理论研究的缺陷尤其造成实践的困惑：知道人民代表大会制度是我国的政体，却不懂得为何实行人民代表大会制度，更不懂得为何必须坚持人民代表大会制度不动摇。

一 政权：政体的目的

政体作为政权的构成形式，必然以现实的政权为目标；没有政权就不是国家，也就没有设置政体的必要性。那么政权的目的是什么？又从何而来呢？马克思主义唯物史观认为，国家从来都是阶级冲突和阶级斗争的产

① 基金项目：国家社科基金项目"毛泽东民主集中制原则的共和意义研究"（编号：09BKS007）、湖南省高校创新平台开放基金项目"毛泽东民主集中制原则的共和意义研究"（编号：09K028）、湘潭大学毛泽东思想研究中心开放课题"毛泽东民主集中制政体思想研究"（编号：12my014）阶段性成果。

物。阶级斗争就是革命，"革命非兵戎相见之谓，乃除旧布新之谓"①。青
年毛泽东正是从树立"阶级斗争"观念开始，成为了初步的马克思主义
者②。毛泽东深入调查农民运动，指出："革命是暴动，是一个阶级推翻一
个阶级的暴烈的行动。"③ 不仅如马克思所言，"人类的历史，是一部阶级
斗争史"④；"其实四千多年的中国史，何尝不是一部阶级斗争史呢？"⑤ 然
而不论是中国抑或外国，阶级冲突与斗争的结果无非是一个国家或朝代丧
失了政权，一个国家或朝代取得了政权。政权永远都是阶级斗争争夺的猎
物，也是阶级冲突的最大战利品。经过大革命和土地革命的毛泽东，在抗
日战争时期一语中的地指出："一切革命的基本问题是政权问题。"⑥ 革命
简而言之就是领导人民夺取政权，政权问题是毛泽东思考一切革命行动的
根本出发点和落脚点。革命也许基于某种动机或人类理想，比如，青年毛
泽东提出了"改造世界与中国"的阶级专政目的⑦。1925 年毛泽东撰写的
《〈政治周报〉发刊理由》则表达了自己的革命理想："为什么出版《政治
周报》？为了革命。为什么要革命？为了使中华民族得到解放，为了实现
人民的统治，为了使人民得到经济的幸福。"⑧ 但若不能通过革命夺取政
权，任何伟大理想皆不可能获得实现。

革命胜利虽然夺取了政权，但巩固政权更加困难；所谓夺取江山易，
治理江山难。在此意义上，现成的革命政权如何得以永续，则是革命胜利
后国家面临且必须解决的问题，也是革命胜利向政权建设提出的刻不容缓
的问题。在七届二次全会上，毛泽东针对党内骄傲自大、贪图享乐等情
绪，严峻指出："夺取全国胜利，这只是万里长征走完了第一步"⑨，革命

① 《毛泽东年谱》上册，中央文献出版社 2002 年版，第 31 页。
② 1920 年，当毛泽东在北京热切搜寻当时所能找到的极少数的共产主义文献的中文本时，
有三本书特别深刻地影响了他，使他树立起对马克思主义的信仰，这就是：陈望道译的《共产党
宣言》，考茨基的《阶级斗争》和英国人柯卡普著的《社会主义史》。毛泽东说："我才知道人类
自有史以来就有阶级斗争，阶级斗争是社会发展的原动力。"从这些书中，"我只取了它四个字：
'阶级斗争'，老老实实地来开始研究实际的阶级斗争"。参见《毛泽东文集》第 2 卷，人民出版
社 1999 年版，第 378—379 页。
③ 《毛泽东年谱》上册，中央文献出版社 2002 年版，第 184 页。
④ 《马克思恩格斯选集》第 1 卷，人民出版社 1972 年版，第 250—251 页。
⑤ 《毛泽东年谱》上册，中央文献出版社 2002 年版，第 158 页。
⑥ 《毛泽东文集》第 2 卷，人民出版社 1993 年版，第 289 页。
⑦ 《毛泽东年谱》上册，中央文献出版社 2002 年版，第 74 页。
⑧ 同上书，第 145 页。
⑨ 《毛泽东选集》第 4 卷，人民出版社 1991 年版，第 1438 页。

以后的路更长，工作更伟大，更艰苦。革命与建设是首尾相接的两个阶段，政权同为革命与建设的根本目的；革命的直接目的在于夺取政权，国家建设的直接目的在于巩固政权。那么，国家政权如何巩固，从何着手开始建设呢？当然是从国家政体开始，因为政体指的是国家政权的构成形式。政体设计好了，政权的所有权、行使权和受益权才能正当有序，并且为国家政权确立起善治主体。这正是汉密尔顿提出的问题："人类社会是否真正能够通过深思熟虑和自由选择来建立一个良好的政府，还是他们永远注定要靠机遇和强力来决定他们的政治组织。"① 人民代表大会制度就是以毛泽东为首的中国共产党集体智慧的选择，从而人民能够正确有效行使国家政权，坚决巩固国家政权的所有权。毛泽东政体思想与实践充分说明，政体的目的始终指向国家政权。

首先，由于革命以一个阶级推翻另一个阶级的统治为目的，政体的目的必然指向政权的所有权。政权为在革命中取得胜利的哪个或哪些阶级所有，哪个或哪些阶级在国家政治生活中就处于主导地位，就是掌握政权的统治阶级，而其他阶级成为被压迫被剥削的被统治阶级。政权的所有权，其实就是"国体"的问题，即毛泽东所说的"社会各阶级在国家中的地位"②。由于人类社会自有阶级以来，国家政权总是掌握在少数阶级手中，当被统治阶级的多数人被统治阶级剥削而产生生存危机时，就不可避免爆发推翻统治阶级的阶级斗争。由于中国自近代以来沦落为半殖民地半封建社会，大地主、大官僚、大豪绅、大资本家等掌握国家政权，帝国主义、封建主义以及官僚资本主义成为中国最大的敌人，中国人民必然团结起来推翻他们的统治及其在中国的势力，使全国各族人民获得解放并成为国家的主人。人民是国体层面的政治概念，说明他们在国家生活中的地位。中国革命与建设的不同时期，人民的外延尽管不断变化③，但人民的主权地

① 汉密尔顿、杰伊、麦迪逊：《联邦党人文集》，商务印书馆1980年版，第3页。
② 《毛泽东选集》第2卷，人民出版社1991年版，第676页。
③ 人民这个概念在不同的国家和各个国家的不同的历史时期，有着不同的内容。拿我国的情况来说，在抗日战争时期，一切抗日的阶级、阶层和社会集团都属于人民的范围，日本帝国主义、汉奸、亲日派都是人民的敌人。在解放战争时期，美帝国主义和它的走狗即官僚资产阶级、地主阶级以及代表这些阶级的国民党反动派，都是人民的敌人；一切反对这些敌人的阶级、阶层和社会集团，都属于人民的范围。在现阶段，在建设社会主义的时期，一切赞成、拥护和参加社会主义建设事业的阶级、阶层和社会集团，都属于人民的范围；一切反抗社会主义革命和敌视、破坏社会主义建设的社会势力和社会集团，都是人民的敌人。参见《毛泽东文集》第7卷，人民出版社1999年版，第205页。

位和政治意义始终不变。毛泽东正是为夺取和巩固人民的政权，而领导人民从事争取独立与民主的共和事业。因此，正如革命的首要问题在于分清"谁是我们的敌人？谁是我们的朋友？"①正确处理人民内部的矛盾，同样"应该首先弄清楚什么是人民，什么是敌人"②。这样，才可能把人民当作人民对待，当作掌握政权的所有者对待，并从深层次上化解中国特色社会主义建设所面临的种种问题。

其次，由于革命假使不想失败就不能不掌握领导权，政体的目的必然指向政权的行使权。通过长期的艰苦卓绝的斗争，中国人民推翻阶级统治而夺取政权，政权重新回到人民手中。然而人民却不可能全体共同直接行使政权，而唯有由其代表代为行使政权。这正是毛泽东所担心和警惕之处，唯恐产生人民拥有政权的徒具虚名现象。这也是国家政权的悖论，所有权与行使权分离；人民形式上拥有国家政权，实际上则由人民的代表代为行使。代表人民行使政权的机关，在毛泽东看来就是政体。毛泽东指出："至于还有所谓'政体'问题，那是指的政权构成的形式问题，指的是一定的社会阶级取何种形式去组织那反对敌人保护自己的政权机关。"③政权机关是由在国家中占统治地位的社会阶级组建的，其目的是代表这些社会阶级行使国家政权，不论采用何种形式的国家政体。由于政权机关的这种组织能动性，在各个时期提出并建立共和国时，毛泽东主导的首要任务即是组织人民政府，并通过人民政府来组织开展革命行动。按照马克思主义的观点，国家是一个阶级压迫另外一个阶级的机关，是个机器，是个工具。政府既然是国家的外在形态，那么政府则是该工具的集中体现。毛泽东说："我们是马克思主义者，我们相信工具论……我们的政府是什么呢？是压迫反革命的工具。"④政府作为反对敌人、保护人民的工具，也就是实际的、行动的国家政体，或者说有组织、有力量的政权形式。

政权的所有权虽然不同于政权的行使权，但两者皆属于现实的国家政权；或者说现实的国家政权，无不包括所有权与行使权两个方面。这也正是毛泽东在抗日战争时期反复阐述的民主集中制政体的基本内涵，他说："新民主主义的政权组织，应该采取民主集中制，由各级人民代表大会决

---

① 《毛泽东选集》第 1 卷，人民出版社 1991 年版，第 3 页。
② 《毛泽东文集》第 7 卷，人民出版社 1999 年版，第 205 页。
③ 《毛泽东选集》第 2 卷，人民出版社 1991 年版，第 677 页。
④ 《毛泽东文集》第 3 卷，人民出版社 1996 年版，第 373 页。

定大政方针，选举政府。它是民主的，又是集中的，就是说，在民主基础上的集中，在集中指导下的民主。只有这个制度，才既能表现广泛的民主，使各级人民代表大会有高度的权力；又能集中处理国事，使各级政府能集中地处理被各级人民代表大会所委托的一切事务，并保障人民的一切必要的民主活动。"① 倘若如此，那么政体所要保持的政权，既指其所有权又指其行使权。这就从政权上提出了政体的同一性问题。亚里士多德深刻地指出："显然城邦的同一性最应归结为政体的同一。"② 一国政体的属性发生变异，就可以说城邦已不复是昔日的城邦了。而所谓政体属性的变异，指的是政权所有权与行使权发生变更，不再由原先各阶级、阶层或集团所有，也不再由原先各阶级、阶层或集团的代表来行使。因此，当我们说政体的目的在于保持和巩固政权时，它意味着牢牢掌握政权而不落入其他阶级、阶层或集团手中。

政权的所有权与行使权虽然关涉同一内容，但两者却分别由国体和政体承担，并且对于现实的政权具有不同的意义，这就涉及国体与政体的关系问题。国体与政体的关系在政体理论中具有重要地位，毛泽东在设计新民主主义政体时做了简明阐述，它自然地构成毛泽东政体思想的基本观念。

二　国体：政体的依据

毛泽东对共和国政体的重视及对其高屋建瓴的构想，突出地体现在他关于政体与国体关系的思想上。毛泽东在《新民主主义论》中描绘新民主主义共和国的美好蓝图时，深刻阐述了政体与国体的关系。他说："'非少数人所得而私'的精神，必须表现在政府和军队的组成中，如果没有真正的民主制度，就不能达到这个目的，就叫做政体和国体不相适应。"③ 在毛泽东共和国实践的政治结构中，政体与国体具有不同的地位。国体反映着政权的所有权，在政权系统中享有最高的地位；国体是政体构建的上层依据，政体根据国体的性质进行设计和组织。在政体与国体的关系上，是政

① 《毛泽东选集》第3卷，人民出版社1991年版，第1057页。
② 《亚里士多德全集》第9卷，中国人民大学出版社1997年版，第78页。
③ 《毛泽东选集》第2卷，人民出版社1991年版，第677页。

体必须适应国体，而非国体必须适应政体。

国体作为国家政权的所有形式，它现实地规定社会各阶级在国家中的地位。国体所以存在差异，源于社会各阶级在国家政权中的地位不同，因而客观地揭示出国家的阶级本质。而社会各阶级地位的变化，取决于他们对民主革命的倾向和态度。1925 年毛泽东农村社会调查就得出结论："一切勾结帝国主义的军阀、官僚、买办阶级、大地主阶级以及附属于他们的一部分反动知识界，是我们的敌人。工业无产阶级是我们革命的领导力量。一切半无产阶级、小资产阶级，是我们最接近的朋友。那动摇不定的中产阶级，其右翼可能是我们的敌人，其左翼可能是我们的朋友。"[①] 毛泽东在提出、实践和推进共和国事业中，总是从马克思主义阶级理论辨明社会各阶级的性质出发，概括提炼出各阶段共和国的国体形态。《共同纲领》规定："中国人民民主专政是中国工人阶级、农民阶级、小资产阶级、民族资产阶级及其他爱国民主分子的人民民主统一战线的政权。"新中国的这个国体以具体的形式揭示出，人民民主专政的阶级基础是"工人阶级、农民阶级和城市小资产阶级的联盟"[②]，它在性质上属于几个革命阶级联合专政的统一战线的国体，也是毛泽东国体思想超越马克思主义国家学说的独创之处[③]。因此，国体在实质上指哪个或哪些阶级掌握国家政权，哪个或哪些阶级被排除于国家政权之外，以致他们在国家政权中处于统治与被统治的截然不同地位。这个地位是各个阶级自我选择的结果，那些参与和支持夺取政权的民主革命的阶级，必然在新中国成立之后联合掌握政权；

---

① 《毛泽东选集》第 1 卷，人民出版社 1991 年版，第 9 页。

② 《毛泽东选集》第 4 卷，人民出版社 1991 年版，第 1478 页。

③ 马克思、恩格斯把无产阶级专政确定为社会主义国家的国体，认为未来社会将是无产阶级一个阶级进行统治的社会。在他们看来，农民的小私有性决定了他们"不是革命的，而是保守的。不仅如此，他们甚至是反动的，因为他们力图使历史的车轮倒转"[《共产党宣言》（单行本），人民出版社 1997 年版，第 38 页]。同时，由于社会日益分裂为两大阶级，即无产阶级和资产阶级，其他一切"中间阶级"，特别是以农民为代表的广大小资产阶级，都将随着大工业的发展而日趋没落灭亡。只有工人阶级是大工业本身的产物，将随着大工业的发展而日趋壮大。列宁虽然扩大了这个专政的阶级基础，把无产阶级专政由一个阶级的专政发展为工农两个阶级的民主专政。但列宁还只是把工农民主专政作为过渡到无产阶级专政的临时性措施，他说："无产阶级和农民的革命民主专政当然只是社会主义者的一个暂时的、临时的任务……那时候，我们就会直接想到无产阶级的社会主义专政，并且会更详细地谈论这个专政。"（《列宁全集》第 11 卷，人民出版社 1987 年版，第 69 页）马列主义无产阶级专政理论只强调无产阶级专政的纯粹性，很不适合于中国革命的需要。毛泽东关于几个革命阶级联合专政的国体，是马克思主义国家学说中国化的创新，是具有中国气派的发展了的马克思主义国家理论。

而那些不参与也不支持夺取政权的民主革命的阶级，被定位为新中国成立之后阶级专政的敌人。国体在形式上由政治纲领或国家宪法规定，政治方针和宪法文本的首要任务就是规定国家国体。人们普遍认为宪法的本质在于"限政"，这实际上只是宪法学脱离国体的政体观念。

与国体作为国家政权的所有形式不同，政体作为国家政权的构成形式，现实地以政权机关的形式存在。毛泽东将政体界定为："一定的社会阶级取何种形式去组织那反对敌人保护自己的政权机关。"① 政权机关所以能够反对敌人和保护自己，是因为它是国家意志的表达和执行。其一，它代表国家集体的普遍意志。政权机关由在社会生活中占统治地位的阶级代表组成，代表着全国各民族、阶层、行业人民的普遍意志，能够得到全体人民的共同支持和热情拥护。其二，它行使国家集体的实践意志。政权机关选举产生对其负责的政府，政府集中全国的力量贯彻落实政权机关的意志，以实际的、有效的行动保护国家政权。共和国政权机关的这两个方面，也就是毛泽东所谓的民主集中制政体。毛泽东在和英国记者贝特兰谈话时说："一方面，我们所要求的政府，必须是能够真正代表民意的政府；这个政府一定要有全中国广大人民群众的支持和拥护，人民也一定要能够自由地去支持政府，和有一切机会去影响政府的政策。这就是民主制的意义；另一方面，行政权力的集中化是必要的；当人民要求的政策一经通过民意机关而交付与自己选举的政府的时候，即由政府去执行，只要执行时不违背曾经民意通过的方针，其执行必能顺利无阻。"② 政权机关的这两个方面，对于共和国政权都是必需的。作为政治的政权机关对国家意志的表达，因其以普遍的理性规定着国家的行动，在共和国事业中自然享有最高权力。作为行政的政权机关对国家意志的执行，因其仅仅只是贯彻政权机关规定的国家意志，在共和国事业中自然服从最高权力。两者具有不同的地位和作用，但都是对共和国政权的行使。共和国政体的独特之处，恰恰在于政权机关的这种实践理性。

政体所以必须适应国体，是由它们各自的特性决定的。首先，两者的地位不同。由于国体指的是"社会各阶级在国家中的地位"③，它必须说明

---

① 《毛泽东选集》第2卷，人民出版社1991年版，第677页。
② 同上书，第383页。
③ 同上书，第676页。

哪个或哪些阶级掌握国家政权，哪个或哪些阶级不掌握国家政权。因此，国体反映的是国家主权的所有问题，表明哪个或哪些阶级的人民当家做主。毛泽东既然主张几个革命阶级联合专政的国体，那么这些革命阶级的人民就成为新中国的主人。然而，居于统治地位的人民只是集体地掌握国家政权，而不可能全部直接行使国家政权，必须由这些统治阶级的代表组成政权机关，代表这些统治阶级行使国家政权。统治阶级的代表组成的政权机关，正是毛泽东所界定的政体概念。在此意义上，政权机关并非国家政权本身，相反它是国家政权的代表机关，代表统治阶级行使国家政权；统治阶级并不直接行使国家政权，相反它规定并选择代表自己的政权机关，由其代表自己行使国家政权。政权机关由各统治阶级的代表组成，反映着各统治阶级在国家政权中的地位。这正是毛泽东关于新民主主义共和国政体的要义："如果没有真正的民主制度，就不能达到这个目的，就叫做政体和国体不相适应。"① 政权机关不排除各统治阶级争夺其中的权力与份额，但与国体相适应的正确的政体应该只有一种。毛泽东在各阶段的共和国由于皆为几个革命阶级联合专政的国体，作为其政体的人民代表大会自然也就采取混合均衡的形式。那种认为国体同类而政体可以相异的观点②，恰恰忽略了毛泽东所强调的国体对政体的规范性。

其次，两者的特性不同。国体虽然规定社会各阶级在国家中的地位，但国体在实质上是对阶级的划分；而阶级作为整体不具有自觉的阶级意识和阶级行动，除非其阶级领袖和代表机关进行有计划有组织的革命教育与战略谋划。国体在形式上是对阶级地位的规定，除了被赋予宪法的形式和权威，并不具有客观实际的能动性和行动力量。与国体平静不动的特性相反，政体则是行动着的、力量集中的国家政权。政体不仅代表着国家普遍意志，从而将被统治阶级的意志转变为合法的实践意志；而且它集中了国家的全部力量，从而能够将国家的普遍意志化为客观的现实。政体的这种能动性、行动性特征，使得人们往往重视政权机关本身，而忽视乃至忘却国家国体。这恰恰是国家政权的合法性危机：政体与国体不相一致，背离国体的阶级本质。然而，政体作为行动、能动的国家意志，只是政权机关自为的集团意志；国体作为整体、平静的国家意志，才是各统治阶级共同

---

① 《毛泽东选集》第 2 卷，人民出版社 1991 年版，第 677 页。
② 季金华：《概念与机理：政体的设计理路》，《扬州大学学报》2008 年第 5 期。

自在的国家意志。政体的使命只在于通过政权机关的现实行动，实现国家
政权自为自在的统一。倘若人民代表大会制度这种政权组织形式遭到削弱
和破坏，人民民主专政就不会巩固，社会主义事业就会遭受挫折①。也正
是由于这个原因，不仅国体不能离开政体，政体也不能离开国体；两者相
互补充、相辅相成，才可能保障国家政权的巩固和安全。

共和国政体与国体的这种关系，不仅让政权的行使有据可依，同时又
将政体本身具体化了。然而，政体作为政权构成的形式，不仅指政权行使
机关的构成形式，尤其指政权行使职责的范围，也即政权机关的使命问
题。后者长期以来被人们完全漠视，严重影响着对毛泽东政体观念的科学
理解，不能不根据文本予以澄清。

三　职责：政体的功用

共和国政体的职责由共和国的国体决定，实质地反映着政体对国体的
适应关系。共和国的国体在形式上指人民在国家中的地位，在内容上则指
向人民共和事业的发展。人民在共和国中居于统治地位，并且是推动共和
事业发展的主体；共和事业不能取得胜利和进步，共和国的所有权就容易
转移到敌人手中。因此，争取人民对于共和国的统治地位，保障共和国国
体稳定不变，促进共和国事业兴旺发达，就是共和国政体的根本职责。对
于共和国政体的职责，毛泽东将其具体化为反对敌人和保护自己两个方
面，他说："至于还有所谓'政体'问题，那是指的政权构成的形式问题，
指的是一定的社会阶级取何种形式去组织那反对敌人保护自己的政权机
关。"② 反对敌人、保护自己，反映着共和国政体的功用，它从正反两面保
护和推进人民的共和事业。

敌人是共和国政体的永恒的致命威胁，反对敌人永远是共和国政体的
首要职责。敌人并非常规意义上相互竞争的对手，而是与人民争夺政权的
对立阶级、阶层或团体。敌人的威胁所以具有致命的性质，在于它不仅致
力于抢夺属于人民的政权，尤其在于政权落入敌人之手而必然产生的遭受
支配的后果。革命所以直接指向敌人，恰恰是因为敌人破坏和争夺人民的

---

① 蒋国海：《毛泽东的民主观》，湖南师范大学出版社 2003 年版，第 149—150 页。
② 《毛泽东选集》第 2 卷，人民出版社 1991 年版，第 677 页。

政权，必须坚决予以反对和摧毁。毛泽东在整个革命与建设事业中，都怀有强烈而清晰的马克思主义敌人观。如果说"谁是我们的敌人？谁是我们的朋友？"①是革命早期毛泽东深刻揭示的革命的首要问题；那么"反对敌人"则是在民主革命过程中毛泽东智慧总结的革命的核心问题。后者是对敌人的清剿和消灭，前者是对敌人的认识和分辨，服务于后者的革命使命。随着革命形势的不断向前发展，中国人民对于敌人辨别得越加准确。新中国成立前夕，毛泽东高度概括地指出："我们今天的主要敌人是帝国主义、封建主义和官僚资本主义，我们今天同敌人作斗争的主要力量是占全国人口百分之九十的一切从事体力劳动和脑力劳动的人民。"②帝国主义及其支持的军阀主义使整个国家受支配，封建主义和官僚资本主义使人民群众受支配，并且皆妄图通过政权的强制力量来达到支配之目的。新民主主义革命所要推翻的敌人，"只是和必须是帝国主义、封建主义和官僚资本主义"③。因此，所谓新民主主义革命，只能是且必须是无产阶级领导的，人民大众的，反对帝国主义、封建主义和官僚资本主义的革命。

人民是共和国政体的永恒的生命之源，保护人民自己永远是共和国政体的根本职责。政体所以必须保护人民，根据在于人民与政权之间的内在关系。一方面，政权为人民所有，保护人民就是保卫政权。人民掌握国家政权，意味着人民处于社会主导地位，政权不为个别或少数人、阶级、集团所有；人民得到保护，则表明人民的主权地位不被侵犯，国家的政体性质不被改变。从青年时期提出"民众的大联合"，在其毕生的革命和建设的光辉事业中，毛泽东逐步将其具体化和现实化。毛泽东赞赏孙中山人民共有的共和信念："若国民党之民权主义，则为一般平民所共有，非少数人所得而私也。"④抗日战争胜利之际，毛泽东争取联合政府之中国光明前途，反对蒋介石继续专政之黑暗中国命运，指出："中国绝不是蒋介石的，中国是中国人民的。"⑤在国内革命战争胜利初显之时，毛泽东严厉批评"贫雇农打江山坐江山"⑥的错误口号。在此意义上，保护人民自己，就是

---

① 《毛泽东选集》第 1 卷，人民出版社 1991 年版，第 3 页。
② 《毛泽东选集》第 4 卷，人民出版社 1991 年版，第 1288 页。
③ 同上书，第 1313 页。
④ 《毛泽东选集》第 3 卷，人民出版社 1991 年版，第 1057 页。
⑤ 《毛泽东选集》第 4 卷，人民出版社 1991 年版，第 1133 页。
⑥ 同上书，第 1268 页。

确保人民共享政权，防止政权落入专制的境地；另一方面，政权由人民保护，保护人民就是捍卫政权。政权不仅由人民共有，而且必须由人民来共同保护。不保护人民就是助长敌人的气势和力量，脱离和打击人民就是葬送革命的政权。中国人民革命与建设的共和事业，任何时候遭受挫折与失败，无不是这一错误作风的结果；而毛泽东所继承和发展的马克思主义群众观，则将人民提升至创造政权与历史的高度，因而能够保护和动员一切人民力量争取革命斗争的胜利。甚至在抗日战争最为困难的时候，毛泽东仍坚定而自信地自问自答道："'请看今日之域中，竟是谁家之天下'呢？只有人民，只有我们，才能正确答复这个问题。"① 也正是由于这个原因，"民众的大联合"，既是毛泽东的政治理念，也是毛泽东革命事业的主线；特别是在人民政权面临威胁的时候，毛泽东总是求助于人民如洪水般的力量。

反对敌人和保护人民相互补充、相辅相成，都是共和国政体的根本职责，皆为建设美好共和国所必需。反对敌人才可能保护人民，实现共同体内部和平。但人类共和国的漫长历史，恰恰未正确处理两者之间的关系。远如雅典共和国，中如大不列颠共和国，近如美利坚合众国，为着内部保持繁荣与和谐状况，屡屡发动对外战争，穷兵黩武成为常事。它们以"保护和平"为由发动战争来消灭一切假想敌人，将"内部和平"建立在"对外战争"基础之上，将"内部自由"建立在"压制他国"基础之上。这是不合乎"永久和平"② 的人类共和理想的，也是历史上共和国自始受到诟病之处。新民主主义革命的胜利迎来了新中国的成立，不仅实现了国家和人民不再受支配的共和理想，尤其在通往共和的道路上破除了内外有别的和平与战争的历史悖论。在此意义上，以马克思共和思想为指导成立的中华人民共和国，才是名副其实、名不虚传的共和国。而毛泽东则在理论和实践上，将人类共和精神推上了人类政治文明的历史巅峰。

中华人民共和国在政体的设计与实践上，进一步坚持贯彻反对敌人与保护人民两大根本职责。毛泽东《论人民民主专政》一文，深刻辩证阐述了专政与民主的关系，将反对敌人和保护人民的双重职责引向了深入与统一。在社会主义共和国，专政所以必要和重要，是因为帝国主义、国内反

---

① 《毛泽东年谱》中册，中央文献出版社 2002 年版，第 298 页。
② 康德：《历史理性批判文集》，商务印书馆 1996 年版，第 105 页。

动派、国内阶级尚且存在，并且随时破坏共和国的政权建设。共和国强化人民的国家机器，就是要对其实行专政，实行独裁，压迫限制他们，只许他们规规矩矩，不许他们乱说乱动。专政的目的在于消灭国内反动势力，巩固和保护人民政权，否则内外反动派就会在中国复辟，革命的人民就要重新回到被压迫和被剥削的地位。毛泽东说："革命的人民如果不学会这一项对待反革命阶级的统治方法，他们就不能维持政权。"① 民主所以必要和重要，是因为人民乃共和国的创造者、建设者和管理者。对于人民内部的矛盾，只能采用民主、说服的方法，而不是强迫、命令的方法。故而对人民实行民主，同样服务于共和国政权的维护与巩固，并经由人民共和国到达社会主义和共产主义，最终实现世界大同的人类理想。在人民民主专政的共和国政体中，民主与专政缺一不可。不反对敌人就不可能保护好人民，不保护好人民就不可能有效反对敌人，也就难以为人民政权创造安全的环境，毛泽东说："这两个方面，对人民内部的民主方面和对反对派的专政方面，互相结合起来，就是人民民主专政。"② 否则革命就要失败，人民就要遭殃，国家就要灭亡。所以，共和国政权仅仅施仁政于人民内部，而对于反动派和反动阶级，不仅绝不施任何仁政，而且坚决对其进行改造和打击。

反对敌人与保护人民从正反两面构成共和国政体的根本职责，也是毛泽东共和国理论与实践中贯穿始终的主线。毛泽东在不同的革命时期，准确划清敌人与人民的界限，从而提出和建设相应的共和国国体与政体。然而，无论不同时期两者的地位与内容如何变化，它们都必须且只能由政体的具体形态来承担。也正是由于这个原因，那反对敌人和保护人民的政权机关如何组织得优良，就成为各个时期毛泽东共和国事业建设的重要任务。

四 德性：政体的优良

倘若说政体的优良是共和国所以伟大的根本制度基础，那么政体的德性则是共和国政体所以优良的内在根据。翻开人类漫长的历史，真正繁荣

---

① 《毛泽东选集》第 4 卷，人民出版社 1991 年版，第 1478 页。

② 同上书，第 1475 页。

富强的国家多是共和国，真正长盛不衰的国家也是共和国。而共和国事业的根本任务则在于，维持共和国政权稳定不移，保护共和国政体的共和本色不变。从雅典共和国的失败、罗马共和国的蜕变、中华民国的夭折到原苏联共和国的剧变，历史无时无处不在验证共和国事业的这一要务。毛泽东在领导人民群众建设共和国的伟大事业中，思考最多的也是共和国政体的设计和实践问题。因此，优良政体是毛泽东共和事业和思想的重要内容，政体德性的实现是毛泽东民主集中制政体真正优良的根本保证。

政体的优良，源于政体的德性。为着保持和巩固共和国政权，正确有效反对敌人和保护人民，共和国政体的德性可以分为两部分：一是政体在其目的方面的正当性。政体的目的即使命，它规定着政府职能的范围及政府行为的方向。由于政体必须与国体相适应，共和国的政体本身是不能为自己设定目的的，而只能分享共和国国体的目的，或将共和国的国体作为其目的，否则在目的方面将不具有正当性。既然毛泽东在各阶段提出和实践的共和国，皆以无支配的自由为至上价值①②，它自然就是共和国政体在目的方面的正当性根据。共和国实现国家和人民无支配的自由理想，其根本途径和任务在于反对敌人和保护人民。因而，反对敌人和保护人民作为政体的职责，可以看作是共和国政体的直接目的；而国家和人民实现免于支配的共和理想，必是共和国政体的根本目的。二是政体在其作为工具方面的有效性。政体有了源自国体的目的之后，它必须将自身合理地组建为实现该目的的有效形式，作为工具将该目的化为现实的共和国建设事业，否则政体不具有有效性，何以可能与国体相适应呢？"党是阶级斗争的工具，政府也是工具。"③ 政体作为工具方面的德性，就是要根据国体的性质进行科学设计，从而胜任国体规定的使命，与国体完全相适应。毛泽东的

① 黄显中：《争取不受支配的道德权利》，《理论前沿》2012 年第 3 期。

② "自由"最初是与"奴役"相对立的概念，"支配"则指"专断干涉"，意味着奴役、压迫、剥削。不受支配的自由也即"无支配自由"，属于共和主义政治哲学的核心概念，意味着解放、自主。马克思为人类共和思想和事业做出了重大贡献。中国政治现代化的根本主题同样是共和问题，其根本目的是实现国家和人民的无支配自由。这是毛泽东的毕生事业和卓著贡献，也是至今未竟，仍需努力的事业。因而，毛泽东经常使用"支配"概念，来表达不自由的含义，虽然没有直接使用"无支配自由"概念。比如，毛泽东说："中国是一个半殖民地国家——帝国主义的不统一，影响到中国统治集团间的不统一。数国支配的半殖民地国家和一国支配的殖民地是有区别的。"参见《毛泽东选集》第 1 卷，人民出版社 1991 年版，第 189 页。

③ 《毛泽东文集》第 3 卷，人民出版社 1996 年版，第 373 页。

共和国国体既是几个革命阶级联合专政的共和国，那么其政体应该是能够代表和团结各革命阶级人民群众的民主政体。毛泽东关于共和国政体之德性的这两方面内容，正如伦理德性与理智德性的关系，亚里士多德说："德性确定一个正确的目标，明智则是提出达到目标的手段。"① 毛泽东在思考和设计共和国政体时，同样总是将两者结合和统一起来，既避免共和国国体因政体的缺乏或不当而落空，又避免共和国政体因无视或偏离国体目的而走向盲目。因此，政体的目的与手段两个方面相互补充、相辅相成，恰恰有效保卫了国家政权的同一性，建构了毛泽东关于共和国政体的深邃理论。

优良政体巩固和促进政权建设，必须以反对敌人和保护人民为要务，从而作为目的构成国家和人民无支配自由的共和理想。民族的独立、国家的统一、人民的解放、政治的稳健、经济的发展、社会的和谐、文化的进步，所有这些作为国家和人民无支配的自由的具体体现，都是对共和国政体之优良的后果论证。但所有这些都是为着人民而不为敌人共享，皆依赖于对敌人的反对和对人民的保护，这是作为政体的政权机关不能不切实履行好的职责。以抗日战争时期的参议会为例，毛泽东指出："参议会的目的，只有一个，就是要打倒日本帝国主义，建设新民主主义的中国，也就是革命的三民主义的中国。"② 参议会实现这个无支配自由的根本目的，正是建立在对敌人的反对和对人民的保护之上；参议会也只有真正打击了敌人和保护了人民，才可能打倒日本帝国主义并建立新民主主义共和国。然而，共和国政体以国体为目的，不排除作为政体的政权机关，被行使去追求其他不属于其目的的可能性。就共和国政体的直接目的而言，政权机关可能没有正确区分敌人与人民，以致该反对的敌人没有予以反对，该保护的人民没有予以保护；甚至在人民之中制造敌人，将人民视为敌人予以反对，使得政体在共和国无支配自由的价值理想面前丧失正当性。追溯中国共产党90余年来光荣而曲折的历史，无论是土地革命时期还是毛泽东晚年的失误，皆毫不例外地证明了这样一条规律：凡是共和国事业遭受挫折和失败的时候，无不是政体不能正确有效反对敌人和保护人民的时候，也是政体偏离共和国无支配自由的根本目的的时候。而国民党的反动统治更

① 《亚里士多德全集》第 8 卷，中国人民大学出版社 1997 年版，第 134 页。
② 《毛泽东选集》第 3 卷，人民出版社 1991 年版，第 807 页。

是走向了极端，因其完全倒置政体的目的，最终被人民推翻而退出历史舞台。

优良政体巩固和促进政权建设，必须根据国体的性质组织政权机关，从而作为工具有效地实现国家和人民无支配自由的价值理想。工具意义上的政体是相对于国体而言的，即所设计和实践的政体是一种有效的制度，能够保证国体之性质经久不移。倘若政体的设计不仅与国体不符，而且现实的不能促进和巩固国体的性质，那么我们说这并非一种有效的政体。由于新民主主义共和国是几个革命阶级联合专政的共和国，毛泽东在设计和选择共和国政体时，就额外强调和突出其人民民主的性质，由各革命阶级的代表共同组成政权机关。毛泽东说："判断一个地方的社会性质是不是新民主主义的，主要地是以那里的政权是否有人民大众的代表参加以及是否有共产党的领导为原则。"① 然而，由于政体以政权机关的形式存在，而政权机关是由人民的代表组成的，并且是力量集中的、行动着的国家政权，它就可能被当作有效的工具或手段，用于追求不属于政体目的或与其相背离的东西。或者不顾是否与国体一致而致力于追求政权机关自身设定的目的，或者不顾作为人民集体的权力而被滥用去实现代表个人的欲求。后者作为私人目的的工具，使得政权机关成为为私利而肆无忌惮的独裁政府；前者作为政权机关自身的工具，使得政权机关成为毛泽东所说的"只知道刮刮刮"② 的专制政府。这两种情况单就政体的有效性而言，似乎可以看作是优良政体。但既然它们都不致力于反对敌人和保护人民，偏离共和国无支配自由的根本目的，也就毫无疑问都是错误的政体，缺乏作为优良政体的基本德性。

政体作为工具的有效性说明，它与政体在目的方面的正当性一样，皆不足以单独成就优良政体，而仅仅是优良政体的不可或缺之维。毛泽东这种政体观的意义就在于，它们两者的有机结合造就优良政体，而它们两者的扭曲结合则造成政体的蜕变，毛泽东虽然指出了世界三种国体："（甲）资产阶级专政的共和国；（乙）无产阶级专政的共和国；（丙）几个革命阶级联合专政的共和国"③，但新民主主义共和国的政体，只能是抗日统一

---

① 《毛泽东选集》第2卷，人民出版社1991年版，第785页。
② 《毛泽东年谱》中册，中央文献出版社2002年版，第160页。
③ 《毛泽东选集》第2卷，人民出版社1991年版，第675页。

战线的政体，与几个革命阶级联合专政的共和国一致，而资产阶级共和国与无产阶级共和国是不能容忍统一战线的政体形式的。然而政体在其目的上的正当性与作为工具的有效性两维之间，后者因政权机关属于力量集中的、行动着的国家政权，不可避免地具有主动性和能动性，尽管在组织与使命上国体应该是政体的前提和基础。这就要求在正确确定共和国国体性质的基础上，科学设计共和国政体的结构与功能，从而确保政体与国体相一致，守护共和国政权的实践同一性。毛泽东选择人民代表大会制度的共和国政体，确立民主集中制为共和国政体的基本原则，从政治理论和实践上开创马克思主义中国化的典范，为当代中国一切发展和进步奠定了政体和政权的坚实基础。

［原载《湘潭大学学报》（哲学社会科学版）2012 年第 5 期］

毛泽东与我国社会主义基本制度的确立①

肖贵清

在中国确立和巩固社会主义制度是中国共产党的奋斗目标和价值理想。新中国成立前夕，毛泽东根据中国实际，对即将建立的新中国的社会制度做了具体构想；新中国成立后，随着社会主义改造任务的完成，社会主义基本制度在中国确立，奠定了当代中国一切发展和进步的根本制度基础。在社会主义建设时期，毛泽东针对苏联模式的弊端，对我国社会主义经济政治体制改革进行了探索，为新时期中国特色社会主义制度的创新和发展提供了历史经验。

一 毛泽东关于新中国政治经济制度的基本构想

中国革命胜利后，建立一个什么样的国家，这是党和毛泽东在长期的革命实践中认真思考和研究的一个重要问题。新中国成立前夕，毛泽东思考的重点是即将建立的新中国的政治经济制度等重大问题。

（一）关于新中国政治制度的构想

第一，提出人民民主专政的思想。1948 年在西柏坡召开的中央九月会议上，毛泽东第一次提出，中国革命胜利后，要建立无产阶级领导的以工农联盟为基础的人民民主专政的国家，这一"政权的阶级性是这样：无产阶级领导的，以工农联盟为基础，但不是仅仅工农，还有资产阶级民主分

---

① 本文系国家社会科学基金重大项目"中国特色社会主义制度研究"（批准号：11&ZD067）阶段性成果。

子参加的人民民主专政"。① 人民民主专政的基础是工人阶级、农民阶级和城市小资产阶级的联盟，而主要是工农联盟。1949 年 2 月初，他在西柏坡会见苏共中央政治局委员米高扬时又指出，新中国政权的性质是"在工农联盟基础上的人民民主专政，而究其实质就是无产阶级专政。不过对我们这个国家来说，称为人民民主专政更为合适、更为合情合理"。② 同年 9 月，毛泽东在《论人民民主专政》一文中，对人民民主专政的性质和内容作了具体的说明。这一基本原则在《共同纲领》和新中国成立后制定的几部宪法中得到了始终如一的坚持。

第二，关于新中国政权的组织形式。1940 年 1 月，毛泽东在《新民主主义论》中明确指出："国体——各革命阶级联合专政。政体——民主集中制。""没有适当形式的政权机关，就不能代表国家。"③ 他认为，与人民民主专政的国体相适应，政体应该采用民主集中制的人民代表会议制度，中央和地方各级政府，都应当由各级人民代表大会选举产生。新中国成立前夕，毛泽东在 1948 年中央九月会议上明确指出："人民民主专政的国家，是以人民代表会议产生的政府来代表它的。""我们政权的制度是采取议会制呢，还是采取民主集中制？""我们采用民主集中制，而不采用资产阶级议会制。"④ 他认为，在中国采取民主集中制，开人民代表大会是很合适的，各方面都能接受。在中共七届二中全会的总结中，毛泽东分析了人民代表大会制度与资产阶级议会制及列宁提出的工农民主专政的区别，认为人民代表大会制度不同于资产阶级的议会制度，而近似于苏维埃制度，不过，"在内容上我们和苏联的无产阶级专政的苏维埃是有区别的，我们是以工农联盟为基础的人民苏维埃"。⑤ 而民族资产阶级的代表是参加人民代表会议的。与人民民主专政的国体相适应的人民代表大会制度，构成了新中国的根本政治制度。

第三，阐述了中国共产党领导的多党合作的思想。新中国的国体是人民民主专政，同这种国体相适应的政党制度是中国共产党领导的多党合作和政治协商制度。"1949 年初，党中央和毛主席考虑联合政府的组成时，

---

① 《毛泽东文集》第 5 卷，人民出版社 1996 年版，第 135 页。
② 《在历史巨人身边——师哲回忆录》（修订本），中央文献出版社 1995 年版，第 376 页。
③ 《毛泽东选集》第 2 卷，人民出版社 1991 年版，第 677 页。
④ 《毛泽东文集》第 5 卷，人民出版社 1996 年版，第 136 页。
⑤ 同上书，第 265 页。

曾设想过在联合政府中，中共与进步分子合为 2/3，中间与右翼占1/3。"①除中国共产党以外，还有各民主党派，要在政府的各个岗位上给其留下一定位置。"但国家政权的领导权是在中国共产党手里的，这是确定不移的，丝毫不能动摇的。"② 在中共七届二中全会上，毛泽东更明确地指出，我们党要去团结尽可能多的能够同我们合作的民族资产阶级及其代表人物，同时要求我党同党外民主人士长期合作的决策，必须在全党思想上和工作上确定下来。这些同党外民主人士长期合作的政策在中共七届二中全会的《决议》中得到正式确认，为中国共产党领导的多党合作与政治协商制度的正式形成奠定了理论基础。在向北平进军途中，毛泽东又对周恩来谈到，对于做出贡献的各民主党派领导人，应该在政府里安排职务。毛泽东关于中国共产党领导的多党合作制度的构想日益成熟。

第四，阐述了建立民族区域自治制度的思想。抗日战争时期，陕甘宁边区已经有过实施民族区域自治政策的实践，并积累了初步的经验。1937年 8 月，毛泽东在为中共中央宣传部起草的关于形势与任务的宣传鼓动提纲中明确提出："动员蒙民、回民及其他少数民族，在民族自决和自治的原则下，共同抗日。"③ 这一主张被中央政治局扩大会议采纳，并写入《抗日救国十大纲领》。1945 年，毛泽东在中共七大政治报告中又进一步强调，改善国内少数民族的待遇，允许各少数民族有民族自治的权利。1947年 5 月 1 日，内蒙古自治政府成立。1947 年 10 月，毛泽东在《中国人民解放军宣言》中指出："中国境内各少数民族有平等自治的权利。"④ 1949年 3 月，在中共七届二中全会上，毛泽东提出要为恢复内蒙古历史地域创造条件，逐步实现东西蒙统一的内蒙古自治区。1949 年 9 月，民族区域自治这一建立新型民族关系的重大决策写入《中国人民政府协商会议共同纲领》，规定在国家统一领导下，"各少数民族聚居的地区，应实行民族的区域自治，按照民族聚居的人口多少和区域大小，分别建立各种自治机关"⑤。

---

① 薄一波：《若干重大决策与事件的回顾》（上卷），中共中央党校出版社 1991 年版，第32 页。

② 《在历史巨人身边——师哲回忆录》（修订本），中央文献出版社 1995 年版，第 377 页。

③ 《毛泽东选集》第 2 卷，人民出版社 1991 年版，第 355 页。

④ 《毛泽东选集》第 4 卷，人民出版社 1991 年版，第 1238 页。

⑤ 《建国以来重要文献选编》第 1 册，中央文献出版社 1992 年版，第 12 页。

（二）关于新中国经济制度的构想

第一，关于新民主主义经济的性质。毛泽东指出："我们的社会经济的名字还是叫'新民主主义经济'好。"① 他认为"新资本主义经济"的名词是不妥当的，因为它没有说明在我们社会经济中起决定作用的东西是国营经济、公营经济，这些经济是社会主义性质的，整个国民经济是社会主义经济领导之下的经济体系。1948 年 9 月，毛泽东在修改《关于东北经济构成及经济建设基本方针的提纲》时指出，在新民主主义经济建设中，放弃无产阶级的领导地位是错误的，同时，"又必须坚决地严密地防止任何急性的'左'倾冒险主义的倾向，即是过早地和过多地在国民经济中采取社会主义的步骤，超出实际的可能性和必要性去机械地实现计划经济……这是一种极危险的'左'的偏向，我们必须严格的加以防止"。② 新民主主义经济的发展方向是社会主义。毛泽东指出："不要以为新民主主义经济不是向社会主义发展，而认为是自由贸易、自由竞争，向资本主义发展，那是极其错误的，我们历来反对。"③ 在这一问题上，既要坚持社会主义方向，又要谨慎、稳重，不要急于社会主义化，这些思想对于反对"左"和右的错误具有十分重要的意义。

第二，关于新民主主义的经济结构。新民主主义的经济结构是以社会主义国营经济为主导、多种所有制经济并存。关于新民主主义经济成分的构成及其作用，毛泽东指出："新中国的经济构成，首先是国营经济，第二是由个体向集体发展的农业经济，第三是私人经济。"④ 对此，毛泽东在中共七届二中全会的报告中又具体加以说明，国营经济是社会主义性质的，合作社经济是半社会主义性质的，加上私人资本主义，加上个体经济，加上国家和私人合作的国家资本主义经济，这些就是人民共和国的几种主要的经济成分，这些就构成新民主主义的经济形态。在这几种经济成分中，国营经济是领导成分，农村个体经济和城市私人经济数量大，但不起决定作用。

新中国成立前夕，毛泽东具体设计了未来我国的政治制度和经济制

---

① 《毛泽东文集》第 5 卷，人民出版社 1996 年版，第 139 页。
② 《毛泽东经济年谱》，中共中央党校出版社 1993 年版，第 251 页。
③ 《胡乔木回忆毛泽东》，人民出版社 2003 年版，第 537 页。
④ 《毛泽东文集》第 5 卷，人民出版社 1996 年版，第 140 页。

度，为新中国的成立奠定了重要基础。新民主主义与社会主义在制度上还存在着差异，但是新民主主义的发展方向是社会主义。毛泽东在新中国成立前夕设计的制度框架和基本思路，已经勾画出未来社会主义制度的雏形，为我国成功地实现由新民主主义向社会主义的过渡奠定了基础。

二　从《共同纲领》到《五四宪法》——我国社会主义基本制度的确立

1949 年 9 月，《共同纲领》把以毛泽东为主要代表的中国共产党人的建国构想确定下来。1954 年 9 月，第一届全国人民代表大会第一次会议通过的《中华人民共和国宪法》，是在《共同纲领》基础上的进一步发展，从宪法层面对我国社会主义制度作出了系统全面的规定。1956 年，我国完成对个体农业、手工业和资本主义工商业社会主义改造的任务，确立了社会主义经济制度。由此，毛泽东关于新中国政治经济制度的科学构想由抽象变为具体，由原则成为制度，由蓝图化为现实。

（一）社会主义政治制度的确立

第一，人民民主专政在全国的确立。1949 年 9 月，中国人民政治协商会议第一届全体会议通过的《共同纲领》规定："中华人民共和国为新民主主义即人民民主主义的国家，实行工人阶级领导的，以工农联盟为基础的、团结各民主阶级和国内各民族的人民民主专政。"① 新中国的成立，标志着"革命根据地的人民民主专政……变成了全国的人民民主专政"②。人民民主专政不再只是一种科学构想和局部实践，而是变为具体现实并在全国实践。人民民主专政在实质上是无产阶级专政，它和资产阶级专政在性质上是完全不同的。在资本主义国家，无论怎样标榜民主和自由，终究只是占人口极少数的资产阶级居于统治地位，人民民主专政则使人民真正成为国家的主人。同时它又具有极其鲜明的中国特色，无论在语言表述还是在内容上，都明确地把民主和专政两个方面及其相互关系表达出来，有利于促进社会主义民主政治的发展。1954 年 9 月，第一届全国人民代表大会

---

① 《建国以来重要文献选编》第 1 册，中央文献出版社 1992 年版，第 2 页。
② 《建国以来毛泽东文稿》第 6 册，中央文献出版社 1992 年版，第 141 页。

第一次会议通过的《中华人民共和国宪法》，用国家根本大法的形式把人民民主专政的根本原则明确规定下来，保证了中国人民经过新民主主义革命长期浴血奋斗所取得的民主成果。

第二，人民代表大会制度的确立。《共同纲领》规定，各级政权机关一律实行民主集中制，并规定了实行民主集中制的主要原则。新中国成立时，作为我国根本政治制度的人民代表大会制度，因为各方面条件的限制，并没有能与新生的国家政权同步形成，而是采取了在中央通过中国人民政治协商会议全体会议、在地方通过逐级召开人民代表会议的方式，逐步地向人民代表大会制度过渡。在毛泽东的倡导和督促下，全国各地先后召开各界人民代表会议，为召开普选的各级人民代表大会准备了条件。1953 年通过的《关于召开全国人民代表大会和地方各级人民代表大会的决议》，要求必须依照《共同纲领》规定，及时地召开由人民普选方法产生的全国人民代表大会，使人民民主专政的国家制度更加完备，以适应国家计划建设的要求。1954 年，《中华人民共和国宪法》及《中华人民共和国全国人民代表大会组织法》、《中华人民共和国地方各级人民代表大会和地方各级人民委员会组织法》的颁布，标志着人民代表大会制度在宪法体制上的正式确立。它不仅为国家的政治民主化进程确定了一种新型政权组织形式和民主程序，更重要的是确立了人民代表大会这一同人民民主专政的国体相适应的根本政治制度，为实现人民当家做主提供了根本的制度保证。

第三，中国共产党领导的多党合作制度的形成。1948 年 4 月 30 日，中共中央发布《纪念"五一"节口号》，提出"各民主党派、各人民团体、各社会贤达迅速召开政治协商会议，讨论并实现召集人民代表大会，成立民主联合政府"。① 这一提议受到各民主党派的拥护和支持。1949 年 6 月，新政协筹备会议第一次全体会议通过了《新政治协商会议筹备会组织条例》，规定筹备会的 23 个单位，包含了民主党派和无党派民主人士，中国共产党领导的多党合作制度开始运作起来。1949 年 9 月，各民主党派、无党派民主人士、各人民团体和中国共产党一道参加的中国人民政治协商会议的召开，不仅体现了中国共产党领导的多党合作的基本精神，而且标志着中国共产党领导的多党合作和政治协商制度在政治上、组织上的正式

---

① 《建党以来重要文献选编》第 25 册，中央文献出版社 2011 年版，第 283—284 页。

形成，这是我国社会主义制度的突出特点和优势。1954 年通过的《中华人民共和国宪法》，对我国的政党问题作了明确规定："我国人民在建立中华人民共和国的伟大斗争中已经结成以中国共产党为领导的各民主阶级、各民主党派、各人民团体的广泛的人民民主统一战线。今后在动员和团结全国人民完成国家过渡时期总任务和反对内外敌人的斗争中，我国的人民民主统一战线将继续发挥它的作用。"① 这就用根本大法的形式，确立了中国共产党领导的多党合作与政治协商制度。

第四，民族区域自治制度的确立。《共同纲领》明确把民族区域自治作为我国处理民族关系问题的制度选择以法律的形式确定下来。新中国成立以后，一方面，根据宪法和法律规定，在实践中开始在少数民族聚居的地方全面推行民族区域自治；另一方面，我国开始制定相关的民族区域自治的法律法规。1952 年 2 月政务院 125 次政务会议，原则通过《中华人民共和国民族区域自治实施纲要》（以下简称《纲要》）；1953 年中央民族事务委员会（扩大）会议，通过《关于推行民族区域自治经验的基本总结》。1954 年《中华人民共和国宪法》对民族区域自治作了更为全面细致的规定，标志着民族区域自治制度迈出了关键性的一步。随后，国务院又根据《纲要》精神和《中华人民共和国宪法》，于 1955 年 12 月发出《国务院关于更改相当于区的民族自治区的指示》、《国务院关于建立民族乡若干问题的指示》和《国务院关于改变地方民族民主联合政府的指示》，到 1956 年我国基本形成全国统一的民族自治体制，基本确立了民族区域自治制度的框架。到 1958 年我国已成立 4 个自治区、29 个自治州和 54 个自治县。西藏也成立了自治区筹备委员会。1965 年 9 月，西藏自治区成立。

（二）社会主义法制的确立

1949 年新中国成立后，适应新的社会政治经济的发展和维护全新的社会关系和社会秩序的要求，开始展开大规模的法律创制活动。《共同纲领》明确规定："废除国民党反动政府一切压迫人民的法律、法令和司法制度，制定保护人民的法律、法令，建立人民司法制度。"② 新中国成立后，根据《共同纲领》，建立了中央国家机关和地方各级人民政府，开展了全国范围

---

① 《建国以来重要文献选编》第 5 册，中央文献出版社 1993 年版，第 521 页。
② 《建国以来重要文献选编》第 1 册，中央文献出版社 1992 年版，第 5 页。

内的法制建设，先后制定了地方各级人民政府和司法机关的组织通则，制定了工会法、婚姻法、土地改革法以及有关劳动保护、民族区域自治和公私企业管理等法律、法令。1954 年 9 月召开的第一届全国人民代表大会第一次会议通过《中华人民共和国宪法》后，又据此重新制定了一些有关国家机关和国家制度的各项重要法律法令。① 1956 年中共八大召开前，我国经济立法取得显著成效，民法立法框架已经基本形成，刑事立法初步展开，诉讼立法也开始启动，逐步形成了以宪法为核心的我国社会主义的法律框架。这些法律的制定和执行对社会关系领域的变革、调整、维持和巩固起到重要作用，为新生政权和社会主义制度的巩固和发展创造了条件，对中国特色社会主义法律体系的形成具有奠基意义。

（三）社会主义经济制度的确立

第一，社会主义所有制结构的确立。《共同纲领》规定新中国成立后，我国的经济结构为国营经济、合作社经济、农民和手工业者的个体经济、私人资本主义经济和国家资本主义经济，"各种社会经济成分在国营经济领导之下，分工合作，各得其所，以促进整个社会经济的发展"②。其中，国营经济为社会主义性质的经济，是整个社会经济的领导力量，合作社经济、国家资本主义经济为半社会主义性质的经济，为整个社会经济的重要组成部分。新中国成立后，随着国民经济恢复和发展以及国内外情况的发展变化，1952 年年底，毛泽东提出党在过渡时期的总路线，"总路线也可以说就是解决所有制的问题。国有制扩大——国营企业的新建、改建、扩建。私人所有制有两种，劳动人民的和资产阶级的，改变为集体所有制和国营（经过公私合营，统一于社会主义），这才能提高生产力，完成国家工业化"。③ 党在过渡时期的总路线的实质，就是使生产资料的社会主义所有制成为国家的经济基础。按照总路线的要求，我国对个体农业、手工业和资本主义工商业进行了社会主义改造，在较短的时间里，实现了生产资料所有制的深刻变革。到 1956 年，各种经济成分占国民收入的比重分别是：国营经济 32.2%，合作社经济 53.4%，公私合营经济 7.3%，个体经

---

① 《董必武法学文集》，法律出版社 2001 年版，第 341—342 页。
② 《建国以来重要文献选编》第 1 册，中央文献出版社 1992 年版，第 7 页。
③ 《毛泽东文集》第 6 卷，人民出版社 1999 年版，第 301 页。

济 7.1%，社会主义所有制成为我国的经济基础。社会主义公有制在中国得到全面确立。

第二，社会主义计划经济体制的确立。随着所有制成分逐渐形成单一公有制，高度集中的计划经济体制逐渐建立。毛泽东指出："恩格斯说，在社会主义制度下，'按照预定计划进行社会生产就成为可能'，这是对的。资本主义社会里，国民经济的平衡是通过危机达到的。社会主义社会里，有可能经过计划来实现平衡。"[①] 他还指出："社会主义国家的经济能够有计划按比例地发展，使不平衡得到调节……因为消灭了私有制，可以有计划地组织经济。"[②] 1954 年 9 月通过的《中华人民共和国宪法》规定，国家用经济计划指导国民经济的发展和改造，使生产力不断提高，以改进人民的物质生活和文化生活，巩固国家的独立和安全。随着我国计划经济体制的形成，在经济运行管理、工业企业管理、基本建设管理、财务管理、物资管理、价格管理等方面也建立了高度集中的管理体制。

从《共同纲领》到《五四宪法》，再到 1956 年完成社会主义改造的历史任务，社会主义基本制度在中国得以全面确立，奠定了当代中国一切发展和进步的根本制度基础。改革开放以来，中国特色社会主义制度的创新和发展，是在这一基础上进行的，是在新的历史条件下对我国社会主义制度的丰富和完善。

三　毛泽东对我国经济、政治体制改革的初步探索

社会主义制度在我国的确立是历史发展的必然和中国人民的选择。在社会主义建设时期，毛泽东在探索适合中国特点的社会主义建设道路的过程中，以苏为鉴，对我国社会主义经济、政治体制改革和完善进行了初步探索，提出了许多重要的思想观点。

（一）系统阐述社会主义基本矛盾理论

毛泽东关于社会主义社会基本矛盾的理论是我国社会主义政治经济体制改革和完善的理论基础。毛泽东指出："在社会主义社会中，基本的矛

---

① 《毛泽东文集》第 8 卷，人民出版社 1999 年版，第 118 页。
② 同上书，第 119 页。

盾仍然是生产关系和生产力之间的矛盾，上层建筑和经济基础之间的矛盾。"① 认为社会基本矛盾是贯穿人类社会始终的矛盾，不论是敌我矛盾、人民内部矛盾，还是经济、政治、思想、文化各个领域中的矛盾，都受社会基本矛盾制约和规定。他还分析了社会主义基本矛盾的性质和特点，认为："社会主义生产关系已经建立起来，它是和生产力的发展相适应的；但是，它又还很不完善，这些不完善的方面和生产力的发展又是相矛盾的。除了生产关系和生产力发展的这种又相适应又相矛盾的情况以外，还有上层建筑和经济基础的又相适应又相矛盾的情况。"② 这些矛盾不是对抗性的矛盾，它可以经过社会主义制度本身，不断地得到解决。以毛泽东为主要代表的中国共产党人，根据社会主义基本矛盾的理论，对不适应中国实际的政治经济体制及运行方式的改革进行了探索，以适应我国社会主义制度巩固和发展的需要。邓小平在谈到我国经济体制改革时曾指出："社会主义基本制度确立以后，还要从根本上改变束缚生产力发展的经济体制，建立起充满生机和活力的社会主义经济体制，促进生产力的发展，这是改革，所以改革也是解放生产力。"③ 这些思想是在新的历史条件下对毛泽东社会主义社会基本矛盾理论的运用和发展。

（二）提出"以苏为鉴"，走自己的路的重要思想

以苏为鉴，走自己的路，为我国社会主义经济、政治体制改革和完善提供了方法论原则。毛泽东在《论十大关系》中指出："特别值得注意的是，最近苏联方面暴露了他们在建设社会主义过程中的一些缺点和错误，他们走过的弯路，你还想走？过去我们就是鉴于他们的经验教训，少走了一些弯路，现在当然更要引以为戒。"④ 他在论述每个关系时都分析了苏联在处理这些问题时的经验教训，并提出解决问题的办法，体现出"走自己的路"的战略思想。他在"中国和外国关系"一节中明确提出："马克思列宁主义，斯大林讲得对的那些方面，我们一定要继续努力学习。我们要学的是属于普遍真理的东西，并且学习一定要与中国实际结合。如果每句

---

① 《毛泽东文集》第 7 卷，人民出版社 1999 年版，第 214 页。
② 同上书，第 215 页。
③ 《邓小平文选》第 3 卷，人民出版社 1993 年版，第 370 页。
④ 《建国以来毛泽东文稿》第 6 册，中央文献出版社 1992 年版，第 82 页。

话，包括马克思的话，都要照搬，那就不得了。"① 1958 年 3 月，毛泽东在成都会议上的讲话中又指出："一九五六年四月的《论十大关系》，开始指出我们自己的建设路线，原则和苏联相同，但方法有所不同，有我们自己的一套内容。"② 1960 年 6 月 18 日，他在《十年总结》一文中又谈道："前八年照抄外国的经验。但从一九五六年提出十大关系起，开始找到自己的一条适合中国的路线。"③ 突破苏联模式，要走自己的道路的思想，对于建立适合中国国情的社会主义制度具有十分重要的意义。

（三）关于经济体制改革的探索

毛泽东在《论十大关系》中，针对苏联模式的弊端，提出经济体制改革的思想。他对社会主义公有制经济占优势的前提下，允许非公有制经济成分存在的问题进行了探讨，指出要实行"新经济政策"，"可以搞国营，也可以搞私营。可以消灭了资本主义，又搞资本主义。……现在国营、合营企业不能满足社会需要，如果有原料，国家投资又有困难，社会有需要，私人可以开厂"。④ 在分配方面，提出国家、集体和个人三者兼顾的原则。毛泽东在领导纠正"大跃进"和人民公社化运动中急躁冒进错误的过程中，还提出不能剥夺农民，不能超越阶段，要发展商品生产，遵循价值规律。刘少奇在中共八大的政治报告中也指出："我们应当改进现行的市场管理办法，取消过严过死的限制；并且应当在统一的社会主义市场的一定范围内，允许国家领导下的自由市场的存在和一定程度的发展，作为国家市场的补充。"⑤ 陈云提出"三个主体、三个补充"思想，即国家、集体经济是主体，一定数量的个体经济是补充；计划生产是主体，在计划许可范围内按市场变化的自由生产是补充；国家市场是主体，一定范围内的自由市场是补充。这些思想观点，是对高度集中的计划经济体制的突破。

与此同时，对管理体制改革也进行了探索。中共八大以后，陈云主持体制改革工作，在充分调查研究的基础上，为国务院起草了《关于改进工业管理体制的规定》、《关于改进商业管理体制的规定》和《关于改进财

---

① 《建国以来毛泽东文稿》第 6 册，中央文献出版社 1992 年版，第 103 页。
② 《毛泽东文集》第 7 卷，人民出版社 1999 年版，第 369—370 页。
③ 《建国以来毛泽东文稿》第 9 册，中央文献出版社 1996 年版，第 213 页。
④ 《毛泽东文集》第 7 卷，人民出版社 1999 年版，第 170 页。
⑤ 《建国以来重要文献选编》第 9 册，中央文献出版社 1994 年版，第 76 页。

政管理体制的规定》等文件，明确提出关于工业管理的两个"适当扩大"，即"适当扩大省、自治区、直辖市管理工业的权限"① 和"适当扩大企业主管人员对企业内部的管理权限"②。1960 年 3 月，毛泽东对中共鞍山市委《关于工业战线上的技术革新和技术革命运动开展情况的报告》的批示中，提出"两参一改三结合"的思想；邓小平在 1961 年 8 月给毛泽东和中央政治局常委的信中，提出适当扩大企业自主权，加强企业管理，实行生产责任制思想；邓子恢在 1962 年 5 月写给党中央和毛泽东的《关于当前农村人民公社若干政策问题的意见》和 7 月在高级党校的关于农业问题的讲话的报告和意见中，进一步提出和阐述他在 1954 年提出的在农村实行生产责任制的观点。

（四）关于政治体制改革的探索

毛泽东认为我国的基本政治制度是好的，是适合中国国情的，但仍需要不断完善。提出政治体制改革的目标就是要"造成一个又有集中又有民主，又有纪律又有自由，又有统一意志、又有个人心情舒畅、生动活泼，那样一种政治局面"③。

第一，扩大社会主义民主。毛泽东认为："没有民主，就不可能正确地总结经验。没有民主，意见不是从群众中来，就不可能制定出好的路线、方针、政策和办法。……没有民主，不了解下情，情况不明，不充分搜集各方面的意见，不使上下通气，只由上级领导机关凭着片面的或者不真实的材料决定问题，那就难免不是主观主义的。"④ 他提出加强社会主义民主的主要途径：一是加强集体领导。中央和各级党委必须坚持集体领导的原则，反对个人独裁和分散主义两种偏向，必须懂得集体领导和个人负责这样两个方面，不是互相对立的，而是互相结合的。二是建立党代会常任制。邓小平在中共八大《关于修改党的章程的报告》中提出："代表大会常任制的最大好处，是使代表大会可以成为党的充分有效的最高决策机关和最高监督机关。"⑤ 三是废除领导干部终身制。1957 年 4 月，毛泽东

---

① 《陈云文选》第 3 卷，人民出版社 1995 年版，第 88 页。

② 同上书，第 91 页。

③ 《建国以来毛泽东文稿》第 6 册，中央文献出版社 1992 年版，第 543 页。

④ 《建国以来毛泽东文稿》第 10 册，中央文献出版社 1996 年版，第 20—22 页。

⑤ 《建国以来重要文献选编》第 9 册，中央文献出版社 1994 年版，第 141 页。

与民主人士和无党派人士的谈话中，向党外人士透露不当国家主席的意愿，他说："瑞士有七人委员会，总统是轮流当的。我们几年轮一次总可以，采取逐步脱身政策。"① 四是加强党的监督。没有监督，就没有民主。毛泽东认为，主要监督共产党的是劳动人民和党员群众以及民主党派。

第二，改变中央高度集权。毛泽东指出，现在中央集中太多，要给地方更多一些权力，给地方更多的独立性。要有中央和地方两个积极性，比只有一个积极性好得多。"处理好中央和地方的关系，这对于我们这样的大国大党是一个十分重要的问题。这个问题，有些资本主义国家也是很注意的。它们的制度和我们的制度根本不同，但是它们发展的经验，还是值得我们研究。"②

第三，反对官僚主义，精简机构。官僚主义是危害党和国家政治体制的弊病之一。毛泽东对官僚主义作风一贯深恶痛绝。毛泽东特别强调，机构庞大、部门重叠是官僚主义滋生的条件。因此，他指出："在一不死人二不废事的条件下，我建议党政机构进行大精简，砍掉它三分之二。"③ 后来又指出，国家机构庞大，部门很多，很多人蹲在机关里头没有事做，这个问题要解决。第一条，必须减人；第二条，对准备减的人，必须做出适当安排，使他们都有切实的归宿。党、政、军都要这样做。"精简机关，下放干部，使相当大的一批干部回到生产中去。"④

第四，完善人民代表大会制度、中国共产党领导的多党合作和政治协商制度、民族区域自治制度。1954 年以后，毛泽东积极探索人民代表大会制度建设，从而在政治实践中发展了人民代表大会制度。比如，赋予地方人大立法权。毛泽东指出："我们的宪法规定，立法权集中在中央。但是在不违背中央方针的条件下，按照情况和工作需要，地方可以搞章程、条例、办法，宪法并没有约束。我们要统一，也要特殊。"⑤ 这一设想在实践中得到了贯彻。关于多党合作制，毛泽东提出，处理好中国共产党同各民主党派的关系，要坚持"长期共存，互相监督"的方针，对中国共产党领

① 逄先知、金冲及主编：《毛泽东传（1949—1976）》（上卷），中央文献出版社 2003 年版，第 672—673 页。
② 《建国以来毛泽东文稿》第 6 册，中央文献出版社 1992 年版，第 91—92 页。
③ 同上书，第 96 页。
④ 《毛泽东文集》第 7 卷，人民出版社 1999 年版，第 240 页。
⑤ 《建国以来毛泽东文稿》第 6 册，中央文献出版社 1992 年版，第 92 页。

导的多党合作制度的完善具有重要的指导意义，被民主党派称为"思想上的大解放"、"民主党派新生命的开始"①。关于民族区域自治制度，毛泽东提出不仅要坚持反对大汉族主义和地方民族主义，加强民族团结外，还要"在少数民族地区，经济管理体制和财政体制，究竟怎样才适合，要好好研究一下"②。

　　毛泽东对我国社会主义政治经济体制改革的探索，是基于对苏联模式的深刻反思，也是从我国社会主义基本制度建立后的实际出发所做的探索。毛泽东关于政治经济体制改革的思考和探索，是具有中国特点的社会主义建设道路内容的重要组成部分。虽然这一探索是初步的，有很多重要思想并没有在以后的实践中贯彻和实施，但是，这些探索的成果无疑为新时期中国特色社会主义制度的创新和发展，提供了重要经验。胡锦涛同志指出："经过90年的奋斗、创造、积累，党和人民必须倍加珍惜、长期坚持、不断发展的成就是：开辟了中国特色社会主义道路，形成了中国特色社会主义理论体系，确立了中国特色社会主义制度。"③ 这一论述，充分说明了中国共产党在领导革命、建设和改革的过程中，确立、创新和发展中国特色社会主义制度的一脉相承性。

---

① 李维汉：《回忆与研究》（下），中央党史资料出版社1986年版，第820页。
② 《建国以来毛泽东文稿》第6册，中央文献出版社1992年版，第94页。
③ 胡锦涛：《在庆祝中国共产党成立90周年大会上的讲话》，《人民日报》2011年7月2日。

毛泽东为什么要发动反右派运动

谢昌余

1957 年的反右派斗争，全国被错划右派达 55 万多人，占全国知识分子总数的十分之一以上。更为严重的是，由此开始，国家经济建设走了很大的弯路，人民群众生活水平没有得到应有的提高和改善。研究毛泽东发动反右派运动的原因，从中总结沉痛的历史教训，对于当今建设和谐社会，确有史鉴作用。

一 对《毛泽东传(1949—1976)》关于毛泽东 发动反右派运动原因的观点提出商榷

毛泽东是什么时候决策发动反右派运动的？

从毛泽东、中共中央于 1957 年 5 月 14 日、15 日、16 日连续发出的三个文件中，我们能够找到答案。

5 月 14 日，中共中央发出《关于报道党外人士对党政各方面工作的批评的指示》（一下简称《指示》）。《指示》要求："对于党外人士的错误的批评，特别是对右倾分子的言论，目前不要反驳，以便使他们畅所欲言。我们各地的报纸应该继续充分报道党外人士的言论，特别是对右倾分子、反共分子的言论，必须原样地、不加粉饰地报道出来，使群众明了他们的面目，这对于教育群众、教育中间分子，有很大的好处。"《指示》还指出："近来许多党报加以删节，是不妥当的，这实际上是帮助了右倾分子，并且使人感到是我们惧怕这些言论。这种现象，请你们立即加以纠正。"① 这里，中共中央将"右倾分子"和"反共分子"并提，足见其已将"右倾分子"视为敌我矛盾。所谓"目前不要反驳"正说明了日后要严厉反击。所谓"必须原样地、不加粉饰地报道右倾分子、反共分子的言论"，"纠正""党报删节右倾分子、反共分子言论"的现象正说明了"阳谋"②策略已经制定。

5月15日，毛泽东写了题为《事情正在起变化》一文。在分析党内思想状况时，毛泽东指出："在共产党内部，有各种人。有马克思主义者，这是大多数。他们也有缺点，但不严重。有一部分人有教条主义错误思想。这些人大都是忠心耿耿，为党为国的，就是看问题的方法有'左'的片面性。克服了这种片面性，他们就会大进一步。又有一部分人有修正主义或右倾机会主义错误思想。这些人比较危险，因为他们的思想是资产阶

---

① 中共中央文献研究室：《毛泽东传（1949—1976）》（上），中央文献出版社 2003 年版，第 691 页。

② 关于"阳谋"策略，1957 年 7 月 1 日，毛泽东在为《人民日报》撰写的题为《文汇报的资产阶级方向应当批判》的社论中写道："在一个期间内不登或少登正面意见，对错误意见不作反批评，是错了吗？本报及一切党报，在五月八日至六月七日此期间，执行了中共中央的指示，正是这样做的。其目的是让魑魅魍魉，牛鬼蛇神'大鸣大放'，让毒草大长特长，使人民看见，大吃一惊，原来世界上还有这些东西，以便动手歼灭这些丑类。就是说，共产党看出了资产阶级与无产阶级这一场阶级斗争是不可避免的。让资产阶级及资产阶级知识分子发动这一场战争，报纸在一个时期内，不登或少登正面意见，对资产阶级反动右派的猖狂进攻不予回击，一切整风的机关学校的党组织，对于这种猖狂进攻在一个时期内也一概不予回击，使群众看得清清楚楚，什么人的批评是善意的，什么人的所谓批评是恶意的，从而聚集力量，等待时机成熟，实行反击。有人说，这是阴谋。我们说，这是阳谋。"（参见《毛泽东选集》第 5 卷，人民出版社 1977 年版，第 436—437 页）研读这段文字，至少能够看到以下四个思想：一是"阳谋"策略的开始启动时间是"五月八日"，（这一天，正是中共中央统战部受中共中央委托，在全国政协礼堂召开各民主党派负责人座谈会的第一天。该会议总共举行 13 次，至 6 月 3 日结束。）结束时间是"六月七日"。第二天，即 6 月 8 日，声势浩大的反右派运动就轰轰烈烈地开展了。二是毛泽东回答了什么是"阳谋"策略。所谓"阳谋"就是"一切党报，在五月八日至六月七日此期间"，"不登或少登正面意见，对错误意见不作反批评"，"其目的是让魑魅魍魉，牛鬼蛇神'大鸣大放'，让毒草大长特长"，"以便动手歼灭这些丑类"。也就是人们所说的"引蛇出洞"，也有人称作"钓鱼"。三是明确指出实施"阳谋"策略是"中共中央的指示"。四是毛泽东回答为什么要实施"阳谋"策略。这就是："共产党看出了资产阶级与无产阶级这一场阶级斗争是不可避免的。"然而，从现在所见到的有关反右派斗争的论著或文章所引用的当年右派分子的"右派言论"，在 1957 年 5 月 8 日之前都还没有出笼。那么，毛泽东又是怎么"看出"的呢？为寻找答案，笔者仔细研读了《毛泽东选集》（第 5 卷）、《建国以来毛泽东文稿》（第 6 册）、《毛泽东文集》（第 7 卷）中收入的自 1956 年 11 月至 1957 年 10 月期间的所有文稿。对于怎么"看出"的问题，毛泽东自己也没有明确回答。看来，回答这个问题，还有待史料的发掘。

级思想在党内的反映，他们向往资产阶级自由主义，否定一切，他们与社会上资产阶级知识分子有千丝万缕的联系。"由此，他提醒全党："几个月以来，人们都在批判教条主义，却放过了修正主义。……现在应当开始注意批判修正主义。"①

在分析社会上的状况时，毛泽东指出："最近这个时期，在民主党派中和高等学校中，右派表现得最坚决最猖狂。"但是，"现在右派的进攻还没有达到顶点"，"我们还要让他们猖狂一个时期，让他们走到顶点。他们越猖狂，对于我们越有利益。人们说：怕钓鱼，或者说：诱敌深入，聚而歼之。现在大批的鱼自己浮到水面上来了，并不要钓"。他还认为："我们和右派的斗争集中在争夺中间派。""右派的企图，先争局部，后争全部。先争新闻界、教育界、文艺界、科技界的领导权。他们知道，共产党在这些方面不如他们，情况也正是如此。"他甚至还觉得，"新闻界右派还有号召工农群众反对政府的迹象"。② 在对党内外思想政治状况作出以上分析之后，毛泽东非常明确提出："大量的反动的乌烟瘴气的言论为什么允许登在报上？这是为了让人民见识这些毒草、毒气，以便锄掉它，灭掉它。"③对于这篇文章的写作，《毛泽东传（1949—1976）》评价说："目的是要党内对反击右派进攻在思想上有所准备。"④ 薄一波也评价为"发出了反右派的信号"⑤。可见，该文的内容和写作目的都非常清楚地表明毛泽东已决定要发动反右派运动。

5月16日，毛泽东又为中共中央起草了《中央关于对待当前党外人士批评的指示》。这一指示发放的范围是"各省委、直属市委、自治区党委、各中央直属部委首长，各国家机关和人民团体的负责同志"。这一指示，对如何对待右翼言论作了部署："最近一些天以来，社会上有少数带有反共情绪的人跃跃欲试，发表一些带有煽动性的言论，企图将正确解决人民内部矛盾、巩固人民民主专政、以利社会主义建设的正确方向，引导到错误方向去，此点请你们注意，放手让他们发表，并且暂时（几个星期内）

① 《毛泽东选集》第 5 卷，人民出版社 1977 年版，第 423 页。

② 同上书，第 424—425 页。

③ 同上书，第 428 页。

④ 中共中央文献研究室：《毛泽东传（1949—1976）》（上），中央文献出版社 2003 年版，第 691 页。

⑤ 薄一波：《若干重大决策与事件的回顾》（下卷），中共中央党校出版社 1993 年版，第 589 页。

不要批驳，使右翼分子在人民面前暴露其反动面目，过一个时期再研究反驳的问题。这一点，五月十四日我们已告诉你们了。为了研究问题，请你们多看几种报纸。有些地方例如上海党外批评相当紧张，应当好好掌握形势，设法团结多数中间力量，逐步孤立右派，争取胜利。"① 在此，毛泽东已经十分明确地将反击的时间定在几个星期后，而在几个星期内，则要继续实施"阳谋"策略②。

综合上述三个文献的内容，我们可以断定：此时的毛泽东和中共中央已经决定要发动反右派运动。然而，这一决策距离全党开始整风的5月1日只不过15天，毛泽东的思想为什么就发生了如此大的变化？对此，《毛泽东传（1949—1976）》写道："毛泽东原来估计，由于中国共产党的崇高威望和治国业绩，中国不会发生像匈牙利事件那样的严重情况。他真诚地希望党外人士帮助共产党整风，并希望通过社会上和报刊上的公开批评，在党内外形成一定的压力，促使党的各级领导正视错误，改正缺点。各民主党派帮助共产党整风座谈会召开以后，他曾经听取中央统战部的情况汇报，并要《人民日报》把这些意见公开发表出来。他相信，这种做法一旦形成制度，就会在全社会造成一种生动活泼的政治局面，有利于发现和化解各种社会矛盾。但是，对于公开鸣放中会出现这样一种局面，他是完全没有料想到的。这使他感到震惊，从而对形势作出和原来不同的严重估计。"③ 至此不难看到，"对形势作出和原来不同的严重估计"是毛泽东发动反右派运动的原因。那么，又是什么"局面"使毛泽东"对形势作出和原来不同的严重估计"？按照文章的逻辑，既然"局面"的出现是毛泽东思想转变的依据，那么，将这一"局面"的情况详尽地记述下来，应是该书必写的内容。然而，细读该书有关这段内容的记述，我们可以看到：

该书用了近4页篇幅（第686—689页）记述了5月8日至15日中共中央统战部受中共中央委托，在全国政协礼堂举行的各民主党派负责

---

① 《建国以来毛泽东文稿》第6册，中央文献出版社1992年版，第478页。

② 6月8日，《人民日报》在头版显著位置发表题为《这是为什么？》的社论［参见《毛泽东传（1949—1976）》（上），中央文献出版社2003年版，第705页］。同天，毛泽东为中共中央起草党内指示《组织力量反击右派分子的猖狂进攻》（参见《毛泽东选集》第5卷，人民出版社1977年版，第431页）。反右派运动正式开始。这一天，距离5月16日是三个星期还有两天。

③ 中共中央文献研究室：《毛泽东传（1949—1976）》（上），中央文献出版社2003年版，第690页。

人 6 次座谈会的内容；用一个自然段（第 689 页）记述了中共中央统战部在 5 月 6 日和 7 日召开的专题座谈会，着重讨论清华大学的党组织和民主党派组织的关系问题。但从书中所提供的座谈会的内容，无论是从当时还是现在的眼光来看，大多属于正常的范围①，它不应该是促使毛泽东思想转变的那种"局面"。对于半个月的整风鸣放情况，《毛泽东传（1949—1976）》作者也作了如下的评价："一方面揭露出党政工作中大量的缺点和错误，毛泽东对此高度重视；另一方面也出现了一些偏激的甚至是错误的言论，引起毛泽东的高度警觉。"② 笔者认为，这里所说的"引起毛泽东的高度警觉"的"一些偏激的甚至是错误的言论"也还够不上是引起毛泽东思想发生"震惊"以至"对形势作出和原来不同的严重估计"的那种"局面"。那么，究竟是什么"局面"促使毛泽东转变思想的呢？于是，该书接着写道："当时，在报纸上发表的一些发言和报道、评论，越来越给人一种强烈的印象：似乎中国共产党的各级领导发生了严重问题，这些问题不是局部的，而是全局性的，根源就在于党委（党组）领导负责制；似乎中国共产党的领导已经发生危机，快要混不下去了。有些人公正地谈到在中国共产党领导下取得的成绩，他们却被一些人嘲笑为'歌德派'。在这种错误导向下，有人公开在大学里

---

① 需要指出的是：章伯钧的《政治设计院》、罗隆基的《平反委员会》、储安平的《党天下》的发言，分别发生在 5 月 21 日、22 日、6 月 1 日中共中央统战部召开的座谈会上［参见中共中央文献研究室编《毛泽东传》（上），中央文献出版社 2003 年版，第 694—695 页］。另，根据《人民日报》1957 年 5 月 31 日和 6 月 8 日的报道，葛佩奇要"杀共产党人"、"要推翻共产党"、"只空喊万岁也是没有用的"的言论（引者注：从后来为葛佩奇右派案改正工作的过程和结论中得知，当年《人民日报》这种报道失实。参见戴煌《胡耀邦与平反冤假错案》，中国文联出版公司 1998 年版，第 273—284 页；胡平《禅机：1957 苦难的祭坛》下卷，广东旅游出版社 2004 年版，第 652—659 页）是 5 月 24 日和 6 月 5 日在中国人民大学党外人士座谈会上的发言［参见叶永烈《反右派始末》（上），新疆人民出版社 2000 年版，第 149—154 页］。以上言论都是 5 月下旬和 6 月上旬的事。还有，北京大学贴出的第一张大字报的时间是 5 月 19 日。中国人民大学学生林希翎到北京大学作出被认为是"公开发表煽动性的演讲"的时间是 5 月 23 日晚［参见中共中央文献研究室编《毛泽东传（1949—1976）》（上），中央文献出版社 2003 年版，第 695—696 页；叶永烈《反右派始末》（上），新疆人民出版社 2000 年版，第 139—142 页］。这些事件都发生在毛泽东已经于 5 月 14 日、15 日、16 日作出发动反右派运动的决策之后。

② 中共中央文献研究室：《毛泽东传（1949—1976）》（上），中央文献出版社 2003 年版，第 689 页。

演讲,攻击中国共产党,攻击党的领导,煽动学生上街、工人罢工。"①
看来,这段话是该书作者所要讲的能够促使毛泽东思想发生转变的那个
"局面"了。然而,笔者认为,作为一部巨著（全书长达 1796 页 130 万
字）仅用"强烈的印象"这么一个自然段,就将毛泽东思想转变的原因
交代过去,内容显得非常薄弱。此外,"强烈的印象"这一自然段,作
者使用的大多是归纳出来的结论性的文字。按理说,这些结论性的文字
还需大量的史实资料来支撑。由此,笔者认为,与其用结论性的文字来
说明促使毛泽东思想转变的那个"局面",倒不如写上几段甚至几页发
生于 5 月 15 日之前的能够反映引起毛泽东思想发生"震惊"以至"对
形势作出和原来不同的严重估计"的那个"局面"的史实资料。因为,
这是问题的关键。只有这样写,读者才能清楚地把握住促使毛泽东思想
发生转变的那个"局面"的具体内容,从而才能理解毛泽东思想发生转
变的原因。所以,对于该书关于毛泽东思想转变原因的写法,笔者深表
疑问。

此外,从"局面"到"对形势作出和原来不同的严重估计"来说明
毛泽东发动反右派运动的原因多少有一种从偶然性来揭示历史事件动因
的嫌疑。实际上,开展整风运动固然是为了整顿"三风"（主观主义、
宗派主义、官僚主义）,但也有整肃异己思想的目的,否则,就无法解
释短短的半个月时间内,作为战略家的毛泽东竟会被那么一种"局面"
的出现而改变自己的大政方针。对此,在提出"明年开展整风运动"②
的中共八届二中全会上,毛泽东自己也说过:"你要搞资产阶级大民主,
我就提出整风,就是思想改造。把学生们统统发动起来批评你,每个学
校设一个关卡,你要过关,通过才算了事。所以,教授还是怕无产阶级
大民主的。"③ 显然,"整风","就是思想改造"。而且,过了"关卡",
"才算了事"。这就非常明确道出整肃异己,维护和加强自己的一统思想
是整风的目的之一。1957 年 3 月,毛泽东就"料到""我们同资产阶级

---

① 中共中央文献研究室:《毛泽东传（1949—1976）》（上）,中央文献出版社 2003 年
版,第 690 页。
② 《毛泽东选集》第 5 卷,人民出版社 1977 年版,第 327 页。
③ 同上书,第 326 页。

右派打一仗"这件事①。5月8日，"阳谋"策略开始实施②，这说明当时开展的整风运动已含有一个今后要"反击"的阶段。5月25日晚，毛泽东在向前来我国访问的苏联最高苏维埃主席团主席伏罗希洛夫介绍中国整风运动情况时，明确地将整风运动的目的说成是改造广大知识分子的一个阶段。他说："这次运动（指整风运动——引者注）的任务是积极地争取中国知识界站到社会主义方面来，分化知识界的力量，孤立他们中间的极右派和怀有敌对情绪的人。"他还明确地告诉伏罗希洛夫："应该利用这个运动，完全弄清楚知识界和资产阶级民主人士中间各种力量的分布情况，这样可以知道对我们的进攻可能来自何方。""现在开展的运动是一个改造广大知识分子的长期过程中的一个阶段，这个改造过程至少需要十年。"③6月8日，也就是反右派运动开始的当天，毛泽东又将"整风"说成是将可能的"匈牙利事件"主动引出来，使之分割在各个机关各个学校去处理。④7月9日，在上海干部会议上的讲话中，毛泽东将整风区分为以下两种不同性质："民主党派整风的重点是整路线问题，整资产阶级右派的反革命路线。""共产党整风的重点不是整路线问题，是整作风问题。"⑤仍然是在这个月，在青岛召开的省市委书记会议上，毛泽东将"大鸣大放阶段（边整边改）；反击右派阶段（边整边改）；着重整改阶段（继续鸣放）；每人研究文件，批评反省，提高自

---

① 1957年7月9日，毛泽东在上海干部会议上，发表了《打退资产阶级右派的进攻》的讲话。他说："三月间，我在这个地方同党内的一些干部讲过一次话。从那个时候到现在，一百天了。这一百天，时局有很大的变化。我们同资产阶级右派打了一仗，人民的觉悟有所提高，而且是相当大的提高。当时我们就料到这些事情了。"（参见《毛泽东选集》第5卷，人民出版社1977年版，第440页）为此，毛泽东再次批评当时那些对实行"放"的方针不理解的同志。他说："放火烧身可不容易。现在听说你们这个地方有些同志后悔了，感到没有放得厉害。我看上海放得差不多了，就是有点不够，有点不过瘾，早知这么妙，何不大放特放呢？让那些毒草长嘛，让那些牛鬼蛇神出台嘛，你怕他干什么呢？三月份那个时候我就讲不要怕。我们党里头有些同志，就是怕天下大乱。我说，这些同志是忠心耿耿，为党为国，就是没有看见大局面。"（参见《毛泽东选集》第5卷，人民出版社1977年版，第441页）透过这个讲话，我们不难发现，当时党内那些对"放"的方针不理解的同志，原因就在于他们对"放"的方针中蕴含的"阳谋"策略不了解，否则，他们也就不会"后悔"了。由此，我们应该能够理解5月8日开始实施"阳谋"策略的必然性。

② 参见《毛泽东选集》第5卷，人民出版社1977年版，第436页。

③ 阎明复：《1957年形势与伏罗希洛夫访华》，《百年潮》2009年第2期，第18—19页。

④ 《毛泽东选集》第5卷，人民出版社1977年版，第432—433页。

⑤ 同上书，第450页。

己阶段"确定为"整风的四个必经阶段"。① 在这次会议上,毛泽东继续
重申性质不同的两种整风。对资产阶级和资产阶级知识分子、对小资产
阶级特别是富裕中农,整风"是使他们接受社会主义改造的问题"。对
工人阶级和共产党的基本队伍,整风"则是整顿作风的问题"。② 所以,
"整风的目的是把斗争方向引导到端正政治方向,提高思想水平,改正
工作缺点,团结广大群众,孤立和分化资产阶级右派和一切反对社会主
义的分子"。③ 10月9日,在中国共产党第八届中央委员会扩大的第三次
全体会议上,毛泽东又说:"去年下半年,阶级斗争有过缓和,那是有
意识地要缓和一下。但是,你一缓和,资产阶级、资产阶级知识分子、
地主、富农以及一部分富裕中农,就向我们进攻,这是今年的事。我们
缓和一下,他进攻,那也好,我们取得主动。正象人民日报一篇社论说
的,'树欲静而风不止'。他要吹风嘛!他要吹几级台风。那么好,我们
就搞'防护林带'。这就是反右派,就是整风。"④ 他还说:"整风有两
个任务:一个任务是反右派,包括反资产阶级思想;一个任务是整改,
整改里头也包含两条路线斗争。"⑤ 10月13日,在最高国务会议第十三
次会议上的讲话中,毛泽东再次强调:"整风有四个阶段:放,反,改,
学。就是一个大鸣大放,一个反击右派,一个整改,最后还有一个,学
点马克思列宁主义,和风细雨,开点小组会,搞点批评和自我批评。"⑥
从毛泽东的这些观点和做法出发,就更能看出"整风"和反右派运动的
关系了。所以,笔者认为,仅仅从"局面"的出现来考察毛泽东发动反
右派运动的原因,就很难揭示50多年前那场运动出现的必然性。由此,
笔者认为,研究毛泽东发动反右派运动的原因,至少应将进入社会主义
时期后毛泽东的一系列文稿⑦作深入的研究,更应该考察5月15日之前

---

① 《毛泽东选集》第5卷,人民出版社1977年版,第465页。

② 同上书,第457页。

③ 同上。

④ 同上书,第475—476页。

⑤ 同上书,第476页。

⑥ 同上书,第487页。

⑦ 这些文稿是:《论十大关系》(1956年4月25日)、《增强党的团结,继承党的传统》
(1956年8月30日)、《在中国共产党第八届中央委员会第二次全体会议上的讲话》(1956年11
月15日)、《在省市自治区党委书记会议上的讲话》(1957年1月)、《关于正确处理人民内部矛
盾的问题》(1957年2月27日)、《在中国共产党全国宣传工作会议上的讲话》(1957年3月
12日)、《坚持艰苦奋斗,密切联系群众》(1957年3月)、《事情正在起变化》(1957年5月

毛泽东的思想深处中存在的那些影响他后来做出反右决策的东西，还要考察反右派运动开始后毛泽东的思想进程和 5 月中旬决策之前的那些思想是否具有一贯性的联系。这样，才能避免片面性，走向客观。下面，笔者谈点自己看法，难免有不足、疏漏、错误之处，敬请学界同仁给予批评。

---

15 日)、《组织力量反击右派分子的猖狂进攻》(1957 年 6 月 8 日)、《文汇报的资产阶级方向应当批判》(1957 年 7 月 1 日)、《打退资产阶级右派的进攻》(1957 年 7 月 9 日)、《一九五七年夏季的形势》(1957 年 7 月)、《做革命的促进派》(1957 年 10 月 9 日)、《坚定地相信群众的大多数》(1957 年 10 月 13 日) (参见《毛泽东选集》第 5 卷，人民出版社 1977 年版，第 267—288、293—304、313—329、330—362、363—402、403—418、419—422、423—429、431—433、434—439、440—455、456—465、466—479、480—495 页)；《对中共八大政治报告稿的批语和修改》(1956 年 8 月、9 月)、《同音乐工作者的谈话》(1956 年 8 月 24 日)、《在中共八大预备会议第一次会议上的讲话提纲》(1956 年 8 月)、《中国共产党第八次全国代表大会开幕词》(1956 年 9 月 15 日)、《在中共八届二中全会小组长会议上的发言》(1956 年 11 月)、《对〈民建一届二中全会批评章乃器的一些情况〉的批语》(1956 年 12 月)、《给黄炎培的信》(1956 年 12 月 4 日)、《如何处理人民内部的矛盾(讲话提纲)》(1957 年 2 月)、《在第十一次最高国务会议作结束语的提纲》(1957 年 3 月 1 日)、《在宣传会议上讲话（提纲)》(1957 年 3 月 12 日)、《在南京上海党员干部会议上讲话的提纲》(1957 年 3 月 19 日)、《在中宣部印发的〈有关思想工作的一些问题的汇集〉上的批注》(1957 年 3 月)、《中央关于请党外人士帮助整风的指示》(1957 年 5 月 4 日)、《关于注意阅读整风消息的批语》(1957 年 5 月 14 日)、《中央关于对待当前党外人士批评的指示》(1957 年 5 月 16 日)、《中央关于加紧进行整风的指示》(1957 年 6 月 6 日)、《关于印发六月四日一份〈高等学校整风情况简报〉的批语》(1957 年 6 月 6 日)、《在陈正人对〈关于正确处理人民内部矛盾的问题〉第三稿的意见信上的批语》(1957 年 6 月 8 日)、《中央关于反击右派分子斗争的步骤、策略问题的指示》(1957 年 6 月 10 日)、《文汇报在一个时间内的资产阶级方向》(1957 年 6 月 14 日)、《对〈人民日报〉社论稿〈不平常的春天〉的批语和修改》(1957 年 6 月)、《关于社会主义改造的提法问题的批语》(1957 年 6 月 25 日)、《对中央关于争取、团结中间分子的指示稿的修改》(1957 年 6 月 29 日)、《中央关于增加点名批判的右派骨干分子人数等问题的通知》(1957 年 7 月 9 日)、《中央关于进一步深入开展反右斗争的指示》(1957 年 8 月 1 日)、《对统战部关于在工商界全面开展整风运动的意见的修改》(1957 年 8 月 18 日)、《对〈为什么说资产阶级右派是反动派〉一文的批语和修改》(1957 年 9 月 12 日)、《对〈这是政治战线上和思想战线上的社会主义革命〉一文的批语和修改》(1957 年 9 月 15 日)、《在中共八届三中全会上的讲话提纲》(1957 年 10 月 9 日) (参见《建国以来毛泽东文稿》第 6 册，中央文献出版社 1992 年版，第 136—164、175—185、189—191、201—205、244—246、251—252、255—257、310—315、361—363、374—377、403—405、406—416、455—456、468、477—479、491—492、493、499—500、502—504、508—510、519—520、522、528、537—538、556—557、562—563、576—577、578—579、592—598 页)；《关于第八届中央委员会的选举问题》(1956 年 9 月 10 日)、《关于中共中央设副主席和总书记的问题》(1956 年 9 月 13 日)、《同民建和工商联负责人的谈话》(1956 年 12 月 7 日)、《同工商界人士的谈话》(1956 年 12 月 8 日)、《在普通教育工作座谈会上的讲话》(1957 年 3 月 7 日)、《同文艺界代表的谈话》(1957 年 3 月 8 日)、《同新闻出版界代表的谈话》(1957 年 3 月 10 日) (参见《毛泽东文集》第 7 卷，人民出版社 1999 年版，第 100—109、110—113、167—173、174—183、245—248、249—259、260—266 页)。

二 用阶级斗争观点审视生产资料所有制社会 主义改造完成以后的我国诸多社会问题是 毛泽东发动反右派运动的根本原因

认真研读进入社会主义时期后毛泽东的一系列文稿，就不难发现，这一时期毛泽东在观察和思考国内诸多社会问题时偏重于运用阶级斗争观点，从而为发动反右派运动植下了深厚的思想基础。这表现在：

（一）运用阶级斗争观点审视生产资料所有制社会主义改造完成以后的我国阶级关系

按照毛泽东的观点，反右派斗争的性质是政治斗争形式的阶级斗争，[①]因此，考察毛泽东对生产资料所有制社会主义改造完成以后我国阶级关系、阶级斗争问题的观察和思考对于揭示发动反右派运动的原因具有重要的参考价值。

生产资料所有制的社会主义改造完成以后，毛泽东仍然认为资产阶级还存在。1956 年 8 月中旬在审阅和修改中共八大政治报告稿时，毛泽东就指出："现在，我国的社会主义改造虽然在各方面取得了决定性的胜利，但是阶级还未消灭。在阶级消灭以后，资产阶级和小资产阶级的思想残余还会存在一个很长的时期。"[②] 12 月 7 日和 8 日，在同民建和工商联负责人、同工商界人士的两次谈话中，毛泽东还把资本家划分为大、中、小三个阶层，甚至认为"定息取消了，资本家也还要改造"。[③] 1957 年 1 月，在省市自治区党委书记会议上的讲话中，毛泽东再次肯定国内仍然存在对立的阶级[④]。3 月，在中国共产党全国宣传工作会议上的讲话中，毛泽东首次提出"政治战线"和"思想战线"上的"阶级斗争"。他说，要使社会主义制度最后巩固起来，除了"必须实现国家的社会主义工业化，坚持经济战线上的社会主义革命"外，"还必须在政治战线和思想战线上进行经常的、艰

---

① 《毛泽东选集》第 5 卷，人民出版社 1977 年版，第 445 页。
② 《建国以来毛泽东文稿》第 6 册，中央文献出版社 1992 年版，第 137 页。
③ 《毛泽东文集》第 7 卷，人民出版社 1999 年版，第 168—181 页。
④ 《毛泽东选集》第 5 卷，人民出版社 1977 年版，第 351 页。

苦的社会主义革命斗争和社会主义教育"。① 他还说："我们国内革命时期的大规模的急风暴雨式的群众阶级斗争已经基本结束，但是还有阶级斗争，主要是政治战线上和思想战线上的阶级斗争，而且还很尖锐。"② 甚至在分析国际形势时，这一时期毛泽东也很注重运用阶级斗争观点。在谈到中国和苏联的关系时，毛泽东批评苏联、东欧一些国家丢掉列宁、斯大林这两把"刀子"后，接着就批评波兰、匈牙利说："东欧一些国家的基本问题就是阶级斗争没有搞好，那么多反革命没有搞掉，没有在阶级斗争中训练无产阶级，分清敌我，分清是非，分清唯心论和唯物论。现在呢，自食其果，烧到自己头上来了。"③ 这种批评背后，实际上隐含着毛泽东认识和处理国内问题的立场、观点和方法。正是这些思想的存在，当那个"局面"出现时，或者说他听到激烈的批评言论时，毛泽东就会很自然地对形势作出过于严重的估计，从而在 5 月中旬作出发动反右派运动的决策。作出反右派运动的决策又推动着毛泽东进一步地思考发动反右派运动的理论依据，这就产生了关于我国社会主义时期阶级关系和阶级斗争状况的第一次较为完整的理论概括。这就是："在我国，虽然社会主义改造，在所有制方面说来，已经基本完成，革命时期的大规模的急风暴雨式的群众阶级斗争已经基本结束，但是，被推翻的地主买办阶级的残余还是存在，资产阶级还是存在，小资产阶级刚刚在改造。阶级斗争并没有结束。无产阶级和资产阶级之间的阶级斗争，各派政治力量之间的阶级斗争，无产阶级和资产阶级之间在意识形态方面的阶级斗争，还是长时期的，曲折的，有时甚至是很激烈的。"④⑤ 薄一波回忆说，"发表稿（指《关于正确处理人民内部矛盾的问题》——引者注）中尽管没有直接提到反对资产阶级右派的话，但发表的目的含有为反击右派的进攻提供思想武器，则是无疑的"。⑥ 由此得

---

① 《毛泽东选集》第 5 卷，人民出版社 1977 年版，第 404 页。

② 同上书，第 418 页。

③ 同上书，第 323 页。

④ 同上书，第 389 页。

⑤ 这段话是毛泽东于 1957 年 5 月 24 日、25 日、27 日、28 日四次补充修改《关于正确处理人民内部矛盾的问题》一文过程中形成的［参见中共中央文献研究室编《毛泽东传（1949—1976）》（上），中央文献出版社 2003 年版，第 698—699 页］。它距离 5 月中旬的决策只有 10 多天的时间。《关于正确处理人民内部矛盾的问题》正式发表时间是 6 月 19 日。

⑥ 薄一波：《若干重大决策与事件的回顾》（下卷），中共中央党校出版社 1993 年版，第 589 页。

知，毛泽东的这一理论概括就是为发动反右派运动提供思想武器的。显然，这些论点，严重地脱离了我国当时的实际情况。它表明，在看待社会主义时期阶级关系和阶级斗争问题上，毛泽东的思想没有与时俱进，而是仍然停留在过去搞阶级斗争的时期。两个月后，毛泽东写出《一九五七年夏季的形势》，作为《关于正确处理人民内部矛盾的问题》一文的补充。《毛泽东传（1949—1976）》评价说："毛泽东很看重这篇文章，改了十一稿，他曾说：'正确处理人民内部矛盾那篇文章，是正确的。青岛会议是个补充，没有这个补充是不行的。'所谓补充，显然是指关于反右派及其有关内容。"此时，"反右派斗争已经发生严重扩大化，毛泽东的思想也急剧地向'左'发展"。[1] 该文再次提出"政治战线"和"思想战线"上的"社会主义革命"的论断，[2] 对此，《毛泽东传（1949—1976）》又作评论说：这"为以后频繁地开展政治运动，发生阶级斗争扩大化，提供了理论上的重要依据"。[3] 10月，在中国共产党第八届中央委员会扩大的第三次全体会议上，毛泽东对改变中共八大关于我国社会主要矛盾论断的原因作了说明。他说，今天强调这个矛盾（指两个阶级、两条道路的矛盾——引者注），是因为他们（指资产阶级及资产阶级知识分子、民主党派中的右派、一部分富裕中农——引者注）要造反，这种阶级斗争并没有熄灭，这次右派分子疯狂进攻，就应该说资产阶级与无产阶级的矛盾是主要的。[4] 可见，修改中共八大关于我国社会主要矛盾的论断是对反右派运动的理论总结。中国现代史航船由此走上"左"的航向。上述过程清楚表明，决策发动反右派运动是毛泽东思想深处中原本就存在的关于我国社会阶级关系、阶级斗争状况的错误认识合乎历史逻辑的结果，同时它又推动着毛泽东的错误认识进一步深化，以致重提阶级斗争是我国社会主要矛盾。把握住毛泽东进入社会主义时期后的这一思想进程，我们就可以能够客观回答当那个"局面"，或者说社会上各种激烈的批评意见出现时，毛泽东为什么会"对形势作出和原来不同的严重估计"了。

---

① 中共中央文献研究室：《毛泽东传（1949—1976）》（上），中央文献出版社2003年版，第714页。

② 《毛泽东选集》第5卷，人民出版社1977年版，第461页。

③ 中共中央文献研究室：《毛泽东传（1949—1976）》（上），中央文献出版社2003年版，第715页。

④ 丛进：《曲折发展的岁月》，河南人民出版社1996年版，第81页。

（二）用阶级斗争观点分析少数人闹事的原因

在分析 1956 年下半年我国发生的少数人闹事的原因时，毛泽东在肯定物质要求没有得到满足，官僚主义、主观主义和工作方法不对以及缺乏对人民群众的思想政治教育等是少数人闹事的原因时，又更注重用阶级斗争观点分析这一事件的原因。在 1957 年 1 月召开的省市自治区党委书记的会议上，毛泽东明确指出："我们的国家还有少数人闹事，基本原因就在于社会上仍然有各种对立的方面——正面和反面，仍然有对立的阶级，对立的人们，对立的意见。"① 他还指出："我们已经基本上完成了生产资料所有制的社会主义改造，但是还有资产阶级，还有地主、富农，还有恶霸和反革命。他们是被剥夺的阶级，现在我们压迫他们，他们心怀仇恨，很多人一有机会就要发作。在匈牙利事件发生的时候，他们希望把匈牙利搞乱，也希望最好把中国搞乱。这是他们的阶级本性。"② 对那些没有闹事的乡下的地主、富农，城市里的资本家、民主党派，毛泽东又说："对于他们的这个守规矩，应当有分析。因为他们没有本钱了，工人阶级、贫下中农不听他们的，他们脚底下是空的。如果天下有变，一个原子弹把北京、上海打得稀烂，这些人不起变化呀？那就难说了。那时，地主，富农，资产阶级，民主党派，都要分化。他们老于世故，许多人现在隐藏着。"③ 基于这种分析，毛泽东要求省市自治区党委书记们要把工作"放在最坏的基础上来设想"。设想"出全国性的大乱子，出'匈牙利事件'，有几百万人起来反对我们，占领几百个县。而且打到北京来"。④ 由少数人闹事设想出"全国性的大乱子"、出"匈牙利事件"，并将这种"设想"作为各级党委安排工作的"基础"，这表明毛泽东阶级斗争的弦绷得该是多么紧！所以，当那个"局面"出现时，或者说社会上各种激烈的批评意见出现时，他就很自然地"对形势作出和原来不同的严重估计"。

（三）用阶级斗争观点看待民主党派和分析知识分子队伍状况

反右派运动的主要对象是民主党派和知识分子，因此，考察毛泽东对民主党派和知识分子的看法对于弄清发动反右派运动的原因无疑是有帮助的。

---

① 《毛泽东选集》第 5 卷，人民出版社 1977 年版，第 351 页。
② 同上。
③ 同上书，第 333 页。
④ 同上书，第 352 页。

1956 年 4 月 25 日，在中共中央政治局扩大会议上，毛泽东就把民主党派看成是"反对派"。他说："中国现在既然还有阶级和阶级斗争，就不会没有各种形式的反对派。所有民主党派和无党派民主人士虽然都表示接受中国共产党的领导，但是他们中的许多人，实际上就是程度不同的反对派。"① 在 1957 年 1 月 27 日的省市自治区党委书记会议上，毛泽东在谈到国际上帝国主义国家和我国之间的关系时，将"民主党派中间的许多人"和"资产阶级"、"地主阶级"并提，将他们看成是帝国主义国家对我国搞颠覆活动的社会基础。他说："帝国主义国家和我们之间，是你中有我，我中有你。我们支持他们那里的人民革命，他们在我们这里搞颠覆活动。他们里头有我们的人，就是那里的共产党，革命的工人、农民、知识分子，进步人士。我们里头有他们的人，拿中国来说，就是资产阶级中间和民主党派中间的许多人，还有地主阶级。现在这些人看起来还听话，还没有闹事。但是假使原子弹打到北京来了，他们怎么样？不造反呀？那就大成问题了。"② 由于民主党派中间的许多人是"反对派"，是帝国主义国家对我国搞颠覆活动的社会基础，所以，在谈到处理少数人闹事的问题时，毛泽东也就明确地表明了他对民主人士的态度。这就是：让他们唱对台戏，让他们闹够，孤立他们，后发制人。他说："对民主人士，我们要让他们唱对台戏，放手让他们批评。……至于梁漱溟、彭一湖、章乃器那一些人，他们有屁就让他们放，放出来有利，让大家闻一闻，是香的还是臭的，经过讨论，争取多数，使他们孤立起来。他们要闹，就让他们闹够。多行不义必自毙。他们讲的话越错越好，犯的错误越大越好，这样他们就越孤立，就越能从反面教育人民。我们对待民主人士，要又团结又斗争，分别情况，有一些要主动采取措施，有一些要让他暴露，后发制人，不要先发制人。"③ 从毛泽东的这个讲话中，我们似乎已经能够看到民主人士在当年那场运动中难以逃脱的厄运。循着这一思想的逻辑，毛泽东于 6 月 8 日发出党要"注意各民主党派中反动分子的猖狂进攻"的指示。④ 6 月 10 日，毛泽东在《中央关于反击右派分子斗争的步骤、策略问题的指示》（以下简称《指示》）中写道："无论民主党派、大学教授、大学生，均有一部分右

① 《毛泽东选集》第 5 卷，人民出版社 1977 年版，第 279 页。
② 同上书，第 342 页。
③ 同上书，第 355 页。
④ 同上书，第 431 页。

派和反动分子，在此次运动中闹得最凶的就是他们。"①《指示》还直接点名批判"民盟、农工最坏"。《指示》还说："民盟右派和反动派的比例较大，大约有百分之十以上，霸占许多领导职务。我们任务是揭露和孤立他们。他们的臭屁越放得多，对我们越有利。"② 7 月 1 日，毛泽东在为《人民日报》写的社论《文汇报的资产阶级方向应当批判》中再次点名批判民主党派："民盟在百家争鸣过程和整风过程中所起的作用特别恶劣。有组织、有计划、有纲领、有路线，都是自外于人民的，是反共反社会主义的。还有农工民主党，一模一样。这两个党在这次惊涛骇浪中特别突出。风浪就是章罗同盟造起来的。别的党派也在造，有些人也很恶劣。""整个春季，中国天空上突然黑云乱翻，其源盖出于章罗同盟。"③④ 这里，毛泽东非常明确地把民主党派，特别是民盟与农工党确定为反右派运动的主要对象。至此，我们不难看出，从民主党派中的许多人是"反对派"，到是帝国主义国家在我国搞颠覆活动的社会基础，以致制定出"唱对台戏"、"后发制人"的方针策略，直至最终直接点名批判民主党派并将民主党派特别是民盟与农工党确定为反右派运动的主要对象，说明了毛泽东在这一时期的思想是连贯的，从而也充分地表明了毛泽东对民主党派在政治上的不信任。这种政治上的不信任还导致直至"文化大革命"结束前中国共产党同民主党派合作共事关系的名存实亡。

在知识分子问题上，毛泽东的态度是："我历来讲，知识分子是最无知识的。"⑤ 在 1956 年和 1957 年的两年间，毛泽东关于知识分子的许多论述都是错误的，具体表现在：

第一，对党内知识分子队伍的状况作出了完全错误的估计。1956 年 8

① 《建国以来毛泽东文稿》第 6 册，中央文献出版社 1992 年版，第 503 页。

② 同上。

③ 《毛泽东选集》第 5 卷，人民出版社 1977 年版，第 435 页。

④ 对于毛泽东的这个论断，由中央文献出版社 2003 年出版的《毛泽东传（1949—1976）》作出如下评论："事实证明，这些批评并不能成立。在整风鸣放过程中，确有右派言论，也确有极少数人想反对党的领导，反对走社会主义道路，但不能由此得出结论，某个民主党派（如社论所说的民主同盟和农工民主党）是'有组织、有计划、有纲领、有路线，都是自外于人民的，是反共反社会主义的'。更不能说，这个党派有一条'反共反人民反社会主义的方针'，'其方针是整垮共产党，造成天下大乱，以便取而代之'。社论使用了'章罗同盟'这个词，是根据当时的揭发材料得出的。社论说，'整个春季，中国天空上突然黑云乱翻，其源盖出于章罗同盟'。实际上，章、罗之间也不存在什么'同盟'。"参见该书第 711 页。

⑤ 《毛泽东选集》第 5 卷，人民出版社 1977 年版，第 452 页。

月 30 日，在中国共产党第八次全国代表大会预备会议第一次会议上的讲话中，毛泽东指出："我们党也吸收了一部分知识分子，在一千多万党员里头，大中小知识分子大概占一百万。这一百万知识分子，说他代表帝国主义不好讲，代表地主阶级不好讲，代表官僚资产阶级不好讲，代表民族资产阶级也不好讲，归到小资产阶级范畴比较适合。"他们主要代表小资产阶级范畴里的"城市和农村中生产资料比较多的那一部分人，如富裕中农"。① 此时，生产资料所有制的社会主义改造已经完成，我国已经进入社会主义社会，然而，毛泽东却将 100 万知识分子党员和富裕中农相联系，并将其划入小资产阶级范畴，这实际上暗含着毛泽东认为党内知识分子在思想上仍没有过社会主义这一关，也表明他对党内知识分子队伍状况的不满意。11 月 15 日，在中国共产党第八届中央委员会第二次全体会议上，毛泽东对一些党龄长、职位高的知识分子提出严肃批评。他说："有几位司局长一级的知识分子干部，主张要大民主，说小民主不过瘾。他们要搞的'大民主'，就是采用西方资产阶级的国会制度，学西方的'议会民主'、'新闻自由'、'言论自由'那一套。他们这种主张缺乏马克思主义观点，缺乏阶级观点，是错误的。"②③ 很明显，这几位司局长的观点是被

---

① 《毛泽东选集》第 5 卷，人民出版社 1977 年版，第 302 页。

② 同上书，第 323 页。

③ 李慎之（反右派运动中被划为右派分子——引者注）在其撰写的《大民主和小民主》一文中就毛泽东所指解释说："毛主席讲这个'主张要大民主'的话的人就是我。说是'几个司局长一级的知识分子干部'其实只有两个人：一个是我——当时任新华社国际部副主任，一个是我的上级——新华社国际部主任王飞。我们这番话是在 1956 年波匈事件闹得不可开交以后，毛主席专门派他的秘书林克同志到新华社，向我们这两个当时接触有关情况最多的人征求意见的时候讲的。……但是我确实没有说过'小民主不过瘾要搞大民主'的话，我的原话是说'我们的大民主太少，小民主太多'，而且我还对这两个词儿根据当时的时代背景作了解释。一方面，我感到虽然当时的政治大体上可称清明社会也可算安定，却又痛感人民群众没有多少议政参政的权利，认为这都是从苏联模式学来的，现在苏联既然出了问题，中国也必须改弦更张，实行大民主，以免重蹈苏联的覆辙；另一方面，当时正是建国七年后第一次大规模的调资定级工作刚过，我对调资过程中几乎天天都有人到我的办公室，甚至到我家里来诉苦的现象十分反感。来的人无例外地都是说自己什么什么时候参加工作，现在的级别是多少多少，别的什么什么人跟他同时或者比他还晚参加工作，而现在的级别又是多少多少。……一次调整，半年不得太平。此外，如分房子，调工作……一概都是如此，更不用说上班迟到早退，办公拖拖拉拉了。我虽然几乎没有在旧社会工作的经验，却硬是断定这是自古以来闻所未闻的荒唐事。我认为这都是共产党太讲人情，不讲法治的结果，这就是我所厌恶的小民主，我自以为所见甚是，却不料过不了几天毛主席在二中全会上对我不点名地提出了批评。"参见牛汉、邓九平主编《荆棘路——记忆中的反右派运动》，经济日报出版社 1998 年版，第 114—118 页。

毛泽东作为"右倾"言论加以批评的。1957 年 5 月，在《事情正在起变化》一文中，毛泽东进而认为，"我党有大批的知识分子新党员（青年团员就更多），其中有一部分确实具有相当严重的修正主义思想。他们否认报纸的党性和阶级性，他们混同无产阶级新闻事业与资产阶级新闻事业的原则区别，他们混同反映社会主义国家集体经济的新闻事业与反映资本主义国家无政府状态和集团竞争的经济的新闻事业。他们欣赏资产阶级自由主义，反对党的领导。他们赞成民主，反对集中。他们反对为了实现计划经济所必需的对于文化教育事业（包括新闻事业在内的）必要的但不是过分集中的领导、计划和控制。他们跟社会上的右翼知识分子互相呼应，联成一起，亲如弟兄"。① 将"一部分知识分子新党员"和"具有相当严重的修正主义思想"，和"反对党的领导"，和"社会上右翼知识分子"相联系，问题性质就自然显得十分严重了。显然，这些错误分析的存在，是后来深挖党内右派的思想基础。②

　　第二，对全国 500 万知识分子的阶级属性、政治思想态度作出了错误判断。关于知识分子的阶级属性，在 1957 年 3 月 8 日同文艺界代表的谈话时，毛泽东提出："有人问资产阶级思想同小资产阶级思想的区别，我就分不出来。资产阶级和小资产阶级在经济上属于一个范畴。""对资产阶级知识分子，不光看出身，我指的是他们接受的是资产阶级学校教育，而资产阶级是按照它的利益来教育人的。"③ 紧随之，在四天后的中国共产党全国宣传工作会议上的讲话中，毛泽东重述了他的这一思想。他说："我们现在的大多数的知识分子，是从旧社会过来的，是从非劳动人民家庭出身的。有些人即使是出身于工人农民的家庭，但是在解放以前受的是资产阶级教育，世界观基本上是资产阶级的，他们还是属于资产阶级的知识分子。"④ 3 月 29 日，在上海市党员干部大会上，毛泽东再次重申了这一观点：全国知识分子大约有 500 万，从他们的出身来说，从他们受的教育来说，从他们过去的服务方面来说，可以说都是资产阶

---

　　① 《毛泽东选集》第 5 卷，人民出版社 1977 年版，第 424 页。

　　② 1957 年 8 月 1 日，毛泽东在《中央关于进一步深入开展反右斗争的指示》中明确指出："党内团内右派分子，只要是同党外团外右派分子政治面貌相同，即反共反人民反社会主义，向党猖狂进攻的，必须一视同仁，一律批判。"参见《建国以来毛泽东文稿》第 6 册，中央文献出版社 1992 年版，第 557 页。

　　③ 《毛泽东文集》第 7 卷，人民出版社 1999 年版，第 252 页。

　　④ 《毛泽东选集》第 5 卷，人民出版社 1977 年版，第 409 页。

级性质的知识分子。① 对知识分子政治思想态度的评价，毛泽东在1957年2月写的《如何处理人民内部的矛盾（讲话提纲）》中"知识分子和青年学生"一节标题下写道："有很大进步，也有歪风——波动，怪议论，想杀人，想学匈牙利，要大自由，讨厌马克思主义，只钻业务赚薪水。"② 4月10日，在召集陈伯达、胡乔木、周扬、邓拓、胡绩伟等人开会时，毛泽东又说："现在的知识分子是'身在曹营心在汉'。他们的灵魂依旧在资产阶级那方面。"③ 4月30日，毛泽东召开最高国务会议第十二次（扩大）会议。会上，毛泽东再次指出："过去五百万知识分子所依附的经济基础，现在垮了。有人说，私有制没有了，还有什么两面性呢？这是不对的。'皮之不存，毛将焉附？'现在五百万知识分子是吃工农的饭，吃国家所有制和集体所有制的饭。现在知识分子有些不自觉，他们的墙角（经济基础）早已挖空了，旧的经济基础没有了，但他们的头脑还没有变过来。毛已经附在新皮上，但思想还是认为马列主义不好。"④ 在5月15日写的《事情正在起变化》一文中，毛泽东继续说："资产阶级和曾经为旧社会服务过的知识分子的许多人总是要顽强地表现他们自己，总是留恋他们的旧世界，对于新世界总有些格格不入。"⑤他还认为，全国有几百万资产阶级和曾为旧社会服务的知识分子，"现在是许多人向我们进行斗争的时候了"⑥。考察毛泽东的上述思想进程，就比较容易理解，当那个"局面"出现时，或者说社会上各种激烈的批评意见出现时，毛泽东为什么会"对形势作出和原来不同的严重估计"。不仅如此，上述思想的存在，还支持毛泽东将知识分子看成是资产阶级右派的社会基础。在《一九五七年夏季的形势》一文中，毛泽东指出："资产阶级和资产阶级知识分子对共产党不心服，他们中的右派分子决心要同我们较量一下。"⑦ 10月，在最高国务会议第十三次会议上的讲话中，毛泽东更为明确地把500万知识分子也列入资产阶级。他说："现

---

① 丛进：《曲折发展的岁月》，河南人民出版社1996年版，第87页。
② 《建国以来毛泽东文稿》第6册，中央文献出版社1992年版，第312页。
③ 中共中央文献研究室：《毛泽东传（1949—1976）》（上），中央文献出版社2003年版，第666页。
④ 同上书，第672页。
⑤ 《毛泽东选集》第5卷，人民出版社1977年版，第426页。
⑥ 同上书，第427页。
⑦ 同上书，第461页。

在知识分子有五百万人，资本家有七十万人，加在一起，约计六百万人，五口之家，五六就是三千万人。资产阶级和他们的知识分子是比较最有文化的，最有技术的，右派翘尾巴也在这里。"① 将 500 万知识分子列入资产阶级，使得资产阶级总人数凭空增长了许多。基于这种阶级力量的估计，毛泽东将国内局势和斗争形势看得过于严重就是必然的了。

第三，明确把民主党派和知识分子同右派直接联系在一起。1957 年 5 月中旬，毛泽东明确指出："在民主党派和高等学校中，右派表现得最坚决最猖狂。"②

有必要提出的是，毛泽东这一时期在观察和思考少数人闹事、国内思想动态和知识分子等问题，甚至在分析国际国内局势时，几乎总要提到"匈牙利事件"。之所以提到"匈牙利事件"是因为毛泽东认为裴多菲俱乐部（知识分子）在"匈牙利事件"中起了很坏的作用。直至 1964 年 6 月 27 日，在批示《中宣部关于全国文联和各协会整风情况的报告》时，毛泽东还以"匈牙利裴多菲俱乐部"为例严厉批评全国文联和文艺界各协会"跌到了修正主义的边缘"。③ 可见，裴多菲俱乐部（知识分子）对毛泽东的刺激该是多大。所以，当年在评价整风和反右派运动的意义时，毛泽东还从"建成社会主义"、预防出"匈牙利事件"的层面上阐述整风和反右派运动的重要性。④ 观察和思考少数人闹事、国内思想动态和知识分子问题时几乎总是要提到"匈牙利事件"，这非常明显隐含着毛泽东对知识分子的高度警惕和不信任。

（四）用阶级斗争观点分析国内思想动向

1957 年 1 月 18 日的省市自治区党委书记会议上，毛泽东就思想动向问题发表了重要讲话。研读这个讲话，对于揭示毛泽东 5 月中旬作出反右派运动的决策有着一定的参考价值。

---

① 《毛泽东选集》第 5 卷，人民出版社 1977 年版，第 484 页。
② 同上书，第 424—425 页。
③ 《建国以来毛泽东文稿》第 11 册，中央文献出版社 1996 年版，第 91 页。
④ 1957 年 6 月 8 日，毛泽东为中共中央起草的党内指示《组织力量反击右派分子的猖狂进攻》中说："总之，这是一场大战（战场既在党内，又在党外），不打胜这一仗，社会主义是建不成的，并且有出'匈牙利事件'的某些危险。"参见《毛泽东选集》第 5 卷，人民出版社 1977 年版，第 432 页。

在谈到党内思想动向时，毛泽东指出："农业合作化究竟是有希望，还是没有希望？是合作社好，还是个体经济好？这个问题也重新提出来了。""前年反右倾，去年反'冒进'，反'冒进'的结果又出了个右倾。我说的这个右倾，是指在社会主义革命问题上，主要是在农村社会主义改造问题上的右倾。我们的干部中间刮起了这么一股风，象台风一样，特别值得注意。我们的部长、副部长、司局长和省一级的干部中，相当一部分人，出身于地主、富农和富裕中农家庭，有些人的老太爷是地主，现在还没有选举权。这些干部回到家里去，家里人就讲那么一些坏话，无非是合作社不行，长不了。富裕中农是一个动摇的阶层，他们的单干思想现在又在抬头，有些人想退社。我们干部中的这股风，反映了这些阶级和阶层的思想。"① 他还具体点名批评廖鲁言、薛迅、孟用潜等人。他说："农业部的部长廖鲁言，又是党中央农村工作部的副部长，据他讲，他自己泄了气，他下面的负责干部也泄了气，横直是不行了，农业发展纲要四十条也不算数了。"② "有些党员，过去各种关都过了，就是社会主义这一关难过。有这样典型的人，薛迅就是一个。她原来是河北省的省委副书记、副省长。她是什么时候动摇的呢？就是在开始实行统购统销的时候。统购统销是实行社会主义的一个重要步骤。她却坚决反对，无论如何要反对。还有一个，就是全国供销合作总社副主任孟用潜。他上书言事，有信一封，也坚决反对统购统销。实行农业合作化，党内也有人起来反对。总而言之，党内有这样的高级干部，他们过不了社会主义这一关，是动摇的。这类事情结束没有呢？没有。是不是十年以后这些人就坚定起来，真正相信社会主义呢？那也不一定。十年以后，遇到出什么问题，他们还可能说，我早就料到了的。"③ 透过这个讲话，我们不难看到，此时的毛泽东已将党内一些中高级干部对社会主义改造主要是农业合作化的政策提出的不同意见视作为一种右倾言论，认为他们所反映的是地主、富农、富裕中农的思想。他已认定这些中高级党内干部"过不了社会主义这一关"。如此严厉的批评，也为后来深挖党内右派打下了深厚的

---

① 《毛泽东选集》第5卷，人民出版社1977年版，第331—332页。
② 同上书，第331页。
③ 同上书，第335页。

思想基础。①

在谈到学校的思想动向时，毛泽东指出："在学校里头也出了问题，好些地方学生闹事。""北京清华大学，有个学生公开提出：'总有一天老子要杀几千几万人就是了！'"②③ 他还说："在一部分大学生中间，哥穆尔卡很吃得开，铁托、卡德尔也很吃得开。"④ 在谈到教授的思想动向时，毛泽东又指出："在一些教授中，也有各种怪议论，不要共产党呀，共产党领导不了他呀，社会主义不好呀，如此等等。他们有这么一些思想，过去没有讲，百家争鸣，让他们讲，这些话就出来了。电影《武训传》，你们看了没有？那里头有一枝笔，几丈长，象征'文化人'，那一扫可厉害啦。他们现在要出来，大概是要扫我们了。是不是想复辟？"⑤ "扫我们"和"想复辟"体现了毛泽东高度的阶级斗争警惕性，这表明思想动向问题在他的心目中已被置于十分重要的位置。依据上述分析，毛泽东提出：（1）要准备少数人闹事，搞所谓的大民主。他说："如果有人用什么大民主来反对社会主义制度，推翻共产党的领导，我们就对他们实行无产阶级专政。"⑥（2）对知识分子和民主人士要继续思想改造。毛泽东说："在知识分子问题上，现在有一种偏向，就是重安排不重改造，安排很多，改造很少。百花齐放、百家争鸣一来，不敢去改造知识分子了。我们敢于改造资

---

① 林蕴晖在《反右派斗争党内"战场"的一角》一文中写道："1957 年反右派斗争，把对粮食统购统销和农业合作化有意见的人，视为向党、向社会主义进攻，定为'资产阶级右派'"。该文还写道，被定为"右派"的省级领导人绝大多数是 1955 年夏季农业合作化反右倾中持不同意见者，少数是 1958 年"大跃进"发动起来以后，一些坚持不随风起舞的人。他们的"罪行"主要分以下几类：对 1955 年农业合作化反右倾持反对意见；反对农业合作化的急躁冒进，侵犯中农利益；对 1956 年农村闹社风潮的处理，反对用专政的办法，主张要照顾农民利益；反对社会主义改造中违反民族政策；对总路线、"大跃进"持有不同意见（参见林蕴晖《国史札记——事件篇》，东方出版中心 2008 年版，第 194—198 页）。叶永烈在其撰写的《反右派始末》（下）（新疆人民出版社 2000 年版）一书第 802—805 页引录了《中共中央关于〈划分右派分子的标准〉的通知》（1957 年 10 月 15 日）。该《通知》将"反对农村中的社会主义革命"、"反对统购销政策"等作为划分右派分子的标准。
② 《毛泽东选集》第 5 卷，人民出版社 1977 年版，第 332—333 页。
③ 关于毛泽东的这句话，郭道晖在《毛泽东发动整风的初衷》一文中写道："清华大学还有一个机械系焊接专业的学生武天保，也不知谁汇报说他公然扬言要杀几千几万人（后来证明有误传），对此，毛泽东在 1957 年 1 月在省市自治区党委书记会议上的讲话中几次提到他。"参见《炎黄春秋》2009 年第 2 期，第 15 页。
④ 《毛泽东选集》第 5 卷，人民出版社 1977 年版，第 333 页。
⑤ 同上。
⑥ 同上书，第 338 页。

本家，为什么对知识分子和民主人士不敢改造呢?"① 由"重安排"到
"重改造"改变了 1956 年 1 月周恩来代表党中央向知识分子所作的党要改
善对知识分子的使用与安排，信任、支持知识分子并给其以必要的工作条
件和适当待遇的承诺。② (3) 百花齐放，还是要放。为此，毛泽东批评对
"百花齐放"方针不理解的同志。他说:"有些同志认为，只能放香花，不
能放毒草。这种看法，表明他们对百花齐放、百家争鸣的方针很不理
解。"③ 那么，怎样的理解才是正确的呢? 毛泽东回答说，实行"百花齐
放"方针有利于对毒草"进行鉴别和斗争"。④ 为了说明这个道理，毛泽
东继续说:"田里长着两种东西，一种叫粮食，一种叫杂草。杂草年年要
锄，一年要锄几次。你说只要放香花，不要放毒草，那就等于要田里只能
长粮食，不能长一根草。话尽管那样讲，凡是到田里看过的都知道，只要
你不去动手锄，草实际上还是有那么多。杂草有个好处，翻过来就是肥
料。"毛泽东接着说:"农民需要年年跟田里的杂草作斗争，我们党的作
家、艺术家、评论家、教授，也需要年年跟思想领域的杂草作斗争。"⑤ 在
此，虽然不能断言毛泽东"阳谋"的思想已经有了，但至少能说明这里已
经存在着毛泽东 5 月中旬决策的思想基础。4 月 15 日晚上，在回答前来我
国访问的前苏联最高苏维埃主席团主席伏罗希洛夫提出的他对中国实行
"百花齐放、百家争鸣"方针的不理解和怀疑时，毛泽东再次阐发了他的
这一思想。他满怀信心地回答伏罗希洛夫:"请苏联同志放心。中国不是
匈牙利，中国共产党也和匈牙利社会主义工人党的情况不完全一样。他们
放出来的东西我们登出来了，其中有'香花'，也有'毒草'，把'毒草'
作为反面教材，也有好处。让他们放到一定时候，我们将反击。"⑥ "将反
击"从一个侧面说出了当时实行"百花齐放、百家争鸣"方针的一个目
的。从中我们就更比较容易理解一个月之后的 5 月中旬作出发动反右派运
动决策的必然性。

　　在这次讲话的结束，毛泽东联系 1956 年国际上出现的几次大风潮，联系

---

① 《毛泽东选集》第 5 卷，人民出版社 1977 年版，第 338 页。
② 《周恩来选集》(下卷)，人民出版社 1984 年版，第 168—173 页。
③ 《毛泽东选集》第 5 卷，人民出版社 1977 年版，第 338 页。
④ 同上。
⑤ 同上书，第 338—339 页。
⑥ 阎明复:《1957 年形势与伏罗希洛夫访华》，《百年潮》2009 年第 2 期，第 13—14 页。

1956 年国内社会主义改造出现的问题，对国内局势作出"现在还是多事之秋"的判断，由此他告诫和叮嘱省市自治区党委书记们要继续注意各种思想的暴露。① 由于"继续注意各种思想的暴露"是建立在"多事之秋"的判断上，所以，当整风鸣放阶段中那个"局面"出现时，或者说各种激烈批评言论出现时，毛泽东就会自然地"对形势作出和原来不同的严重估计"。

值得注意的是，在观察和思考国内思想动向时，毛泽东接连三次提到批判修正主义问题。第一次是在 1957 年 3 月召开的中国共产党全国宣传工作会议上，毛泽东再次对思想动向问题作出更为严重的估计。他指出，长时间以来，人们对于教条主义作过很多批判，但往往忽略了对于修正主义的批判。他还认为，修正主义是一种资产阶级思想。修正主义者抹杀社会主义和资本主义的区别，抹杀无产阶级专政和资产阶级专政的区别。修正主义所主张的，实际上并不是社会主义路线，而是资本主义路线。由此，毛泽东得出结论："在现在的情况下，修正主义是比教条主义更有害的东西。"为此，他提出："我们现在思想战线上的一个重要任务，就是要开展对于修正主义的批判。"② 第二次是在两个月之后他所写的《事情正在起变化》一文中。该文第一次提出了右派猖狂进攻的问题，目的是要党内对反击右派进攻在思想上有所准备。文章指出，修正主义或右倾机会主义思想是资产阶级思想的反映。文章鲜明地向全党提出："现在应当开始注意批判修正主义。"③ 第三次是在为反右派斗争提供思想理论武器的《关于正确处理人民内部矛盾的问题》④ 一文中，文章重申上述观点："修正主义，或者右倾机会主义，是一种资产阶级思潮，它比教条主义有更大的危险性。"文章在谈到我国社会主义革命取得基本胜利以后，社会上还有一部分人梦想恢复资本主义制度时，毛泽东指出："他们要从各个方面向工人阶级进行斗争，包括思想方面的斗争。而在这个斗争中，修正主义者就是他们最好的助手。"由此，毛泽东号召全党："我们在批判教条主义的时

---

① 《毛泽东选集》第 5 卷，人民出版社 1977 年版，第 339 页。

② 同上书，第 418 页。

③ 同上书，第 423 页。

④ 《关于正确处理人民内部矛盾的问题》虽然是毛泽东 1957 年 2 月 27 日在最高国务会议第十一次（扩大）会议上的讲话，但文中所引论点都是 6 月 1 日毛泽东修改该文时加上去的［参见中共中央文献研究室编《毛泽东传（1949—1976）》（上），中央文献出版社 2003 年版，第 701 页］。所以，本文将它排列在《事情正在起变化》一文之后。

候，必须同时注意对修正主义的批判。"① 对照三篇文献，能够清晰地看到，在后两篇文献中，毛泽东是将"批判修正主义"和发动反右派运动问题联系在一起加以思考的。② 第一篇文献虽然没有提到反右派运动问题，但关于修正主义的实质及其危害性的分析和后两篇文献则是完全相同的。这就能够说明，毛泽东5月中旬的决策，其思想基础在3月的讲话中就已经存在着。

总之，对生产资料所有制社会主义改造完成后国内诸多社会问题的观察和思考，毛泽东运用的是阶级斗争观点。从中看到，阶级斗争为纲的思想几乎是呼之欲出了。可以说，反右派运动就是这一思想在1957年6月这种特定历史条件下的运用和实践。在反右派运动深入进行中召开的中国共产党第八届中央委员会扩大的第三次全体会议终于接受毛泽东提出的关于我国社会主要矛盾的新论断，重新确认两个阶级、两条道路的斗争是我国社会的主要矛盾。由此，中华人民共和国走进了"阶级斗争为纲"的年代，而反右派运动正是这一历史转折的拐点！

紧随反右派运动之后，毛泽东将"反右派"的方法运用于解决党内矛盾。1958年，毛泽东就将"反冒进"和右派进攻联系起来加以严厉批判，③ 他还认定"反冒进"距离右派只有50米。④ 可见，在毛泽东的心目中，"反冒进"的实质就是"右"。稍后，对因"大跃进"运动的失败而

① 《毛泽东选集》第5卷，人民出版社1977年版，第392页。

② 《关于正确处理人民内部矛盾的问题》虽然没有直接提到反右派运动问题，但从《毛泽东传（1949—1976）》中得知，5月24日以后毛泽东对《关于正确处理人民内部矛盾的问题》的修改"更多地体现了面对右派进攻所作的观察和思考。"［参见中共中央文献研究室编《毛泽东传（1949—1976）》（上），中央文献出版社2003年版，第698页］薄一波也说过，《关于正确处理人民内部矛盾的问题》中尽管没有直接提到反对资产阶级右派的话，但发表该文则含有为反击右派进攻提供思想武器的目的。由于文中所引论点都是6月1日毛泽东修改该文时加上去的，所以，本文认为，在《关于正确处理人民内部矛盾的问题》一文中，毛泽东是将"批判修正主义"和发动反右派运动问题联系在一起加以思考的。这也是《事情正在起变化》一文的思想合乎逻辑的发展。

③ 1958年3月，毛泽东为重印《中国农村的社会主义高潮》一书部分按语写了说明，其中写道："我们没有预料到一九五六年国际方面会发生那样大的风浪，也没有预料到一九五六年国内方面会发生打击群众积极性的'反冒进'事件。这两件事，都给右派猖狂进攻以相当的影响。"参见《毛泽东选集》第5卷，人民出版社1977年版，第226页。

④ 在1958年1月召开的南宁会议上，毛泽东批评"反冒进"说："右派的进攻，把一些同志抛到和右派差不多的边缘，只剩了五十米。"［参见中共中央文献研究室编《毛泽东传（1949—1976）》（上），中央文献出版社2003年版，第769页］2月18日，毛泽东在政治局扩大会议上说："右派把你们（引者注：指反冒进的同志）一抛，抛得跟他相距不远，大概50米远。"［参见薄一波《若干重大决策与事件的回顾》（下卷），中共中央党校出版社1993年版，第645页］

引发的党内不同意见，毛泽东也是以"右倾机会主义"的罪名直接将彭德怀、张闻天等打成"反党集团"。① 1962 年，对中央一线为纠正"大跃进"的错误而采取的一些正确政策和做法，毛泽东严厉指责为"右倾"。② 1965年，毛泽东决定用阶级斗争的方法解决中国出修正主义的问题，③ "文化大革命"的序幕由此开始逐步拉开。关于"文化大革命"的使命，毛泽东在《给江青的信》中说得非常清楚，就是"要在全党全国基本上（不可能全部）打倒右派，而且在七八年以后还要有一次横扫牛鬼蛇神的运动，尔后还要有多次扫除"。④ 当然，这里所讲的"右派"，已不是反右派运动时的知识分子和民主党派中的右派分子了，而是"混进党里、政府里、军队里和各种文化界的资产阶级代表人物，是一批反革命的修正主义分子"，而且，他们中的一些人，至今"还没有被识破，有些正在受到我们信用，被培养为我们的接班人，例如赫鲁晓夫那样的人物"⑤。所以，1966 年 8 月 8日中共八届十一中全会通过的《中国共产党中央委员会关于无产阶级"文化大革命"的决定》（又称《十六条》）将运动的重点确定为"整党内那

---

① 在 1959 年 7 月 23 日的庐山会议上，毛泽东严厉批评彭德怀、张闻天等人"把自己抛到右派边缘去了"，"把自己抛到离右派 30 公里，接近 30 公里了。"（参见李锐《庐山会议实录（增订本）》，河南人民出版社 1995 年版，第 134 页）8 月 15 日，毛泽东在《关于如何对待革命的群众运动》一文中，指责彭德怀、张闻天等人是"右得无可再右"的"右派朋友们"、是"共产党内的分裂派"（参见《建国以来毛泽东文稿》第 8 册，中央文献出版社 1993 年版，第 447 页）。8 月16 日，毛泽东写了《机关枪和迫击炮的来历及其他》一文。文中提出："庐山出现的这一场斗争，是一场阶级斗争，是过去十年社会主义革命过程中资产阶级与无产阶级两大对抗阶级的生死斗争的继续。"文中还说："在中国，在我党，这一类斗争，看来还得斗下去，至少还要斗二十年，可能要斗半个世纪，总之要到阶级完全灭亡，斗争才会止息。"（参见《建国以来毛泽东文稿》第 8册，中央文献出版社 1993 年版，第 451 页）

② 在《炮打司令部——我的一张大字报》中，毛泽东列出的刘少奇三大罪状中的第一大罪状就是"一九六二年的右倾"（参见《建国以来毛泽东文稿》第 12 册，中央文献出版社 1998 年版，第 90 页）。实际上，"一九六二年的右倾"不只是刘少奇一人，而是中央一线的大多数同志。在 1962 年 7—8 月召开的北戴河中央工作会议和 9 月召开的中共八届十中全会期间，毛泽东狠批"黑暗风"、"单干风"、"翻案风"，实际上就是针对中央一线的。

③ 在回答美国友人埃德加·斯诺提问的"你什么时候明显地感觉到必须把刘少奇这个人从政治上搞掉？"时，毛泽东说道："那就早啰。一九六五年一月，二十三条发表。二十三条中间第一条就是说四清的目标是整党内走资本主义道路的当权派，当场刘少奇就反对。"参见《建国以来毛泽东文稿》第 13 册，中央文献出版社 1998 年版，第 173 页。

④ 《建国以来毛泽东文稿》第 12 册，中央文献出版社 1998 年版，第 73 页。

⑤ 同上书，第 43—44 页。

些走资本主义道路的当权派"①。生命临终之前，毛泽东还发动批邓、反击右倾翻案风运动，再次将邓小平打倒。他严厉指责邓小平"不抓阶级斗争，历来不提这个纲"，"代表资产阶级"。② 至此不难看到，从批"反冒进"到发动"文化大革命"直至捍卫"文化大革命"，在重大问题上，毛泽东总是将党内持不同意见的同志（这些同志的看法几乎都是正确的）打成"右派"而加以批判。和反右派运动的区别，仅仅是党内党外而已。但两者所体现的指导思想都是一样，这就是：以阶级斗争为纲。总结这段党内"反右派"的历史进程，再回过头去思考 1957 年反右派运动发动的必然性，或许有一点帮助，至少不会再单纯地从那个"局面"的出现，从整风鸣放阶段出现各种激烈批评的意见中去寻找发动反右派运动的原因。

［原载《湖南科技大学学报》（社会科学版）2012 年第 2 期］

---

① 《中共党史文献选编·社会主义革命和建设时期》，中共中央党校出版社 1992 年版，第 377 页。

② 中共中央文献研究室：《毛泽东传（1949—1976）》（上），中央文献出版社 2003 年版，第 1771 页。

"大跃进"时期毛泽东纠正农村工作中"左倾"错误的努力

唐正芒

　　"大跃进"时期毛泽东和党中央在农业和农村工作中犯过严重"左"倾错误，造成过严重损失。这是以往人们研究这段历史及这个时期的毛泽东时，比较充分地注意到了的一面。然而这个时期的毛泽东还有努力纠"左"的一面。

一　郑州会议与纠"左"开始

　　毛泽东发动"大跃进"和人民公社化运动约两个月后，就隐约感觉到有不少问题存在。早在高产卫星接连升空时他就不无疑虑。只是觉得气可鼓而不可泄，才不便指破事实真相，以免给干部群众泼冷水。至1958年10月中旬，他听到也想到了更多的问题，于是除自己走出北京调研外，又安排田家英、吴冷西、陈伯达、张春桥等赴河北、河南、北京、天津、山东等地调研。这次调查的确发现了不少问题，毛泽东也即时谈了不少看法，试图及时纠正一些明显存在的问题。

　　当听说有的人民公社将男女老幼分开，搞集体住宿时，毛泽东生气地说，这些干部头脑发昏了，怎么共产党不要家庭呢，要禁止拆散家庭，还是一家大、中、小结合为好。老人不跟小孩、壮丁结合怎么办，整天只有老头对老头行吗？将男女分开不是给国民党对我们的污蔑帮了忙吗？凡是这样胡搞的干部，我都支持群众起来造反。

　　当谈到供给制问题时，毛泽东说，劳动力多的，恐怕还要补给他一点，使他多得一点，多劳多得还是社会主义原则。对于那些劳力多的，就要多发一点工资，别人发一元，他发一点五元、二元，不行还可三元，使他不锁门，下地多出力，把劳动力多的积极性调动起来。

毛泽东也及时批评了一些刮"共产风"的行为。他说，家具可以不归公，这是一部分生活资料。吃饭集体，衣服、床、桌、凳不能集体。私人债务，一风吹，又"共"一次"产"，这是劳动人民内部的劳动所得，把它吹掉不好。他批评浮夸风，要对虚报的人进行教育和辩论，明确反对弄虚作假。

谈到所有制时，毛泽东说，不能把集体所有制和全民所有制两者混合起来。这两种所有制的接近是一个很长的历史过程。

经过半个多月的调研，毛泽东发现"大跃进"、人民公社化运动中存在大量问题，必须使全党对这些问题引起高度重视，对一些"左"的做法予以制止。于是在1958年11月初至1959年3月初相继召开了第一次郑州会议、武昌会议、八届六中全会和第二次郑州会议，强调要划清两种界限、发展商品生产、尊重价值规律、实行按劳分配等。尤其是在商品生产、算账退还、群众生活、浮夸作假及公社内部体制等问题上，毛泽东倾注了更多的注意力。

关于商品生产问题。在第一次郑州会议上毛泽东说，我国是商品生产很不发达的国家，比印度、巴西还落后。所以要发展商品生产，利用商品生产、商品交换和价值法则为社会主义服务。在社会主义时期，应当利用商品生产来团结几亿农民。有了人民公社以后，商品生产、商品交换更要发展。他批评不要商业的观点是错误的，是违背客观法则的："把陕西的核桃拿来吃了，一个钱不给，陕西的农民肯干吗？把七里营的棉花无代价地调出来，会马上打破脑袋。"① 他说废除商业，实行产品调拨，就是剥夺农民，这只会使台湾高兴。他强调，商品生产不会引导到资本主义。"已经把鬼吃了，还怕鬼？不要怕。""因为已经没有了资本主义的经济基础。商品生产可以乖乖地为社会主义服务。""只要存在两种所有制，商品生产和商品交换就是极其必要、极其有用的。"②

关于算账退还问题。即对1958年人民公社化运动中向下面无偿调拨的资金财物是否算账退还的问题。在第二次郑州会议上，毛泽东曾说旧账

① 《毛泽东文集》第7卷，人民出版社1999年版，第438页。
② 同上书，第440页。

一般不算。但他很快意识到这是无偿占有别人劳动成果的大问题，随即就为改变这一说法至少讲了五次，强调旧账一定要算。第一次是在 1959 年 3 月 25 日的中央政治局扩大会议上。他说，许多账非算不可。主张不算账的是公社、穷队和县委。我是站在算账派这一面的。第二次是 3 月 30 日在山西省委第一书记陶鲁笳报告的批注里。毛泽东从理论高度体现出更坚决的态度："旧账一般不算这句话，是写到了郑州讲话里面去了的，不对，应改为旧账一般要算。算账才能实行那个客观存在的价值法则。""不要'善财难舍'。须知这是劫财，不是善财。无偿占有别人劳动是不许可的。"① 第三次是在湖北省委书记王延春报告上的批语，强调算账的必要性和重要意义："算账才能团结；算账才能帮助干部从贪污浪费的海洋中拔出身来，一身清净；算账才能教会干部学会经营管理方法；算账才能教会五亿农民自己管理自己的公社。"② 第四次是在谭震林给他的信上写的批语。他说，算账这个问题，"郑州说的是一般不算，应翻过来，一般要算"。不但要翻过来，还要翻透。因为"这是一个以贪污形式无偿占有别人劳动的问题"。③ 直到 1961 年 1 月还讲过一次即第五次讲"要算账"。他说："郑州会议的方针政策是对的，只有一条不对，就是不要算账。""到了四月上海会议就搞了十八条，决定旧账坚决要算。"④

关于群众生活问题。面对当时普遍存在的瞎干蛮干、挑灯夜战、伤害群众身体的情况，毛泽东很不放心。1958 年 11 月中旬，他在湖北孝感视察，就专门向群众问起"挑灯夜战"的事。嘱咐当地领导"群众积极性越大越要关心群众，不要搞夜战，人过分劳累要害病的"。他特别强调要关心妇女，要执行"三期照顾"（即月经期、怀孕期、哺乳期）。⑤ 针对群众反映累的问题，毛泽东说要下个睡觉的命令，至少每天要睡够 6 小时，这样的强迫命令老百姓会欢迎。他意识到使群众过度劳累是个全国性的问题，遂强调"必须立即引起全党各级负责同志"的注意。并将这个问题从郑州会议一直讲到武昌会议。11 月 25 日，中共云南省委向毛泽东并中央

① 《毛泽东文集》第 8 卷，人民出版社 1999 年版，第 34 页。
② 同上书，第 35 页。
③ 同上书，第 35—36 页。
④ 同上书，第 235 页。
⑤ 萧心力主编：《巡视大江南北的毛泽东》，中国社会科学出版社 1993 年版，第 245—246 页。

递交了一份群众因持续紧张苦战而导致肿病死人情况的报告。毛泽东十分重视。当即写批语印发正在武昌召开的中央政治局扩大会议，表示中央也要承担责任："在我们对于人民生活这样一个重大问题缺少关心，注意不足，照顾不周（这在现时几乎普遍存在）的时候，不能专门责怪别人。""千钧重担压下去，县乡干部没有办法……顾了生产，忘了生活。"他明确提出"任务不要提得太重"和"生产生活同时抓"等解决办法。① 他甚至对有的地方群众采取小孩子放哨、大人休息睡觉来对付干部"要群众日夜苦战"的"挑灯夜战"做法，表示赞赏和叫好。②

关于浮夸作假问题。在第一次郑州会议上，毛泽东就批评了浮夸、作假问题。要求"提倡实事求是，不要谎报。不要把别人的猪报成自己的，不要把三百斤麦子报成四百斤。今年的 9000 亿斤粮食，最多是 7400 亿斤（据后来核实只有 4000 亿斤——引者注），把 7400 亿斤当数，其余 1600亿斤当作谎报，比较妥当。人民是骗不了的"③。他强调"《人民日报》最好要冷静一点"。"记者到下面去，不能人家说什么，你就反映什么，要有冷静的头脑，要作比较。"④ 在随后武昌会议上，他再次严厉批评作假。他说："有一个公社，自己只有一百头猪，为了应付参观，借来了二百头大猪，参观后又送回去。有一百头就是一百头，没有就是没有，搞假干什么？""要老老实实，不要作假。本来不行，就让人家骂，脸上无光，也不要紧。不要去争虚荣。"他感到问题的严重性还在于"不仅下面作假，而且我们相信，从中央、省、地到县都相信，主要是前三级相信，这就危险。"他要求以后搞评比"要检验，要组织验收委员会"。"即使检查了，也还要估计到里头还有假。"因此中央、省、地三级都要"有个清醒头脑，打个折扣。三七开"。"要有一部分不信任"，"有的是百分之百的假"。他指示修改郑州会议《关于人民公社若干问题的决议》时，对"作假问题要专搞一条，不要同工作方法写在一起，否则人家不注意"。⑤

关于公社内部体制问题。第一次郑州会议后各地开始了对已经觉察到的"左"倾错误的纠正。至 1959 年春，越来越多的问题不断暴露，有些

① 《毛泽东文集》第 7 卷，人民出版社 1999 年版，第 451 页。
② 同上书，第 448 页。
③ 同上书，第 434—435 页。
④ 同上书，第 443 页。
⑤ 同上书，第 446—447 页。

还较严重。突出的问题有两个：一是国家的粮食征购任务完不成，销量却大量增加，全国闹粮食风潮，令人担忧，如上海一度只有 12 天的存粮。二是秋收以来，很多地方出现瞒产私分情况。而且是基层干部带头瞒产。如广东省雷南县，收获晚稻时上报平均亩产有千斤以上，但征购任务派下去时又叫喊完不成，纷纷改报低产，全县平均亩产竟跌至仅 289 斤。其他各地也有类似情况，"生产大队小队普遍一致瞒产私分，深藏密窖，站岗放哨，保卫他们自己的产品"。①

在广东等地将瞒产私分作为本位主义批判时，毛泽东却在深思。他认为不能将瞒产私分简单的定性为本位主义，而是要从公社内部体制上找原因，这就是：在公社内部，各大队小队仍然怕公社拿走它们的粮食，所以就瞒产私分。要解决这个问题，就要保障队的粮食不会被公社拿走，就要承认生产队对产品的所有权也即生产队的基本所有制问题，于是毛泽东确定 1959 年 2 月底至 3 月初的第二次郑州会议，主题就是要对症下药地解决人民公社内部的基本所有制问题。

然而，"大跃进"和人民公社化运动后，总的政治氛围是"一大二公"：公社的规模、范围越大越好，公有化程度越高越好，越"左"就越"革命"。而不久前的第一次郑州会议，已经强调要划清两个界线，突出了"集体所有制"和"社会主义"的观念及其重要性，降低和弱化了"全民所有制"和"共产主义"的浓烈气氛。这已是朝"右"的方面迈出一步了。现在，毛泽东要在这个基础上再向"右"迈一大步，要把基本的社有制改为基本的队有制，其阻力可想而知。所以第二次郑州会议并不像毛泽东预期的那样顺利，不仅在一些省市委书记那里阻力较大，而且连一些中央负责人也同毛泽东的思想有距离。

当毛泽东在会上提出生产队所有制的问题时，主要由长江以北的几位省委书记参加的第一天的会议还较顺利。但主要由长江以南七个省市委书记参加的第二天的会议却遇到了较大的抵制，正如参加会议的王任重当天日记所写的："我们几个人跟他唱反调。"② 但毛泽东仍坚持自己的正确意见，表示即使在会议的文件上不公开写，在实际上也要那么办。毛泽东将

---

① 《建国以来毛泽东文稿》第 8 册，中央文献出版社 1993 年版，第 62 页。
② 逄先知、金冲及主编：《毛泽东传（1949—1976）》（下），中央文献出版社 2003 年版，第 921 页。

会议拟订的十二句话增加为十四句，即增加"物资劳力，等价交换"，即是在公社内部社与队、队与队之间在物资和劳力方面都要实行等价交换，目的就在于纠正"共产风"、实行生产队的基本所有制。但当毛泽东提出所有制问题，提出"三级所有是不是要写上"文件时，就遇到包括有的中央领导同志在内的较大阻力而未被通过。他们担心如果写上生产队（这里指生产大队）的基本所有制，公社的"一大二公"就会被削弱。所以"还是公社所有制"，"不采取主席那个由队到社的过程的说法"。① 而毛泽东强调生产队基本所有制，就是要反对在一社之内队与队间的穷富拉平的做法，强调承认差别，以调动积极性。面对一些人的反对，面对阻力和未被通过的会议结果，毛泽东在会议的最后一天讲了一段情绪激烈、分量很重的话。他说："我现在代表五亿农民同一千多万基层干部说话，搞'右倾机会主义'，坚持'右倾机会主义'，非贯彻不可。你们如果不一齐同我'右倾'，那么我一个人'右倾'到底，一直到开除党籍。……我犯了什么罪？无非是不要一平、二调、三收款，要基本的所有制还是生产队，部分的所有制在上面两级，要严格按照价值法则、等价交换来办事。"② 这段措辞激烈的话体现毛泽东纠"左"的决心；也说明会议还是有民主气氛的，并非毛泽东个人说了就算数；并体现出毛泽东是带头改正错误、走在纠"左"前列的。

二 《党内通信》与纠"左"深入

虽然第二次郑州会议决议不公开写生产队所有制问题，但毛泽东坚持"实际上要那么办"，"非贯彻不可"。为此，毛泽东就各省贯彻郑州会议精神需要召开的六级干部大会，于 1959 年 3 月 9 日写了一篇《党内通信》。正是自这篇《党内通信》开始，至 5 月 2 日止，毛泽东共写了六篇《党内通信》。六篇《党内通信》总起来看，体现出了纠"左"的逐步深入。

第一篇《党内通信》（以下简称《通信》）写于 1959 年 3 月 9 日。尽管有的同志对第二次郑州会议毛泽东关于克服公社内部队与队之间的平均

① 《毛泽东与 20 世纪中国社会的伟大变革》，中央文献出版社 2007 年版，第 417 页。

② 同上书，第 411 页。

主义、实行三级管理、三级核算,并以队的核算为基础和等价交换等主张转不过弯,认为是后退,但毛泽东强调即使不写进文件,实际工作中也必须执行。而会后能否真正执行,毛泽东很不放心,他预计"会有一部分人想不通,骂我们开倒车",① 需要做很多思想工作,要尽早开会贯彻。为此毛泽东写了这篇《通信》,以便各省及时开会、开出成效。他要各省"把六级干部迅速找来,把方针即刻放出去,三几天内就会将大小矛盾轰开,就会获得多数人的拥护"。②《通信》还对省、县会议提出明确规定和要求,要在 3 月基本开完(含公社、大队的传达贯彻)。可见毛泽东贯彻郑州会议精神纠"左"的心情迫切。

第二篇《通信》写于 6 天后的 3 月 15 日,中心内容仍是郑州会议所议定的关于公社体制中的基本核算单位问题。毛泽东"感觉这个问题关系重大,关系到三千多万生产队长小队长等基层干部和几亿农民的直接利益问题"。③ 因为当时出现两种理解和主张,一种是以原来的高级社即现在的生产队为基本核算单位,如湖北、广东的情况;另一种是以生产大队为基本核算单位,如河南、湖南的情况。比较起来,前者比后者更适合生产力发展水平,更受农民欢迎。而以生产大队为基本核算单位,亿万基层干部和农民群众是难以接受的。于是毛泽东在这篇《通信》中特别强调:"宁可采用生产队,即原高级社为基本核算单位,不致使我们脱离群众。"④ 之所以出现两种主张,是因为第二次郑州会议上写的是"统一领导,队为基础",这里的"队"是指"大队"还是"生产队",未写明确。致使热衷于提高公有化程度的就以大队为基础了。如真坚持这样,后果定会十分严重。毛泽东此时把正了航舵,明确指出:"《郑州会议记录》上所谓'队为基础',指的是生产队,即原高级社,而不是生产大队(管理区)。总之,要按照群众意见办事。"⑤《通信》发出后,大多都实行以生产队为基本核算单位了。

第三篇《通信》写于 3 月 17 日。主要是要求讨论另一重要问题,即除公社、大队、生产队三级核算外,"生产小队(生产小组或作业组)的

---

① 《建国以来毛泽东文稿》第 8 册,中央文献出版社 1993 年版,第 100 页。
② 同上。
③ 同上书,第 111 页。
④ 同上。
⑤ 同上书,第 111—112 页。

部分所有制的问题"。① 这是毛泽东考虑的另一个更进一步纠正人民公社体制方面的"左"倾错误的问题。生产小队的部分所有制可一定程度克服生产大队内小队与小队之间的平均主义，更进一步调动群众积极性。毛泽东要求县的大会开过后，各公社还要组织干部社员工的"全民讨论"，以激起广大干部社员对生产小队部分所有制的兴趣。这个问题再后来经毛泽东从1961年2月到1962年2月一年多的艰辛努力，中央专门下文正式改为以生产小队为基本核算单位，而不只是"部分所有"了，并将生产小队的"小"字去掉，统一改称为"生产队"。后来实行了近20年的以生产（小）队为基本核算单位的人民公社管理体制，就是在这里起步的。本篇《通信》还对曾严厉批判过的所谓"观潮派"、"算账派"正了名，认为他们是被人们看错了，实际上他们的意见和观点是正确的。

第四篇《通信》是3月29日发给各省市区委书记及中央各部党委或党组书记的。仍强调必须走群众路线，倾听基层干部和群众的意见。《通信》中说，一些中层干部头脑僵化，要采取"上层基层，夹攻中层"② 的办法让其改正错误、取得进步。《通信》要求各省每年开两次五级、六级或七级干部大会，以便明了基层情况、改正错误。其基调仍是要从维护群众利益出发，纠正"左"倾错误。

第五篇《通信》是4月29日的一篇更著名的《党内通信》，这是唯一一篇从省一直写给生产小队的《通信》。本篇共讲了六个问题，最集中体现出对农村工作中的高指标、瞎指挥、浮夸风等错误的批评和纠正。许多观点和思想甚至语言，至今人们仍耳熟能详、记忆犹新（内容详见本人发表在《理论探讨》2008年第1期上的论文《毛泽东的六篇〈党内通信〉及其纠"左"意义》）。这篇《通信》以其特有的风格和对农业问题的熟悉，写得通俗易懂、明白条畅，像跟农民拉家常和谈心一样，所讲的也都是农民所想的，所以传开后立即在全国农村引起强烈反响。此时"南方正在插秧，北方也在春耕"，毛泽东嘱咐这篇《通信》要"在今天或明天，用电话发去"。③ 他迫切希望及时纠正当时农村工作中的"左"倾错误。

第六篇《通信》写于5月2日，是批转一个报告。该报告反映分配上

---

① 《建国以来毛泽东文稿》第8册，中央文献出版社1993年版，第123页。

② 同上书，第167页。

③ 同上书，第238页。

社员收获太少、粮食紧张、产量指标定得太高、公社和生产队的权限等问题。毛泽东认为这些问题"是有普遍性的",要求各地各级党委"注意解决,越快越好"。指示将这篇《通信》和这个报告"发给各级党委,一直到生产队的支部书记"。①

总的说来,这六篇《党内通信》对于纠正当时已觉察到的"左"倾错误产生了广泛影响,发挥了较大作用,具有重要意义。

批发四个中央指示。六篇《党内通信》下发后,毛泽东又在一个多月里接连批发四个关于社员家庭副业等的中央指示:1959年5月6日批发中央关于农业的五条紧急指示稿;5月7日批发中央关于分配私人自留地以利发展猪鸡鹅鸭问题的指示;5月10日批转湖北、河北、广东三个省委关于人民公社和农村工作情况的报告;6月11日批发中央关于社员私养家禽家畜、分配自留地、充分利用零星闲散土地和鼓励私人植树等四个问题的指示。对这四个指示,毛泽东不只是例行公事地简单批发,而是通过修改、增写及加拟标题等,体现出对纠"左"的急切心情,体现出比中央原拟稿子的纠"左"步子迈得更大。

如5月6日中央《关于农业的五条紧急指示》这个标题就是毛泽东加拟的。五条紧急指示的内容主要为:省地县各级党委第一书记必须以抓农业为中心;养猪必须是公养和私养并重,对私人养猪要给以必要的安排和照顾;要恢复社员的自留地;要普遍传达和执行毛泽东关于农业的六个问题的意见(即上述4月29日《党内通信》中所强调的六个问题)等。毛泽东对这个指示绝不只是例行公事的批发。如关于社员自留地数量,中央文件原稿为"不超过每人平均占有土地的5%",毛泽东加写"也不少于5%","不超过"和"不少于"强调的侧重点显然不同。原侧重点是不能多于5%。而毛泽东的侧重点是不能少于5%。这样,执行的结果就有可能相差一半。毛泽东还特别加写一句强调:"没有自留地不能大量发展私人喂养的猪鸡鹅鸭,不能实行公养私养两条腿走路的方针。"他要杨尚昆"用电话发出"这个指示,并在标题上加"紧急"二字,要各地"立即布置执行"。② 对5月7日关于分配私人自留地以利发展猪鸡鹅鸭的指示他也要求"用电话发出",分给社员自留地"要快"、"要迅速",请各地"早

---

① 《建国以来毛泽东文稿》第8册,中央文献出版社1993年版,第24页。
② 同上书,第250—251页。

作决定，下达执行"，① 等等。从这些细节都可看出毛泽东对纠正过去错误做法的急切心情。

6月11日批发的中央关于农业四个问题的指示，是毛泽东与邓子恢、李先念、廖鲁言"三人商量好后"，由廖、邓起草的。原指示稿强调社员私养家禽、家畜"要保证不耽误集体生产的出工数"。毛泽东不同意，改为"要给全劳动力每月放假三至五天"，"还要给妇女劳动力每天二三小时的时间"。明显体现出毛泽东对纠"左"比原指示稿要求更彻底。"四个问题"涉及范围宽，体现出毛泽东要求纠"左"要全面。直到庐山会议前夕，他一直强调要"恢复私人菜园，一定要酌给自留地"；"田头地角，零星土地，谁种谁收，不征不购"和"自留地不征税"，并在粮食征购上给予一些松动。这就给了社员在大集体下迫切需要、必不可少的"小自由"，有利于农村恢复生机。

三 广东《指示》与再度纠"左"

就在纠"左"方兴未艾之际，毛泽东在庐山会议上错误发动了对彭德怀的批判和全党的反右倾斗争，打断了纠"左"的进程，使"左倾"重新泛滥。生产关系再度冒进，"共产风"再度蔓延。一些正确的政策措施被重新否定，如社员私养家禽家畜、自留地、家庭副业、按劳分配等，又被当做"反动的、丑恶的东西"而批得"抬不起头"。② 假、大、空话和虚报浮夸又故态复萌。凡此种种，使群众对社会主义误解增加，党群关系恶化，农村经济再遭折腾。

对于农村中再度泛滥的严重"左"倾，毛泽东在什么时候又重新有了觉察和认识并着力纠正，也即庐山会议后毛泽东党中央再纠"左"的起步在哪里？传统观点认为是在1961年1月中共八届九中全会制定调整的八字方针继而实行对国民经济调整后，或至早是1960年11月3日中共中央颁布的《关于农村人民公社当前政策问题的紧急指示信》（即"十二条"）起，才开始再度纠"左"的。但笔者根据史实认为，庐山会议后毛泽东再

---

① 《建国以来毛泽东文稿》第8册，中央文献出版社1993年版，第252—253页。
② 《农业集体化重要文件汇编（1958—1981）》，中共中央党校出版社1981年版，第248—250页。

度认识和纠正农村工作中重新泛滥的"左"倾错误的起步，应是 1960 年 3 月 5 日对广东省委《关于当前人民公社工作中几个问题的指示》（以下简称《指示》）所作的批示。因为自此至 11 月 3 日"十二条"颁布的 8 个月时间里，毛泽东的认识和他指导下的党的工作，总的趋势是在朝着再纠"左"的方向前进的，事物矛盾的主要方面已在由"左"倾泛滥逐渐移位于纠正"左"倾了。

当然，从历史的全局看，毛泽东、党中央更为集中地在农村纠"左"当是从中央发布《十二条》紧急指示信开始的。然而不应否认，全国自庐山会议反右倾后形成的紧张"左"倾气氛的渐趋缓和，却是从毛泽东代中央批转广东《指示》后就开始了的。"十二条"中的绝大部分内容特别是一些关键性内容，如纠正"共产风"和"一平二调"、社员自留地、算账和退赔、三级所有、对小队实行三包一奖、按劳分配和少扣多分等，都是在 3 月广东《指示》后，毛泽东、党中央的历次批示或其批转的有关报告中陆续提出或重申了的。"十二条"则是更集中、更强调、更详细和具体化。从这个意义上说，"十二条"虽是面临严重困难所必须采取的措施，但也是自批转广东《指示》后，毛泽东及全党逐步再纠"左"的一个总的成果。也正是从这个意义上我们说，广东《指示》的制定特别是毛泽东对它的重视和批转，确是迈开了庐山反右倾后在农村工作中再度纠"左"的可贵第一步，是毛泽东在当时的客观局势和认识水平下实事求是的一种体现（关于这个问题，详见本人发表在《马克思主义与现实》2011 年第 4 期上的论文《庐山会议后毛泽东在农村工作中再度纠"左"的可贵起步》）。

四　经济调整与继续纠"左"

在中国经济最困难的 1960 年 12 月底至 1961 年 1 月，党中央先后召开了中央工作会议和八届九中全会，通过了"调整、巩固、充实、提高"的八字方针，决定对国民经济实行全面调整。经历了严酷的现实和深刻的教训后，毛泽东又在经济调整过程中进一步提出了不少纠"左"思想、采取了不少纠"左"措施。

关于退赔。对于"共产风"中的一平二调，毛泽东在八届九中全会前夕的中央工作会议上讲得更严厉、更坚决。他说："退赔问题很重要，一定要认真退赔。""现在农民鼓着眼睛看着我们能不能兑现，不兑现不行。""县、社宁可把家业统统赔进去，破产也要赔。""平调农民的劳动果实，比地主、资本家剥削还厉害，资本家还要花点代价，只是不等价，平调却什么都不给。一定要坚决退赔"，"赔到什么都没有"。"不要怕公社没有东西，公社原来就没有东西，它不是白手起家的，是'黑手'起家的。""只有退赔光了，才能白手起家。"① 他还说，对于退赔，县、社干部不满意不要紧，我们得到了农民群众的满意。不痛一下就得不到教训，痛一下，才能懂得马克思主义的等价交换这个原则。随后在 1961 年 2 月考察时他又强调等价交换，强调剥夺农民是马列主义完全不许可的，我们只讲过剥夺地主，哪里讲过剥夺农民，剥夺农民的思想是最反动的，不是建设社会主义，而是破坏社会主义。1961 年 6 月中共中央发出《关于坚决纠正平调错误、彻底退赔的规定》，认为退赔工作总的说来"还是做得很不彻底的"，要求"各级党组织必须下最大的决心，贯彻执行中央和毛泽东同志反复多次的指示，坚决纠正平调错误，全部、彻底进行退赔"。"谁平调的谁退赔，从那里平调的退赔给那里。"虽然后来由于经济确实太困难，彻底退赔无法做到甚至差距还较大。但毛泽东对平调这种剥夺农民的行为的愤慨溢于言表，农民对毛泽东党中央退赔的决心也是感同身受的。

关于自留地等社员经营的"小自由"。如前所述，大集体下的"小自由"是庐山会议前充分肯定了的。这是恢复农村生机的重要措施。庐山会议反右倾后基本被扫除并横遭批判。此后自 1960 年上半年起逐渐有了松动。在实行国民经济全面调整后，毛泽东又多次强调要恢复。1961 年 2 月 8 日，毛泽东与浙江省委负责人谈话。在汇报自留地问题时这位负责人说，几年来几放几收，放有放的道理，收有收的道理。毛泽东坚定地说："两个道理，归根到底，只能是一个道理，还是要给农民自留地，而且要把为什么反复交代清楚。"并表示，现在再不能搞反复了，"再搞下去，就是你们所说的饿、病、逃、荒、死。"他明确表态说："自留地是个人所有制的尾巴，并不危险。"② 3 月 7 日，他在与王任重谈话时，一开始就问王任重"你们的自留地到底交下去了没有？看来，一个自留地，一个退赔，一个

---

① 《毛泽东文集》第 8 卷，人民出版社 1999 年版，第 227 页。
② 逄先知、金冲及主编：《毛泽东传（1949—1976）》（下），中央文献出版社 2003 年版，第 1124—1125 页。

指挥权，这是三个重要问题。"① 这里，毛泽东把自留地摆到了"三个重要问题"之首。4月8日，他在听胡乔木汇报韶山调查的情况时，批评韶山大队桥头湾小队队长不给社员分自留地，不让社员私人养猪等"左"的做法。在"四清"运动中，他担心又重复"左"的做法，特别交代："自留地不要动，自留地生产的粮食不要算口粮。自由市场不要动。"② 看来毛泽东对农村社员"小自由"方面的政策遭到破坏的恶果刻骨铭心，即粮食紧张危急时，使农民失去了自救能力和条件，现在再也不能做这种蠢事了。《农业六十条》从"草案"起就专门列了《社员家庭副业》一章共5条，对如何保护、指导、帮助社员发展家庭副业，搞好自留地、开荒地、饲料地及社员个人的种植、养殖等，都作了详细规定，并肯定它"是社会主义经济的必要的补充部分"。③

关于调查研究与形势估计。在探索社会主义建设道路经过一段艰难曲折后，毛泽东切身感到调查研究的重要性。为此，从1960年12月起，连续四次专题论述要从实际出发，要调查研究。

在1960年12月24日至1961年1月13日的中央工作会议上，毛泽东先后五次召集各方面工作的汇报会，这使他掌握了大量来自各方面的情况和信息，感受到了调查研究掌握情况的极端重要，由此逐渐形成要在1961年大兴调查研究之风的思想。此后他便接连四次在中央会议上强调大兴调查研究之风的问题，这在新中国成立后是罕见的。

在这次中央工作会议的最后一天，他发表以"大兴调查研究"为主题的讲话。强调要做到情况明、决心大、方法对，首先就要情况明，要做调查研究。他作自我批评说："建国以来，特别是最近几年，我们对实际情况不大摸底了，大概是官做大了。我这个人就是官做大了，我从前在江西那样的调查研究，现在就做得很少了。今年要做一点。"他要求大家回去后大兴调查研究之风，"今年搞一个实事求是年"。④ 还就如何使调查掌握到真实情况而介绍了调查方法。他说："了解情况，要用眼睛看，要用口

---

① 逄先知、金冲及主编：《毛泽东传（1949—1976）》（下），中央文献出版社2003年版，第1137页。

② 同上书，第1343页。

③ 《农业集体化重要文件汇编（1958—1981）》，中共中央党校出版社1981年版，第641页。

④ 逄先知、金冲及主编：《毛泽东传（1949—1976）》（下），中央文献出版社2003年版，第1116页。

问，要用手记。谈话的时候还要会谈，不然就会受骗。要看群众是不是面有菜色，群众的粮食究竟是很缺，还是够，还是很够，这是看得出来的。"① 这是毛泽东新中国成立后第一次比较集中地讲调查研究问题。

在1961年1月的八届九中全会结束时，毛泽东第二次强调调查研究，他"希望今年这一年，1961年，成为一个调查年，大兴调查研究之风"。② 也是在这个月，毛泽东忽然见到由中国革命博物馆转来的他在30年代写的他一直念念不忘的《调查工作》（后改名为《反对本本主义》）一文。他十分高兴，即令分发。随即指导田家英、胡乔木、陈伯达等组织三个工作组分赴浙江、湖南、广东调查。他自己也由天津、济南、南京一路赴浙江、广东调查并再次强调："今年这一年要大兴调查研究之风，没有调查研究是相当危险的。""要大兴调查研究之风，要把浮夸、官僚主义、不摸底这些东西彻底克服掉。过去几年不大讲调查研究了，是损失。不根据调查研究来制定方针、政策是不可靠的，很危险。"③

1961年3月11日至14日，毛泽东在广州主持的华东、中南、西南三个大区负责人和省、市、自治区负责人会议上，第三次强调调查研究。为了引起大家重视，会议第一天，他就将《调查工作》一文印发，并写了说明。3月13日，他又着重讲了《调查工作》一文和调查研究问题。他说"最近几年吃情况不明的亏很大，付出的代价很大。大家做官了，不做调查研究了。我做了一些调查研究，但大多也是浮在上面看报告"。④ 他强调：我们了解情况主要不靠报表，也不能看逐级的报告，要亲自了解基层的情况。他要各级党委的第一书记都要亲身做系统的由历史到现状的调查研究。

在3月23日广州中央工作会议的闭幕会上，毛泽东讲话的主题仍是调查研究。这是两个多月来连续第四次专门讲调查研究问题。这一天通过了经毛泽东修改审定的《中共中央关于认真进行调查工作问题给各中央局，各省、市、区党委的一封信》。信中有一句名言："在调查的时候，不要怕

---

① 《毛泽东文集》第8卷，人民出版社1999年版，第223页。
② 逢先知、金冲及主编：《毛泽东传（1949—1976）》（下），中央文献出版社2003年版，第1117页。
③ 同上书，第1120页。
④ 《毛泽东文集》第8卷，人民出版社1999年版，第253页。

听言之有物的不同意见，更不要怕实际检验推翻了已经作出的判断和决定。"① 这句话大大促进了调查研究在纠正"左"倾错误时作用的发挥。

1961 年 5 月 14 日，毛泽东在给湖南省委第一书记张平化的复信中又强调调查研究问题："绝对禁止党委少数人不作调查，不同群众商量，关在房子里，作出害死人的主观主义的所谓政策。"②

随着调查研究的深入，毛泽东的认识也在深化。这使得"大跃进"和人民公社化运动以来的一些不合实际的、不利于生产发展的、农民不满意的错误决定在一个个被推翻，如对公共食堂，毛泽东由坚持到放弃即是典型一例。

深入实际的调查研究，也使毛泽东对形势的分析和任务的确定更实际、科学，逐渐脱离盲目乐观和忘乎所以。

在 1960 年年底中央工作会议第三次汇报会上，毛泽东第一次突破了分析形势时错误与成绩一个指头与九个指头的思维定势。他说，"事实上有的地方的缺点、错误不是一个指头的问题，有的是两个指头，有的是三个指头。总之，把问题弄清楚了，有多少，讲多少"。他还说，原来估计 1960 年会好一些，但"没有料到，1960 年天灾更大了，人祸也来了。这人祸不是敌人造成的，而是我们自己造成的"。这是毛泽东第一次把党在领导工作中的错误称为"人祸"。③ 发动"大跃进"时毛泽东信心十足地认为，只要几年、十几年的时间，就可以赶上和超过最发达的资本主义国家。经过实践中的挫折和对实际情况的调查掌握，他对形势和速度的估计冷静多了。在接见外宾和在七千人大会上他都说：要赶上和超过世界上最先进的资本主义国家，没有一百多年的时间，我看是不行的。④ 这同当年认为很快就可以建成社会主义和向共产主义过渡的盲目认识迥然两异了。

基于对庐山会议的反思，强调阶级斗争不能影响"工作"。1961 年 3 月 5 日在广州召开政治局常委扩大会议，毛泽东回顾 1958 年 11 月郑州会议以来两年多的历史时，第一次对庐山会议作了反思，说庐山会议后我们对情况就不大清楚了，"因为庐山会议之后一反右，有人讲真实话，讲困难，讲存在的问题，讲客观实际情况，等等，都被认为是右的东西，结果

① 《建国以来重要文献选编》第 14 册，中央文献出版社 1997 年版，第 226 页。
② 《毛泽东书信选集》，人民出版社 1983 年版，第 582 页。
③ 《毛泽东文集》第 8 卷，人民出版社 1999 年版，第 229 页。
④ 《建国以来重要文献选编》第 15 册，中央文献出版社 1997 年版，第 127 页。

造成一种空气，不敢讲真实情况了"。他不无感慨地说"庐山会议反右这股风把我们原来的反'左'割断了"，反右的结果反出了一个高估产、高征购、高分配、浮夸风。他慨叹：贯彻郑州会议的反"左"从三月到六月只反了四个月，"如果继续反下去，那就好了"。①

广州中央工作会议期间的 3 月 19 日，毛泽东同修改"农业 60 条"的同志谈话时，又一次反思了庐山会议。他说："庐山会议本应继续解决郑州会议没有解决的问题，中间来了一个插曲，反右，其实应该反'左'"，"农村问题，在 1959 年即已发生，庐山会议反右，使问题加重，1960 年更严重。"② 6 月 12 日，毛泽东在北京中央工作会议结束时又一次认为庐山会议后应当继续反"左"，反右错了。他说："庐山会议后，我们错在什么地方呢？错就错在不该把关于彭、黄、张、周的决议，传达到县以下，应该传达到县为止"，县以下应该"继续反'左'"。"现在看是犯了错误，把好人、讲老实话的人整成了'右倾机会主义分子'，甚至整成了'反革命分子'"。③ 他还说，现在大家之所以对怎样建设社会主义的认识大为深入，"一个客观原因，就是 1959 年、1960 年这两年碰了钉子"。④ 无疑这里着重指的也是庐山会议及其以后反右的教训。

1962 年 8 月 5 日在与一些大区和省的领导同志谈话中，毛泽东虽然说还不能给彭德怀翻案，但他再次表示"1959 年反右倾斗争，大多数是搞错了"。⑤ 再后来经过几年的认识，1965 年 11 月毛泽东在劝说彭德怀担任"大三线"副总指挥时，曾不无感慨地对彭德怀说"也许真理在你那边"。⑥ 这说明毛泽东对庐山会议的错误确是在逐渐认识的。

正是基于对庐山会议及其以后错误的反思和教训的吸取，所以当他在八届十中全会重新强调阶级斗争时，又完全赞同刘少奇关于不要因阶级斗争影响经济调整的建议。他特别提醒大家："要分开一个工作问题，一个阶级斗争问题。我们决不要因为对付阶级斗争问题而妨碍了我们的工作

---

① 逄先知、金冲及主编：《毛泽东传（1949—1976）》（下），中央文献出版社 2003 年版，第 1134—1135 页。

② 同上书，第 1145 页。

③ 《毛泽东文集》第 8 卷，人民出版社 1999 年版，第 273 页。

④ 同上书，第 227 页。

⑤ 逄先知、金冲及主编：《毛泽东传（1949—1976）》（下），中央文献出版社 2003 年版，第 238 页。

⑥ 《彭德怀传》编写组：《彭德怀传》，当代中国出版社 1993 年版，第 697 页。

（注：这里的'工作'当指纠'左'和经济调整），请各部门、各地方的各位同志注意。"讲到这里，他又一次提到庐山会议的教训："1959 年庐山会议，反党集团扰乱了我们，我们那个时候不觉悟。本来是搞工作的，后头来了一个风暴，就把工作丢了。这一回，可不要这样。"① 他要求各部门、各地方的同志传达时"要把工作放到第一位"。② "不要让阶级斗争干扰了我们的工作，大量的时间要做工作。"③ 他进一步强调："这一次，不管国内修正主义、国际修正主义……一切都不受它干扰。""我们要'任凭风浪起，稳坐钓鱼船'。国内也好，国际也好，只有那么大的事，没有什么好大的事。"④ 讲话中他一连说了八个"也好"，表明无论在什么情况下，都要坚持纠"左"和调整，也表明他这时还并未对政治形势、阶级斗争估计得特别严重。这当然有利于经济调整和继续纠"左"。

当然，总体上看，毛泽东在这次会上表现出的是"左"的思想和观点。但上述讲话的意义在于，他在强调阶级斗争时，仍能吸取庐山会议后"反右倾"的教训，接受刘少奇的建议，对"工作"问题表示了明确态度。这使八届十中全会在重提阶级斗争的同时，仍颁布了作为纠"左"重大成果的《农业 60 条》（修正草案），专门作了"关于发展农业生产"的《决定》，经毛泽东修改的全会公报强调要"把发展农业放在首要地位"，并作为"当前的迫切任务"。⑤ 因此在随后几年里，纠"左"和经济调整没有受正在发展的阶级斗争和"左"倾思想太多的干扰。

如在布置"社教"（"四清"）运动时，他一再强调："生产要发展。如果生产搞坏了，下降了，农村社会主义教育运动就是失败了。"⑥ 1964年 3 月他在听山西省委汇报"四清"试点时，就关切地询问"四清""究竟妨碍了生产没有？生产情况如何？"并说"四清"的"每一步骤都要紧

---

① 逄先知、金冲及主编：《毛泽东传（1949—1976）》（下），中央文献出版社 2003 年版，第 1254 页。

② 《建国以来重要文献选编》第 15 册，中央文献出版社 1997 年版，第 657 页。

③ 逄先知、金冲及主编：《毛泽东传（1949—1976）》（下），中央文献出版社 2003 年版，第 1254 页。

④ 同上书，第 1255 页。

⑤ 《建国以来重要文献选编》第 15 册，中央文献出版社 1997 年版，第 654 页。

⑥ 逄先知、金冲及主编：《毛泽东传（1949—1976）》（下），中央文献出版社 2003 年版，第 1342 页。

密结合生产"。① 这些都体现毛泽东对庐山会议反右倾的教训刻骨铭心，总在担心怕因阶级斗争和政治运动影响经济调整和农业生产。

正因为"生产"、"工作"在毛泽东心目中有重要地位，所以中共中央在关于社会主义教育运动的前后几个文件中都一律强调了生产问题。如1963年5月的"前十条"强调："社教"要"在不误生产、密切结合生产的条件下，分期分批地有步骤地推行"；② 同年9月的"后十条"强调"社会主义教育运动的进行，必须同生产工作紧密地结合起来。运动进行的每一个步骤，都不能耽误生产。运动中的一切措施，都应当有利于生产"。③ 即使是更"左"的1964年9月的"第二个后十条"也强调"必须密切注意生产工作"；"一切工作的安排和进行，都要注意不误农时"；要把群众的积极性引导到"发展农业生产"上面去。④ 1965年1月的"二十三条"则把毛泽东提出的"要看增产，还是减产"作为"社会主义教育运动是否做得好的标准"之一，强调"在运动中，自始至终要抓生产"。⑤

1963年9月28日，毛泽东在同王恩茂等九人谈新疆反修问题时也强调反修时要把生产摆在重要位置甚至第一位。他说新疆反修工作主要还是经济问题。农业要一年比一年增产，经济要一年比一年繁荣。新疆人民生活要改善，要比苏联还好。在这个基础上，加上政治挂帅，加强思想政治教育。⑥

在毛泽东主持下，这个时期制订了《农业60条》；解散了公共食堂；以及为解决生产队与生产队之间和生产队内部人与人之间的平均主义这"两个极端严重的大问题"，⑦ 而规定并实施近20年的将基本核算单位下放到生产队的政策。这些更是这个时期关系重大、作用明显的纠"左"成果。不能否认这些纠"左"成果在毛泽东的理想底线内曾产生了良好的积极效果、甚至较深远的影响。

综上所述，毛泽东在当时历史环境下的大量纠"左"言论和举措，不

---

① 逄先知、金冲及主编：《毛泽东传（1949—1976）》（下），中央文献出版社2003年版，第1339页。

② 《农业集体化重要文件汇编（1958—1981）》，中共中央党校出版社1981年版，第692页。

③ 同上书，第701页。

④ 同上书，第735页。

⑤ 同上书，第822页。

⑥ 《建国以来毛泽东文稿》第10册，中央文献出版社1996年版，第3778页。

⑦ 《毛泽东文集》第8卷，人民出版社1999年版，第250页。

能不说也是难能可贵的。对于这个时期的毛泽东，我们既要看到他犯严重"左"倾错误和对"左"倾错误负有主要责任的一面，又要看到这些错误及其造成的损失确实令人扼腕和纠"左"未能触及指导思想的一面。在从中央到地方许多干部头脑仍然发热的情况下，毛泽东比较冷静，走在纠"左"的前列。他克服重重阻力，做了大量的说服工作，坚决贯彻自己的主张，包括纠正有些他自己曾经认可的看法。① 这确是历史的真实。薄一波曾说"如果不是毛主席从纷繁的事物中，找出人民公社问题的症结所在，我们的事业就可能被'共产风'所葬送"。② 毛泽东"头脑清醒得比我们早。他看问题总是比我们站得高，看得远，一旦了解了弄虚作假真实情况，就毫不犹豫地果断决策"。③ 应该说，这些评价是有历史依据的。关于责任问题，邓小平曾说："讲错误，不应该只讲毛泽东同志，中央许多负责同志都有错误。'大跃进'，毛泽东同志头脑发热，我们不发热？刘少奇同志、周恩来同志和我都没有反对，陈云同志没有说话。""不要造成一种印象"，好像"只有一个人犯错误。这不符合事实"。④ 邓小平这一评价是诚恳、坦荡和公正、科学的。我们说，毛泽东思想是党的集体智慧的结晶，毛泽东是其主要代表；同理，党领导的事业的失误，在毛泽东负有主要责任的前提下，也确有集体因素和集体的责任。我们不能只抽象地承认这一点，而在具体研究历史和分析问题时，却又自觉不自觉的忽略或否认这一点。对毛泽东也在着力纠"左"和也有集体责任的一面，就不很关注或不甚了了。这应是我们今后研究和宣传中须着重注意的问题。否则，随着时间的推移，在我们后代人的心目中就很难还原一个客观、真实的毛泽东。

[原载《湘潭大学学报》（哲学社会科学版）2012 年第 4 期]

---

① 逄先知、金冲及主编：《毛泽东传（1949—1976）》（下），中央文献出版社 2003 年版，第 923 页。
② 薄一波：《若干重大决策与事件的回顾》，中共中央党校出版社 1993 年版，第 824 页。
③ 肖冬连：《求索中国—文革前十年史》（上册），红旗出版社 1999 年版，第 491—492 页。
④ 《邓小平文选》第 2 卷，人民出版社 1994 年版，第 296 页。

毛泽东对中国特色社会主义道路的开拓性贡献
——以四个重大理论和实际问题为中心的考察

毛 胜

在纪念党的十一届三中全会召开 30 周年大会上，胡锦涛同志深刻总结改革开放的历史经验，指出："30 年来，我们党的全部理论和全部实践，归结起来就是创造性地探索和回答了什么是马克思主义、怎样对待马克思主义，什么是社会主义、怎样建设社会主义，建设什么样的党、怎样建设党，实现什么样的发展、怎样发展等重大理论和实际问题。30 年的历史经验归结到一点，就是走自己的路，建设中国特色社会主义。"[①] 实际上，这段话不仅是对改革开放理论与实践的高度概括，而且是对建设中国特色社会主义的规律性认识，特别是胡锦涛同志总结出的四个重大理论和实际问题，为我们进一步认识中国特色社会主义道路的形成和发展，提供了方法论上的指导意义。本文试图以此为切入点，考察毛泽东对中国特色社会主义道路的开拓性贡献。

一 对"什么是马克思主义、怎样对待马克思主义"的探索：努力实现马克思主义基本原理与中国具体实践的第二次相结合

对于以马克思主义为指导思想的中国共产党来说，在探索和回答上述四个重大理论和实际问题时，"什么是马克思主义、怎样对待马克思主义"

---

① 胡锦涛：《在纪念党的十一届三中全会召开 30 周年大会上的讲话》，《人民日报》2008 年 12 月 19 日。

显然是更具根本性的问题。这一问题集中体现着中国共产党的理论基础，能否予以科学回答，对正确回答其他问题具有决定性的意义。其实，马克思、恩格斯在创建马克思主义理论的时候，就已经意识到这个问题的重要性，并给出了明确的答案。他们一再强调马克思主义原理不是教条，而是行动的指南，要求各国无产阶级政党在运用这些原理的时候，必须"随时随地都要以当时的历史条件为转移"①。作为中共中央第一代领导集体的核心，毛泽东是坚持马克思主义的态度、正确认识和科学对待马克思主义的典范。

早在新民主主义革命时期，针对一些同志在学习和运用马克思主义时，只会片面地引用马克思主义经典著作中的个别词句，不会以马克思主义的立场、观点和方法来具体地分析和解决中国革命问题，毛泽东就一针见血地指出："马克思主义的'本本'是要学习的，但是必须同我国的实际情况相结合。我们需要'本本'，但是一定要纠正脱离实际情况的本本主义。"② 为了从思想源头上解决这个问题，他明确提出要实现马克思主义中国化："马克思列宁主义的伟大力量，就在于它是和各个国家具体的革命实践相联系的。对于中国共产党说来，就是要学会把马克思列宁主义的理论应用于中国的具体的环境。成为伟大中华民族的一部分而和这个民族血肉相连的共产党员，离开中国特点来谈马克思主义，只是抽象的空洞的马克思主义。"③ 正是在这一指导思想下，以毛泽东为代表的中国共产党人开辟了一条农村包围城市的中国特色革命道路，最终推翻"三座大山"，成立了新中国。从这个意义上讲，中国革命的胜利，是马克思主义的胜利，更是把马克思主义成功地运用于半殖民地半封建社会的中国而产生的毛泽东思想的伟大胜利。

新中国成立后，毛泽东开始把马克思主义运用到社会主义革命和建设的实践中去。为了实现从新民主主义社会向社会主义社会的顺利过渡，毛泽东首先分析了当时的国情，不仅清醒地认识到"一穷二白"的家底，而且深刻地把握了中国民族资产阶级的两面性及其与中国共产党的长期合作关系、资本主义工商业对经济社会恢复发展的双重作用、农民小生产者的

---

① 《马克思恩格斯选集》第1卷，人民出版社1995年版，第248页。
② 《毛泽东选集》第1卷，人民出版社1991年版，第111—112页。
③ 《毛泽东选集》第2卷，人民出版社1991年版，第534页。

特殊性及其与工人阶级的同盟军关系等具体情况，进而根据马克思主义的基本原理，并借鉴列宁的过渡时期理论，对农业、手工业和资本主义工商业进行了社会主义改造，走出了一条中国特色社会主义改造道路。邓小平后来称赞说："我们的社会主义改造是搞得成功的，很了不起。这是毛泽东同志对马克思列宁主义的一个重大贡献。"①

三大改造胜利后，毛泽东开始探索如何在中国建设社会主义这个新课题。1956 年 4 月 4 日，他在中央书记处会议上明确指出，苏共二十大给我们的教益，"最重要的是要独立思考，把马列主义的基本原理同中国革命和建设的具体实际相结合。民主革命时期我们在吃了大亏之后才成功地实现了这种结合，取得了中国新民主主义革命的胜利。现在是社会主义革命和建设时期，我们要进行第二次结合，找出在中国怎样建设社会主义的道路"②。毛泽东的探索取得了一个良好的开端。例如，他在党的八大前后提出了社会主义社会矛盾理论，系统地分析了社会主义社会的两类矛盾：一方面，指出社会主义社会的基本矛盾仍然是生产力和生产关系的矛盾，且可以在社会主义制度下不断地得到解决；另一方面，把正确处理人民内部矛盾作为国家政治生活的主题，提出了正确处理人民内部矛盾的一系列方针政策。这是对科学社会主义理论的创造性发展，对于社会主义建设具有重要的指导意义。

但是，这样立足国情的探索没有很好地坚持下去。从 20 世纪 50 年代后期开始，毛泽东自己出现了他一贯反对的片面理解马克思主义基本原理的错误，使社会主义建设遭遇了很多挫折。例如，由于对中国早日建成社会主义的愿望过于强烈，毛泽东曲解了生产关系在一定条件下可以发挥决定作用的理论，急于求成，盲目求纯，以为生产关系越大、越公、越纯就越能促进生产力的发展，从而格外强调生产关系的变革，导致"大跃进"和人民公社化运动的产生。他甚至认为，依靠群众运动，就可以使生产力得到快速提高，冒进是发动群众的，是马克思主义的；反冒进是不依靠群众的，是非马克思主义的。

可见，毛泽东在领导中国社会主义革命和建设的实践中，充分认识到

---

① 《邓小平文选》第 2 卷，人民出版社 1994 年版，第 302 页。

② 吴冷西：《忆毛主席——我亲身经历的若干重大历史事件片段》，新华出版社 1995 年版，第 9 页。

创造性地回答"什么是马克思主义、怎样对待马克思主义"的重要性，并明确提出要实现马克思主义基本原理同中国具体实践的第二次相结合，找到一条符合中国国情的社会主义道路。遗憾的是，由于时代条件的局限和实践经验的不足，毛泽东虽然在第二次结合中取得了很多成绩，但也留下了教训，未能完成马克思主义中国化的第二次历史性飞跃。

二 对"什么是社会主义、怎样建设社会主义"的探索：中国应具有自己的社会主义建设形式和方法

马克思、恩格斯曾对社会主义的轮廓和面貌进行了预测和设想，后来被人们简要地概括为：公有制、计划经济、按劳分配、消灭阶级和剥削。这些预测和设想，显然需要后来者在实践中加以检验。列宁成功领导了十月革命，建立了世界上第一个社会主义国家之后，曾试图在小农占大多数的俄国建设马克思、恩格斯设想的社会主义，但"战时共产主义"的失败，迫使列宁正视俄国当时的具体国情，果断实行"新经济政策"。之后，斯大林建立了高度集权的中央计划经济的社会主义模式，并在特定的历史条件下使苏联跻身于工业化国家的行列。与马克思、恩格斯相比，列宁、斯大林的社会主义思想更富有实践性，但他们的论述同样有着很大的时代局限性。换句话说，他们建设的社会主义，在特定的时间、空间里具有一定的可行性，但并不意味着这就是社会主义社会的标准模式。

新中国成立后，中国共产党在短短数年时间内确立了社会主义基本制度，实现了中国历史上最伟大最深刻的社会变革。但就社会发展程度和生产力水平而言，中国仍然大大落后于资本主义，甚至在某些方面尚处于前资本主义状态。也就是说，中国社会已经是社会主义性质，但生产力落后、经济不发达。这是中国建设社会主义的基本国情，不仅与马克思主义设想的社会主义社会相距甚远，与苏联的社会主义建设情况也大不相同，所以中国共产党必须按照生产关系与生产力相适应的原理，找到一条适合国情的社会主义建设道路。

缺乏建设经验的中国共产党，是在苏联直接帮助下开始社会主义建设的，所以一开始基本上是完全模仿苏联的模式。但在建设过程中，毛泽东很快发现苏联模式的弊端，如管理体制高度集中、国民经济比例失

调、国家政治生活方面存在很多"左"的做法等，从而试图加以纠正。1955 年年底，毛泽东就提出了"以苏为鉴"的问题。薄一波在回忆中说："到那时，我们在经济建设方面，已积累了一些经验；同时，也陆续发现苏联的某些经验并不适合我国国情。因此，同社会主义改造一样，能否从我国国情出发，总结自己的经验，探索一条适合中国情况的社会主义建设道路，就是关系中国社会主义建设能否顺利进行、少走弯路的一个大问题。"①

苏共二十大、波匈事件发生后，毛泽东更加强调要从国情出发，找到一条中国式的社会主义建设道路。此后，中国共产党在摸索中取得了一些宝贵的成果，包括正确的和比较正确的理论原则、方针政策和实践经验，集中体现在毛泽东 1956 年 4 月的《论十大关系》、1957 年 2 月的《关于正确处理人民内部矛盾的问题》的讲话以及 1956 年 9 月党的八大文献和其他中共领导集体成员的文章与讲话中。符合国情的路线方针政策，使得这一时期的社会主义建设取得了辉煌的成就。在基本完成三大改造的 1956 年，第一个五年计划也大都提前完成。"1957 年全国工业总产值达到 783.9 亿元，超过原定计划 21%，比 1952 年增长 128.3%，平均每年增长 18%。""1957 年农业总产值达 604 亿元（按 1952 年不变价格计算），完成原定计划的 101%，比 1952 年增长 25%，平均每年增长 4.5%。"②

由于对国内外形势的误判，"左"的思想在 1957 年以后逐渐发展，背离国情的"大跃进"和人民公社化运动给社会主义建设带来了严重的后果。这不仅使得中国共产党在实事求是地分析当时客观经济形势的基础上，确定了"调整、巩固、充实、提高"这一调整国民经济的"八字方针"，也使得毛泽东进一步思考如何建设符合中国情况的社会主义。1959 年 12 月至 1960 年 2 月，他仔细阅读了苏联《政治经济学教科书》，并在和一起读书的同志的谈话中说："解放后，三年恢复时期，对搞建设，我们是懵懵懂懂的。接着搞第一个五年计划，对建设还是懵懵懂懂的，只能基本上照抄苏联的办法，但总觉得不满意，心情不舒畅。"③ "'每一个'

---

① 薄一波：《若干重大决策与事件的回顾》，中共中央党校出版社 1991 年版，第 472 页。
② 胡绳主编：《中国共产党的七十年》，中共党史出版社 1991 年版，第 364 页。
③ 《毛泽东文集》第 8 卷，人民出版社 1999 年版，第 117 页。

国家都'具有自己特别的具体的社会主义建设的形式和方法',这个提法好。"他还从社会主义建设的经验教训反向思考,战略性地提出"社会主义这个阶段,又可能分为两个阶段,第一个阶段是不发达的社会主义,第二个阶段是比较发达的社会主义。后一阶段可能比前一阶段需要更长的时间。经过后一阶段,到了物质产品、精神财富都极为丰富和人们的共产主义觉悟极大提高的时候,就可以进入共产主义社会了"①。

但是,毛泽东的这些新认识始终没有从根本上改变斯大林模式。许多束缚社会生产力发展、不具有社会主义本质属性的东西,以及一些只适合于某种特殊历史条件或理想状态中的东西,始终被当成"社会主义原则"加以固守;许多在社会主义条件下有利于促进社会生产力发展的东西,却被当成"资本主义复辟"加以反对。由此而形成的过分单一的所有制结构和僵化的经济体制难以改变,而同这种经济体制相联系的权力过分集中的政治体制也难以实现社会主义制度的自我完善,这必然导致社会主义建设受到严重束缚。

由上可见,在中国建设和发展社会主义,是一切从零开始的开拓性事业。没有人告诉我们,社会主义社会在方方面面的具体模样;更没有人告诉我们,怎样按部就班地去建设出画出蓝图的社会主义。而且,社会主义虽然有着共同的质的规定性,但是这种质的规定性是通过各个国家的特殊性表现出来的,即普遍性寓于特殊性之中,特殊性包含着普遍性。显然,毛泽东在探索中国社会主义建设道路的实践中,既认识到了社会主义的普遍性,又看到了中国的特殊性,力图实现两者的辩证统一。尽管对社会主义的质的规定性有所误解,但毛泽东在探索中的指导思想无疑是正确的,其所取得的理论和实践成果也是不容抹杀的。

三 对"建设什么样的党、怎样建设党"的探索:继续保持"两个务必"的作风和大力提高经济工作的本领

马克思、恩格斯依据历史唯物主义和科学社会主义学说,对无产阶级政党的性质、指导思想、历史使命、组织原则等基本问题进行了较为全面

---

① 《毛泽东文集》第8卷,人民出版社1999年版,第116页。

的分析。列宁以马克思主义党建学说为指导，在领导俄国革命和社会主义建设实践中，逐步提出和形成了一整套完整的无产阶级政党建设理论。然而，在经济文化十分落后的中国，如何建设一个以马克思主义为指导的无产阶级政党，是马克思主义党建历史上的全新课题，需要中国共产党在推进无产阶级革命事业中予以解答。

在新民主主义革命时期，以毛泽东为代表的中国共产党人就认识到，党的建设必须从自身所处的特殊国情出发。为此，立足于半殖民地半封建的社会性质和处在小农经济汪洋大海包围之中、工人阶级占人口少数的特殊国情，毛泽东围绕无产阶级革命的目标和任务，把思想建设放在党的各方面建设的首位，提出广大党员不仅要在组织上入党，而且要在思想上真正入党，牢固树立无产阶级世界观和价值观。例如，毛泽东在 1929 年 12 月发表的《关于纠正党内的错误思想》一文，围绕探索农村包围城市、武装夺取政权的主题，针对在农村建党和建军的紧迫问题，严厉批评了极端民主化、非组织观点、主观主义、个人主义等非无产阶级思想，提出要有计划地进行党内教育，纠正过去无计划的听其自然的状态，并着重强调要使党员的思想和党内的生活政治化、科学化。注重从思想上建党，卓有成效地纠正了党内的错误思想作风，从而把广大的小生产者改造成为具有高度组织性和先进性的无产阶级战士，保证了中国共产党的先锋队性质，并带领全国各族人民推翻"三座大山"，完成了实现民族独立、人民解放的历史重任。

在 1949 年 3 月召开的党的七届二中全会上，毛泽东根据中国共产党的工作重心即将从乡村转移到城市的大形势，形象地把进城比喻为"赶考"，不仅提出了创建新中国的各项基本政策，指出中国由农业国转变为工业国、由新民主主义社会转变为社会主义社会的发展方向，而且向全党提出了"两个务必"的要求，即务必使同志们继续地保持谦虚、谨慎、不骄、不躁的作风，务必使同志们继续地保持艰苦奋斗的作风。他严肃地告诫中国共产党人在革命胜利后不能从思想上放松警惕而蜕化变质，防止骄傲、以功臣自居、不求进步、贪图享乐等四种情绪，要经得住资产阶级糖衣炮弹的攻击。他还根据党所面临的任务变化及干部队伍的能力状况，提出全党必须用极大的努力去学会管理城市和建设城市，提高做好经济工作的本领。这实际上提出了中国共产党在成为执政党以后，如何继续坚持从思想上、政治上建设党的问题。

新中国成立后，由于我国仍然处于社会主义初级阶段，社会主义民主政治制度还不够成熟与完善，封建主义残余和小生产习惯势力在社会上还广泛存在，所以党内容易出现官僚主义、腐化堕落等问题。要完成社会主义建设的新任务，并解决这些问题，必须采用新方法，最重要的就是在坚持把思想建设摆在首位的同时，及时建立健全各项领导制度、组织制度和工作制度。然而，在相当长的一段时间内，党的制度建设并没有及时跟上。尽管毛泽东认识到执政条件下中国共产党的诸多转变，也根据新问题、新要求采取了一些针对性的措施，但他并没有从执政的角度对党的建设作出系统的、全面的回答。因而，即便是有了一些正确的认识，如对党内民主和国家政治生活中的民主有所重视，也没有加以制度化、法律化，或者是虽然制定了一些相关的制度和法律，却没有使之获得应有的权威。这样一来，党的权力过分集中于个人，党内个人专断和个人崇拜现象难免地滋长起来。另外，在党的建设中，主要的依然沿用革命时期强化思想教育、注意作风整顿和主要靠政治运动的路子。这条老路子虽然能在短期内发挥一定作用，但由于没有抓准病根，从而难以长期有效地解决问题，最终还酿成了"文化大革命"的悲剧。

由上可知，中国共产党之所以取得新民主主义革命的胜利，并成为领导全国各族人民建设社会主义的核心力量，是与毛泽东成功开创党的建设的伟大工程密不可分的。在建设社会主义的新征途中，毛泽东继续重视党的建设，并取得了重大成绩。

四 对"实现什么样的发展、怎样发展"的探索：统筹兼顾与调动一切积极因素为社会主义建设事业服务

鸦片战争之后，中国逐步沦为半殖民地半封建社会，中华民族面对着两大历史任务：一个是求得民族独立和人民解放；另一个是实现国家繁荣富强和人民共同富裕。通过 28 年艰苦卓绝的革命斗争，中国共产党领导中国人民推翻了帝国主义、封建主义、官僚资本主义"三座大山"，建立了新中国，完成了实现民族独立、人民解放的历史任务，并为推动经济社会发展、实现民富国强奠定了基础。

在党的七届二中全会上，毛泽东就根据可以预见的国情变化，提出了

工作中心的转移，并制定了大的发展方针，比如，一方面要继续完成革命任务，另一方面要围绕生产建设这一中心开展各方面工作；在建设中要善于统筹兼顾各方面利益关系，团结全体工人阶级、全体农民阶级和广大革命知识分子，还要尽可能多地团结城市小资产阶级和民族资产阶级；等等。新中国成立后，因为关于经济社会发展的各项方针政策切合实际，中国共产党用不到三年的时间就恢复了原本就很脆弱又被战争破坏了的国民经济。"1952 年，工农业总产值 810 亿元，比 1949 年增长 77.5%，比建国前最高水平的 1936 年增长 20%；三年中平均年递增率为 21.1%；其中工业总产值比 1949 年增长 145.1%，年递增率为 34.8%，农业总产值比 1949 年增长 53.5%，年递增率为 15.3%。工农业主要产品的产量已超过建国前最高水平。随着生产的恢复和发展，国家财政收支平衡，结构改善。文教卫生事业得到相应发展。职工、农民收入增加，生活有所改善。"① 在此基础上，中国共产党开始进行社会主义三大改造，并实施第一个五年计划，进行大规模的社会主义建设，国民经济和社会面貌得到翻天覆地的变化。

在 1956 年社会主义改造取得决定性胜利、国民经济建设取得历史性成就之际，毛泽东在调查研究的基础上发表了《论十大关系》，其基本思想就是以苏联经验为鉴戒，探索适合中国国情的社会主义建设道路。这篇著作与《关于正确处理人民内部矛盾的问题》以及 1956 年 9 月党的八大文献，分析了建设和发展中国特色社会主义的一些重大问题，提出要处理好重工业和轻工业、农业，沿海工业和内地工业，经济建设和国防建设，国家生产单位和生产者个人，中央和地方等诸多方面的关系，强调在发展中要尽可能地化消极因素为积极因素，调动一切可以调动的力量，并提出了"统筹兼顾、适当安排"的方针。毛泽东还特地强调："这里所说的统筹兼顾，是指对于六亿人口的统筹兼顾。我们作计划、办事、想问题，都要从我国有六亿人口这一点出发，千万不要忘记这一点。"② 可见，这些源于中国社会主义建设最初实践的重要论述，包含着深刻的发展思想，对发展目标、发展方法、为谁发展等基本问题，已经阐述得相当清楚了，因而成为中国共产党人在新时期提出科学发展观的重要思想源头。

---

① 胡绳主编：《中国共产党的七十年》，中共党史出版社 1991 年版，第 317—318 页。
② 《毛泽东文集》第 7 卷，人民出版社 1999 年版，第 227—228 页。

　　然而，在推动发展的实践中，毛泽东没有把自己提出来的正确发展观念贯彻始终，而且因为对早日完成发展任务有着热切愿望，导致在推动经济发展的过程中急于求成，希望找到一条更快的发展道路，却每每陷入超越社会发展阶段的空想之中，国民经济比例失调，社会发展基本上走的是传统工业化和苏联计划经济的老路，即片面发展重工业，以粗放发展为主要手段。另外，毛泽东一贯强调共产党人的一切言论行动，必须以合乎最广大人民群众的最大利益，为最广大人民群众所拥护为最高标准，但他试图短时间内消灭贫富差别，难免导致共同贫穷的局面。他强调发挥人民群众的主体精神，但试图通过一次次的群众运动来推动社会的大发展，难免陷入"以阶级斗争为纲"之中，使促进生产力的发展被丢置一边。

　　由上可见，在一个人口多、底子薄、发展很不平衡的大国建设社会主义，任重而道远。为了使新中国尽快摆脱贫穷落后的状况，推动国家经济、政治、文化、社会的全面发展，毛泽东努力地书写"最新最美的文字"，绘出"最新最美的画图"①。虽然在此过程中留下了包括"大跃进"在内的惨痛教训，但是发展的伟大成就是毋庸置疑的，正如胡锦涛同志在庆祝中国共产党成立 85 周年大会上的讲话中所说：在社会主义革命和建设时期，我们确立了社会主义基本制度，在一穷二白的基础上建立了独立的比较完整的工业体系和国民经济体系，使古老的中国以崭新的姿态屹立在世界的东方。

五　小结　毛泽东的开拓性贡献应当用最浓的笔墨记载在史册上

　　作为第一代中共中央领导集体的核心，毛泽东成功地领导了新民主主义革命和社会主义革命，建立了新中国，并很快在中国确立了社会主义基本制度，实现了中国历史上最伟大最深刻的社会变革。之后，毛泽东率先提出要以苏联为鉴戒，找到一条符合国情的社会主义建设道路。然而，人的实践必然要受到所处的历史环境和条件的制约。在中国建设社会主义，难免也要遇到各种各样的难题、挑战和考验。其中，能否回答什么是马克思主义、怎样对待马克思主义，什么是社会主义、怎样建设社会主义，建

---

　　① 《建国以来重要文献选编》第 11 册，中央文献出版社 1995 年版，第 374 页。

设什么样的党、怎样建设党，实现什么样的发展、怎样发展，无疑最为关键。

毛泽东在探索中所积累的经验，为进一步的探索奠定了坚实的基础，所留下的教训，也为进一步的探索提供了参考。例如，毛泽东对"什么是社会主义、怎样建设社会主义"的探索说明，建设中国特色社会主义，不能在原有的框架内进行细枝末节的修修补补，而要在搞清楚"什么是社会主义"的基础上，对生产关系和上层建筑中不合理的部分进行革命性的变革，实现社会主义制度的自我完善和发展。因此，"什么是社会主义、怎样建设社会主义"，成为邓小平在领导改革开放和现代化建设过程中，不断提出和反复思考的首要的基本的理论问题，并最终得到科学的回答。

薄一波在回答毛泽东、邓小平在探索中国社会主义建设道路中的贡献时，曾概括性地提出了"始于毛、成于邓"的论断。其要义是：在探索中国社会主义建设道路的历史进程中，毛泽东披荆斩棘的努力及其成果，具有开拓性意义；邓小平把毛泽东"已经提出、但是没有做的事情做起来，把他反对错了的改正过来，把他没有做好的事情做好"①，最终找到了这条道路。通过上述分析，本文认为毛泽东的开拓性贡献，集中体现在他对上述四个重大理论和实践问题的探索和回答。虽然"毛泽东没有能够亲眼看到这种探索开花结果，但在他的学生手里，能够抗拒任何风霜的花和果实已在中国的大地上繁茂地生长起来"，"所以毛泽东作为这种探索的开创者的历史功绩应当用最浓的笔墨记载在史册上"②。

（原载《毛泽东思想研究》2012 年第 2 期）

---

① 《邓小平文选》第 2 卷，人民出版社 1994 年版，第 300 页。
② 胡绳：《毛泽东一生所做的两件大事》，《人民日报》1993 年 12 月 17 日。

从大历史看毛泽东的思想遗产①

韩毓海

如果我们丢掉了毛泽东思想，中华民族就将丧失"压倒一切敌人而不为敌人所屈服"的民族精神、国家动员能力和组织凝聚力；如果我们丢掉了毛泽东思想，中华民族就将丧失文化自信和文明的自觉；如果我们丢掉了毛泽东思想，中国就将丧失独立自主的发展道路，而沦为西方帝国主义势力的附庸；如果丢掉了毛泽东思想，从民族道义上说，无数革命先烈的血就将白流，新中国的江山社稷就没有了道德基础，而我们伟大的前人们将会在地下感到深深的不安。

一　"现代世界"历史进程的四个阶段

"现代世界"的兴起可以追溯到公元 11 世纪的中国宋代，以宋神宗时代王安石具有伟大历史意义的"变法"为标志。从那时起，不但逐渐产生了一个与大地主、大封建领主利益相矛盾的国家机器，而且，这个"自相矛盾"的国家机器还日益采用着具有近代色彩的"重商主义"方式，与大地主的剥削形式进行斗争（举凡免役、市易、青苗诸"新法"之实质均在于此）。伴随着这种具有近代色彩的国家重商主义趋势的扩大、煤铁冶炼技术的突飞猛进的，是地方割据的封建势力的消失，统一的国内市场的形成，最终是第一个世界贸易体系以"朝贡贸易"的方式，以中国为辐辏向四周扩散。

随着西班牙和葡萄牙对美洲的征服与大规模的白银开采，随着 1567 年明代中国开放"银禁"，西方世界开始"挤进"原有的朝贡贸易体系。

---

① 本文摘自韩毓海《马克思的事业：从布鲁塞尔到北京》，中国人民大学出版社 2012 年版。

从那时起到 1900 年，西方后来居上，以工业革命和资产阶级革命、以炮舰政策，最终摧毁了朝贡贸易体系，建立了以西方为中心的资本主义体系。西方（北美、欧洲和日本）支配世界的过程，与中华帝国衰败的过程是同步的。

资本主义在西方的兴起是"现代世界"历史进程的第二个阶段。其特征是产业无产阶级（立足于欧洲坚实的工匠传统）、商人阶级（其最初兴起的动力也包括海外传教）和金融阶级（滥觞于地中海地区的白银资本的运作者）这三者之间的结合与互动。创造并代表着现代科学技术变革的无产阶级，与开拓了"世界商品投资市场"的资产阶级，联手推动了西方的工业化进程。但是，西方现代化—工业化的后果是矛盾的，它既带来了无产阶级的成熟和日益壮大，同时，由早期工匠和现代无产阶级所发明的科学技术及其成果——现代工业文明，却日益被作为"投资者"的国家和资产者所盗取，并转而成为压迫无产阶级的工具。必须强调指出的还有：西方工业化一开始就是与剥夺外围和外部、排除外围和外部地区工业化的世界不平等体制联系在一起的。

马克思主义学说就诞生在这个历史阶段。其核心是揭示并分析了产业资本、商业资本、金融资本之间的结合与对立，并在社会发展、运动的意义上，描述了这种结合与对立的直接表现：无产阶级与资产阶级之间剥夺与反剥夺的斗争。

"现代世界"进程的第三个阶段表现为金融垄断的资本主义（帝国主义）和"世界革命"这个双向进程。发达国家内部日益成熟的工人阶级斗争是对列宁所揭示的垄断资本主义的回应，而"世界革命"则是对帝国主义的回应。这个阶段从 20 世纪开始。

1871 年的巴黎公社运动，是最后一场发生在发达国家内部的无产阶级革命，随后爆发的是：1905 年"半外围"地区的俄国革命、1907 年的伊朗革命、1908 年的土耳其革命、1911 年的辛亥革命。这些革命的基本目标都是外围地区的现代化—工业化。

历史证明：垄断资本主义以两次世界大战和冷战为代价，渡过了它的严重危机，而外围地区的现代化—工业化则随着 20 世纪 80 年代"万隆宪章"和"万隆体系"的崩溃，以及 1991 年苏东社会主义阵营的瓦解而告一段落。

以 20 世纪 70 年代初布雷顿森林体系解体、美元—黄金本位制瓦解为标志的新一轮资本主义危机，是"现代世界"历史进程的第四个阶段。这个阶段由三个主要特征构成：第一，西方资本主义体系不可能实现人类共同发展，而是使世界人口的 90% 长期处于贫困和被剥夺的境地——所谓 1% VS 99%，这已日益成为世界共识。第二，垄断资本主义发展到最新也是最后的阶段，即完全放弃和排斥实体经济与生产劳动，金融资本、虚拟资本成为剩余价值的主要来源，成为资本积累的根本动力。第三，随着金砖国家的兴起，中国成为世界第二大经济体，自 18 世纪以来形成的东西方实力对比第一次出现了"逆转"之势。

二　毛泽东毕生最杰出的作品
——中华人民共和国

作为现代世界和现代历史的创生地，作为世界上人口最多、文明十分悠久的国家，中国的长期衰落与再次兴起，是一个需要长期深入研究的课题。

今天，一切不持偏见者均不能不承认：中国的现代兴起是伟大的中国革命的历史结果，而毛泽东思想则是中国革命历史经验的总结，它是马克思主义在中国的创造性发展与运用，是被历史和实践证明了的正确理论与"天下兴亡"之鉴。

国家、民族和人民，这是毛泽东思想的三个关键词。毛泽东将其概括为：国家要独立，民族要解放，人民要革命。

毛泽东比马克思更为强调国家和国家的"独立性"。这是由近代中国在帝国主义宰制下，长期丧失国家主权的悲惨历史处境所决定的。与西方资产阶级不同，中国资产阶级（其主体是买办阶级）没有建立和建设现代国家的能力，而相对于西方为经济权利而斗争的无产阶级而言，争取国家主权，这不仅是中国无产阶级的"第一要务"，而且也是全体中国人民的"第一要务"。

所谓"国家要独立"，不仅是指国家要独立于世界资本主义体系，国家应担负起对外反抗帝国主义、对内独立自主发展经济和生产力的任务，而且指，国家还要独立于软弱无能的资产阶级，特别是买办阶级，国家更必须从被压迫人民中培养和造就出能够掌握先进生产力、先进文化的新型无产阶级。因此，毛泽东将马克思的"全世界无产者，联合起来"修改为

"全世界无产者同被压迫人民、被压迫民族联合起来"。

所谓"民族要解放",是指民族的政治解放必须伴随着文化的解放,这种解放又是双重的,即从西方资产阶级的文化霸权和封建旧文化这双重束缚中解放出来,努力创造出服务于民族政治解放的、现代的、民族的新文化和新的民族认同。在反抗帝国主义、买办阶级和封建阶级的共同斗争中,在建设新社会的合作劳动中,中国人民在同甘共苦中所形成的民族共识,是这种新文化认同形成的基础。

所谓"人民要革命",这里的"人民"专指"劳动人民"(即卢梭所谓的 le peuple),这样的"人民"对上述国家、"民族"构成了根本性的规定,即人民要管理国家(不仅仅是埋头于生产和物质利益之中),"民族"必须与"阶级"相结合(对中国这样的多民族国家而言,这一点尤其重要)。

国家、民族和人民在毛泽东思想中形成了彼此规定、互相推进的有机整体,这个有机整体的制度性实现或体现,就是毛泽东毕生最杰出的作品——中华人民共和国,一个"新中国"。

早在毛泽东之前,中国的先觉者们便已经认识到传统治理结构日渐失败的宿命。因此,从王安石、王阳明、张居正,到王夫之、顾炎武、康有为和梁启超,改造传统社会政治结构,推动传统中国的现代转变,便是11世纪以来中国历史的不竭潮流。

早在毛泽东之前,就已有了洪秀全、孙中山等领导的大规模的政治革命与改革,但是,这些革命与改革都失败了,而其失败的根源就在于:面对着由"宗法—科举—朝廷"这三重结构构成的传统体制,倘若仅仅将改革与革命的目标对准上层"朝廷",而不能触动中国的基层(宗法、士绅阶级),不能改造中国社会的中层或中坚(科举、儒教、士大夫),那么,一切改革与革命就均不能取得最终成功,中国社会的真正改造也便不能真正发生。

毛泽东领导的是一场真正的革命,这首先就是因为它几乎彻底改造了中国的基层。长期垄断中国基层的士绅—胥吏阶级,为在中国革命中诞生的基层劳动者组织(青抗会、妇救会、儿童团,社、队)所取代——而这便是新民主主义革命成功的要害。

三 运去英雄不自由
——造就新社会的中坚阶层和中坚力量

而当毛泽东在新中国成立后力图以"劳动人民知识化、知识分子劳动化"去改造中国社会的中层，即数千年来"君子动口不动手"的士大夫阶级，触动这个阶级的必然产物"官僚集团"，并以马克思主义和现代科学实践向以儒教为核心的中国传统意识形态宣战的时候，这再次证明了他所领导的革命是"真正的革命"，毛泽东要走的，乃是我们的前人从来没有走过的道路。在这场面向旧的统治结构的"中层"或"中坚"而进行的艰辛改革过程中，毛泽东当然取得了伟大的成就（劳动者素质的迅速提高，以及与之伴随的中国迅速工业化），但是，他更遭遇了巨大的挫折（"文化大革命"），留下了极其沉重的历史教训。

中国最杰出的科学家钱学森，可能是知识分子中这样极少数的例外，即能够从马克思主义的角度去深刻理解中国革命的正义性。钱学森曾经这样说：不管今天有些人怎么怀疑马克思主义，不管今天有些人怎样批判科学共产主义的学说，马克思恩格斯提出的人类共产主义文明更高阶段的理想，是真善美的统一，是真正合乎人性的，是真正人道主义的，它确实是人类文明的理想境界。

无产阶级专政的历史经验表明：进行社会再生产领域内的建设与改造，与单纯进行生产领域内反经济剥夺的革命相比较而言，前者任务远为艰巨。在缺乏欧洲那种有教养的无产阶级的历史条件下，在欧美无产阶级于社会再生产领域的斗争也陷入了困境的历史条件下，力图在一个经济上比较落后、无产阶级和资产阶级发育都很不成熟的大国的民众中，培养、造就新型的"有社会主义觉悟的、有文化的劳动者"，培养、造就一支强大的、有教养的无产阶级队伍，培养和造就一个新社会的中坚阶层和中坚力量，这需要一个极其漫长的历史过程，它绝不能一蹴而就，更不能采用急风暴雨式的阶级斗争的方式来完成。

在批阅《南史》梁武帝（萧衍）故事时，毛泽东曾引罗隐诗叹曰："时来天地皆协力，运去英雄不自由。"由于在新民主主义革命中成功改造了中国社会的基层，毛泽东一举横扫蒋、美、日反动派如卷席，斯可谓"天地皆协力"；而在与中国社会的中层——士大夫阶级（及其现代产物）

进行斗争时，毛泽东所面临的难局，当然绝非他要取消社会的中层和中坚力量（即某些人所谓要实现"扁平化管理"），毛泽东所遭遇的挫折无非表明：摧毁旧社会的中层和中坚结构，与建立和再造一个新社会的中坚力量、中层结构相比，后者显然更为困难。而这首先要求对复兴现代中国的中坚力量——中国共产党的作风与能力再次进行新的改造和提升。在这个意义上，毛泽东改造和重建社会中层的努力会遭到党内与知识分子的误解乃至强烈抵制，这几乎就是必然的。而此诚所谓："运去英雄不自由。"

"知我罪我，其惟春秋。"毛泽东并非秦皇汉武，因为他创造的历史在"春秋"之外。中国旧的传统价值体系当然不能评价毛泽东，因为他领导的革命，其目标就在于摧毁中国奉行了数千年的基本统治结构：宗法—科举—朝廷，或曰士绅—士大夫—王朝，而其尤其因触及中国的士大夫阶级而显得"激进"。

四 "弱国可以打败强国"
——倒转五百年来世界地缘政治结构

毛泽东晚年曾经这样给自己"盖棺论定"说，他一生做了两件事：其一，驱逐日本帝国主义、驱逐美国豢养的国民党政权出中国大陆；其二，发动了"文化大革命"。

就毛泽东所说的"第一件事"而言，其中当然还应包括抗美援朝战争，即毛泽东指挥的人民军队在欧亚大陆的最东端，一举击溃了美国从那个方向对亚洲大陆的进攻。这是五百年来，中国第一次针对世界上最强大的海洋国家所取得的军事胜利，当然，这也是亚洲大陆国家应对来自海洋的挑战所取得的最伟大的一次胜利，而从世界历史—地理的角度说，这次胜利的意义，还远未被我们认识到。

漫长的人类历史，曾是欧亚大陆核心地带的民族向周边扩张的历史，举凡蒙古、突厥、回鹘、女真、俄罗斯和汉民族，都曾经是欧亚大陆上的主导民族，而这个欧亚大陆主导世界的大趋势，直到16世纪才被海洋文明的扩张所取代。正是利用了航海技术的革命性发展、利用了海洋战争的高度机动性，处于欧亚大陆边缘和"外围"的西班牙、葡萄牙、荷兰、英国、日本和孤悬大洋之中的美国，才从"边缘"出发，包围并分割了中心，并以"海洋时代"逆转了以欧亚大陆为核心的世界史发展进程。

1904 年，英国伟大的历史—地理学家哈·麦金德（Halford John Mackinder，1861—1947）在《历史的地理枢纽》（*The Geographical Pivot of History*）中提出了一个极具革命性的观点：只要欧亚大陆国家能够找到一种新的方式，将广阔的大陆空间重新联系和组织起来，只要大陆国家能够避免来自海洋的攻击，并善用自身丰富的资源，只要科技的进步可以为这种大陆组织方式提供一个创制，那么大陆就可以战胜海洋，陆权就可以击溃海权，海洋支配大陆的时代也就会被终结——而他当时设想的现代科技方法就是铁路。他预言说：无论德国、俄国和中国这三个在欧亚大陆上居于支配地位的国家以什么样的方式真正联系起来，只要它们联系起来，海洋时代就会被终结，海洋国家支配的世界秩序也必将崩溃。而他相信：正如航海技术的发展开启了一个新时代一样，铁路技术的革命，也必将开启另一个新时代。

毛泽东乃是这样一位伟人：他找到了一种政治和组织的方法，将殖民主义、封建主义宰割下分崩离析的中国大地重新组织起来、动员起来，使被视为最封闭、最保守、最落后的欧亚大陆的心脏地带——中国的黄土高原，重新崛起为最具革命性的力量所在。毛泽东的革命把最落后的中国农民组织起来，并将其锻造成为对抗最先进的、来自海洋的帝国主义武力的高度机动的游击队。而毛泽东找到的那种把"即将被海洋淹没了的大陆"拯救出来的政治动员方法，就是"土地革命"。

土地革命的思想发源于伟大的中国革命先行者孙中山的"平均地权"、"土地涨价归公"的民主革命理论，当然，这也就是被列宁赞美的方法，即孙中山提出了用社会主义的方法——土地的社会主义改造的方法，建设现代国家的新战略。列宁说，这种方法是欧洲国家所不能想象的，它表现了亚洲的先进性。

历史已经证明：无论中国的新民主主义革命，还是造就中国经济迅速发展的改革开放，都是与土地的公平分配联系在一起的，也正是毛泽东关于南水北调、三线建设、铁路建设、十大关系的发展战略，正是毛泽东依托欧亚大陆的外交战略，使得新中国这个"伟大的昆仑"重新崛起于世界。

C. 施密特曾分别从空间的革命、国际法、战争模式的变迁这三个角度，论述了西方现代性的"空间基础"。立足于 1500 年之后在西方世界形成的"海洋世界观"，在《国家主权与自由海洋》一文中，C. 施密特指出了"海洋世界观"带来的"空间革命"意义。他说:"16世纪时所谓的'现代性',正是来源于这种空间革命。它并非来源于所谓的文艺复兴对于那种19、20世纪意义上的个体观念的倡导。"当然,这个观点是马克思和恩格斯在《共产党宣言》中曾经指出过的,马克思和恩格斯认为:先有美洲的发现,先有葡萄牙和西班牙在美洲的殖民暴行,先有世界范围内的"资本原始积累",而后方才有资本主义在欧洲的产生。

其次,"海洋时代"的降临及其所导致的"空间革命",带来的是西方主导的"国际法"的产生,它仿佛意味着无边自由的海洋淹没了陆地上的有限界限,它意味着海洋的法则支配大陆的法则之奠定。

因此,现代国际法的真正基础就是"海洋法",其实质在于论证"自由的海洋"攻击和突破"封闭的大陆"之正当性。所谓"海洋文明"优于"陆地文明"、"蓝色文明"优于"黄色文明",也就是西方列强以"国际法"特别是以"海洋法"的名义侵犯和剥夺其他国家的主权与领土完整的背书。

再次,随着"国际法"而发生的,乃是现代战争理论的变化。荷兰、英国和西班牙、葡萄牙之间为争夺"海权"而进行的战争,已不是传统意义上争夺"领土"的战争,而是在宗教战争(基督新教与天主教之间)的面纱下进行的争夺世界市场和贸易垄断权的战争。这尤其意味着,现代海洋战争从根本上不同于传统意义上的陆地战争,这里的核心是:海战具有典型的"游击战争"的高度机动特点,即以环境(海洋)为依托,采用先发制人、封锁、骚扰、制裁和突袭式的"海盗方式",以小型的、民间的武装采取行动,不以夺取对方领土为目标,而只是以夺取敌方实际财富、夺取市场利益、封锁和垄断海洋贸易商道为目标。

由于海洋战争具有高度机动、灵活的特点,所以,从战争模式变迁的视野看,大兵团陆地作战的方式并不能适应和有效应对海洋战争体制,而英国所采用的具有现代游击战争特征的海战的上述有效性,在掀开中国近代历史第一页的鸦片战争中表现得淋漓尽致。因此,在魏源看来,清王朝放弃了林则徐武装沿海渔民、疍户对抗英军的方式,而是从西北调集大规模陆军兵团奔袭英军,这是鸦片战争战败的主要原因。现代历史学家胡绳在分析鸦片战争英国的战略战术时,不是把清帝国的战败归结为英国的船坚炮利,而是归结为英国所采用的新型的、海洋游击战争的方式,这就是继承了魏源在《圣武记》中对海战与陆战两种不同战争模式之差异的精彩分析。

施密特指出，使得中西力量对比发生逆转的，说到底就是毛泽东的游击战争理论和土地革命理论，毛泽东的战略思想将陆地战争的机动灵活发挥到了出神入化的地步，而土地革命理论则把广袤的大地和大地上的农民最有效地组织起来，从而释放出巨大的能量。也是从这个意义上，施密特指出：毛泽东的伟大，在于他开天辟地地制定了"大地法"。毛泽东并不仅是像列宁那样，用中心—外围的世界视野丰富了马克思主义的"阶级关系"，毛泽东更以"弱国可以打败强国"、"中国一定可以赶上和超过美国"的革命，倒转了五百年来居于支配地位的世界地缘政治结构。

然而毛泽东深知，数千年的积习，五百年"西风压倒东风"的历史，绝不可能因为一个人、一场革命而最终改变，而且这场革命空前艰巨复杂，并必然包含着诸多失误、挫折和灾难，但正是因为毛泽东面对失败的不屈不挠，改造中国与世界的"漫长的革命"已经真正开始并不可逆转。

毛泽东当然希望，自己青年时代"改造中国与世界"的宏愿能够在他身后得以继续，因此，他寄希望于造就"一代新人"。1965年，在一首叫做《七律·洪都》的诗中，他曾豪情万丈地写道：

> 到得洪都又一年，祖生击楫至今传。
> 闻鸡久听南天雨，立马曾挥北地鞭。
> 鬓雪飞来成废料，彩云长在有新天。
> 年年后浪推前浪，江草江花处处鲜。

今天看来，毛泽东的事业是否已经失败，这是任何人都不敢轻易断言的。唯一可以肯定的是：在苏联瓦解之后，中国的红旗依然没有倒下，其最根本的原因，恐怕就在于毛泽东造就"一代新人"的期盼没有完全落空，即"中国的第三代、第四代人"受到了毛泽东思想的教育和培养。因此，如果这些中国人没有彻底失败，毛泽东就没有真正失败；如果新一代年轻人能够在失败中善于总结历史并坚持斗争，毛泽东的事业就依然还在继续。

五 否定了毛泽东必将杀戮中国的未来

毛泽东是中华民族的伟大骄傲，是中国共产党的伟大骄傲，邓小平更曾宣示说，中国人民要世世代代高举毛泽东思想的伟大旗帜，而这就是因为历史已经证明，必将继续证明：如果我们丢掉了毛泽东思想，中华民族就将丧失"压倒一切敌人而不为敌人所屈服"的民族精神、国家动员能力和组织凝聚力；如果我们丢掉了毛泽东思想，中华民族就将丧失文化自信和文明的自觉；如果我们丢掉了毛泽东思想，中国就将丧失独立自主的发展道路，而沦为西方帝国主义势力的附庸；如果丢掉了毛泽东思想，从民族道义上说，无数革命先烈的血就将白流，新中国的江山社稷就没有了道德基础，而我们伟大的前人们将会在地下感到深深的不安。

否定了毛泽东，不但等于否定了历史，从而必然丧失思想的主体性，陷入知识上的虚无主义，其结果也必将是杀戮了中国的未来。

从毛泽东晚年的偏颇和错误中汲取教训是必要的，但是，如果从一种偏颇走向另外一种偏颇，那就不是纠正错误，而是以新片面代替旧片面。历史证明，毛泽东在《矛盾论》和《实践论》中所阐述的方法，是对马克思主义方法最精彩、精练的总结与发展，特别是，毛泽东反复强调指出：中国共产党的先进性，就在于她根除了封建士大夫阶级理论脱离实际、生活脱离群众、平日袖手谈心性（尚空谈而鄙视实践）的痼疾，从而，中国共产党方才能够取代士大夫阶级，而成为中国社会重建的中坚力量和政治干部来源。毛泽东一贯主张"科学"而反对儒学，这当然是因为儒学只是少数贵族阶级的无用之学，但是，如果只是从书本上学到了科学，并不能将科学运用于现实并为劳动者的实践所发扬光大，那就不是毛泽东所谓的"科学的态度"，那样的"科学"和学术同样有害无益。如果理论脱离实际、党脱离群众，如果经济的发展不能造福于最广大的劳动者，而是依附于西方帝国主义势力，那么，中国广大劳动群众就将在资本的贪得无厌的无情剥夺下，不得不选择再次奋起革命抗争。

邓小平说：我们实行改革开放，这是怎样搞社会主义的问题。作为制度来说，没有社会主义这个前提，改革开放就会走向资本主义，比如说两极分化。中国有十一亿人口，如果十分之一富裕，就是一亿多人富裕，相应地有九亿多人摆脱不了贫困，就不能不革命啊！

　　将 20 世纪称为"革命的世纪"的霍布斯邦，也把 20 世纪称为"短促的"。他说：20 世纪以 1914 年第一次世界大战的爆发推迟开始，又以苏联在 1991 年的解体提前结束。他还指出，1971 年以布雷顿森林体系解体、美元霸权的确立为标志的世界体系大转变，是"短促的 20 世纪"陷入危机的标志，而我们今天所面临的危机，只不过是那场危机的深化和延续。唯一不同的是，今天，面向"新世界"的实践与想象似乎正在逐步丧失，而且，至今还没有 20 世纪那种革命精神、首创精神大规模复兴的明显迹象，在这个意义上，"短促的 20 世纪"终结之后，人类似乎退回到了 19 世纪那种资本无情掠夺世界的黑暗时代。

　　正是在这个意义上，抚今追昔，马克思的话是多么令人神往，他说：使死人复生是为了赞美新的斗争，而不是为了拙劣地模仿旧的斗争；是为了在想象中夸大某一任务，而不是为了回避在现实中解决这个任务；是为了再度找到革命的精神，而不是为了让革命的幽灵重行游荡。

　　毛泽东曾将中国革命的胜利称为"万里长征走完了第一步"。抚今追昔，这令人想起威廉·莫里斯（William Morris）的名言：那个人在斗争中失败了。而他为之而斗争的成果，却在他失败的那一瞬间出现于历史的地平线，只不过是改换了名头而已。于是，后来者们将会根据新的、不同的历史条件，高举起他的旗帜，去继续进行不同形式的斗争。

（本文摘自韩毓海新著：《马克思的事业：从布鲁塞尔到北京》，

中国人民大学出版社 2012 年 9 月出版）

毛泽东与马克思主义中国化研究

毛泽东与中国共产党历史上的三件大事

沙健孙

中国共产党成立 90 周年之际，回顾党走过的光辉历程，我们深切怀念党的伟大领袖毛泽东同志，怀念他为党的事业所建立的不朽历史功勋。

胡锦涛指出：中国共产党创始以来，在长期的奋斗中，"紧紧依靠和紧密团结全国各族人民，干了三件大事"。第一件大事是："经过 28 年艰苦卓绝的斗争，推翻了帝国主义、封建主义、官僚资本主义的反动统治，实现了民族独立和人民解放，建立了人民当家做主的新中国。"第二件大事是："确立了社会主义基本制度，在一穷二白的基础上建立了独立的比较完整的工业体系和国民经济体系，使古老的中国以崭新的姿态屹立在世界的东方。"第三件大事是："开创了中国特色社会主义道路，坚持以经济建设为中心、坚持四项基本原则、坚持改革开放，初步建立起社会主义市场经济体制，大幅度提高了我国的综合国力和人民生活水平，为全面建设小康社会、基本实现社会主义现代化开辟了广阔的前景。""这三件大事，从根本上改变了中国人民的前途命运，决定了中国历史的发展方向，在世界上产生了深刻而广泛的影响。"① 这三项伟大的事业，都是同毛泽东的名字分不开的。

毛泽东是中国共产党的创始人之一和党的早期的重要活动家。从 1935 年 1 月遵义会议开始，在将近 42 年的时间里，他一直是党的第一代中央领导集体的核心。党所干的第一、第二件大事，是在毛泽东的直接领导下胜利完成的。第三件大事，也同他有着不可分割的联系。正如十七大报告所指出："改革开放伟大事业，是在以毛泽东同志为核心的党的第一代中

---

① 胡锦涛：《在庆祝中国共产党成立八十五周年暨总结保持共产党员先进性教育活动大会上的讲话》（2006 年 6 月 30 日）。

央领导集体创立毛泽东思想，带领全党全国各族人民建立新中国、取得社会主义革命和建设伟大成就以及艰辛探索社会主义建设规律取得宝贵经验的基础上进行的。"① 正因为如此，毛泽东在中国共产党的历史上具有崇高的、不可动摇的地位。这种历史地位是在长期的斗争实践中逐步形成的，是以无可置疑的基本事实为依据的，是为广大党员和人民群众所共同确认的。

下面，从四个方面对毛泽东在党的历史上的伟大贡献作一些简要的论述。

一

近代以来，中国面临着争取民族独立、人民解放和实现国家富强、人民富裕这样两个根本性的历史任务。只有首先经过革命，争得民族独立和人民解放，才能集中力量进行现代化建设，为实现国家富强、人民富裕创造前提，开辟道路。由于压在中国人民头上的反动势力极其强大，由于经济政治发展极不平衡的中国的国情十分复杂，因此，为争取民族独立、人民解放而进行的斗争不能不是一个伟大的，同时又是长时期的、艰苦的、曲折的过程。

中国共产党成立以后，首先集中力量投入工人运动，在此基础上实现了与国民党的合作，参加了广东战争和北伐战争，掀起了第一次大革命的高潮。但由于党当时还处在幼年时期，不善于把马克思主义与中国革命实际正确地结合起来，在后期放弃了对革命的领导权，特别是放弃了对武装力量的领导权，使这次革命遭到了失败。

1927 年大革命失败后，以毛泽东为代表的中国共产党人通过调查研究中国的国情，总结中国革命正反两方面的经验，逐步把马克思主义与中国实际正确地结合起来，在总结右倾机会主义错误的深刻教训之后，又冲破"左"倾教条主义错误的严重束缚，创造性地开辟了农村包围城市、武装夺取政权这样一条适合中国国情特点的革命道路；提出了无产阶级领导的，人民大众的，反对帝国主义、封建主义和官僚资本主义的新民主主义

---

① 胡锦涛：《高举中国特色社会主义伟大旗帜　为夺取全面建设小康社会新胜利而奋斗》（2007 年 10 月 15 日）。

革命的总路线，制定了新民主主义革命的政治、军事、经济、文化纲领和相关的方针政策；创建了新型的人民军队，建立和发展了人民民主统一战线，加强了作为无产阶级先锋队的共产党的自身建设。中国革命由此走上了复兴和胜利发展之途。

革命的根本问题是国家政权问题。中国共产党领导中国人民进行反帝反封建的民主革命的根本目的，是为了摧毁代表帝国主义势力和封建地主阶级、官僚买办资产阶级利益、维护半殖民地半封建社会制度的反动政权，创建一个工人阶级领导的、以工农联盟为基础的人民共和国。

正是在中国共产党的领导下，在中国化的马克思主义——毛泽东思想的指引下，在大革命之后，中国人民经过 10 年土地革命战争、8 年全国抗日战争和 4 年全国解放战争，即经过 22 年的艰苦奋战，终于推翻了国民党的反动统治，赢得了新民主主义革命的基本胜利，迎来了中华人民共和国的光荣诞生。

中国人民革命的历史表明，毛泽东是人民共和国的伟大缔造者。在 1978 年 12 月召开的中共十一届三中全会上，邓小平说："回想在一九二七年革命失败以后，如果没有毛泽东同志的卓越领导，中国革命有极大的可能到现在还没有胜利，那样，中国各族人民就还处在帝国主义、封建主义、官僚资本主义的反动统治之下，我们党就还在黑暗中苦斗。所以说没有毛主席就没有新中国，这丝毫不是什么夸张。"[1]

二

在新民主主义革命取得胜利的基础上，领导人民全面确立社会主义的基本制度，这是中国共产党历史上的一件具有深远意义的伟大事件。毛泽东不仅是人民共和国的伟大缔造者，而且是中国社会主义制度的主要奠基人。这是他为党的事业作出的最重要的历史性贡献之一。

（一）新中国的社会主义基本政治制度

中国人民政权的创建走过了一条独特的道路。它是先在局部的农村区域建立，而后经过长期斗争，逐步扩展，直至推向城市、推向全国的。毛

---

[1] 《邓小平文选》第 2 卷，人民出版社 1994 年版，第 148 页。

泽东不仅开辟了创建人民政权的正确道路，而且总结中国共产党领导人民政权建设的经验，对人民共和国的国体、政体等问题作出了科学的阐明。这些主张为 1949 年 9 月中国人民政治协商会议通过的起临时宪法作用的《共同纲领》和 1954 年 4 月全国人民代表大会通过的《中华人民共和国宪法》所接受，形成了有关的具有法律效力的明确规定。

第一，关于国体。所谓国体，是指国家的性质，即国家的阶级性，也就是社会各阶级在国家中的地位。毛泽东指出："我们政权的阶级性是这样：无产阶级领导的，以工农联盟为基础，但不是仅仅工农，还有资产阶级民主分子参加的人民民主专政。"① 人民民主专政需要工人阶级的领导；它的基础是工人阶级、农民阶级和城市小资产阶级的联盟；从当时的实际出发，它还应当团结民族资产阶级，但是民族资产阶级不能充当革命的领导者，也不应当在国家政权中占主要的地位。工人阶级（经过共产党）领导的、以工农联盟为基础的人民民主专政，这就是新中国的国体。

第二，关于政体。所谓政体，是指国家政权的构成形式。毛泽东提出：我们政权的制度是采取议会制呢，还是采取民主集中制？他的答复是："我们采用民主集中制，而不采用资产阶级议会制。议会制，袁世凯、曹锟都搞过，已经臭了。""我看我们可以这样决定，不必搞资产阶级的议会制和三权鼎立等"；而应当"建立民主集中制的各级人民代表会议制度"。② 民主集中制的人民代表大会制度，这就是新中国的政体。

第三，关于国家的结构形式。所谓国家结构形式的问题，是指国家的结构是实行单一制还是复合制（如联邦制、邦联制）等的问题。长期以来，中国就是一个统一的多民族的国家。中国同苏联国情不同，不宜实行联邦制。理由是：（1）苏联少数民族约占全国总人口的 47%，与俄罗斯民族相差不远。我国少数民族只占全国总人口的 6%，并且呈现出大分散小聚居的状态，汉族和少数民族之间以及几个少数民族之间往往互相杂居或交错聚居。（2）苏联实行联邦制是由当时的形势决定的。本来，马克思、恩格斯、列宁、斯大林都主张在统一的"单一制的"国家内实行地方自治和民族区域自治，只在例外情况下允许联邦制。俄国经过二月革命和十月革命，许多民族实际上已经分离成为不同的国家，不得不采取联邦制

---

① 《毛泽东文集》第 5 卷，人民出版社 1996 年版，第 135 页。

② 同上书，第 136 页。

把按照苏维埃形式组成的各个国家联合起来，作为走向完全统一的过渡形式。中国的情况不同。在筹建新中国时，毛泽东和中共中央进一步确认，单一制的国家结构形式符合中国的实际情况，在统一的国家内实行民族区域自治有利于民族平等原则的实现。1949 年 9 月 7 日，周恩来向政协代表报告时指出：今天帝国主义想分裂我们的西藏、台湾甚至新疆。"在这种情况下，我们国家的名称叫中华人民共和国，而不叫联邦。""我们虽然不是联邦，但却主张民族区域自治，行使民族自治的权力。"① 统一的多民族国家和在单一制国家中的民族区域自治制度，这就是新中国的国家结构形式。

第四，关于政党制度。所谓政党制度问题，是指实行苏联式的一党制，还是西方式的两党制、多党制，或者是有中国特点的新型政党制度的问题。在新民主主义革命的过程中，中国共产党逐步与各民主党派、无党派民主人士建立了合作和协商共事的关系。1948 年 4 月 30 日，中共中央发布"五一"国际劳动节口号，号召"召开政治协商会议"、"成立民主联合政府"，得到各民主党派和社会各界的热烈响应。1949 年 1 月 22 日，各民主党派领导人和著名无党派民主人士 55 人联合发表《对时局的意见》，一致表示"愿在中共领导下"，为中国人民民主革命的成功和独立、自由、和平、幸福的新中国之早日实现而奋斗。同年春，毛泽东指出，民主党派应"积极参政，共同建设新中国"②。各民主党派和无党派民主人士与中国共产党一起参加筹备召开新的政治协商会议，参与了新中国的创建工作。中国共产党领导的多党合作和政治协商制度，这就是新中国的政党制度。中国人民政治协商会议的召开，标志着新中国的这一新型政党制度的形成和确立。

以上四个方面，构成了新中国的社会主义基本政治制度。而其中的国体，即工人阶级领导的、以工农联盟为基础的人民民主专政的国家制度，具有最根本的意义和决定性的作用。

社会主义的基本政治制度即人民民主制度在中国的确立，使得广大人民摆脱了几千年来被压迫、被奴役的地位，成了新社会、新国家的主人；它为确立和巩固社会主义的经济基础创造了政治前提；它保证了国家的统

---

① 《民族问题文献汇编》，中共中央党校出版社 1991 年版，第 11 页。
② 《毛泽东传（1893—1949）》下卷，中央文献出版社 2004 年版，第 932 页。

一、民族的团结和社会的稳定，促进了社会生产力的发展；它并且具有高度的效能。与旧政治制度比较，它有着无可比拟的优越性。

（二）新中国的社会主义基本经济制度

中华人民共和国的成立，标志着中国争取民族独立和人民解放的任务基本完成，这就为中国进行现代化建设、实现中国的繁荣富强，创造了政治条件。

进行经济建设，首先是要把中国从一个落后的农业国变为一个先进的工业国，实现国家的工业化。但是，怎样才能发展经济，实现国家的工业化呢？从世界历史上看，主要有两条道路：一条是资本主义工业化的道路，这是欧洲许多国家、美国和日本走过的，而且走通了；另一条是社会主义工业化的道路，这是苏联走过的，而且也走通了。十月革命前，俄国是欧洲一个比较落后的国家，由于实现了社会主义工业化，苏联成了欧洲第一强国，与美国成为世界上最强大的两个超级大国之一。

近代以来的历史已经证明，资本主义工业化的道路在中国是走不通的。从19世纪60年代末70年代初中国民族资本主义工业产生以来，由于受到外国垄断资本的压迫和本国封建生产关系的束缚，始终处于举步维艰的境地。独立以后的中国如果不搞社会主义，而走资本主义道路，就难以取得真正意义上的经济独立，中国就会成为外国垄断资本的加工厂和单纯的廉价原料、廉价劳动力的供应地，就像亚洲、非洲、拉丁美洲的许多国家和地区那样。由于经济上依赖外国，在政治上就挺不起腰杆，连已经争得的政治独立也可能丧失。在帝国主义时代，中国通过走资本主义道路实现现代化的可能性已经丧失。毛泽东指出："资本主义道路，也可增产，但时间要长，而且是痛苦的道路。我们不搞资本主义，这是定了的，如果又不搞社会主义，那就要两头落空。"①

新中国应当选择社会主义制度，走社会主义工业化的道路。当时中国之所以需要进行和有可能进行社会主义改造，以确立社会主义基本经济制度，主要是因为：社会主义性质的国营经济力量相对来说比较强大，它是实现国家工业化的主要基础；资本主义经济力量弱小，发展困难，不可能成为中国工业起飞的基础；对个体农业进行社会主义改造，是保证工业发

---

① 《毛泽东文集》第6卷，人民出版社1996年版，第299页。

展、实现国家工业化的一个必要条件；当时的国际环境也促使中国选择社会主义。1956年，社会主义改造基本完成。社会主义公有制经济在整个国民经济中确立了自身的主体地位。继建立社会主义基本政治制度之后，社会主义的基本经济制度也建立起来了。中国胜利地实现了从新民主主义到社会主义的过渡。

中国经济在20世纪"五十年代的最重要事件就是选择了社会主义"，并建立了社会主义的基本经济制度。这是中国历史上最伟大、最深刻的社会变革。"就五十年代中国经济和中国历史的全局而论，重要的是，无论早几年或迟几年，保留多少私有成分，经济管理上和计划方法上，具备多大程度上应有的灵活性，总之，对社会主义的选择是不可避免的。"①

三

随着1956年社会主义改造的基本完成，中国开始进入全面建设社会主义的时期。如何建设社会主义，如何巩固和发展社会主义，成为中国共产党面临的基本的历史性课题。毛泽东及时提出全面建设社会主义的任务。他指出，我们"现在处在转变时期：由阶级斗争到向自然界斗争，由革命到建设，由过去的革命到技术革命和文化革命"②。他把这个"产业革命或者说经济革命"，称作是"第二个革命"③。他说，20世纪，"上半个世纪搞革命，下半个世纪搞建设。现在的中心任务是搞建设"④。

以毛泽东为代表的中国共产党人积极探索适合中国情况的社会主义建设道路，取得了重要的理论成果。主要是：

（一）提出把马克思列宁主义同我国的具体实际进行"第二次结合"的基本原则

1956年4月初，毛泽东即提出：我认为最重要的教训是独立自主，调查研究，摸清本国国情，把马克思列宁主义的基本原理同我国革命和建设的具体实际结合起来，制定我们的路线、方针、政策。现在是社会主义革

---

① 《胡乔木文集》第2卷，人民出版社1995年版，第260页。
② 《毛泽东文集》第7卷，人民出版社1996年版，第289页。
③ 《毛泽东文集》第8卷，人民出版社1996年版，第216页。
④ 《毛泽东传（1949—1976）》上卷，中央文献出版社2003年版，第648页。

命和建设时期，我们要进行第二次结合，找出在中国进行社会主义革命和建设的正确道路。① 这个思想，为中国共产党和中国人民探索适合中国情况的社会主义建设道路，提供了基本的指导原则，指明了正确的方向。

（二） 阐明关于建设社会主义的若干重大理论原则

一是提出社会主义现代化建设的奋斗目标和发展战略。毛泽东指出，中国社会主义现代化建设的目标，是实现农业、工业、国防和科学技术"四个现代化"；中国的发展所遵循的是"两步走战略"，即首先建立独立的、比较完整的工业体系和国民经济体系，而后全面实现"四个现代化"；中国全面实现"四个现代化"，大约需要100年甚至更长的时间。二是提出社会主义社会基本矛盾的学说。毛泽东指出，社会主义社会的基本矛盾仍然是生产关系和生产力之间、上层建筑和经济基础之间的矛盾，正是这些矛盾推动着社会主义社会的发展；同时又指出，这些矛盾可以经过社会主义制度本身不断地得到解决，从而为进行社会主义性质的改革提供了理论上的根据。他还明确地说："我们国家要有很多诚心为人民服务、诚心为社会主义事业服务、立志改革的人。我们共产党员都应该是这样的人。""中国的改革和建设靠我们来领导。"② 三是提出关于社会主义社会发展阶段的理论。1959年底至1960年初，毛泽东在读苏联《政治经济学教科书》的谈话中，提出了一个重要的观点："社会主义这个阶段，又可能分为两个阶段，第一个阶段是不发达的社会主义，第二个阶段是比较发达的社会主义。后一阶段可能比前一阶段需要更长的时间。"他说："在我们这样的国家，完成社会主义建设是一个艰巨任务，建成社会主义不要讲得过早了。"③ 这就是说，在一个长时期里，中国还处在"不发达的社会主义"阶段。毛泽东提出的这个观点，是改革开放新时期社会主义初级阶段理论的重要思想来源。四是提出关于两类矛盾的学说。1957年，毛泽东指出，我们必须正确区分和处理敌我矛盾和人民内部矛盾，以便调动一切积极因素，并且尽可能地化消极因素为积极因素，为建设社会主义服务。这是我们建设社会主义的基本方针。五是提出在政治生活中判断是非的标准。毛

① 转引自吴冷西《十年论战》（上），中央文献出版社1999年版，第23—24页。
② 《毛泽东文集》第7卷，人民出版社1996年版，第275页。
③ 《毛泽东文集》第8卷，人民出版社1996年版，第116页。

泽东在论述两类矛盾的学说时，提出了在政治生活中判断我们的言论和行动是非的六条标准，其中最重要的是社会主义道路和共产党的领导两条。坚持这六条标准，是我国的社会主义建设事业沿着正确方向前进的政治保证。我们今天所说的四项基本原则，可以说是对这六条标准的继承和发展。

（三）制定中国社会主义经济、政治、文化建设等方面的重要指导方针

在经济建设方面：提出走"中国工业化的道路"这个命题，指出要以农（业）、轻（工业）、重（工业）为序安排国民经济工作，并且"以农业为基础，以工业为主导"作为发展国民经济的总方针；主张实行工业和农业、重工业和轻工业、中央工业和地方工业、大中小企业、洋法生产和土法生产等一系列的"同时并举"即"两条腿走路"的方针；阐明必须发展商品生产，利用价值规律，为社会主义建设服务；对经济体制改革的问题进行探索，提出了若干重要思想，如发挥中央和地方两个积极性；主张实行"两参"、"一改"、"三结合"；主张试办托拉斯；提出在社会主义经济占优势的条件下"可以消灭了资本主义，又搞资本主义"；等等。

在民主政治建设方面：提出"我们的目标，是想造成一个又有集中又有民主，又有纪律又有自由，又有统一意志、又有个人心情舒畅、生动活泼，那样一种政治局面"；主张把正确处理人民内部的矛盾作为国家政治生活的主题，坚持人民民主，尽可能团结一切可以团结的力量，使中国"变成一个大强国而又使人可亲"；主张切实保障人民当家做主的各项权利，让人民参与国家和社会事务的管理；强调劳动者管理国家、管理军队、管理各种企业、管理文化教育的权利，是社会主义制度下劳动者最大的、最根本的权利；提出社会主义法制要保护劳动人民利益，保护社会主义经济基础，保护社会生产力；要求处理好中国共产党同各民主党派的关系，坚持长期共存、互相监督的方针，巩固和扩大爱国统一战线；提出关于政治体制改革的若干意见和设想（如国家主席的任期不得超过两届、党代表实行常任制等）。

在文化建设方面：指明在思想文化领域中必须坚持马克思主义的指导地位、坚持工人阶级及其政党的领导权；提出"百花齐放，百家争鸣"的方针和"古为今用"、"洋为中用"、"推陈出新"的方针；提出思想政治工作是经济工作和其他一切工作的生命线，要实行政治和经济的统一、政治和技术的统一、又红又专的方针；提出要向科学进军，不能走世界各国发展科学技术的老路，而应独立自主、自力更生、奋发图强，努力赶超世界先进水平；提出建立一支宏大的工人阶级知识分子队伍的历史任务。

（四）论述在执政条件下加强共产党自身建设的思想

毛泽东十分重视巩固共产党的执政地位，高度警惕党在执政以后可能产生的种种消极现象，要求采取坚决措施加以防止和纠正。他最早觉察到帝国主义推行的"和平演变"战略的危险，号召共产党人提高警惕，同这种危险作斗争。为此，他提出：共产党员必须坚持共产主义的远大理想，务必继续地保持谦虚、谨慎、不骄、不躁的作风，继续地保持艰苦奋斗的作风；各级领导干部必须自觉地运用人民赋予的权力为人民服务，依靠人民群众行使这个权力，并且要以普通劳动者的姿态出现，平等待人，自觉接受人民群众的监督；必须防止在共产党内、在干部队伍中形成特权阶层、贵族阶层；必须依靠人民群众，坚决反对共产党内和干部队伍中的腐败现象；必须切实解决好"培养无产阶级的革命接班人"的问题。

除此之外，在军队和国防建设、在国际战略和外交工作等方面，毛泽东也提出过许多重要的战略思想。这些富于独创性的理论，具有十分重要的价值，这为我们在新的历史条件下坚持和发展中国的社会主义提供了一个基础。毛泽东等在探索中取得的积极成果，已经为中国特色社会主义理论体系所继承，成了这个理论体系的不可分割的有机组成部分。胡锦涛指出："我们党能够在新时期开创出中国特色社会主义道路，其理论基础是对马克思列宁主义、毛泽东思想的科学继承。"① 习近平也指出："毛泽东同志带领我们党在艰辛探索中形成的重要思想成果，是我们党的宝贵财富，也是中国特色社会主义理论体系的重要思想来源。"②

总之，毛泽东是探索中国自己的社会主义建设道路的开创者。他领导全党和全国人民顶住来自外部的各种影响和压力，坚持不懈地进行这种探索。毛泽东等老一辈革命家作为中国社会主义建设道路开创者的历史功

---

① 《胡锦涛同志在新进中央委员会的委员、候补委员学习贯彻党的十七大精神研讨班开班式上的讲话》（2007年12月17日）。

② 习近平：《关于中国特色社会主义理论体系的几点学习体会和认识》，《求是》2008年第7期。

绩，将永远记载在党和共和国的史册上。①

四

在新中国成立以后至毛泽东去世的 27 年间，毛泽东是中国社会主义建设事业的主要组织者和领导人。他是在领导社会主义建设的过程中进行探索的，他又直接把在探索中取得的成果应用于指导社会主义建设的实践。

在新中国成立的前夜，1949 年 3 月，毛泽东在中共七届二中全会上就提出，要"使中国稳步地由农业国变为工业国，把中国建设成一个伟大的社会主义国家"。在新中国成立后的长时间里，他带领全国各族人民，为推进社会主义现代化的宏伟事业，进行了长期的、艰苦的奋斗。由于缺乏经验等原因，新中国的经济建设在"大跃进"和"文化大革命"时期经历过两次严重的挫折；但是整个说来，在毛泽东领导时期，依靠以他为核心的第一代中央领导集体的智慧，依靠全党同志、广大干部和人民群众的共同努力，新中国的经济建设取得的成就是巨大的。

（一）在"一穷二白"的基础上建立了独立的、比较完整的工业体系和国民经济体系

新中国刚刚成立的时候，我们的经济是十分落后的。当时，毛泽东曾说过："现在我们能造什么？能造桌子椅子，能造茶碗茶壶，能种粮食，还能磨成面粉，还能造纸，但是，一辆汽车、一架飞机、一辆坦克、一辆拖拉机都不能造。"② 由于没有自己独立的工业体系，许多重要工业产品主要依赖进口。

从"一五"计划时期开始，国家以苏联援建的 156 项重点工程、694 个大中型建设项目为中心，进行了大规模投资和建设，逐步地建成了一批门类比较齐全的基础工业项目，涉及冶金、汽车、机械、煤炭、石油、电力、通信、化学、国防等领域，为国民经济的进一步发展打下了坚实的基础。国家基本建设投资，从"一五"时期起到"四五"时期，累计达

---

① 《中国近现代史纲要》（修订本），高等教育出版社 2010 年版，第 264 页。
② 《毛泽东文集》第 6 卷，人民教育出版社 1996 年版，第 329 页。

4956.43 亿元。在铁路、交通运输等基础设施建设方面，也有明显的进展。从 1964 年开始的"三线"建设，不仅增强了国防力量，而且改善了地区工业布局。

在毛泽东生前，中国已经能够自行设计和批量生产汽车、飞机、坦克、拖拉机等；同时通过兴修水利、开展农田基本建设、培育推广良种、提倡科学种田，较大幅度地提高了粮食生产水平和抵御自然灾害的能力。中国还成功地爆炸了原子弹、氢弹，试制并成功发射了中远程导弹和人造卫星。这有力地显示了中国在科技方面整体实力的增强和在若干尖端国防科技领域取得的突破性进展。这不仅为中国的国家安全提供了重要的保障，而且有效地奠定了中国的大国地位，极大地增强了中国在国际上的发言权。这些成就，使全世界为之震惊。正是经过全国人民的努力奋斗，1979 年 9 月，叶剑英在庆祝中华人民共和国成立 30 周年大会的讲话中自豪地宣布："我国在旧中国遗留下来的'一穷二白'的基础上，建立了独立的比较完整的工业体系和国民经济体系。"这是一个伟大的了不起的成就。

独立的、比较完整的工业体系和国民经济体系的建立，不仅使中国在赢得政治上的独立之后赢得了经济上的独立，为增强国防力量和维护国家安全提供了条件，而且为中国以后的发展奠定了牢固的物质技术基础，为中国与外国包括发达国家在平等的原则下发展经济往来创造了前提。

（二）中国经济从总体上得到了相当快的发展

从经济发展的速度来看：从 1952 年到 1978 年，工农业总产值平均年增长率为 8.2%，其中工业总产值平均年增长率为 11.4%。

从主要工业产品的产量来看：钢产量从 1949 年的 16 万吨发展到 1976 年的 2046 万吨。发电量从 1949 年的 43 亿度发展到 1976 年的 2031 亿度。原油从 1949 年的 12 万吨发展到 1976 年的 8716 万吨。原煤从 1949 年的 3200 万吨发展到 1976 年的 4.83 亿吨。汽车产量从 1955 年年产 100 辆发展到 1976 年的 13.52 万辆。

从主要工农业产品产量居世界的位次来看：1957 年和 1978 年，谷物 3→2，棉花 2→3，猪牛羊肉 2→3，化学纤维 26→7，布 3→1，煤 5→3，原油 23→8，发电量 13→7，钢 9→5，水泥 8→4，硫酸 14→3，化肥 33→3。除了少数农副产品产量的位次保持不变或稍有后退外，谷物和主要工业产品产量的位次都明显提前了。

（三）人民物质生活和文化生活的水平得到逐步提高

中国共产党和人民政府始终把满足人民基本生活需要作为发展经济的根本目的。随着建设事业的进展，广大人民群众的物质、文化生活水平逐步得到提高。

全国总人口从 1949 年的 5.4167 亿增长到 1976 年的 9.3717 亿。同期粮食的人均占有量从 418 市斤增加到 615 市斤。这就是说，全国总人口增加了近 4 亿人，增产的粮食不仅多养活了这 4 亿人，而且还在总人口大大增加的情况下使人均粮食占有量增加了近 200 斤。这确实又是一个了不起的成就。在全国人民节衣缩食支持国家工业化基础建设的情况下，尽管人民群众生活逐年改善的增幅不大，但初步满足了占世界 1/4 人口的基本生活需求，这在当时被世界公认是一个奇迹。

教育事业得到长足发展。从 1949 年到 1976 年，小学在校生从 2439 万人发展到 1.5 亿人；中学在校生从 103.9 万人发展到 5836.5 万人；高等学校在校生从 11.7 万人发展到 67.4 万人。学龄儿童入学率达到 90% 以上。劳动者的整体素质得到了很大的提高。全国经济文化建设等方面的骨干力量大批地成长起来。

医疗事业也得到蓬勃发展。20 世纪 50 年代后期，农村普遍建立了县、区（社）两级医疗卫生机构，60 年代又在绝大多数生产大队建立了农村基层医疗卫生机构。新中国成立前，全国人口的死亡率为 25‰，居民平均预期寿命仅 35 岁。这个时期，全国人口的死亡率从 1949 年的 20‰ 下降到 1976 年的 7.25‰。居民平均寿命随之显著延长：1975 年男性提高到 65.34 岁，女性提高到 67.08 岁。[①] 中国人不再被讥笑为"东亚病夫"了。

在毛泽东领导时期，新中国的经济和社会发展取得了历史性的巨大进步。邓小平在 1979 年说过："社会主义革命已经使我国大大缩短了同发达资本主义国家在经济发展方面的差距。我们尽管犯过一些错误，但我们还是在三十年间取得了旧中国几百年、几千年所没有取得过的进步。"[②] 这些进步，是在以毛泽东为主席的中共中央的领导下取得的，是全国各族人民

---

① 《中国近现代史纲要》（修订本），高等教育出版社 2010 年版，第 259 页。

② 《邓小平文选》第 2 卷，人民出版社 1994 年版，第 167 页。

共同奋斗的成果，是社会主义制度优越性的初步的但又是有力的显示。对于这方面的情况，一些公正的西方人士也是承认的。比如，美国历史学家莫里斯·迈斯纳就说过：毛泽东时代"是世界历史上最伟大的现代化时代之一，与德国、日本和俄国等几个现代工业舞台上的后起之秀的工业化最剧烈时期相比毫不逊色。这些经济成就是中国人民自己通过劳动获得的"。中国取得了"全世界所有发展中国家和主要发达国家在同一时期取得的最高增长率"。"正是这个中国现代工业革命时期为现代中国经济发展奠定了根本的基础，使中国从一个完全的农业国变成了一个以工业为主的国家。"① 毛泽东领导时期取得的这些进步，不仅在当时已经使中国极度贫弱的面貌在很大程度上得到了改变，而且为中国以后的进一步发展创造了重要的前提。1998 年 12 月 26 日，即毛泽东 105 年诞辰的那一天，当年诺贝尔经济学获得者、在美国任教的印度经济学家加阿玛蒂亚·森说：中国在改革前实行的社会主义政策为其市场经济的发展奠定了扎实的基础。"从某种程度来说，中国 1979 年前在扩大初等教育、提供基本医疗保障和实行土地改革等方面所取得的成就使改革后更加成功成为可能。"他说，中国在进行市场改革时，得益于受教育的人口和深入到农村地区的医疗保健制度。中国的改革后的政策在某种程度上受惠于早些时候中国的改革前政策。② 这个认识，是很有见地的，是符合实际的。

五

　　中华人民共和国成立以后，中国人民在建设社会主义的过程中，仍然面临着维护民族独立、捍卫国家主权和民族尊严的严重任务。毛泽东始终是维护民族独立和民族尊严、捍卫国家主权和国家安全的光荣旗帜。他提出了正确的国际战略思想和外交工作的方针。

　　毛泽东主张，新中国必须在平等、互利、互相尊重主权和领土完整的基础上同各国建立和发展关系；同时，必须坚持独立自主、自力更生的方针，坚定不移地走自己的路。他强调，不许世界上有哪个大国在我们头上拉屎拉尿，不管资本主义大国也好，社会主义大国也好，谁要控制我们，

---

① 余飘主编：《中外著名人士谈毛泽东》，大众文艺出版社 1999 年版，第 242、243 页。

② 参见《参考要闻》1998 年 12 月 27 日。

反对我们，我们是不允许的。① 根据这样的原则，他曾经以一个无产阶级革命家的伟大的战略眼光和非凡的革命胆识，果断地处理了一系列复杂问题。

1950 年，当美国发动侵略朝鲜的战争，并派海军第七舰队入侵台湾海峡、直接威胁中国的国家安全时，以毛泽东为主席的中共中央毅然决定派中国人民志愿军赴朝作战。抗美援朝战争的胜利给了帝国主义者以必要的教训，使它们懂得，"现在中国人民已经组织起来了，是惹不得的。如果惹翻了，是不好办的"。20 世纪 50 年代末，苏联提出在中国领土和领海上建立中苏共有共管的长波电台和联合舰队的建议，显露出在军事上控制中国的意图。毛泽东当即严词予以拒绝。之后，他更带领全党和全国人民同苏联的大国霸权主义进行了坚持不懈的斗争。

努力捍卫民族独立、国家安全和为国内和平建设创造良好的外部环境，努力维护世界和平、促进人类的进步事业，这是毛泽东为新中国制定的国际战略和对外工作方针所要达成的根本目标。为此，他始终不渝地奉行独立自主的外交政策，倡导和坚持和平共处五项原则，支持世界各国人民反对帝国主义、霸权主义、殖民主义和种族主义的斗争，积极发展同各国、同各国人民的友好往来。他主张，新中国要同社会主义国家，同亚洲、非洲、拉丁美洲民族独立国家加强团结和合作；要把美国以外的资本主义国家看做是美国和社会主义国家之间的中间地带（后来，他把这些国家称作第二中间地带，而把亚洲、非洲、拉丁美洲地区称作第一中间地带），争取同它们发展关系；对于美国，在反对它对中国的威胁的同时，也要争取同它和平共处。毛泽东在晚年也仍然警觉地注意维护我国的安全，顶住了帝国主义的压力，执行正确的对外政策，坚决支持各国人民的正义斗争，并且提出划分三个世界的正确战略和我国永远不称霸的重要思想。

正是在毛泽东领导的时期，新中国与同自己接壤或临近的多个亚洲国家，如缅甸、尼泊尔、蒙古、巴基斯坦、阿富汗等国妥善地解决了边界问题。中国坚决支持了越南人民的抗法战争和抗美战争。对于当时亚洲、非洲、拉丁美洲广大地区出现的民族解放运动高潮，中国也给予了有力的支持。

---

① 毛泽东同法国议会代表团的谈话（1964 年 1 月）。

正是在毛泽东领导的时期，新中国在联合国的合法席位于 1971 年 10 月得到恢复。毛泽东还亲自开创了中美关系和中日关系的新阶段。1972 年，中美关系正常化的大门终于被打开，中国与日本正式建立了外交关系，西方国家出现了同新中国建交的热潮。中国的外交格局发生重大变化。到 1976 年，同中国建交的国家已经有 111 个，这包括了当时世界上的绝大多数国家。

维护国家主权和民族尊严，并不是要闭关锁国，走自我孤立的道路。毛泽东提出，应当坚持"自力更生为主，争取外援为辅"的方针。他强调必须建立自主的民族经济，必须自己解决中国人的吃饭问题，必须独立地决定经济建设的方针；等等。同时他又明确地讲过"搞经济关门是不行的"①。他主张积极发展对外贸易；学习外国先进的科学技术，有分析地借鉴外国发展经济的经验；并且有条件地利用国外的资金；等等。还在新中国成立之前，以他为核心的中共中央就曾经设想，独立的新中国可以在平等、互利基础上接受外国投资。由于美国纠集一些国家对中国实行封锁禁运，企图在经济上扼杀新生的人民共和国，这个设想在当时没有实现。②邓小平说过："毛泽东同志在世的时候，我们也想扩大中外经济技术交流，包括同一些资本主义国家发展经济贸易关系，甚至引进外资、合资经营等等。但是那时候没有条件，人家封锁我们。"③ 即使如此，经过努力，我们还是在若干方面取得了一定的进展。20 世纪 60 年代初期，我们就从西方国家引进过若干先进技术设备。1973 年 1 月，毛泽东、周恩来批准从西方国家引进价值 43 亿美元的成套设备和单机的方案，随后即付诸实施。西方对中国封锁禁运的局面开始被突破。

这个时期，在毛泽东制定的国际战略和对外工作方针的指引下，在毛泽东、周恩来等的直接领导下，新中国的国际交往日益扩大，并且在国际事务中发挥着越来越重大的积极作用。这一切为我国的社会主义建设创造了有利的国际条件，并促进国际形势朝着有利于世界人民的方向发展。同时，也为后来中国逐步实行对外开放政策创造了有利条件。在中国进入改革开放和社会主义现代化建设的新时期时，邓小平讲过："我们能在今天

---

① 《毛泽东文集》第 8 卷，人民出版社 1996 年版，第 71 页。
② 参见《当代中国外交》，中国社会科学出版社 1988 年版，第 19—20 页。
③ 《邓小平文选》第 2 卷，人民出版社 1994 年版，第 127 页。

的国际环境中着手进行四个现代化建设，不能不铭记毛泽东同志的功绩。"①

　　毛泽东是一个世界性的伟人。他不仅属于中国，而且属于世界。胡锦涛曾满怀崇敬和自豪的心情说过："中国出了个毛泽东，这是中国共产党的骄傲，是中国人民的骄傲，是中华民族的骄傲。"② 这些话，表达了中国广大人民的共同感受。

　　当然，历史总是要前进的。像很多站在正面指导时代潮流的伟大历史人物一样，毛泽东也有自己的局限性。这是要从历史条件加以说明，使人理解，不可以苛求于前人的。

　　我们是马克思主义的历史主义者，我们不主张割断历史。邓小平反复强调："毛泽东同志的事业和思想，都不只是他个人的事业和思想，同时是他的战友、是党、是人民的事业和思想，是半个多世纪中国人民革命斗争经验的结晶。"正因为如此，"毛泽东思想这个旗帜丢不得。丢掉了这个旗帜，实际上就否定了我们党的光辉历史"。"对于党的这样一个重大原则表示任何怀疑和动摇，都是不正确的，都是同中国人民的根本利益相违背的。"③

（原载《中共党史研究》2011 年第 7 期）

---

① 《邓小平文选》第 2 卷，人民出版社 1994 年版，第 172 页。
② 胡锦涛：《在毛泽东同志诞辰一百一十周年纪念大会上的讲话》（2003 年 12 月 26 日）。
③ 《邓小平文选》第 2 卷，人民出版社 1994 年版，第 172、298、334 页。

毛泽东与"第二次结合"的若干理论问题

许全兴

中国共产党肩负着实现民族独立和社会主义现代化的双重历史任务。在中国共产党领导下，中国社会发生了翻天覆地的变化。中国共产党领导中国革命和建设的最根本的经验是坚持把马克思主义的普遍真理与中国具体实际相结合，独立自主，走自己的路。马克思主义的普遍真理与中国具体实际之间有两次历史性的结合，形成了毛泽东思想和中国特色社会主义理论（包括邓小平理论、"三个代表"重要思想和科学发展观）两大成果。我国理论界对马克思主义的普遍真理与中国具体实际的第一次相结合，无多大分歧，但对"第二次结合"的认识则往往不尽一致。本文拟就"第二次结合"的主题、历史起点和过程，"第二次结合"与"第二次革命"，毛泽东与中国特色社会主义理论的关系等问题提出意见，与同行商兑。

一 "第二次结合"的主题

马克思主义的普遍真理与中国具体实际相结合的主题是指结合所要解决的中心任务。结合主题绝不是凭个人主观设定的，而是由中国社会状况、中国革命和建设的实际规定的。从1940年鸦片战争失败起，中国面临着民族独立和社会现代化的双重任务。1917年俄国十月革命后的国际形势和中国社会的状况，决定了这一双重历史任务只能由无产阶级及其政党来领导完成。在这两者中，民族独立是社会现代化的首要前提。因此，马克思主义的普遍真理与中国具体实际第一次相结合所要解决的历史课题是在中国这样一个经济、政治和文化落后的半殖民地半封建的东方大国如何进行民族民主革命，实现民族独立。这是马克思主义发展史上和人类社会革命史上从未遇到的新的历史课题。以毛泽东为代表的中国共产党人经历了艰难曲折的过程，付出了血的代价，才找到了中国革命的正确道路，形成了毛泽东思想，取得了新民主主义革命的胜利。中华人民共和国成立标志着中华民族取得了独立和自由，中国人民从此站立起来了，获得了政治上的解放，同时也标志着"第一次结合"和"第一次飞跃"的完成。

有同志把中国近代以来的两大历史课题设定为"民族独立和人民解放"与"实现国家繁荣富强和人民共同富裕"，认为"到了1956年人民群众在政治上和社会上获得了解放"，并由此把"第一次结合"和"第一次飞跃"完成的下限定在1956年。① 这种观点值得商榷。

笔者以为，1949年新民主主义革命的胜利，推翻了帝国主义、封建主义和官僚资本主义在中国的统治，中华民族获得了独立，中国人民从此站立起来，取得了政治上的解放。这是一个毋庸置疑的历史事实。正因为如此，把"第一次结合"和"第一次飞跃"完成的下限定在1956年显然不妥，不符合20纪中国社会发展的历史实际。

说"到了1956年人民群众在政治上和社会上获得了解放"，同样不妥。因为民族独立与人民解放，是两个既相联系又相区别的不同性质的任务。人民解放的内涵要比民族独立的内涵丰富而深刻得多。人民解放不仅指政治上的独立，当家做主，而且还包括在经济、文化、社会、精神等方面的解放。这是一个长期的历史过程，而且永无止境。在某种意义上讲，共产党的全部任务可以归结为领导人民自己解放自己，最终建立"自由人联合体"的共产主义社会。1956年我们只是初步建立了社会主义制度，"到了1956年人民群众在政治上和社会上获得了解放"的说法则把人民解放的任务看得过于简单、过于容易。事实上，直至今天，我们距人民解放任务的完成还有很长很长的路要走。

中华人民共和国的成立开辟了中国历史的新纪元。中国共产党人和中国人民面临的新的历史课题和新的历史任务是：实现社会主义的现代化，即把经济、政治和文化落后的旧中国尽快建设成为一个独立、统一、富强、自由、民主的社会主义现代化的新中国。社会主义的现代化成了"第

---

① 李君如：《新中国60年来马克思主义中国化与中国特色社会主义的探索》，《理论视野》2009年第12期。

二次结合"的主题，也是中国人民在取得民族独立后继续奋斗的历史目标。

中国的社会主义现代化是一个伟大而艰巨的社会工程，它包含两大方面：一是社会制度的革命，建立适合中国特点的社会主义制度；二是生产力及科学技术、教育、文化等现代化，这也是深刻的革命，甚至是更重要的革命。这两方面的革命密不可分，互相依存、互相促进。对此历史任务，毛泽东和中共中央是明确的。在 1949 年 3 月召开的中共七届二中全会上，毛泽东阐明了由新民主主义革命向社会主义革命转变的问题，开始规划"第二次结合"。1953 年，我们党提出了以"一化（社会主义工业化）三改（农业、手工业和资本主义工商业在所有制方面的社会主义改造）"为内容的过渡时期总路线。1956 年，"三大改造"基本完成，我国社会主义基本制度初步建立，这就为我国社会主义现代化奠定了制度基础。在此后，我们党和我国人民所进行的艰辛探索和不懈奋斗，都是为了实现社会主义现代化。

"实现国家繁荣富强和人民共同富裕"自然是我们党的任务，不仅今天是，而且即使实现了社会主义的现代化以后也仍将继续是我们党的任务。"国家繁荣富强和人民共同富裕"很难有一个确定的标准和完成的时限。因此把它视为"第二次结合"所要解决的历史课题的说法则过于一般化、过于笼统，未能表明现阶段中国社会发展所处的特点——社会主义初级阶段和所面临的特殊历史任务——社会主义现代化。

总之，把实现社会主义的现代化规定为"第二次结合"的主题比较切合当代中国的实际和中国共产党的历史。

二 "第二次结合"的时间起点

根据社会主义的现代化是"第二次结合"的主题，那"第二次结合"的时间起点应是 1949 年中华人民共和国的成立。然而现在许多论述"第二次结合"的文章往往从 1956 年社会主义制度建立后对社会主义建设道路的探索讲起，而把所有制方面的社会主义改造排除在"第二次结合"之外。此种看法对吗？笔者以为未必正确。因为，从中国社会主义历史看，过渡时期总路线和"三大改造"，无疑是"第二次结合"的题中应有之义。"三大改造"的基本完成和社会主义基本制度的初步建立是"第二结合"的最初的实践成果。其理由是：

第一，我国过渡时期的总路线及建立的社会主义制度，是马克思主义的普遍真理与中国具体实际第二次相结合的产物。中国的社会主义道路与苏联不完全一样，一开始就有区别，具有中国的特点，有创造性。举其大者主要有：一是把工业化与所有制改造结合起来，两者同时并举，而不是"先工业化，后所有制改造"；二是对资本主义工商业进行和平改造，把所有制的改造和人的使用、改造结合起来；三是在农业上"先合作化，后机械化"，而不是"先机械化，后合作化"；四是创造了互助组、半社会主义性质的初级合作社和社会主义的高级合作社等由低到高的多种形式，贯彻了自愿原则，促进了农业生产的发展，等等。如邓小平所说，我国的社会主义改造虽有某些缺点，但总体是非常成功的，是毛泽东对马克思列宁主义理论的一个重大贡献。

第二，所有制方面的社会主义改造的基本完成和社会主义基本制度的初步建立，是我国历史上最深刻、最伟大的社会变革，成为新中国成立以后一切进步和发展的基础，其历史作用不容忽视。这是党的文件多次讲到了的。

第三，无论是毛泽东在 1956 年开始的社会主义建设道路的探索，还是邓小平在"文化大革命"结束后改革开放的新探索，都是在社会主义制度基础上进行的。四项基本原则、公有制、按劳分配、消灭剥削制度、共同富裕、统筹兼顾和协调发展等中国特色社会主义的基础在 1956 年就奠定了。可以说，没有 1956 年建立的社会主义制度，中国特色社会主义就无从谈起。

从大的历史尺度看，中国特色社会主义道路的历史起点，既不是中国共产党在 1956 年社会主义制度初步建立后的探索，也不是 1978 年中共十一届三中全会的召开，而是 1949 年的中华人民共和国成立。毛泽东在制订过渡时期总路线时就指出："标志着革命性质的转变、标志着新民主主义革命阶段的基本结束和社会主义革命阶段的开始的东西是政权的转变，是国民党反革命政权的灭亡和中华人民共和国的成立。"① 在此之后，毛泽东和中共中央的文件又多次讲到上述观点。因此，中华人民共和国成立标志着新民主主义革命的基本结束和社会主义革命的开始，也意味着"第一

---

① 《毛泽东文集》第 6 卷，人民出版社 1999 年版，第 315 页。

次结合"、"第一次飞跃"的完成和"第二次结合"的开始。中国特色社会主义的历史应从中华人民共和国成立时算起，书写中国特色社会主义的历史应从中华人民共和国成立写起，而不是从1956年写起，更不是从1978年写起。

有人也许会说，进行"第二次结合"的任务是毛泽东在1956年4月提出的，"第二次结合"从1956年算起符合毛泽东的思想。许多论述"第二次结合"的文章和著作也都以毛泽东1956年4月的话作为立论根据。笔者以为，许多引用者并没有能完整准确理解毛泽东的原意。下面就来看看在1956年毛泽东究竟是如何讲的。

在1956年3—4月，毛泽东曾多次主持召开中共中央政治局会议和中共中央书记处会议，研究因苏共二十大而引起的斯大林问题，总结无产阶级专政的历史经验，讨论《关于无产阶级专政的历史经验》一文的写作。据时任新华社社长吴冷西的回忆：在1956年4月4日最后一次讨论《关于无产阶级专政的历史经验》修改稿的会上，毛泽东在会议即将结束时说："最重要的是独立思考，把马列主义的基本原理同中国革命和建设的具体实际相结合。民主革命时期我们在吃了大亏之后才成功地实现了这种结合。现在是社会主义革命和建设时期，我们要进行第二次结合，找出在中国怎样建设社会主义的道路。这个问题我几年前就开始考虑，先在农业合作化问题上考虑把合作社办得又多又快又好，后来又在建设上考虑能否不用或少用苏联的拐杖，不像第一个五年计划那样照搬苏联一套，自己根据中国的国情，建设得又多又快又好又省。现在感谢赫鲁晓夫揭开了盖子，我们应从各方面考虑如何按照中国的情况办事，不要再像过去那样迷信。其实，过去我们也不是完全迷信，有自己的独创。现在更要努力找到中国建设社会主义的具体道路。"① 这虽是个人回忆录中的资料，并无他证，但基本内容是可信的，所以中共中央文献研究室编撰的《毛泽东传（1949—1976）》引证了此讲话。

毛泽东这一番话，高屋建瓴，对中国革命和建设的历史经验，作了精辟而简洁的概括，提出要进行"第二次结合"的任务。那么我们能否根据此讲话得出"第二次结合"是从1956年开始的呢？笔者认为不能。一般地说，行动在先。马克思主义中国化是一个历史过程，它从中国共产党成

---

① 吴冷西：《忆毛主席》，新华出版社1995年版，第9—10页。

立时起就开始了，然而"马克思主义中国化"命题是直到1938年才正式提出的。正如我们不能因"马克思主义中国化"命题是1938年才提出，就认为"马克思主义中国化"是从1938年开始一样，我们也不能因"第二次结合"的命题是1956年提出的，就认为"第二次结合"、"第二次中国化"是从1956年才开始的。其实，毛泽东的讲话也说得很清楚："这个问题我几年前就开始考虑……"许多论者在引用毛泽东的讲话时往往只引前一部分，而把"这个问题我几年前就开始考虑"及以后部分省略了。这就容易给人造成"第二次结合"、"第二次中国化"是从1956年开始的误解。

最后还应说明，"理论与实际的结合"与"理论上的飞跃"（或"中国化的飞跃"）是两个不同的概念。理论与实际的结合是一个复杂的过程，其间会有曲折，会犯错误。"理论上的飞跃"是指结合过程中经过正反两方面经验比较后形成了正确认识的结果，因此它不是在"结合"一开始就能做到的。"第一次飞跃"的发生，毛泽东思想的形成，是在土地革命战争后期和抗日战争时期，然而"第一次结合"则从中国共产党成立时就开始了。说"'第二次飞跃'发生在党的十一届三中全会以后"，这符合历史实际。但若说"第二次结合"开始于1956年毛泽东的探索或1978年党的十一届三中全会，那就违背了历史实际。

三 "第二次结合"与"第二次革命"

在论及"两次结合"、"两次飞跃"时必然会涉及"两次革命"。

中国共产党领导的"两次革命"是哪两次革命？在改革开放前，一致公认的传统观点是，中国革命包括既相区别又相衔接的新民主主义革命和社会主义革命。对此观点，毛泽东和中共其他领导人的讲话、中国共产党的文件，都有所阐释，为理论工作者所熟知，无须在此赘述。

在改革开放过程中，邓小平提出："改革是中国的第二次革命"。但他没有讲中国的第一次革命是指什么革命，包含哪些内容。根据邓小平的"改革是中国的第二次革命"的提法，有的同志把"第一代中央领导集体"领导的"第一次革命"分为两个阶段，即"新民主主义革命和向社会主义过渡"，把毛泽东领导的社会主义改造和社会主义革命的30年历史看作是"第一次伟大革命的一个阶段"，是"第一次飞跃的延伸"。① 在一段时间里，理论界很少有人再讲社会主义革命。笔者以为，无论从 20 世纪中国革命史看，还是从中国共产党领导的整个中国革命看，上述观点仍有商讨的余地。

从 20 世纪历史看，中国发生了三次不同性质的社会革命：第一次，资产阶级革命派领导的辛亥革命，推翻了清王朝，结束两千余年的封建专制制度，建立了中华民国，其性质属资产阶级旧民主主义革命；第二次，中国共产党领导的新民主主义革命，推翻帝国主义、封建主义和官僚资本主义在中国的统治，建立了中华人民共和国，实现了民族独立，其性质属无产阶级领导的新的资产阶级民主主义革命；第三次，在中华人民共和国成立后，中国共产党领导的为建立、巩固和发展社会主义制度和实现现代化的革命，这方面的革命至今仍在进行中。②

彰显、突出邓小平的"改革是中国的第二次革命"是可以的，在一定时期甚至是必要的，但若为了论证"改革是中国的第二次革命"的提法而把新民主主义革命和社会主义革命这样两个性质不同、任务不同的革命合并为一次革命的两个阶段则不可取。至于否认社会主义革命的独立意义而仅仅把它看成是新民主主义革命的延伸的观点，则更为不妥。对社会主义革命可以有不同的评价，但若无视或否定它在历史上曾发生过的事实则不是唯物主义者应取的实事求是态度。胡锦涛总书记在庆祝中国共产党成立90 周年大会上的讲话中明确指出：中国共产党在 90 年间做的第二件大事是"我们党紧紧依靠人民完成了社会主义革命，确立了社会主义基本制度"。他重申党中央对社会主义革命的一贯评价："实现了中国历史上最广泛最深刻的社会变革。"③ 胡锦涛的讲话纠正了在一段时间内有些人对新中国成立后头 30 年社会主义革命和社会主义建设的历史性成就肯定不够的倾向。那么如何理解邓小平"改革是中国的第二次革命"的思想呢？笔者以为一定要把邓小平有关这方面的讲话放在当时具体的环境中去理解，而不能孤立地摘取"改革"、"革命"两个词。因为概念（名词）有其灵活性，同一概念在不同语境中有不同的含义。针对思想僵化和生产关系、上层建筑严重束缚生产力发展的情况，邓小平大声疾呼解放思想，反复说明

---

① 龚育之：《从毛泽东到邓小平》，中共党史出版社 1994 年版，第 16 页。
② 许全兴：《中国二十世纪三次社会革命与三次哲学革命》，《学术界》1995 年第 1 期。
③ 胡锦涛：《在庆祝中国共产党成立 90 周年大会上的讲话》，人民出版社 2011 年版，第 4 页。

改革开放的意义，指出改革开放是决定中国命运的一招，不解放思想，不改革开放，就是死路一条；反复说明改革就其社会变革的广度、深度和意义而言实质上是一场革命，是中国的第二次革命。邓小平对"改革是革命"的强调是有其理由的，它极大地推动了改革开放的发展。同时还应看到，就改革的社会性质而言，邓小平反复指出，我们的改革是坚持社会主义方向的改革，"是社会主义制度的自我完善"。因此，邓小平所说的"改革是革命"的"革命"，不是指社会制度上的"革命"，不是通常政治学、社会学、历史学和哲学本义上的"革命"，而是就社会变革的广度、深度和重要意义而言的广义上的"革命"。从历史过程看，作为"社会主义制度自我完善"的"革命"与作为社会主义制度建立的"革命"是两个不同层次上的"革命"，其社会性质和意义是不同的。从新中国60多年的社会主义历史看，党的十一届三中全会确实是一个重要的标界。在此之前，毛泽东进行了探索试验，有经验，也有教训，总体而言并没有找到正确道路，只是为实现"第二次飞跃"作了准备。在此之后，邓小平拨乱反正，大胆试验，勇于创新，开始找到正确道路，由此才发生"第二次飞跃"，逐步形成中国特色社会主义理论。邓小平是中国特色社会主义理论的创立者，功不可没。新中国历史上的前30年和后30年确实是有着显著不同的两个阶段，但不管有多么大的不同，它们毕竟是统一的中国社会主义的两个小阶段，前者是后者的准备和基础，后者是前者的继续和发展。若就"改革是社会主义制度的自我完善"而言，党的十一届三中全会以后的改革则是完善和发展社会主义制度的革命，是社会主义革命的继续和发展。

邓小平讲"改革是中国的第二次革命"，但他并没有否定社会主义革命。他说："社会主义革命已经使我国大大缩短了同发达资本主义国家在经济发展方面的差距。"① "从新民主主义革命转变到社会主义革命，搞了土改，搞了第一个五年计划的大规模工业化建设，搞了对农业、手工业和资本主义工商业的社会主义改造，事情做得非常好。"② 因此，有些同志以"改革是中国的第二次革命"为依据而否定社会主义革命的独立意义，仅仅把它看成是新民主主义革命的延伸的观点，既不符合邓小平本人的思想，也不尊重历史实际。

---

① 《邓小平文选》第2卷，人民出版社1994年版，第167页。
② 《邓小平文选》第3卷，人民出版社1993年版，第136页。

那么是否存在着解决"第二次结合"主题的"第二次革命"呢？笔者以为是有的。如前所说，"第一次结合"的主题是如何实现民族独立，"第二次结合"的主题是如何实现社会主义现代化。为实现民族独立，唯一的办法和道路是进行新民主主义革命。这是党领导的第一次中国革命，它只是社会制度方面的革命。实现社会主义现代化同样需要革命，但它不限于社会制度方面的革命，还包括生产力、科学技术等方面的革命，而且这方面的革命更为根本。邓小平说得好："革命不只是搞阶级斗争。生产力方面的革命也是革命，而且是很重要的革命，从历史的发展来讲是最根本的革命。"① 因此，实现社会主义现代化，确实是"一场新的革命"。② 同样，江泽民在党的十四大报告中也把改革开放和现代化建设称为"一场新的革命"。他说："十四年来，我们从事的事业，就是坚持党的基本路线，通过改革开放，解放和发展生产力，建设有中国特色的社会主义。就其引起社会变革的广度和深度来说，是开始了一场新的革命。"③

总之，中国共产党领导的社会主义现代化事业确实是继新民主主义革命之后的中国的又一次革命，而且与第一次新民主主义革命相比，它的内涵更丰富，任务更艰巨，时间更持久，意义更伟大。

四 毛泽东思想与"第二次结合"

有的学者把毛泽东思想界定为只是"第一次飞跃"的理论成果，于是便把新中国成立后近30年的党的理论说成是新民主主义革命时期思想的延伸，否认毛泽东思想中的社会主义革命和社会主义建设理论的独立存在及其意义。这种观点值得商讨。

说毛泽东思想是"第一次革命"、"第一次结合"、"第一次飞跃"的理论成果，这当然是正确的。但毛泽东思想在新中国成立后的28年里继续在曲折中发展。毛泽东为实现中国社会主义现代化的历史课题，殚精竭虑，大胆试验，艰辛探索，既取了巨大的成绩，也犯有严重错误。毛泽东没能找到建设中国特色社会主义的正确道路，没有解决好"第二次结合"，

---

① 《邓小平文选》第2卷，人民出版社1994年版，第311页。
② 《邓小平文选》第3卷，人民出版社1993年版，第174页。
③ 《江泽民文选》第1卷，人民出版社2006年版，第211页。

没有能实现"第二次飞跃"。这是无可否认的事实，是历史的局限和遗憾。但我们在如实承认毛泽东在探索中国社会主义道路中犯的错误和所付出的重大代价的同时，更应肯定、承认他为中国社会主义现代化事业所作出的历史性贡献。党的十一届六中全会通过的《关于建国以来党的若干历史问题的决议》在论述毛泽东思想"以独创性的理论丰富和发展马克思列宁主义"时就单独列有"关于社会主义革命和社会主义建设"一项，以区别于新民主主义革命理论。毛泽东关于社会主义革命和社会主义建设的理论十分丰富，其中许多极其重要的思想有着直接的现实意义。

从中国历史看，毛泽东不仅是新中国的伟大缔造者，也是新中国社会主义现代化事业的奠基者。我们党始终铭记以毛泽东为首的党中央"带领全党全国各族人民建立新中国、取得社会主义革命和建设伟大成就以及艰辛探索社会主义建设规律取得宝贵经验"，[①]"毛泽东思想是马克思列宁主义在中国的运用和发展，系统地回答了在一个半殖民地半封建的东方大国，如何实现新民主主义革命和社会主义革命的问题，并对建设什么样的社会主义、怎样建设社会主义进行了艰辛探索，以创造性的内容为马克思主义宝库增添了新的财富"。[②] 从中国特色社会主义的实践过程和理论逻辑看，毛泽东思想中关于社会主义革命和社会主义建设的理论无疑是"第二次结合"的产物，是中国特色社会主义理论的出发点和基础，绝不能把它看成是新民主主义时期思想的延伸。

毛泽东思想与中国特色社会主义理论体系一脉相承，两者在外延上存在着一定的交叉，这是完全可以理解的。出现这种情况是由于这两个理论体系的命名方式不同。毛泽东思想是以它的主要创立者的名字来命名的，而中国特色社会主义理论则是以它解决的历史课题和任务的名称来命名的。承认毛泽东是中国社会主义事业的开创者和奠基者，那就应顺理成章地承认毛泽东思想中有关社会主义革命和建设的理论是中国特色社会主义理论的组成部分。毛泽东思想和邓小平理论都是以主要创立者的名字来命名的，两者之间虽然一脉相承，但其理论边界是清晰的，在外延上不存在交错的问题。同样，新民主主义理论与中国特色社会主义理论两者之间，

①《中国共产党第十七次全国代表大会文件汇编》，人民出版社 2007 年版，第 7 页。
② 胡锦涛：《在庆祝中国共产党成立 90 周年大会上的讲话》，人民出版社 2011 年版，第 7—8 页。

在外延上也不存在交错的问题，因为两者均是以解决的历史任务的名称和性质来命名的。

在对毛泽东思想与中国特色社会主义理论体系关系的看法上还存在着一个中国特色社会主义理论的历史定位问题。按照"第二次结合"的主题，中国特色社会主义理论应是回答和解决中国社会主义现代化的理论。它的起始点是中华人民共和国的成立，它的最终实现应是中国社会主义现代化的完成。依据新中国成立以来的实践经验和党中央的战略部署，我国社会主义现代化历史任务的完成很可能要到 21 世纪中期，即新中国成立100 周年时。到那时候，中国将成为一个民主、自由、富强、和谐、文明的社会主义现代化的国家。我们的后代可以说，经过多少代人艰苦奋斗，"第二次结合"和"第二次飞跃"终于完成了，社会主义初级阶段结束了，真正的、合格的社会主义建成了。由此看来，中国特色社会主义理论是社会主义初级阶段的理论。

从这样宏观的历史视角来看待中国特色社会主义的实践与理论，那毛泽东一代人对中国社会主义道路的探索和试验，只是整个中国社会主义现代化的起始阶段，是"正反合"辩证发展过程中的"正"的阶段，只是为"第二次飞跃"作准备。邓小平及后来者则在毛泽东的基础上开始找到正确的道路，形成正确的理论、路线、方针和政策，初步实现了"第二次结合"和"第二次飞跃"，形成了中国特色社会主义理论，完善了中国特色社会主义制度，这是"正反合"辩证发展过程中"反"的阶段。改革开放30 多年来，社会主义现代化事业得到蓬勃发展，成绩巨大，有目共睹。我们今天对中国社会主义规律的认识比毛泽东时代大大前进了，发生了飞跃。任何贬低、否认中国特色社会主义理论的言行都是错误的，不符合中国人民的根本利益。

我们在看到取得巨大成就的同时，也必须正视发展中存在的严峻问题：贫富悬殊和两极分化，地区差别扩大，资本与权力的勾结和权贵阶层的出现，党风政风堪忧，干部腐败和大案要案频发，劳动与资本矛盾加剧，劳动者主人翁地位的失落，干群关系紧张，群体性突发事件时起，生态环境恶化，极端个人主义泛滥和道德严重失范，新中国成立后前 30 年绝迹的卖淫嫖娼、吸毒赌博、黑帮恶势力等旧社会的丑恶现象有所复活和滋生，等等。这些负面现象与社会主义本质严重相悖，引起了广大人民群众的不满和担忧。现实的社会问题和社会矛盾，要求对现行的理论和实践进行检讨和反思，要求中国特色社会主义事业进到更高的"合"的阶段。①辩证发展过程中的"合"既不是简单恢复到第一阶段的"正"，也不是对"正"、"反"两阶段积极成果的机械综合，而是在综合"正"、"反"两阶段积极成果基础上的创新，纠正和克服前进过程中认识和实践上的片面性，进一步深化对社会主义规律的认识。中国特色社会主义"合"的阶段的来到和实现，不仅需要客观条件，也需要主观条件，需要有胆识和勇气。在"正"、"反"两方面的基础上做好"合"的大文章，这是全面实现"第二次结合"的需要，是时代的使命。我们应有这种自觉性和使命感，将"第二次飞跃"推向新的阶段。

毛泽东在新民主主义革命取得全国胜利的前夜曾指出，中国革命的胜利只不过是万里长征走完了第一步，以后的路程更长，更艰巨，更伟大。邓小平则说："我们搞社会主义才几十年，还处在初级阶段。巩固和发展社会主义制度，还需要一个很长的历史阶段，需要我们几代人、十几代人，甚至几十代人坚持不懈地努力奋斗，决不能掉以轻心。"② 经过 60 多年的实践，我们更深切地认识到，实现社会主义现代化，是一场比新民主主义革命更为复杂、更为艰难、更为持久和更为伟大的革命。

中国特色社会主义正在实践中，没有固定的模式。前进中出现这样那样的问题是必然的。前进中出现的问题只有通过改革发展来解决，守成不行，倒退更没有出路。只有继续解放思想，及时总结经验，永不僵化，永不停滞，不断大胆创新，继续推进改革开放，才能与时俱进，永葆中国特色社会主义的活力和生机。

（原载《毛泽东邓小平理论研究》2012 年第 1 期）

---

① 许全兴：《着眼于理论的新发展进行比较》，《中国人民大学学报》2000 年第 5 期。
② 《邓小平文选》第 3 卷，人民出版社 1993 年版，第 379—380 页。

毛泽东关于马克思主义大众化
思想的六个基石

艾四林　刘国强

毛泽东是一位"有创造性的大胆的马克思主义者"①，他毕生致力于推动马克思主义与中国实际相结合，并努力使理论走向大众、成为"人民大众"的"有力武器"②。毛泽东在促进马克思主义大众化的过程中，针对大众化的衡量标准、利益导向、实践基础、话语转换、时代意蕴等重要课题，作了深入探讨，并取得了丰硕成果。对这些成就予以总结和发扬，对于新时期推进我国马克思主义大众化有着重要意义。

一　马克思主义大众化的"衡量标准"

马克思主义大众化的过程中，在"质"和"量"上是否存在一个衡量标准？或者说，马克思主义大众化成功实施的标准到底是什么？

毛泽东在普及马克思主义理论教育之际，对马克思主义大众化的衡量标准问题作了一番探索，并形成较为明确的认识和结论。

首先，在马克思主义大众化进程中，人民群众对马克思主义理论应掌握到何种程度？毛泽东认为，应具体对象具体对待，不能用"一刀切"的方法，不能以同一个标准去衡量所有群体。人民群众的文化知识及思想发展水平是不平衡的，这决定着其接受理论的能力也不可能完全一样，因而在进行马克思主义理论教育的过程中，要具体问题具体分析，针对不同对

---

① 陈葆华：《国外毛泽东思想研究》，陕西人民出版社1993年版，第56页。
② 《毛泽东选集》第2卷，人民出版社1991年版，第708页。

象采取不同的教育标准和要求。对于文化层次较高的党员干部，要开办马列主义研究班或建立马列主义学习小组，"每日二小时学习制自动与强制并重，理论与实际一致"①，还要经常召开理论讨论会，以深入研究和把握"马克思、恩格斯、列宁、斯大林的理论"、"我们的民族历史"以及"当前运动的情况与趋势"毛泽东还特别强调理论学习中的决心问题，"学校两个月不够延长半个月，半个月不够，延长一个月。机关三个月不够，延长半个月……总而言之……我们必须要下这个决心"。② 学习之后，这类党员干部不但要具备扎实的马克思主义理论修养，还应能理论联系实际、分析和解决现实问题，同时也能够"去教育那些文化水准较低的党员"③。对于文化水准较低的党员干部，则要求"文化课与中国问题同时并进"，然后学习"联共党史、马列主义、政治经济学、哲学"，"但文化课须提到能够自由阅读普通书报"的程度。④ 对于普通工农兵群众来说，其要求主要是降低文盲比率，启发革命觉悟，领会党的方针政策。因而在学习和宣传方式上，需更多地挖掘、采用人民喜闻乐见的文娱资源，向大众灌输马克思主义基本价值观及党的路线方针政策。比如"在各村各乡小学校内或小学校外，建立民革室、救亡室、俱乐部一类的文化教育活动的中心。开办各种民众学校、夜校、识字班（女子可同男子分开，上课应在白天），组织各种识字组、大众黑板报、读报、演讲、娱乐体育、戏剧等一切适合于民众的需要及为民众所喜欢参加的活动"⑤。这样，既能大力推广识字运动，使群众具备一定的文化常识，读得懂党报及其他通俗的宣传文件，还能开展"民族民主革命的教育"，启发大众的革命觉悟，为党和人民的事业共同奋斗。

其次，在马克思主义大众化进程中，马克思主义理论普及面占到全国人口的多大比率才能称得上成功？在新民主主义革命时期，毛泽东曾发出一个号召，要求通过一系列的教育和宣传途径，最终使得马克思主义指导下的新民主主义文化"为全民族百分之九十以上的工农劳苦大众服务，并

---

① 《毛泽东文集》第2卷，人民出版社1993年版，第224页。

② 同上书，第412页。

③ 中共中央宣传部办公厅、中央档案馆编研部：《中国共产党宣传工作文献选编》（1937—1949），学习出版社1996年版，第27页。

④ 同上书，第142页。

⑤ 同上书，第139页。

逐渐成为他们的文化"①。"百分之九十"是一个较为模糊的提法，但是从中我们还可看出，毛泽东所要求的普及面是非常宽泛的，即要求马克思主义的理论教育能涵盖绝大多数的群众个体，并改造其思想面貌。如果结合新中国成立后，尤其是"文化大革命"期间的马克思主义理论教育实践及其表现来看，毛泽东的宏愿也许是要求全民都要学习马克思主义理论，并将之作为捍卫和建设社会主义的思想武器。

从上述论述中可以看到，毛泽东关于马克思主义大众化的思想中，对于大众化的衡量标准问题有着相当明确的规定，其在"质"与"量"的具体把握上也有着较为具体的指导。这对于目前市场经济条件下，针对新生的众多社会阶层，实施马克思主义大众化工程，推进马克思主义理论的普及与提高，有着一定参考价值。

二　马克思主义大众化的利益导向

马克思主义的根本价值指向在于实现人的解放。"过去的一切运动都是少数人的或者为少数人谋利益的运动。无产阶级的运动是绝大多数人的、为绝大多数人谋利益的独立的运动。"② 共产党人"没有任何同整个无产阶级的利益不同的利益"③，它代表着最广大人民群众的根本利益和愿望。

毛泽东继承马克思主义的这一基本观点并结合中国实际予以发扬，"共产党人是为民族、为人民谋利益的政党，它本身绝无私利可图"④。"共产党人的一切行动，必须以合乎最广大人民群众的最大利益，为最广大人民群众所拥护为最高标准。"⑤ 并反复强调"要全心全意为人民服务，不要半心半意或者三分之二的心三分之二的意为人民服务"⑥。在党内外开展马克思主义普及教育，就是要让党员干部深刻把握马克思主义的基本价值立场，更好地服务人民大众，就是要让人民群众认识到自己的利益，并

①　《毛泽东选集》第2卷，人民出版社1991年版，第708页。
②　《马克思恩格斯选集》第2卷，人民出版社1995年版，第283页。
③　同上书，第285页。
④　《毛泽东选集》第3卷，人民出版社1991年版，第809页。
⑤　同上书，第1096页。
⑥　《毛泽东文集》第7卷，人民出版社1999年版，第285页。

"对于自己的力量充满信心"①。

马克思主义走向大众，首先要观照和解决的是人民大众的根本利益。这个根本利益在不同时期有着不同的内涵。在新民主主义革命时期，马克思主义必须结合中华民族的独立解放、民主自由之诉求，推翻帝国主义、封建文化和官僚资本主义三座大山，实现中华民族的独立解放与民主自由而在社会主义建设时期，我党则需要将马克思主义运用于现代化建设的具体实践中，为解放和发展生产力，不断满足人民群众日益增长的物质文化需求服务。能够抓住大众的根本利益，是理论走向大众，并转化为大众的思想武器的根本条件。以毛泽东为核心的第一代领导集体成功把握住人民大众的根本利益，并运用马克思主义基本理论予以解决，这不但推进了革命及建设实践的飞跃发展，而且促成了马克思主义大众化的不断迈进。

推进马克思主义大众化，还须满足人民大众的政治权益。早在 1931 年，毛泽东当选为苏维埃临时中央政府主席时，就领导苏区政府颁布了一系列法律文件，在尊重和保障人权、实现人民当家做主方面做得非常突出。尤其是临时中央政府颁布的《宪法大纲》中明确规定苏区公民不分男女、种族、宗教，在苏维埃法律面前一律平等保证工农劳苦民众有言论、出版、集会结社的自由保证婚姻自由，实行各种办法保护妇女权益保证有真正的信仰自由对于居住在苏维埃区域内从事劳动的外国人，一律使其享有苏维埃法律所规定的一切政治上的权利。② "可以毫不夸张地说，不仅在 20 世纪 30 年代西方国家法律没有达到中央苏区法律的水平，就是到 20 世纪 90 年代，西方的许多国家亦还没有达到。"③ 政治解放是人的解放的重要一环，在马克思主义指导下而获得民主自由的人民群众，必会将马克思主义奉为圭臬。

推进马克思主义大众化过程中，观照和实现人民群众的经济利益是核心环节。一切上层建筑（包括思想意识的和政治制度的）的变革和运转归根结底要服务于经济基础、物质利益。毛泽东对此有着深刻洞悉，1934 年他在第二次全国苏维埃代表大会上指出，"我们的经济建设，集中经济力量供给战争，同时极力改良民众的生活"④。他同时强调，共产党人要真心

① 《毛泽东选集》第 4 卷，人民出版社 1991 年版，第 1131 页。
② 中央档案馆：《中共中央文件选集》，中共中央党校出版社 1991 年版，第 772—774 页。
③ 沙健孙：《中国共产党史稿》，中央文献出版社 2006 年版，第 99 页。
④ 《毛泽东选集》第 1 卷，人民出版社 1991 年版，第 130 页。

实意地为群众谋利益,解决群众的生产和实际生活问题。"我们是革命战争的领导者、组织者,我们又是群众生活的领导者、组织者。组织革命战争,改良群众生活,这是我们的两大任务。"① 在当时的历史环境下,改良群众生活最关键的问题是解决农民的土地问题。毛泽东在土地革命时期探索出的革命路线"没收地主的土地,分配给无地和少地的农民,实行中山先生'耕者有其田'的口号,扫除农村中的封建关系,把土地变为农民的私产"②,即是根据马克思主义基本原则,进行土地关系变革,以最大限度地满足农民的经济利益。在中国共产党的领导下,实现了自身经济利益的群众,自然会对党的政策及马克思主义产生高度认同。

推进马克思主义大众化,还需要满足人民群众不断增长的精神文化需求。毛泽东认为,"一切艺术文化或者文学艺术都是属于一定的阶级,属于一定的政治路线的。为艺术的艺术,超阶级的艺术,和政治并行或互相独立的艺术,实际上是不存在的"。因此,党的文艺工作者要"服从党在一定革命时期内所规定的革命任务"③,"要把立足点转移过来,一定要在深入工农兵群众,深入实际斗争的过程中,在学习马克思主义和学习社会的过程中,逐渐地转移过来,移到工农兵这方面来,移到无产阶级方面来"④。围绕党和人民的事业,结合人民群众生产生活的实际,为工农群众进行创作,为工农兵大众服务,满足大众的精神文化需求。这对于增强马克思主义的亲和力和吸引力,促使人民大众学习和接受这种理论有着重要作用。

三 马克思主义大众化的实践基础

调查研究是毛泽东思想的重要组成部分,也是毛泽东推动马克思主义大众化的重要实践基础。纵观毛泽东的一生,调查研究活动始终未弃,这为准确把握国情,制定合理的路线方针政策奠定了坚实的基础,同时也为中国化的马克思主义走向大众准备了前提条件。

毛泽东认为调查研究是认识客观世界(中国国情)的关键环节。"理

---

① 《毛泽东选集》第 1 卷,人民出版社 1991 年版,第 139 页。
② 《毛泽东选集》第 2 卷,人民出版社 1991 年版,第 678 页。
③ 《毛泽东选集》第 3 卷,人民出版社 1991 年版,第 865 页。
④ 同上书,第 857 页。

性认识依赖于感性认识，感性认识有待于发展到理性认识，这就是辩证唯物论的认识论。"① 要获得感性认识，就必须调查研究，"我们要从国内外、省内外、县内外、区内外的实际情况出发，从其中引出其固有的而不是臆造的规律性，即找出周围事变的内部联系，作为我们行动的向导"。② 在充分了解和把握现实情况的基础上，"你对那个事物就有解决的办法了"。"调查就像'十月怀胎'，解决问题就像'一朝分娩'。调查就是解决问题。"③

在调查研究的基础上，对国情进行充分的把握是马克思主义中国化的基本前提。早在 20 世纪 30 年代初，毛泽东就针对党内存在的教条主义倾向，旗帜鲜明地提出了"没有调查，就没有发言权"的著名论断。他接着阐释道，"马克思主义的'本本'是要学习的，但是必须同我国的实际情况相结合"。"否则他们就不能将理论和实际相联系。"④ "坐在房子里面想象的东西，和看到的粗枝大叶的书面报告上写着的东西，绝不是具体的情况。倘若根据'想当然'或不合实际的报告来决定政策，那是危险的。过去红色区域弄出了许多错误，都是党的指导与实际情况不符合的原故。"⑤ 因此，毛泽东发出号召，要求中国同志必须了解中国的情况，而要了解情况，"惟一的方法是向社会做调查"⑥。在广泛开展社会调查的基础上，掌握真实的第一手资料，才能为决策提供科学依据，"中央领导机关是一个制造思想产品的工厂，如果不了解下情，没有原料，也没有半成品，怎么能制造出产品?"⑦ 唯有深入地调查研究作支撑，马克思主义基本原理才能有针对性地结合中国的历史与现实，具备中国的作风和气派，提出解决问题的方案。反之，离开了调查研究这个中介，马克思主义中国化的进程将会流于形式而走向庸俗化。

调查研究是制定符合群众意愿的具体政策的前提，也是中国化的马克思主义为人民大众认可和接受的关键。建党前后，毛泽东曾深入湖南乡村，对农村阶级状况作了细致的分析研究，这促使其思想发生了很大

① 《毛泽东选集》第 1 卷，人民出版社 1991 年版，第 291 页。
② 《毛泽东选集》第 3 卷，人民出版社 1991 年版，第 801 页。
③ 《毛泽东选集》第 1 卷，人民出版社 1991 年版，第 110—112 页。
④ 《毛泽东农村调查文集》，人民出版社 1982 年版，第 1—16 页。
⑤ 《毛泽东文集》第 1 卷，人民出版社 1993 年版，第 254 页。
⑥ 《毛泽东选集》第 3 卷，人民出版社 1991 年版，第 789 页。
⑦ 《在全国财经工作会议上的讲话》，1953 年 8 月 12 日。

转变，他充分认识到了"农民中间的阶级斗争程度"①，以及农民所具有的革命性和战斗性，因而提出了自耕农、半自耕农、半贫农、贫农、雇农是"我们真正的朋友"②，并进而得出"农民问题乃国民革命的中心问题，农民不起来参加并拥护国民革命，国民革命是不会成功的"③ 这个关键性的结论，这些认识为"农村包围城市，武装夺取政权"理论奠定了基础。土地革命时期，毛泽东能制定出科学合理的土地革命路线，也与其坚持进行调查研究分不开，"每到一地总是挤出时间做社会调查，一边了解情况，决定政策或检验改进已定的政策"④。"我做了寻乌调查，才弄清楚了富农与地主的问题，提出解决富农问题的办法"，"贫农与富农的问题，是在兴国调查之后才弄清楚的，那时才使我知道贫农团在分配土地过程中的重要性"。在此后的革命历程中，毛泽东坚持要求全党开展调查研究，科学把握中国国情，并把马克思主义相关理论予以发挥运用，为新民主主义革命的胜利准备了思想基础。新中国成立后的50年代末60年代初，出现了三年自然灾害，毛泽东亲自组织三个调查小组赴农村考察，制定了一系列纠正措施，改正了农村公社化运动中某些错误，从而调动了农民的生产积极性，对农业经济的恢复发展起到了积极的作用。人民群众对马克思主义的认识和接受，往往是来自于党的具体路线、方针和政策，以及其带来的实实在在的改变。党的政策合理与否，效能大小在很大程度上取决于马克思主义与现实状况的结合状况，而结合的优劣则要看调查研究是否充分得当。

纵观整个新民主主义革命、社会主义改造与建设时期，中国的现实国情是相当复杂且处于不断变动之中的。中国共产党人正是由于不间断地展开调查研究，掌握真实国情，才得以实现马克思主义中国化的深入发展，推动中国化的马克思主义理论成果逐渐走向大众。

四 马克思主义大众化的话语转换

列宁有个著名的论断，"最高限度的马克思主义等于最高限度的通俗

① 金冲及：《毛泽东传（1893—1949）》，中央文献出版社1996年版，第109页。
② 《毛泽东选集》第1卷，人民出版社1991年版，第3—9页。
③ 金冲及：《毛泽东传（1893—1949）》，中央文献出版社1996年版，第117页。
④ 郭化若：《郭化若回忆录》，军事科学出版社1995年版，第26页。

化"。推进马克思主义大众化必须解决理论的通俗化问题，经院式的思辨是难以为普通大众所接受的。把马克思主义理论通过一定形式的话语重构，用民族的语言、大众的方式解说出来，方能增强理论的亲和力和说服力。毛泽东在长期的革命及建设历程中，与各个层次的干部群众有着广泛交往，深刻体会到马克思主义通俗化对推进马克思主义大众化的重要性，因而在马克思主义通俗化方面进行了一系列尝试，作出了杰出的贡献。

毛泽东善用传统文化解释马克思主义基本原理。他一生博览群书，对中国文化了然于胸，"毛泽东确信中国文化是一个伟大的奇迹，而且或许是独一无二的奇迹，历史上的成就加强了他的民族自豪感"①。因而在解释马克思主义基本原理时常常借用古典言辞，赋予新的含义，并借此将道理讲得透彻明白，使听者心领意会。例如在说明主次矛盾、矛盾主次方面问题时，毛泽东使用了"一分为二"的概念在阐释主观符合客观，理论结合实际，把握发展规律方面的问题时，毛泽东使用了"实事求是"这个古典词语并作了现代性的发挥。②在解释事物存在自我扬弃的辩证否定观的时候，毛泽东使用了"新陈代谢"一词，"新陈代谢是宇宙间普遍的永远不可抵抗的规律。依事物本身的性质和条件，经过不同的飞跃形式，一事物转化为他事物，就是新陈代谢的过程"③。通过这一系列"古为今用"的创造，使得马克思主义理论极具民族风格，也促使听众容易理解和接受。

毛泽东注重运用群众语言，阐释中国革命和建设的基本道理。井冈山时期，毛泽东以"人要有屁股才能休息"来解释革命根据地的重要性，"要知道，井冈山，虽然它磨破了我们的脚，爬酸了我们的腿，但是，它给我们存粮食，给我们作根据地，便于我们打击敌人。所以说，这座山是革命的山。我们要保护它，爱护它，不要害怕多爬，更不要讨厌它。革命要有根据地，好象人要有屁股。人假若没有屁股，便不能坐下来要是老走着，老站着，定然不会持久，腿走酸了，站软了，就会倒下去。革命有了根据地，才能够有地方休整，恢复气力，补充力量，再继续战斗，扩大发展，走向最后胜利"④。大革命失败后，毛泽东在说明军事力量和武装斗争

---

① ［美］斯图尔特·施拉姆：《毛泽东的思想》，中央文献出版社 1990 年版，第 127 页。
② 《毛泽东选集》第 3 卷，人民出版社 1991 年版，第 801 页。
③ 《毛泽东选集》第 1 卷，人民出版社 1991 年版，第 323 页。
④ 总政治部：《星火燎原》，中国人民解放军出版社 1979 年版，第 53 页。

的极端重要性时，指出，"每个共产党员都应该懂得这个真理：'枪杆子里面出政权'"。[①] 这个观点简洁明快，极易理解，因而产生了巨大影响。在说明中国革命回旋空间问题时，他用了"东方不亮西方亮，黑了南方有北方"[②] 这类群众语言在解释党从联蒋抗日到逼蒋抗日的政策变化时，毛泽东说道，老百姓让毛驴上山有三个办法，一拉，二推，三打。蒋介石在抗日问题上就像我们陕北的毛驴，他不愿抗日，我们就得拉他和推他，再不干就打他一下，他就会上山。接着他进一步讲到，毛驴有不听话踢人的时候，我们要提防这一点。这类群众性语言生动具体，把党的政策阐释得透彻明了，使得群众理解起来十分容易。

毛泽东还擅长使用各种修辞手法来说明马克思主义理论及革命道理，使之深入浅出、形象生动。例如他在解读内外因的辩证关系时曾打比方道，"鸡蛋因得到适宜的温度而变为小鸡，而温度不能使石头变为小鸡"[③]。在分析论述小资产阶级的时候讲到他们"发财观念极重，对赵公元帅礼拜最勤，虽不妄想发大财，却总想爬上中产阶级地位。他们看见那些受人尊重的小财东，往往垂着一尺长的涎水"[④]，这里运用夸张手法，形象地描绘出小资产阶级的心态在展望中国革命大好形势时，他指出中国革命的高潮"是站在海岸遥望海中已经看得见桅杆尖头了的一只航船，它是立于高山之巅远看东方已见光芒四射喷薄欲出的一轮朝日，它是躁动于母腹中的快要成熟了的一个婴儿"[⑤]。善用比喻、夸张等修辞手法，能把抽象的事物变得具体，把复杂的立论变得简明，把深奥的道理变得浅显，把生疏的东西变得亲切，这显然为老百姓所喜闻乐见。

五　马克思主义大众化的时代意蕴

伟大的理论应能站在时代的潮头，紧扣社会脉搏，且能与时俱进、指导群众实践。理论家的根本目标不在于解释世界而是改造世界，理论的根本功用在于抓住和认清时代课题，以解决时代形势提出的重大任务。毛泽

---

① 《毛泽东选集》第 2 卷，人民出版社 1991 年版，第 547 页。
② 《毛泽东选集》第 1 卷，人民出版社 1991 年版，第 189 页。
③ 同上书，第 302 页。
④ 同上书，第 5 页。
⑤ 同上书，第 106 页。

东正确运用马克思主义分析中国社会现实并提出中华民族自近代以降所产生的根本性、全局性任务的解决方案。抓住了这些基本问题也就是抓住了中华民族的根本利益解决了这些重大课题，也就是迎合了中国人民的基本愿望。顺应时代潮流、符合人民根本利益和愿望的理论，必将是具有强大生命力且为最广大人民群众所欢迎的理论。

新民主主义革命时期，马克思主义的时代意蕴主要体现在探索并扭转中国近现代社会的历史航向。这给中国共产党人带来的首要任务是认清中国近代社会的时代形势及其主要任务。毛泽东在总结他人经验并深入研究后认为，中国有着三千年封建专制主义统治的历史时期，但"自从一八四零年鸦片战争以后，中国一步一步地变成了一个半殖民地半封建的社会"①。这个社会中，一方面"封建时代的自给自足的经济是被破坏了，但是，封建剥削制度的根基——地主阶级对农民的剥削，不但依旧保持着，而且同买办资本和同高利贷资本的剥削结合在一起，在中国的社会经济中，占着显然的优势"；另一方面，"帝国主义不但操纵了中国财政和经济命脉，并且操纵了中国的政治和军事的力量"②。因而，"帝国主义和中华民族的矛盾，封建主义和人民大众的矛盾，这些就是近代中国社会的主要的矛盾"。"而帝国主义和中华民族的矛盾乃是各种矛盾中的最主要的矛盾。"③ 由此，中国革命的对象"不是别的，就是帝国主义和封建主义，就是帝国主义国家的资产阶级和本国的地主阶级"④。中国革命的任务乃是"对外推翻帝国主义压迫的民族革命和对内推翻封建地主压迫的民主革命"⑤。上述状况最终规定着中国革命的性质是"资产阶级民主主义革命"，但是这个革命"已不是旧式的一般的资产阶级民主主义革命"，而是"新式的特殊的资产阶级民主主义的革命。这种革命正在中国和一切殖民地半殖民地国家发展起来，我们称这种革命为新民主主义革命"。⑥ 无产阶级必须先完成资产阶级民主主义革命，完成民族解放及推翻封建主义任务后才能走向社会主义革命及社会主义时代。半殖民地半封建时代的中国，

① 《毛泽东选集》第 2 卷，人民出版社 1991 年版，第 626 页。
② 同上书，第 630 页。
③ 同上书，第 631 页。
④ 同上书，第 633 页。
⑤ 同上书，第 637 页。
⑥ 同上书，第 642 页。

小农经济占绝对优势，农民人口占绝对多数，这又规定着中国革命的基本问题是农民问题。无产阶级及其政党只有首先到农村去，解决农民土地问题，建立革命根据地，走以农村包围城市、武装夺取政权的道路才能最终取得中国革命的成功，"共产党的任务，基本地不是经过长期合法斗争以进入起义和战争，也不是先占城市后取乡村，而是走相反的道路"①。马克思主义与中国近现代的时代吁求紧密结合的结果就是产生了符合社会历史发展需要的毛泽东思想，这为正确认识和解决时代课题，奠定了坚实的理论基础，指明了前进的航向。

新中国成立后，马克思主义的时代意蕴发生转换，主要体现在结合新的历史任务，探求解决社会主义现代化建设中的相关课题。毛泽东曾发出"必须把马克思列宁主义的普遍真理同中国社会主义建设的具体实际""尽可能好一些地结合起来"②，"我们要进行第二次结合"③ 的号召。要求全党在全面展开社会主义建设的进程中，分析社会主义的基本矛盾，明确党的基本任务和中心工作的前提。在新的社会实践基础上，毛泽东指出社会主义社会"基本的矛盾仍然是生产关系和生产力之间的矛盾，上层建筑和经济基础之间的矛盾"④，由此确定社会主义的根本任务是解放生产力，大力发展经济，不断满足人民群众日益增长的物质文化需求。毛泽东进一步指出，为建设社会主义就必须推进中国社会主义的现代化事业，把中国建成一个具有现代农业、现代工业、现代国防和现代科学技术的强国。为此，党中央提出了"两步走"的发展战略，即第一步建成一个独立的比较完整的工业体系和国民经济体系，第二步全面实现四个现代化，使中国经济走在世界前列。⑤

马克思主义的时代意蕴，是马克思主义对时代脉搏的准确扣合，是对社会重大任务的正确反映。扣合社会历史的重大课题及时代脉搏，也是扣合最广大人民群众的迫切要求和愿望，并能为之提出实际可行的解决方案。在这个过程中，马克思主义政党适时推动马克思主义与具体实践相结合，制定切实可行的路线方针政策，走近群众，深入人心，影响社会改造

---

① 《毛泽东选集》第 2 卷，人民出版社 1991 年版，第 542 页。

② 《毛泽东文集》第 8 卷，人民出版社 1999 年版，第 302 页。

③ 吴冷西：《十年论战》（上），中央文献出版社 1999 年版，第 24 页。

④ 《毛泽东文集》第 7 卷，人民出版社 1999 年版，第 213 页。

⑤ 周恩来：《周恩来经济文选》，中央文献出版社 1993 年版，第 652—653 页。

实践。饱含时代意蕴、符合时代要求的理论，往往是符合大众愿望及需求的理论，因而也是能够实现大众化的理论。

六 马克思主义大众化的传导路径

传导路径、输送方式是理论走向群众的必经中介。有效的传导中介是理论成功普及的重要辅助条件，反之，落后的或拙劣的传导方式则阻滞理论的普及。毛泽东重视运用理论传导的中介作用，并不断开辟新的传导方式，力求将马克思主义理论及党的政策顺利汲及最广大人民群众之中，为马克思主义大众化铺好道路。

社团、会社、学校等组织形式在马克思主义理论的宣传学习中有着重要中介作用。早在 1918 年毛泽东就与一批志同道合的同志成立了新民学会，寻求救国救民的真理，并最终转向了马克思主义。"中国坏空气太浓太厚，吾们诚哉要造成一种有势力的新空气，才可以将他们转换过来……要有一种大家共同信守的'主义'，没有主义，是造不成空气的。我想我们学会，不可徒然做人的聚集，感情的集合，要变为主义的结合才好。主义譬如一面旗子，旗子立起来了，大家才有所指望，才知所趋赴。"① 同时，毛泽东还积极创办文化书社，其经营的书报杂志"经严格的选择过，尽是较有价值的新出版物（思想陈旧的不要）"②。文化书社不仅是新民学会的主要活动场所，也是早期马克思主义的重要宣传阵地。同年 8 月份，毛泽东与何叔衡共同发起俄罗斯研究会，在研究和宣传马克思主义，介绍俄国革命经验方面做了不少有益的工作。抗日战争爆发后，毛泽东要求，"每个根据地都要尽可能地开办大规模的干部学校，越大越多越好"③。陕甘宁边区先后创办了中国人民抗日军政大学、陕北公学、鲁迅艺术学院、中国女子大学、泽东青年干部学校、行政学院、民族学院、延安大学等。其教育的"基本内容为新民主主义的教育，这即是以马列主义的理论与方法为出发点的关于民族民主革命的教育与科学的教育"④。这些学校培养了

---

① 《毛泽东给罗璈阶的信》，《新民学会会员通信集》第二集，新民学会，1920 年，第 65 页。

② 《文化书社敬告买这本书的先生》，《新民学会资料》，人民出版社 1980 年版，第 277 页。

③ 《毛泽东选集》第 2 卷，人民出版社 1991 年版，第 769 页。

④ 中央档案馆：《中共中央文件选集》，中共中央党校出版社 1991 年版，第 328 页。

大批具备一定马克思主义理论的人才，为中国革命事业及马克思主义的进一步传播普及作出了突出贡献，其中"抗大"前后培养干部 10 万余人，陕北公学院培养干部 11000 多人。

毛泽东支持挖掘、发展群众文艺资源，并借此宣传马克思主义理论及党的政策。他指出，要"广泛发展民众教育，组织各类补习学校、识字运动、戏剧运动、歌咏运动、体育运动，创办敌前敌后各种地方通俗报纸，提高人民的民族文化与民族觉悟"①。1937 年年底，延安成立边区文化界救亡协会，随后又成立边区音协、边区美协、边区剧协等文艺工作者协会，战歌社、边区诗歌总会、山脉文学社、大众读物社、延安诗歌会等文学社团，以及一些剧社、剧团、乐团、合唱团等文艺演出团体。1940 年戏剧运动已普及到各抗日根据地，1944 年《白毛女》风靡各个抗日根据地，在思想内容和艺术形式上都取得了很高的成就。歌咏活动在各根据地也十分活跃，到 1939 年，所创作的大众化的革命歌曲就在 300 首以上，以冼星海的《生产大合唱》、《黄河大合唱》最负盛名，流传最广。延安的秧歌马克思主义中国化运动在这一时期最为活跃，也最受百姓欢迎，其中《兄妹开荒》、《牛永贵受伤》最具代表性。文学艺术作为无产阶级革命事业的一部分，在"团结人民、教育人民、打击敌人、消灭敌人"、"帮助人民同心同德地和敌人作斗争"② 方面发挥了积极功效。根据地人民正是通过上述文化艺术作品，感知党的路线方针政策，领会马克思主义的基本价值及其立场。在崭新文艺的感召下，广大群众自觉高举马克思主义理想旗帜，投入到新民主主义革命的洪流中去，为中华民族的解放事业作出贡献。

新闻媒介及出版事业在马克思主义大众化进程中有着不可忽视的宣传作用。延安时期，中共中央专门成立了中央党报委员会统一领导新闻出版事业，根据地先后发行了《共产党人》、《中国工人》、《新中华报》（后与《今日新闻》合并为《解放日报》）等，毛泽东亲自为这些报刊撰写发刊词，并写了一批社论文章。1940 年又建立延安新华广播电台，向各抗日根据地及白区播发中共中央文件、重要报刊社论等，后又成立英文广播部，对海外播发电讯稿。这些工作对于宣传马克思主义、党的理论政策，起到

① 《毛泽东军事文选》，中国人民解放军战士出版社 1981 年版，第 173 页。
② 《毛泽东选集》第 3 卷，人民出版社 1991 年版，第 848 页。

了不可估量的作用。在马列著作出版发行方面，1938 年中共中央建立延安解放出版社，大量编辑出版马列主义经典著作和党的文件。1939 年 3 月又设立中共中央发行部（即后来的中央出版局），加强对出版事业的统一领导工作，其属下的新华书店则具体承担发行了中共中央出版局出版的大量书籍。这些书籍刊物，为根据地内外广泛进行马列主义的普及教育提供了基本依据。

延安时期，学习运动、整风运动是马克思主义理论普及教育的重要路径，也是毛泽东推动马克思主义大众化的重大举措。"整风就是全党通过批评和自我批评来学习马克思主义。"① 通过学习、整风运动，一方面主要清算了党内高中级干部思想中存在的主观主义、宗派主义错误，使广大干部自觉掌握和运用马列主义基本理论及其精髓；另一方面也清算了党内普遍存在的小农意识、个人主义、自由主义、分散主义等各种非无产阶级思想，"两万五千共产党员发展到几十万，绝大多数是农民和小资产阶级，如果不整风党就变了性质，无产阶级其名，小资产阶级其实"。"只有经过整风才把无产阶级的领导挽救了。"② 学习、整风运动的进行使得党的干部下工夫学习马克思主义，了解其基本理论和精髓要义，也促使绝大多数党员群众学习和掌握了党的理论政策，认清革命形势，从而使"全党的党员和党的各个组成部分都在统一意志、统一行动和在统一纪律下面，团结起来成为有组织的整体"③。学习和整风运动的推动，促使根据地广大党员干部及一般群众，经历了一场马列主义理论的普遍洗涤，马克思主义自此以空前的广度和深度进入人民大众之中，变成他们的理论武器，并进而转换为改造客观世界的实践行动。

综上所述，毛泽东在长期革命及建设实践中，摸索出了一整套行之有效的马克思主义大众化方法。他要实现的目标是宏伟的，那就是要"教育全党、全军、全民"④，最终要"改造……中国人的心灵"⑤，他在马克思主义理论普及方面的措施也是广泛而有力的。这些历史经验弥足珍贵，值得我们进一步研究总结。这对于我们在新的时代形势下，促成马克思主义

---

① 《在全国宣传工作会议上的讲话》，1957 年 3 月 12 日。
② 《毛泽东文集》，人民出版社 1993 年版，第 284 页。
③ 《中共中央关于增强党性的决定》，1941 年 7 月 1 日。
④ 韩素音：《早晨的洪流》，南粤出版社 1977 年版，第 440 页。
⑤ ［美］R. 特里尔：《毛泽东传》，河北人民出版社 1989 年版，第 189 页。

以崭新的面貌和方式走向人民大众，推动中国特色社会主义现代化建设步入新的历史阶段有重要价值。

（原载《中国特色社会主义研究》2012 年第 3 期）

十月革命与毛泽东革命话语的建构①

马克思主义中国化的过程，既是马克思主义基本原理与中国具体实际、时代特征相结合的过程，也是通过话语建构掌握话语主动权的过程。新民主主义革命时期，毛泽东在建构中国革命话语过程中，既援用了马克思主义革命理论、借鉴了辛亥革命的经验教训、吸收了中国传统文化的精华，也充分运用了俄国十月革命的成功经验。借助十月革命，毛泽东诠释中国革命的条件与性质，探求中国革命的道路，展示中国革命的前景，使中国革命赢得了民众的理解、认同和支持，从而掌握了中国革命的话语权。

一 借助十月革命诠释中国革命的条件与性质

中国革命话语建构首先要说明中国革命何以必要与可能，认清中国革命的性质。毛泽东借助十月革命分析了中国革命的有利条件，诠释了中国革命的性质。

（一）十月革命引发了世界无产阶级革命的潮流

十月革命改变了人类历史的发展方向，开创了人类历史的新纪元。从此，无产阶级开始上升为统治阶级，人类社会出现了从资本主义向社会主义逐步过渡、资本主义制度与社会主义制度并存的局面。毛泽东在建构革命话语时，注意揭示十月革命为中国革命创造的有利条件，从而说明中国

① 本文系中国中共文献研究会毛泽东思想生平研究分会课题"十月革命与中国共产党的话语体系"的阶段性研究成果。

革命的必要性、可能性。1919 年 7 月，毛泽东在健学会成立时说："欧洲的大战，激起了俄国的革命，潮流侵卷，自西向东，国立北京大学的学者受欢迎之，全国各埠各学校的青年大响应之，怒涛澎湃。"① 毛泽东意识到受十月革命的冲击和影响，世界无产阶级革命已成为一种时代潮流和发展趋势，中国革命不可避免。为什么十月革命将引发世界无产阶级革命的潮流？主要原因是十月革命为世界无产阶级革命提供了样本、开辟了道路，并使世界无产阶级革命的联合成为可能。其一，十月革命具有示范效应和开拓意义。十月革命胜利后，建立了新型政权——工兵农代表苏维埃，工农阶级上升为统治阶级。1919 年 12 月，毛泽东在《学生之工作》中表示："论社会革命之著明者，称俄罗斯，所谓'模范国'是也。"② 这种推崇，既表达了对十月革命的倾慕和向往，也预见了世界无产阶级革命时代的到来。1926 年 3 月，毛泽东在纪念巴黎公社时说，十月革命"推翻资本家政府，成功了劳工专政，使世界上另开了一条光明之路"③。苏维埃政权的建立，对于世界无产阶级革命的确具有示范意义。同时，十月革命使社会主义理想成为现实，动摇了资本主义统治的根基，显现了资本主义衰败的表征。1945 年 5 月，毛泽东在中共七大的结论中指出：十月革命使"整个世界历史发生了变化，开辟了世界历史的新时代。从这时起，资本主义倒霉了，走下坡路了，社会主义走的是上坡路"。④ 新型政权的建立与新型制度的成长，是十月革命价值的充分展现，为中国革命提供了现实的样本与支撑。其二，十月革命使世界无产阶级革命成为整体。十月革命震撼整个欧洲，波及南北美洲，在中国产生回响，由此鼓舞了世界无产阶级革命的信心，强化了世界无产阶级革命的联系，形成了世界无产阶级革命的统一战线。1948 年 11 月，毛泽东为纪念十月革命 31 周年撰写的论文指出："十月革命给世界人民解放事业开辟了广大的可能性和现实的道路，十月革命建立了一条从西方无产者经过俄国革命到东方被压迫民族的新的反对世界帝国主义的革命战线。"⑤ 世界无产阶级革命统一战线的建立，使中国革命不再孤立，并能获得国际无产阶级的援助。在中共七届二中全会上，

---

① 《毛泽东早期文稿》，湖南出版社 1990 年版，第 364—365 页。
② 同上书，第 454 页。
③ 《毛泽东文集》第 1 卷，人民出版社 1993 年版，第 34 页。
④ 《毛泽东文集》第 3 卷，人民出版社 1996 年版，第 380 页。
⑤ 《毛泽东选集》第 4 卷，人民出版社 1991 年版，第 1357 页。

毛泽东在论述十月革命和中国革命的关系时说："如果没有十月革命，中国革命的胜利是不可能的。在帝国主义制度存在的时代，没有国际援助，任何国家的革命都不可能取得胜利。"① 因此，十月革命为中国革命创造了诸多有利条件，将中国革命的发生与发展置于十月革命背景下来说明，使民众容易认清中国革命的必要性与取得胜利的可能性。

（二）十月革命为中国革命送来了理论指南

革命需要正确的理论指导，十月革命对中国革命影响最大、最直接的是给中国送来了马克思主义，让中国先进知识分子重新思考中国革命的问题，使中国革命的指导思想发生了根本性变化。十月革命的胜利，彰显了马克思主义的价值和魅力，使中国先进知识分子认识到马克思主义的力量，开始接受、传播马克思主义，并逐渐成为中国思想界的主流和中国革命的指南。毛泽东说："中国人找到马克思主义，是经过俄国人介绍的。在十月革命以前，中国人不但不知道列宁、斯大林，也不知道马克思、恩格斯。十月革命一声炮响，给我们送来了马克思列宁主义。十月革命帮助了全世界的也帮助了中国的先进分子，用无产阶级的宇宙观作为观察国家命运的工具，重新考虑自己的问题。走俄国人的路——这就是结论。"② 马克思主义阐明了革命的基本原理，中国共产党人正是依据马克思主义基本原理，解决了中国革命的一系列基本问题。

（三）十月革命引起中国革命性质的变化

在革命话语建构过程中，必须阐明革命性质，才能明确革命任务、动力、领导权与前途等重要问题。由于十月革命改变了整个世界历史的方向，划分了整个世界历史的时代，中国革命的性质由此发生变化。毛泽东在《新民主主义论》中指出："在这种时代，任何殖民地半殖民地国家，如果发生了反对帝国主义，即反对国际资产阶级、反对国际资本主义的革命，它就不再是属于旧的世界资产阶级民主主义革命的范畴，而属于新的范畴了；它就不再是旧的资产阶级和资本主义的世界革命的一部分，而是

---

① 《毛泽东文集》第 5 卷，人民出版社 1996 年版，第 261 页。
② 《毛泽东选集》第 4 卷，人民出版社 1991 年版，第 1470—1471 页。

新的世界革命的一部分，即无产阶级社会主义世界革命的一部分了。"① 十月革命虽是引起中国革命性质发生变化的外部条件，但没有十月革命，中国革命性质的转变何时开始将是一个未知数，离开十月革命也难以说明中国革命性质的变化。毛泽东借助十月革命阐明中国革命性质的变化，既揭示了引起中国革命性质变化的原因，开阔了民众的视野，也解决了中国革命过程中颇具争议的问题。

可见，毛泽东在建构中国革命话语过程中，揭示了十月革命为中国革命创造的有利条件，阐明了中国革命由旧民主主义革命演进为新民主主义革命的国际背景。如此，有利于民众理解中国革命发生发展的原因，认清中国革命所处的时代条件，自觉结合国际环境来观察、思考中国革命的问题。

二　结合十月革命探求中国革命的道路

如何赢得中国革命的胜利？关键在于中国革命道路的选择。在中国革命话语建构过程中，毛泽东结合十月革命的成功经验，阐明了革命动力、革命方式、革命领导权等中国革命道路选择的关键问题。

（一）中国革命需要广泛发动民众

十月革命的成功，在先进的中国人面前展现了工农群众的力量，使中国先进知识分子明白：劳动群众之中蕴含着巨大的革命力量，是革命成功的原动力。受十月革命的启发，1919 年 7 月，毛泽东在《民众的大联合》中指出："俄罗斯以民众的大联合，和贵族的大联合资本家的大联合相抗，收了'社会改革'的胜利。"② 这里实际上说明了革命要广泛动员民众参加，民众联合起来，才能形成对抗统治者的力量，赢得革命的胜利。为动员民众参加革命，毛泽东主张先进知识分子深入农村，启发农民的觉悟。1919 年 12 月，他在《学生之工作》中说："俄罗斯之青年，为传播其社会主义，多入农村与农民杂处。"③ 其意在动员青年知识分子深入农村，将

---

① 《毛泽东选集》第 2 卷，人民出版社 1991 年版，第 668 页。

② 《毛泽东早期文稿》，湖南出版社 1990 年版，第 339 页。

③ 同上书，第 455 页。

马克思主义带到农村，以促进农民文化素养、革命觉悟的提高，使其成为革命的依靠力量。

为动员民众参加革命，毛泽东在建构革命话语过程中，有效利用十月革命纪念进行政治动员。在《湖南农民运动考察报告》中，毛泽东对于农村借十月革命纪念进行政治宣传表示赞赏。① 抗日战争时期，毛泽东借十月革命纪念动员民众参加抗战。1942 年 11 月，他撰写《祝十月革命二十五周年》表示："今年的十月革命节不但是苏德战争的转折点，而且是全世界反法西斯阵线战胜法西斯阵线的转折点"；"十月革命的旗帜是不可战胜的，而一切法西斯势力则必归于消灭"②。在中国抗战最艰难的时期，毛泽东借十月革命纪念鼓舞士气，坚定抗战胜利的信心。1943 年 11 月，毛泽东出席中央办公厅为庆祝十月革命 26 周年举行的干部晚会。他在讲话中指出：在这一年之中，苏联红军的胜利转变了战争的全局，关系于整个人类的命运。讲话在肯定三国外长莫斯科会议取得成功的基础上预言："不久的时间内，我们将看得见第二战场的实行开辟，从东西两面夹击希特勒而打败他，决定地解决欧洲的问题。欧洲问题解决，就是折断了整个法西斯的脊骨与右手，剩下日本帝国主义这个左手，也就不难打断了。"并且表示：中国共产党、八路军、新四军将同全国爱国的军民一齐努力，打败日本帝国主义，建立自由平等的新国家。③ 十月革命纪念的政治动员功能又一次得到体现。解放战争时期，毛泽东也善于利用十月革命纪念动员民众投身中国共产党谋求国家独立、人民解放的事业。1947 年 11 月，毛泽东修改新华社社论稿《星星之火，可以燎原》时指出："当此庆祝十月革命三十年的日子，中国人民应当相信，我们苦难的日子是完全能够度过的，什么困难也能克服……中国民族是一个能战斗的民族，俄罗斯人在十月革命以来所创造的战胜帝国主义与国内反动派的伟绩，中国人亦能创造出来。"④ 这里借十月革命纪念表达了对中国革命胜利的信念与决心。历史的发展正如毛

① 《毛泽东选集》第 1 卷，人民出版社 1991 年版，第 35 页。

② 《毛泽东选集》第 3 卷，人民出版社 1991 年版，第 890 页。

③ 《毛泽东年谱（1893—1949）》中卷，人民出版社、中央文献出版社 1993 年版，第 479 页。

④ 《毛泽东年谱（1893—1949）》下卷，人民出版社、中央文献出版社 1993 年版，第 252 页。

泽东所言，不到两年，中国革命取得了胜利。

（二）中国革命必须以武装夺取政权

以暴力革命的方式夺取政权，然后依靠政权的力量，按照预设的原则对社会进行剧烈的革命性改造，这是各国共产党人长期坚持的社会变革路线。一般说来，这种暴力革命的途径比较适合于经济文化相对落后的国家。所谓十月革命道路，归根结底就是暴力革命道路，即武装夺取政权的道路。1920 年 8 月，蔡和森在给毛泽东的信中提出：因为有两个对抗的阶级存在，"打倒有产阶级的迪克推多，非以无产阶级的迪克推多压不住反动，俄国就是个证明。所以我对于中国将来的改造，以为完全适用社会主义的原理和方法"，"我愿你准备做俄国的十月革命"。①同年 9 月，蔡和森又致信毛泽东声明："世界革命运动自俄革命成功以来已经转了一个大方向，这方向就是'无产阶级获得政权来改造社会'。"② 经过与蔡和森等人交换意见，毛泽东认定了十月革命道路。1920 年 12 月，毛泽东在致蔡和森等的信中，表示赞成十月革命的方法，指出："我看俄国式的革命，是无可如何的山穷水尽诸路皆走不通了的一个变计，并不是有更好的方法弃而不采，单要采这个恐怖的方法。"③ 尽管认为暴力革命的方法"恐怖"，但也承认是历史发展"自然的结果"。1921 年 1 月，在新民学会长沙会员大会上，毛泽东进一步主张以"俄式"来"改造中国与世界"，"因俄式系诸路皆走不通了新发明的一条路，只此方法较之别的改造方法所含可能的性质为多"。在诸种社会改造方法中，毛泽东认为，"激烈方法的共产主义，即所谓劳农主义，用阶级专政的方法，是可以预计效果的，故最宜采用"④。解决当时中国社会问题，有人主张改良、反对革命，毛泽东则认定十月革命道路"最宜"，也就是选择了武装夺取政权的道路。从这时起，毛泽东确立了以武装夺取政权的革命理念，进而提出了"政权是由枪杆子中取

---

① 《建党以来重要文献选编（1921—1949）》第 1 册，中央文献出版社 2011 年版，第 449、451 页。

② 同上书，第 460 页。

③ 《毛泽东书信选集》，中央文献出版社 2003 年版，第 4 页。

④ 《毛泽东文集》第 1 卷，人民出版社 1993 年版，第 1、2 页。

得"① 的论断，中国革命正是以武装夺取政权赢得胜利的。

（三）中国革命需要政党领导

十月革命取得胜利的重要条件，是具备一个强大的、就章程和组织原则来说属于无产阶级政党的布尔什维克党。布尔什维克党依据俄国国内情形及国际形势变化，适时制定了引导革命胜利的方针、策略。毛泽东在建构中国革命话语时，同样强调了无产阶级政党领导对于中国革命的重要性。1920 年 9 月，他在说明中国革命方法时提出：俄国革命所以能成功，在于"列宁之以百万党员，建平民革命的空前大业，扫荡反革命党，洗刷上中阶级，有主义（布尔失委克斯姆），有时机（俄国战败），有预备，有真正可靠的党众，一呼而起，下令于流水之源，不崇朝而占全国人数十分之八九的劳农阶级，如应斯响。俄国革命的成功，全在这些处所"②。这是对十月革命胜利原因的全面总结，肯定了布尔什维克党及其主义、党员的作用，同时强调党要团结民众、善于发挥民众的作用。毛泽东在中共七大的结论中说："没有一九〇三年在俄国出现布尔什维克派，没有布尔什维克在俄国革命中的活动，就没有十月革命。"③ 毛泽东既充分肯定布尔什维克党在十月革命中的作用，也承认十月革命促进了中国共产党的产生，认为中国共产党是"中国历史上的任何其他政党都比不上的，它最有觉悟，最有预见，能够看清楚前途"④，实际上说明了中国共产党能担负领导中国革命的重任。在毛泽东看来，"苏联共产党是由马克思主义的小组发展成为领导苏维埃联邦的党。我们也是由小组到建立党，经过根据地发展到全国"⑤。将苏联共产党与中国共产党的发展过程进行比较，意在进一步说明中国共产党具有领导中国革命取得胜利的能力。因此，十月革命的启迪帮助中国共产党人认清了中国革命的关键问题，缩短了探索中国革命道路的时间，也使民众明白了促进中国革命胜利的要素和自身肩负的历史责任与使命。

---

① 《毛泽东文集》第 1 卷，人民出版社 1993 年版，第 47 页。
② 《毛泽东早期文稿》，湖南出版社 1990 年版，第 507—508 页。
③ 《毛泽东文集》第 3 卷，人民出版社 1996 年版，第 397 页。
④ 同上。
⑤ 同上书，第 291 页。

三　透过十月革命展示中国革命的前景

中国革命的前景如何？中国革命胜利后将建立怎样的政权、采取怎样的政策，这是中国革命话语建构过程中又一个必须回答的问题。毛泽东透过十月革命，说明了中国革命前景，回答了中国革命过程中和革命胜利后将采取的政治、经济、文化政策和制度选择。

（一）建立苏维埃政权

十月革命后建立的苏维埃政权，改变了无产阶级和贫困大众的命运，使占人口绝大多数的工人、农民成为国家政治生活的主人，为人类历史真正实现社会公正、自由平等开辟了光明大道。毛泽东十分推崇苏维埃政权，1919 年 8 月，他在《民众的大联合》中指出："俄罗斯打倒贵族，驱逐富人，劳农两界合立了委办政府。"① 这里的"委办政府"，是指十月革命后成立的俄罗斯苏维埃共和国政府——人民委员会。字里行间，透出了毛泽东的欣喜之情。1920 年 9 月，毛泽东在《释疑》中又说："俄国的政治全是俄国的工人农人在那里办理"②，充分肯定了苏维埃政权的自由与民主，表达了对新型政权的景仰。中共一大通过的《中国共产党第一个纲领》提出："承认苏维埃管理制度，把工农劳动者和士兵组织起来。"③ 中国共产党自成立之日起，就将苏维埃作为工农民主专政的国家政权形式接受下来，以建立苏维埃政权为目标。第一次国共合作时期，由于多方面条件限制，中国共产党没有急于组织苏维埃政权。大革命失败后，中国共产党把建立苏维埃政权作为党的中心任务来推进。1927 年 8 月，毛泽东以中共湖南省委名义给中共中央写信，表示同意共产国际关于在中国立即实行工农兵苏维埃的意见，认为"工农兵苏维埃完全与客观环境适合，我们此刻应有决心立即在粤、湘、鄂、赣四省建立工农兵政权"，"在工农兵苏维埃时候，我们不应再打国民党的旗子了。我们应高高打出共产党的旗

---

① 《毛泽东早期文稿》，湖南出版社 1990 年版，第 390 页。
② 同上书，第 519 页。《现代哲学》2012 年第 3 期。
③ 《建党以来重要文献选编（1921—1949）》第 1 册，中央文献出版社 2011 年版，第 1 页。

子"。① 此后，不少地方党组织领导工农群众建立了工农兵代表苏维埃政权。1929 年 12 月，毛泽东在起草中国共产党红军第四军第九次代表大会决议案时，强调"苏维埃政权，是最进步阶级的政权"②，表明了他对苏维埃政权的基本判断和评价。1931 年 11 月，在江西瑞金举行了中华苏维埃第一次代表大会，选举产生了中华苏维埃共和国临时中央政府，毛泽东当选中央执行委员会主席。《中华苏维埃共和国宪法大纲》规定："中国苏维埃政权所建设的是工人和农民的民主专政的国家。苏维埃全政权是属于工人、农民、红军兵士及一切劳苦民众的。在苏维埃政权下，所有工人、农民、红军兵士及一切劳苦民众都有权选派代表掌握政权的管理"，"中华苏维埃共和国之最高政权为全国工农兵会议（苏维埃）的大会"。③ 这些规定及其实行、推广，确实给民众带来了希望，激发了民众的革命热情，使民众"对苏维埃新中国满怀向往之念而顿增为之奋斗的决心和勇气"④。1937 年以后，苏维埃的提法退出了中国革命话语系统，并用"人民代表会议"取代了苏维埃的提法。1948 年 9 月，毛泽东说明了为什么要实行人民代表会议而不实行苏维埃的原因。他指出："过去我们叫苏维埃代表大会制度，苏维埃就是代表会议，我们又叫'苏维埃'，又叫'代表大会'，'苏维埃代表大会'就成了'代表大会代表大会'。这是死搬外国名词。现在我们就用'人民代表会议'这一名词。"⑤ 建立什么样的政权，这是民众最为关心的问题，毛泽东借助十月革命阐明了建立苏维埃政权的理想，也适时改变了关于新中国政体的设计，实现了对十月革命经验的超越。

（二）发展民族资本主义和推进国家经济建设

列宁认为，在小生产占优势的苏俄，应该允许资本主义发展，只有这样才能创造社会主义所需要的物质条件。因此，十月革命胜利后，通过实行粮食税、允许贸易自由、实行租让制等新经济政策，促进了资本主义经

---

① 《毛泽东年谱（1893—1949）》上卷，人民出版社、中央文献出版社 1993 年版，第 211 页。

② 《毛泽东文集》第 1 卷，人民出版社 1993 年版，第 109 页。

③ 《建党以来重要文献选编（1921—1949）》第 8 册，中央文献出版社 2011 年版，第 649—650 页。

④ 《川陕根据地革命文化史料选编》，三秦出版社 1997 年版，第 909 页。

⑤ 《毛泽东文集》第 5 卷，人民出版社 1996 年版，第 136 页。

济关系的发展。毛泽东主张借鉴苏俄十月革命后实行新经济政策的成功经验，在中国发展民族资本主义。他在中共七大的口头政治报告中指出："俄国在十月革命胜利以后，还有一个时期让资本主义作为部分经济而存在，而且还是很大的一部分，差不多占整个社会经济的百分之五十。那时粮食主要出于富农，一直到第二个五年计划时，才把城市的中小资本家与乡村的富农消灭。我们的同志对消灭资本主义急得很。人家社会主义革命胜利了，还要经过新经济政策时期，又经过第一个五年计划，到第二个五年计划时，集体农庄发展了，粮食已主要不由富农出了，才提出消灭富农，我们的同志在这方面是太急了。"① 这就借新经济政策的实行，说明了中国革命进行过程中和革命胜利后对待民族资本主义应当采取的正确政策。如此，既有利于团结民族资产阶级建立革命统一战线，也有利于促进中国民族资本主义发展。

十月革命胜利后，布尔什维克党立即确定了社会主义建设的中心任务，即改变小农经济、发展重工业，这对建立苏联大工业从而改变小农国家的落后面貌具有决定性意义。经历20世纪20年代的电气化和30年代开始的工业化，苏联经济和综合国力发生了根本变化。在《论人民民主专政》一文中，毛泽东表示：苏联共产党"不但会革命，也会建设。他们已经建设起来了一个伟大的光辉灿烂的社会主义国家。苏联共产党就是我们的最好的先生，我们必须向他们学习"②。学习苏联共产党的经济建设方略，也就展示了中国经济未来的发展前景。事实也正是这样，新中国成立后，通过借鉴苏联模式，促进了国民经济的恢复和发展。

（三）新文化的建设与发展

十月革命具有促进世界文化转型的意义，其生成的文化内涵与原来的东西文化显然不同，是经过革命之后产生的新文明形态的代表，将影响世界文化的未来发展。1920年7月，毛泽东在发起成立文化书社时说："一枝新文化小花，发现在北冰洋岸的俄罗斯。几年来风驰雨骤，成长得好，与成长得不好，还依然在未知之数。"③ 尽管这时尚对十月革命后新文化的

---

① 《毛泽东文集》第3卷，人民出版社1996年版，第323页。
② 《毛泽东选集》第4卷，人民出版社1991年版，第1481页。
③ 《毛泽东早期文稿》，湖南出版社1990年版，第498页。

发展前途充满忧虑，但已看到了其新内涵、新气息，并激励中国先进知识分子担负创造新文化的重任。文化书社营业后，经营的书刊包括《新俄国之研究》、《旅俄六周见闻记》等，意在将这种新文化引进国内，促进中国文化的转型和发展。在《论联合政府》的报告中，毛泽东提出："苏联所创造的新文化，应当成为我们建设人民文化的范例。"① 以苏联"新文化"为"范例"，实际上展现了民族的科学的大众的新民主主义文化和社会主义文化的发展前景。

（四）社会主义制度的建立

十月革命建立了完全不同于资本主义的、以生产资料公有制为基础的、拥有巨大能量和潜力的社会主义制度，开辟了通往消灭私有制和消除人剥削人制度的道路，其政治、经济、文化发展已显示了社会主义制度的优越性，使社会主义制度变得具体、可感。毛泽东从社会演变的趋势肯定了十月革命的价值。1945 年 4 月，他在说明中共七大的工作方针时指出："在第一次世界大战和十月革命胜利之后，世界的面目、历史的方向就变了。世界历史几千年以来都在发展着，进步着，但只有到了第一次世界大战和十月革命之后，才产生了新的方向。奴隶社会及其以后的封建社会、资本主义社会，都是人剥削人的社会。十月革命后的新的历史方向，就是取消人剥削人的制度。"② 制度更替是中国革命的目标追求，制度憧憬是民众参加革命的原初动力，毛泽东此言实际上预示了中国未来的制度选择，展现了中国革命的制度前景，对于动员民众参加革命无疑具有重要作用。可见，毛泽东在建构中国革命话语过程中，善于利用十月革命来阐释中国革命前景，中国革命前景的展示是提高民众革命热情、启发民众革命自觉的重要因素。

四　借助十月革命建构革命话语的原因

毛泽东在建构中国革命话语过程中，之所以要借助十月革命的成功经验，是由多方面原因决定的。

---

① 《毛泽东选集》第 3 卷，人民出版社 1991 年版，第 1083 页。
② 同上书，第 289 页。

（一）十月革命使社会主义由理想变为现实，具有较强的说服力

马克思、恩格斯从理论上对社会主义进行了摹划，十月革命的意义在于把社会主义从理想变成了现实、从理论变成了实践，既表明了马克思主义的科学性、真理性，也说明了建立建成社会主义的可能性、现实性，借助十月革命建构革命话语容易赢得社会认同。1927 年爆发的广州起义，就被视为十月革命的中国版本。景之在《广州暴动与苏联》一文中就说："广州暴动是十月革命在东方的直接有力的回声。广州暴动不仅把斧头镰刀大旗高飘在中国一个主要政治经济中心的城市里，不仅模仿着十月革命时的斗争方法——工农兵联合的武装暴动，不仅创造出苏维埃形式的政权；而且它如果胜利了，便直接转变到'中国十月'的胜利。"[1] 可见，借助十月革命建构革命话语在当时颇具影响力。同时，由于中俄国情的相似，使十月革命经验对于中国革命具有更为直接的借鉴意义。毛泽东说："中国有许多事情和十月革命以前的俄国相同，或者近似。封建主义的压迫，这是相同的。经济和文化落后，这是近似的。两个国家都落后，中国则更落后。先进的人们，为了使国家复兴，不惜艰苦奋斗，寻找革命真理，这是相同的。"[2] 由于中俄国情的相似性，使毛泽东借助十月革命建构中国革命话语更具说服力、鼓动性。

（二）借助十月革命建构中国革命话语有助于协调中国共产党与共产国际、苏联共产党的关系

共产国际存在期间，中国共产党是共产国际领导下的一个支部，在中国革命话语建构这一重大问题上，必须接受共产国际的指导和安排。如1922 年 11 月，共产国际代表马林在《向导》周报上发表《俄国革命五周年纪念》一文表示："在 11 月 7 日这一天中国革命领袖的同情和赞美必定都趋向莫斯科，因为莫斯科是诚实促进人类进步的新中心。但是我们希望在这俄国革命五周年纪念日，他们能承认他们自己在中国知识阶级和劳动者中间有革命宣传的可能和必要。中国知识阶级和劳动者必须与新俄国发

---

[1] 《红旗》第 61 期，1929 年 12 月 11 日，第 3 页。
[2] 《毛泽东选集》第 4 卷，人民出版社 1991 年版，第 1469 页。

生密切的协助和亲善关系，才能使解放和独立的奋斗得到一个光荣的胜利！"① 这就明确要求中国共产党借助十月革命纪念进行革命宣传。1929年10月，共产国际执行委员会驻中国代表团关于中国目前局势的决定提出："在即将到来的十月革命12周年纪念日之前，党应该广泛宣传苏联是世界上唯一的工农国家。党和红色工会应该号召中国劳动人民选出自己的代表去苏联"，"他们将看到没有帝国主义、军阀、地主和资产阶级的帮助工农如何管理国家"。② 因此，共产国际希望中国共产党借助十月革命来建构中国革命话语，毛泽东建构中国革命话语的方式，因应了共产国际的要求，有利于赢得共产国际的支持。同时，借助十月革命来建构中国革命话语，既是对十月革命和苏俄、苏联的支持，也是对苏联共产党的推崇，自然有助于协调中国共产党与苏联共产党的关系，对于需要获得苏联援助的中国共产党来说，也不失为一种明智的选择。

（三）毛泽东早年对十月革命的倾情和研究，为借助十月革命建构中国革命话语奠定了重要基础

毛泽东早年对十月革命的关注，始于1918年11月李大钊发表《庶民的胜利》、《布尔什维主义的胜利》等文章之后。随着国际形势的变化，毛泽东把自己的目光和兴趣从西欧转移到了苏俄。1920年2月，毛泽东在致陶毅信中表示："彭璜君和我，都不想往法，安顿往俄。何叔衡想留法，我劝他不必留法，不如留俄。"毛泽东想"组一留俄队，赴俄勤工俭学"，甚至组织"女子留俄勤工俭学会"，并说明正在和李大钊商量这件事，"我为这件事，脑子里装满了愉快和希望"。③ 1920年3月，毛泽东在给周世钊的信中又高度评价了苏俄，认为"俄国是世界第一个文明国"，并重申了两三年后邀集同伴"组织一个游俄队"的计划。④ 可见，1920年以后，苏俄作为留学新目标已代替了留学法国，考察十月革命、学习苏俄已成为毛泽东的新选择。尽管毛泽东赴俄留学的愿望未能成为现实，但在宣传马

---

① 《共产国际、联共（布）与中国革命档案资料丛书》第2卷，北京图书馆出版社1997年版，第335页。

② 《共产国际、联共（布）与中国革命档案资料丛书》第8卷，中央文献出版社2002年版，第185页。

③ 《毛泽东早期文稿》，湖南出版社1990年版，第466、467页。

④ 同上书，第476页。

克思主义和研究新文化的过程中，对俄国历史、十月革命给予了特殊关注。1920 年 8 月 22 日，毛泽东与方维夏、彭璜、何叔衡等人在长沙县知事公署举行会议，筹备成立湖南俄罗斯研究会，确定"以研究俄罗斯一切事情为宗旨"。具体工作安排是发行《俄罗斯丛刊》，派人赴俄实地考察，提倡赴俄勤工俭学。9 月 15 日，湖南俄罗斯研究会在文化书社正式成立，毛泽东被选举为书记干事。经毛泽东推荐，湖南《大公报》连续转载了上海《共产党》月刊的一些重要文章，如《俄国共产党的历史》、《列宁的历史》、《劳农制度研究》等，对湖南青年产生了深刻影响。① 因此，毛泽东早年对于十月革命倾注了极大的热情，对俄国历史、十月革命有较为深入的研究和了解，为其后借助十月革命建构中国革命话语奠定了重要基础。

　　总之，毛泽东在建构中国革命话语过程中，运用了多种资源，十月革命是其中之一。借助十月革命的成功经验，即使中国革命融入了世界无产阶级革命的潮流，成为世界无产阶级革命的有机组成部分，也使民众易于理解革命、认同革命、支持革命，减少了话语建构过程中的认知障碍和实践阻力，掌握了中国革命的话语权，进而掌握了中国革命的领导权，赢得了中国革命的胜利。

（原载《现代哲学》2012 年第 3 期）

---

① 金冲及主编:《毛泽东传（1893—1949）》，中央文献出版社 1996 年版、中央文献出版社 2004 年版，第 65—66 页。

论毛泽东的阶级分析方法
——马克思主义中国化的第一步

萧诗美　蒋贤明

中国共产党最大的理论创新是把马克思主义这种西方世界的理论予以中国化。而领导实施和完成这项创新工程的主要是毛泽东。我们说毛泽东思想是马克思主义同中国实际相结合的产物，就意味着马克思主义是通过毛泽东而中国化的。毛泽东为马克思主义中国化迈出的第一步，是把马克思主义的精髓理解为阶级斗争，并为进行阶级斗争而对中国社会进行阶级分析。因此我们从毛泽东的阶级分析方法中，就可以看出马克思主义是如何被中国化的，看出这一世纪性创新工程是如何实行它的奠基礼的。

一　毛泽东迈出马克思主义中国化的第一步

既然马克思主义中国化主要是由毛泽东完成的，那么它的第一步应与毛泽东成为一个马克思主义者分不开。根据毛泽东自述，他在 1918 年秋天湖南第一师范毕业时，思想上还处于迷茫状态，"是自由主义、民主改良主义、空想社会主义等观念的大杂烩"。到 1919 年年底他第二次到北京时才找到另一种感觉："我第二次到北京期间，读了很多有关俄国情况的报道，并热心地搜寻当时为数不多的有关共产主义的中文文献。有三本书对我的影响尤其深刻，使我树立起对马克思主义的信仰。一旦接受了它，把它视为对历史的正确阐释，我就再也没有动摇过。这三本书是陈望道翻译的《共产党宣言》，这是第一本译成中文的马克思著作；考茨基著的《阶级斗争》；柯卡普作的《社会主义史》。到 1920 夏天，我在理论上和一定程度的行动上成为一个马克思主义者，从这时起，我就认为自己是一个马克思主义者。"①

按照毛泽东关于世界观转变的理论，他在 1920 年所经历的这一思想转变，具有脱胎换骨的性质，因此对他来说也是刻骨铭心的。所以 1941 年在延安的一次讲话中，毛泽东再次谈到他的这一思想经历："记得我在 1920 年，第一次看到了考茨基著的《阶级斗争》，陈望道翻译的《共产党宣言》，和一个英国人作的《社会主义史》，我才知道人类自有史以来有阶级斗争，阶级斗争是社会发展的原动力，初步地得到认识问题的方法论。可是这些书上，并没有中国的湖南、湖北，也没有中国的蒋介石和陈独秀。我只取了它四个字：'阶级斗争'，老老实实地来开始研究实际的阶级斗争。"②

这两段自述说明毛泽东成为一个马克思主义者的标志，是学会了"阶级斗争"的思想方法。同时也标志着毛泽东对马克思主义精神实质的解读，在他看来马克思主义的精髓就是"阶级斗争"四个字。

毛泽东对马克思主义作出这种选择性理解，与当时世界革命发展的特殊形势和中国革命道路的痛苦选择是分不开的。所谓阶级斗争在当时就是指俄国十月革命的道路。1920 年 9 月蔡和森在给毛泽东的一封信中提出三个著名公式，即：俄国社会革命的出发点 = 唯物史观；方法 = 阶级战争 + 阶级专政；目的 = 创造共产主义社会。这是蔡和森多年研究马列主义和俄国革命的心得要领。毛泽东回信表示他"没有一个字不赞成"。三个公式中，"目的"和"出发点"是比较虚的东西，当时迫在眉睫的主要是"方法"的选择。毛泽东的选择是经过反复权衡的。1920 年 12 月 1 日，毛泽东在致蔡和森和萧子升等人的信中说："我看俄国式的革命，是无可如何的山穷水尽诸路皆走不通了的一个变计。并不是有更好的方法弃而不采，单要采这个恐怖的方法。"一个月后，在新民学会长沙集会上，毛泽东再次说道："俄式（方法）系诸路皆走不通了新发明的一条路，只此方法较之别的改造方法所含可能的性质为多③。"

由此可见，马克思主义中国化的若干特点：首先，马克思主义到中国，不是作为一种学术思潮，而是作为一种解决中国现实问题的救世方

① 埃德加·斯诺：《红星照耀中国》，河北人民出版社 1992 年版，第 110、116 页。
② 《毛泽东文集》第 2 卷，人民出版社 1993 年版，第 378—379 页。
③ 《毛泽东著作选读》（上册），人民出版社 1986 年版，第 2 页。

案。其次，把马克思主义化到中国来的，不是作为文明使者的知识精英，而是一批以拯救中国为己任的职业或半职业革命家。最后，在内容极其丰富的马克思主义理论中，中国的马克思主义者选择了阶级斗争这一理论。毛泽东直到晚年还认为"唯物史观问题，即主要是阶级斗争问题"①。毛泽东的一生，可以说深得阶级斗争之精髓。他是从阶级斗争起步的，也是靠阶级斗争成功的。毛泽东曾说他一生只做了两件事：一件叫民主革命，一件叫社会主义革命。这两个革命在毛泽东看来又"都是发动群众搞阶级斗争"②。按照毛泽东的这一说法，又可以说他一生只做了一件事，那就是发动群众搞阶级斗争。足见毛泽东为马克思主义中国化迈出的第一步，深深影响了 20 世纪中国历史的进程。研究这一步是怎样迈出去的，其意义也就可想而知了。

二　毛泽东分析中国社会各阶级的目的

毛泽东确如他自己所说，从马克思主义中取得"阶级斗争"四字真经以后，就"老老实实地来开始研究实际的阶级斗争"。1925 年 11 月 21 日，毛泽东在填写《少年中国学会改组委员会调查表》时，这样描述他的个人简历："教过一年书，做过两年工人运动，半年农民运动，一年国民党的组织工作。"在"学业"一栏中写道："研究社会科学，现在注重研究中国农民问题。"③ 毛泽东在别处总结说："我做了四个月的农民运动，得知了各阶级的一些情况④。"基于他 1925 年上半年在韶山从事农民运动的经验，毛泽东写出《中国农民中各阶级的分析及其对于革命的态度》一文，于 1926 年 1 月 1 日在国民党中央农民部机关刊物《中国农民》上发表。然后在这个基础上，经过由点到面、由特殊到普遍的提升工作，毛泽东于 1926 年 2 月 1 日发表《中国社会各阶级的分析》（以下简称《分析》）一文。该文可以说是毛泽东研究中国实际的阶级斗争的第一个理论成果。

《分析》的主题不是阶级斗争，而是阶级分析。但是毛泽东正是为了进行阶级斗争才从事阶级分析。因为阶级斗争的前提是阶级分析，只有先

---

① 《毛泽东书信选集》，人民出版社 1983 年版，第 602 页。
② 毛泽东 1956 年 11 月 15 日在中国共产党第八届中央委员会第二次全体会议上的讲话。
③ 金冲及主编：《毛泽东传（1993—1949）》，中央文献出版社 1996 年版，第 114 页。
④ 《毛泽东文集》第 2 卷，人民出版社 1993 年版，第 378—379 页。

要把人群分成不同的阶级，然后才能发动这一部分人去同那一部分人进行斗争。所以《分析》开宗明义就讲道："谁是我们的敌人？谁是我们的朋友？这个问题是革命的首要问题。中国过去一切革命斗争成效甚少，其基本原因就是因为不能团结真正的朋友，以攻击真正的敌人。"《分析》的原文甚至这样强调："中国革命亘三十年而成效甚少，并不是目的错，完全是策略错。所谓策略错，就是不能团结真正的朋友，以攻击真正的敌人。"[①]

可见毛泽东分析中国社会各阶级的目的，是解决革命策略问题，明确革命的对象和动力，领导者和同盟军。这一目的清楚地表现在全文的结论中。这个著名的结论指明了谁是我们的敌人，谁是我们的朋友，谁是可以依赖的朋友，谁是应当提防的朋友。这就为中国革命一举解决了团结谁、依靠谁、打击谁的问题，为新民主主义革命的总路线和总政策画出了大轮廓，也为马克思主义中国化绘出了最初的底稿。

三　毛泽东分析中国社会各阶级的标准

把人群划分成不同的阶级，如同对事物进行分类，需要有一定的标准。毛泽东使用的标准是"各阶级的经济地位及其对于革命的态度"。对这两个标准间的关系，毛泽东取历史唯物主义态度，认为经济地位决定革命态度。从这个意义上说，毛泽东是很重视划分阶级的经济标准的。问题是他所说的经济标准或经济地位具体含义是什么。毛泽东所说的"经济地位"与列宁的阶级定义所说的"在一定社会生产体系中所处的地位"有所不同。在《分析》的原文中完全没有涉及各阶级在社会生产体系中的地位的内容。我们现在从该文中看到的有关各阶级在社会生产体系中的地位的描述，例如地主买办阶级"代表中国最落后的和最反动的生产关系，阻碍中国生产力的发展"，中产阶级"代表中国城乡资本主义的生产关系"，"自耕农和手工业主所经营的都是小生产的经济"，半自耕农、贫农和小手工业者多多少少都要"出卖一部分劳动力"，"工业无产阶级是中国新的生产力的代表者"等，这些表述都是后来正式出版《毛泽东选集》时添加上去的，在1926年发表的《分析》原文中并没有这些内容。

---

① 竹内实编：《毛泽东集》第1卷，日本苍苍社，第161页。

毛泽东所说的经济地位，如果不是指各阶级在社会生产体系中的地位，那么它是指什么呢？确切地说，它是指财产状况和生活水准。财产状况包括生产资料和生活资料。生产资料毛泽东也讲了一些，如土地、工具、资金的占有情况。但是毛泽东讲得更多的是生活资料和生存状态，例如他说：小资产阶级的右翼"是有余钱剩米的"；中派"经济上大体可以自给"，但须起早赶晚方能维持生活；其左翼"原来是所谓殷实人家"，"后来逐年下降，负债渐多，渐次过着凄凉的日子"；半自耕农的"食粮每年大约有一半不够"，青黄不接时要高利向人借贷，比自耕农"景遇要苦"；一部分贫农"生活苦于半自耕农"，每年劳动自己只得一半，须种杂粮捞鱼虾饲猪鸡才能"勉强维持生活"；另一部分贫农更苦，"送租之外，所得无几"，"债务丛集，如牛负重"；小手工业者"因其家庭负担之重，工资和生活费用之不相称，时有贫困和失业的恐慌"；店员"以微薄的薪金，供家庭的费用"，常常"叫苦不迭"；小贩"本小利微，吃着不够"；雇农"劳动时间之长，工资之少，待遇之薄，职业之不安定，超过其他工人"等。这些描述所讲的都是特有财产的多少，吃穿待遇的好坏，总之是生活状况、日子好坏问题，而不是各阶级在社会生产体系中的地位问题。

毛泽东不拘泥于各阶级在社会生产中的地位，而着重从贫富差异和生存状况上来区分不同的阶级，这种做法显然是因为他进行阶级分析的目的，不是做科学的客观考察，而是寻找革命力量。为着寻找革命力量，毛泽东这样做就是很有道理的。因为生活状况可以直接决定人们对于现状是否满意，从而决定人们对于变革现状的革命运动持什么态度。但是由此也决定了毛泽东笔下的"无产阶级"和"资产阶级"带有很强的中国特色：他的"资产阶级"相当于一个"富人"的集合，"无产阶级"相当于一个"穷人"的集合。为什么产业工人、都市苦力、农村雇农、游民阶层都称之为无产阶级？就是因为他们有一个共同特点：两手空空，一无所有。为什么知识分子无论大小都划入资产阶级和小资产阶级范畴，而不归入无产阶级或半无产阶级范畴？就是因为他们的生活状况一般来说都不会太差，较之劳苦大众他们的日子过得不坏。毛泽东就是根据贫富程度和生活境况依次论定五大阶级：最穷的是无产阶级，次穷的是半无产阶级；反之，最富的是大资产阶级，次富的是中产阶级；中间状态，不富也不穷的，就叫小资产阶级。直到50年代毛泽东还持这种观点，认为"世界上最愿意改变自己的地位的是无产阶级，其次是半无产阶级，因为一则全无所有，一则有也不多"①。从这种观点中极易得出越穷越革命、越富越不革命的结论,构成毛泽东领导的中国革命的一大特色。

在经济地位和革命态度两项指标中,毛泽东更注重革命态度这一项。文中几乎每一个阶级、每一个阶层都谈到了他们对待革命的态度问题,如说大地主买办阶级"始终站在帝国主义一边,是极端的反革命派";中产阶级"对于中国革命具有矛盾的态度……其政治主张为实现民族资产阶级一阶级统治的国家";小资产阶级中的右翼"对于中产阶级的宣传颇相信,对于革命取怀疑态度",中派对革命"取了中立的态度,不肯贸然参加,但是绝不反对革命",左翼"在革命运动中颇要紧,颇有推革命的力量";半无产阶级中的"半自耕农的革命性优于自耕农而不及贫农",贫农"极易接受革命的宣传",店员"对于革命宣传极易接受",小贩也和贫农一样"需要一个变更现状的革命",等等。原文后面列有一张表,作为全部分析的总结,却只列出"各阶级的人数"和"对于革命的态度"这两项②,足以说明毛泽东的阶级分析所关注的重心是各阶级在革命运动中的力量和动向以及可能起的作用,而不是各阶级在社会经济生活中所处的地位和作用。由此决定毛泽东的阶级概念在很大程度上是个政治范畴,而不是经济学社会学范畴。而这正好与《分析》一文的主题思想即区分敌我友相吻合。敌我友是政治概念,因此区分敌我友,首先要看政治态度,也就是对待革命的态度:是赞成、反对,还是观望?

强调革命态度在阶级分析中的作用,使得毛泽东的阶级分析方法具有两个明显的优点。其一是对中间阶级两重性的准确把握。例如毛泽东看到:"那动摇不定的中产阶级,其右翼可能是我们的敌人,其左翼可能是我们的朋友。"小资产阶级中的三个部分,对于革命的态度也各不相同。中国革命中的一些重要命题,如"民族资产阶级的两重性","小资产阶级是可靠的同盟军",都是就革命态度而言的。其二是对阶级关系动态性的及时把握。例如毛泽东看到:"小资产阶级的三个部分,对于革命的态度,在平时各不相同;但到战时,即到革命潮流高涨、可以看得见胜利的曙光时,不但小资产阶级的左派参加革命,中派亦可参加革命,即右派分子受了无产阶级和小资产阶级左派的革命大潮所裹挟,也只得附和着革命。"

---

① 《毛泽东著作选读》下册,人民出版社1986年版,第794页。
② 竹内实编修:《毛泽东集》第1卷,日本苍苍社,第172、171页。

看到中间阶级的两重性和阶级关系的变动性，是毛泽东根据革命形势变化及时调整革命策略，从而能动地驾驭革命形势的重要保证。

强调生活状况甚于生产关系，革命态度甚于经济地位，使得一些特殊阶层在革命中的地位和历史上的作用悄然发生变化。其中最值得一提的是游民无产者和知识分子这两个角色。马克思在《共产党宣言》中说："流氓无产阶级是旧社会最下层中消极的腐化的部分，他们在一些地方也被无产阶级革命卷到运动里来，但是，由于他们的整个生活状况，他们更甘心被人收买，去干反动的勾当。"① 毛泽东从生存状态和对革命的作用方面来看问题，对这部分人给予了积极的评价，认为"他们乃人类生活中最不安定者"②，"这一批人很能勇敢奋斗，但有破坏性，如引导得法，可以变成一种革命力量"。"但有破坏性"几个字还是正式出版选集时加上去的。正式出版选集时把"流氓无产阶级"改为"游民无产者"并且单独作为一个自然段。实际上在原文中，"游民无产阶级"和"工业无产阶级"、"都市苦力工人"、"农村无产阶级"是放在同一个自然段，作为"无产阶级"的四个实际构成部分来看的。

《分析》原文在大、中、小三个资产阶级中都标明了相应的知识阶层，分别为"反动派知识阶级"、"高等知识分子"和"小知识阶级"。在"半无产阶级"和"无产阶级"这两个类别中则没有与之相应的知识阶层。这意味着知识分子在中国无论大小都只能属于资产阶级范畴，而不能属于无产阶级范畴。知识分子只能"姓资"不能"姓无"，这也是由上述阶级分析标准造成的。知识分子的大部分虽然不拥有物质生产资料，但是他们的生活消费资料多少还是有保障的，所以他们可以按生活档次的高低依次归入大、中、小三个资产阶级，而不能像"生活最不安定"的游民无产者那样归入无产阶级，甚至连半无产阶级也不够格。知识分子虽然没有什么物质财产，但是他们却拥有一种精神财富即知识，这就决定了他们的革命态度很难像工人农民那样坚决果断。据此就不难明白为什么毛泽东时代中国知识分子总带有一个"资产阶级"或"小资产阶级"的尾巴。直到毛泽东时代结束，邓小平时代开始，中国知识分子才脱掉"资产阶级"的帽子而成为"工人阶级的一部分"。

---

① 《马克思恩格斯选集》第 1 卷，人民出版社 1995 年版，第 283 页。
② 竹内实编修：《毛泽东集》第 1 卷，日本苍苍社，第 172、171 页。

四　毛泽东分析中国社会各阶级的方法

　　毛泽东依据贫富程度把中国社会划分为五大阶级。从各阶级的构成要素来看，每个阶级中都含有乡村社会和城市社会、农业经济和工商业经济、封建主义生产方式和资本主义生产方式这样的双重社会经济和生产结构。

　　例如"地主阶级和买办阶级"，原文中称"大资产阶级"，并列举出五种成分："买办阶级、大地主、官僚、军阀、反动派知识阶层。"正式出版时删繁就简，概括为两大阶级："地主阶级和买办阶级。"这两大阶级就分属于乡村和城市两种不同的社会结构，农业和工业两种不同的经济体系，封建主义和资本主义两种不同的生产方式。

　　再如"中产阶级"，选集解释"中产阶级主要是指民族资产阶级"，原文列举出三个要素："华资银行工商阶级、小地主、许多高等知识分子。"其中"工商阶级"和"小地主"亦分属于城市和乡村两种不同的社会结构，工商业和农业两种不同的经济体系，资本主义和封建主义两种不同的生产方式。

　　再如"无产阶级"，从叙述内容中可以看出包括"工业无产阶级"、"都市苦力工人"、"农村无产阶级"和"游民无产者"四个组成部分，也是分属于乡村和城市两种不同的社会结构，农业和工业两种不同的经济体系，封建主义和资本主义两种不同的生产方式。

　　只有在小资产阶级和半无产阶级中，这种分属于不同社会经济结构和生产方式的情况才不太明显，从而可以忽略不计。

　　这说明什么问题？说明毛泽东在划分中国社会各阶级时，对城市和乡村这两种不同的社会结构，工商业和农业这两种不同的经济体系，封建主义和资本主义这两种不同的生产方式，作了一元化的统一处理。这种处理方式的特点是：只考虑各阶级在财产状况和生活境遇上的差别，而不考虑它们在社会经济结构和生产方式上的差别。

　　由此可以看出毛泽东和马克思在阶级观上的差异。马克思认为"阶级的存在仅仅同生产发展的一定历史阶段相联系"[①]。"社会之划分为阶级或

　　[①] 《马克思恩格斯选集》第 4 卷，人民出版社 1995 年版，第 547 页。

等级，是由生产什么，怎样生产以及怎样交换产品来决定的。"① 因此在马克思那里：阶级存在于一定的社会经济结构中，阶级从属于一定社会的生产方式。社会各阶级的历史地位或进步与否，要看它代表什么样的生产力，以及在生产关系中处于什么地位。

按照马克思的阶级观，在划分社会各阶级时，不仅要考虑各阶级的财产状况和生活水准，而且要考虑各阶级所处的经济结构和所在的生产方式。例如地主阶级和农民阶级，从生产关系和财产状况来说，它们是两个对立的阶级。但是它们又同属于乡村社会，同属于农业经济体系，同属于封建主义生产方式。因此这两大阶级，虽然是对立的，但又有同一性，同属一体，相互依存。所以它们在历史上的运动，不是采取一个消灭另一个的方式，只能采取双方同归于尽的方式，即同时被一种更高的生产方式和社会形态所代替。资产阶级和无产阶级的关系也是如此，只不过它们属于另一个矛盾统一体，所处的社会经济结构和生产方式不同于地主阶级和农民阶级罢了。

按照马克思的阶级观，工人阶级和农民阶级虽然都是贫苦阶级、被剥削阶级，但是因为它们从属于不同的生产方式，所以不能相提并论，而有先进和落后的区分。资产阶级和地主阶级的关系也是如此，虽然它们都是富有阶级、剥削阶级，但是由于它们从属于资本主义和封建主义两种不同生产方式，不能归为一类或画上等号。它们虽然同属于剥削阶级，但却是两个彼此对立的阶级，因为它们代表着两种不同的生产方式，在社会生产和历史运动中有先进与落后之分：资产阶级先进于地主阶级，地主阶级落后于资产阶级。因此资产阶级革命的目的就是要消灭封建地主阶级及其所代表的生产方式。这是一个消灭另一个的关系，因此两者不能画上等号，归入同一类别、同一阶级。

看来毛泽东的阶级分析方法和马克思的阶级分析方法之间确实存在着差异。问题是我们如何看待这种差异。马克思的阶级分析方法，最大特点是要注意到社会各阶级与它们所从属的经济结构、所代表的生产方式之间的关联性和统一性。然而在半封建半殖民地的中国社会，最大的特点恰恰就是生产方式和社会经济结构的非单一性。从这种社会性质的命名"半封建半殖民地"中就可以看出，其中至少有这样两种不同的生产方式或社会

---

① 《马克思恩格斯选集》第 3 卷，人民出版社 1995 年版，第 617 页。

结构：一半是封建主义的，一半是资本主义的。可是如果我们考虑到这两种不同生产方式和社会结构的差异，那就很难用一个统一的标准去对中国社会各阶级进行统一的划分、归类和排队。这个难题曾经困扰了许多早期中国共产党人，在他们对中国社会各阶级的分析中，常常是顾了这一半就顾不了那一半，最后弄出一幅支离破碎的阶级画卷来，不知其中到底谁是敌人谁是朋友，自己应该站在哪一边。

毛泽东解决这个难题的办法是从中国社会的实际出发，将分别处于资本主义和封建主义两种不同生产方式和经济结构中的各阶级作统一处理，对这两个系统中的阶级在生产方式和经济结构方面的差异忽略不计。所以在《分析》的原文中，毛泽东有这样的说法："无论哪一个国内，天造地设都有三等人，上等、中等、下等，详细分析则有五等，即大资产阶级、中产阶级、小资产阶级、半无产阶级、无产阶级。"然后毛泽东就拿这个模式去覆盖工、农两种不同生产方式和城、乡两种不同社会结构："拿农村说：大地主是大资产阶级，小地主是小资产阶级，自耕农是小资产阶级，半自耕农佃农是半无产阶级，雇农是无产阶级。拿都市说：大银行家，大商业家，大工业家是大资产阶级，钱庄主，中等商人，小工厂主是中产阶级，小商人手工业主是小资产阶级，店员小贩手工业工人是半无产阶级，产业工人苦力是无产阶级。"①

因此毛泽东就有这样的做法：封建地主阶级和买办资产阶级合为同一个"大资产阶级"。"中产阶级"不仅指民族资产阶级，在原文中还包括农村中的小地主。属于封建农业生产方式的农民阶级依照贫富等级划归另外三大阶级，即自耕农和小商人等同属于"小资产阶级"，贫农和店员等同属于"半无产阶级"，城市产业工人和农村中的贫雇农同属于"无产阶级"。毛泽东就是按照这种方式，将城市中工商业资本主义生产方式中的各阶级，与农村中封建农业生产方式中的各阶级，作出统一的处理，以同一个标准，纳入一个统一的系列：大资产阶级、中产阶级、小资产阶级、半无产阶级、无产阶级五大类型。在这幅阶级图画中，各大阶级在生产方式和社会性质方面的差异隐而不显，各阶级在财产状况和贫富程度上的差异则得到了充分凸显。

差异是客观存在的，问题是怎么评价。如果像某些西方评论家那样，

---

① 竹内实编修：《毛泽东集》第 1 卷，日本苍苍社，第 162 页。

根据上述差异就判定毛泽东偏离了马克思主义，那就是对马克思主义搞教条主义，而不考虑中国的实际情况。如果考虑到中国的实际情况，那么我们就只有两个选择：一种选择是，鉴于中国社会的复杂性质，马克思的阶级分析方法无法应用到中国，因此就不要对中国社会进行阶级分析，不要在中国搞新民主主义革命和社会主义革命；另一种选择是，像毛泽东那样，根据中国实际对马克思主义作出相应变通，从中国实际出发制订相应的革命策略。要么是毛泽东的做法，要么就不要在中国搞马克思主义。因此只要在中国搞马克思主义，就必须采取毛泽东的做法。毛泽东的做法就是把马克思主义同中国实际相结合，而这正是马克思主义中国化的题中应有之义。

五　毛泽东阶级分析方法背后的哲学思想方法

　　最后我们试考察隐藏在毛泽东的阶级分析方法背后的更一般的哲学思想方法。这种更一般的哲学思想方法应该同毛泽东给出的中国社会各阶级的总体结构有关。毛泽东给出的中国社会各阶级的总体结构是五大阶级。人们不禁要问：为什么是五大阶级，而不是四大阶级或六大阶级，也不是通常说的两大对抗阶级？对此，《分析》原文开头第二自然段有一个重要提示："无论那一个国内，天造地设，都有三等人，上等，中等，下等。详细分析则有五等，大资产阶级，中产阶级，小资产阶级，半无产阶级，无产阶级。"[1] 这段话告诉我们：毛泽东的"五分法"实基于"三分法"。这个"三分法"就是毛泽东思想中的一种哲学思维方式，因为它在毛泽东的思想中具有恒定性。这里说的"上、中、下"三等人，与毛泽东早年说的"圣、贤、愚"三等人，明显具有结构上的相似性。还有毛泽东晚年经常说的"左、中、右"。1957 年反右时有人提出疑问："你们把人们划分成左、中、右，未免不合情况吧"？毛泽东回答："除了沙漠，凡有人群的地方，都有左、中、右，一万年以后还会这样。为什么不合情况？""我们从来就是把人群分为左、中、右，或叫进步、中间、落后，不自今日始，一些人健忘罢了。"[2] 毛泽东这是在提醒人们注意，他在 30 年后说的"左、

① 竹内实编修：《毛泽东集》第 1 卷，日本苍苍社，第 162 页。
② 《毛泽东选集》第 5 卷，人民出版社 1977 年版，第 428 页。

中、右"与他30年前讲的"上、中、下"实为同一思路。毛泽东毕生念念不忘的"敌、我、友"从思想方法上说也是基于这种三分法。因此可以说毛泽东分析中国社会各阶级的概念框架或方法论原则就是这种"上、中、下"/"左、中、右"/"敌、我、友"的三分法。

为了认识毛泽东这种三分法的哲学性质，我们不妨将其同陈独秀的三分法做一比较。陈独秀曾把中国资产阶级分成这样三部分：其一是"革命的资产阶级"，指受帝国主义和封建军阀压迫的民族资产阶级；其二是"反革命的资产阶级"，即依附于帝国主义和军阀势力的官僚买办阶级；其三是"非革命的资产阶级"，指小工商业者。陈独秀把资产阶级分作官僚买办阶级和民族资产阶级这一点和毛泽东是相同的。不同者在第三点上。陈独秀说的"非革命的资产阶级"相当于毛泽东说的"小资产阶级"，在毛泽东看来小资产阶级的革命性还要强于民族资产阶级，为什么在陈独秀那里却成了非革命的呢？除了社会历史观的差异，还有一个重要原因是两人使用的三分法不同。陈独秀的三分法前一半（革命和反革命）是经验方法（"正—反"是经验事实），后一半（革命和非革命）是逻辑方法（"是—非"是逻辑关系）。这两种方法往往是不一致的，在资产阶级关系不发达的中国社会里更是如此。陈独秀却想把这两种方法糅合在一起，结果就使他的第二项（反革命的）和第三项（非革命的）总有一个要落在两分法之外。

毛泽东的三分法实基于两分法。他首先根据一个统一的标准，比如贫穷还是富裕，把所有的人都一分为二，分成不满意现状和满意现状、革命或不革命或反革命两部分。然而这种两分法运用到现实事物中，却会遇到现实事物的连续性的"抗议"：现实事物是连续性和间断性的统一，再强的两极性中间也是逐步过渡的。因此很难把一个统一物决然地一分为二。如果一定要这么分，就会遇到许多使你觉得放到这边不妥放到那边也不妥的中间事物。毛泽东处理这一困难的办法是尊重事实，把暂时无法归入两极中任何一方的中间状态单独立为一项，这样就出现"一分为三"的结构。但是这个第三者处在两极的中间，而不是像陈独秀那样落在两极之外。在毛泽东看来，介于革命和反革命这两个极端之间的中间状态也是可以分析的，或者赞成革命，或者反对革命，只是赞成和反对的程度不像两极上的阶级那么坚决彻底。因此根本不存在什么既不革命也不反革命的非革命者，中间派迟早要发生分化。这一比较让我们知道毛泽东的三分法是从事实出发而不是从逻辑出发，因此他的三分法是动态的而不是静态的。

对于从三分法中如何引出五大阶级，毛泽东的说法是：上、中、下三等人，详细分析则有五等，即五大阶级。要从思维方式上问这个"五"是如何由"三"变来的，可以有两种回答：一是对两极的中间状态再次一分为三，这样原来的"两"再加上这个新的"三"就成了"五"。二是因为在两个"极端"和一个"中间"这三者之间，由于连续性使然又各有两个过渡性的"中间"，按同样的方法把这两个"中间"加以中立化，即单独立为两项，加上原来的三项，合起来也是五项。

按照同样的方法，"五大阶级"中的每一个都可以再次"一分为三"。例如，处在无资两大阶级正中间的"小资产阶级"内部仍然"有三个不同的部分"：有余钱剩米的为其右翼，大体可以自给的是中间派，生活下降年年叹亏的为其左翼。处在"小资产阶级"和"无产阶级"中间的"半无产阶级"本身"仍有上、中、下三个细别"：半自耕农为上层，次贫者为中层，赤贫者为下层。"民族资产阶级"之所以归入"中间阶级"，就因为它处在"大、中、小"三个资产阶级的"中间"；而这个"中间阶级"本身又有左翼、右翼和中间的区分。"大资产阶级"都是敌人，没有分左、中、右，但不是不能分，后来毛泽东分了，因此才有"各个击破，争取多数，孤立少数，分化瓦解"的对敌方针。"无产阶级"一项未作进一步划分，其实也不是不可分的，毛泽东后来就常将工人阶级内部分成先进、中间、落后三部分。

总之，毛泽东分析中国社会各阶级的哲学思维方法，是一种多层次的两极三分法。该方法又在马克思主义哲学中国化的逻辑进程中起到了决定性作用。

（原载《东岳论丛》2012 年第 8 期）

毛泽东对马克思主义跨越发展理论的贡献[①]

温兆标　双传学

一　马克思语境中的社会跨越发展

马克思认为，"历史不外是各个世代的依次交替"[②]。但是，马克思、恩格斯没有把人类社会发展一般规律绝对化，反对认为社会发展只有一个模式的一元线性决定论，指出个别国家或地区，由于某些历史环境的特殊性或发展的不平衡性，可以在一定的条件下实现跨越发展。社会跨越发展有广义和狭义之分。广义的社会跨越发展泛指对各种社会制度的跨越，它是一个民族或国家、一个地区在特定的历史条件下，超越某一种或几种社会形态而步入高级社会形态的跳跃式发展形势。跨越式发展体现了社会历史发展是普遍性与特殊性、必然性与选择性、连续性与跳跃性辩证统一的过程。

本文主要指狭义的即马克思主义语境下的社会跨越发展——对资本主义制度的跨越。马克思认为，资本主义制度并非不可跨越，因此对把资本主义制度不可逾越观点强加于他的做法十分气愤，他说："一定要把我关于西欧资本主义起源的历史概述彻底变成一般发展道路的历史哲学理论，一切民族，不管他们所处的历史环境如何，都注定要走这条道路，——以便最后都达到在保证社会劳动生产力极高度发展的同时又保证每个生产者个人最全面的发展的这样一种经济形态。但是我要请他原谅。他这样做，

① 本文系国家社科基金项目"马克思主义中国化最新成果的大众化研究"（09BZX020）、江苏省普通高校研究生科研创新计划项目"大学生主流意识形态教育创新研究"（CXZZ12 - 0878）的阶段性成果。

② 《马克思恩格斯选集》第 1 卷，人民出版社 1995 年版，第 88 页。

会给我过多的荣誉，同时也会给我过多的侮辱。"① 他在《给维·伊·查苏利奇的复信》初稿中说，俄国农村公社"可以不通过资本主义制度的卡夫丁峡谷"②，就是特指不经历资本主义制度的灾难和耻辱而直接跨入社会主义。我国有学者提出，马克思、恩格斯都没有提出过"跨越"这个概念，其实有没有"跨越"这个概念不重要，重要的是有"跨越"的思想。

二　马克思主义经典作家的社会跨越发展理论

（一）马克思：俄国农村公社可以"不通过资本主义制度的卡夫丁峡谷"

马克思晚年通过手稿、书信、笔记等形式对东方社会，特别是俄国社会发展道路进行了一系列阐发，其主要思想集中体现在《给〈祖国纪事〉杂志编辑部的信》、《给维·伊·查苏利奇的复信》及三个复信草稿、《〈共产党宣言〉1882 年俄文版序言》和《人类学笔记》（1870—1882 年）等文献中。马克思认为，俄国农村公社未来发展有两种可能性：一是"如果俄国继续走它在 1861 年所开始走的道路，那它将会失去当时历史所能提供给一个民族的最好的机会，而遭受资本主义制度所带来的一切极端不幸的灾难"③，即如不抓住跨越发展的历史机遇，按照人类社会一般规律，它最终将沿着西欧的道路走向资本主义；二是"有可能不通过资本主义制度的卡夫丁峡谷"④，直接向社会主义社会过渡，走一条不同于西方模式的发展道路。因为：第一，19 世纪后期的俄国公社同资本主义生产的同时存在，使它有可能利用西方资本主义生产力的肯定成果作为跨越资本主义这一历史阶段的物质前提；第二，俄国土地适合大规模使用机器生产，而且农民习惯于劳动组合关系，有助于他们从小土地经济向合作经济过渡；第三，资本主义制度的弊端已经明显暴露，俄国不必再经"资本主义制度所带来的一切灾难性的波折"⑤；第四，俄国社会广泛存在的农村公社土地公有制的生命力"比闪族社会、希腊社会、罗马社会以及其他社会，尤其是

---

① 《马克思恩格斯选集》第 3 卷，人民出版社 1995 年版，第 342—343 页。
② 同上书，第 765 页。
③ 同上书，第 340 页。
④ 同上书，第 769 页。
⑤ 同上书，第 340 页。

现代资本主义社会的生命力要强得多"①。

马克思虽然认为资本主义制度在一定的条件下可以跨越,但是认为社会跨越发展必须包括两个相互联系并不可分割的层面:其一是制度层面,即在一系列主客观条件下,经济文化落后国家有可能跨越资本主义生产关系而直接进入社会主义;其二是生产力层面,他认为社会主义革命的胜利、社会主义制度的建立是"以生产力的普遍发展和与此相关的世界交往的普遍发展为前提的"②。而人类社会生产力的发展遵循着特定的客观规律,必然经历自然经济、商品经济和产品经济三个阶段,不能人为地跨越商品经济直接进入产品经济。恩格斯在这个问题上的看法与马克思是一致的,他说:"发生在商品生产和私人交换出现以前的一切形式的氏族公社同未来的社会主义社会只有一个共同点,就是一定的东西即生产资料由一定的集团公共所有和公共使用。但是单单这一个共同特性并不会使较低的社会形态能够从自己本身产生出未来的社会主义社会,后者是资本主义社会本身的最后产物。"③ 因此,经济文化落后的国家即使在一定的历史条件下首先完成了生产关系的跨越,此后也必须"占有资本主义制度所创造的一切积极的成果"④,大力发展生产力,并最终实现跨越资本主义阶段的生产力。所以,资本主义制度和生产力这两个层面缺一不可,共同构成跨越的完整链条。

(二)恩格斯:跨越发展有条件地"适用于处在资本主义以前的发展阶段的一切国家"

研读恩格斯的著作可以发现,他曾五次研究跨越发展问题。第一次是1874—1875年《流亡者文献》的第四、第五篇,第二次是1882年《共产党宣言》"俄文版序言",第三次是1890年《共产党宣言》"德文版序言",第四次是1893—1895年为回应俄国经济学家丹尼尔逊而进行的研究,第五次是1894年的《〈论俄国的社会问题〉"跋"》。恩格斯最重大的贡献之一便是根据时代新的发展变化,把马克思针对俄国农村公社的跨越发展思想推广到一切经济落后国家。他明确指出:"当西欧人民的无产阶

---

① 《马克思恩格斯选集》第3卷,人民出版社1995年版,第771—772页。
② 《马克思恩格斯全集》第3卷,人民出版社1960年版,第39—40页。
③ 《马克思恩格斯选集》第4卷,人民出版社1995年版,第442页。
④ 《马克思恩格斯选集》第3卷,人民出版社1995年版,第770页。

级取得胜利和生产资料转归公有之后，那些刚刚踏上资本主义生产道路而仍然保全了氏族制度或氏族制度残余的国家，可以利用这些公社所有制的残余和与之相适应的人民风尚作为强大的手段，来大大缩短自己向社会主义社会发展的过程，并可以避免我们在西欧开辟道路时所不得不经历的大部分苦难和斗争。这不仅适用于俄国，而且适用于处在资本主义以前的发展阶段的一切国家。"① 这一重要论述大大拓展了跨越发展的适用范围，对世界社会主义运动具有更加广泛的指导意义。

（三）列宁：苏维埃组织"不仅可以应用于无产阶级的关系，而且可以应用于农民的封建和半封建的关系"

当资本主义由自由竞争阶段发展到垄断阶段的时候，列宁在马克思、恩格斯思想的基础上又前进了一步，他对马克思主义社会跨越发展理论作出三点重大发展：一是在《论欧洲联邦口号》和《论无产阶级革命的军事纲领》中提出社会主义革命不可能在几个主要的资本主义国家"同时发生"并取得胜利，而最可能是在一个国家中首先发生并取得胜利的新战略，并据此取得"十月革命"的成功，建立了世界上第一个社会主义国家。二是在《论我国革命》中指出："世界历史发展的一般规律，不仅丝毫不排斥个别发展阶段在发展的形式和顺序上表现出特殊性，反而是以此为前提的我们为什么不首先用革命手段取得达到这个一定水平的前提，然后在工农政权和苏维埃制度的基础上赶上别国人民呢？"② 认为无产阶级可以先夺取政权，然后利用手中的政权发展生产力，并提出新经济政策，利用小农经济的作用、私人资本主义的作用和国家资本主义的作用，利用自由贸易、市场和货币的作用，恢复和发展苏维埃国家经济，实现对资本主义生产力水平的跨越。三是为当时封建、半封建国家的社会主义运动指明了一条正确的道路。在《关于民族和殖民地委员会的报告》中，他强调："建立苏维埃组织不仅可以应用于无产阶级的关系，而且可以应用于农民的封建和半封建的关系。"③ "在先进国家无产阶级的帮助下，落后国家可以不经过资本主义发展阶段而过渡到苏维埃制度，然后经过一定的发展阶

---

① 《马克思恩格斯文集》第 4 卷，人民出版社 2009 年版，第 459 页。
② 《列宁专题文集·论社会主义》，人民出版社 2009 年版，第 357—359 页。
③ 《列宁选集》第 4 卷，人民出版社 1995 年版，第 278 页。

段过渡到共产主义。"① 而且当革命中心继续向东方转移时，他前瞻性地指出："在东方那些人口无比众多、社会情况无比复杂的国家里，今后的革命无疑会比俄国革命带有更多的特殊性。"② 可见，列宁的社会跨越发展理论给中国社会的发展、社会主义制度的选择、中国特色道路的确立带来了更加直接、更加具体的指导和影响。

三　毛泽东对社会跨越发展理论的重大贡献

当旧民主主义革命山穷水尽的时候，当历史的重担落到中国工人阶级肩上的时候，当人类进入世界无产阶级革命新时代的时候，以毛泽东为代表的中国共产党人不得不思考：中国的社会性质应该是什么？中国未来的前途究竟在哪里？中国革命的道路到底在何方？这些在"老祖宗"那里根本找不到现成的答案，但他们以唯物史观为指导，以实事求是的作风，与时俱进的品质，积极有为的姿态，放眼世界的胸襟，把马克思主义与中国具体实际结合起来，经过艰苦的理论创新和实践探索，经过无数次成功和失败的摔打锤炼，创造性地提出半殖民地半封建的中国也可以跨越"资本主义制度的卡夫丁峡谷"进入社会主义，形成了富有"中国作风和中国气派"③ 的社会跨越发展理论，并使马克思主义社会跨越发展理论得到实践和证明。毛泽东的历史贡献主要有以下几点。

（一）在跨越发展的起点上，开辟了半殖民地半封建社会弯道超越的先河

关于跨越发展的起点，马克思、恩格斯主要针对的是由古代原始公社演变而来的俄国农村公社，认为其土地公有制在一定的条件下"能够不经受资本主义生产的可怕的波折"④，而成为社会主义公有制的基础。但是，1861 年沙皇亚历山大二世颁布废除农奴制的改革使农村公社迅速瓦解，资本主义制度在俄国很快确立和发展。因此，"十月革命"推翻的是资产阶级专政政权，俄国是递进式发展而不是跨越式发展。

① 《列宁选集》第 4 卷，人民出版社 1995 年版，第 279 页。
② 《列宁全集》第 43 卷，人民出版社 1987 年版，第 372 页。
③ 《毛泽东选集》第 2 卷，人民出版社 1991 年版，第 534 页。
④ 《马克思恩格斯选集》第 3 卷，人民出版社 1995 年版，第 762 页。

中国农村是封建土地私有制，中国社会的性质是半殖民地半封建社会，那么中国应走什么样的发展道路呢？中国能实现跨越发展吗？毛泽东很早就开始思考这个问题，1937 年 6 月 24 日，他在和尼姆·韦尔斯的谈话中指出："在中国，有无产阶级的领导，这个条件使中国在将来能跳过资本主义而进入社会主义。"[①] 他还运用正反对比论证，充分说明中国跨越发展的历史必然性。毛泽东首先从反面分析中国必然跨越发展是因为资本主义道路在中国走不通。首先，帝国主义不容许中国发展资本主义。他说："帝国主义侵略中国，反对中国独立，反对中国发展资本主义的历史，就是中国的近代史。"[②] 外国资本主义的侵入，绝不是要把封建主义的中国变成自己竞争对手的资本主义的中国，而是要把中国变成任其掠夺和剥削的半殖民地和殖民地。其次，资产阶级不可能在中国发展资本主义。中国的资产阶级分为官僚资产阶级和民族资产阶级两部分。官僚资产阶级是帝国主义在中国的代理人，是中国发展资本主义的挡路石。民族资产阶级具有软弱性和妥协性，幻想搞资本主义但又没有能力在中国发展资本主义。最后，人民群众不赞成走资本主义道路。中国人多次向西方国家寻找救国真理，但先生老是侵略学生的事实让中国人民从内心不齿于这种制度。

毛泽东接着又从正面阐明了只有社会主义才能救中国。首先，社会主义道路才能更好地发展生产力。新中国成立后，经济建设的主要任务是建立先进的工业国，而国家工业化有资本主义工业化和社会主义工业化两条道路。毛泽东说："资本主义道路，也可增产，但时间要长，而且是痛苦的道路。我们不搞资本主义，这是定了的。"[③] 其次，资本主义私有制必然导致两极分化，只有社会主义才能使国家富强，人民幸福，社会共同富裕。毛泽东不但在理论上回答了半殖民地半封建社会的发展前途问题，更带领中国人民在实践上通过 28 年艰苦卓绝的革命斗争和 7 年新民主主义社会的过渡链接，完成了向社会主义制度的跨越，首开半殖民地半封建社会跨入社会主义社会的先河。中国这块体现着一切东方运动共同特征的

---

① 尼姆·韦尔斯、熊建华：《毛泽东和尼姆·韦尔斯的谈话》，《毛泽东思想研究》1985 年第 1 期。

② 《毛泽东选集》第 2 卷，人民出版社 1991 年版，第 679 页。

③ 《毛泽东文集》第 6 卷，人民出版社 1999 年版，第 299 页。

"活化石"① 的成功经验，对于东方国家选择具体发展道路无疑具有非常深远的影响。

（二）在跨越发展的前提下，开掘了新民主主义革命的丰富宝藏

马克思认为，俄国农村公社跨越发展的必要前提一是西方先进国家无产阶级社会主义革命的胜利提供物质前提和示范引导；二是"要挽救公社，就必须有俄国革命"② 推翻沙皇政府，避免农村公社公有制遭到破坏，才能最终向社会主义过渡。三是两者良性互动，才能引导俄国革命成功。他说："假如俄国革命将成为西方无产阶级革命的信号而双方互相补充的话，那么现今的俄国土地公共所有制便成为共产主义发展的起点。"③

历史进入 20 世纪二三十年代，尽管西方无产阶级革命没有成功，但社会主义革命首先在俄国取得了胜利，共产国际的帮助和苏联的支持使中国跨越发展的外部条件基本具备。在内部，必须爆发社会革命推翻反动统治。中国革命的性质和道路是什么，马克思不可能给出答案。此外，跨越资本主义制度首先必须完成资产阶级民主主义革命的任务，但在中国，这一艰巨使命资产阶级完成不了，只能由无产阶级来完成，这又是马克思主义经典作家未曾涉及的难题。毛泽东创造性地提出了新民主主义革命的系统思想，填补了这一理论空白，拓展了对社会跨越发展认识的广度和深度，将对资产阶级民主革命的认识提升到一个新的水平。

关于中国革命的性质。毛泽东提出中国革命是新民主主义革命的崭新论断。新民主主义革命一是"新"在领导权上，不是由资产阶级而是由无产阶级及其政党来领导。二是时代不同了，革命的发展前途也不同了。它不再是旧的世界资产阶级革命的一部分，而是新的世界无产阶级社会主义革命的一部分，前途不是资本主义而是社会主义。三是它的指导思想是马克思主义而不是资产阶级思想体系。

关于农民在中国革命中的地位。毛泽东通过对农村、农民在中国社会结构中的特殊地位的分析得出一个大胆的结论——中国农民不但是无产阶

---

① 《马克思恩格斯全集》第 15 卷，人民出版社 1963 年版，第 545 页。
② 《马克思恩格斯选集》第 3 卷，人民出版社 1995 年版，第 770 页。
③ 《马克思恩格斯选集》第 1 卷，人民出版社 1995 年版，第 251 页。

级的同盟军，甚至成为民主革命的主力军。这一点，对马克思列宁主义的革命理论又是一个新发展，无论是马克思、恩格斯还是列宁，都没有把农民作为无产阶级革命主要依靠力量的思想。

关于中国革命的道路。列宁说：落后国家的跨越发展"必须采取什么手段才能达到这个目的，这不可能预先指出"①。从已有的实践看，巴黎公社和十月革命都是首先从城市武装起义开始的。1927年井冈山革命根据地的开辟，毛泽东实际上开创了农村包围城市武装夺取政权的中国式革命道路。1928—1930年，他又从理论上总结并论证这是中国革命胜利唯一正确的道路。这条通往成功的革命道路极富中国特色，并充分体现了中国共产党人的智慧。正如周恩来在《关于党的"六大"的研究》中所说：要党不用主要的力量与城市无产阶级联系，而把主要力量放在农村，这是史无前例的。

关于新民主主义革命的战略步骤。毛泽东提出，在半殖民地半封建的中国，社会制度的跨越要分为两步。第一步是经过新民主主义革命建成一个统一、独立、富强的新民主主义社会。第二步进行社会主义革命，建立社会主义制度。"两步走"战略进一步丰富了由马克思、恩格斯提出，列宁发展了的关于资产阶级民主革命的理论。

关于新民主主义革命的总路线。1948年，毛泽东《在晋绥干部会议上的讲话》中完整地表述了总路线的内容，即无产阶级领导的，人民大众的，反对帝国主义、封建主义和官僚资本主义的革命。总路线是在总结新民主主义革命实践经验的基础上制定的，是对新民主主义革命的政治纲领、经济纲领、文化纲领的高度凝练，它反映了中国革命的基本规律，指明了中国革命的对象、动力、领导力量、依靠力量和发展前途。

（三）在跨越发展的方式上，开创了和平跨入社会主义的伟大壮举

新民主主义革命的胜利，只是跨越发展的必备前提，中国既可能向资本主义社会演进，也可能向社会主义跨越。毛泽东指出中国的前途只能是社会主义，并创造性地设计了跨越的路径和方式。在跨越发展的路径上，毛泽东认为，"没有一个新民主主义的联合统一的国家，没有新民主主义的国家经济的发展，没有私人资本主义经济和合作社经济的发展，没有民

---

① 《列宁选集》第4卷，人民出版社1995年版，第279页。

族的、科学的、大众的文化即新民主主义文化的发展，没有几万万人民的个性的解放和个性的发展，一句话，没有一个由共产党领导的新式的资产阶级性质的彻底的民主革命，要想在殖民地半殖民地半封建的废墟上建立起社会主义社会来，那只是完全的空想"①，因此创设了"新民主主义社会"这个链接平台。新民主主义社会是暂时的、过渡的社会形态，但它又是中国社会历史发展的必经阶段，把它作为从半殖民地半封建社会向社会主义社会的跳板，以缓和社会形态变化带来的冲击，并为建立社会主义制度创造必要的条件和奠定充分的物质基础，这也成为毛泽东社会跨越发展理论的一大亮点。

在跨越发展的方式上，以毛泽东为代表的中国共产党人把马克思主义的基本原理和中国特殊的国情相结合，从理论到实践进行了多方面的突破和创新：一是突破了先工业化再过渡的模式，坚持社会主义工业化和社会主义改造同时并举，在变革生产关系的同时，注意保护和发展生产力。二是突破了农业社会主义改造先机械化后集体化的模式，创造出初级社、高级社等适应不同生产力发展水平和地区特点的过渡形式。三是突破了用暴力剥夺实现资本主义改造的模式，创造出和平赎买的成功经验，并把工人阶级同民族资产阶级之间的矛盾当作人民内部矛盾来处理，把对资本主义企业的改造和对资本家的改造同时进行。马克思认为，在一定的条件下，工人绝不拒绝赎买资产阶级，"赎买下这整个匪帮"②，列宁1918年曾考虑"对那些肯接受并能实施'国家资本主义'，能精明干练地组织真正的产品供应千百万人的大企业而对无产阶级有益的资本家谋求妥协或向他们实行赎买"③。但在马克思、恩格斯那里，这些还只是一个理论的形态；在列宁那里，因为俄国的具体国情没有得到实现。中国通过和平赎买的方式来实现向社会主义过渡和跨越，这在世界社会主义史上是具有首创性的。四是突破了向社会主义一举过渡的模式，选择了从低级到高级逐步过渡，稳妥前进的道路，在保持社会稳定和生产力快速发展的同时，完成了社会制度伟大而又深刻的变革。总之，突破了苏联经验的模式，走出了向社会主义社会过渡的新道路，解决了社会变革与物质基础、和平过渡与阶级斗争的

① 《毛泽东选集》第3卷，人民出版社1991年版，第1060页。
② 《马克思恩格斯选集》第4卷，人民出版社1995年版，第503页。
③ 《列宁选集》第4卷，人民出版社1995年版，第497页。

矛盾问题。

（四）在跨越发展的目标上，开启了经济文化落后国家社会主义建设的实践探索

马克思、恩格斯反复强调，跨越"卡夫丁峡谷"的只是资本主义的政治制度，而与资本主义制度相关联的高度社会化生产力水平则是不能跨越的，只有完成资本主义制度和生产力的双重跨越，才表明跨越的真正实现。在中国这样落后的东方大国建设社会主义是马克思主义发展史上的新课题，制度跨越完成以后，毛泽东带领中国人民开始了社会主义建设的探索，向完全、成熟的社会主义国家的目标迈进，并积累了一系列宝贵经验。

在发展社会主义生产力方面，党的八大及时指出，我国社会的主要矛盾已经是人民对于建立先进的工业国的要求同落后的农业国的现实之间的矛盾，是人民对于经济文化迅速发展的需要同当前经济文化不能满足人民需要的状况之间的矛盾，明确了今后的主要任务是把我国尽快从落后农业国变为先进工业国，确定了社会主义建设的基本方针是调动国内外一切积极因素，建设社会主义强大国家。毛泽东还提出过建设社会主义现代化、可以消灭了资本主义再搞资本主义、要重视价值规律作用等思想。通过实施第一个五年计划，奠定了我国社会主义工业化的初步基础，提高了人民生活水平，显示了社会主义制度的优越性，并初步积累了社会主义建设的经验。

在探索社会主义建设道路方面，马克思、恩格斯认为，无产阶级夺取政权以后的政治经济措施"在不同的国家里当然会是不同的"[1]。列宁说："一切民族都将走向社会主义，这是不可避免的，但是一切民族的走法都不会完全一样，在民主的这种或那种形式上，在无产阶级专政的这种或那种形态上，在社会生活各方面的社会主义改造的速度上，每个民族都会有自己的特点。"[2] 1956 年 4 月，毛泽东发表《论十大关系》，主张把马克思主义与中国实际进行第二次结合，学习别国长处，借鉴苏联模式教训，最先开始了探索适合中国国情的发展道路。在具体的发展阶段上，他认为，

---

[1] 《马克思恩格斯文集》第 2 卷，人民出版社 2009 年版，第 52 页。
[2] 《列宁全集》第 28 卷，人民出版社 1990 年版，第 163 页。

社会主义可以分为不发达的社会主义和比较发达的社会主义两个阶段。不发达的社会主义是对当时中国社会制度所处历史方位的准确判断，更是社会主义初级阶段的先声。

在处理社会主义社会矛盾方面，毛泽东丰富和深化了马克思主义关于社会主义社会矛盾的理论，指出社会主义的基本矛盾仍然是生产力与生产关系、经济基础与上层建筑的矛盾，但它是基本适合基础上的矛盾。社会主义社会还存在着敌我矛盾、人民内部矛盾两类性质不同的矛盾，正确处理人民内部矛盾既是国家政治生活的主题，也是实现生产力跨越的社会基础。

当然，由于各种主客观条件的局限，以毛泽东为代表的中国共产党人在探索中国特色的跨越发展道路上也存在着重视实践经验轻视理论准备，重视制度跨越轻视生产力跨越，重视主观能动性轻视客观规律性，重视质的突破轻视量的积累等倾向，也走过弯路，犯过错误，如对马克思主义跨越发展理论翻译和系统研究不够，在社会主义改造过程中急于求成，急躁冒进，新民主主义社会的过渡时期太短，在社会主义建设中经常超越半殖民地半封建社会起点的具体国情，正确的方针政策也往往反复、动摇，得不到一以贯之的执行，甚至"大跃进"、以阶级斗争为纲，错误发动"文化大革命"，在一定时期和一定程度上误导了人们对社会主义的认识和实践，对经济文化落后国家建设、巩固和发展社会主义的理论指导、发展路径、总体布局、历史阶段、根本任务、发展动力和外部条件等一系列基本问题缺乏自觉、系统、深入的认识，没有找到中国特色社会主义的正确道路，没有建成发达的社会主义国家，而这正是中国特色社会主义理论体系的历史使命，只有实现对资本主义生产力的跨越，才能说明中国跨越发展的完全实现，才能说明马克思主义跨越发展理论得到实践证明。总之，社会跨越发展理论是马克思晚年思想最耀眼的闪光点之一，是马克思东方社会理论的重要组成部分，是马克思对其社会发展理论的重大调整、补充和完善，是尚待证明、发展和实践的理论形态。以毛泽东为代表的中国共产党第一代领导集体站在世界历史的制高点上，观察时代，把握国情，顺应潮流，把马克思主义社会跨越发展思想从理论形态推进到实践形态，推动了中国社会制度的历史性跨越，使中国由任人宰割的半殖民地半封建弱国变成日益强大的社会主义大国，更为中国特色社会主义理论体系奠定了飞跃基础，预留了发展空间，并对马克思主义社会发展理论、无产阶级革命学说和国际共产主义运动作出了巨大贡献。

参考文献

［1］郑杭生、刘少杰：《马克思主义社会学史》，高等教育出版社 2006 年版。

［2］吴晓明等：《马克思主义社会思想史》，复旦大学出版社 1996 年版。

［3］萧延中：《外国学者评毛泽东：在历史的天平上》，中国工人出版社 2001 年版。

［4］赵家祥：《恩格斯关于俄国社会发展道路的理论》，《马克思主义与现实》2011 年第 1 期。

［5］刘荣军：《马克思跨越"卡夫丁峡谷"的理论设想及其重大意义》，《西南师范大学学报》（人文社会科学版）2002 年第 5 期。

（原载《马克思主义研究》2012 年第 10 期）

"没有预见就没有一切"

——毛泽东领导思想的精髓

梁　柱

处在领导地位，不等于就能发挥领导的作用。作为领导者、指挥者，要能很好地履行自己的职责，特别是要能做到"运筹于帷幄之中，决胜于千里之外"，是需要多方面的条件准备，需要有宵衣旰食的奋斗精神，还需要有实践经验的积累。对于什么是领导的问题，毛泽东根据我们党的和自身的丰富经验，提出"没有预见就没有领导"、"没有预见就没有一切"的重要而深刻的思想。这不但体现了毛泽东领导思想的精髓，而且也深刻反映了作为马克思主义的领导者应有的能力和气质，对于今人和后世都有重要的启迪和激励意义。

一

毛泽东十分赞赏斯大林"没有预见就没有领导"的提法，他甚至强调"没有预见就没有一切"。1945 年在党的七大上，毛泽东提出："什么叫领导？领导和预见有什么关系？预见就是预先看到前途趋向。如果没有预见，叫不叫领导？我说不叫领导。斯大林说：没有预见就不叫领导，为着领导必须预见。"他形象地说："坐在指挥台上，如果什么也看不见，就不能叫领导。坐在指挥台上，只看见地平线上已经出现的大量的普遍的东西，那是平平常常的，也不能算领导。只有当着还没有出现大量的明显的东西的时候，当桅杆顶刚刚露出的时候，就能看出这是要发展成为大量的普遍的东西，并能掌握住它，这才叫领导。"[1] 他进一步强调："所谓预见，

---

[1] 《毛泽东文集》第 3 卷，人民出版社 1996 年版，第 394—395 页。

不是指某种东西已经大量地普遍地在世界上出现了，在眼前出现了，这时才预见；而常常是要求看得更远，就是说在地平线上刚冒出来一点的时候，刚露出一点头的时候，还是小量的不普遍的时候，就能看见，就能看到它的将来的普遍意义。"① 他不止一次地引用楚国宋玉《风赋》中的一句话："夫风生于地，起于青苹之末，浸淫谿谷，盛怒于土壤之口。"说明风有小风、中风、大风之分，而"'起于青苹之末'的时候最不容易识别，我们这些人在一个时候也很难免"。教育干部要"有识别风向的能力"。毛泽东所说的预见，就是要在这种"起于青苹之末"中，看到风暴可能来临。所以在毛泽东看来，盲目性是没有预见的，是妨碍预见的，教条主义、经验主义是不可能有预见的；而没有预见就没有领导，没有领导就没有胜利。

毛泽东在总结中国革命战争的经验时指出："战略指导者当其处在一个战略阶段时，应该计算到往后多数阶段，至少也应计算到下一个阶段。尽管往后变化难测，愈远看愈渺茫，然而大体的计算是可能的，估计前途的远景是必要的。那种走一步看一步的指导方式，对于政治是不利的，对于战争也是不利的。"② 毛泽东在领导中国革命的历史进程中，所以能够卓越地发挥革命领袖的作用，就在于他始终坚持"凡事预则立，不预则废"的有益古训，无论是关系到战略大局，还是具体的战役战术问题，他总是深入实际，调查研究，周密分析客观事物的发展进程及其可能遇到的情况，因而总是能比别人多看几步棋，预见事物发展的前途。这种预见的惊人的准确性，是被历史所证明了的。下面拟举毛泽东在不同历史时期预见性的事例，来加深我们对他提出的"没有预见就没有一切"思想的理解。

事例之一：关于中国革命道路与革命高潮问题。井冈山根据地的建立，是标志着把工作中心转入农村的伟大开端，但要自觉地认识和实现这种战略转变也不能不经历一个过程。从世界革命的历史来看，无论是资产阶级的法国大革命，还是无产阶级的俄国十月革命，或是中国的北伐战争，所提供的都是以城市为中心的历史经验。所以，党内在相当长的时间都有人持"城市中心论"的观点，是有其历史的和认识的原因，是可以理解的一种现象。这也从一个方面说明，要开创一条不同以往历史经验的崭

---

① 《毛泽东选集》第3卷，人民出版社1996年版，第395页。
② 《毛泽东选集》第1卷，人民出版社1991年版，第221—222页。

新的革命道路，是一项何等艰难的事业，是需要极大的理论和实践的勇气。对于作为这项事业最主要的开创者毛泽东来说，也同样经历一个认识不断深化的过程。1928 年 10 月，毛泽东为湘赣边界第二次党代会起草的决议案中，科学地论证了中国的红色政权为什么能够存在的原因，并第一次提出了"工农武装割据"的思想，这就是他随后阐发的把武装斗争、土地革命和根据地建设这三者密切结合的思想。这些重要思想增强了人们坚持农村根据地斗争的信心和决心。但在这时毛泽东也还没有明确形成把工作中心放在乡村的思想，"他也还是认为要以城市工作为中心的。开始他还主张在闽浙赣边创造苏区来影响城市工作，配合城市工作"。① 但是，毛泽东善于在实践中总结经验，不但及时放弃攻打城市的计划，把起义部队带上井冈山，而且随着农村斗争的进一步发展，革命潮流逐渐回升，1930年 1 月致林彪的信（即《星星之火，可以燎原》）中，就对农村根据地的意义作了充分的估计，指出："必须这样，才能树立全国革命群众的信仰，如苏联之于全世界然。必须这样，才能给反动统治阶级以甚大的困难，动摇其基础而促进其内部的分解。也必须这样，才能真正地创造红军，成为将来大革命的主要工具。总而言之，必须这样，才能促进革命的高潮。"② 这就有了明确的以乡村为中心的思想，基本上形成了以农村包围城市、武装夺取政权的理论。而这时他还需要回答一个重要问题，这就是能不能够通过以农村斗争为中心促进中国革命高潮很快到来？如果不能很快促进革命高潮到来，而是遥遥无期的，则不能回答"红旗究竟能够打得多久"的问题，要坚持红色政权的斗争也是困难的。毛泽东通过对中国社会矛盾的深度分析，预见到"星星之火，可以燎原"，断定中国革命高潮快要到来。他用诗一般的语言对"快要"二字作了这样的描述："它是站在海岸遥望海中已经看得见桅杆尖头了的一只航船，它是立于高山之巅远看东方已见光芒四射喷薄欲出的一轮朝日，它是躁动于母腹中的快要成熟了的一个婴儿。"③ 毛泽东的这个预见为一年多后出现的全国性的抗日反蒋热潮到来所证明，也为后来"一二·九"运动掀起的抗日高潮所证明。

　　事例之二：关于抗日战争的进程与前途问题。抗日战争是一场关系中

---

① 《周恩来选集》上卷，人民出版社 1980 年版，第 179 页。
② 《毛泽东选集》第 1 卷，人民出版社 1991 年版，第 98 页。
③ 同上书，第 106 页。

华民族生死存亡的战争。这场战争的进程及其前途究竟会怎样？这是必须加以正确回答的一个至关重要的问题。当时弥漫国内的或是"亡国论"或是"速胜论"的论调，它们都会产生错误导向的作用。"亡国论"只看到中国的国力军力不如人而散布民族失败主义情绪；而"速胜论"则往往把胜利的希望寄托在英美等国的干涉上，同样不相信自己的力量。1938年5月，毛泽东在《论持久战》的长篇讲演中，开宗明义就明确指出："中国会亡吗？答复：不会亡，最后胜利是中国的。中国能够速胜吗？答复：不能速胜，抗日战争是持久战。"① 毛泽东得出"抗日战争是持久战，最后胜利是中国的"结论依据何在呢？他说："中日战争不是任何别的战争，乃是半殖民地半封建的中国和帝国主义的日本之间在二十世纪三十年代进行的一个决死的战争。全部问题的根据就在这里。"② 他详尽分析了中日双方内在矛盾的特点及其消长演化的过程，指出："这样看来，日本的军力、经济力和政治组织力是强的，但其战争是退步的、野蛮的，人力、物力又不充足，国际形势又处于不利。中国反是，军力、经济力和政治组织力是比较弱的，然而正处于进步的时代，其战争是进步的和正义的，又有大国这个条件足以坚持持久战，世界的多数国家是会要援助中国的。——这些，就是中日战争互相矛盾着的基本特点。"他进一步指出："战争就是这些特点的比赛。这些特点在战争过程中将各依其本性发生变化，一切东西就都从这里发生出来。这些特点是事实上存在的，不是虚构骗人的；是战争的全部基本要素，不是残缺不全的片段；是贯穿于双方一切大小问题和一切作战阶段之中，不是可有可无的。"③ 他正是依据这种消长演化的过程，指明坚持持久抗战并实现最后胜利，战争将经历战略防御、战略相持和战略决战三个发展阶段。毛泽东认为，第二阶段是整个战争的过渡阶段，也将是最困难的阶段，然而它是转变的枢纽。中国将变成独立国，还是沦为殖民地，不决定于第一阶段大城市之是否丧失，而决定于第二阶段全民族努力的程度。如能坚持抗战，坚持统一战线和坚持持久战，中国将在此阶段中获得转弱为强的力量。他依据抗战以来的经验，认定实现这种转变，就要牢固树立"兵民是胜利之本"的观念，并据此提出了一系列政

---

① 《毛泽东选集》第2卷，人民出版社1991年版，第442—443页。
② 同上书，第447页。
③ 同上书，第450页。

略和战略方针。毛泽东作《论持久战》讲演之时，全面抗战刚刚进行了十个月，而八年抗战的历史进程证明了他这种惊人的预见性。正如当时一位外国记者所评论的："不管他们对于共产党的看法怎样，以及他们所代表的是谁，大部分的中国人现在都承认毛泽东正确地分析了国内和国际的因素，并且无误地描绘了未来的一个轮廓。"①

事例之三：关于进行马克思列宁主义同中国实际第二次结合问题。对于苏共20大，毛泽东曾用"一则以喜，一则以忧"这样的话，来形容他那时的心情和看法。对于这种心态的自我表露，毛泽东本人有过明确的说明。1956年3月17日，毛泽东在中央书记处讨论赫鲁晓夫秘密报告的会上说，赫鲁晓夫的秘密报告值得认真研究，特别是这个报告所涉及的问题以及它在全世界所造成的影响。现在看来，至少可以指出两点：一是他揭了盖子，二是他捅了娄子。说他揭了盖子，就是讲，他的秘密报告表明，苏联、苏共、斯大林并不是一切都是正确的，这就破了迷信。说他捅了娄子，就是讲，他作的这个秘密报告，无论在内容上还是方法上，都有严重错误。这正是这时毛泽东的喜与忧的所在。后来事态的发展，证明毛泽东这个看法是正确的。在这里，毛泽东不仅预见到赫鲁晓夫全盘否定斯大林可能导致的严重后果，更重要的还引发了对自己国家如何发展的思考。

正是这种揭开盖子所起的破除迷信、解放思想的积极作用，开启了中国共产党人对自己的建设道路的思考和探索。毛泽东说："我认为最重要的教训是独立自主，调查研究，摸清本国国情，把马克思列宁主义的基本原理同我国革命和建设的具体实际结合起来，制定我们的路线、方针、政策。"民主革命时期，我们走过一段弯路，吃了大亏之后才成功地实现了这种结合，取得革命的胜利。"现在是社会主义革命和建设时期，我们要进行第二次结合，找出在中国进行社会主义革命和建设的正确道路。"他说，开始我们模仿苏联，因为我们毫无搞社会主义的经验，只好如此，但这也束缚了自己的积极性和创造性。"现在我们有了自己的初步实践，又有了苏联的经验教训，应当更加强调从中国的国情出发，强调开动脑筋，强调创造性，在结合上下工夫。"② 对于这个重要思想，1962年1月，他

---

① 金冲及：《二十世纪中国史纲》第2卷，社会科学文献出版社2009年版，第432页。

② 吴冷西：《十年论战——1956—1966中苏关系回忆录》（上），中央文献出版社1999年版，第23—24页。

进一步强调："我们必须把马克思列宁主义的普遍真理同中国社会主义建设的具体实际，并且同今后世界革命的具体实际，尽可能好一些地结合起来，从实践中一步一步地认识斗争的客观规律。"① 应当说，50 年代中期以后，包括中国在内的许多社会主义国家的改革，都是同苏共 20 大这一国际背景相关联着的。因此，毛泽东在提出要找到自己的建设道路这一历史性任务的同时，又对赫鲁晓夫全盘否定斯大林可能导致的严重后果深表忧虑；而后者，引发了他对如何防止党和国家被变质的思考，力求要探索一条能够保证党和人民政权纯洁性的有效途径。毫无疑义，探索一条适合中国国情的社会主义建设道路，是党在社会主义时期面临的一个最重要的任务。但仅仅说在这个时期只是探索自己的建设道路，还不足以涵盖毛泽东在他生命的最后 20 年的全部理论和实践活动，也不足以反映党在社会主义时期所面临的历史课题。诚然，这两大探索是伟大的起步，在一定意义上说，错误是难以避免的，都不是完全成功的，但却都有深远的历史意义。所以应当如实地说，50 年代以后毛泽东所致力的探索，是包含上述两个方面的内容，是两大探索，而这二者都是具有重大战略意义的历史性课题，关系到社会主义中国的命运和前途问题。毫无疑义，毛泽东这时提出进行马列主义与中国实际第二次结合的内涵，是包括探索自己的建设道路和探索一条能够保证党和人民政权纯洁性的有效途径的两大探索，这是具有历史穿透力的伟大预见，将继续被中国社会主义事业的历史进程所证明。

由上可见，毛泽东的预见，是能够揭示客观事物发展本质的预见，是能够把握历史发展方向的预见，因而是能够指引中国革命事业走向胜利的预见。

二

毛泽东在领导工作中所以能够富有预见性，绝不只是个人的天赋问题，其中一个重要原因，就在于他做到了系统地而不是零碎地、实际地而不是空洞地掌握了马克思主义，并善于运用这一科学的世界观和方法论分析客观事物。

---

① 《毛泽东文集》第 8 卷，人民出版社 1999 年版，第 302 页。

毛泽东说:"在马克思主义产生以前对于社会的发展历来没有预见,或者没有很清楚的预见。""只有产生了马克思主义,才对社会发展有了预见,使人类对社会发展的认识达到了新的阶段。共产党是以马克思主义为思想基础的,它对于将来和前途看得清楚,对于社会各个阶级向什么方向发展也看得清楚。"① 因而,"我们共产党是中国历史上的任何其他政党都比不上的,它最有觉悟,最有预见,能够看清前途"②。这是作为马克思主义政党的一个显著特点和优势。恩格斯说过:"我们党有个很大的优点,就是有一个新的科学的观点作为理论的基础。"③ 这一新的科学的观点,就是由《共产党宣言》所奠定的共产主义的世界观,马克思主义就是它的完整的理论形态。不同于以往的思想理论,马克思主义是很朴素的真理,它所创立的新世界观的原理,是从人们赖以生存的物质条件出发,是从客观世界中,特别是从革命运动的历史和现实的经验中概括出来的反映普遍真理的科学体系;它用唯物史观阐明了社会发展规律,揭示了物质生产在历史进程中的决定性作用,指明了生产力和生产关系、经济基础和上层建筑的相互关系以及阶级斗争在阶级社会发展中的重要作用。正是从唯物史观出发,马克思恩格斯得出了资产阶级的灭亡和无产阶级的胜利是同样不可避免的结论。这种理论的彻底性,使它真正代表了无产阶级和劳动人民的利益,成为摧毁旧制度、创造新社会的行动指南。这是历史上任何思想体系所无法比拟的科学理论。同时,马克思主义理论源于实践又善于在革命实践中不断丰富和发展,是开放的、不断发展的体系。列宁说过,马克思主义与其他一切社会主义理论不同,它精妙地结合着两种特点:一方面是完全用科学冷静态度来分析客观情势与客观进化行程;另一方面是坚决地承认群众所表现的革命毅力、革命创造性和革命首创精神的意义。这使得这新世界观具有无限的创造活力。所以,中国革命、建设和改革的历史证明,只有以马克思主义理论为指导,中国共产党才能始终体现时代性,把握规律性,富于创造性;党才有可能在革命和建设中判明局势,了解周围事变的内在联系,预察事变的进程,不仅洞察事变在目前怎样发展和向何处发展,而且洞察事变在将来怎样发展和向何处发展。

---

① 《毛泽东文集》第 3 卷,人民出版社 1996 年版,第 394 页。
② 同上书,第 397 页。
③ 《马克思恩格斯选集》第 2 卷,人民出版社 1995 年版,第 39—40 页。

　　毛泽东1920年第二次到北京期间阅读了马克思恩格斯的《共产党宣言》等理论著作，确立起对马克思主义的信仰。从此以后，无论是战争年代、长征途中，还是和平建设时期，他始终坚持不懈、孜孜不倦地认真钻研马克思列宁主义的经典著作。今天存世的、留下他阅读时写下的批注和各种杠、圈、点标记等大量马列基本著作和文章，不但可以看到他阅读既广泛又有重点，重点著作则多遍反复地读，而且我们从中还可以领悟到他阅读时的思考。

　　毛泽东读马克思列宁主义的经典著作的一个显著特点，就是从中国革命的需要出发，密切联系实际地读。比如，毛泽东在延安回忆1920年他第二次到北京期间阅读有关共产主义书籍时说，这时"我才知道人类自有史以来，就是阶级斗争史，阶级斗争是社会发展的原动力，初步地得到认识问题的方法论。可是这些书，并没有中国的湖南、湖北，也没有中国的蒋介石和陈独秀，但我只取了它四个字'阶级斗争'，老老实实地开始研究实际问题"。这段话，前些年有人把它作为毛泽东将马克思主义简单化的一个例证。其实，这只是望文生义的一个误解。须知：像毛泽东这样的先进知识分子，对旧民主主义革命的失败有切肤之痛，他们确立对马克思主义的信仰，并不是把它作为纯学理来研究，而是要用来回答中国革命面临的实际问题。所以当毛泽东接触并比较准确地了解了马克思主义的阶级斗争学说，自然会感受到这一理论对于正确总结中国革命历史经验的重要意义，能够正确回答这时革命者所苦苦思索的诸如如何划清革命与反革命的阵线、革命的依靠和团结力量这样事关革命成败的问题。至于说"只取其四个字"的说法，是相对于马克思的书并没有说中国的具体事情，因而把阶级斗争作为认识问题的方法论来说的，并不是指马克思主义理论的全部。可以这样说，毛泽东确立起对马克思主义的信仰，如同这时李大钊的传播工作一样，就十分重视理论同实际的结合。正是他们的这一正确取向，开启了马克思主义中国化的帷幕。又如，在创建农村根据地的过程中，党和红军曾多次受"左"倾教条主义的干扰，中国革命曾为此付出了惨重的代价。这也激发了毛泽东更加发愤研究马克思列宁主义著作，更好地掌握指导中国革命的立场、观点和方法。1932年4月，红军第二次打下福建漳州城，缴获了一批书籍，其中包括恩格斯的《反杜林论》、列宁的《社会民主党在民主革命中的两种策略》和《共产主义运动中的"左派"幼稚病》。毛泽东如获至宝，废寝忘食地阅读。翌年，他先后送给彭德怀两本自己读过并加批注的列宁著作，第一本是《两个策略》，上面写道：此书要在大革命时读着，就不会犯错误。第二本是《"左派"幼稚病》，上面写道：你看了以前送的那一本书，叫做知其一而不知其二，你看了《"左派"幼稚病》才会知道"左"与右同样有危害性。① 从彭德怀的这个记叙中，可以清晰地看到毛泽东善于结合中国革命的实践经验，对列宁这两部重要著作有了深刻的理解，他不但从理论上认识到大革命失败的主观原因，是陈独秀右倾机会主义造成的，同时也从理论上认识到王明"左"倾教条主义对革命造成的严重危害，破除了"左"比右好的错误观念。正是由于毛泽东不倦地倡导学习和研究马克思列宁主义，这不但提高了党和红军的思想理论水平，而且也为探索中国革命新道路奠定了坚实的思想理论基础。

正因为是从中国革命和建设的需要出发，所以重视马克思主义的方法论，掌握唯物辩证法，是毛泽东读马克思列宁主义著作的又一个显著特点。马克思主义是科学的世界观和方法论的相统一。有什么样的世界观就会有什么样的方法论，一定的世界观也是通过它的研究方法表现出来。恩格斯说："唯物主义历史观及其在现代的无产阶级和资产阶级之间的阶级斗争上的特别应用，只有借助于辩证法才有可能。"② "如果不把唯物主义方法当作研究历史的指南，而把它当作现成的公式，按照它来剪裁各种历史事实，那它就会转变为自己的对立物。"③ 毛泽东同样坚持马克思主义的世界观和方法论相统一的观点，他说："唯物辩证法是马克思主义的科学方法论，是认识的方法，是论理的方法，然而它就是世界观。世界本来是发展的物质世界，这是世界观；拿了这样的世界观转过来去看世界，去研究世界上的问题，去指导革命，去做工作，去从事生产，去指挥作战，去议论人家长短，这就是方法论，此外并没有别的什么单独的方法论。所以在马克思主义者手里，世界观同方法论是一个东西，辩证法、认识论、论理学，也是一个东西。"④ 当然，从学理研究上说，世界观和方法论还可以作若干区分，但从基本内涵上说，则表现了二者的同一性。对于掌握唯物辩证法的重要性，毛泽东在《矛盾论》一文中指出："事物发展过程的自

---

① 《彭德怀自述》，人民出版社1981年版，第183页。
② 《马克思恩格斯选集》第3卷，人民出版社1995年版，第691—692页。
③ 《马克思恩格斯选集》第4卷，人民出版社1995年版，第688页。
④ 《毛泽东著作专题摘编》（上），中央文献出版社2003年版，第30页。

始至终的矛盾运动，列宁指出马克思在《资本论》中模范地作了这样的分析。这是研究任何事物发展过程所必须应用的方法。列宁自己也正确地应用了它，贯彻于他的全部著作中。"① 因此，他号召："中国共产党人必须学会这个方法，才能正确地分析中国革命的历史和现状，并推断革命的将来。"②

毛泽东对唯物辩证法有娴熟的掌握和发展，他在《矛盾论》一文的开头就明确指出："事物的矛盾法则，即对立统一的法则，是唯物辩证法的最根本的法则。"他从两种宇宙观；矛盾的普遍性；矛盾的特殊性；主要的矛盾和矛盾的主要方面；矛盾诸方面的同一性和斗争性；对抗在矛盾中的地位等几个方面论述了矛盾规律的主要表现。他说："我们将这些问题都弄清了，我们就从根本上懂得了唯物辩证法。"③ 可以说，上举数端毛泽东预见性的事例，都同他能够正确地运用对立统一规律分析中国社会、分析革命形势紧密相关的。

毛泽东说："在很长的历史时期内，大家对于社会的历史只能限于片面的了解，这一方面是由于剥削阶级的偏见经常歪曲社会的历史，另一方面，则由于生产规模的狭小，限制了人们的眼界。人们能够对于社会历史的发展作全面的历史的了解，把对于社会的认识变成了科学，这只是到了伴随巨大生产力——大工业而出现近代无产阶级的时候，这就是马克思主义的科学。"④ 所以，在领导工作中要做到有预见性，只靠个人的才学是不够的，要借助马克思主义这一望远镜和显微镜。有了科学理论的武装，就能够站得高、看得远，就能够把握现在，预见未来。

三

在领导工作中要能做到科学的预见，还需要有丰富的历史知识、历史经验，以及多方面的知识准备。这也是毛泽东获得巨大成功的一个重要因素。

毛泽东是伟大的无产阶级革命家，也是学识渊博的大学问家。勤奋好

---

① 《毛泽东选集》第 1 卷，人民出版社 1991 年版，第 307 页。
② 同上书，第 308 页。
③ 同上书，第 299 页。
④ 同上书，第 283—284 页。

学、孜孜不倦地读书生活伴随着毛泽东的一生，和他的革命生涯紧密地联系在一起。在近代中国的政治家中，很难有人像他这样对知识的追求，能有如此的贯通古今、运用自如的学识准备。

从担负主要领导责任的角度，毛泽东说：在党内严重存在的"不注重研究现状，不注重研究历史，不注重马克思列宁主义的应用。这些都是极坏的作风。这种作风传播出去，害了我们的许多同志"①。他还说："我们研究中国就要拿中国做中心，要坐在中国的身上研究世界的东西。我们有些同志有一个毛病，就是一切以外国为中心，作留声机，机械地生吞活剥地把外国的东西搬到中国来，不研究中国的特点。不研究中国的特点，而去搬外国的东西，就不能解决中国的问题。"② 这里都强调了学习和运用历史的重要性。很显然，要做到马克思主义与中国实际相结合，要在决策中富有预见性，借鉴和运用历史知识、历史智慧和历史经验，就是一个必不可少的重要条件。毛泽东一生酷爱阅读文史典籍，他少年时代就读过《左传》、《纲鉴易知录》、《御批通鉴辑览》等，并引起他广泛自学史书的兴趣。参加革命后，无论是戎马倥偬的年代，还是和平建设的岁月，他都挤出时间钻研史书。他通读了卷帙浩繁的《二十四史》、《资治通鉴》、《续资治通鉴》等各朝纪事本末，从官修史书到稗史小说，几乎无所不读。他对历史的重视，正如他同史家吴晗谈到整理、标点《资治通鉴》时所说：《资治通鉴》这部书写得好，尽管立场观点是封建统治阶级的，但叙事有法，历代兴衰治乱本末毕具，我们可以批判地读这部书，借以熟悉历史事件，从中吸取经验教训。他读史，一方面，以历史唯物主义的观点和方法评价历史事件和历史人物，其中所达到的深度和广度为一般学问家所不及，成为独具风格的、有深刻见解的一家之言；另一方面，读史是为了今人，要古为今用。毛泽东在他的著作和谈话中，善于运用历史知识，借鉴历史经验，随手拈来，赋予新意。像人民群众耳熟能详的"实事求是"、"兼听则明，偏听则暗"、"凡事预则立，不预则废"、"得道多助，失道寡助"、"愚公移山"、"惩前毖后，治病救人"、"知无不言，言无不尽；言者无罪，闻者足戒"、"祸兮福所倚，福兮祸所伏"、"任人唯贤"、"百家争鸣"、"推陈出新"等古语古训，经过毛泽东的运用和改造，有的成为党

---

① 《毛泽东选集》第3卷，人民出版社1991年版，第797页。
② 《毛泽东文集》第2卷，人民出版社1993年版，第407页。

的学风，有的成为我们工作应当遵循的基本方针和工作方法。这样，马克思主义的立场、观点、方法，马克思主义的基本原理，通过民族形式，成为中国老百姓喜闻乐见的、便于掌握和贯彻的生动活泼的东西。

这里还要特别指出，毛泽东对中国文史典籍中所表现出的中国古代文化，有自己独特的见解。毛泽东认为中国古代文化中有民主性的东西，早在《新民主主义论》中就对此有过精辟的论述。他说："中国的长期封建社会中，创造了灿烂的古代文化。清理古代文化的发展过程，剔除其封建性的糟粕，吸收其民主性的精华，是发展民族新文化提高民族自信心的必要条件；但是决不能无批判地兼收并蓄。必须将古代封建统治阶级的一切腐朽的东西和古代优秀的人民文化即多少带有民主性和革命性的东西分别开来。中国现时的新政治新经济是从古代的旧政治旧经济发展而来的，中国现时的新文化也是从古代的旧文化发展而来，因此，我们必须尊重自己的历史，决不能割断历史。但是这种尊重，是给历史以一定的科学的地位，是尊重历史的辩证法的发展，而不是颂古非今，不是赞扬任何封建的毒素。"① 这里，毛泽东提出了要善于吸收中国古代"民主性的精华"的思想。1960 年 12 月，毛泽东在积极探索自己的建设道路的过程中，又进一步发挥了这个思想，他说：所谓中国几千年的文化，是封建时代的文化，但并不全是封建主义的东西，有人民的东西，有反封建的东西。要把封建主义的东西与非封建主义的东西区别开来。封建主义的东西也不全是坏的，我们要注意区别封建主义发生、发展和灭亡不同时期的东西。当封建主义还处在发生和发展的时候，它有很多东西还是不错的。封建时代的民间作品，也多少都还带有封建统治阶级的影响。② 这不仅说明了对中国古代文化中"封建主义的东西"要有区别地、批判地利用；而且指出了对"反封建主义的东西"也不能无批判地加以利用。所以，只有善于运用历史唯物主义观点进行分析，我们才能充分地、批判地继承我国丰富的历史文化遗产。毛泽东善于吸收古代文化历史中的民主性的精华，用于新政治新经济的建设。比如，民本思想是中国古代政治思想中独具特色的一个内容，有民主性的内容。在中国古代虽然有"君轻民贵"的民本主张，但在这里"君"与"民"的价值是不相等的，在根本地位和利益上是对立的；

---

① 《毛泽东选集》第 2 卷，人民出版社 1991 年版，第 707—708 页。
② 《毛泽东文集》第 8 卷，人民出版社 1999 年版，第 225 页。

所谓的民本，实际上是为巩固君权服务的。毛泽东则依据马克思主义唯物史观关于人民群众是历史创造者的原理，把中国古代的民本思想升华为人民主权思想。他一再强调："人民，只有人民，才是创造世界历史的动力。"① "共产党人的一切言论行动，必须以合乎最广大人民群众的利益，为最广大人民群众所拥护为最高标准。"② "我们的责任，是向人民负责。每句话，每个行动，每项政策，都要适合人民的利益，如果有了错误，定要改正，这就叫向人民负责。"③ 他并把为人民服务作为党的根本宗旨提了出来。这些都表现了毛泽东运用历史唯物主义观点对民本思想进行了批判吸收，在全新意义上加以解释，鲜明地表达了马克思主义的人民主体和人民主权的思想。这些思想对于未来中国国体政体的思考以及民主政治建设，都有重要的意义。

毛泽东晚年说过："历史的经验值得注意。"这也是他一生重视并善于借鉴历史经验教训的写照。例如，毛泽东通过对中国历史和中国现实社会的了解，对中国农民问题有了深刻理解。对于这个认识的过程，他在1936年同美国记者埃德加·斯诺谈话时有过叙述。他说：以前我没有充分认识到农民中间的阶级斗争的程度，但是，在五卅惨案以后，以及在继之而起的政治活动的巨浪中，湖南农民变得非常富有战斗性。我离开了我在休养的家，发动了一个把农民组织起来的运动。基于"一部二十四史，斩木揭竿，狐鸣篝火，蹶然起于草泽之间者，不绝于书"④ 的历史事实和中国社会土地问题的严重性，他提出了一个重要的论断："从秦朝的陈胜、吴广、项羽、刘邦起，中经汉朝的新市、平林、赤眉、铜马和黄巾，隋朝的李密、窦建德，唐朝的王仙芝、黄巢，宋朝的宋江、方腊，元朝的朱元璋，明朝的李自成，直至清朝的太平天国，总计大小数百次的起义，都是农民的反抗运动，都是农民的革命战争。中国历史上的农民起义和农民战争的规模之大，是世界历史上所仅见的。在中国封建社会里，只有这种农民的阶级斗争、农民的起义和农民的战争，才是历史发展的真正动力。"同时，他又深入分析了历史上农民战争的局限性，他说："由于当时还没有新的生产力和新的生产关系，没有新的阶级力量，没有先进的政党，因而这种

① 《毛泽东选集》第3卷，人民出版社1991年版，第1031页。
② 同上书，第1096页。
③ 《毛泽东选集》第4卷，人民出版社1991年版，第1128页。
④ 《李大钊全集》第1卷，人民出版社2006年版，第154页。

农民起义和农民战争得不到如同现在所有的无产阶级和共产党的正确领导，这样，就使当时的农民革命总是陷于失败，总是在革命中和革命后被地主和贵族利用了去，当作他们改朝换代的工具。"① 这种历史经验和教训，有助于毛泽东正确认识中国革命的实质，使他作出了"中国革命战争实际上是无产阶级领导的农民战争"这一重要的结论。他没有拘泥于欧洲无产阶级革命主要依靠的群众是工人这一模式，而认定农民群众是中国革命的主力军；在1927年革命失败以后，他没有拘泥于以城市为中心这一革命发展的模式，走出了一条以武装斗争为中心、以土地革命为主要内容的农村包围城市的新道路。

对中国农民战争的经验教训的总结，还引发了毛泽东对革命胜利后能否保持人民政权纯洁性的历史性思考。1944年，郭沫若写了《甲申三百年祭》一文，探讨明末李自成农民战争失败的原因。毛泽东在给郭沫若的复信中，就提出要吸取"小胜即骄傲，大胜更骄傲，一次又一次吃亏"的历史教训，他语重心长地说："如何避免此种毛病，实在值得注意。"② 他还建议郭沫若再写一篇总结太平天国经验的文章。毛泽东在总结历史经验包括我们党的经验时，总是把失败同骄傲联系起来。这是因为，在革命时期如果骄傲了，就必然突出个人的作用，脱离群众、脱离实际，这样的话十个就会有十个失败；取得政权以后如果骄傲了，就会不思进取，追求享乐腐化，骄侈淫逸。民间有一个说法，李闯王打天下十八年，坐江山十八天，讲的就是这个道理。毛泽东要求全党吸取李自成失败和我们党的历史教训，不要重犯胜利时骄傲的错误。1945年党的七大闭幕不久，毛泽东在延安窑洞里会见来访的民主人士黄炎培等人。黄炎培提出中共能否跳出"其兴也勃，其亡也忽"的周期率支配的问题，他说："我生六十多年，耳闻的不说，所亲眼看到的，真所谓'其兴也浡焉'，'其亡也忽焉'，一人，一家，一团体，一地方，乃至一国，不少单位都没有能跳出这周期率的支配力。大凡初时聚精会神，没有一事不用心，没有一人不卖力，也许那时艰难困苦，只有从万死中觅取一生。既而环境渐渐好转了，精神也渐渐放下了。有的因为历时长久，自然地惰性发作，由少数演为多数，到风气养成，虽有大力，无法扭转，并且无法补救。也有为了区域一步步扩大

① 《毛泽东选集》第2卷，人民出版社1991年版，第625页。
② 《毛泽东书信选集》，中央文献出版社1983年版，第241页。

了，它的扩大，有的出于自然发展，有的为功业欲所驱使，强求发展，到干部人才渐见竭蹶，艰于应付的时候，环境倒越加复杂起来了，控制力不免趋于薄弱了。一部历史，'政怠宦成'的也有，'人亡政息'的也有，'求荣取辱'的也有。总之没有能跳出这周期率。中共诸君从过去到现在，我略略了解的了。就是希望找出一条新路，来跳出这周期率的支配。"这时毛泽东依据党在延安时期局部地区执政的经验，满怀信心地回答："我们已经找到新路，我们能跳出这周期率。这条新路，就是民主。只有让人民来监督政府，政府才不敢松懈。只有人人起来负责，才不会人亡政息。"① 后来在党的七届二中全会上，毛泽东又提出警惕资产阶级糖衣炮弹侵袭的著名警告。他把中国革命取得全国性胜利，看作只是万里长征走完了第一步，要求党务必使同志们继续地保持谦虚、谨慎、不骄、不躁的作风，务必使同志们继续地保持艰苦奋斗的作风。为了保持谦虚谨慎的作风，全会还根据毛泽东提议规定了六条：一曰不做寿；二曰不送礼；三曰少敬酒；四曰少拍掌；五曰不以人名作地名；六曰不要把中国同志同马、恩、列、斯并列。后来在三反运动中毛泽东重申必须坚持"七届二中全会防止腐蚀的方针"。这表明在新中国成立前夕，毛泽东就把党执政后反腐蚀的问题提到了全党面前。

这是一个富有远见的历史性课题。对于在新的历史条件下如何捍卫党和人民政权的纯洁性，跳出中国历史上"人亡政息"的"周期率"，成为毛泽东晚年思考并力图解决的一个重要课题。这在他的一些著作、谈话和批注中，都留下了对此思考的痕迹。比如，他在多次谈话中，都曾提到西汉时期政论家贾谊，称赞贾谊的《治安策》是西汉一代最好的政论。贾谊的《治安策》（又名《陈政事疏》），是为国家长治久安而提出的政治谋策，其中包含了尊重和重视人民的内容。他曾说："闻之于政也，民无不为本也，国以民为本，君以民为本，吏以民为本。""夫民者，万世之本也，不可欺。"毛泽东熟读的贾谊的另一篇政论文《过秦论》，是贾谊总结秦朝灭亡的经验教训，为汉文帝改革政治、克服社会弊端提供历史借鉴的。贾谊认为，"陈涉奋臂于大泽，而天下响应者，其民危也"，秦朝的覆灭是由于"仁义不施，而攻守之势异也"，导致"百姓怨而海内叛"。意思是说，秦始皇打天下时，可以用暴力取得成功；统一六国后，就应该顺

① 黄炎培：《延安归来》，华中新华出版社 1945 年版，第 34—35 页。

应人民的愿望，施行仁政，才能保住江山，而秦始皇却用强权暴政压迫人民，结果被原来力量弱小的人民很快推翻了。"仁义不施，而攻守之势异也"，这是贾谊总结历史经验得出的结论，他看到了人民的力量在国家兴亡中的重要作用。毛泽东很重视贾谊的这个结论，他在读《旧唐书·朱敬则传》的批注中，就用过这句话。毛泽东不仅自己读，还向高级干部推荐这些文章，目的是希望永远牢记党的根本宗旨，始终保持社会公仆和人民政权的本色，绝不当李自成。

由上可见，毛泽东善于从历史经验中提出具有战略性的重大问题，就如何保持人民政权纯洁性、防止因腐败而变质这个历史课题来说，对于我们今天是有着长远的警示和启迪意义。

四

领导要有预见，还需要向人民群众学习，向社会实际学习。这就是毛泽东一贯倡导的"没有调查就没有发言权"。

毛泽东青年时期就非常欣赏司马迁、顾炎武等游历山川、实地考察的治学精神。他提出，要有"真精神"，则应"实意做事"。事关国计民生者，"必穷源溯本"，经世要务，应当"一一讲求"。1917 年他 24 岁时，就同肖子升一起采用"游学"的方式，"身无分文，心忧天下"，用一个多月时间，行程 900 多里、历经湖南五个县，进行广泛的社会调查，了解中国的农村。翌年，他又同蔡和森一起，到洞庭湖一带的浏阳、沅江等地进行半个多月的考察，广泛接触了农民，并鼓励他们同地主豪绅斗争。通过这些活动，使毛泽东养成了把社会调查作为了解国情的重要途径，他提出："吾人如果要在现今的世界稍微尽一点力，离不开中国这个地盘。关于这个地盘内的情形，似不可不加以实地调查及研究。"参加革命后，他更加自觉地把调查作为决策不可缺少的一个重要环节。著名的《湖南农民运动考察报告》，就是他对湖南的长沙、湘潭、衡山、湘乡、醴陵五个县农村，步行 1400 余里，作了 32 天的调查后写出的，成为大革命时期正确主张的代表作之一。在开辟井冈山和中央革命根据地期间，在极端艰苦的革命战争年代，毛泽东进行了四次深入的社会调查，写下了数十万字的《寻乌调查》、《兴国调查》、《长冈乡调查》、《才溪乡调查》等有据有理、底蕴丰富的调查报告。这些调查报告，为制定中国革命的一系列正确的战略决策及各项方针政策提供了科学的依据，为党的实事求是的学风树立了实实在在的榜样。

这种调查研究的重要性，正如毛泽东所说："我自己认识农村，就是经过好几年的工夫的。""到井冈山之后，我作了寻乌调查，才弄清了富农与地主的问题，提出解决富农问题的办法，不仅要抽多补少，而且要抽肥补瘦，这样才能使富农、中农、贫农、雇农都过活下去。""贫农与雇农的问题，是在兴国调查之后才弄清楚的，那时才使我知道贫农团在分配土地过程中的重要性。"① 在这期间，毛泽东于 1930 年 5 月写了《反对本本主义》一文，中心是反对教条主义的思想作风，提出了"中国革命斗争的胜利要靠中国同志了解中国情况"的著名论断。毛泽东认为："共产党的正确而不动摇的斗争策略，决不是少数人坐在房子里能够产生的，它是要在群众的斗争过程中才能产生的，它是要在实践经验中才能产生的。因此，我们需要时时了解社会情况，时时进行实际调查。"② 他指出："现在我们很多同志，还保存着一种粗枝大叶、不求甚解的作风，甚至全然不了解下情，却在那里担负指导工作，这是异常危险的现象。对于中国各个社会阶级的实际情况，没有真正具体的了解，真正好的领导是不会有的。"③ 他提出了"没有调查就没有发言权"这一振聋发聩的警示。毛泽东不仅把调查研究看做是党必须遵循的工作路线和工作方法中不可或缺的一个重要方面，而且把调查研究提到洗刷唯心精神，防止一切机会主义盲动主义错误的哲学高度来认识。他强调要"使同志们知道离开了实际情况的调查，就要堕入空想和盲动的深坑"④。他严肃指出："许多的同志都成天地闭着眼睛在那里瞎说，这是共产党员的耻辱，岂有共产党员而可以闭着眼睛瞎说一顿的吗？"⑤

1931 年 4 月 2 日，毛泽东为中央革命军事委员会起草了《总政治部关于调查人口和土地状况的通知》，进一步提出不作正确的调查研究同样没有发言权的重要命题，深化和发展了他的没有调查就没有发言权的思想。这就是说，一个领导干部在调查研究中，如果不采取正确

---

① 《毛泽东农村调查文集》，人民出版社 1982 年版，第 21—23 页。

② 《毛泽东选集》第 1 卷，人民出版社 1991 年版，第 115 页。

③ 《毛泽东选集》第 3 卷，人民出版社 1991 年版，第 789 页。

④ 同上书，第 92 页。

⑤ 同上书，第 109 页。

的态度和方法，不能获得全面的材料或者得到的情况缺乏真实性，依据这些作出的判断和决策必然是错误的，因而也不能说是获得了对这个问题的发言权。这个提法，对于我们正确开展调查研究工作是很有意义的。

新中国成立以后，毛泽东虽然也做了许多调查研究工作，但比起革命战争年代，"躬自调查研究"少了，"大跃进"运动和人民公社化带来的严重后果，就同这时不重视调查研究、违背了实事求是的原则是相关联的。毛泽东说："我们党是有实事求是传统的，就是把马列主义的普遍真理同中国的实际相结合。但是建国以来，特别是最近几年，我们对实际情况不大摸底了，大概是官做大了。"① 严重的教训对毛泽东起了警醒作用，开始重视历史上行之有效的调查研究工作。在1961年前后，毛泽东在全党多次提倡大兴调查研究之风，要求干部要做到：情况明，决心大，方法对。他自己身体力行，除了派身边的工作人员分组下去调查外，自己也到全国各地了解真实的情况。这时根据毛泽东的倡议，中共中央就调查工作给中央局和各省、市、自治区党委发出一封信，更加深入地总结"大跃进"以来所犯错误的原因和教训，深刻指出：最近几年在农业、工业等方面的工作中之所以发生重大错误，"根本上是由于许多领导人员放松了在抗日战争期间和解放战争期间进行得很有成效的调查研究工作，满足于看纸上的报告，听口头的汇报，下去的时候也是走马看花，不求甚解，并且在一段时间内，根据一些不符合实际的或者片面性的材料作出一些判断和决定。在这段时间内，夸夸其谈，以感想代政策的恶劣作风，又有了抬头。这是一个主要的教训，全党各级领导同志，决不可忽略和忘记这个付出了代价的教训"。② 毛泽东也指出，我们这部分人，包括我自己在内，都是调查研究不够。民主革命阶段，要进行调查研究，在社会主义革命、社会主义建设阶段，还是要进行调查研究。一万年以后还是要进行调查研究工作。这个方法是可取的。他还说："我的经验历来如此，凡是忧愁没有办法的时候，就去调查研究，一经调查研究，办法就出来了，问题就解决了。打仗也是这样，凡是没有办

---

① 《毛泽东文集》第8卷，人民出版社1999年版，第237页。
② 《农业集体化重要文件汇编》下册，中共中央党校出版社1981年版，第441页。

法的时候，就去调查研究。"① "如果不是这样做，则官越大，真理越少。大官如此，小官也是如此。"②

应该说，紧密地从中国革命和建设的实际出发，在调查研究中求得真知，是毛泽东领导方法的一大特色，是值得我们学习和继承的。

（原载《中国延安干部学院学报》2012 年第 5 期）

---

① 《毛泽东文集》第 8 卷，人民出版社 1999 年版，第 261 页。
② 《建国以来毛泽东文稿》第 11 册，中央文献出版社 1996 年版，第 168 页。

毛泽东的思维艺术探析

田克勤

恩格斯在讲到 19 世纪历史时曾指出："这是一次人类从来没有经历过的最伟大的、进步的变革，是一个需要巨人而且产生了巨人——在思维能力、热情和性格方面，在多才多艺和学识渊博方面的巨人的时代。"[①] 他认为马克思即是这样的巨人。现在很多人都认同 20 世纪是人类历史上社会变革最剧烈的世纪，人类社会在这 100 年间发生了前所未有的变革和发展。在这个群星闪耀的时代，毛泽东无疑是其中最为杰出的巨人之一。胡锦涛在纪念毛泽东诞辰 110 周年座谈会的讲话中指出："毛泽东同志是伟大的马克思主义者，伟大的无产阶级革命家、战略家和理论家，是近代以来中国伟大的爱国者和民族英雄，是领导中国人民彻底改变自己命运和国家面貌的一代伟人。""毛泽东同志毕生最突出最伟大的贡献，就是领导我们党和人民找到了新民主主义革命的正确道路，完成了反帝反封建的任务，建立了中华人民共和国，确立了社会主义基本制度，并从中国实际出发探索社会主义建设的道路，为古老的中国赶上时代发展潮流、阔步走向繁荣昌盛创造了根本前提，奠定了坚实的理论和实践基础。"任何思想理论都是一定时代的产物。随着时代特点、历史条件的变化，有的理论会日渐暗淡，那些曾经切合实际的真知灼见也会变得不合时宜，但有的理论却能超越时空的限制，具有恒久的魅力。毛泽东思想中的基本立场、观点、方法，即被称之为其活的灵魂的一些思想，永远也不会过时；有些思想，比如说在半殖民地半封建的中国革命应该走什么样的道路，如何进行革命战争，如何建立根据地，怎样开展土地革命、进行对敌斗争等问题，以及围绕着这些问题形成的一些理论观点、方针政策，可能由于历史任务的完成已失去其具体的指导意义，但是，毛泽东在解决这些问

---

① 《马克思恩格斯全集》第 20 卷，人民出版社 1971 年版，第 361 页。

题时所体现的基本原则以及独具特色的思维方式和思维艺术，却依然具有现实的意义。

一　把握全局、全局与局部有机统一的思维艺术

对于担负一定领导职务的人来说，掌握这一思维艺术极为重要。毛泽东所说的全局是空间意义上的全局和时间意义上的全局的统一。

第一，全局是由各个局部按一定的方式结成的一个有机联系的整体。毛泽东指出，"全局性的东西，不能脱离局部而独立，全局是由它的一切局部构成的"。[①]　这就是说，没有局部，也就没有全局。这同现代系统论的思想是一致的。现代系统论认为，系统是由各种要素按一定的秩序、比例等有机联系构成的整体。系统不能离开要素而独立存在，没有要素，也就没有系统。这样，毛泽东的"全局"思维，实际上也就成为系统性的思维。毛泽东思考问题时，总是从中国革命的大局着想，从眼前具体小事着眼，把二者有机结合起来，形成有利于推动革命事业前进的行为规范。他在率领秋收起义部队向井冈山进军的途中，发现战士肚子饿了拿老百姓一个红薯的事时有发生。他从"一个红薯"上想到的是真正的工农革命武装，不但要有无产阶级政党的坚强领导，还需要有铁的纪律。随后，在三湾改编中即对干部战士进行了不拿老百姓一根稻草、一个鸡蛋、一针一线的纪律教育，开始着手制定革命纪律，最终形成了我军的"三大纪律、八项注意"这一全局性的行为规范。

第二，局部既指事物的各个方面，也包括事物发展的各个阶段，毛泽东把事物的"各阶段"之间的关系也概括到"全局"这一概念中，特别强调时间意义上的全局的重要性，指出战略家一定要"照顾各个战役之间或各个作战阶段之间的关系"，不能仅从一局部和一时间的利益出发，而应该"把今天的利益和明天的利益相联结"，不能"捉住一局部一时间的东西死也不放"[②]。否则"那就难免要吃亏了"。毛泽东在革命和建设时期都很好地运用了顾全大局、兼及局部、以局部换取大局这一思维艺术。比如，解放战争初期，国民党对解放区的全面进攻被粉碎后，向陕甘宁和山东发起了重点进攻。延安便是西北战场上争夺的一个重点。当时，进攻延安的国民党胡宗南

---

① 《毛泽东选集》第 1 卷，人民出版社 1991 年版，第 175 页。
② 同上书，第 212 页。

部有 23 万人，并配有坦克、飞机，而我军不足 3 万人，且装备差，弹药奇缺。面对实力悬殊的战争态势，毛泽东作出"拿延安换取全中国"的决断。他认为将欲取之，必先予之，只有我军暂时撤离延安，诱敌深入，让敌人占一点地方背上一个包袱，我们才能轻装上阵，在主动中寻机歼敌。毛泽东说，寸土必争是对的，但要看怎样争。存人失地、人地皆存；存地失人、人地皆失。从全国战局的进展和敌我军事力量对比来看，暂时放弃延安有利于解放战争的整个大局。因此，决定暂时放弃延安。毛泽东的这一决策，最终得到了历史的印证。

第三，毛泽东所说的全局又是一个相对的概念。他提出，一个地方有一个地方的全局，一个国家有一个国家的全局。由于事物相互联系的绝对性，导致了全局与局部的相互过渡性，导致了其区分的相对性。全局对于自己内部的所有局部而言是全局，而对于自己所隶属的一个更大的系统而言，它又是局部。如一个省对于国家来说是一个局部，而对于自己内部的几十个县来说则又成了全局。毛泽东说："世界可以是战争的一全局，一国可以是战争的一全局，一个独立的游击区、一个大的独立的作战方面，也可以是战争的一全局。"① 又说，"一个地方有一个地方的全局，一个国家有一个国家的全局，一个地球有一个地球的全局"。② 因此，在毛泽东看来，任何一级领导者，关照自己所统辖的全局是必要的，了解自己作为局部所隶属的全局也是必要的。因为懂得了自己作为局部所隶属的全局性的东西，就会发挥自己作为局部的作用，同时也就能更好地驾驭自己所统辖的全局。毛泽东本身就是一个顾全大局的典范。他从参加中国革命工作以后，在理论上和实践上的方向是正确的，但在相当长的时间里，未能被当时主持中央工作的领导人所接受。然而，毛泽东总是能从党的团结和统一这个大局出发，服从党的分配，遵守党的纪律，积极开展革命工作。而当他主持中央领导工作时，又从不计较个人恩怨，始终以党的事业为重，团结全党同志继续前进。中共六届四中全会后，以王明为代表的"左"倾教条主义占据了中央领导地位，毛泽东被撤销了在红军中的领导职务，离开部队从事地方工作。在这种情况下，他不仅顾全大局不去做任何不利于党的团结和统一的事情，而且自觉服从党的组织安排，继续为中国人民的解放事业而艰苦奋斗。1945 年，在中共七大上，

---

① 《毛泽东选集》第 1 卷，人民出版社 1991 年版，第 175 页。
② 《毛泽东文集》第 7 卷，人民出版社 1999 年版，第 69 页。

为了增进党的团结和统一，正确对待犯错误的同志，毛泽东提议要把历史上曾犯过错误的几位中央领导人包括王明，选进党的中央委员会。毛泽东指出："必须团结跟自己有意见分歧的、看不起自己的、不尊重自己的、跟自己闹过别扭的、跟自己作过斗争的、自己在他面前吃过亏的那一部分人。"①毛泽东以伟大的气魄、豁达的胸襟处理同志之间的各种关系，不听信闲言碎语，不计较个人恩怨。正是由于毛泽东善于团结才促进了革命队伍的团结和统一，争取了一切可以团结的力量，顾全大局、加强党的团结统一，对于夺取革命和建设的胜利都有决定性的意义。

第四，毛泽东还认为，观照全局其实就是观照全局的结构，即观照构成全局的各个局部或要素之间的关系。他说，指挥全局，就必须着力照顾全局。照顾全局的"最吃力的地方"主要是"照顾部队和兵团的组成问题，照顾两个战役之间的关系问题，照顾我方全部活动和敌方全部活动之间的关系问题"等。他在《中国革命战争的战略问题》一文中列出了有关战略问题的近40个需要照顾的关系。这些关系不仅涉及战争本身，而且涉及战争与政治、战争与经济、战争的准备、战略的联盟、军队的建设、组织、动员和发展、战争的自然环境、战争的结局等。毛泽东认为，这些基本关系都是战略问题。在毛泽东看来，全局中的一切关系都是以战略目的，尤其是终极战略目的为核心的。中国新民主主义革命的全局，就是以中国新民主主义革命的战略目的为核心的一切关系的总和；抗日战争的全局，则是以抗日战争的战略目的为核心的一切关系的总和。新民主主义革命的战略目的是推翻帝国主义和封建主义在中国的统治，建立新民主主义的共和国。围绕这一战略目的的一切有关的因素，如中国社会的阶级关系、革命的主体力量以及与反革命力量的对比关系、中国革命与世界革命的关系、中国革命主体力量中各阶级的关系、中国革命过程中农村和城市的关系、武装斗争和合法斗争的关系等，就构成了中国革命的全局。新中国成立后，尤其在社会主义改造基本完成、社会主义基本制度建立后，中国共产党提出建设一个强大的社会主义国家的战略任务。围绕这一战略目的，毛泽东在《论十大关系》的讲话中，提出了要正确认识和处理社会主义建设全局中的十大关系。十大关系涉及经济、政治、文化、国防、外交、民族、国际关系等方面关系的调整，反映了党对社会主义建设规律的初步认识。随后，在《关于正确处理人民内部矛盾

① 《毛泽东文集》第7卷，人民出版社1999年版，第457页。

的问题》一文中，毛泽东又把正确处理人民内部矛盾作为党和国家一切工作的主题加以提出，文中所分析的矛盾和关系已不止十个。总之，全局是以战略目的为核心的一切关系的总和。事实上，在毛泽东的著作中，几乎没有一篇不谈及"关系"。毛泽东对各种"关系"的论述不仅见解深刻、分析全面、方法科学，而且以系统论为框架结构自成体系，是一种启迪人们正确观察问题、分析和解决问题的专门学问。这种"关系学"，重联系、重变化、重发展、重规律，体现了毛泽东把握于整体、剖析于局部、立足于现实、着眼于未来的思维艺术。"全国一盘棋"、"统筹兼顾，适当安排"实际上说的也都是要照顾大局。

社会是复杂的，世界是多变的，而人的思想更是独立的。当今，要想处理和解决好千头万绪的问题，成为握有主动权的强者，仍须掌握毛泽东关于全局与局部统一的思维艺术。

二 重视过程、过程与阶段有机统一的思维艺术

毛泽东始终把事物的发展作为一个过程来看待，始终坚持过程与阶段统一的观点，并以此作为观察和思考宇宙、自然、社会和人生问题的基本方法，提出了许多极具启示意义的思想，形成了过程与阶段有机统一的思维艺术。过程是用来表征事物运动、发展、变化的连续性或持续性的一个概念，即指事物运动、发展的时间性或历史性。毛泽东青年时代就形成了事物都是在过程中存在的朴素的辩证法思想，在成为马克思主义者以后，他的这种思想不断发展而成熟，成为观察宇宙万物，包括自然界、人类社会和人的精神活动的根本观点。在他看来，世界上的一切都在不断变化发展着，整个世界就是新东西不断产生、旧东西不断灭亡的过程，生生灭灭是宇宙万物的本性。他曾说：地球上从没有水到有水，从没有生命到有生命，从没有人类到进化出人类，从没有物理学到发展出牛顿力学、相对论等，这本身就是辩证法。又说，一切个别的、特殊的东西都有它的发生、发展与灭亡的过程，因此，任何"事物（经济、政治、思想、文化、军事、党务等）总是作为过程而向前发展的"。① 离开事物的过程和离开过程的事物都是不可想象的。毛泽东在这方面的思想主要有：

---

① 《毛泽东文集》第 8 卷，人民出版社 1999 年版，第 348 页。

第一，过程具有连续性的特征。毛泽东认为，任何事物的发展都处在过去、现在和未来的不断的更替之中。事物的现在状态是由过去状态发展和演变而来的，过去是现在的基础和前提，是现在的原因；事物的现在又随时都在成为过去；事物的未来则是过去和现在的发展趋势，它又总是在不断地成为现在和过去。事物的过去、现在和未来处于因果联系的链条之中。毛泽东曾说，今天的中国是历史的中国的一个发展，现在的许多问题，是历史发展的结果，他称之为"历史的结穴"。他以这种思想方法来分析中国共产党领导的新民主主义革命，认为这场革命是中国近代以来的中国革命的继续和发展。他指出，这场革命自从 1840 年鸦片战争以来，即中国社会开始由封建社会改变为半殖民地半封建社会以来，就开始了。实际上仍然是完成民族革命和民主革命的任务，仍然是反对帝国主义和封建主义在中国的统治。因此，他在为人民英雄纪念碑写的碑文中，把从三年解放战争一直到鸦片战争这 110 年中牺牲的英雄人物都作为纪念对象。

第二，过程具有阶段性的特征。毛泽东认为，过程的阶段性特征是由事物过程总的量变中的部分质变造成的。在他看来，事物发展过程的本质是由其根本矛盾所规定的，根本矛盾不解决，该过程就不会完结。但在一个事物发展的长过程中，根本矛盾的性质虽然没有变化，却采取了逐渐激化的形式，而且被根本矛盾所规定或影响的许多大小矛盾中，有些却激化了，有些是暂时地或部分地解决了，或者缓和了，又有些是发生了，因此，过程就显示出阶段性来。这一思想在他《读苏联〈政治经济学教科书〉的谈话》中得到了系统的阐述："量变和质变是对立的统一。量变中有部分的质变，不能说量变的时候没有质变；质变是通过量变完成的，不能说质变中没有量变。质变是飞跃，在这个时候，旧的量变中断了，让位于新的量变。在新的量变中，又有新的部分质变"，"在一个长过程中，在进入最后的质变以前，一定经过不断的量变和许多的部分质变"[1]。他得出结论："一切事物总是有'边'的。事物的发展是一个阶段接着一个阶段不断地进行的，每一个阶段也是有'边'的。不承认'边'，就是否认质变或部分质变。"[2] 这说明事物的发展过程是连续性和阶段性的辩证统一。

---

① 龚育之：《毛泽东的读书生活》，生活·读书·新知三联书店 1996 年版，第 163—164 页。

② 邓力群：《毛泽东读社会主义政治经济学批注和谈话》（下册），中华人民共和国国史学会，1998 年，第 822 页。

第三，过程的演进是不平衡的。毛泽东提出，由于事物过程中的矛盾或矛盾各方面在推动事物发展过程中的力量总体上来说是不平衡的，因而过程的平衡性是相对的，而不平衡性则是绝对的，不能把过程中所有的矛盾和每一矛盾内部的矛盾诸方面平均看待，必须分清主次。在他看来，事物发展过程是既平衡又不平衡的，是平衡与不平衡的统一。不平衡是经常的，绝对的；平衡是暂时的，相对的。尽管平衡是事物发展过程中的一种暂时性的过渡状态，但它在事物发展过程中仍然具有极大的作用。否认了暂时平衡的存在及其积极意义，就是一种诡辩。事物的发展总是遵循从不平衡到平衡，又从平衡到不平衡这样的规律循环不已、永不停止，但每一循环都进到更高一级。毛泽东在讲到旧中国的特点时，特别强调其经济、政治和文化发展的极端的不平衡，并由此分析了革命发展由不平衡到平衡的必要性与可能性，并据此确立了革命的战略和策略。1958 年毛泽东在总结"大跃进"的教训时又说，"大跃进的重要教训之一，主要缺点是没有搞平衡"。① 认为当时有三种平衡：农业内部农林牧副渔的平衡；工业内部各个部门、各个环节的平衡；工业和农业的平衡，整个国民经济是在这个基础上的平衡。在整个经济中，平衡是个根本问题。

第四，过程的演进不是直线，而是波浪式的。事物发展过程的总趋势是前进和上升的，又必然充满曲折。在毛泽东看来，人类和自然界的各种事物的运动都呈现出"波浪"的特征，这就是事物的曲折性。早在井冈山时期，毛泽东就把波浪式前进作为一个工作方法。指出武装割据地区的扩大和红色政权的建立，要依据统治阶级的稳定时期和破裂时期而有所不同。应采取波浪式的推进政策。后来在八大二次会议上又说，经济建设要有进有退，主要的还是进，但不是直线前进，而是波浪式地前进。在党的八届七中全会上明确提出"波浪式前进也是个工作方法"。毛泽东认为，事物的发展过程就是新事物的不断产生和旧事物的不断消亡的新陈代谢的过程，这是普遍的不可抗拒的规律。他总是对事物发展的前途和结果充满信心和希望，又总是充分警觉历史的若干暂时的甚至是严重的曲折。因此，他一再强调要在战略上藐视敌人和困难，在战术上要重视敌人和困难。在毛泽东看来，人类社会历史中各种反复、走回头路、倒退等现象都是事物发展的曲折性的表现。他说，"历史走一点回头路，有点回归，这还是很可能的。辛亥革命就走了回头路，

---

① 《毛泽东文集》第 8 卷，人民出版社 1999 年版，第 348 页。

革掉了皇帝，又来了皇帝，来了军阀"。① 他在抗日战争即将胜利的时刻，仍然提醒广大干部应该提起充分的警觉，估计到历史的若干暂时的甚至是严重的曲折，可能还会发生。

第五，过程演进的动力来自过程自身的矛盾。在毛泽东看来，每一过程都包含着矛盾着的两个方面："一切过程中矛盾着的各方面，本来是互相排斥、互相斗争、互相对立的。世界上的一切事物的过程里和人们的思想里，都包含着这样带矛盾性的方面，无一例外。"② 他甚至认为，"矛盾即是运动，即是事物，即是过程，也即是思想本身"。③ 而一过程区别于另一过程的本质的东西是它本身包含着的特殊矛盾，这种特殊的矛盾，构成一事物区别于他事物的特殊的本质。这就是世界上诸种事物所以有千差万别的内在的原因，或者叫做根据。至于一过程与其他过程的相互联系、相互作用，只是该过程演变的外部条件，毛泽东称之为外部原因。一般情况下，这种外部原因在过程演进中，不起决定性的作用，起决定性作用的只能是过程内部的矛盾性。他明确指出："无论什么事物的运动都采取两种状态，相对地静止的状态和显著地变动的状态。两种状态的运动都是由事物内部包含的两个矛盾着的因素互相斗争所引起的。"④ 在他看来，辩证法的本质就是矛盾斗争的问题。

毛泽东不仅在哲学层面上强调矛盾、斗争的积极意义，而且还把这种思想贯彻到他的政治实践中。他曾把马克思主义的政治学说归结为"阶级斗争"四个字，并多次指出马克思主义就是一种"斗争哲学"。他说，"按照唯物辩证法，矛盾和斗争是永远的，否则不成其为世界。资产阶级的政治家说，共产党的哲学就是斗争哲学。一点也不错。不过，斗争形式，依时代不同而有所不同罢了"⑤。应该承认，毛泽东运用阶级斗争解决中国革命的问题是取得了成功的，当然，在阶级斗争已不再是主要矛盾的情况下，继续坚持"以阶级斗争为纲"也确曾使我们付出了极大的代价。

任何事物都是以过程而存在，都有过去、现在和将来，因此要认识和把握事物发展的全过程，正确处理过程与阶段以及平衡与不平衡、前进与曲折

① 《毛泽东选集》第5卷，人民出版社1977年版，第358页。
② 《毛泽东选集》第1卷，人民出版社1991年版，第327页。
③ 同上书，第319页。
④ 同上书，第332页。
⑤ 《毛泽东著作专题摘编》上卷，中央文献出版社2003年版，第104页。

关系，就必须认真研究事物发展的历史、现状和未来趋势，重视总结历史和现实的经验，这方面毛泽东有过许多精彩的论述。譬如：毛泽东在讲到认识规律的时候，提出实践、认识、再实践、再认识，这种形式，循环往复以至无穷，而实践和认识之每一循环的内容，都比较地进入了高一级的程度；在讲到人民事业发展的时候，提出的斗争，失败，再斗争，再失败，再斗争，直至胜利的逻辑；以及在讲到帝国主义和一切反动派对待人民事业的时候，提出的捣乱，失败，再捣乱，再失败，直至灭亡的逻辑，其实都涉及了事物发展的过程性问题。毛泽东正是把新民主主义革命阶段放在其所属的近现代中国历史的全过程中加以考察，总结了中国革命两次胜利、两次失败的经验教训，深刻揭示了中国革命发展的客观规律，并据此制定了正确的路线纲领和政策，才指导革命取得了胜利。对社会主义建设规律的认识，毛泽东在1962年召开的七千人大会上的讲话中，在讲到我们已经用了十年去认识社会主义建设规律，并承认"大跃进"已经使我们遭受了惩罚，提出还要再用十年时间去认识社会主义建设规律。实际上也已经承认了这一认识过程还没有完成。

三 预见的思维艺术

毛泽东有高瞻远瞩、科学预见的战略思维能力，这几乎是人所公认的事实。早在年轻时代，他就形成了初步的预见能力。1916年7月25日，23岁的毛泽东在致学友萧子升的信中就曾预言：中日矛盾和冲突在20年内必将导致战争。事实是，15年后发生了"九·一八"事变。21年后，发生卢沟桥事变，日本大举进攻中国，预见变成了现实。又如，1919年7月21日，他就德国在一战中失败，被迫与法国签署对自己不平等的《凡尔赛和约》一事，敏锐地预见，法国虽然暂时获利，但必将遭到德国的报复。果然，20年后的1939年，德国发动第二次世界大战，法国投降，签字地点就在当年德国签署《凡尔赛和约》的地方。这些预见虽然时间上几乎一致，难免有些巧合，但青年毛泽东对事物的分析和判断能力已非常人所及。

成长为马克思主义者后，毛泽东对事物发展趋势的预见能力更是令人折服。诸如：1930年，毛泽东在写给林彪的一封信中，针对当时党内存在的对时局估量的一种悲观思想，他预见中国革命的高潮快要到来，不久即出现了土地革命战争的高潮；1937年抗战爆发后不久，毛泽东即预见到抗日战争必将经历战略防御、战略相持、战略反攻三个阶段，并预见战略相持将是一个很长的艰苦的阶段，并于 1938 年 5 月具体预言：中国的抗战将打七八年，后来的事实完全证明了毛泽东的预见；1945 年 8 月，美国在广岛投下第一颗原子弹后不久，毛泽东就在"8·13"讲话中断言：原子弹不能解决问题，并多次提出核战争打不起来的思想，时至今日，全世界只有日本遭到过原子弹的袭击，核战争并未打起来；1949 年 3 月，毛泽东预言：一些共产党人可能在糖弹面前打败仗，不久，曾对革命有功的刘青山、张子善即倒在正义的枪口下。

科学预见，就是人们对事物未来的发展趋势所作的正确推测、估计和判断。它作为人们认识世界和改造世界的重要手段，无论过去、现在和将来，都具有非常重要的作用。人们从事革命和建设，以及处世做事，有无科学的预见，其结果是大不一样的。因此，毛泽东在革命发展的各个阶段，总是提醒人们要有预见。早在抗日战争时期，毛泽东就指出："'凡事预则立，不预则废'，没有事先的计划和准备，就不能获得战争的胜利。"① 预见，是主观反映客观的一种特殊形式，它所反映的不是当前的现实而是未来的现实。这就是说，对某一事物要作出科学的预见，是相当困难的。特别是在社会历史领域，情况更复杂，预见更困难。尽管科学的预见难以作出，但也不是没有规律可循。毛泽东在这方面的思想主要有：

第一，把握现实性与可能性的辩证关系，科学预见未来。预见作为一种认识活动或思维活动，其指向不是现在，而是未来。超前认识或超前思维是预见的本质。毛泽东说："所谓预见，不是某种东西已经大量地普遍地在世界上出现了，在眼前了，这时才预见；而常常是要求看得更远，在地平线上刚冒出来一点的时候，刚露出一点头的时候，还是小量的不普遍的时候，就能看见，就能看到它的将来的普遍意义。"② 这种超前认识或超前思维不是对未来可能性的一相情愿式的凭空设想，它是战略指导者因小见大、见微知著，并由现在推知未来的认识活动。它指向未来，却必须立足于现实。毛泽东说："可能性与现实性是两件东西，是统一性的两个对

---

① 《毛泽东选集》第 2 卷，人民出版社 1991 年版，第 495 页。
② 《毛泽东文集》第 3 卷，人民出版社 1996 年版，第 395 页。

立面。"① 现实是现在的各种矛盾的统一体，是事物的矛盾及其发展的结果，是已经实现了的可能性，可能性则是现存事物发展过程中的由其现实的矛盾决定的发展前途和趋势。对于现存事物而言，它是潜在的尚未成为现实的东西，但它产生于现实当中，完全从现实出发，以现实为基础。在毛泽东看来，要进行科学的战略预见，还必须分清虚假的可能性和现实的可能性。他说："虚假的可能性和现实的可能性又是两件东西，又是统一性的两个对立面。"② 他所说的"虚假的可能性"是暂时没有现实条件的可能性，但将来条件具备时，这种可能性是能够变成现实的可能性的，不是指永远不能实现的东西即不可能性。毛泽东新中国成立前也强调现实的可能性，贬斥虚假的可能性或抽象的可能性。在土地革命时期，他对那种认为中国革命高潮"有到来的可能"这种形式的可能性的认识是不屑一顾的，认为这种看法是"完全没有行动意义的、可望而不可即的一种空的东西"。他曾经把这种可能性比喻为"一只航船"，但现在只能看得见它的"桅杆尖头"；他又把它比喻为快要升起的"一轮朝日"，虽然这轮朝日现在还没出现在天空，不过人们已经能看见它所露出的光芒了；他还把它比喻为快要成熟，快要降生了的"一个婴儿"。1946 年 7 月 20 日，解放战争爆发后，毛泽东即预见，"我们是能够战胜蒋介石的。全党对此应当有充分的信心"。并说："除了政治上经济上的基本矛盾，蒋介石无法克服，为我必胜蒋必败的基本原因之外，在军事上，蒋军战线太广与其兵力不足之间，业已发生了尖锐的矛盾。此种矛盾，必然要成为我胜蒋败的直接原因。"③

第二，透过现象抓住本质，科学预见事物发展的前途和趋向。毛泽东认为，要进行科学预见，还必须把握本质与现象的辩证关系。在毛泽东看来，现实事物都是本质与现象的对立与统一。本质是事物的根本性质和属性，是事物自身组成要素之间相对稳定的内在联系，是由事物本身所具有的特殊矛盾构成的。它具有相对的稳定性，是一事物区别于另一事物的东西。本质总是隐藏在复杂的现象之中，人们既看不见，也摸不着，只能经过思维抽象的作用才能把握。现象是事物的外部联系和表

① 《毛泽东文集》第 8 卷，人民出版社 1999 年版，第 80 页。
② 同上。
③ 《毛泽东选集》第 4 卷，人民出版社 1991 年版，第 1205 页。

面特征，是事物本质的外在表现。本质决定现象，是现象的根据，本质总要表现为一定的现象；现象是由本质引起的，它从不同的侧面这样或那样地表现着事物的本质。现象是多变的、易逝的，有很大的流动性。人们在认识事物时最初接触到的只是现实事物的表面现象。现象往往不是直接表现事物的本质，而是间接地有时甚至是歪曲地反映事物的本质。正因为现象与本质的对立，才使科学研究、科学认识和科学预见成为必要。而科学预见这种超前认识活动和思维活动，则正是要求必须透过现象把握事物的本质，而不要反被现象所迷惑。否则就不能预见事物的前途和趋势。毛泽东说，"我们看事情必须要看它的实质，而把它的现象只看着入门的向导，一进了门就要抓住它的实质，这才是可靠的科学的分析方法"。[1] 又说，"对反革命力量的估计也是这样，决不可只看它的现象，要看它的实质"。[2] 只有不被现象所惑，抓住了本质才能有科学预见。1946 年 7 月，当蒋介石撕毁《停战协定》，大举进攻解放区，国民党的一些人夸口三个月到半年彻底消灭共产党时，而毛泽东则断言"我们是能够战胜蒋介石的"，并具体预测 5 年内从根本上打败蒋介石。毛泽东当时提出的"一切反动派都是纸老虎"的著名论断，就是从反动派的本质来说的。他说："看起来，反动派的样子是可怕的，但是实际上并没有什么了不起的力量。从长远的观点看问题，真正强大的力量不是属于反动派，而是属于人民。"[3]

第三，"执因果而看历史"，从事物的过去和现在预见其未来趋势。因果联系是事物现象之间的普遍的联系方式之一。因果范畴也是人类在实践和认识活动中首先遇到的一对范畴。因果规律是事物的普遍性的规律之一，一切事物都毫无例外地受因果规律所支配，一切原因都会产生相应的结果。所以我们能够根据对事物的因果规律、因果联系的认识，而推及结果。1919 年，《凡尔赛和约》签署后，毛泽东根据德法长期敌对关系的分析，预言 20 年后德国会让法国头痛。他说"我们执因果而看历史，高兴和沉痛，常相联系，不可分开。一方的高兴到了极点，一方的沉痛也必到极点。我们看这番和约所载，和拿破仑对待德国的办法，有什么不同？分

---

① 《毛泽东选集》第 1 卷，人民出版社 1991 年版，第 99 页。

② 同上书，第 100 页。

③ 《毛泽东选集》第 4 卷，人民出版社 1991 年版，第 1195 页。

裂德国的国，占据德国的地，解散德国的兵，有什么不同？克勒满沙高兴之极，即德国人沉痛之极。包管十年二十年后，你们法国人，又有一番大大的头痛，愿你们记取此言"。① 在毛泽东看来，仅作一般的因果联系的分析是远远不够的，事物的因果联系是非常复杂的，常常有一因多果、多因一果、多因多果等情况。因此他认为，要准确地预见事物的未来，还必须分清事物的内因和外因、主要原因和次要原因等。毛泽东是非常强调内因的。他借用苏轼《范增论》中的名言"物必先腐也，而后虫生之。人必先疑也，而后谗入之"② 来表达这一思想，并认为项羽的"非战之罪，乃天亡我"，把自己的失败归结为"天"的外因论是错误的。由此他认为，红军在第五次反围剿中的失败，虽然有敌人强大等外因，但自身的路线、政策的失误即内因是主要的。事物的因果联系在时间上表现出前后相继的连续性关系。这种连续性关系使事物的发展和变化处于过去、现在和未来的三种时态之中，形成一种历史的链条，从而使事物的发展变化过程具有连续性和渐进性。

上面三个问题，第一是从空间的角度来讲的，第二是从时间的角度讲的，第三预见的问题实际上是属于第二个问题的范畴，而又与领导者有直接的关系，所以单独拿出来作以分析。其实，毛泽东思维艺术的内容十分丰富，远不止上述三个问题。譬如：毛泽东的批判意识中特别强调破与立结合的思维艺术，即破的对象明确，立的对象更要明确。如反对主观主义以正学风、反对宗派主义以正党风、反对党八股以正学风。于是实事求是的学风、团结战斗的党风、朴实明快的文风就立起来了。再如，毛泽东关于错误与正确关系的思维艺术，翻开毛泽东的著作，不少文章谈到错误，有人说如果把这些论述集中起来重新组合可以建立一门"错误学"毛泽东关于错误的精彩论述即是："我们走过了许多弯路，但是错误常常是正确的先导。"③

四　毛泽东的思维艺术与其成功的主观因素

毛泽东从一个默默无闻的农家子弟，成为中国乃至世界的伟人，他所

---

① 《高兴和沉痛》，《湘江评论》1919 年 7 月 21 日。

② （宋）苏轼：《志林十三首》，其五。

③ 《毛泽东选集》第 3 卷，人民出版社 1991 年版，第 803 页。

取得的辉煌成就是有目共睹的。今天，人们要探讨的可能已不再是毛泽东曾经取得了多少成功，而是他为什么会取得如此巨大的成功。探讨毛泽东的成功之道，不仅是当今国人正确理解毛泽东所面临的一个重大课题，而且是在新的历史条件下梳理、继承、发展毛泽东文化遗产的一项庄严任务。

众所周知，毛泽东最大的成功就在于：以他为代表的中国共产党，找到了一条把马克思主义的普遍真理同中国革命和建设的具体实际相结合、推进马克思主义中国化、借以开辟了革命和建设走向胜利的道路。毛泽东的成功，就他本人而言，可能有许多不容忽视的主观因素。我认为，毛泽东成功的主观因素，集中起来可以做这样的概括：勤于学习，善于学习，坚持把读书与学习、思考与实践紧密地结合起来，形成了不同于常人的思维能力、创造能力和决断能力，可能是更重要的因素。

首先，勤于学习，善于学习。学习是思维创新的前提。在毛泽东看来，学习是使人成为人的活动，具有普遍性和永久性。他在延安在职干部教育动员大会上的讲话中，曾引用韩愈《符读书城南》诗说明这一道理。古人讲过："人不通古今，马牛而襟裾"，就是说：人不知道古今，等于牛马穿了衣裳一样。……通古今就要学习，不但我们要学习，后人也要学习，所以学习运动也有它的普遍性和永久性。在毛泽东那里，学习是一个很宽的概念，不仅是读书。他说读书是学习，使用也是学习，而且是更重要的学习。总结过去要学习，研究现实要学习，面向未来更要学习。对于学习的态度，毛泽东曾指出："学习的敌人是自己的满足，要认真学习一点东西，必须从不自满开始。对自己，'学而不厌'，对人家，'诲人不倦'，我们应取这种态度。"① 他在延安在职干部教育动员大会上讲话时，还专门谈了学习中要不畏困难，要有"挤"、"钻"的精神。针对一些人认为工作忙没有时间学习的问题，他提出，应该用"挤"来对付忙，要像木匠钉一个钉子进木头一样"挤"时间；针对一些人认为马列主义的理论书看不懂的问题，他提出，要有"钻"的精神，要把这些理论当作我们的敌人，拼命地攻它，反复地攻它，古人把读书叫做攻书，即是强调要有"钻"的精神。

其次，破除迷信，独立思考。迷信是对一些东西的盲目崇拜和信仰。

---

① 《毛泽东选集》第 2 卷，人民出版社 1991 年版，第 535 页。

我们所说的破除迷信，根本上就是要破除人们思想意识中的依赖性、奴隶性，鼓励人们独立思考、独立分析和解决问题，提升人的主观能动性。毛泽东对把马克思主义教条化一直保持着高度的警惕，因为中国革命深受教条主义之害。他认为，教条主义披着马克思主义的外衣，能迷惑很大一部分群众和青年。因此他总是提醒全党不要把马克思主义当作教条，而应该把它当作指南，通过把马克思主义不断中国化，创造出新的理论，从而发展马克思主义。在中共八大二次会议上，他说了一番意味深长的话：马克思也是两只眼睛，两只手，跟我们差不多，只是他那里头有一大堆马克思主义。他拿了很多东西给我们看，我们不一定都看完……马克思那么多东西，时间不够，不一定都要读完，读几本基本的东西就可以了。我们实际做的，许多都超过了马克思。列宁所说的许多都超过了马克思，马克思没有做十月革命，列宁做了。我们的实践超过了马克思，实践当然是出真理的。马克思革命没革成，我们革成了。这种革命的实践，反映在意识形态上，就是理论。在这里，毛泽东表明了一种创造性的马克思主义的态度。当然，毛泽东的破除迷信，并不是不加分析地破除一切，而是要破除那种人的思想意识中的依赖性、奴隶性等个性心理。在他看来，要让一切都经过理性的审判，并在实践中对其进行检验，才能在思维中确立其价值和地位。所以他说："我们除了科学以外，什么都不要相信，就是说，不要迷信。中国人也好，外国人，死人也好，活人也好，对的就是对的，不对的就是不对的，不然就叫做迷信。要破除迷信。不论古代的也好，现代的也好，正确的就信，不正确的就不信，不仅不信而且还要批评。这才是科学的态度。"①

再次，坚持调查研究，理论联系实际。毛泽东认为，对于领导干部而言，真正的创造性思维或创新性思维是那种能够解决实际问题的决策，这种决策只能从调查研究中产生。毛泽东指出："对于担负指导工作的人来说，有计划地抓住几个城市、几个乡村，用马克思主义的基本观点，即阶级分析的方法，作几次周密的调查，乃是了解情况的最基本的方法。只有这样，才能使我们具有对中国社会问题的最基础的知识。"② 毛泽东认为，真正的理论在世界上只有一种，就是从客观实际抽

---

① 《毛泽东选集》第5卷，人民出版社1977年版，第131页。
② 《毛泽东选集》第3卷，人民出版社1991年版，第789页。

出来又在客观实际中得到了证明的理论。"马克思列宁主义是马克思、恩格斯、列宁、斯大林他们根据实际创造出来的理论，从历史实际和革命实际中抽出来的结论。"① 所以，"如果我们仅仅读了他们的著作，但是没有进一步地根据他们的理论来研究中国的历史实际和革命实际，没有企图在理论上来思考中国的革命实践，我们就不能妄称为马克思列宁主义的理论家"。② 而要做马克思主义的理论家，那就要能够真正领会马克思列宁主义的实质，真正领会马克思列宁主义的立场、观点和方法，并且应用了它去深刻地、科学地分析中国的实际问题，找出它的发展规律，这样才是我们真正需要的理论家③。为此就要注重对于历史、对于现状、对于马克思主义进行深入系统的研究，以中国革命的实际问题为中心，着力于理论与实践的结合，在坚持马克思主义中发展马克思主义，实现真正的理论创新。

最后，注重总结经验，勇于改正错误。经验是人们在社会实践中逐渐产生、积累起来的知识、能力等。当经验积淀到一定的程度，就成为人们思考新问题、解决新问题的思维方式、思维观念，甚至成为人对待世界的一种稳定的思维模式和态度。毛泽东历来重视总结社会实践经验。有过很多精彩的论述。他在《关于总结财经工作经验给谢觉哉的信》中指出，凡人（包括共产党员）都只能根据自己的见闻即经验作为说话、做事、打主意、定计划的出发点或方法论，故注意吸收新的经验甚为重要，未见未闻的，连梦也不会做。1960 年，毛泽东在《十年总结》一文中又指出，对于我国的社会主义革命和建设，我们已经有了十年的经验了，已经懂得不少的东西了。但是我们对于社会主义时期的革命和建设，还有一个很大的盲目性，还有一个很大的未被认识的必然王国，我们还不深刻地认识它。我们要以第二个十年时间去调查它，去研究它。1962 年，在《扩大的中央工作会议上的讲话》中，他又指出，认识中国革命的规律主要是靠中国革命实践中形成的经验。对于社会主义建设，我们还缺乏经验。要求工、农、商、学、兵、政、党七个方面的工作，都应该好好地总结经验。毛泽东指出，"我们有两种经验，错误

---

① 《毛泽东选集》第 3 卷，人民出版社 1991 年版，第 814 页。
② 同上。
③ 同上书，第 802 页。

的经验和正确的经验。正确的经验鼓励了我们，错误的经验教训了我们"。总结经验，既要总结正面的成功的经验，又要总结负面的犯错误的教训。正反两方面的经验对于人们的进步都有很大的作用，而对错误和教训的总结更能使人得到快速的进步。注意总结犯错误的经验教训，就要坚持用辩证法看待错误。毛泽东认为，错误有两重性。错误一方面损害党，损害人民；另一方面是好教员，很好地教育了党，教育了人民，对革命有好处。在《论人民民主专政》中，他说："错误和挫折教训了我们，使我们比较地聪明起来了，我们的事情就办得好一些。任何政党，任何个人，错误总是难免的，我们要求犯得少一点。犯了错误则要求改正，改正得越迅速，越彻底，越好。"① 在《我们党的一些历史经验》中又说：失败是成功之母。失败如果没有什么好处，为什么是成功之母呢？错误犯得太多了，一定要反过来。这是马克思主义。"物极必反"，错误成了堆，光明就会到来。毛泽东还说，不仅要善于总结自己的经验教训，而且必须善于总结和学习别人的经验教训；同样，一个政党不仅要总结自身的经验和教训，也要善于总结和学习别的政党的经验教训。事实上，我们每个人的知识中的很大一部分都是别人的经验，即间接经验。不总结和学习别人的经验，就会故步自封。但在总结和学习别人和别的政党的经验和教训时，应以自己的经验为中心。

总之，毛泽东既是一个成功的领导者，具有非常丰富的领导思想和谋略，又是一个理论大家、大战略家，具有非常丰富、深刻的哲学思想和战略思维。毛泽东始终坚持辩证唯物主义和历史唯物主义的基本原理，紧密结合中国革命和建设的实践，结合党和国家的领导工作，广泛汲取古今中外的治国思想、治国方略，形成了极为丰富、极具个人魅力的思维艺术，并在治国、治党、治军的实践中多加应用，多有创造。无论从领导学还是从管理学的角度，甚至从更多的学科领域的角度来说，毛泽东的思维艺术可能都是独具特色而又具有很大当代价值的。

[原载《湖南科技大学学报》（社会科学版）2012 年第 2 期]

---

① 《毛泽东选集》第 4 卷，人民出版社 1991 年版，第 1480 页。

毛泽东诗词对于推动中共伟业所曾经起到并将继续起到的推动作用的历史考察

龙剑宇

诗人必以诗歌体现社会责任，反映社会生态，以此而形成其历史价值；而社会的管理者也常常借重诗文来记录社会政治，并以此激发公众热情，推动社会发展。那种无内容的所谓"纯诗"、"纯文"或"纯文艺"，要么在其诞生之时就为人不齿，要么生命短暂，如昙花一现；一些形式主义的东西，如骈文、八股，在中国文学史和文化史上没有地位可言，当然不会为大众所接受；同样的，试图图解政治，无美感，只是政治的传声筒或者生硬地诠释某种理念的所谓"作品"也不会有生命力，正是"言之无文，行而不远"。这是亘古不变的文艺创作规律，有过无数的成功与失败的经验教训，而在近现代中国的崛起过程中，这条规律又得到很好的验证，并表现出新的时代特色，那就是一批仁人志士，用他们犀利的文笔，结合着如火如荼的现实斗争和他们可歌可泣的奋斗历程，写出许许多多优秀的作品，这些作品不只是有高超的艺术价值，更在于其无与伦比的现实价值和历史价值，成为中华崛起的推动力和见证，毛泽东的诗歌就是这当中最典型的代表。

一　文以载道，诗以言志，毛泽东继承了古今诗歌创作的优良传统

毛泽东从诗人的角度评论和推赏过好几位古代的"文人政治家"和"诗人政治家"。他们是懂得社会现实并为之付出甚至牺牲的文人，是真正有价值而能名垂青史的文人；他们也是懂得诗文对于推动历史进程作用的

政治家。

1949 年 12 月，毛泽东在访苏旅途中，与苏联翻译、汉学家费德林交谈。谈到屈原时，他说："连年战乱使国家凋敝，民不聊生，楚国灭亡了，这是事情的一个方面。接着开始了另一个历史过程，就是把那些分散的、互相争权夺利、争战不休的诸侯王国统一起来的过程，这个过程是不以人的意志为转移的。最后，它以秦始皇统一中国而告终，从而形成第一个集中统一的帝国。这对中国后来的命运产生了重要作用。这些都发生在我的故乡湖南，发生在屈原殉难的地方——长沙。因为这缘故，屈原的名字对我们更为神圣。"

显然，毛泽东并没有把屈原简单地当作"纯"诗人来看待。他更看重的是屈原的品格和他的诗歌对于历史所起到的推动作用。因为屈原首先是一位怀有强烈爱国抱负并为之牺牲的政治家，其次才是一位诗人。

1958 年 3 月成都会议期间，毛泽东在提倡干部要讲真话时，又赞扬屈原敢讲真话，敢为原则而斗争。1961 年秋，他还专门为屈原写了一首《七绝》："屈子当年赋楚骚，手中握有杀人刀。艾萧太盛椒兰少，一跃冲向万里涛。"这样的评价有些类似于他对鲁迅的评价，他一方面当然赞扬他们的文学才能，而更赞扬的是他们的战斗精神、奋斗精神和他们的作品鞭挞黑暗、讴歌理想从而对社会产生的鼓舞、推动作用。

毛泽东诗学评论的主体部分，很明显是主张作品要反映现实、要关注社会的，主张诗人要肩负起历史的责任，要有"责任感"、"使命感"，就算是屈原那样为国牺牲，也是值得的，是真正有价值的。

另外，毛泽东也主张政治家应该有一定的文才，应当借重文笔来推动社会进步或帮助治国理政。

早在青少年时期，毛泽东就反复读过有关刘邦的传记和他的《大风歌》。秋收起义后，他来到井冈山，面对起伏的山峦，满怀激情地吟诵起《大风歌》："大风起兮云飞扬，威加海内兮归故乡，安得猛士兮守四方！"并告诉他的战友，刘邦平定淮南王英布叛乱后回师长安，途经故乡沛县，悉召沛县父老子弟欢聚时击筑而作《大风歌》，表现了他称雄天下的骄横。

毛泽东对《大风歌》十分赞誉："这首诗写得很好，很有气魄。"他认为汉高祖没有读过几天书，能写出这样的"好诗"很不容易。

毛泽东后来多次吟诵汉高祖的这首诗，还曾亲笔手书。耐人寻味的是，毛泽东对于其他几位历史上有极高地位的帝王却表示出颇大的遗憾，

"江山如此多娇，引无数英雄竞折腰。惜秦王汉武，略输文采；唐宗宋祖，稍逊风骚。一代天骄，成吉思汗，只识弯弓射大雕"。为什么毛泽东会对这些叱咤风云的帝王作如此感叹呢？原因是他觉得这些人物在"文"方面有所欠缺，或者说他们不懂得以文治国，也不懂得诗文对推动社会前进，对凝聚人心、激发斗志所能够产生的重大作用。

其实，唐太宗也会写诗，他的诗收入《全唐诗》里不少，但那些诗价值不大，因为那些诗全出于书斋，并没有鲜活的生活，更不是汉高祖那样在征战当中自然吟成，而是为写诗而写诗或者说是附庸风雅强作诗，也有可能干脆是别人的代笔，这些诗歌当然不会有什么社会影响，更谈不上有"社会责任感"、"历史使命感"，可以说，他们并没有把"文治"与"武功"结合得那么好；另外，唐太宗、宋太祖，历来被人诟病为凭借不光彩的手段上台，成吉思汗之统治天下则全凭武力，蒙古人统治天下并没有持续太久，可能也是毛泽东并不崇拜他们的原因之一。

那么，什么是理想的治国者、从政者呢？在毛泽东看来，懂"文"的治国者、从政者才是理想的治国者、从政者，这个"文"当然不仅仅是诗文，更指文人的一种思维方式。这样的人古代不是没有，如屈原、曹操、范仲淹、陆游，但太少了，因此，毛泽东把希望寄托在当代，"数风流人物，还看今朝"。

纯粹的文人能不能治国呢？显然不能。有文才却没有政治才能的人治国只能误国甚至亡国，典型的例子是唐后主李煜和宋徽宗赵佶。

1964 年 3 月 24 日，毛泽东在一次谈话中说，历史上当皇帝，有许多是知识分子，是没有出息的，隋炀帝就是一个会做文章、诗词的人。陈后主、李后主都是能诗能赋的人。宋徽宗既能写诗，又能绘画。

言外之意，他们并不懂政治，他们误了国，亡了国，但毛泽东的意思并不是说文人治国就一定会误国、亡国，他的意思是，文人应懂得政治，特别是担当治国重任的文人更应当学习政治，学会管理，当他作为统治者时，他应当以治国理政为主，而不能以写诗作文为主；文人应当克服软弱或教条的毛病。只有把"文治"与"武功"水乳交融地结合起来，他才会对社会有功，对国家、人民有利，甚至能让笔成为他手中的武器，有力地推动社会发展。

到了近代，文人干预政治或者说仁人志士以诗文来推动政治甚至直接以之为救国救民的号角者如雨后春笋般涌现。湖湘文化讲实事求是，经世致用，王船山本是一介文人，他肩负强烈的社会责任和历史使命，于明末清初间隐居故里衡阳，著书立说，他著书的目的不在名垂青史而在从理论上谋划民族之再起，他的学说和诗文对于培养一大批能够救国的杰出人才（包括毛泽东）起到了极大的助推作用。

曾国藩直承王船山之学，他本也是一位杰出的文人、诗人，他继承湖湘经世济用的传统，以强烈的参政意识和救国理想出山，同时，在他的匡扶社稷、平定天下的过程中，发挥着他的文才诗才，以文人、诗人的思维方式统兵治军，有时还直接运用诗文来鼓励士气，因为有曾国藩、左宗棠这样的文人、诗人统率着湘军、楚军，因此而取得极大的成功，他们也成为清朝的"中兴名臣"。当然，他们为之毕生奋斗的事业之性质，现在还多有争议，但他们的成功却是没有争议的。

湖湘文人中还有好几位匡世奇才，如魏源、杨度。他们都有极富异彩的诗文传世，但他们的诗文都是于社会、人生有重大价值的或者说是推动过历史进程，对国家、民族和人民产生过积极影响的。

杨度写的《湖南少年歌》就曾经对于激励湖湘子弟起过巨大的作用，诗云：

> 我本湖南人，唱作湖南歌。湖南少年好身手，时危却奈湖南何？……
>
> 中国如今是希腊，湖南当作斯巴达，中国将为德意志，湖南当作普鲁士。诸君诸君慎如此，莫言事急空流涕。若道中华国果亡，除非湖南人尽死。尽掷头颅不足痛，丝毫权利人休取。莫问家邦运短长，但观意气能终始。埃及波兰岂足论，慈悲印度非吾比。
>
> ……
>
> 天风海潮昏白日，楚歌犹与笳声疾。惟恃同胞赤血鲜，染将十丈龙旗色。凭兹百战英雄气，先救湖南后中国。破釜沉舟期一战，求生死地成孤掷。诸君尽作国民兵，小子当为旗下卒。

这首诗中"若道中华国果亡，除非湖南人尽死"让多少湖湘子弟拔剑而起！

毛泽东对上述人物多有评析，大都是从他们的诗文与现实生活的关系和对社会政治的推动与鼓舞从而产生的历史作用的角度，同时也从艺术的水准给予推赏的。在他看来，政治家文人，或者文人政治家是最理想的形象，两者不可偏废。

归结起来，在毛泽东的意识深处，他是极力倡导诗人和作品干预社会、政治、生活，社会、政治、生活借重诗人和作品的，他自己一直都在努力进行这种理想政治家的自我塑造，他以他一生的努力和实践成功实现了这一目标。

二　诗词是毛泽东的社会责任感、历史使命感的重要载体和外在反映

毛泽东作诗一开始就非出于闲情雅致，而是出于社会责任和历史使命的有感而发。目前所见有手迹的最早诗篇当是《明耻篇题志》："五月七日，民国奇耻！何以报仇，在我学子！"一首如此简短的四言诗，直承《诗经》的现实主义和屈原的爱国主义传统，表达着强烈的国耻之恨，全然是社会责任感与历史使命感的外显，可以说，这首短诗开创了毛泽东一生诗歌创作的主调；同一时期作的《挽易昌陶》，更是苍凉彻骨，亡友之痛、救国激愤熔于一炉：

> ……
> 我怀郁如焚，放歌倚列嶂。
> 列嶂青且茜，愿言试长剑。
> 东海有岛夷，北山尽仇怨。
> 荡涤谁氏子，安得辞浮贱。
> 子期竟早亡，牙琴从此绝。
> 琴绝最伤情，朱华春不荣。
> 后来有千日，谁与共平生？
> 望灵荐杯酒，惨淡看铭旌。
> 惆怅中何寄，江天水一泓。

以这两首诗为起点，毛泽东以后的诗词创作，都是紧紧围绕着社会责任、历史使命这一主线延伸与扩展。毛泽东早年诗歌拟古的味道颇浓，这主要是指的表达方式上颇有汉魏风骨。早期他个人的情感似乎要浓于集

体、社会的情感，但随着视野的开阔，他的脚步由小家迈向大家，由韶山迈向湘潭、长沙，由长沙迈向全省，由湖南全省迈向中华大地，他越来越与社会、国家、人民相融合，一当他接触到崭新的文化思想和理念，一旦他认定已经找到拯救社会、国家、人民的新路，他个人情感上的抑郁、忧伤，豁然开朗而升腾为乐观、奋发，完全升华为社会的情感，即社会责任感和历史使命感。

毛泽东摆脱拟古当是从 1920 年前后开始，五四新文化运动使他完成了蜕变，而真正使他升华，完全脱去自我的则是在他接受马克思主义理论之后。可贵的是，毛泽东在此前有过长达十多年的中国优秀传统文化的熏陶，他没有像某些自诩"百分之百布尔什维克"的人那样思维和表达走向空洞化、教条化，不仅仅是在革命理论和实践方面，毛泽东没有这样，在他的诗歌创作方面也没有这样，他把中国传统的好的语言形式、表达方式与现代的社会生活和火热的斗争紧紧结合到了一起，一步步创造着有他的鲜明个人特色，又能够为人民大众喜闻乐见，而且是根植于生活又高于生活，是中国特色又打破陈旧东西的新文艺，包括他的作品和他的文艺理论。

在毛泽东那里，创新与继承的比例，不是做简单的三七开或五五开，而是达到了完全的融合，究其实质，其最大的价值之所在，无论他的作品还是他的理论，都寓于社会责任与历史使命当中，是这种社会责任感和使命感的表达或者是两者的真切记录，而在这种表达与记录过程中，他的作品对于与他一起奋斗的人群的激励、鼓舞作用由小到大，由近及远，愈来愈明显。

从《赞井》、《改写出乡关》、《明耻篇题志》、《五古·挽易昌陶》、《七古·送纵宇一郎东行》，这些诗对他身边的人如父母、同学、朋友的激励、鼓舞，到《贺新郎·挥手从兹去》这些诗对伴侣、战友的激励、鼓舞，再到《沁园春·长沙》、《菩萨蛮·黄鹤楼》对于引发人们对于革命前途的思索，再到他踏上征战旅途，在赣南闽西创作的一系列现实主义与浪漫主义相结合的新军旅诗，他的诗歌创作完全成为社会责任与历史使命的载体和实现这种责任与使命的最真实的艺术记录，从而也正面地发挥着对革命事业、对中国现代历史的作用。

虽然毛泽东的许多诗词不一定马上为大众所见，也没有及时公开发表，但他的作品常常通过口口相传而发挥着这种作用，当然，这种作用也有一个由小到大，由身边亲人、战士进而扩展到全军和全党乃至全社会的过程；在长征途中，毛泽东又吟出许多诗篇，这些诗篇很快传播到红军队伍当中，给处于艰难困苦中的红军战士以极大的鼓舞，直接成为激励士气的"精神食粮"；在许多文告甚至电文当中，毛泽东甚至直接地使用诗歌的形式。很显然，他早已不是为写诗而写诗了，虽然他在马背上竟还有这种"闲情"，但与其说是闲情，不如说他看到了诗歌这种艺术形式对于激励士气的作用。当他率领中央红军登上六盘山的时候，他情不自禁地唱起长征谣《天高云淡，望断南飞雁》，他唱出了战士们的心声，这里面有思乡的情结，但好男儿志在四方，天下就是他的故乡，他在哪里开拓他的事业，哪里就是他的家，因此，战士们也跟着他们的领袖唱起来：

> 天高云淡，望断南归雁。不到长城非好汉！同志们，屈指行程已二万！同志们，屈指行程已二万！
> 六盘山呀山高峰！赤旗漫卷西风。今日得着长缨，同志们，何时缚住苍龙？同志们，何时缚住苍龙？

毛泽东后来把这首歌谣锤炼为《清平乐·六盘山》。

无论诗还是词，在古代本来都是配乐而唱的，也正是在这种吟唱中，勾起听者的情感共鸣，诗歌也因此传唱开来，流行起来。毛泽东颇受传统文化影响，也颇受民间文艺影响，他在写诗之时，虽然未必就直接考虑到能唱，但他的诗词都是生活的反映，结合着他个人的际遇，更记录着火热的斗争，特别是蕴含着老百姓的情感，把理想主义、乐观主义和他本人、更有民族的愿景深藏其中，同时，他还常常把自然的物象与情感的抒发结合到一起，从而真正构成大美的意象，再加上自然流动的旋律，他的诗歌之为大众接受并传唱开来就是必然的了！

中国工农红军战略大转移快要结束之时，他写下《长征》一诗，后来更通过美国记者埃德加·斯诺的笔为国统区和中国人乃至世界的人们所注意，而在率领中央红军完成举世无双的二万五千里长征，准备渡黄河东征山西的时候，他以一首《沁园春·雪》把自己的诗歌创作推向最高峰，尽管他的这一阕词要等到差不多十年之后在重庆公之于众。

正是从长征前后开始，毛泽东诗歌对中国共产党及其事业的记录特别是巨大的推动作用日益彰显。

显然，毛泽东诗歌对社会责任的内化、关注和外显，不能简单地用中华诗歌中的"言志"或"教化"传统来解释，更应该从他本人的事业的入手处、着眼点和落脚点来解释，因为毛泽东一生的奋斗，无论起点、着眼点还是落脚点本来就在于社会、国家，他写诗不过是他的人生大目标的另一种实现方式或者是一种补充或辅助。

不管怎么说，若没有强烈的社会责任感和历史使命感，并对此加以艺术化的表达，毛泽东的诗歌就不可能产生如此大的价值，更不会形成超越古人的价值。

社会责任感和历史使命感的表达与艺术化记录正是毛泽东诗词最大价值之所在。

三 诗词是毛泽东领导中国共产党开天辟地、完成历史使命的全方位的真实记录和不容忽视的推动力

毛泽东的诗词如果永远收藏在他的书斋，或者只是为他身边有限的几个人所知，那么，不管他的诗艺多么高超，他诗中表达的情感多么浓重，他诗中蕴含的社会责任感与历史使命感如何强烈，也不会对社会产生什么影响，更不会对历史有所推动，而事实上是，毛泽东的诗歌极大地鼓舞了人，激励了人（这种鼓舞、激励至今犹存），他的诗歌确实成为一种"文"的刀、枪，不但彰显着他个人的魅力（吸引力）和张力（推动力），而且成为中国共产党的魅力和张力的一部分，对于推动这个党的成功起过不容忽视的推动作用。

毛泽东的诗词对社会历史的推动是客观存在过的，也是现在还在发生着的，无疑地，这种推动力的产生源于他诗词中所蕴含、表达和记录的社会责任和历史使命。

毛泽东作为中国共产党的创始人之一和后来的主要领导者，他的诗词记录了中国共产党的勃兴过程和阶段，包括一些重要转折。

中国共产党和他本人人生的转折也常常是他诗歌创作的转折。

毛泽东是中国共产党由诞生到壮大，由小胜到大胜的直接参与者、领导者，所以他的诗歌，也就自然而然地成为中国共产党发展历程的见证与记录，也成为中国共产党的成败得失的艺术反映，《沁园春·长沙》是如

此,《菩萨蛮·黄鹤楼》是如此;军旅组诗是如此,长征组诗也是如此!

《念奴娇·昆仑》、《沁园春·雪》在他的诗歌创作中是一座"双子峰",在毛泽东诗词创作达到第一个高峰的时候,也正是中国共产党的事业由遭受挫折到转向成功的时候,这两阕词是二万五千里长征胜利后诞生的杰作。

到达陕北后,毛泽东在延安构筑着他的理论,指挥着敌后抗日战争,这一时期,他的诗歌创作沉寂下来,但他对文艺理论的探索有了丰硕的成果,那就是《在延安文艺座谈会上的讲话》。这篇讲话的核心是文艺为什么人的问题和文艺的现实作用的问题,换句话说,毛泽东在讲话中高度地关注诗人和文艺家的社会责任与历史使命,他认为他们应当以此为他们创作的根本出发点和最后落脚点。可以说,毛泽东在这篇讲话中,解决了早在少年时代就有的一个心结和困扰中国文艺发展几千年的一个心结。

毛泽东所处的时代,正需要有一批主动担当社会责任、历史使命的文艺家,《在延安文艺座谈会上的讲话》对他们是一针强心剂,毛泽东通过这一讲话,而后他还将通过他的实践和向全国文艺工作者的推广,使这一理论最终成为全党的文艺指导方针。

抗战结束,在去重庆谈判之后,诗人毛泽东出现在世人面前,尽管他此前事实上已写过不少诗篇,但他的诗歌的正式发表则是在 1945 年 11 月 14 日,公开发表的第一首诗歌,就是惊天下的《沁园春·雪》。

此诗从写作到发表历时长达差不多十年,而这十年正是毛泽东和中国共产党全面奠定政治、思想和军事胜利的基础的十年,可以肯定,此词如果在十年之前拿出去发表,绝不会引起如此大的轰动!

以《沁园春·雪》为标志,毛泽东的诗歌真正与中国共产党的伟大事业的发展走向同步,并在这种同步中,互相推动,即是说,中共伟业的进步促进了毛泽东的诗歌创作,而毛泽东的诗歌创作也记录和推动了中国共产党伟大事业的发展。

如此看来,认识《沁园春·雪》不能仅仅从艺术的角度,更要从该词借以表达的毛泽东个人,也就是从他领导的这个党的理想、信念和愿景这些方面去理解。

中国共产党肩负着率领中国人民重新站起来和复兴中华民族灿烂、悠久的历史文化的重大社会责任和历史使命!这在毛泽东诗词中得到最完美的反映,或者说毛泽东既在实际斗争中实现着他从年轻时就主动肩负着的社会责任和历史使命，也在诗词创作中辅助着这一任务的完成。

当然，陕北不是毛泽东的长留之地，他离开了这个地方，开始赢得中国，在这个过程中他重新拿起诗笔，转战陕北的途中有诗，进入北京城以后更有诗，回顾起来，这些诗都是他人生历程的记录，也是中国共产党发展历程的真实的艺术的记录，而新中国成立之后，除了极少的几首闲适写景的小诗（多半作于杭州，如《五律·看山》），他的绝大多数诗歌仍然保持着对国计民生的关注，一如既往地体现着他强烈的社会责任感和历史使命感。

新中国成立后，毛泽东还写过许多诗歌，同样是他个人的人生历程和他所领导的党、人民的奋斗历程的真实记录，其中的喜怒哀乐或高歌奋进，早已脱出个人的范畴，而是全民族共同情绪的体现。

因为他已经成为中国共产党和中华人民共和国的最高领导人，他一有诗篇问世，即为天下所知，并发挥着对社会现实的巨大影响，这是不言而喻的，可以说，毛泽东诗词在新中国成立后的影响越来越显著。这种影响一方面与他的崇高地位有关，更重要的还在于诗词本身，包括其内在的思想价值和外在的艺术价值，因为毛泽东牢记着古往今来无数的文人政治家或政治家文人的经验教训，他总是把社会责任和历史使命放在第一位，而把对艺术的追求放在第二位，这才使得他的诗歌能为大众所接受所喜欢，其影响力也一直延续到他的身后几十年，且将一直延续下去。

四 毛泽东诗词必将在中华民族的伟大复兴和进一步繁荣昌盛过程中继续起到巨大的激励、鼓舞和推动作用

毛泽东的诗词表现出的巨大力量是一种文化实力，如果说共产党战胜国民党，一方面是通过几十年不断积累的军事、经济等方面的硬实力，那么，另一方面，也是通过它对中华传统文化的改造和对西方文明、马克思主义的吸收而产生的软实力，两者不可偏废，而影响更长远的则是后者。

毛泽东和中国共产党的胜利从根本意义上说是硬实力和软实力的双重胜利，而软实力的胜利尤其值得我们关注。文化、外交、思想、理念和民心向背等方面的实力被称为软实力，相对于政治、军事、经济等方面的硬实力，软实力表现得更加内化和长久，毛泽东人生追求的成功，中国共产

党最终成为中国人民的核心领导，在仅仅二十多年里夺取全国政权，相对于其对手，他的"硬实力"曾经相当脆弱，但是最终还是打败了具有相当强大的硬实力的对手，起决定作用的就是毛泽东和中国共产党人所构筑的"软实力"，其核心就是"文化力"，当然也包括外交、思想、谋略（特别是人心向背）等方面的软实力。

只有软实力足够的强大，才能使原本弱小的硬实力由弱变强，最终达到软、硬实力都超过对手的程度；相反，一度强大的硬实力，也会因为软实力的不足、缺陷而由强变弱，或者被吞噬，最终归于失败。这就是硬实力与软实力的辩证法。

有鉴于此，构筑核心价值观，强化软实力建设，就成为中国走向更加强大的必由之路。许多有识之士已经看到这一点，我们需要继续强化我们的硬实力，同时，我们也要借助硬实力的雄起所创造的物质条件，来强化我们的软实力。

软实力的范围颇为广泛，站在文化的视野，综上所述，毛泽东诗词构成中国软实力的一部分，不但过去对于中国共产党所领导的事业的发展，对于激发民族的自信心、自豪感，曾经起过巨大的推动作用，而且现在和将来还会起到这种作用。

毛泽东的诗词早已不是一般的诗词，而已成为"毛泽东"这个人物的象征。无疑地，毛泽东身上体现着非常强的"硬"实力，但他的意志，他的思想，他的品格，他的智慧，他的谋略，他的才华则是共同促成他个人事业成功和他领导的中国共产党伟业的成功，成为中国共产党立于不败之地，成为中华民族崛起于世界民族之林的无与伦比的软实力。毛泽东诗词必将在中华民族的伟大复兴和进一步繁荣昌盛过程中继续起到巨大的激励、鼓舞和推动作用。

（原载《毛泽东思想研究》2012 年第 2 期）

毛泽东国际战略思想研究

正确理解"三个世界划分"理论的历史内涵

李　捷

1974 年 2 月 22 日，毛泽东在会见赞比亚总统卡翁达时，第一次提出"三个世界划分"理论。

在这个理论提出之前，指导中国外交的理论是基于社会制度和政治力量的划分理论，即认为世界上存在着三种力量：社会主义力量、资本主义力量、民族主义力量。在 20 世纪 50 年代，这种理论反映了当时两极格局下的国际政治分野。但到 70 年代以后，国际政治诸多新情况的出现，用这种理论便难以解释清楚了。这是因为：

首先，中国国际地位迅速提高。原子弹、氢弹爆炸和人造卫星的试制成功，标志着中国综合国力的迅速提高，特别是 20 世纪 60 年代初期中苏交恶之后，中国调整对民族主义国家的认识，在国际斗争中旗帜鲜明地站在广大第三世界国家一边，赢得了国际信任，于 1971 年 10 月恢复了在联合国的合法权利，使第三世界国家的呼声在联合国讲坛上得到了充分表达，令美国及西方发达国家不得不刮目相看。其次，资本主义阵营结构失衡。由于越南战争的拖累，美国在国际战略态势上由攻势转为守势。与此同时，西欧国家经济一体化运动进一步发展，并在政治、防务等各方面加强合作。日本成长为经济巨人，积极扩大在东南亚等地的政治经济影响。美国不得不开始调整其欧洲政策和亚洲政策，有必要加紧同中国实现关系正常化。最后，苏联社会主义阵营内部分化。从 20 世纪 50 年代中期起，苏联经过一系列的国内国际政策调整，终于在 70 年代取得了苏美竞争中暂时的主动地位，但却陷入了长达半个世纪的美苏军备竞赛的拖累之中。而经过 60 年代的中苏论战，中国从社会主义阵营分化出去。进入 70 年代，东欧各国开始走改革的道路，试图改变对苏联的依赖。"布拉格之春"的出现和苏联侵捷事件的发生，强烈显示了东欧各国的不满和挑战。

此外，随着 20 世纪五六十年代广大第三世界国家获得政治独立，自 70 年代起，反帝反殖斗争逐渐由政治方面转向经济方面，相继开展了争取石油定价权和维护 200 海里领海权的斗争。这表明，发展权益问题正在取代政治独立问题，成为广大第三世界国家的共同要求。于是，以中国为旗帜的第三世界国家，成为 20 世纪 70 年代反对霸权主义的主力军。特别是在中苏交恶之后，中苏边境的陈兵百万已成为对中国安全的最大威胁。而美国等西方国家则正在逐步采取实际步骤同中国实现关系正常化，成为中国外交可以借用的力量。这种国际政治分野，迫切需要一种新的国际战略理论来解释。

毛泽东"三个世界划分"理论的提出，有其客观基础和现实需要。实际上，毛泽东在第二次世界大战结束不久就提出了"中间地带"理论。到了 20 世纪 60 年代，他又根据国际局势的发展变化，将这一理论进一步完善为"两个中间地带"理论。他说："我看中间地带有两个，一个是亚、非、拉，一个是欧洲，情况还在发展，矛盾还在暴露。"

面对激烈变化、迅速改组的世界，毛泽东在"两个中间地带"理论的基础上，于 1974 年 2 月形成了"三个世界划分"理论。4 月 10 日，邓小平在联合国大会第六届特别会议上全面阐述了毛泽东"三个世界划分"理论："现在的世界实际上存在着互相联系又互相矛盾着的三个方面、三个世界。美国、苏联是第一世界。亚非拉发展中国家和其他地区的发展中国家，是第三世界。处于这两者之间的发达国家是第二世界。"他郑重声明，"中国属于第三世界"，"中国现在不是，将来也不做超级大国"。

从"中间地带"理论到"两个中间地带"理论，再到"三个世界划分"理论，显示出毛泽东从第二次世界大战后到 20 世纪 70 年代中期，力图在急剧变动的世界格局中，为中国争取有利于生存和发展的国际环境的不懈努力。作为分析由美苏两极格局向新的世界格局发展演变中的国际战略理论，毛泽东"三个世界划分"理论尽管不可避免地带有时代和历史发展的局限性，但是为中国外交顺利进入改革开放新时期铺平了道路。党的十一届三中全会后，邓小平在 20 世纪 80 年代指导中国外交实现了两个转变。一是改变原来认为战争的危险很迫近的看法，得出在较长时间内不发生大规模的世界战争是有可能的结论；二是改变针对苏联霸权主义的"一条线"战略，奉行维护世界和平与发展的、真正不结盟的、独立自主的和平外交方针。中国这些重大变化，来自于辩证地扬弃了毛泽东"三个世界划分"理论中的局限性和不足，使中国外交进入了一个更加活跃的、全方位开放的新时期。

毛泽东"三个世界划分"理论的提出已有 38 年了。随着国际社会的进步和人类文明的发展，由少数大国主宰世界各国命运的时代已经一去不复返了，反映世界多极化趋势和弱国、穷国及中小国家利益的国际关系理论方兴未艾。作为反映这一历史趋势的"三个世界划分"理论，展示了毛泽东的远见卓识，所揭示的时代规律和时代精神具有深远的历史意义。

（原载《中国社会科学报》2012 年第 B01 版）

毛泽东高举反帝、反霸旗帜的
国际战略思想

梁　柱

新中国成立后，毛泽东高瞻远瞩，审时度势，在纷繁复杂的国际风云中善于驾驭全局，勇于突破西方敌对势力的层层封锁和包围，广泛团结一切可以团结的力量，不但使新中国在国际舞台上完全改变了旧中国的形象，独立自主地发挥了维护世界和平、支持一切进步事业的重要作用，而且为国内的恢复和发展创造了有利的国际环境。同时，他又善于根据变化了的国际形势，把握历史机遇，调整自己的战略和策略，掌握斗争的主动权。从 20 世纪 60 年代开始，毛泽东依据国际战略局势的重大变化，提出在世界范围内建立反帝、反霸统一战线的国际战略。这是新中国外交史上的重要一页，是毛泽东国际战略思想的重要体现。

一　毛泽东国际战略思想的基本原则

毛泽东善于把哲学思想、统一战线理论和军事斗争经验运用于国际斗争上，形成了不同时期的、符合国际和国内实际的、具有鲜明特色的国际战略思想。他在《中国革命战争的战略问题》一文中指出：只要有战争，就有战争的全局，"凡属带有要照顾各方面和各阶段的性质的，都是战争的全局"。"研究带全局性的战争指导规律，是战略学的任务。研究带局部性的战争指导规律，是战役学和战术学的任务。"① 同样的道理，一个国家的外交工作，也会有全局与局部、战略与策略之分。毛泽东的国际战略思想，就是有关外交工作的全局性层面的问题，体现我国对外工作的指导思

———————

① 《毛泽东选集》第 1 卷，人民出版社 1991 年版，第 175 页。

想和指导方针。如前所述，毛泽东国际战略思想会依据不同历史时期的特点作必要的调整，会出现阶段性的不同特点，但其所体现的基本原则则具有共同性。这些基本原则可以概括为以下几个方面：

第一，奉行独立自主的和平外交方针，坚定不移地反对帝国主义、殖民主义和霸权主义，维护世界和平，支持一切被压迫民族和被压迫人民的进步事业，同时为国内建设争取有利的国际环境。这是毛泽东国际战略的总的指导思想。任何国家在处理对外关系时，都是要维护自己国家的利益，但一些西方帝国主义国家是以一国的利益为本位，以牺牲或损害别的国家的利益来保持自己优越的、霸主的地位。这是它们资本垄断的本性决定的。毛泽东始终坚持社会主义国家的应有的对外立场和对外政策，坚持爱国主义和无产阶级国际主义相统一的原则，在维护国家的主权和领土安全，维护国家的尊严的斗争中，一贯主张国家不分大小、强弱，一律平等，互相尊重，反对以大压小、以强凌弱。在维护国家利益的同时，尊重别国的主权和领土完整，在国际事务中尽自己的责任，在国际援助中决不附加任何政治条件。

反对霸权主义和强权政治，维护和支持世界和平事业和人类进步事业，是毛泽东国际战略思想的核心内容，具有强烈的反对帝国主义、殖民主义和霸权主义的特点。近代中国受尽帝国主义的侵略和压迫，帝国主义是最主要敌人，但中国人民在一个长时期内对帝国主义还停留在感性认识上，在反帝斗争中要么采取单纯排外要么抱有不切实际的幻想，这两种错误态度都不能把反帝斗争引向胜利之途。只有马克思主义传入中国之后，中国人民才开始对帝国主义的认识进入到理性阶段。中国共产党通过曲折的斗争，积累了丰富的反帝斗争经验，这主要表现在：（1）把帝国主义国家的统治阶级同广大人民群众加以区别，避免了历史上单纯排外的错误倾向。帝国主义的战争政策和对外掠夺政策，是反映垄断资产阶级的利益和要求，当事国的广大人民群众同样是受压迫、受欺骗的，是我们团结和争取的对象，是朋友而不是敌人。（2）把帝国主义的本质和现象加以区别，并在这一基础上确立我们的战略和策略思想。帝国主义的本质是脱离人民的，因而是虚弱的，我们必须在战略上敢于藐视敌人；对帝国主义所表现的气势汹汹或是甜言蜜语，既不怕威吓，也不抱幻想，既要敢于斗争，也要善于斗争，争取反帝斗争的胜利。（3）把反对帝国主义同利用帝国主义国家之间的矛盾加以区别。帝国主义国家之间由于利害关系不可能形成铁板一块，它们之间同样有着不可调和的矛盾，在一定的历史时期主要反对某一个帝国主义国家的侵略和压迫的时候，就应当充分利用帝国主义国家之间的矛盾，把它们作为间接的同盟军加以争取，形成广泛的国际统一战线。(4) 把反对帝国主义同学习外国加以区别。我们是反对帝国主义的战争政策和侵略政策，但帝国主义作为资本主义发达国家的先进科学技术和先进的管理经验是值得我们学习的，应当把二者加以严格区别。这些经验，对于新中国正确处理同帝国主义国家的关系有重要的现实意义。

依靠和支持世界各国人民的正义斗争，是毛泽东国际战略思想的立足点。毛泽东指出：我们决不可有傲慢的大国主义的态度，决不应当由于革命的胜利和在建设上有了一些成绩而自高自大。国家无论大小，都各有长处和短处。即使我们的工作得到了极其伟大的成绩，也没有任何值得骄傲自大的理由。中国人民在国际交往方面，应当坚决、彻底、干净、全部地消灭大国主义。毛泽东一贯对世界各国的人民和民族，特别是对弱小国家的人民和民族有着深切的同情和期望，平等对待，特别尊重。他尖锐批判帝国主义者散布和轻蔑的有色人种论，指出世界上所有的人，不管他是什么肤色，都是平等的，亚非有色人种像有色金属一样，是有价值的，是会"膨胀"起来的。他对亚、非、拉国家人民充满了热情，作为亲密的朋友热情接待。1960 年，毛泽东在郑州分别会见来自亚、非、拉国家的工会代表团，当时美、苏、英、法四国正准备在巴黎召开首脑会议，他说，人家要开大国、强国首脑会议，我就开小国、弱国人民会议。表达了寄希望于亚、非、拉各国人民的主张。毛泽东一贯主张，已经获得革命胜利的人民，应该援助正在争取解放的人民的斗争，这是我们的国际主义义务。要帮助别的国家，不能只顾自己。他强调当代世界各国人民的斗争都是相互支持的，援助是相互的。

新中国同印度、缅甸共同倡导的和平共处五项原则，是毛泽东和平外交方针的重要体现。这五项原则是：互相尊重主权和领土完整，互不侵犯，互不干涉内政，平等互利，和平共处。和平共处五项原则体现了最基本的国际关系准则，其基本精神就是既保持了本国的独立自主，同时也尊重别国的独立自主。这是处理不同社会制度之间的原则，后来经毛泽东倡议，和平共处五项原则同样作为处理社会主义国家关系的准则。

第二，要准确分析和把握国际形势及其发展趋势，为制定正确的国际战略提供科学依据。毛泽东善于运用对立统一规律，从哲学的高度分析国际形势及其演变趋势，把握国际形势发展中的主要矛盾，科学预见并应对形势发展的各种可能，使自己处于主动地位。国际形势纷繁复杂，瞬息万变，但就其荦荦大者而言，主要是要把握战争与和平因素消长的情况。战争与和平是人类社会特有的一种状态，但战争是阶级社会的产物，战争的根源是私有制与剥削阶级的存在。战争与和平关系到人类的命运和各国人民的切身利益，是人类社会共同关心的问题。毛泽东在分析这一重大问题时，把马克思主义的战争观提高到一个新的认识高度。早在 1936 年他在总结土地革命战争经验时就指出："战争——从有私有财产和有阶级以来就开始了的、用以解决阶级和阶级、民族和民族、国家和国家、政治集团和政治集团之间、在一定发展阶段上的矛盾的一种最高的斗争形式。"① 这是对战争性质和根源的深刻揭示。它表明：只要人类社会还存在着私有制度，还存在阶级和阶级斗争，战争作为解决政治经济危机的一种手段是难以避免的。这是被人类阶级社会的历史所证明了的。

在毛泽东看来，战争与和平总是交替出现的，不可能是无休止的战争，在一定的情况下，它是会向和平转化的。不同的战争有不同的规模、性质和类型的区分，特别是有正义与非正义、侵略与反侵略、殖民战争与民族解放战争等不同性质的战争。就国际间的战争而言，毛泽东在 1960 年底会见外宾时就明确指出，局部战争和世界战争要加以区别。他从当代世界的特点和现状出发，科学地把一般战争、局部战争同世界大战加以区别，并明确提出在当今世界局部战争、有限战争是不可避免的，但世界大战是可以推迟和制止的重要思想。

新中国成立之初，毛泽东就阐述了对世界大战要有两点论的观点。他说："第三次世界大战的可能性依然存在。但是，制止战争危险，使第三次世界大战避免爆发的斗争力量发展得很快，全世界大多数人民的觉悟程度正在提高。只要全世界共产党能够继续团结一切可能的和平民主力量，并使之获得更大的发展，新的世界战争是能够制止的。"② 这一思想，在随后的 20 多年里他不断地加以发挥，提醒人们注意。1955 年 10 月，他在会见民主德国外宾时指出：世界战争打与不打，两种可能都有。但我们要做好准备。他曾多次说过，我们对世界大战的态度，第一是反对，第二是不

---

① 《毛泽东选集》第 1 卷，人民出版社 1991 年版，第 171 页。
② 《毛泽东文集》第 6 卷，人民出版社 1993 年版，第 67—68 页。

怕。回顾第二次世界大战前出现的英国张伯伦和国联的绥靖政策所造成的严重危害的历史教训，就可以看到毛泽东作为清醒的政治家上述观点的深刻性和重要性。在六七十年代，毛泽东不止一次地谈到保持 15 年、20 年的世界和平是可能的。在他生命的最后岁月，1976 年 2 月 23 日，在会见尼克松时还说，维持和平"25 年是可能的"。毛泽东坚信，世界和平的取得主要依靠各国人民的斗争，和平是不能靠乞求的。同时，他又深刻揭露帝国主义也是不敢轻易发动世界战争的，我们要充分利用它们的这一弱点，敢于斗争，为维护世界和平作出贡献。毛泽东关于战争与和平的重要思想，对我们今天正确处理国际间的问题有重要的现实指导意义。

第三，在国际上，要团结一切可以团结的力量，利用一切可以利用的矛盾，结成最广泛的统一战线。这是毛泽东在国际斗争中重要的策略思想和策略方针。毛泽东一贯主张在不损害原则的情况下，灵活运用策略，根据不同情况和实际需要，善于采取"发展进步势力，争取中间势力，孤立顽固势力"的策略，最大限度地联合世界上一切平等待我的民族和各国人民，旗帜鲜明地反对威胁世界和平的主要敌人。毛泽东提出了人民外交的重要思想，他非常重视做人的工作，强调对外工作要着眼于人民，主张在国际上广交朋友。他积极倡导同意识形态和社会制度不同的国家和政党，可以在互不干涉内政的原则下，求同存异，发展合作。早在 1954 年，毛泽东会见来访的印度总理尼赫鲁时就明确表示：尽管思想和社会制度不同，两个政党完全可以合作，如果丘吉尔的党愿意的话，我们也可以同它合作。我们也愿意多同美国合作，只要美国愿意。1961 年毛泽东会见法国社会党领导人时说，西方国家和政党同我们党和国家存在的各种障碍只是"暂时现象"，意识形态和社会制度的障碍，只要在互不干涉内政的原则下，是可以排除的。

新中国成立之初，由于西方国家采取敌视的态度，与我国正式建交的国家不多，到1950 年 10 月新中国成立一年时，同我国正式建交的国家只有 18 个。在毛泽东提出的新中国外交立足于人民，着眼于人民，寄希望于人民这一重要思想的指导下，创造了官方的、半官方的和民间的三者结合起来的全新的外交形式，"民间先行，以民促官"，使各种民间外交组织、民间往来、民间贸易蓬勃发展起来。日本当政者在一个长时期内实行敌视新中国的政策，我们通过各种民间渠道，团结广大的日本人民，发展民间人员往来和民间贸易，以民促官，促使日本当局顺应历史潮流，水到渠成，终于实现了中日关系正常化。

新中国成立后，一直面临来自各方面，特别是来自美国的公开的和潜在的军事威胁，因而，捍卫国家的安全、独立和社会主义事业成为我国在国际关系问题上考虑的一个重大问题。毛泽东坚决捍卫民族独立和国家安全，为此做了大量的广泛争取朋友、分化瓦解敌对势力的工作。从60年代初期开始，他大力支持当时出现的西欧联合自强的力量。法国戴高乐上台后，毛泽东指出西方世界不是铁板一块，称赞戴高乐有勇气不完全听美国的指挥，指明对西欧和美国要有区别。1960年，他会见英国元帅蒙哥马利时明确表示："我们不感到英国对我们是个威胁，也不认为法国对我们是个威胁。""我们希望你们的国家强大一些。"① 在各种因素的合力下，中法两国在1964年正式建立外交关系，打破了美国敌视、封锁新中国的链条，更大限度地把美国敌视新中国的政策孤立起来。

第四，对于胆敢来犯之敌，要本着"人不犯我，我不犯人，人若犯我，我必犯人"的行动准则，在战略上藐视敌人，在战术上重视敌人，力争战而胜之。新中国成立后，美国不甘心在中国的失败，对新中国实行政治孤立，经济封锁，军事威胁，妄图遏制以至扼杀新中国。特别是朝鲜战争爆发后，美国更加紧了对我国的军事威胁和挑衅。毛泽东不畏强暴，采取后发制人策略，中国政府三次警告美国不要玩火，中国人民不会容忍外国的侵略，也不能听任帝国主义者对自己的邻国肆行侵略而置之不理，如美军越过三八线，中国一定要管。但美国错误估计了中国的决心，不听警告，越过三八线，进逼鸭绿江，轰炸我国东北，直接威胁到我国的安全。

对于是否参战问题，是否敢于和世界头号帝国主义、唯一拥有原子弹的国家直接进行武装对抗，这对刚刚成立不久、国内仍然困难重重的新中国来说，是一个严峻的考验。毛泽东坚定地指出，如果在这个关键时刻不下决心，不仅朝鲜被占领，就是我们自己的建设也将成为不可能。"我们认为应当参战，必须参战，参战利益极大，不参战损害极大。""我们采取上述积极政策，对中国、对朝鲜、对东方，对世界都极为有利；而我们不出兵，让敌人压至鸭绿江边，国内国际反动气焰增高，则对各方都不利"②。毛泽东清醒地看到参战可能带来的严重后果，他指出，我们要做好

① 《毛泽东外交文选》，中央文献出版社、世界知识出版社1994年版，第424、443页。
② 《毛泽东军事文集》第6卷，军事科学出版社、中央文献出版社1993年版，第117页。

美国宣布同中国进入战争状态，至少使用空军轰炸中国的大城市及工业基地，用海军攻击沿海地带这样的准备。但他坚定地指出："要有同美国人作战的高度的思想准备，要准备克服各项可能的困难，只要能如此，美国人是可以战胜的，美国军队比起蒋介石的某些能战的军队其战斗力还要差些。"① 事实证明毛泽东的预见是正确的，中朝人民的共同努力终于赢得了这场反侵略战争，维护了世界和平。这场战争的胜利，宣告了过去殖民主义者在一个国家和地区的海岸架上几门大炮，就可以征服一个民族的历史一去不复返了。这场战争的胜利，也使帝国主义侵略者获得必要的教训，使它懂得："现在中国人民已经组织起来了，是惹不得的。如果惹翻了，是不好办的。"②

第五，要正确处理独立自主、自力更生同争取外援的关系，坚持以独立自主、自力更生为主，争取外援为辅，绝不依附他人。在新中国筹备之际，毛泽东就满怀豪情地指出："中国人民将会看见，中国的命运一经操在人民自己的手里，中国就将如太阳升起在东方那样，以自己的辉煌的光焰普照大地，迅速地荡涤反动政府留下来的污泥浊水，治好战争的创伤，建设起一个崭新的强盛的名副其实的人民共和国。"③ 新中国的外交，是同旧中国的屈辱外交彻底决裂。正如周恩来在外交部成立大会上所指出的，中国的反动分子在外交上一贯是神经衰弱怕帝国主义的。清朝的西太后，北洋政府的袁世凯，国民党的蒋介石，哪一个不是跪在地上办外交呢？中国 100 年来的外交史是一部屈辱的外交史。新中国以崭新的姿态出现在国际舞台上。新中国成立前夕，毛泽东作出了"另起炉灶"、"打扫干净屋子再请客"的重要决策，为独立自主的外交奠定了基础。

毛泽东始终坚持中国的事情必须由中国人民自己作主，不允许任何大国有一丝一毫的干涉；无论来自哪一方面的威胁，毛泽东明确表示，我们从来就不接受强大力量的威胁，不接受这样的威胁，在我们力量再小的时候也是如此。中国不寻求"核保护"，不接受任何有损于国家独立和主权的同盟和条约，中国有能力依靠自身的力量维护国家主权和领土的完整，维护国家的尊严。1964 年 1 月，他在同法国外宾谈话中说："反对大国欺

① 《毛泽东诗词集》，中央文献出版社 2003 年版，第 188 页。
② 毛泽东：《抗美援朝的伟大胜利和今后的任务》，1953 年 9 月 12 日。
③ 《毛泽东选集》第 4 卷，人民出版社 1991 年版，第 1467 页。

侮我们。就是说，不许世界上有哪个大国在我们头上拉屎拉尿。我讲得很粗。不管资本主义大国也好，社会主义大国也好，谁要控制我们，反对我们，我们是不允许的。"① 这种大无畏的精神，既是对广大社会主义保卫者、建设者的激励，也是新中国在国际舞台上应有的精神状态。新中国需要并珍惜来自外部的援助，但决不接受任何附加的政治条件，不能指望中国人民会吞下这种苦果。中国人民有能力在自力更生的基础上建设自己强大的国家，用自己国内建设的成就来支持外交工作。

　　毛泽东国际战略思想所蕴含的基本原则是十分丰富的，上述五个方面虽然不能概括它的全部，但体现了它的基本精神，反映了他倡导的独立自主的和平外交方针的基本内涵。毛泽东国际战略思想虽然会随着国际形势的变化而加以调整，但不同的国际战略思想都贯穿着这些基本原则，理解和把握这些基本原则对于我们今天的外交工作也是有重要的现实意义。

二　从"一边倒"到反帝反霸国际战略的转变

　　新中国诞生前夕，毛泽东在《论人民民主专政》一文中提出了"一边倒"的外交战略方针，明确表示站在苏联为首的人民民主和社会主义阵营一边。这个选择，是中国革命发展的必然结果。在中国革命发展的过程中获得了苏联为代表的国际无产阶级的支持，它们之间有着共同的意识形态和共同的利益关系，而以美国为首的西方势力则站在蒋介石一边，反对中国革命，因而新中国在政治上、外交上与苏联为首的人民民主和社会主义阵营取同一方向，是一种历史的必然；同时，也同第二次世界大战后国际格局的新变化有着直接的关系，随着第二次世界大战的结束，国际间的政治力量重新组合，迅速形成了分别以苏联和美国为首的两大阵营对抗的新格局，在这种情势下，新中国必须明确表明自己的态度，才有可能获得道义上、物质上的必要支持，而只有站在苏联为首的人民民主和社会主义阵营一边，才有可能获得真诚的、有利于巩固民族独立的国际援助。

　　这里还要指出，在中国革命的过程中，斯大林、共产国际在指导上有过错误，但是，苏联的存在是中国革命的坚强后盾，对中国革命的援助是真诚的、有重要作用和意义的。毛泽东说："苏联是第一个废除不平等条

---

① 《毛泽东文集》第8卷，人民出版社1999年版，第370页。

约并和中国订立平等新约的国家。在 1924 年孙中山先生召集的国民党第一次全国代表大会时和在其后进行北伐战争时，苏联是当时唯一援助中国解放战争的国家。在 1937 年抗日战争开始以后，苏联又是第一个援助中国反对日本侵略者的国家。"① 新中国成立后，苏联还是第一个承认我国并同我国建交的国家。毛泽东说过：苏联给我们的援助是非常大的。苏联革命成功后遭到十几国干涉，而我国革命胜利的时候，帝国主义并未干涉我们；并不是怕我国人民，主要是有苏联存在，这对我们鼓励很大。当时若无苏联存在，美国是一定要来的，它不仅要到台湾，还要到大陆来。这些都说明，"一边倒"的国际战略是历史发展的必然，是在当时历史条件下的正确选择。

"一边倒"作为国际战略，同样体现独立自主的和平外交方针。正如毛泽东所说："这种一边倒是平等的。"② 同时，对一边倒也不能作绝对化的理解，并不是把自己的外交活动局限在社会主义阵营之内，而是在整个世界舞台上发挥新中国的作用。而就外交方针和政策来说，可以区分为三个不同的层次：一是巩固同苏联的团结，巩固同一切社会主义国家的团结，这是我们的基本方针，基本利益所在；二是同亚非国家以及一切爱好和平的国家和人民，巩固和发展同它们的团结，使我们获得广泛的朋友；三是对帝国主义国家，要团结那里的人民，并且争取同那些国家和平共处，做些生意，制止可能发生的战争，但绝不可以对他们抱有不切实际的想法。对美国也要采取灵活的策略，也存在在一定条件下妥协的一面，"如果美国及英国能断绝和国民党的关系，我们可以考虑和他们建立外交关系的问题"。这一切表明，毛泽东娴熟地抓住了国际格局新变换的历史机遇，把原则的坚定性和策略的灵活性巧妙地结合起来，在世界舞台上树立起新中国的形象。"一边倒"国际战略的践行，使新中国在国际上获得了广泛的支持和同情，建立了良好的睦邻友好关系，孤立了敌人，为国内的恢复和建设创造了有利的国际环境。

从 20 世纪 50 年代末到 60 年代，随着国际形势的变化，毛泽东逐步调整已不适应国际斗争需要的"一边倒"战略，确立了在世界范围内建立反帝、反霸统一战线的国际战略。这里所说的反霸，主要是指苏联推行的大

---

① 《毛泽东选集》第 3 卷，人民出版社 1991 年版，第 1085 页。
② 《毛泽东外交文选》，中央文献出版社、世界知识出版社 1994 年版，第 279 页。

国霸权主义。这个时期，美国依然采取敌视新中国的政策，还是中国面临的主要对手。但苏联推行的霸权主义，同样构成了对我国的威胁。这就使得原来联苏抗美的"一边倒"战略已失去了现实的依据，不能不采取同时和美苏对抗的国际战略。

1956年苏共二十大后，中苏两党在意识形态上，包括一系列重大理论问题、国际共产主义运动的基本策略思想以及当代世界若干重大问题的看法，出现了原则分歧。对于这些分歧，毛泽东、中共中央始终主张通过内部讨论，打笔墨官司，求得解决，而不应当影响两国的正常关系。但是，中国方面维护同苏联和其他社会主义国家的团结、维护国际共产主义运动团结的努力，并没有被苏联方面接受。相反，赫鲁晓夫为了追求"美苏合作，主宰世界"的需要，不断对中国施加种种压力。1958年，苏联提出在中国领土和领海上建立两国共有共管的长波电台和联合舰队两项要求，表露出在军事上插手和控制中国的意图。毛泽东敏锐地觉察到这两项要求是涉及国家主权的重大问题，理所当然地予以拒绝。第二年，赫鲁晓夫竟然提出要中国放弃对台湾使用武力的承诺，公然干涉我国内政，以服从其"美苏合作"的外交路线。随之，在中印边界冲突问题上，赫鲁晓夫又公然发表偏袒印度的言论，致使把两党意识形态的分歧扩大到国家关系上，这就使得中苏两国之间控制与反控制的斗争日趋激烈。为了维护国家主权、民族尊严，也为了维护国际共产主义运动的马克思主义原则性，毛泽东断然改变"一边倒"的国际战略，把苏联大国霸权主义作为防范对手。应当说，在20世纪60年代反帝、反霸的外交格局，同两个超级大国对抗的局面，是迫于当时严峻形势而形成的。这样做，既表现中国人民不怕压力、不畏强暴的民族气概，是完全必要的、正义的，而又不是冒险的。单从军事战略上说，两个方面作战，将有可能使自己处于不利的地位，如何避免这种局面的出现，是需要高超的斗争艺术的。这时国内正在进行大规模的社会主义建设，独立自主地探索自己的建设道路，需要争取和平的国际环境；为了与来自美苏的威胁相抗衡，中国必须进一步开拓外交局面，寻求更加广泛的支持力量，这是毛泽东建立反帝、反霸的国际战略的目的所在。

毛泽东采取反帝、反霸的国际战略，是以深刻的科学理论和对国际形势的清醒估计为依据的。

其一，提出"两个中间地带"理论，为争取广泛的支持者提供现实的依据。早在 1946 年毛泽东就提出"中间地带"的理论，当时第二次世界大战刚结束，美英等国就竭力散布"美苏必战"、"第三次世界大战马上爆发"等言论，毛泽东深刻指出美国同苏联之间的广大国家是"中间地带"，美国在有效控制"中间地带"国家之前是不可能同苏联作战的，揭露了所谓"美苏必战"等正是美国为霸占广大"中间地带"国家而施放的烟幕弹。到 60 年代，世界格局发生了新的变化，美苏两国既勾结又争斗，都力图保持两极格局，它们同各自盟国之间也不可避免地存在控制与反控制的矛盾和争斗，在它们的盟国中独立的倾向有所增长。亚非拉地区民族独立运动继续高涨，越来越多新独立的国家走上中立的道路，第三世界的不结盟运动日益壮大。根据这种变化的世界格局，毛泽东及时提出了"两个中间地带"的理论。"中间地带"是指美苏之外的国家和地区，它按照经济发展的不同程度划分为两个部分：一是指亚洲、非洲和拉丁美洲广大经济落后的国家；二是指以欧洲为代表的发达的资本主义国家。这两部分都反对美国的控制。在东欧各国则发生反对苏联控制的问题。毛泽东还曾形象地把这两部分都称为"第三世界"，他说："第一个'第三世界'是指亚、非、拉。第二个'第三世界'是指以西欧为主的一批资本主义高度发展的、有些还是帝国主义的国家，这些国家一方面压迫别人，另一方面又受美国压迫，同美国有矛盾。"[①]这种矛盾将随着独立倾向和自身力量的增长而加深。就其发展趋势来说，会出现日趋强大的、与美苏相抗衡的国际政治力量。这种世界格局的演变，为我们建立世界范围的统一战线提供现实的可能性，也为我们争取广泛的支持者和间接的同盟军提供现实的可能性。这表明，我们采取反帝、反霸的国际战略，是不会被孤立的。

其二，美苏合作，主宰世界违背世界人民的和平愿望和要求，从其本质来说是虚弱的，并不可怕的。在毛泽东看来，帝国主义的本质是虚弱，苏联推行霸权主义也是脱离人民的，最终不可能是多数。美国的扩张政策，到处伸手，兵力分散，貌似强大，实质虚弱。对此，毛泽东作过两个形象的比喻：现在美国手伸得太长，用四川人的话来说，用十个指头按住了十个跳蚤，一个也抓不住；美国就像一个用双手抱着一大堆鸡蛋的人，鸡蛋堆得满满的，可是一动都动不得，稍一动鸡蛋就掉下来了。毛泽东

---

① 《毛泽东外交文选》，中央文献出版社、世界知识出版社 1994 年版，第 514 页。

说，美国每占领一个地方，就像一条绳索套在自己的脖子上。所以它们并不可怕。

其三，美苏联合起来攻打中国的可能是不存在的。在美苏夹击的严峻形势下，美苏两霸联合对付中国，是人们最为担心的。毛泽东对此作了认真的研究，从根本上排除了这种可能性。美苏两霸在世界上既互相勾结，又互相争夺，它们之间同样有着不可调和的矛盾，使它们分开的东西比合在一起的东西要多得多，这使得它们联合攻打中国的可能性是不存在的。毛泽东说："中国是块肥肉，谁都想吃。三、四方面都一起来，那也可以，两霸之外再加上日本、印度。他们要一起来，就是铁板一块了。哪有这回事！从来没有！"① 这是符合历史发展事实的。当然，这是从矛盾的观点作出的深刻的理论分析，而在实际工作中又要立足于最坏的可能，做必要的准备。所以，毛泽东还不断根据形势的发展变化，防止美苏夹击的局面出现。

三 反帝、反霸国际战略的践行及其成效

（一）坚决顶住压力，反对美帝国主义干涉中国内政，反对美帝国主义妄图控制世界的扩张主义政策

邓小平曾指出："毛泽东思想在世界上是同反霸权主义的斗争分不开的。"② 如前所述，从 20 世纪 50 年代末到 60 年代这个时期斗争的重点，是反对美国的霸权主义。毛泽东指出："美帝国主义称霸全世界的侵略计划，从杜鲁门、艾森豪威尔、肯尼迪到约翰逊，是一脉相承的。"③ 在他看来，中国人民和全世界人民只有同美国的霸权主义政策作坚决的斗争，才有可能维护世界的和平事业。

朝鲜战争爆发后，美国即派出第七舰队霸占我国领土台湾，不断以军事力量支持盘踞在台湾的蒋介石集团，粗暴干涉我国内政。对此，中国人民进行了针锋相对的斗争。1958 年，在毛泽东领导下，中国人民解放军炮击金门、马祖，就是一场"直接对蒋，间接对美"的斗争。这场斗争，粉

---

① 斐坚章主编：《毛泽东外交思想研究》，世界知识出版社 1994 年版，第 186 页。
② 《邓小平文选》第 2 卷，人民出版社 1993 年版，第 172 页。
③ 《毛泽东外交文选》，中央文献出版社、世界知识出版社 1994 年版，第 511 页。

碎了美国阴谋制造两个中国的罪恶企图，挫败了帝国主义在台湾海峡地区扩大侵略范围和进行军事威胁的战争边缘政策；同时，这一斗争也牵制了美国的注意力和力量，有力地支持了当时中东地区反美侵略的正义斗争。这时，美国在对社会主义国家进行军事威胁遭到严重挫折之后，更加强调使用和平演变社会主义的战略。在国际共产主义运动中，毛泽东第一个高举反和平演变的旗帜，深刻揭露美国的阴谋，提醒全党要高度警惕美国的和平取胜战略，并把我们党一贯坚持的反腐蚀方针同反和平演变结合起来，探索如何保持党和人民政权纯洁性的有效途径，这成为我们党必须高度重视的一个战略问题。

毛泽东不但坚定不移地支持世界各国人民反对帝国主义的侵略扩张政策，支持各国人民争取和维护民族独立的正义斗争，同时他还深入揭露帝国主义的本质，用正确的理论武装斗争中的人民群众，增强被压迫民族和被压迫人民的斗争信心。毛泽东继承和发展了列宁的帝国主义理论，深刻揭露了当代帝国主义发展的趋势及其最基本的特征。他还进一步阐释原子弹并不可怕，核武器也是纸老虎。中国政府一再声明，中国人民坚决反对核战争，反对使用核武器。问题在于，现在世界上大部分核武器由帝国主义、少数超级大国垄断，在这种情况下如何才能制止核战争？毛泽东高屋建瓴地指出，如果原子弹发展起来，许多国家都有了，原子武器战争就打不起来。"我对核武器不感兴趣。这个东西是不会用的，越造得多，核战争就越打不起来。"[1] 他在会见外宾时风趣地说，美国在中国投原子弹，把地球弄穿了，通到地球的那一头，就是美国。毛泽东上述战略战术思想，具有何等重要的现实指导意义。

从60年代中期开始，我国反对美国霸权主义斗争的重心逐步转向援越抗美，支持越南人民的抗美救国的斗争。从1961年开始，美国政府就派特种部队到越南南方进行包括化学战、对成片村庄"闭锁轰炸"等的所谓"特种战争"，并不断升级，企图消灭南方民族解放力量。1964年8月又制造了所谓"北部湾事件"，把战火燃烧到越南北方。中国政府对越南人民的抗美救国斗争给予了一贯的坚决的支持。"北部湾事件"发生后，中国政府当即谴责美国跨过了"战争边缘"，严正指出"美国对越南民主共和国的侵犯，就是对中国的侵犯，中国人民绝对不会坐视不救"。毛泽

---

[1] 《毛泽东外交文选》，中央文献出版社、世界知识出版社1994年版，第476页。

东明确向越南领导人表示：我们两家无条件共同对敌。周恩来还通过外交途径传话美国政府：一是中国不会主动挑起对美国的战争；二是中国人说话是算数的；三是中国已经做了准备。后来又增加了一条：战争打起来就没有界限。如果由于这种正义行动引起美国侵犯中国，我们将毫不犹豫地奋起抵抗，战斗到底。中国人民为援越抗美承担了最大的民族牺牲，在三年时间里向越南派出地空导弹、高炮、工程、铁道、扫雷、后勤、船运等部队总计32万多人，援助越南的物资总价值达200亿美元。中国人民一直支援越南民族解放战争直到取得完全的胜利。中国用实际行动证明了"中国人民是越南人民的坚强后盾，辽阔的中国领土是越南人民的可靠后方"。

新中国成立后，尽管美国奉行妄图称霸世界的扩张政策和敌视中国的政策，我国仍然寻求通过和平途径，解决中美两国的争端。1955 年 4 月，周恩来在亚非会议上根据中央决策的精神发表声明，郑重宣布："中国人民同美国人民是友好的。中国人民不要同美国打仗。中国政府愿意同美国政府坐下来谈判，讨论和缓远东紧张局势的问题，特别是和缓台湾地区的紧张局势问题。"① 声明发表后，在国际上引起了巨大反响。在有关国家的斡旋下，1958 年 8 月 1 日开始举行中美大使级会谈。这个历时 15 年之久的会谈，成为中美关系史上一次特殊形式的斗争。会谈虽然没有取得积极的效果，但却是有意义的。它作为我国对美进行外交斗争的一个场合，在揭露美国的侵略和扩张政策，表明中国的立场和态度，在配合和推动对美斗争全局上起了重大的作用；同时，在中美还没有外交关系的情况下，它成为两国直接对话和沟通的一种渠道，对于后来实现中美关系正常化有着重要的意义。至于中美建交问题，毛泽东说："我们不怕美国的封锁，也不要急于同美国建交。我们反正奉行独立自主、自力更生的外交政策。我们有一天把事情办好了，美国就会后悔的，那时也是悔之晚矣。"他还说："迟几年跟美国建交比较有利。让美国政府在国际上显得不讲理，这样把它的政治资本剥夺干净，使其反华政策陷于孤立，以后总有一天会建交的。"毛泽东相信总有一天美国会梳妆打扮送上门来。傲慢的美国人正是按照毛泽东的预见做的。

---

① 《周恩来外交文选》，中央文献出版社 1990 年版，第 134 页。

（二）坚决维护国家的主权和安全，反对苏联对外关系中的霸权主义和大国沙文主义，反对"美苏合作，主宰世界"的错误路线

在这个时期，苏联赫鲁晓夫集团在对外关系上采取"美苏合作，主宰世界"的错误路线，力图控制其他社会主义国家，以便纳入它们的轨道。中国共产党在反帝反霸的斗争中，以不怕鬼的精神，绝不跟着赫鲁晓夫和苏联的指挥棒转。毛泽东从国际斗争的大局出发，希望同苏联的关系不要闹翻，"我们可以在房子里吵架"。在维护国家权益和独立主权等原则问题上，则本着在和平共处五项原则的基础上处理两国关系；同时，按照"坚持团结，反对分裂；坚持原则，后发制人；坚持斗争，留有余地"的方针，同赫鲁晓夫集团展开了激烈的控制和反控制的斗争。

毛泽东坚定不移地维护国家的主权，当赫鲁晓夫提出有损中国主权的关于建立长波电台和联合舰队的时候，毛泽东严词拒绝，明确表示在军事上搞"合作社"是不适当的。还告诉他们："要讲政治条件，连半个指头都不行"①；"你们可以说我是民族主义"，"如果你们这样说，我就可以说，你们把俄国的民族主义扩大到了中国的海岸"。② 从这时起，赫鲁晓夫一再粗暴干涉中国的内政，提出种种无理要求，都理所当然地遭到毛泽东的拒绝。当时苏联方面将两党的分歧扩大到国家的关系上，背信弃义地撕毁合同、撤走专家，给中国的建设工作造成严重困难。对此，邓小平在 1960 年 9 月中苏两党高级会谈中坦率地告诉苏联方面："中国共产党永远不会接受父子党父子国的关系。你们撤退专家使我们受到了损失，给我们造成了困难。……中国人民准备吞下这个损失，决心用自己双手的劳动来弥补这个损失，建设自己的国家。"1963 年 7 月，苏联同美英达成《部分禁止核试验条约》，企图在发展核武器上捆住中国的手脚。中国对此进行了坚决的揭露和抵制，指出"中国人民绝不承认某一个或者某几个大国垄断世界核力量，对别的国家任意发号施令的特权"。苏联的这一套做法，是要"保持自己在社会主义国家中的垄断地位"，逼迫中国接受苏联的核保护伞。我国政府尖锐地向他们指出，这种做法，是"要大家服从你一人，你一人控制大家"，这是绝对办不到的。正是苏联方面施加种种压力，制造种种障碍，这反而激发了中国

---

① 《毛泽东外交文选》，中央文献出版社、世界知识出版社 1994 年版，第 330 页。
② 同上书，第 328 页。

人民奋发图强、自力更生的精神。1964 年 10 月，我国独立设计、自行制造的第一颗原子弹试验成功。毛泽东幽默地说："应该给赫鲁晓夫发个一吨重的大勋章！"

在 60 年代，苏联在中苏、中蒙边境陈兵百万，制造数以千计的流血事件，对我国构成严重威胁。1962 年四五月间发生的中国新疆伊犁事件，就是在苏联驻伊犁领事馆插手下，中国公民数万人跑到苏联境内。对不断发生的边境流血事件，中国方面采取克制态度，毛泽东向对方提出"要文斗，不要武斗"，呼吁用和谈方式解决边界争端。1964 年开始的中苏边界谈判，由于苏联方面毫无诚意而被迫中断。1969 年 3 月发生的珍宝岛事件，中国守军忍无可忍进行自卫反击，多次打退苏联军队对我国领土的进犯。中国政府发表声明郑重宣告：如果苏联政府认为中国政府和平解决边界问题的态度是软弱可欺，可以用核讹诈吓倒中国人民，用战争实现对中国的领土要求，那就打错了算盘。"就我们自己的愿望说，我们连一天也不愿意打。但是，如果形势迫使我们不得不打的话，我们是能够一直打到底的"。1969 年 9 月，周恩来在北京机场会见苏联部长会议主席柯西金的时候，也明确指出：中苏吵架，应该动口不动手。如果你们要用先发制人的手段来摧毁我们的核基地，"我们就宣布，这就是战争，这就是侵略，我们就要坚决抵抗，抵抗到底"。面对这种严峻的形势，为了避免两面作战，两面夹击，毛泽东及时提出："两霸中我们总要争取一霸，不两面作战"，"两个超级大国之间可以利用矛盾，这就是我们的政策"。① 从而开始了对自己国际战略的调整。

（三）反帝、反霸的国际战略取得积极的成效

在 20 世纪 50 年代末到 60 年代，在处理国际关系和国际斗争中虽然存在过分强调以意识形态画线的问题，但从总体上说，我国经受住了险恶国际形势的严峻考验，顶住了来自美帝国主义、苏联霸权主义的压力，捍卫了国家的独立、主权和民族尊严，捍卫了远东和世界和平，坚决支持被压迫民族和被压迫人民的正义斗争，同时国内的建设事业在战胜暂时困难的基础上获得了新的发展，使我国发展成为独立于美、苏两霸之外的不可忽视的国际政治力量。

---

① 斐坚章主编：《毛泽东外交思想研究》，世界知识出版社 1994 年版，第 186 页。

这个时期我国外交战线上一个重要成效，是发展了同广大亚非拉地区的友好关系，为建立广泛的国际统一战线和摆脱美苏联合反华的孤立局面奠定了坚实的基础。毛泽东始终把团结第三世界广大国家，作为实现反帝、反霸国际战略的依靠力量和立足点。这个时期，我国同亚非拉民族独立国家的关系有了一个大发展，同许多国家建立了外交关系。从 1956 年到 1965 年这 10 年间，特别是在 1960 年前后，中国迎来了一次新的建交高潮。1955 年年底，同中国建交的只有 23 个国家，到 1965 年底增加了一倍多，其中大部分是阿拉伯国家和非洲国家。以非洲为例，从 1959 年到 1964 年的这段时间，通过主动而又灵活的工作，中国先后同几内亚、加纳、马里、扎伊尔、坦桑尼亚、乌干达、肯尼亚、布隆迪、刚果（布）等非洲国家建立了外交关系。广大第三世界国家同中国的友好合作也获得了重大发展，在国际斗争中互相支持，特别是经过它们的努力，为恢复新中国在联合国席位奠定了重要的基础。

在这个时期，对西方其他资本主义发达国家的外交工作也获得了新的突破。美苏两个超级大国争夺世界霸权并力图保持两极格局，也加剧了同它们盟国之间的矛盾。欧洲联合自强的倾向有了新的增长。1958 年法国戴高乐上台执政，实行独立的外交政策，同美国的离心倾向和挑战美国的领导地位表现得十分明显；这时欧洲共同体也开始形成和发展。这些情况引起毛泽东的重视，支持西欧联合自强，推动世界向多极化发展。1994 年中法通过谈判正式建交，沉重地打击了美国孤立中国的图谋，并为我国同更多的西欧国家建立和发展关系提供了现实的可能性。同时，同日本也由民间外交发展为半民半官外交，为而后的中日关系正常化打下了基础。

（原载《中国延安干部学院学报》2012 年第 2 期）

毛泽东"三个世界划分"理论的政治考量与时代价值

姜　安

作为中国外交战略和国际关系理论的标志性成果，毛泽东"三个世界划分"理论孕育在 1840 年以来中国与世界关系的历史逻辑之中，诞生于战后国际社会动荡、分化、改组的深刻的历史变革之中，具有十分特殊的时代价值。[①] 它不仅科学揭示了时代特征，而且直接影响了冷战时代国际格局和国际秩序以及中国外交战略的基本价值取向。21 世纪以来，国际形势虽然发生了新的变化，但国际政治的本质并未改变，全面梳理和考量毛泽东"三个世界划分"理论的历史脉络、逻辑体系，对新世纪中国外交理念和发展战略具有重大历史借鉴意义和现实价值。

一　"三个世界划分"理论的思想来源和形成过程

毛泽东"三个世界划分"理论萌芽于 20 世纪四五十年代"一个中间地带"思想，雏形于 60 年代的"两个中间地带"思想，正式形成于 70 年代初期。这一理论的逐渐成熟化，恰恰是基于冷战时代国际社会总体形势演变，特别是大国博弈和民族独立运动发展的历史背景，围绕国家安全和民族独立进行政治思考的结果。

[①]　目前，关于"三个世界划分"理论（或战略思想）的争鸣，学术界主要存在三类观点：否认或质疑说，认为"三个世界划分"理论缺乏客观标准，且不符合国际事实，更多带有以我画线的主观随意性。赞成或肯定说，强调"三个世界划分"理论是对马克思主义的重大贡献，为中国确立了重要外交原则，赢得了战略上的主动。过渡论或过时论，提出"三个世界划分"理论只是在冷战特定时空界定下产生了一定影响，随着时代变迁，该理论已经过时。

（一）"一个中间地带"理论

毛泽东"三个世界划分"理论萌芽于第二次世界大战后初期，其主要标志是在 20 世纪 40 年代中期到 50 年代中期提出了"一个中间地带"理论。

第二次世界大战结束后，国际局势凸显帝国主义与无产阶级革命时代下的三大经济政治征象。一是美国全球霸权外交战略凸显。美国开始策划"领导世界，实现美国世纪"的新外交霸权战略，导致冷战全面爆发。二是世界经济政治关系新组合和新矛盾凸显。美苏战时同盟关系结束，中苏结盟关系开始启动，美国与西方关系出现控制与反控制的新矛盾，大国博弈关系出现新的分化和组合；三是民族独立运动现象凸显。战后民族独立国家开始作为新的政治力量引起大国利益集团的争夺，反帝、反霸、反殖运动和亲帝、亲霸、亲殖运动互相交织，纷繁复杂，国际政治展开新的画卷。战后局势推动中美关系模式出现新的变化。一方面，美国支持蒋介石反动政府，中国内战日趋激烈；另一方面，新中国诞生后，朝鲜战争爆发，美国对中国进行封锁和制裁，中国的安全形势复杂而严峻。

在这个背景下，毛泽东以全球视角对国际力量组合关系进行了深入的分析。早在 1946 年 8 月 6 日会见美国记者安娜·路易斯·斯特朗时，毛泽东首次提出了关于"中间地带"的思想，强调："美国和苏联中间隔着极其辽阔的地带，这里有欧、亚、非三洲的许多资本主义国家和殖民地、半殖民地国家。美国反动派在没有压服这些国家之前，是谈不到进攻苏联的。现在美国在太平洋控制了比英国过去的全部势力范围还要多的地方，它控制着日本、国民党统治的中国、半个朝鲜和南太平洋；它早已控制着中南美；它还想控制整个大英帝国和西欧。美国在各种借口之下，在许多国家进行大规模的军事布置，建立军事基地。"① 接着，1954 年 8 月，毛泽东在同英国工党代表团谈话时，曾反复讲到"中间地带"问题。毛泽东指出，美国的目的"首先是占据从日本到英国的这个中间地段。美国在北美洲处在这个中间地段的那一边，苏联和中国处在这一边。美国的目标是

① 中华人民共和国外交部、中共中央文献研究室编：《毛泽东外交文选》，中央文献出版社、世界知识出版社 1994 年版，第 59 页。

占领处在这个广大中间地带的国家，欺负它们，控制它们的经济，在它们的领土上建立军事基地，最好使这些国家都弱下去，这包括日本、德国在内"。①

在这里，毛泽东明确揭示了以下重要的国际政治命题：

第一，国际社会重新组合，呈现新的力量分配格局。在毛泽东的国际视野中，美国和苏联分别代表世界上不同的政治力量和发展方向。作为国际社会最大的行为主体，苏美之间的外交博弈是国际社会的最大政治。其中，毛泽东对苏联有三个定位，即"世界和平的保卫者"、"阻碍美国反动派建立世界霸权的强大的因素"和爱好民主自由以及进步的力量。中国共产党的外交目的之一是保护苏联、捍卫苏联。毛泽东对美国也有三个定位，即反动派、霸权和侵略国家、帝国主义势力。② 中国共产党的外交目的之一就是反对并遏制美国的霸权和帝国主义扩张的努力。第二，国际体系凸显权力关系的结构性和层次性。二战结束后，国际社会呈现出不同力量相互牵制的垂直权力关系，突出表现为"第一种势力"（美国和苏联）、"第二种势力"（欧、亚、非三洲的许多资本主义国家）和"第三种势力"（殖民地、半殖民地国家）的存在。它们之间的关系互动和力量博弈构成了当时国际社会的基本存在方式。第三，战后地缘政治重新布局。相对于英国丘吉尔的"铁幕"演说，毛泽东"中间地带"理论是对当时国际格局的新界说。处于"中间地带"的国家既是美国梦想侵略和控制的对象，也是世界民主进步力量需要争取的对象。这个"中间地带"成为后来毛泽东划分"三个世界"中的第二世界和第三世界的雏形。第四，战后世界的主要矛盾日渐明晰。毛泽东强调，当时世界构成了复杂的矛盾链，"美国反动派同美国人民之间的矛盾，以及美国帝国主义同其他资本主义国家和殖民地、半殖民地国家之间的矛盾"③。其中，主要矛盾的核心是美国谋求称霸世界和世界人民反对美国霸权。

毛泽东"一个中间地带"思想奠定了"三个世界划分"理论的基本框架。这是因为：一是以国家实力为基础，通过对国际社会力量进行比较分

---

① 中华人民共和国外交部、中共中央文献研究室编：《毛泽东外交文选》，中央文献出版社、世界知识出版社1994年版，第159页。

② 同上书，第60—61页。

③ 同上书，第59页。

析，得出苏美两国是当时世界的两大政治力量中心的基本结论。二是以层次性和地缘政治分析为依据，首次区分了国际社会三种力量的存在，即美苏两大势力、欧亚非三洲的许多资本主义国家和殖民地、半殖民地国家。三是以矛盾动力说为前提，阐明国际社会复杂的利益矛盾关系，并突出了矛盾主体的层次性，既揭示了美国与其他资本主义国家之间的矛盾，也揭示了美国与其他落后国家之间的矛盾，明确美国是世界和平民主力量的头号敌人，凸显了矛盾斗争的主要对象和统一战线对象。四是以阐明国际政治斗争的目的性为指向，明确指出国家独立、主权完整、反对帝国主义和霸权主义，是"中间地带"思想的灵魂和出发点。可以说，"一个中间地带"理论"在毛泽东的国际战略思想中最有代表性，对近现代中国历史的发展的影响也最大。同时，这个思想的提出也是一个标志。从这时起，中国共产党人开始独立自主地判断国际形势"，① 构成了后来"三个世界划分"理论的基本内核和逻辑框架的基础。

（二）"两个中间地带"理论

20 世纪 50 年代中期至 60 年代中期，随着国际形势的进一步变化，毛泽东对世界图景的观察与分析范式的系统化日渐深入，"一个中间地带"理论在 60 年代初期逐渐演变为"两个中间地带"理论。

1962 年 1 月 3 日，毛泽东在会见日本禁止原子弹氢弹协议会理事长安井郁的谈话中，强调了关于"中间地带"的三个关键点：（1）世界地缘政治分为三大块，即"社会主义阵营算一个方面，美国算另一个方面，除此之外，都算中间地带"；（2）"中间地带国家的性质也各不相同"，"中间地带国家各式各样，各不相同"，存在四种类型的国家；（3）"美帝国主义及其走狗是压迫者、剥削者、欺侮者"②。

1963 年 9 月 28 日，毛泽东在中共中央工作会议上进一步把上述四类国家概括为"两个中间地带"，通过实现国别与区域的明晰化，突出了中间地带力量的多元性质：（1）"我看中间地带有两个，一个是亚、非、拉，

---

① 章百家：《1974：向 1946 回归》，《世界知识》2006 年第 17 期。
② 毛泽东把"中间地带"的基本构成，具体划分为四种类型的国家：1. 保留殖民地的国家；2. 被剥夺殖民地但仍有强大垄断资本的国家；3. 真正取得独立的国家；4. 名义上独立，但实际上仍是附属国的国家。（参见中华人民共和国外交部、中共中央文献研究室编《毛泽东外交文选》，中央文献出版社、世界知识出版社 1994 年版，第 487 页）

一个是欧洲";（2）美国与欧洲资本主义国家以及日本存在矛盾，日本、加拿大、法国等对美国不满意，"他们是控制和反控制的斗争";（3）"苏联与东欧各国的矛盾也有明显发展，关系紧张得很"。①

1964年1月5日，毛泽东会见日共中央政治局委员听涛克己时，再度阐释了"中间地带"的层级结构：（1）从国际地位来说，美、苏占第一位，美、苏两国都有核武器，想统治世界；（2）日本、英国、法国、西德、意大利等占第二位；（3）"中间地带有两部分：一部分是指亚洲、非洲和拉丁美洲的广大经济落后的国家，一部分是指以欧洲为代表的帝国主义国家和发达的资本主义国家";（4）在社会主义阵营中，中苏关系存在矛盾。"中、苏两国之间的关系，还不如中国同日本自由民主党的关系好";（5）苏联与东欧各国有矛盾，"在东欧各国则发生反对苏联控制的问题"。②

1964年7月10日，毛泽东在同日本社会党人士谈话时，明确了"两个中间地带"的洲际定位，其核心是：（1）当今世界有两个中间地带，即"亚洲、非洲、拉丁美洲是第一个中间地带；欧洲、北美加拿大、大洋洲是第二个中间地带";（2）"整个亚洲、非洲、拉丁美洲的人民都反对美帝国主义。欧洲、北美、大洋洲也有许多人反对美帝国主义";（3）帝国主义国家之间存在矛盾，"有的帝国主义者也反对美帝国主义"。③

在这里，有几个问题需要进一步说明：首先，比照"一个中间地带"理论，在"两个中间地带"理论中，苏联的国际定位发生了根本的变化，已经由原来世界反对美国帝国主义力量变成了民主与和平的敌人。其主要原因是，赫鲁晓夫在苏共二十大上掀起了批判斯大林运动，由此导致中苏关系紧张乃至冲突。毛泽东对此评价道："苏共二十大之后，我们已经感到赫鲁晓夫不对头……"④"中苏的分歧要从一九五四年开始算起"。⑤后来，中苏在1958年海军基地问题、1959年中印边界事件等冲突中，苏联认为，中国"是教条主义、托洛茨基主义、专讲空话、假革命、民族主

---

① 《毛泽东文集》第8卷，人民出版社1999年版，第343—344页。

② 同上书，第344页。

③ 同上书，第345、358页。

④ 同上。

⑤ 中华人民共和国外交部、中共中央文献研究室编：《毛泽东外交文选》，中央文献出版社、世界知识出版社1994年版，第603页。

义"。① 很显然，苏联推行老子党政策，奉行大国沙文主义，导致社会主义
阵营名存实亡，毛泽东已经不再认同苏联和中国同在一个世界，而将苏联
纳入到同美国并列的第一世界之中。其次，美国霸权主义和帝国主义势力
仍然是世界民主力量的头号敌人。1964 年 1 月 12 日，毛泽东在对《人民
日报》记者发表谈话时，曾用侵略政策、战争政策、"和平演变"政策、
"弱肉强食"政策来形容美国的帝国主义政策，并认为"美帝国主义称霸
全世界的侵略计划，从杜鲁门、艾森豪威尔、肯尼迪到约翰逊，是一脉相
承的"。② 由此，毛泽东得出一个结论："美帝国主义是全世界人民最凶恶
的敌人。"③ 再次，高度关注亚、非、拉国家民主团结和主权独立运动。
1955 年 4 月 18—24 日，包括中国在内的 29 个亚非国家召开了万隆会议。
毛泽东对亚非会议给予了极高的评价，一是"万隆精神已发展很快，影响
很大"；二是"亚非会议团结了大小国家，人口有十五亿"；三是"万隆
会议是一次很好的会议，万隆会议真了不得"④。1956 年 7 月 26 日，埃及
政府宣布将苏伊士运河公司收归国有。非洲民族独立浪潮的发展，让毛泽
东相信"非洲有一个很大的反对帝国主义和殖民主义的风暴"。⑤ 而 1961
年首届不结盟国家首脑会议召开和 1964 年"七十七国集团"建立，使毛
泽东更加坚信亚、非、拉民族国家力量的壮大已形成势不可挡的洪流。最
后，美国与欧洲各国存在巨大矛盾。1958 年西欧六国建立经济共同体，法
国总统戴高乐主张建立"欧洲人的欧洲"，奉行独立自主的外交政策。这
一事实表明，西欧国家反对美国控制的联合自强意识日益明显。对此，毛
泽东认为"帝国主义国家内部是不统一的"，⑥ "四分五裂，这就是西方世
界的形势"。⑦

综上所述，"两个中间地带"思想比较清晰地呈现了毛泽东国际关系
理论的基本逻辑框架：第一，就国际格局而言，美国和苏联为第一世界，

① 《毛泽东文集》第 8 卷，人民出版社 1999 年版，第 359、355、354 页。
② 同上。
③ 同上。
④ 中华人民共和国外交部、中共中央文献研究室编：《毛泽东外交文选》，中央文献出版社、
世界知识出版社 1994 年版，第 263 页。
⑤ 《毛泽东文集》第 8 卷，人民出版社 1999 年版，第 384 页。
⑥ 中华人民共和国外交部、中共中央文献研究室编：《毛泽东外交文选》，中央文献出版社、
世界知识出版社 1994 年版，第 248、361 页。
⑦ 同上。

它们都想统治世界。第二，美国是世界人民的头号敌人。在中国国家安全利益中，美国是主要政治对手。第三，中苏两国已经位列不同的国际方位中，不属于同一个世界。第四，广大中间地带的国家和人民是世界反对苏美统治的主要力量。第五，"两个中间地带"理论蕴含着一些超越社会制度差异和意识形态分歧的思想。应当说，"从'中间地带'理论发展到'两个中间地带'理论，深刻地反映了战后世界格局在 50 年代和 60 年代发生的巨大变化：苏美控制各自盟国的能力大为削弱，两极体系正从内部开始瓦解；'中间地带'力量日益壮大，逐步成为抗衡苏美的国际力量；'中间地带'内部利益多元、矛盾交错。凡此种种，皆使整个世界呈现出多元化、多极化的发展趋势"①。

更为重要的是，从"一个中间地带"理论向"两个中间地带"理论的演进历程，跨越了中华人民共和国成立这个重要的历史转折点。这不仅标志着中国共产党从领导人民为夺取全国政权而奋斗的局部执政的党，转变为领导人民掌握全国政权为维护独立自主、和平发展而全面执政的党，而且这一历史性变化，需要党从全面执政走向长期执政的过程中，面对国际形势的复杂变化，形成具有独创性的新的重大理论判断，实现新中国对外战略的新的"顶层设计"。因此，上述"中间地带"理论在整体意义上"系统地廓清了中国革命运动与美苏矛盾以及与苏联对外政策的关系。它的产生预示了中国革命运动在战后东亚格局中将独立发展的趋势，揭示了中国革命运动不会再受任何大国操纵的基本趋势，中共最终将走上独立自主地争取中国革命彻底胜利的道路"。② 同时，新中国成立后"两个中间地带"思想的提出，不仅"可以视为毛泽东国际战略思想初步形成的标志"，③ 而且是对"一个中间地带"理论的深化，又对"三个世界划分"理论的最终形成起到了支撑和转折的作用。

需要指出的是，毛泽东历来注重"冷眼向洋看世界"，始终坚持用实事求是和矛盾论的观点观察、分析、处理国际事务。"中间地带"理论总体架构的实质在于，强调"中间地带"国家在战后国际格局中的地位和作用。其核心是要团结、依靠作为反对美帝国主义和苏联霸权主义主力军的

---

① 石斌：《毛泽东关于世界多极化的思想及其战略意义》，《中共党史研究》2003 年第 3 期。

② 牛军：《从延安走向世界——中国共产党对外关系的起源》，中共党史出版社 2008 年版，第 279 页。

③ 李捷：《国史静思录》，中国社会科学出版社 2009 年版，第 79 页。

第一中间地带国家，争取第二中间地带国家，使之成为反对美帝国主义和苏联霸权主义的同盟者。"国际间的事要由大家来商量解决，不能由两个大国来决定。"① 正是基于此，在战略价值上，无论从毛泽东 1939 年关于"两个世界、四个集团"观点②的提出，到 1946 年"一个中间地带"理论的雏形，到新中国成立初在"两大阵营"中"一边倒"战略③的实行，再到 60 年代"两个中间地带"理论的形成，无疑都否定了政治中立的前提。④ 可以说，拒绝中立化的"中间地带"理论，确保了新中国外交的原则性与灵活性的与时俱进，极大地拓展了中国外交的国际空间，有助于中国在和平共处五项原则基础上，通过独立自主、不结盟的和平外交努力，真正做到"中国决不依附于任何大国或者国家集团，决不屈服于任何大国的压力"，⑤ 从而有力地支援了各国的民族解放运动和革命运动，"为实现这个世界规模的统一战线而奋斗"。⑥

---

① 中华人民共和国外交部、中共中央文献研究室编：《毛泽东外交文选》，中央文献出版社、世界知识出版社 1994 年版，第 590 页。

② 早在 1939 年 9 月 1 日，毛泽东就中国抗战期间的国际新形势对《新华日报》记者发表谈话指出："在欧洲方面，德意帝国主义集团和英法帝国主义集团之间，为了争夺对殖民地人民统治权的帝国主义大战，是迫在眉睫了。""在资本主义世界，除了上述两大集团之外，还有第三个集团，这就是以美国为首的包括中美洲南美洲许多国家在内的集团。"在远东，第四个集团则表现在，"日本帝国主义受了苏德协定的严重打击，它的前途将更加困难"。同时，"在整个资本主义世界之外，另一个光明世界，就是社会主义的苏联"。（参见《毛泽东选集》第 2 卷，人民出版社 1991 年版，第 583 页）

③ 毛泽东在 1949 年 6 月 30 日发表的《论人民民主专政》一文中，以一种论战的语调写道："'你们一边倒。'正是这样。一边倒，是孙中山的四十年经验和共产党的二十八年经验教给我们的，深知欲达到胜利和巩固胜利，必须一边倒。积四十年和二十八年的经验，中国人不是倒向帝国主义一边，就是倒向社会主义一边，绝无例外。骑墙是不行的，第三条道路是没有的。"（《毛泽东选集》第 4 卷，人民出版社 1991 年版，第 1472 页）在 1956 年 12 月 8 日，同工商界人士的谈话中再次指出："我们一边倒是和苏联靠在一起，这种一边倒是平等的。"（《毛泽东文集》第 7 卷，人民出版社 1999 年版，第 176 页）

④ 1948 年 11 月，刘少奇撰文指出："一切民族，要从帝国主义压迫下争求解放和保卫民族独立，取得苏联及世界无产阶级和共产党人的援助，乃是胜利的最重要的条件。""或者联合苏联，或者联合帝国主义，二者必居其一。这是爱国与卖国的界限，这是革命与反革命的界限，这是世界上不论哪个民族是走向进步或是走向倒退的界限。""不是站在这一边，又不站在那一边，而实行中立，则是不可能的。"（刘少奇：《论国际主义与民族主义》，《人民日报》1948 年 11 月 7 日）

⑤ 中共中央文献研究室编：《十二大以来重要文献选编》上册，人民出版社 1986 年版，第 39 页。

⑥ 《陆定一文集》，人民出版社 1992 年版，第 389 页。

（三）"三个世界划分"理论的提出

1974 年 2 月 22 日，毛泽东在会见赞比亚总统卡翁达时指出："美国、苏联是第一世界。中间派，日本、欧洲、澳大利亚、加拿大，是第二世界。""亚洲除了日本，都是第三世界。整个非洲都是第三世界，拉丁美洲也是第三世界。"[①] 由此，毛泽东正式提出了"三个世界划分"理论。1974 年 4 月 10 日，邓小平代表中国政府在联合国第六届特别会议发言中，全面系统地阐述了毛泽东的"三个世界划分"理论。

毛泽东"三个世界划分"理论蕴含着新的时代逻辑内涵：

首先，总体判断和辨识国际格局。20 世纪 40 年代中期到 60 年代末，毛泽东对国际形势有一个波动性的认识和估计：40 年代中期到 50 年代中期，中国的国家安全威胁主要来自美国的霸权主义。50 年代中期到 60 年代末，中国的国家安全威胁主要来自美国和苏联的霸权主义威胁。这个认识在毛泽东的"一个中间地带"和"两个中间地带"思想中已经体现得十分清晰。但是，当历史行至 60 年代末 70 年代初时，国际形势发生了新的变化。一方面，美国因深陷越南战争泥潭，国内出现新的经济危机，加上苏美军备竞赛中，苏联处于攻势，迫使美国开始实施战略收缩，对中国的安全威胁逐渐式微；另一方面，苏联社会帝国主义和霸权主义开始猖獗，中国在地缘政治、外交政治以及军事领域承受巨大安全压力。特别是 1969 年珍宝岛事件后，苏联提出建立"亚洲集体安全体系"的倡议，试图同亚洲的一些国家建立所谓"安全合作关系"。苏联势力大举进入蒙古、印度、越南和阿富汗等国，事实上形成对付中国的军事联盟。受毛泽东的指示，陈毅、叶剑英、徐向前、聂荣臻 4 位元帅在 1969 年 7 月 11 日和 9 月 17 日提出了《对战争形势的初步估计》、《对目前局势的看法》两份报告，其结论是：第一，在可以预见的时期，美帝、苏修单独或联合发动大规模侵华战争的可能性不大。第二，在中美苏三大力量之间的斗争中，中苏矛盾大于中美矛盾，美苏矛盾大于中苏矛盾。第三，美苏之间的矛盾和斗争是经常的、尖锐的。这个判断对中国外交战略的调整产生了巨大影响。与此同时，1972 年 5 月尼克松访问苏联，双方签署了限制战略武器的协定。美苏接近的动向促使毛泽东下决心进一步缓和中美关系，以防止美苏联合对

---

① 《毛泽东文集》第 8 卷，人民出版社 1999 年版，第 441、442 页。

付中国。毛泽东联合美国压制苏联的"一条线、一大片"战略构想由此而生。①

其次，确定划分"三个世界"的新标准。毛泽东关于"三个世界"的划分标准有两个维度：第一个维度是以国家实力为标准，即以军事实力、经济实力为标准，划分为"三个世界"。毛泽东认为，"美国、苏联原子弹多，也比较富"，属于第一世界。"欧洲、日本、澳大利亚、加拿大，原子弹没有那么多，也没有那么富"，②属于第二世界。中国和其他亚、非、拉国家属于第三世界。第二个维度是突破了以意识形态和社会制度画线的框框，以称霸与反霸斗争为标准，划分国际政治中的"三个世界"。尽管毛泽东在 20 世纪 50 年代中期曾批评过苏联搞大国沙文主义，60 年代初也批评过苏联的某些外交行为，但没有公开将苏联与美国划为一类。这时，意识形态和社会制度的标准使得毛泽东仍然把美苏之间的争夺，看成是两种社会制度的斗争。因此，他在提出"两个中间地带"时，是把美苏作为两大对立的国际政治力量来对待的。后来，当苏联出兵占领捷克斯洛伐克和挑起珍宝岛事件后，毛泽东清楚地认识到，苏联的对外行为是为了霸权利益，它与美国的对抗不是两种社会制度之间的斗争，而是两个超级大国争夺世界霸权的博弈。因此，美苏"是当代最大的国际剥削者和压迫者，是新的世界战争的策源地"。③ 这是毛泽东将苏美两国认定为第一世界的重要依据。需要说明的是，正是毛泽东超越意识形态和社会制度标准的设定，赋予了第三世界作为反对霸权统一战线设想的政治弹性，甚至可以将第二世界的发达资本主义国家与第三世界民族独立国家"组织"在新的"合作平台"之上，拓展了中国新的外交空间。

最后，扩大国际统一战线的战略内涵。由于毛泽东将划分"三个世界"的标准进行新的界定，相应的反霸权主义战略获得了更多的力量支持。一方面，统一战线最基本的力量是第三世界。亚洲（除了日本）、整个非洲、拉丁美洲等第三世界国家就是统一战线的最基本的力量，这也成

---

① 史云、李丹慧：《中华人民共和国史》第 8 卷，香港中文大学当代中国文化研究中心，2008 年，第 106、122—123 页。另据亨利·基辛格透露，勃列日涅夫曾在 1973 年和 1974 年两度向尼克松建议，美苏两国成立对付中共的准结盟关系。参见亨利·基辛格《大外交》，顾淑馨、林添贵译，海南出版社 1998 年版，第 675 页。

② 《毛泽东文集》第 8 卷，人民出版社 1999 年版，第 441 页。

③ 《中华人民共和国代表团团长邓小平在联大第六届特别会议上的发言》，《人民日报》1974年 4 月 11 日。

为中国外交战略的基本立足点；另一方面，毛泽东国际统一战线战略的最大变化，是进一步坚定了将第二世界纳入到中国安全战略中的意志。为了更大限度地团结国际社会一切可以团结的力量，毛泽东使用了一个很重要的词汇："中间派"。所谓"中间派"就是介于"第一世界"和"第三世界"的另一种力量，即第二世界，并将这个"中间派"视为国际反对霸权战略的重要力量。这样，毛泽东"三个世界划分"战略中统一战线的内涵获得了极大的丰富。

二　"三个世界划分"理论的逻辑体系

就中国与世界的关系而言，毛泽东作为新中国的开国领袖，对民族独立的维护、国家主权与尊严的捍卫、国家安全的护持，始终保持格外的敏感和关注。正是在这一意义上，以国家利益与主权诉求为逻辑原点，以矛盾对立统一论为哲学基石，以反对霸权主义为主要外交方略，构成了毛泽东"三个世界划分"理论的逻辑体系。

（一）逻辑原点：国家利益与主权诉求

就理论而言，划分"三个世界"不是凭空臆想出来的主观映像，而是基于近代以来中国与世界互动关系的客观反映，具有强大的历史逻辑力支撑。

首先，中国近代社会耻辱和悲惨的命运，为毛泽东国际观中的"国家利益与主权诉求"思想设定了历史前提。作为中国进入近代耻辱历史的标志性事件，鸦片战争的实质是在以西方列强为主导的近代"全球化"运动中，在资产阶级"按照自己的面貌为自己创造出一个世界"，并"使东方从属于西方"[①] 的国际设计和制度安排下，爆发的落后国家与西方列强之间的主权之争。鸦片战争的失败不仅引发了近代中华民族的集体思考，而且给中华民族的命运带来了国际性拷问，即基于当下国际体系和国际秩序背景，如何正确透视和考量中华民族的历史方位和未来发展。于是，在20世纪的国际政治层面上自然地产生了这样的历史逻辑：一是维护民族独立和国家安全，即在帝国主义、霸权主义和殖民主义猖獗的时代，如何联合

---

① 《马克思恩格斯选集》第 1 卷，人民出版社 1995 年版，第 276、277 页。

一切可以联合的国际力量，寻求维护国家主权完整和自保的方案，以免重蹈近代命运的覆辙；二是确定新的国际定位，即面对旧的国际体系和国际秩序，在大国博弈中对中国国家安全保持新的警惕，并对安全路径进行战略选择。正如亨利·基辛格所言，"自从十九世纪上叶鸦片战争打开中国门户以来，中国人视西方是一连串无休无止地国耻的始作俑者。地位平等、强烈坚持不听命于外国，在中国领导人心目中，不只是战术，更是道德上的必然"①。

其次，世界战争再次验证了国际政治中的丛林法则，促使毛泽东更加坚定维护国家主权和安全尊严的意志。在一定意义上讲，中国与世界战争的关系主要体现在两次世界大战和战后局部战争中。在凡尔赛—华盛顿体系和雅尔塔体系所缔造的国际垂直权力体系和秩序下，中国的国际命运面临严峻的境遇。一战时期，毛泽东经历了中国被蹂躏和羞辱的时代，二战时期，他经历了日本侵华战争的整个历史时期。随着毛泽东革命斗争经验越来越丰富，站在更高的历史平台上去审视中国与国际的关系，特别是战后爆发的朝鲜战争、越南战争等，使得毛泽东更加珍视国家安全和民族自立。当然，帝国主义和霸权主义盛行的同时，也是世界各国人民，特别是落后国家人民追求民主革命和民族独立运动浪潮汹涌澎湃的过程，这让毛泽东明显地感受到了革命力量的日益壮大，看到了新的依靠力量和革命的希望。正因如此，毛泽东在思想上升华了两种维度的政治判断，这就是既看到了帝国主义和霸权主义对中国主权的威胁，也发现了维护国家利益的国际依靠力量，这构成了"三个世界划分"理论的国际历史观前提。

最后，中国与苏联的特殊历史经历，让毛泽东对中国国家主权和安全利益拥有更深的理解和护持。1956 年 9 月，毛泽东在会见南斯拉夫共产主义者联盟代表团时，针对斯大林问题讲道，"第三国际做了许多错事"，"过去的王明路线，实际上就是斯大林路线"。"这是我们第一次吃斯大林的亏。"② 毛泽东还说，本人不喜欢斯大林，是因为斯大林"站在别人的头上发号施令"。③ 1958 年 7 月，中苏两国围绕"建立联合舰队"等问题发

① 亨利·基辛格：《大外交》，海南出版社 1998 年版，第 770 页。
② 《毛泽东文集》第 7 卷，人民出版社 1999 年版，第 120 页。
③ 同上书，第 125、386、190、191 页。

生冲突。毛泽东在会见苏联驻华大使尤金时强调，"你们一直不相信中国人，斯大林很不相信。中国人被看作是第二个铁托，是个落后的民族。你们说欧洲人看不起俄国人，我看俄国人有的看不起中国人"①。1957 年，毛泽东在谈到中苏关系时，强调几个核心思想：一是"苏联那些顽固分子还要搞大国沙文主义那一套，行不通了"。某些人"利令智昏"。二是"现在中苏之间就有那么一些矛盾"。三是中苏关系"总是要扯皮的"，我们"跟他们抬杠子了，搞得他们也抬了"。② 1964 年 1 月 5 日，毛泽东对日本人士讲，"中、苏两国之间的关系，还不如中国同日本自由民主党的关系好，也不如中国同池田派的关系好"。其主要原因，"就是因为美、苏两国都有核武器，想统治全世界"。③ 1965 年 1 月，当美国作家埃德加·斯诺提出"赫鲁晓夫下台后，中苏关系有什么改进？"时，毛泽东回答："可能有点，但是不多。"④ 1974 年 5 月，当英国前首相爱德华·希思追问苏联是否对中国构成威胁时，毛泽东则将苏联比喻为"一股祸水"，并强调"我们准备它来"。⑤ 从上述谈话中不难看出，在涉及国家、政党、民族利益问题上，毛泽东始终以高度的政治戒备清醒地认识和处理中苏关系。应当说，这是导致毛泽东决心捍卫国际尊严与独立，并将苏联认定为第一世界的非常重要的历史情结。

（二）哲学基石：矛盾对立统一论

毛泽东对世界和社会的解构方程蕴含着独特的哲学思维方式。这就是：矛盾是普遍的、绝对的，贯穿于一切事物发展过程的始终。同时，矛盾系统中必有一种是主要矛盾，它规定或影响着其他矛盾的存在和发展形态。毛泽东认为，这个辩证法的宇宙观，主要的就是教导人们要善于去观察和分析各种事物的矛盾运动，并根据这种分析，指出解决矛盾的方法。可以说，上述哲学观构成了毛泽东"三个世界划分"理论的哲学依据，也构成了其国际关系政治博弈理论的依据。

---

① 《毛泽东文集》第 7 卷，人民出版社 1999 年版，第 125、386、190、191 页。
② 同上。
③ 《毛泽东文集》第 8 卷，人民出版社 1999 年版，第 344、408 页。
④ 同上。
⑤ 中华人民共和国外交部、中共中央文献研究室编：《毛泽东外交文选》，中央文献出版社、世界知识出版社 1994 年版，第 603、248、487 页。

　　首先，国际社会始终存在着各种矛盾。1956 年 9 月，毛泽东在同埃及驻华大使哈桑·拉加卜围绕苏伊士运河斗争谈话时强调，国际社会存在"帝国主义国家间、帝国主义和社会主义国家间、帝国主义和民族独立国家间的矛盾"。① 1962 年，毛泽东指出，"英国和法国是帝国主义，但它们是大帝国主义美国想吃掉的中等帝国主义国家，同美国有矛盾，日子也很难混，可以作为人民的间接同盟者"②。1963 年 9 月，针对社会主义阵营，毛泽东同样运用矛盾论分析，认为"苏联与东欧各国的矛盾也有明显发展，关系紧张得很"。③ 就 20 世纪 70 年代国际政治而言，世界矛盾链中最大的矛盾焦点是民族独立国家与美国帝国主义的矛盾，它决定着国际政治发展的走向。为了解决这个矛盾，民族独立国家可以利用美国与西方国家的矛盾，建立反对美国霸权的统一战线。同时，就中国与大国之间的矛盾而言，如果说中美矛盾在 40 年代、50 年代甚至 60 年代是最大的矛盾的话，那么，在 70 年代中苏矛盾就是最主要的矛盾。这构成了"三个世界划分"理论的矛盾论前提。

　　其次，国际力量之间的矛盾存在辩证统一性。毛泽东辩证分析帝国主义内部的矛盾，强调"帝国主义国家相互之间闹矛盾，所以我们有机可乘。它们并不那么团结，美国人和英国人并不那么团结，美国人和西德人也不是那么团结的，阿登纳同英国人也不对头。所以全世界劳动者，受帝国主义压迫的爱国人民，同盟军是很多的"④。这反映出毛泽东在大矛盾格局中一直坚持辩证法原则，既认同国际社会存在着各种复杂的矛盾体这一普遍性，又辩证地强调矛盾存在的特殊性，也就是国际社会存在帝国主义国家之间的矛盾，特别是与民族独立国家之间的矛盾，也存在西方国家与美国之间的矛盾。这三大矛盾的相互对立与统一，构成了当时国际社会利益矛盾体，蕴含着巨大的矛盾动力，影响了国际社会的演变和发展。这种矛盾的结构性存在及其解析，正是毛泽东构建"三个世界划分"理论的有力支撑。

　　最后，国际政治斗争充满矛盾的斗争性与妥协性。毛泽东对国际格

---

　　① 中华人民共和国外交部、中共中央文献研究室编：《毛泽东外交文选》，中央文献出版社、世界知识出版社 1994 年版，第 603、248、487 页。

　　② 同上。

　　③ 《毛泽东文集》第 8 卷，人民出版社 1999 年版，第 344、176 页。

　　④ 同上。

局和国际秩序的分析具有两个维度的理解力：一是实践哲学中的斗争理念。这种斗争意识既源于近代中国与西方列强百年斗争的耻辱历史记忆，也来自两次世界大战带给中国的历史经验，又与战后国际共产主义运动内部矛盾，特别是霸权主义和帝国主义猖獗存在密切关系。因此，在"三个世界划分"理论框架中，始终蕴含着矛盾斗争构成了战后世界政治主旋律的逻辑判断，而其中的主要音符就是反对帝国主义和霸权主义的斗争。二是实践哲学中的妥协与变通思想。毛泽东强调国际社会的斗争性质，并不意味着其外交战略旨在制造国际恐怖和战争。"三个世界"的划分旨在通过利益相关性和共同性建立利益共同体，建立起更加广泛的反对帝国主义和霸权主义统一战线。正是基于此，这一战略思想以鲜明的外交妥协与变通的政治主张，实现了国际斗争与国际妥协的会通，体现了目的性与手段性的统一，为冷战对抗时期超越国际政治利益纷争，联合国际和平力量，共同反对霸权主义，确立了新的思维方式和价值取向。

毛泽东的矛盾实践论来自马克思主义哲学的中国实践。同时，列宁关于帝国主义理论和殖民地学说的两个理论维度，又强有力地支撑了上述理论的自信心。毛泽东以马克思主义哲学为分析工具，以矛盾对立统一为逻辑出发点，针对国际政治的本质，分析国际社会各种矛盾共同体之间的利害关系，将"谁是我们的敌人，谁是我们的朋友"作为外交战略的首要问题置于复杂的国际体系中，提出了系统分析国际政治的理论范式。不言而喻，"三个世界划分"理论形成了毛泽东关于民族独立国家在国际体系中的新政治博弈理论。

（三）国际战略：反对霸权主义理论与策略

通观毛泽东"三个世界划分"理论，一个非常鲜明的特质就是在两极格局向多极化格局转化的历史背景下，以反对霸权主义、帝国主义、殖民主义，争取民族独立和国家安全为新的话语特征，确立了分析国际关系的总体框架，为实施"远交近攻"的中国式外交谋略奠基。

1. 外交战略基石

国际体系中的身份识别，既是国际关系的重要理论命题，也是一个国家进行国际定位和实施外交政策的前提假设和理性判断的基本依据。毛泽东对"第三世界"的身份识别,① 是在一个崭新的标准和框架体系中进行确证的。其一,身份识别的结构释义。"第三世界"的身份识别是在三个矛盾对立统一的国际体系中体现的。这就是以美苏为第一世界,以欧洲、加拿大、日本等国为第二世界和以广大发展中国家为第三世界。其二,身份识别的参照性。"第三世界"的身份识别是以国际社会反对霸权主义为参照而体现的。第三世界不是相对于社会主义阵营和帝国主义阵营而存在的第三类意识形态标签,而是相对于国际霸权主义存在的国际权利的等差结构。它主要以民族独立国家维护主权完整、自立、自强为特征体现其存在价值。其三,身份识别的思维模型。20世纪六七十年代属于冷战中期,社会主义和帝国主义两大阵营在思维模式和价值观上的分歧与对立,构成了时代性特征,即建立在社会制度和意识形态的不可协调性。因此说,毛泽东关于"第三世界"的身份识别,就是以超越社会制度差异和意识形态分歧而进行的新界定,这在认识境界和思维模型上是一种重要超越。这直接为毛泽东的中国外交战略奠定了基本政策,即发展同第三世界国家之间的关系是中国外交政策的基本立足点。

2. 博弈目标

毛泽东"三个世界划分"理论实质是一种政治博弈理论。毫无疑问,毛泽东是将民族独立和国家安全置于反对帝国主义、霸权主义和殖民主义整体链条基础上的,也就是说,中国国家安全与独立的逻辑前提之一,是反对帝国主义、霸权主义和殖民主义的胜利。这在毛泽东"一个中间地带"→"两个中间地带"→"一条线、一大片"→"三个世界划分"理论框架中体现得十分明显。但是,我们还发现了一个现象,即毛泽东的外交战略在不同的历史年代中是具有流变性的。第二次世界大战期间,毛泽东主要关注两大阵营———法西斯阵营与反法西斯阵营的战争。在毛泽东的视域里,当时的美国和苏联与中国在一个共同的国际阵营中。毛泽东认为,中国的外交目的是"为着保卫苏联、保卫中国、保卫一切民族的自由和独立而斗争"。② 为此,1941年,毛泽东在为中共中央起草党内指示中,

---

① 关于"第三世界"的身份识别,法国学者艾尔弗雷德·索维从阶级界定、法国总统戴高乐从民族主义和不结盟以及法国学者皮埃尔·雅勒从国家的经济类型等不同角度的分析是有代表性的。但它们的共同缺陷是,标准模糊,界限不明。参见史云、李丹慧《中华人民共和国史》第8卷,香港中文大学当代中国文化研究中心,2008年,第128—129页。

② 《毛泽东选集》第3卷,人民出版社1991年版,第806页。

曾以"关于反法西斯的国际统一战线"为主题，强调："在外交上，同英美及其他国家一切反对德意日法西斯统治者的人们联合起来，反对共同的敌人。"① 由此可见，这个时期，毛泽东将苏联和美国视为中国抗日的政治同盟。战后，毛泽东的外交理论以及外交战略因历史和环境的变化而不断变化。如果说，在反对帝国主义、霸权主义和殖民主义整个链条中，20世纪40年代至50年代中叶，毛泽东的主导思想主要集中反对帝国主义和殖民主义的话，那么，从50年代中叶开始，特别是60年代和70年代初，其主导思想主要是反对霸权主义。

3. 安全方略

可以肯定地说，作为中国古代外交的基本攻防谋略之一，"远交近攻"是毛泽东在现代国际政治博弈中反对霸权主义的主要外交方略。② 为了积极应对邻近霸权国家对中国的威胁，毛泽东积极而缜密进行了三个维度的外交设计：第一，在坚持原则的基础上，积极同美国进行外交缓和化。当然，其中的目的不仅仅是发展两国关系这么简单，还有一个重要目的是，在防范苏美关系结盟对中国造成外交压力的同时，建构中美关系的合作机制，对抗苏联霸权主义。第二，在西方国家中寻找反对霸权主义和帝国主义的力量。从"中间地带"到"三个世界划分"理论充分体现了加强同西欧国家的关系等，扩大国际反霸、反帝力量的思想。按照詹姆斯·多尔蒂的研究成果，中国的策略是"支持加强北约，鼓励欧洲一体化，提醒西方不要把苏联的缓和建议看得太认真"。③ 第三，建立以第三世界为主体的广泛的统一战线。真正让毛泽东看到第三世界力量存在，并积极在国际社会表达其意志，将其视为中国维护国际正义和国家安全统一战线对象的原因，是第三世界与中国命运的相关性以及日益蓬勃壮大的力量。在欢迎印度尼西亚总统苏加诺的宴会上，毛泽东讲道："我们亚洲、非洲和拉丁美洲爱好自由和独立的人民，都在反对殖民主义。"④ 毛泽东在欢迎印度副总

---

① 《毛泽东选集》第3卷，人民出版社1991年版，第806页。

② 在毛泽东反霸谋略中，"远交近攻"分成"三环外交"，即以加强同第三世界国家关系为基石，联合第二世界的西欧国家为基本纽带，缓和同第一世界美国的关系，达到真正反对和抗击霸权主义国家——苏联的政治目的，实现国家安全。

③ 詹姆斯·多尔蒂、小罗伯特·普法尔茨格拉夫：《争论中的国际关系理论》，阎学通、陈寒溪等译，世界知识出版社2003年版，第488页。

④ 中华人民共和国外交部、中共中央文献研究室编：《毛泽东外交文选》，中央文献出版社、世界知识出版社1994年版，第276页。

理拉达克里希南时强调:"我们这个时代的一个特点是亚非各国民族独立运动的高涨。"① 正是在这一意义上,毛泽东将中国与广大亚、非、拉国家联结为一个利益和命运共同体,视为世界反霸权主义同等重要的政治资源。

三 "三个世界划分"理论具有鲜明的时代价值

毛泽东逝世后,国际形势呈现新的发展态势,中国的国家利益和国家安全在新的国际坐标系中,面临新的定位和新的考验。用怎样的理论范式和价值观论证和回答一系列新的国际难题,成为当代中国国际关系理论与实践的新使命。回眸和总结战后国际社会发展的实际,结合当今国际社会的时代特质,我们认为,毛泽东的外交思想资源,特别是"三个世界划分"理论及其战略,对于理解当今国际社会的本质,构建中国国家安全战略,仍具有十分重大的理论意义和实践价值。

(一) 国际伦理与正义原则

毛泽东"三个世界划分"理论体系中蕴含着一个国际伦理的道德标准——正义原则。遗憾的是,这方面的国际贡献被埋藏在巨大的战略框架中,以至于有人认为,毛泽东"三个世界划分"理论体现明显的个人政治价值偏好,其斗争哲学直接导致更注重暴力革命与冲突对抗。随着和平发展成为时代主题,这一过渡性的战略也将结束历史使命。严格地讲,这是一种误解。很显然,作为从帝国主义和殖民主义体系与秩序下独立的后发展国家,新中国的发展指向迫切需要基于自身生存利益来观察和解读世界秩序的理论表达。毛泽东"三个世界划分"理论的提出,是在西方推行的冷战思维和意识形态空前对立的情况下,为中国的国际正义与合法性进行的争辩和设计,在价值理想和价值规范层面,提出了民族独立国家关于国家间关系的伦理法则,构建起了中国外交的基本伦理。

第一,追求国际正义。从价值层面上分析,《威斯特伐利亚和约》和让·布丹的国家主权思想,成为近现代国际关系政治伦理的基本法则。这

---

① 中华人民共和国外交部、中共中央文献研究室编:《毛泽东外交文选》,中央文献出版社、世界知识出版社1994年版,第290页。

个价值观的意义在于，主权独立与平等应当成为国际社会的理想和道德追求。毫无疑问，对国家主权的忠诚和尊重成为各国谋求国家行为正当性的基本要义。在"三个世界划分"理论中，毛泽东用两个价值维度诉诸国际伦理的理解和解释。一是在基本价值层面上，强调对主权、人权、正义、自由、安全的尊重；二是在民族国家道义上，突出对民族独立、平等、自决和解放理念的价值偏好。毋庸讳言，毛泽东对国际正义的关注是建立在权力或国家利益与道德之间的关系上的。基于国际关系本身就是主权国家利益的矛盾体的事实判断，毛泽东在"三个世界划分"整体框架的理解和设计中，突出的基本理念就是通过反对帝国主义、霸权主义和殖民主义的国际斗争，维护民族独立国家的主权和利益，从而确证了理论和策略的正当性与合法性。

第二，反对霸权主义。我们并不否认毛泽东对国际社会的分析和战略设计具有个人政治价值偏好，但是，当这个斗争哲学是以反对霸权主义，维护国家安全为主要政治目的时，其外交政治伦理就是对国际道德的贡献。20 世纪六七十年代，西方国际关系理论曾盛行现实主义学派的代表观点——霸权和平论。该理论基于这样的假设：国际社会是处于无政府状态的，因而需要实力基础之上的权力分配以及随之建立的霸权体系，以维护和建立新的国际秩序。只有霸权国才有动机、能力和责任，运用自己的威望和声誉，通过制定和维护一整套国际体制，形成霸权体系内的相对和平与稳定。应当说，上述理论的形成与毛泽东"三个世界划分"理论诞生的背景几乎是一致的。所不同的是，毛泽东"三个世界划分"理论是典型地站在世界范围内，特别是站在发展中国家立场上的反霸权理论，并成为一种解构意义上的批判式的理论回应！毛泽东认为，美国打着"保卫自由"的旗号，实际上是"屠杀别国人民的自由"，"任意侵占别国领土的自由，任意蹂躏别国主权的自由"。"过去，希特勒、墨索里尼和东条英机都是这样。现在，美帝国主义更是这样。"[①] 霸权主义是以强权、垄断、扩张、殖民等为手段，争夺势力范围和损害国际利益的运动和思想的集中体现。它常常与势力范围、强权政治、归属主义、殖民精神、征讨风格相联系，极易繁衍出战争思想与冲突意识，并直接物化为经济垄断、政治扩张、军事

_____

① 中华人民共和国外交部、中共中央文献研究室编：《毛泽东外交文选》，中央文献出版社、世界知识出版社 1994 年版，第 568 页。

战争和文化殖民。正如列宁所言，"'世界霸权'是帝国主义政治的内容，而帝国主义政治的继续便是帝国主义战争"。① 在这里，毛泽东为国际社会提出了如何反对霸权主义的国际政治伦理命题，这就是建立国际反霸统一战线，维护民族独立和国家尊严，这个基本的政治逻辑仍然适用于当今世界。

第三，中国永远不称霸。毛泽东在反对苏美两国推行霸权主义的同时，始终强调中国永远不称霸。这个思想首先是因为，毛泽东所一贯坚持的正义原则在支配和影响着对国际政治伦理的认识。毛泽东秉承的道德标准是国际公正与平等、民主与人权、自由与独立，这既是对国际霸权主义的限定，也是对中国未来发展道路的界定，已成为历届中国政府外交价值观的主导思想之一；其次，中国与广大第三世界国家的命运具有深刻的历史相关性，决定毛泽东不会对世界推行霸权主张。1964 年 7 月毛泽东在会见第二次亚洲经济讨论会亚洲、非洲、大洋洲等国家代表时强调："中国人民能压迫你们吗？能剥削你们吗？如果中国政府这么干，那末中国政府就是帝国主义，而不是社会主义了。"② 最后，霸权主义在国际社会中既造成一战、二战那样的世界灾难，也给战争发起国的人民造成了巨大灾难，决定了崛起后的中国不能推行霸权主义。总之，"中华人民共和国在毛泽东那个时代，基本上奠定了或者说构成了自己作为一个强国的外交伦理，一整套的道德观念"③。毛泽东反对霸权主义的思想既是国家安全战略的国际需要，也是主张国际正义伦理的直接体现，从而使得"三个世界划分"理论获得了充分的国际伦理和道义的支持。

（二）话语权与国际形象

在庞杂的国际话语体系中，充斥着无数的"大型对话"与"微型对话"，其中，霸权与反霸权的大型话语交锋，对全球政治光谱中的国家间关系产生了深远影响。其实，"在国际关系领域，所有的叙述活动都是政治活动。叙述为人们提供理解和认识上的框架和视角……由此引导和影响

---

① 《列宁选集》第 2 卷，人民出版社 1995 年版，第 740 页。

② 《毛泽东文集》第 8 卷，人民出版社 1999 年版，第 386 页。

③ 牛军：《毛泽东的外交遗产》，载凤凰卫视编著《世纪大讲堂》，辽宁人民出版社 2007 年版，第 138 页。

人们对外部/内在世界的理解和认识"①。然而几个世纪以来，意识形态外交一直是西方国家对外行为的"光荣传统"，由霸权国家主导的"西方世界中心论"、"霸权和平论"、"民主和平"、"人权外交论"等成为国际关系理论中起支配地位的声音。意识形态制造是西方国家实施文化霸权战略的主要外交模式。它以所谓文明的方式，设计巨大的文化陷阱，一个重要的政治目的是，霸权话语通过假象替代真实、制造等级和制造幻觉等方式，实现对非霸权话语的驱逐、压制，最终摧毁其反抗力，②为构建西方主导的权力垂直体系和不平等的国际秩序进行铺垫和造势。尽管具有强烈民族主义色彩的第三世界国家政治领袖和知识分子们，对西方的强势语言和价值立场持怀疑甚至是批评态度，但是，必须看到的是，上述努力仍然比较羸弱，其基本语言和思想逻辑并没有成为占据世界话语高地的主导声音。毛泽东"三个世界划分"理论用中国的话语方式，为第三世界国家透彻观察和剖析当代世界国际关系提出了新的话语系统，凸显了对第三世界生存与发展的文化观照，成为尊重世界文明"多样性"发展的重要思想萌芽，塑造了社会主义中国的新的国际形象。

第一，"三个世界划分"理论确立了对旧国际秩序的前提批判。对旧秩序的前提批判来自于毛泽东的历史观和世界观。这个历史观和世界观既基于1840年以来中国历史命运的发展逻辑，来源于落后民族国家被殖民、被剥削的历史经历，同时也来自于对国际旧秩序主导者的质疑。这种历史经验和质疑，集合成了反对帝国主义、霸权主义和殖民主义的时代呐喊。毛泽东以崭新的逻辑分析和话语特质，揭示了国际社会三种不同层次的势力及其不同的价值观，使得第三世界国家的政治领袖和人民更加深刻地认识到国际社会的三种力量分野，更明确了自身的国际定位，并从发展中国家的自身利益表达中升华了政治意志和价值诉求——改变旧的经济政治秩序，建立新的国际经济政治秩序。从这个意义上讲，毛泽东"三个世界划分"理论是对国际旧秩序的革命性反思和政治批判。

第二，"三个世界划分"理论提供了理解世界图景的新思维方式和新框架。在以西方国家为主轴的世界图景设计中，民族国家对强权势力的依

---

① 刘永涛：《语言与国际关系：拓展政治分析的新视角》，《世界经济与政治》2011年第7期。

② 参见甘均先《压制还是对话——国际政治中的霸权话语分析》，《国际政治研究》2008年第1期。

附是一种"常态"，以西方或者强国话语为主导的垂直规范体系是一种"常式"。毛泽东"三个世界划分"理论却以一种新的思维方式提出了反国际依附的新模式。这种新的世界图景不再以西方为中心，而是以三个不同势力为政治博弈单位，以追求国际正义和民主为重要政治目的，建立国际反对霸权主义的统一战线。它一方面代表了战后大多数落后国家的外交意志和国际诉求，为广大发展中国家自强和自立提供了极大的思想和信心支持；另一方面努力打破国际社会由少数霸权国家或国家集团称霸世界话语权的状况，使世界出现了不同于第一世界和第二世界的另一种空前的新声音。毋庸置疑，毛泽东"三个世界划分"理论是迥异于西方社会的价值逻辑，最能代表落后国家关于全球治理的重要理念和价值观表达。

第三，"三个世界划分"理论塑造了新中国的国际形象。在冷战后时代，随着中国的不断崛起，西方国家，特别是美国对中国进行新的审视和定位，其中，以"中国威胁论"为代表的文化帝国主义的盛行，客观上造成中国的国家形象被妖魔化。上述情况的出现急需中国发出自己的国际声音。在这里，毛泽东"三个世界划分"理论为我们提供了重要的启示：在"三个世界划分"理论中，中国是反对帝国主义、霸权主义和殖民主义的主力军；中国是追求民族独立与平等的发展中国家；中国是支持国际伦理正义的主权国家；中国发展的未来是永远不称霸！这给现代中国对当下西方抛出的所谓"中国威胁论"、"黄祸论"等的反击，提供了经典的理论样板。需要强调的是，"三个世界划分"理论对中国永远属于第三世界的国际定位，是自我身份的自觉认定，对于当今中国经济崛起之后的大国历程所具有的多维约束作用是弥足珍贵的。这主要表现在：基于综合国力迅速提升的政治自觉约束，基于负责任大国成长的道义担当约束，基于积极推进和谐世界的文化传统约束。这正是迥异于强权政治的中国气派的内涵所在，是中国外交战略的精神所在。事实上，目前中国政府所倡导的和平发展论、和平崛起论、负责任国家论以及永远不称霸理论，无不是毛泽东"三个世界划分"理论的历史继承和深化。

（三）安全机制与战略伙伴关系

冷战结束以来，安全问题出现了三种基本形态的转变，即从主权安全到人权安全、从国家安全到全球安全、从军事安全向文化安全的转变并相互交织，这必然对国家安全战略提出新的要求。"三个世界划分"理论仍然能够为当今中国国家安全战略的演进提供思想资源和理论供给。

第一，毛泽东始终对中国国家安全状况抱有忧患和警觉意识，对今天的中国安全观具有积极借鉴和警示意义。进入 21 世纪后，国际社会日趋多元性、复合性、开放性和立体性的特点决定，确保国家安全已经不再是一维向度的战略绸缪，而是基于多维向度的价值选择的系统工程。尽管目前国际安全形势的内涵比照 20 世纪 40 年代到 70 年代发生了一些变化，但是，国际社会的政治本质并没有发生根本性变化，国家利益与国家安全的矛盾与冲突依然是国际风诡云谲多变的主题。毛泽东"三个世界划分"理论所关注的中国国家利益与国家安全，从其理论和战略的整体思考中可以看出，质疑国际帝国主义和霸权主义的政治野心，警惕国际战争和地缘战争，忧患中国的国家命运和民族命运是最基本的政治考量。这对于我们理性审视当代国际社会的安全环境，树立正确的国家安全观是富有教益的。

第二，毛泽东基于国际力量体制对抗的事实，建构安全战略的分析思维模式，对于研究当下国家安全具有重要启发意义。毛泽东时代所面临的最大国际问题是帝国主义和霸权主义对中国国家安全的威胁。对于这个问题的解决，毛泽东首先用身份识别的方式，确认了"三个世界"不同力量体制，并揭示了中国最大的政治敌人和政治朋友，明确了国际斗争的主要对象和方向；其次，毛泽东以世界不同国家之间存在的矛盾为切入点，揭示"三个世界"力量体制的相互制衡，实际上明确揭示了世界多极力量的存在和多极化的发展指向，这有助于理解和推进国际关系民主化趋势的发展；最后，毛泽东一直将发展同第三世界国家的关系作为重要的外交基石，组建国际统一战线以反对霸权主义这个第三世界国家安全最危险的敌人。事实证明，毛泽东关于霸权主义的判断至今仍然具有现实意义。尽管国际力量体制和制度安排有新的变化，尽管霸权主义以各种名目出现，诸如推行人权外交、鼓吹霸权和平、渲染文明冲突等，但是强权的存在和霸权的实质，从根本上决定了建构新的国际安全和国家安全机制，推进世界多极化、民主化、平等化进程，必然是谋划中国新的国家安全战略的题中应有之义。

第三，毛泽东"三个世界划分"理论极富外交弹性，对于建立安全战略伙伴关系具有积极指导意义。在毛泽东时代，导致中国安全困境的因素主要是，帝国主义势力、霸权主义势力、民主和平力量之间的实力不对称以及国际权力落差等。因此，建构权力制衡关系就成为中国外交战略的主要路径。毛泽东运用"三个世界划分"理论，坚持独立自主原则，实施远交近攻的外交谋略，谋求在大国博弈中缓和中美关系，利用西方国家之间的矛盾以及确立第三世界外交基石，寻求建构与苏联霸权主义的权力制衡，是超越于同时代基辛格"均势"思想的外交大手笔。面对新的安全形势，当今中国应当运用毛泽东的外交理念，对国家安全战略进行新的政治计算：积极采取自主合作型外交战略，建立新型战略伙伴关系，赋予外交更大的自主弹性；坚持国家核心利益，坚持主权安全与平等；在以"互信、互利、平等、协作"为核心的新安全观指导下，努力推动国际合作安全机制，以合作促和平，以斗争促合作。

（四）相互依存与文化超越

随着全球化时代的到来，在世界相互依存度明显增强，国际公共安全面临越来越大的压力，国际利益纠纷不断加剧的情况下，如何有效地指导新的安全机制的形成，毛泽东"三个世界划分"理论给出了借鉴性的答案。

第一，寻求国家间关系的妥协和变通。当今中国面临三个维度的国际理解与沟通难题：一是如何站在人类层面，实现国际公共安全建构上的理解与会通？二是如何跨越社会制度与意识形态差异，增进对话和了解？三是如何面对中国的崛起，处理好与周边和世界的关系？对于解决上述三大问题，毛泽东"三个世界划分"理论充满了外交哲学的辩证法。20世纪，毛泽东为了实现反对霸权的目的，可以改变对美国的政策，由战争和对抗转化为对话与合作；为了实现反对霸权的目的，可以跨越社会、制度和文化差异，联合第二世界，团结第三世界，建立广泛的统一战线。一句话，以妥协和变通寻求国际关系的变革，是毛泽东外交哲学境界的体现。同理，在警惕和抵制西方，特别是美国对我实行西化、分化图谋的前提下，寻求国家间关系的妥协和变通，应当也必须是当今中国外交哲学的基本理念。它的逻辑在于，妥协与变通是真正融入国际社会的必要技术路径，是保持国际关系稳定与和平、消解矛盾和防止冲突的必要纽带，是降低外交成本和冲突风险的必要手段，是增进国家间互信、互利和共赢的必要方式，也是推动国际社会走向和谐的必要前提。

第二，寻求超越社会制度和意识形态差异的理性方案。意识形态一直是国际事务当然的"政治语言"。社会制度和意识形态的差异和对立是冷战时代的政治标记，不仅影响了冷战时代的国际政治，也影响了当时中国外交的实践。尽管毛泽东的外交战略，包括"三个世界划分"理论带有明显的时代性特征，但是，在寻找解决世界问题的方案中，毛泽东运用斗争哲学和变通哲学，在将帝国主义、霸权主义、殖民主义作为一种意识形态时，从国际道德层面进行了原则性的否定和批评，凸显了中国永远不称霸的国际道德水准；在号召世界各国人民反对霸权主义时，敢于打破原有的思维模式，跨越社会制度和意识形态的分歧和对立，实现了原则性与灵活性的有机统一，体现出高超的政治智慧。可见，毛泽东并未陷入方法论的逻辑悖论，而是在正反合的逻辑中实现了有机会通。很显然，超越冷战思维，就是一种理性外交模式的选择。毛泽东"三个世界划分"理论与战略中的超越思想，以一种独特的外交理解力，为当今世界处理和解决国际社会难题提供了新启示。

　　第三，寻求理想主义与现实主义争论中的道德裁定。从本质上讲，文化是一种毛泽东"三个世界划分"理论的政治考量与时代价值道德选择。追求怎样的文化，会导致出现怎样的文明？在相互依存度越来越高的国际社会，如何建立一个崭新的世界？基本答案是"以平等开放的精神，维护文明的多样性，促进国际关系民主化，协力构建各种文明兼容并蓄的和谐世界"。① 这里，隐含着两个重要的现实维度：一个维度是维护世界人民所认同的基本价值准则，它的主轴就是正义、民主与自由；另一个维度是尊重不同民族文化的生存样态，它的主轴是尊严、独立与平等。毛泽东"三个世界划分"理论的国际贡献，正是在理想主义与现实主义冲突之间，提供了坚持反对霸权主义、帝国主义和殖民主义的正义原则，维护民族独立与尊严、国际民主与平等的文化方案。在当今国际社会，曾出现以塞缪尔·亨廷顿为代表的"文明冲突论"等论调，可能会关涉到这样的命题：谁将是文化的主导者，谁将在文化世界的竞争中被边缘化，并最终被淘汰？我们并不完全同意亨氏的观点，但是，它却揭示一个国际政治的隐喻：国际政治最高意义的竞争和博弈其实是在文化世界里。毛泽东"三个世界划分"理论提供的最基本的思想指南就在于，要求中国必须用正义法则规约外交行为，树立负责任的大国形象，在反对霸权主义的同时，努力以和平崛起和永不称霸的方式，有效捍卫民族独立与尊严，对国际社会给

---

　　① 《十六大以来重要文献选编》中册，中央文献出版社2006年版，第997页。

予积极贡献。由此，作为当代中国外交文化的战略选择，这种道德确认既是对符合世界人民根本利益具有进步作用的价值观、国际道德观的文化认同，也是中国获得世界认可的价值规范和文化意义所在。

四　余论

各种试图简单地用西方国际关系研究方法和理论范式，来谋求解释和证明毛泽东"三个世界划分"理论，犹如用西方的圣经来解释中国的历史，都存在着制造一种伪证事实的理论逻辑。可以肯定地说，西方国际关系理论的文化来源和实践平台与中国存在着巨大差异性。就西方国际关系来说，现实主义理论来源于修昔底德、马基雅维利、霍布斯的思想，自由主义理论来源于洛克和康德等人的理论，而它们的实践来源却是欧洲古代和近代战争史、威斯特伐利亚体系、两次世界大战和冷战等。① 中国关于国际关系的理念和原则则来源于"儒家文化的天下观和朝贡体系"、"中国近代主权思想和中国的革命实践"、"中国的改革开放思想与融入国际社会的实践"。② 作为现代中国的政治领袖，毛泽东首创"三个世界划分"理论具有鲜明的东方文化特征和气质，它是植根于东方地缘文化的本土意识与民族历史记忆的结合，又蕴含在中国特色的历史逻辑之中。在关注国际关系的基本格局时，"三个世界划分"理论否定了所谓价值中立原则，贡献了民族国家关于理解世界的独到声音，为维护社会主义中国的生存与巩固，提供了有效分析世界现状与力量对比的科学方法，对中国国际关系学派的真正生成，提供了有益的方法论启示和巨大的信心支持。新中国成立后，中国共产党和政府在不同时期提出了一系列国际关系理论和外交战略，其主要方程式是"和平共处"→"三个世界划分"→"和平与发展"→"和谐世界"。这些战略策略的创新，体现了中国与时俱进的时代观和秩序观，并始终贯穿一条鲜明的主线，就是尊重各国生存与发展权益，维护国家主权与安全、国际伦理与正义原则。"三个世界划分"理论的提出，"表明中国的国际战略和外交方针开始摆脱极'左'思潮的束缚，

---

① 参见 Tim Dunne，*Inventing International Society：A History of the English School*，London：Macmillan，1998。

② 参见秦亚青《国际关系理论中国学派生成的可能和必然》，《世界经济与政治》2006 年第3 期。

努力超越意识形态的局限，重新回到以国家安全和国家利益为最高原则的务实轨道"。① 这无疑是对 50 年代新中国首创的和平共处五项原则进行了历史性的充实，不仅贯彻了亚非会议所坚持的落后国家民族团结、民族自立和民族自决原则，更是扩大了反帝、反霸、反殖的思想内涵和政治基础。重要的还在于，"三个世界划分"理论在以追寻国际正义和国家安全为原则的基础上，为 70 年代末"我国后来的对外开放政策的推行作了一定的准备"。② 随着中国综合国力的提升，"三个世界划分"理论奠定了"和平与发展"、"和谐世界"理论演进和战略策略的思想基石，从而成为中国和平外交整体链条中的有机组成部分。在新世纪国际局势重新组合和世界秩序重新塑造的历史变革中，"三个世界划分"理论中凸显的诸多政治价值和外交范式，仍然会作为重要支点和引擎，支撑并影响着中国外交方略的基本价值取向。

就中国与世界的关系而言，近代以来的国际经验和历史教训，迫切地要求新中国的政治家们除了具有现代民族和国家意识外，还要具备卓越的国际理解力，站在历史吊桥和时代的高度上，考量中国与世界的关系，思考中国的历史方位，以国际道义与政治伦理为道德武器，谋划出纵横捭阖的外交战略，维护国家安全与独立，以给予中国最大的政治贡献。不言而喻，毛泽东"三个世界划分"理论有力地推动了始自 70 年代末的中美关系的正常化、中国国际战略地位的提高以及新时期中国外交新格局的出现，使当代中国在国际战略博弈过程中"获得了最大的战略利益"。③ 当然，作为战争与革命的时代性产物，"三个世界划分"理论及其战略难免具有某些历史局限性，这会成为其进一步发挥影响力的障碍性因素，但是，如果不从冷战时代两极格局背景下国际斗争的历史事实出发，"不联系一定时间、地点和条件，对具体问题作具体分析，而是用唯心主义的、形而上学的方法，抽象地、孤立地去观察，那么，我们对国际政治现象就很难作出正确的判断，对世界政治力量也就很难做出正确的划分"④。

回顾 20 世纪两极格局规制下的冷战世界，毛泽东"三个世界划分"

---

① 李捷：《国史静思录》，中国社会科学出版社 2009 年版，第 395 页。
② 胡绳：《中国共产党的七十年》，中共党史出版社 1991 年版，第 534 页。
③ 李捷：《国史静思录》，中国社会科学出版社 2009 年版，第 395 页。
④ 《人民日报》编辑部：《毛主席关于三个世界划分的理论是对马克思列宁主义的重大贡献》，人民出版社 1977 年版，第 4 页。

理论为中国维护社会主义的生存与巩固，提供了有效分析世界现状与力量对比的科学方法。展望 21 世纪，中国倡导和谐世界的主张，旨在唤起所有具有相同和类似理念的国家和人民，形成一种追求和平、发展、合作的正义力量，引导这个世界走向正确的方向。但是，世界多极化的发展趋势决定了和平与发展时代主题下的中国"对世界政治力量的划分永远不能规定一个一成不变的公式"。[1] 历史的辩证法告诉我们，从 20 世纪的"冷战世界"、"三个世界"到 21 世纪的"多极世界"、"和谐世界"，我们所生活的当今世界尽管有经济全球化的强大助推，但只要霸权主义、强权政治存在，人类就无法实现永享文明福祉的"一个世界"。

毋庸置疑，作为维护国家安全、坚持独立自主、求实创新的战略典范，毛泽东"三个世界划分"理论以高超的政治智慧，为世界新秩序的生成和建立提供了新的价值观照和路径选择，为中国外交方略建构了务实而有益的博弈方程式。作为一种国际政治哲学，毛泽东"三个世界划分"理论所体现出的认知范式和逻辑演绎，缔造并主导着中国社会主义外交战略的光荣传统。它对中国外交政策的最大影响不只是在具体策略和技术上，而将在思想原则和价值观领域不断地凸显出来。作为一项宝贵政治思想资源，毛泽东"三个世界划分"理论的意义不仅在于以崭新的东方制造，为构筑冷战背景下中国安全方略奠定外交基石，更在于以强大的历史逻辑力为支撑，以高远的国际视野，洞察国际政治的本质和发展定律，以伟人的气质和信念，给予第三世界国家和人民巨大的信心支持，这将超越时空限定，始终是新世纪中国走向大国外交，实现民族复兴的重要思想宝库和外交指南！

（原载《中国社会科学》2012 年第 1 期）

---

[1] 吴兴唐：《"三个世界"写作班子的回顾》，《当代世界》2003 年第 9 期。

毛泽东"一条线"构想的形成及战略意图^①

宫 力

20 世纪 70 年代初，世界上各种力量经过"大动荡、大分化、大改组"，逐渐形成了新的战略态势。中国领导人抓住时机，从缓和中美关系入手，调整中国的对外政策，并在此基础上形成并实施"一条线"的战略构想，改变了中国两面受敌的不利态势，使中国获得了超出自己实力的国际地位，在国际政治格局中形成了影响全局的美苏中大三角关系，由此开创了中国外交的新格局。

一 调整对外战略的宏观思考与中美关系解冻

20 世纪 60 年代后期，美国由于深陷越战泥潭，实力受损，在与苏联争霸的斗争中开始处于守势；而苏联则在国际事务中越来越奉行霸权主义的政策，表现出咄咄逼人的气势，从而对中国构成了更大的威胁。此外，日本、西欧经济地位日益上升，第三世界逐渐兴起，中国的潜力开始为国际社会所瞩目。这种国际关系的巨大变革，为中国摆脱当时所面临的不利局面，改善日渐严峻的外部环境提供了历史契机。

在这种背景下，毛泽东高度警觉地注视着国家的安全。此时此刻，除了中国外交陷入困境需要打开局面这样的严重问题之外，还有两方面的重要因素促使毛泽东和其他中国领导人认真思考全面调整中国的对外战略问题。

首先是苏联威胁的增强使其成为中国领导人心目中的头号敌人。20 世

① 本文系中国中共文献研究会毛泽东思想生平研究分会课题（2011—2012 年度）"毛泽东的国际战略思想"的研究成果。

纪 60 年代后期，中苏两党关系中断、国家关系恶化，而且苏联不断扩充的庞大的军事力量及其全球性进攻战略态势，对中国形成越来越大的军事压力。1968 年，苏联入侵捷克斯洛伐克，并提出了富于侵略性的"有限主权论"。1969 年，苏联又在中苏边境制造了珍宝岛事件等一系列武装冲突事件，引起中国领导人对国家安全的严重关切。1969 年 3 月 15 日，毛泽东在"中央文革"碰头会上听取珍宝岛地区战况时说：大敌当前，动员准备一下有利。我们是后发制人。3 月 21 日，周恩来召集黄永胜等军队领导人开会，针对苏军可能强占中国珍宝岛的态势，商定加强中方江岸兵力，大力部署，以逸待劳，准备后发制人。同时，就苏联总理柯西金通过载波电话要同毛泽东、周恩来通话一事，召集姬鹏飞等外交部官员商定以备忘录形式答复苏驻华临时代办："从当前中苏两国关系来说，通过电话的方式进行联系已不适用。如果苏联政府有什么话要说，请你们通过外交途径正式向中国政府提出。"① 3 月 22 日，毛泽东提出在处理珍宝岛事件问题上，要"坚决反击，准备谈判"。② 同年 4 月 28 日，他在中国共产党九届一中全会上提出："我们要准备打仗"，并且强调"主要的，是要有精神上的准备"。③ 在这之后，中国的战备工作一度进入临战状态。由于苏联逐渐取代美国成为中国的主要威胁，这就促使中国领导人考虑怎样调整政策，才能集中主要力量，以对付主要之敌的问题。

其次是美国的战略收缩，使中国有可能在"两霸"中争取"一霸"。当时美国的情况日益引起了毛泽东的注意。20 世纪 60 年代中后期，美国在越南的侵略和干涉达到了顶点，美国的能力也达到了极限，其到处伸手的全球战略已难以为继，因此，收缩过度伸展的力量逐步成为美国统治阶层的共识。美国的这一战略动向，减少了从西南方向对中国的威胁，由此成为中国领导人全盘考虑调整对外战略的另一个重要因素。

这时，美国有远见的政治家尼克松审时度势，及时提出："越南战争是我就任总统后必须立即处理的最紧迫的外交问题。"④ 而美国要实现这一

① 《周恩来年谱（1949—1976）》（下），中央文献出版社 2007 年版，第 286 页。

② 参见《毛泽东对关于中苏边境冲突报告的批示》，1969 年 3 月 22 日。

③ 参见《毛泽东在中国共产党第九届中央委员会第一次全体会议上的讲话》，1969 年 4 月 28 日。

④ ［美］理查德·尼克松：《尼克松回忆录》（上册），伍任译，商务印书馆 1978 年版，第 448 页。

点，同坚决支持越南抗美救国斗争的主要国家中国打交道已是势在必行。用尼克松的话说就是："问题的关键不在河内，而在北京和莫斯科。"①值得注意的是，尼克松在准备解决越南战争这一难题时，把北京的位置摆在了莫斯科之前。而且美国政府已经意识到，新中国是一个具有巨大潜力的国家，已在国际社会的惊涛骇浪中牢牢站稳了脚跟，美国政府再也不能像过去那样无视新中国的存在了。正如尼克松说："中国的潜力极大，任何灵敏的外交政策都不能加以忽视或拒绝考虑。"基辛格也说："不管我们打算做什么和采取什么公开宣布的政策，他们都会给国际事务以影响，他们是一个现实。"② 另外，在同苏联的角逐中，美国也认识到自身力量的不足，越来越感到中国是一个可借重的"资本"。尼克松曾说："考虑到将来，在我和苏联人进行对话时，我也可能需要在中国问题上为自己找个可以依靠的有利地位。"③ 这样，在美国第 37 任总统尼克松上台前后，美国开始向中国发出某种改善关系的信号，从而使中美接近具有了可能性。

对当时的中国来说，改善同美国的关系，可以改变两面作战的不利局面，为抗衡苏联的威胁而营造一个相对安全的外部环境。值得指出的是，在和平共处五项原则基础上发展国与国之间的正常关系是新中国的一贯立场，这一点对美国并无例外，过去主要是由于美国方面的原因才导致了两国之间 20 余年的隔绝与对抗。当时毛泽东看出美国方面有进行战略收缩和改善中美关系的迹象，因此也希望与美国缓和关系，谈判解决中美之间的问题，其中包括解决像台湾和越南战争这样的敏感问题。此外，与西方的领头国家——美国改善关系，有助于中国更好地扫除障碍，以此带动一片，改善同其他国家的关系，摆脱当时中国对外关系方面的被动局面。因此，这是当时中国国家利益的迫切需要。

上述中美苏三方关系及相互力量消长的变化，以及苏联对中国边境军事压力的增大，改变了中美苏关系的基础。这样，缓和中美关系，就成为集中力量对付苏联的最佳选择。关键是要找到一个突破口。

这时的毛泽东越来越注重对国际局势的观察，他最先注意到，正准备

① ［美］理查德·尼克松：《尼克松回忆录》（上册），伍任译，商务印书馆 1978 年版，第384 页。

② ［美］亨利·基辛格：《白宫岁月——基辛格回忆录》第 1 册，陈瑶华等译，世界知识出版社 1980 年版，第 250 页。

③ 同上书，第 13 页。

竞选美国总统的尼克松发表了一篇微妙的文章。尼克松当时除了表达美国应尽早从越南脱身的意向之外，还试探性地发出某种信号："从长远来看，我们简直经不起永远让中国留在国际大家庭之外，来助长它的狂热，增进它的仇恨，威胁它的邻国。在这个小小的星球上，容不得十亿最有才能的人民生活在愤怒的孤立状态之中。①"虽然尼克松的文章重复了中国对非共产党国家的所谓"威胁"这样的陈词滥调，但有价值的是，他看到并且指出了打开通向中国之路的重要性。毛泽东在研究了这篇文章后认为，尼克松如果上台，美国有可能会改变对华政策，并嘱咐周恩来阅读了这篇文章。②周恩来领会了毛泽东的意图，指示外交部门注意对美国战略动向的观察与研究。在此之后，经毛泽东批准，中方于 1968 年 11 月 25 日通知美方，同意恢复已中断的华沙中美大使级会谈。③

在此之后，毛泽东认为有必要对国际局势作进一步的分析，因此他提议由几位军队老帅研究国际形势和中国的国防战略，并将意见上报中央供决策参考。1969 年 2 月 19 日，毛泽东在一次会上说："国际问题有些怪，美英报纸经常吹苏联要出问题。苏联在远东搞演习，又不声张。"他当场提出，由陈毅挂帅，叶剑英、徐向前、聂荣臻参加，研究一下国际问题。④珍宝岛事件发生后，毛泽东认为："中苏发生交战了，给美国人出了个题目，好做文章了。"⑤

在这种背景下，周恩来指示外交部及有关部门将文电和有关国际问题的材料及时分送军队四位老帅，并由陈毅主持，每月讨论两三次。陈毅等四人从 1969 年 6 月至 10 月进行多次讨论，先后向中央提出了《对战争形

---

① 参见 ForeignAffair, Vol. 46, October 1967, p. 121。尼克松当选后，于 1969 年 1 月 20 日，在其就职演说中再次透露其要与中国接触的意向。他说："让一切国家都知道，在本政府当政时期，我们的通话线路是敞开的。我们寻求一个开放的世界……对思想开放，对货物和人员的交流开放……一个民族不管其人口多少，都不能生活在愤怒的孤独状态之中。"后来尼克松透露，他当时在说这些话的时候，中华人民共和国在他的思想中"占很大地位"。详见 Richard M. Nixon, First Annual Report to the Congress on U. S. Foreign Policy for the 1970's, February 18, 1970。

② 于这一点，周恩来在 1974 年 12 月 12 日会见美国参议院民主党领袖曼斯菲尔德时曾说："现在我把我们方面的事情告诉你。打开中美关系是毛主席的决策，他很早就读了尼克松 1968 年当选以前写的一篇论文。当时我们都未读过，只有毛主席注意到了，他告诉了我们，我们才读了。"

③ 但在此后不久，由于美国给予在荷兰叛逃的一名中国外交人员廖和叔以政治避难权，中国方面于 1969 年 2 月 19 日发表声明，取消了这次会谈。

④ 王永钦：《1969 年——中美关系的转折点》，《党的文献》1995 年第 6 期。

⑤ 林克、徐涛、吴旭君：《历史的真实》，香港利文出版社 1995 年版，第 313 页。

势的初步估计》、《对目前局势的看法》等报告及口头意见，认为："苏修把中国当成主要敌人。它对我国安全的威胁比美帝大。"在讨论中，四位老师还反复研究："万一苏修对我发动大规模战争，我们是否从战略上打美国牌。"叶剑英说："魏、蜀、吴三国鼎立，诸葛亮的战略方针是'东联孙吴，北拒曹魏'，可以参考"；陈毅说："当年斯大林同希特勒签订互不侵犯条约，也可以参考。"最后，在历经数月的研讨行将结束时，陈毅经过深思熟虑后提出："尼克松出于对付'苏修'的战略考虑，急于拉中国。我们要从战略上利用美、苏矛盾，有必要打开中美关系。"①

陈毅等人这些新颖的战略性分析意见，以及打开中美关系的具体建议，对毛泽东作出战略调整的决策起了促进的作用。1969 年 12 月，中美两国在华沙恢复接触；1971 年春，毛泽东发动乒乓外交；1971 年 7 月，周恩来与美国总统特使基辛格在北京举行秘密会谈，中美关系解冻。

二 中国外交新格局与"一条线"战略构想

中美关系走向缓和，在世界上引起了连锁反应。1971 年 10 月 25 日，联合国大会第 26 届会议以压倒多数通过第 2758 号决议，决定恢复中华人民共和国在联合国的一切合法权利。1972 年 2 月，美国总统尼克松访华，双方发表了含有反霸条款的中美上海公报。中国联美遏苏的外交战略初露端倪。1972 年 9 月，日本首相田中角荣访华，中日两国建立外交关系。在新的国际形势下，中国与欧洲、北美、大洋洲国家的关系也得到了迅速的发展，中国同西方国家出现了一个建交高潮。此外，中国同第三世界国家建交的数目大大增加，同东欧各社会主义国家的关系也有了一定程度的恢复和改善。

随着中国对外关系逐渐打开局面，中国领导人对如何应对苏联威胁的战略思考也日渐成熟。1973 年 2 月 17 日，毛泽东在会见美国总统特使基辛格时提出了"一条线"的构想。

中美两国是社会制度完全不同的国家，但在急剧变动的世界战略格局中又存在共同的利益，因此，毛泽东用赞赏的语气提起一年以前尼克松对中美相互接近所作出的解释。毛泽东说：我们也需要嘛。你们的总统坐在这里讲的（手指基辛格的座位），我们两家出于需要，所以就这样，（把两

---

① 熊向晖：《历史的注脚》，中共中央党校出版社 1995 年版，第 173—204 页。

只手握在一起）HAND－IN－HAND（手携手）。基辛格说：我们双方都面临同样的危险，我们可能有时不得不运用不同的方法，但目标相同。毛泽东说：这就好。只要目标相同，我们也不损害你们，你们也不损害我们，共同对付一个王八蛋。

用如此坦率的语言来阐明两国关系的实质，这在外交史上可以说是极为罕见的。它既反映了毛泽东特有的风格和魄力，也表明苏联因素在中美关系中所起的举足轻重的作用。

谈起欧洲和日本，毛泽东从遏制苏联扩张的角度出发，劝美国要加强同它们的团结，不要因为细枝末节的问题纠缠不休，而忽略了根本的苏联威胁。毛泽东说：我们希望你们跟欧洲、跟日本合作。有些事情吵吵闹闹可以，但是根本上要合作啊。这里值得一提的是，仅在一年之前，中国还曾指责"美帝国主义"蓄意复活日本军国主义，而在尼克松访华后的短短一年的时间里，随着中美在反霸问题上的意见日趋一致，随着中日关系正常化的逐步实现，中国方面对日本的看法已发生了根本性的改变，并在实际上已把日本视为反霸斗争中的一支重要力量。正因如此，中国敦促美国加强与保持同日本的密切联系，而不要因小失大。

毛泽东告诫美国和其他西方国家应当抵制"祸水东引"的诱惑，这是要不得的害人害己的战略。毛泽东指出，你们西方历来有条政策，两次世界大战开始都是推动德国打俄国。对此，基辛格解释说：推动俄国打中国不是我们的政策。因为如果在中国爆发战争对我们来说，其危险性和在欧洲爆发战争一样。毛泽东接着发问：是不是你们现在是推动西德跟俄国讲和，然后又推俄国向东进。我怀疑整个西方有这么一条路线。向东，主要向我们，而且向日本，也有一部分向你们，在太平洋和印度洋。基辛格回答说：我们并不赞成德国的政策。我们宁愿德国的反对党上台，德国的反对党不奉行这个政策。

由于来自苏联的威胁与日俱增，毛泽东认为有必要在国际上孤立苏联。毛泽东对基辛格说：我跟一个外国朋友谈过，我说要搞一条横线，就是纬度，美国、日本、中国、巴基斯坦、伊朗、土耳其、欧洲。这实际上是提出了一个联合抗苏的国际统一战线的战略构想。基辛格对中国在反对苏联霸权主义方面的坚定立场表示钦佩，他说：我曾告诉过总理，你们的行动方式要比我们直截了当和英勇一些。我们有时要采用复杂的方法，这是由于国内的形势所造成的。基辛格接着说：不管公众舆论如何，我们对基本目标会有决断的。如果称霸的意图活跃起来，那么真正的危险会发展。不管哪里有这种意图我们肯定都将予以抗衡。总统曾对主席说过，我们这样做是为了我们本身的利益，而不是为了对别的任何人表示善意。毛泽东认为基辛格讲的是"老实话"。① 1974 年 1 月 5 日，毛泽东又在会见日本外务大臣大平正芳时进一步提出了"一大片"的构想，即指"一条线"周围的国家。其目的要团结这"一条线"和"一大片"的所有国家，包括美国、日本在内的国际上一切可以利用的力量，共同对付苏联的扩张势头。

"一条线"的构想提出之后，在国际斗争中反对苏联的霸权主义，已成为中国的主要目标。1973 年 2 月 25 日，中共中央转发的外交部《外交通报》第 12 期认为，在坚持原则的基础上，促进中美关系的改善，"有利于同苏修的斗争"。沿着这样的思路，中国和美国就能够形成一种既联合又斗争的新型关系。《外交通报》对中国在未彻底解决台湾问题之前，就同意中美互设联络处作了必要的说明。认为这不会影响中方反对"两个中国"的立场。因为"目前形势已与两年前大不相同"，中国已在外交上取得了进入联合国、尼克松访华以及中日、中国西德建交等一系列重大胜利，而"蒋邦却已反转过来处于被孤立的地位"。在这种情况下，中国在华盛顿设立联络处，将"有助于扩大我在美国人民中的影响"。②

在上述背景下，中美两国已从恢复历史性的联系，努力消除两国间障碍的阶段，进入到力争加强战略协作的阶段，这种战略调整的实质，是结成最广泛的国际反霸统一战线，反对苏联称霸世界，维护国家安全和世界和平。

三 表面强硬，实质"务实"构成了当时中国 外交的显著特征

这一时期，尽管中国在公开场合使用的外交语言仍旧充满了激烈的革命色彩，但在实际上，中国的外交战略越来越着眼于现实性和国家的最高利益。毛泽东"一条线"的战略构想，作为中国制定和调整对外政策的一

---

① 参见外交部［73］办文特 1 号《毛泽东会见基辛格时的谈话》(节录)，1973 年 2 月 17 日。

② 参见外交部《外交通报》第 12 期，1973 年 2 月 24 日。

种指导思想，顺应当时历史发展的客观需要，为中国外交增添了活力，在当时产生了积极的效果。为了集中力量对付苏联霸权主义，美国就成为一支可以加以利用乃至联合的力量。虽然对它还将采取又联合又斗争的策略，对它的某些霸权主义做法还将加以反对，但实际上，由于美国处于战略收缩态势，因而对它的斗争锋芒毕竟大大减弱了。关于这一点，邓小平后来曾对美国总统卡特明确指出："这一反霸统一战线，坦率地讲是包括美国在内的。对付苏联称霸世界，美国理所当然是一个主要力量，但在相当长的时间内，美国在尽自己的责任方面有某些不足。"① 而这对于中美关系的进一步改善和发展具有重要的意义。中国对第二世界的积极评价，扩大了中国同西方发达资本主义国家的联系，增进了相互了解，为后来中国实行对外开放政策奠定了重要的基础。

由此可以看出，在 20 世纪 70 年代初，中国在外交政策，特别是对美政策方面，越来越体现出灵活性。有意思的是，当时中国对外方面的公开言论充满了激进的革命高调，即便在中美关系有了缓解甚至改善的情况下，这一情况也没有改变多少（例如，在基辛格第二次访华期间，北京的报刊仍然充斥着"反帝"宣传，甚至在基辛格一行下榻的房间里，都发现了印有"全世界人民团结起来，打败美帝国主义及其一切走狗"字样的小册子）；另外，中国对外政策，特别是对美政策却正是在这种革命高调中（毛泽东把这叫做："放空炮"），在不被人注意的潜流下，逐渐发生着重大的变化。

形成这一奇特现象的原因是：当时中国既要维护自身外在的革命形象，又要从现实出发，顾及本国国家利益的需要。关于这一点，毛泽东在1973 年 2 月同基辛格的谈话中曾指出："有时候，我们也要批你们一回，你们也要批我们一回。你们总统说是叫'思想力量'的'影响'。就是说，'共产党去你的吧！共产主义去你的吧！'我们就说，'帝国主义去你的吧！'有时我们也要讲点呢，不讲不行呢。"② 表面强硬，实质"务实"构成了当时中国外交，特别是对美外交的显著特征。这一点值得后人在观察这段历史时给予足够的注意。

---

① 参见《邓小平会见美国总统卡特的谈话》，1979 年 1 月。

② 参见外交部［73］办文特 1 号《毛泽东会见基辛格时的谈话》（节录），1973 年 2 月 17日。

当然，由于历史的局限，特别是中国还处在"文化大革命"的氛围之下，毛泽东指导下的中国对外战略的调整，不可能完全摆脱"左"的干扰和影响。不管怎样，在 70 年代那样一个特殊的历史条件下，这种战略调整扭转了中国两面受敌的不利局面，并使中国获得了超出自己实力的国际地位，在国际政治格局中形成了影响全局的美苏中大三角关系，使中国外交迎来了一个前所未有的大发展时期，这就为中国以一支独树一帜的重要力量全面参与国际事务开辟了道路。

值得指出的是，在新的历史时期，国际局势发生了重大变化，两极争霸的格局已被打破，世界朝着多极化的方向进一步发展，但是，天下并不太平，霸权主义和强权政治仍未消失，人类所面临的和平与发展两大问题，还没有完全解决。在新的形势下，认真分析与研究毛泽东的国际战略思想，掌握其分析错综复杂的国际关系的立场、观点和方法，领会其团结一切可以团结的力量，结成最广泛的国际统一战线的策略思想，对于指导中国的外交工作继续坚持反对霸权主义，维护世界和平，进一步发展同第三世界国家和其他类型国家的友好合作，促进人类的进步事业，仍然具有十分重大的现实意义。

（原载《毛泽东邓小平理论研究》2012 年第 5 期）

毛泽东生平史实研究

我所了解的《毛泽东选集》第四卷档案和手稿情况

——兼驳所谓《〈毛泽东选集〉真相》

齐得平

《毛泽东选集》第一至四卷，是毛泽东亲自主持编辑的，收入的是毛泽东在新民主主义革命时期的主要著作。前段时间，网上流传一篇所谓《〈毛泽东选集〉真相》的文章，诬称："《毛泽东选集》一至四卷的一百六十余篇文章中，由毛泽东执笔起草的只有十二篇，经毛泽东修改的共有十三篇，其余诸篇全是由中共中央其他领导成员，或中共中央办公厅以及毛泽东的秘书等人起草的。"这纯属无中生有、肆意捏造的谣言。

我从 1950 年开始参加中共中央档案的管理工作。1960 年，中央档案馆领导决定将毛泽东手稿集中，指定由我专门负责保管。从此，我长期负责毛泽东手稿的管理工作，直至退休。我还参加了为编辑《毛泽东选集》第四卷提供文稿档案等服务工作。本着对历史负责、对读者负责的精神，我作为一名老档案工作者，深感有责任谈谈我所知道的真实情况，尤其是收入《毛泽东选集》第四卷中毛泽东文稿的情况，以正视听。

一 受命为编辑《毛泽东选集》第四卷提供文稿档案

1959 年 10 月中央档案馆新馆成立。这年 12 月，中央档案馆副馆长裴桐到中南海开会，领受了为编辑《毛泽东选集》第四卷提供文稿档案的任务（《毛泽东选集》第一、二、三卷此前已经公开出版）。我当时负责保管解放战争时期中共中央的档案，他要我将 1945 年 8 月日本投降后至1949 年 10 月 1 日前毛泽东的讲话、报告整理出一个目录，交给保管部主任吴善昌审定，然后上报《毛泽东选集》编辑委员会办公室（以下简称

《毛泽东选集》编委会办公室），我照办了。

1960 年元旦一过，裴桐、吴善昌便召集中央档案馆保管部全体人员开会，动员、布置为编辑《毛泽东选集》第四卷提供文稿档案的工作。当时毛泽东起草的文电手稿分散在中央档案各卷宗中，需要逐卷翻阅查找。由于要求急，任务重，时间紧，保管部三十多人大部分都投入到这项工作中。大家把为编辑《毛泽东选集》第四卷提供文稿档案当作头等政治任务，参加这一工作的同志加班加点，用了将近一个月的时间，查阅三千多卷档案，从数万件文电中，将这一时期毛泽东起草的几千件文稿查出。此后，又由负责把这些文稿编制目录，交付打印成册（其中本馆打印了两年的目录，另请中办机要室、机要局各帮助打印了一年的目录），同时将毛泽东的这些手稿一一调出来，提供给裴桐和吴善昌逐件阅览，遴选出他们认为可以考虑选用的文稿，陆续报送《毛泽东选集》编委会办公室。裴桐、吴善昌推荐上报的文稿共约一百余件。这些文稿，有几十件收入 1959 年 9 月出版的《毛泽东选集》第四卷中。其中《抗日战争胜利后的时局和我们的方针》（1945 年 8 月 13 日）、《关于重庆谈判》（1945 年 10 月 13 日）等几篇文章是根据毛泽东的讲话记录整理出来的文稿，其余绝大多数是毛泽东的手稿。

除了查阅馆藏档案之外，还需要在社会上广泛征集。1960 年 1 月，经《毛泽东选集》编辑委员会和中共中央办公厅批准，成立了中央办公厅征

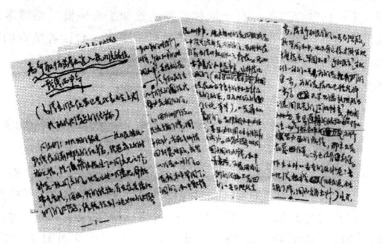

图一　毛泽东《为争取千百万群众进入抗日民族统一战线而斗争》手稿4页

集小组。曾三任组长，叶子龙、裴桐任副组长。以中央档案馆征集科和中办机要室三科为主，共抽调五人组成中办征集小组办公室，立即着手工作。征集工作首先在中直机关、国家各部委、北京市有关单位和中央军委及各总部开展起来。在有关部门的配合下，不到一个月就征集到毛泽东手稿原件 165 份。给我印象深刻的是，这 165 份文稿主要来自胡乔木处和新华社负责人范长江处。其中有几篇收入《毛泽东选集》第四卷中。

毛泽东还亲自参加了《毛泽东选集》第四卷文稿的选稿工作。如《丢掉幻想，准备斗争》、《别了，司徒雷登》、《为什么要讨论白皮书？》、《"友谊"，还是侵略？》、《唯心历史观的破产》等五篇文章，就是他自己从新华书店出版的《驳艾奇逊》一书中选定的。他写的这几篇文章的手稿和《驳艾奇逊》这本小册子，都收藏在中央档案馆保管的毛泽东文稿中。

二　参加《毛泽东选集》第四卷部分文稿的校对、鉴别、核实和考订等工作

在编辑《毛泽东选集》第四卷期间，我参与了一些文稿的校对、鉴别、核实、考订等工作，深深感到编辑《毛泽东选集》是一项极其严肃认真的事情。

我参加的校对工作，主要是用档案原稿逐件核对《毛泽东选集》第四卷的印文。当时，参加《毛泽东选集》编委会办公室工作的逄先知带着《毛泽东选集》第四卷书稿的印文，来到中央档案馆，在馆部领导安排下，我将原稿调出，用毛泽东文稿原稿，逐字逐句进行核对。核对的地点就在我的办公室，工作程序是我读原稿，他看印文，确保准确无误。

我参加的鉴别工作，主要是鉴定有些一时没有见到原始稿的文章是否是由毛泽东起草的。比如 1948 年 2 月 25 日《中共中央关于老区半老区土地改革和整党工作的指示》一文，当时《毛泽东选集》编委会办公室的一位工作人员打电话问我：档案馆有没有毛主席起草的这个指示的原始手稿？因为他看见的是毛泽东在抄清稿上作了修改的稿子。我查看了档案原始稿，是周恩来起草的，毛泽东作了修改，修改后由秘书誊清，毛泽东在誊清稿上又作了修改。《毛泽东选集》编委会办公室看到的就是在誊清稿上作了修改的稿子。我把核查的情况向编委会办公室作了汇报，说：这个

指示是由周恩来同志起草、经毛主席修改的，原始稿就收藏在中央档案馆。后来这篇文章就没有收入《毛泽东选集》第四卷。1980 年，该文收入中共中央文献编辑委员会编辑、人民出版社出版的《周恩来选集》上卷。

我参加的核实工作，主要是核实毛泽东手稿中涉及的一些地名、人名以及具体数字。比如 1947 年 9 月 1 日《中共中央关于解放战争第二年的战略方针的指示》（以下简称《指示》）中，详细列举了敌军的数字。《毛泽东选集》编委会办公室为核实《指示》中的这些具体数字，四处查找材料。在军事科学院找不到，在中央档案中我所了解的《毛泽东选集》第四卷档案和手稿情况也没有找到，十分着急。我也急其所急，经过反复查找，终于在周恩来总理办公室交来的周恩来档案中，找到了周恩来当年亲笔写下的关于敌军数字的统计材料，印证了《指示》中的数字，解决了一个大难题。

我参加的考订工作，主要是考证毛泽东手稿中的一些具体文字和写作日期。如为查实 1946 年 9 月 16 日《中共中央军委关于集中优势兵力，各个歼灭敌人的指示》的写作月份，当时，《毛泽东选集》编委会办公室的一位同志打电话问我："《指示》中说的有些事是八月十六日以后的，《指示》末尾写的是'八月十六日'，这是怎么回事？"接电后，我查阅了中央档案中保存的《指示》原稿，发现原稿文尾写的确实是"八月十六日"，但从字迹上看，"八月"二字是后人加上去的。为了查清这个问题，我又查阅了发文编号，发现编号是 9 月的，证明这个重要指示发文时间应该是"九月十六日"。1949 年中国人民解放军总部编辑出版的《中国人民解放战争军事文集》（第二集）中错印为"一九四六年八月十六日"。《毛泽东选集》第四卷中纠正了这一错误。

以上几例是我为编辑《毛泽东选集》第四卷提供文稿等服务工作中的几件小事，还远算不上是《毛泽东选集》的编辑工作。这些情况，足以说明《毛泽东选集》的编辑工作，是十分严肃认真、实事求是的。

三 关于《毛泽东选集》的几份档案文献

在《毛泽东选集》第四卷中，收录有 1948 年 1 月 7 日毛泽东起草的《中共中央关于建立报告制度的指示》一文，要求"各中央局和分局由书记负责"，同时特别强调给中央写报告应"自己动手，不要秘书代劳"。①
毛泽东对各中央局和分局书记是这样要求的，而他自己就是这样带头做
的。《毛泽东选集》第四卷收入的文章，都是毛泽东的著作，都有原始档
案为据。中央档案馆保存有毛泽东的文稿档案几万件，这是他给我们党和
国家留下的宝贵精神财富。

下面，我就列举中央档案馆保管的毛泽东的有关文章的原始文献
为证。

1.《为争取千百万群众进入抗日民族统一战线而斗争》（1937 年 5 月
8 日）。这是毛泽东在延安召开的中国共产党全国代表会议（当时称"苏
区党代表大会"）上所作的结论。这篇重要著作的手稿，全文共 28 页，用
的是 16 开纸，是用毛笔横写的（见图一）。

毛泽东的亲笔手稿，白纸黑字，不可能由别人起草。

图二

2.《实践论》（1937 年 7 月）、《矛盾论》（1937 年 8 月）。这两篇文
章是毛泽东应中国人民抗日军事政治大学（简称"抗大"）的请求，前往
讲授辩证法唯物论所写提纲的部分章节。当时毛泽东每周到抗大讲两次
课，每次 4 个小时，历时 3 个月。总政治部把讲课记录整理出来，经毛泽
东同意后印了若干份。中央档案馆收藏有 1937 年 9 月油印的毛泽东在抗

---

① 《毛泽东选集》第 4 卷，人民出版社 1991 年版，第 1264 页。

大的《辩证法唯物论（讲授提纲）》和 1940 年八路军军政杂志社出版的《辩证法唯物论（讲授提纲）》（见图二）。《实践论》是讲授提纲第二章的第十一节，《矛盾论》是讲授提纲第三章中的一节。新中国成立初期，毛泽东亲自将这两节整理收入《毛泽东选集》。1956 年 3 月 14 日，他在谈到这两篇文章时说：自己对已经发表过的东西，完全满意的很少。《实践论》算是比较满意的。①

　　3.《改造我们的学习》（1942 年 5 月 19 日）。这是毛泽东关于延安整风的重要著作之一。当时毛泽东在延安干部会上讲演时，只写了一个提纲。这篇文章的手稿是他按照讲演提纲亲自加以整理的。全文 18 页，用的是 16 开纸，是用铅笔横写的（见图三）。

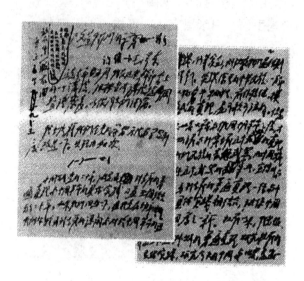

图三　毛泽东《改造我们的学习》手稿 2 页

　　那种所谓"文稿是由康生起草的，经王稼祥修改"之说，实在荒唐可笑。

　　4.《论联合政府》（1945 年 4 月 24 日）。这是毛泽东向中共七大作的书面政治报告。1944 年 5 月 21 日，扩大的中共六届七中全会第一次全体会议通过了七大的议事日程及报告负责人，决定政治报告由毛泽东来作，

---

　　① 参见《毛泽东文集》第 7 卷，人民出版社 1999 年版，第 15 页。

并特别说明政治报告不设准备委员会。1945 年 3 月 31 日六届七中全会全体会议讨论为七大准备的政治报告草案和党章草案时，毛泽东对政治报告的写作原则进行了详细的说明，对报告的主要观点也进行了具体阐释。他说：如果同志们同意这些基本观点，政治报告修改后可以印发参加七大的所有代表，代表大会上仍可提出各种修改意见。并说：我已改了 8 次。这次会议一致通过了毛泽东起草的政治报告《论联合政府》。

胡乔木后来在回忆文章中说："4 月 24 日，由毛主席向大会作政治报告。他写了一个书面政治报告，即《论联合政府》，发给大会代表，每人一册。"中央档案馆原副馆长裴桐也对我说过："《论联合政府》是毛主席一个字一个字写出来的。"

5. 《论人民民主专政》（1949 年 6 月 30 日）。这是毛泽东为纪念中国共产党成立 28 周年写的一篇有重大历史意义的著作。手稿全文共 31 页，用的是 16 开纸，横写。文章标题原为《二十八年》，后来毛泽东用毛笔改成《论人民民主专政》，后边还有他的亲笔署名。

图四　毛泽东《论人民民主专政》手稿 4 页

正文第 1—15 页是用铅笔写的，第 16—31 页是用毛笔写的，均用毛笔修改过。有过两次竖排铅印的清样稿。第一次清样稿 16 页，标题原为《二十八年》。毛泽东用毛笔改为《论人民民主专政——纪念中国共产党二十八年》。正文先是用铅笔修改，后又用毛笔修改，增加了很多内容。第二次清样稿也是 16 页，毛泽东用毛笔作了一些修改，又增加了一些内容（见图五）。

图五　毛泽东《论人民民主专政》清样稿 2 页

　　《毛泽东选集》第一至四卷，是由毛泽东亲自主持编辑的，它收入了毛泽东在新民主主义革命时期的主要著作。这些著作，对探索中国革命道路，夺取新民主主义革命的胜利，新中国成立，产生了深刻而巨大的影响。完全可以这样说，在中国近现代历史上，没有哪一位历史人物的著作能够与之相比。这些著作中所体现的毛泽东思想，是我们党和人民的宝贵精神财富，是永远应该倍加珍惜和不懈学习的。

（原载《党的文献》2012 年第 2 期）

毛泽东与内参

——基于《建国以来毛泽东文稿》的搜索

尹韵公

众所周知，内参及其机制是我们党创造的富有中国特色新闻传播体制的重要组成部分。我曾经在《论中国独创特色的内部参考信息传播工作及其机制》的论文中，对我国内参及其机制的诞生、萌芽、成长和发展，作了简洁而明快的宏观描述。① 虽然其中也提到了毛泽东不可低估的重大作用，然而，由于论述的重心偏于整体和全局，故无法对毛泽东的内参思想和内参作法作出更多的阐释。这不能不是一个缺憾，因为从现在已经公开的大量而丰富的党史国史资料来看，在中共第一代领导核心人物中，论及内参的创建，实际上毛泽东为此付出的心血是不可否认地最多的，他作出的努力也是不可否认地最大的。

厚达13册的《建国以来毛泽东文稿》（以下简称"毛文稿"），正是一个极其有力的证明。该书公开发表了毛泽东从1949年9月至1976年9月的27年间许多过去未公开的电文、讲话、信件、批示、改稿等。毫无疑问，这些文稿不仅是毛泽东思想研究的不可多得的珍贵文献，而且还是毛泽东某个领域具体思想研究的重要资料。更为难得的是，以编年形态出现的"毛文稿"，可以使我们获得这样一个特别宝贵的视角：不是用静态的、固化的、直线的，而是用动态的、变化的、曲线式的眼光来认识和看待毛泽东的思想发展过程，从而有利于我们能够做到更加客观、更加准确、更加全面、更加系统地理解和把握整个毛泽东思想体系及其构成。

本文将基于《建国以来毛泽东文稿》（第1—13册）的搜索，依据相关史料，着力探讨和阐发毛泽东为内参及其机制的形成和成熟所作出的不

---

① 参见《新闻与传播研究》2012年第1期。

可磨灭的重大贡献和独特功绩以及毛泽东运用内参作为治国理政重要抓手的典型例证。

一

从"毛文稿"中统计，毛泽东批示过的内参近 240 件。这肯定不是最终的精确数字，因为已经发现一些回忆文章提到的毛泽东批示过的内参，并没有归拢搜集到"毛文稿"中，况且毛泽东本人是一个工作狂，他批示过的内参估计还有不少因诸种原因而未曾公开。

毛泽东兴趣极广，知识面极广，阅读范围从来没有边界，他的知识深度、厚度和广度是世所罕见的。这个性格特点决定了毛泽东阅读过内参品种，也是相当多的。从"毛文稿"中统计，毛泽东看过的内参品种多达30 多种，如新华社的《内部参考》和《参考资料》，中共中央宣传部的《宣教动态》，中央办公厅及其下属秘书局、机要室的《情况简报》和《来信摘要》，外交部的《国际时事资料》和《新情况》，中央统战部的内参，总政治部的《工作通讯》、中共中央调查部的《调查通报》，《光明日报》的《简报》，中国科学院的《科学简讯》、中国科学院哲学社会科学学部的《哲学社会科学动态》，北京市委办公厅的《简报》，江西省委宣传部的《思想动态》，国家计委的《计划工作简报》，中央农村工作部的《农村简讯》，中共中央对外联络部的《外事简报》，共青团中央的《团的情况》，等等。其中，毛泽东批示最多的内参品种是新华社的《内部参考》、中宣部的《宣教动态》、中央办公厅的《情况简报》等三种，批示份数占总量的 60% 以上。

不容置疑地，"毛文稿"是一部不可多得的可靠信史。它提供的丰富文献，为我们厘清内参及其机制的成长史，尤其是毛泽东其中发挥的独特而重大的作用，展示了一幅爽朗而明丽的鲜亮图景。

从"毛文稿"获悉，毛泽东在新中国成立后批示的第一封群众来信是在 1950 年 5 月 11 日。这封信是清华大学学生鲍洁如参加南下工作团时，反映中共浙江省宁波地委农村工作中出现的一些违法乱纪情况，该信由北京市委摘报。毛泽东见信后，提笔写下语词严厉的批语：

华东局，并转浙江省委，并告中央局、分局，并转各省委、区党委、地委：接北京市委送来浙江工作同志张景鑫一信，特转给你们。
这种违反政策及命令主义的工作作风，是不能忍耐的，必须实事求
是，彻底检查，切实纠正，并以结果报告中央。各省各县有同样情形
的，必须检查纠正，并例行整党整干，彻底纠偏。①

可以看出，进城初期的毛泽东显得异常谨慎，对伤害群众的命令主义
作风甚至有点反应过度。同时，毛泽东也非常善于举一反三，抓住典型，
教育一大批。通过宁波的错误，要求全党纠偏。

毛泽东收到的第一封直接写给他的群众来信，是 1950 年清华大学机
械系几位应届毕业生寄的。这几位向毛泽东反映分配工作中存在学用不一
致的问题，毛泽东于 8 月 8 日在来信中批语：

周：此事是谁人负责，请加处理，将此信发交处理机关的负责同
志重加审查，并将结果告我为盼。②

这里的"周"，是指周恩来，毛泽东将查处此事的工作，交给了周恩
来办理。对于执政党而言，人民群众来信就是下情上达的信息传播渠道，
人民群众来信反映的许多情况，也是执政党进行正确执政的真实依据。同
时，执政者阅读人民群众来信，还是执政者密切联系群众，听取群众呼声
的有效途径。人民群众来信愈多，表明人民群众对执政党的信任度愈高。
新中国成立刚一年多，中共中央办公厅秘书室鉴于人民群众寄给中央、毛
主席本人的来信日益增多，为此专门报告，提出各中央局、省委、地委设
立处理群众来信的机构或指定专人负责，并建立起登记、研究、转办、检
查、档案等必要的制度，是今后把这项工作做得更认真周到的关键所在。
毛泽东收到这个报告后，于 1950 年 11 月 30 日写下批语：

各中央局，分局，并转所属大市委，省委，区党委：
兹将中央办公厅秘书室 11 月 29 日给毛主席关于处理群众来信问
题的报告发给你们。我们同意报告中所提意见，请你们对群众来信认

① 《建国以来毛泽东文稿》第 1 册，中央文献出版社 1987 年版，第 335 页。
② 同上书，第 463 页。

真负责，加以处理，满足群众的要求。对此问题采取忽视态度的机关和个人应改正此种不正确态度。望加检讨，并盼电复。①

毛泽东的这个批示连同这个报告，在共和国的群众来信史上，具有十分重要的意义。它表明：我国人民群众来信的制度化和规范化从此走上了坦途。

毛泽东办事风格向来是抓得很紧，不抓则已，一抓到底。第二年，中央办公厅秘书室将 1951 年 1 月至 3 月近两万封群众来信的分类处理情况，向毛泽东作了汇报，毛泽东再次写下批语：

> 各中央局，并转分局，省委，区党委，市委，地委，县委；各大行政区，各省市区，各专区，各县人民政府的党组，并告中央人民政府各部门的党组：
>
> 必须重视人民的通信，要给人民来信以恰当的处理，满足群众的正当要求，要把这件事看成是共产党和人民政府加强和人民联系的一种方法，不要采取掉以轻心置之不理的官僚主义的态度。如果人民来信很多，本人处理困难，应设立适当人数的专门机关或专门的人，处理这些信件。如果来信不多，本人或秘书能够处理，则不要另设专人。下面是专门处理人民给我来信的秘书室关于处理今年头三个月信件工作的报告，发给你们参考，我认为这个报告的观点是正确的。②

这个报告还说道"还有 9 千多封，是地方组织动员群众写的成批致敬信，有的现在还继续向这里寄。这种情形，无法一一回信，准备给该地以总的回信"，毛泽东对此加写以下批语："组织群众成批地写致敬信是不好的，以后不要这样做。③

从这个批语可以再次看出，毛泽东是极其重视群众来信的。在前信中，毛泽东认为省委以上党的机构应认真对待和处理人民群众来信；而在半年以后的后信中，毛泽东则进一步认为不仅在县委以上党的机构中，而

---

① 《建国以来毛泽东文稿》第 1 册，中央文献出版社 1987 年版，第 691 页。
② 《建国以来毛泽东文稿》第 2 册，中央文献出版社 1988 年版，第 310 页。
③ 同上书，第 311 页。

且在县政府以上的政府机构中，还有在中央党政部门中，都要建立"专门机关或专门的人"来处理人民群众来信。换句话说，毛泽东要求县处级以上领导干部都要高度重视人民群众来信处理工作，并要求以此设立专门机构应对。毛泽东的第二个批语标志着我国人民群众来信处理的全面体制建设，已在新中国成立的第二年初步创成。总之，毛泽东的这两个批语，在我国信访史和内参史上，具有重大的历史意义。它为以后工作，奠定了不可磨灭的坚实基础。

毛泽东不仅倾力促成和推动人民群众来信工作的制度建设，而且对轻视群众来信的领导机关也毫不留情地严厉批评，责令整改。在1953年初的"三反"运动中，毛泽东发现山东省政府积压了7万多件群众来信没有处理，而"省以下各级党政组织积压了多少人民来信，则我们还不知道，可以想象是不少的"。毛泽东痛斥"这是反动统治阶级对待人民的反动作风"，是"反人民的作风，国民党的作风"。毛泽东要求全国各级党政部门"仿照山东办法"，"从处理人民来信入手，检查一次官僚主义、命令主义和违法乱纪分子的情况，并向他们展开坚决的斗争"①。

如果说，广泛建立人民群众来信制度是我国内参机制的一大支柱的话，那么，在新闻单位普遍创办《内部参考》之类的刊物，则是我国内参机制的又一大支柱。我党内参史最早可追溯到土地革命战争时期，1931年11月成立的红色中华通讯社就创办了以抄收国民党中央社和其他电台播发消息为主的《无线电材料》，这份内部刊物后来逐渐演变成为以刊登国外通讯社消息为主的著名内参即《参考消息》。在人民革命战争胜利的前夜，我党中央英明地预见到，随着我党将从一个砸烂旧制度的革命者，必然地要转换成创立新政权的建设者的角色改变，我党作为执政党对来自全国各地和各方面的信息需求量必将大增，故此我党中央于1948年6月5日发出了《中共中央关于新华社应供给多种资料的指示》，强调说："为了帮助中央了解各地情况，各新华总分社和分社除了供给各种准备发表的新闻稿外，并须担负供给各种参考资料的任务。此种资料，包括各解放区所发的地方性的文件（如条例、命令、指示信、社论等或其摘要），各解放区的某些不公开发表的重要情况，及其他中央指定调查、搜集的资料而为机密

---

① 《建国以来毛泽东文稿》第4册，中央文献出版社1990年版，第9页。

电台和陆上交通所不能担负者。"① 在这份具有里程碑意义的我党第一份关于内参工作的中央文件精神的鼓舞下，新华社于 1949 年 9 月 22 日正式创刊《内部参考》。一个文件的发布，一个内刊的诞生，这两大重要举措有力地表明：我党独创的具有中国特色新闻传播体制的内参及其机制已经初步创成。

从"毛文稿"得知，毛泽东批示的第一份《内部参考》是 1950 年 9 月 14 日出版的第 222 号，该期刊载的《各地公家采购人员在津乱抓物资破坏统一采购》一文，引起毛泽东注意，他随即批给周恩来阅，要周与薄一波商量，由各大区派人在天津设联合办事处。此后，毛泽东多次在《内部参考》上批示，说明这种内参已经越来越受到毛泽东的关注。1953 年 1 月 16 日，毛泽东在收到新华社向中央高层和中央各部门发送的"《内部参考》征求意见表"后，写下了意义深远的重要批语：

> 我认为此种内部参考材料甚为有益。凡重要者，应发到有关部门和有关地方的负责同志，引起他们注意。各大区和各省市最好都有此种《内部参考》，收集和刊印本区本省本市的内部参考材料。②

毛泽东的批语是一种鲜明的态度表达，释放出强烈的信号：一是这是毛泽东首次对内参刊物表示肯定和赞赏；二是这是毛泽东首次要求各省市都创办内部参考材料；三是这是毛泽东首次为推动内参及其机制建立的全面化和系统化而作出的重大指示。从我国内参史的纵向发展来看，毛泽东的这个批语，毫无疑问地，是一个耀眼夺目的标志性事件。从"毛文稿"显示的史实看，自此以后，毛泽东阅读的内参品种明显增多，毛泽东批示的内参也明显增多。由此可见，毛泽东为我国内参及其机制的创立和形成乃至成长作出的重大而独特的历史性贡献，实是不言而喻的。

与以反映国外动态的《参考消息》有所区别，群众来信、各部门和各地区内参、媒体内参等三大维度，共同构建了以反映国内问题为主的内参及其机制之框架。这三条长长的粗粗的内部信息渠道，保证了中央政府和

---

① 新华社新闻研究部编：《新华社文件资料选编》第一辑，第 148 页。
② 《建国以来毛泽东文稿》第 4 册，中央文献出版社 1990 年版，第 28 页。

最高领导层能够基本掌握全盘，知晓主要情况，保证了不敢说百分之百，但可以肯定至少百分之八十以上的底层信息能够自下而上地源源不断地直达高层，从而使这些有用的有价值的丰富信息，成为中央最高决策层治国理政的重要依据。

除上述体制性内部信息渠道外，毛泽东还创造了一个了解真实情况的个人信息渠道。20 世纪 50 年代中期，为了更多地直接了解农村基层动向，毛泽东要求身边的警卫人员返乡探亲期间，调查农村情况，回部队后写成书面调查材料，报告给他。对警卫战士的调查报告，毛泽东看得非常认真，连错别字和用错了标点符号，他都一一改正过来。见到文通字顺，内容实在的报告，毛泽东会写下"很好"或"写得不错，有分析，有例证"之类的批语。读到反映负面情况的报告，毛泽东则会写下"此地缺粮，农民不满，值得注意"；或"此乡粮食有些问题，不大。合作社有些问题"；或"人民有意见"之类的批语。毛泽东有时还会把警卫战士的调查报告批给有关省委书记和其他党和国家领导人，以促使反映的问题得到尽快解决。① 不过，史料显示，毛泽东的这种个人信息渠道做法，可能不是一个常态，20 世纪 60 年代以后似乎很少见到了。

二

作为我国内参及其机制的创建者和推动者，作为我党领导核心集体中的核心人物，毛泽东居于中枢，立足顶端，掌控全局，号令天下。毛泽东曾经对新华社社长吴冷西说过："《参考资料》和《内部参考》我每天必看。"② 毛泽东办公除了阅读各省市、各部门的工作报告外，阅读内参也成为每天的规定动作。他阅读的内参肯定要多于甚至大大多于批示内参，看过的不一定批示，批示的一定是细读过的。毛泽东的内参批示是毛泽东思想的十分重要组成部分，在一定意义上讲，可能是更接近毛泽东的思想部分，更容易摸准毛泽东的思路和想法。毛泽东的重要论著大多要磨过几个月或几年，而内参批示内容则是直接地及时地反映了毛泽东在某个时空节点上对某个事件的明确看法和鲜明判断。毛泽东的内参批示有长有短、也

① 武健华：《毛主席怎样培育 8341 部队》，《炎黄春秋》2012 年 8 月。
② 吴冷西：《忆毛主席》，新华出版社 1995 年版，第 141 页。

有详有略，但有一点丝毫不用怀疑：毛泽东的每一件内参批示都是在体制内晴空响起的惊雷，甚至还可以形成大政方针的磅礴力量。毛泽东日理万机，工作繁重，每天源源不断送上案桌的各种内参信息，则是他治党治国治军不可或缺的重要抓手。纵观毛泽东的内参批示内容，大致有以下这样几个突出特征：

（一）善于归纳，善于概括，善于举一反三，善于抓出普遍意义的东西

毛泽东的政治敏感力绝对一流，他常常从个别的内参信息抓住其潜藏的普遍意义，并把它拎出来展现，从而显示出毛泽东高超的领导艺术和领导方法。譬如，毛泽东看到新华社的一篇内参后，于1953年2月2日批示新华社："一月三十日《内部参考》载《河北省农村基层干部违法乱纪情况严重》一稿，很有用处。请将此稿发给各中央局、分局、省委和市委的同志们阅看，作为参考。并请令知各省市新华分社仿照河北分社的办法，从各省市方面采访此类消息刊入《内部参考》。河北省委负责同志林铁、薛迅等集中地揭露了该省基层组织中发生的许多违法乱纪事件，证明中央一月五日关于反对官僚主义、命令主义和违法乱纪的指示已经引起了他们的注意。但大多数省市还无这样的反映，故请你们注意在各省市采访这同一主题的消息，并将其中最典型的消息通报各中央局、分局、省委和市委，以促起他们的注意。"① 毛泽东敏锐地看出这篇内参的价值所在：报道的是具体个案，反映的却是普遍类似，将其树为典型，推动一般。毛泽东这种高明的工作方法，在他的主政生涯中尤其是新中国成立以后经常使用。例如新中国成立初期的婚姻法试点时，毛泽东看到中央贯彻婚姻法运动委员会办公室编印的内参《贯彻婚姻法运动情况简报》第11号后，写下批语："简报上的许多材料，都应当公开报道，并发文字广播，三五天一次，方能影响运动的正确进行。如本号凤城县的好事例及各地的不好事例，凡典型性的，都应当公开报道。请与人民日报和新华社同志商酌处理。"② 类似以上抓住典型，推动工作的内参批示，"毛文稿"中还有一些，这也从一个方面反映出了毛泽东

---

① 《毛泽东新闻工作文选》，新华出版社1983年版，第175页。
② 《建国以来毛泽东文稿》第4册，中央文献出版社1990年版，第120页。

的执政特点。

(二) 善于发现问题, 善于抓住问题, 善于应对问题

毫无疑问, 毛泽东每天接到的信息是海量的, 如何从海量信息中发现和抓住问题, 又如何应对和处理问题, 这也彰显出毛泽东作为大政治家的杰出能力表现。譬如, 新华社《内部参考》1957 年 2 月 27 日第2139 期刊登了《大公报》反映的《对中央负责同志的肉食供应工作浪费情况甚为严重》的消息, 毛泽东 3 月 4 日阅后批示给中办主任杨尚昆: "内有对中央负责同志肉食供应严重浪费一文, 请据此检查, 分清责任, 予以处罚。并将情形告我为盼。"① 新华社记者根据毛泽东的批示, 对此事作了调查, 刊登在《内部参考》1957 年 4 月 4 日第 2170 期的调查报告说:《大公报》反映的情况有些属实, 但也有夸大之处。北京市对中央负责同志的肉食供应, 几年来和特种供应 (对象是各国使馆、大饭店、外宾、专家、高级医院等) 的标准相同, 并没有其他特殊的要求和规定。全市每天特种供应的猪 60 头, 占全市每天供应量的 5%, 其中只有 3 头左右是供应部分中央负责同志的 (目前约 160 户), 不足全市特殊供应量的 5%。至于要求严格, 是因为此类供应如质量不好或不卫生, 极易造成不好的政治影响。毛泽东于 4 月 6 日看后, 再次批示给杨尚昆: "160 户每天 3 头猪, 如以每头 150 斤计算, 共有 450 斤, 每户每天得肉约 3 斤弱, 仍太多, 有一斤或一斤半就够了, 可减少一半, 请你研究是否可行, 我以为是可行的, 似应减半执行, 以示同甘共苦。现在供应油肉到户, 实际上有很大浪费, 至少有三分之一浪费掉了。请酌办。"② 不可想象的是, 堂堂管理六亿人口大国的最高领导人对这么一个微小问题, 给予的关注竟然是如此之细!

又如, 新华社《内部参考》1958 年 2 月 26 日第 2429 期上报道山东灾情日趋发展, 灾民断粮、要饭、外逃现象相当严重。毛泽东 3 月 5 日阅后批示给邓小平: "此件所载山东灾情问题, 请用电话向舒同询问一下, 问他们是否注意了此事, 救济办法如何?"③ 同年 4 月 1 日, 广东省潮安县有

---

① 《建国以来毛泽东文稿》第 6 册, 中央文献出版社 1992 年版, 第 364 页。

② 同上书, 第 365 页。

③ 《建国以来毛泽东文稿》第 7 册, 中央文献出版社 1992 年版, 第 105 页。

人给中办写信，反映潮安县委书记在整风反右斗争中自杀的情况，希望中央从速派人彻查。毛泽东于 4 月 27 日阅后，批示给中共广东省委第一书记陶铸："此件所提问题，请派一个政治上强的同志去彻查一次。宗派主义可能是有的，但死者有无因而致死的特殊情况，也值妥善详查。去的人不要带任何预定估计，完全从寻找真理出发。情况弄清，群疑可释。闻你病了，要静心养病，好了再工作，不急忙。潮汕这件事情，可用几句话交付一位书记去办就行了。"① 同年 9 月 5 日，安徽省灵璧县无署名给毛泽东写信，反映该县灾情严重，已饿死不下五百余人，请求中央派人调查处理。毛泽东于 10 月 2 日阅后，批示给中共安徽省委第一书记曾希圣："是否属实，请派人去那里查一下，酌量处理。"② 依照毛泽东的批示，安徽省委派出检查组下去检查，并将调查结果于 12 月 23 日报告了毛泽东，说信中反映情况基本属实，省委对此作了自我批评，并采取纠正措施。同年 11 月 14 日，毛泽东看到新华社《内部参考》1958 年 11 月 11 日刊登的《邯郸专区伤寒疫病普遍流行》一文，说今年入秋以来，河北省邯郸专区伤寒疫病普遍流行，患病人数之多、蔓延之快是历年来所未有的，其主要原因是领导干部只注意生产，忽视群众生活，卫生工作搞得不好等。时正值中共中央政治局召开扩大会议，毛泽东批示道："此件印发到会各同志。很值得注意，是一个带全国性的问题，注意工作，忽视生活，必须立即引起全党各级负责同志，首先是省、地、县三级的负责同志的注意，方针是：工作生活同时并重。"③ 同年 12 月 1 日，毛泽东批语道："最近几期新华通讯社的《内部参考》，载了许多件各地（一部分人民公社）发生强迫命令、违法乱纪的材料，很值得看一下，请各同志予以注意。"④ 毛泽东的这个批语还有一个背景：当年 9 月，湖北随县县委发现本县金屯乡所谓"亩产六万斤中稻"的信息是"假卫星"后，即对乡社干部作了处理。中共湖北省委第一书记王任重将此事的调查报告了毛泽东，毛泽东指示邓小平：将他的批语和王任重的报告一并作为中共八届六中全会文件在会上印发，其目的是要全党一起来纠正错误风气。

以上选择的史料均是出自同一年头即 1958 年，几乎均为同一信息来

---

① 《建国以来毛泽东文稿》第 7 册，中央文献出版社 1992 年版，第 189 页。
② 同上书，第 436 页。
③ 同上书，第 530 页。
④ 同上书，第 615 页。

源即新华社《内部参考》，据此可以看出，一是毛泽东是不缺信息的；二是内参机制尤其是新华社是不缺席的，没有失职的；三是后来的历史证明，毛泽东的信息选择和信息判断的能力是很强的；四是毛泽东的批语显示他的头脑是冷静的，处置也是正确的。

（三）风起青萍，纵横捭阖，山河壮色，历史起伏

毛泽东是历史巨人，作为党的最高领导核心，他的一举一动都牵动着国家走势的神经。显而易见地，他的内参批示也反映着他治国思路的新想法和新方向。历史上的一些重大转折，往往源自于一些不起眼事件的开头。毛泽东的内参批示，就是有力的证明。譬如，解放军总政在1964年6月2日编印的《工作通讯》第131期上，刊登了林彪在同年5月9日听取总政副主任刘志坚、傅钟和总政文化部副部长陈其通关于全军第三届文艺会演情况汇报后，对部队文艺工作发表了谈话。毛泽东于6月4日阅后，批示给江青："江青阅。并于六月五日去找林彪同志谈一下，说我完全赞同他的意见，他的意见是很好的，并且很及时。"① 实际上，这个批示为1966年4月10日中共中央转发的《林彪同志委托江青同志召开的部队文艺工作座谈会纪要》，埋下了伏笔。前后对照，因果了然。又如，毛泽东于1963年12月12日看到了中宣部文艺处同年12月9日编印的《文艺情况汇报》后，即写批语："此件可一看，各种艺术形式——戏剧、曲艺、音乐、美术、舞蹈、电影、诗和文学等等，问题不少，人数很多，社会主义改造在许多部门中，至今收效甚微。许多部门至今还是'死人'统治着。不能低估电影、新诗、民影、美术、小说的成绩，但其中的问题也不少。至于戏剧等部门，问题就更大了。社会经济基础已经改变了，为这个基础服务的上层建筑之一的艺术部门，至今还是大问题。这需要从调查研究着手，认真地抓起来。"似乎意犹未尽，毛泽东又加写了一句："许多共产党人热心提倡封建主义和资本主义的艺术，却不热心提倡社会主义的艺术，岂非咄咄怪事。"② 这个批示为半年后的而另一个批示相互呼应，相互印证。毛泽东于1964年6月27日看了中宣部关于全国文联和各协会整风情况的报告后，即写下了措

① 《建国以来毛泽东文稿》第11册，中央文献出版社1996年版，第81页。
② 《建国以来毛泽东文稿》第10册，中央文献出版社1996年版，第436页。

辞更为激烈的批语："这些协会和他们所掌握的刊物的大多数（据说有少数几个好的），十五年来，基本上（不是一切人）不执行党的政策，做官当老爷，不去接近工农兵，不去反映社会主义的革命和建设，最近几年，竟然跌到了修正主义的边缘。如不认真改造，势必在将来的某一天，要变成像匈牙利裴多菲那样的团体。"① 后来的国史学家都认为，以上几个毛泽东的内参批示，均成为"文化大革命"起因和发动的不可忽略的重大因素。事实上，类似这般引发重大事件的内参批示，在"毛文稿"中还有一些。历史的确令人玩味不已！

（四）既有大动作，也有小举止，既眺望风云变化，也关心民间百姓，扫视一切，洞察入微

面对国内形势和全球震荡，毛泽东用大智慧，展大手笔，写大文章；面对普通百姓和弱势群体的诉求，毛泽东则耐心倾听，积极解决。中央办公厅秘书室 1962 年 2 月 23 日编印的《群众反映》第 13 期上刊载了上海工人金祥根同年 2 月 12 日给毛泽东的信，说最近物价不断提高，真使人坐卧不宁。我们工人响应党的号召，节衣缩食，十多年来积蓄的一些钱，眼看着一天天地贬值，心里比刀割还难过。现在有很多人看到这种情况，不想再储蓄了。为此，金祥根提出两项建议：一是政府尽最大努力稳住物价，使人民对币值有充分的信心；二是每月公布物价总指数，存款采取保本保值的办法。毛泽东于同年 3 月 4 日阅后，将来信批示给主管财经工作的国务院副总理李先念："先念同志：请你找几个内行同志在一起，研究一下，看这个文内所提两项办法是否可能做到，怎样做到，何时做到。如有结果，请告我。"②

"文化大革命"期间，一批老干部被迫害致死，其家属遭受精神上、物质上双重打击，甚至基本生活都难以为继，他们不得不向中央申诉。这里试选几例：1. 中办信访处 1972 年 5 月编印的《要信摘报》第 100 号上刊登了原一机部副部长白坚之子白克功给毛泽东的信，信中陈述了白坚革命简历和死因，恳请中央早日为他作出政治结论。毛泽东阅后，于同年 5 月 31 日作出批示：

① 《建国以来毛泽东文稿》第 11 册，中央文献出版社 1996 年版，第 91 页。
② 《建国以来毛泽东文稿》第 10 册，中央文献出版社 1996 年版，第 61 页。

"送总理阅处。白坚在我的印象里不错，应为他作出政治结论。"① 2. 中办信
访处 1972 年 7 月 2 日编印的《来信摘要》第 465 号上刊登了原国防部副部长、
北京军区政委廖汉生子女同年 7 月 1 日写给毛泽东的申诉信，毛泽东阅后即
批道："送总理阅处。我看廖汉生和杨勇一样是无罪的，都是未经中央讨论，
被林彪指使个别人整下去的。此件你阅后请交剑英、德生一阅。"② 一年多以
后，廖汉生出任中国人民解放军军事科学院政治委员。3. 中办信访处 1972 年
8 月 10 日编印的《来信摘要》第 545 号上刊登了原中央党校校长林枫子女写
给毛泽东的信，说林枫身患多种疾病，请求让林枫从秦城监狱放出，治疗休
养。毛泽东于同年 8 月 11 日阅后批示："连原信一起，请汪印发政治局各同
志。我意放他出来治病。林枫问题过去没有弄清楚，有些证据不足，办案人
员似有一些逼供信。"③ 1973 年 7 月 7 日，林枫给毛泽东写信说："在您和党
中央的亲切关怀下，我到阜外医院治病已经十个多月了。"信中请求恢复组织
生活，还揭发了林彪在东北的几个问题。7 月 10 日，毛泽东阅后批示："纪、
汪酌处。"毛泽东要纪登奎、汪东兴酌情处理。类似这样的批示，尚有一批，
不可能在此一一列出。

　　每年向毛泽东反映各地信息的群众来信是很多很多的，而每年毛泽东
批示的群众来信也是不少的。然而，毛泽东对群众来信从来都是"对事不
对人"，即只对反映信息作出判断，而不对来信者本人表明态度。在毛泽
东一生中，只有一次例外，即对群众来信既对事也对人，这就是著名的
"李庆霖来信"。李庆霖系福建莆田县城郊公社下林小学教员，他于 1972
年 12 月 20 日写信给毛泽东，反映他孩子在下乡插队时所遇到的种种困难
以及在上山下乡知识青年招工、招生、招干工作中存在的拉关系、走后门
等情况。毛泽东接信后"留中不发"，其间多次翻出阅读，沉思良久。四
个月后，毛泽东毅然决然地作出了生平第一次也是唯一一次空前绝后的惊
天决定：直接给群众来信的作者回信。毛泽东于 1973 年 4 月 25 日写道：
"李庆霖同志：寄上 300 元，聊补无米之炊。全国此类事甚多，应当统筹
解决。"④ 毛泽东的复信犹如雷霆万钧之力，推动此事迅速解决。同年 5
月，中央工作会议作出《关于当前知识青年下乡工作中几个问题的解决意

---

① 《建国以来毛泽东文稿》第 13 册，中央文献出版社 1998 年版，第 299 页。
② 同上书，第 302 页。
③ 同上书，第 307 页。
④ 同上书，第 349 页。

见》；同年六七月间，国务院召开全国知识青年上山下乡工作会议，拟定了《关于知识青年上山下乡若干问题的试行规定草案》。一封普通平常的群众来信，经过中央高层"点化"，便可形成决策，产生巨大效应，这就是内参的威力。

由于内参具有一定的神秘性，所以有些其中的惊心动魄情节，外人难以知悉，一旦解密，世人方恍然大悟。譬如陈景润的经历。陈景润作为数学家的科研突出成果，当时人们并不清楚。1973年4月，新华社女记者顾迈南通过实地深入采访，写了两篇内参，一篇是《中国科学院数学研究所助理研究员陈景润作出了一项具有世界先进水平的成果》，另一篇是《助理研究员陈景润近况》，着重介绍了陈景润狭窄的住房和多病的身躯。这两篇内参引起了高层重视，江青在内参上写道："主席，此事还是请你过问一下为好，至少要先把他的病治好。"毛泽东阅后批示："请文元同志办。"姚文元跟着批写："陈景润同志的论文在哲学上有什么意义？"① 在毛泽东作为最高权威的强力干预下，陈景润的工作、生活环境迅速得到改观，不仅身体逐渐好转，而且经周恩来提名当选为第四届全国人大代表。从某种角度讲，陈景润也算是内参曾经创造出千万个奇迹中的一个。

不可否认，内参是党内不同观点、不同看法的交流平台。"文化大革命"期间，党内健康力量同"四人帮"之间曾在这个平台上进行过殊死交锋。毛泽东曾经利用这个平台鲜明地表达过他的政治情绪、政治立场、政治倾向及其斗争技艺，不过个中缘由与是非判断，恐怕只能付予历史和后人加以评判罢了。

三

综上所述，毛泽东不仅是内参及其机制的创办者和建设者，而且还是内参及其机制的推动者和践行者。内参及其机制是毛泽东治党治国治军的重要抓手，也是毛泽东掌控八方信息，密切联系群众的重要渠道。毛泽东曾经深刻指出："下情不能上达，上情不能下达，危险之至。"② 内参及其

---

① 《先锋国家历史》2009年第3期。

② 《建国以来毛泽东文稿》第8册，中央文献出版社1993年版，第167页。

机制的作用发挥得愈好，这种执政的危险性程度也就愈低；反之，就会愈高。毛泽东创立的内参及其机制所形成的传播思想、工作方法和工作作风，已被实践有力地证明它是适合中国国情的，也是行之有效的。它已经深刻地影响了毛泽东以后中共最高领导层的历届班子及其所作所为，而且也被历届班子所认可和接受，至今在中国社会的高层管理中仍然无所不能、无处不在地显示着它那强大无比的生命力。

毛泽东担任过哪些军事职务？

姜廷玉

毛泽东不仅是伟大的无产阶级革命家，而且是伟大的无产阶级战略家、军事家。

从1911年参加湖南起义新军到1976年9月在中共中央军委主席任内逝世，在其60多年的军事政治生涯中，毛泽东担任过许多军事职务。

那么，毛泽东都担任了哪些军事职务？笔者根据有关史料，试图作一历史考察，以有益于毛泽东军事生平和军事思想的研究。

1. 新军列兵—学生志愿军上士、警备队长—军校教官—农讲所所长

1911年10月武昌起义爆发后，毛泽东投笔从戎，报名参加了湖南起义新军，被编入第25混成协第50标第1营左队，成为一名列兵。这是毛泽东军事实践的肇始。1912年春，中华民国宣告成立，毛泽东乃退出新军，决定继续求学。

1916年秋，毛泽东在湖南省立第一师范学校，参加了学校为实施"军国民教育"而组织的学生课外志愿军，任第1连直属连部上士，除接受军事训练外，还担任递呈上级命令和本连一切文牍事物的工作。1918年4月，为防止进入长沙的军阀部队对学校扰乱破坏，毛泽东以学生志愿军为基础组成警备队，并担任队长，率队护卫学校。

1924年第一次国共合作统一战线正式形成后，毛泽东在上海负责黄埔陆军军官学校上海地区考生的复试工作。1925年9月到广州，在此期间兼任国民革命军第2军军官学校教官，为该校学员讲授农民问题课程。

1926年3月，毛泽东在广州任第六届农民运动讲习所所长。农讲所实行军事编制，军事训练是教学重点。1927年3月，毛泽东又在武昌担任中央农民运动讲习所所长。同年5月，毛泽东将中央农民运动讲习所的学生武装200多人，改编为中央独立师第2团第3营，参加镇压麻城反革命暴

乱。毛泽东主持农讲所期间，重视武装农民问题，不仅为农民运动培养了大批干部，还为后来中国共产党领导的各地武装起义培养了骨干。

2. 前敌委员会书记—师长—军党代表、军委书记—军前委书记—军行委书记—军前委书记兼政治部主任

1927年大革命失败后，毛泽东领导湘赣边界秋收起义，任起义领导机关中共湖南省委前敌委员会书记，组建工农革命军第1军第1师，率部向井冈山进军。

1928年3月，中共湘南特委派代表到井冈山，指责以毛泽东为书记的前敌委员会"工作太右"，宣布取消前敌委员会。毛泽东改任工农革命军第1军第1师师长。同年4月，毛泽东领导的工农革命军与朱德、陈毅率领的湘南起义部队会师后，合编成立工农革命军第4军，毛泽东任党代表兼第11师代师长。接着，毛泽东又当选为中共工农革命军第4军军委书记。

5月，在中共湘赣边界第一次代表大会上，毛泽东当选为中共湘赣边界特委书记，统一领导工农革命军第4军军委和边界各县党的组织。6月下旬，中共湖南省委写信给湘赣边界特委和红4军军委，派杨开明担任湘赣边特委书记，取消红4军军委，另成立以毛泽东为书记的前敌委员会。8月，中共红4军前委召开扩大会议，决定取消前委，组织行动委员会指挥军队行动，以毛泽东为书记。11月，中共湘赣边界特委重新成立中共红4军前敌委员会，毛泽东任书记。1929年3月，红4军根据中共六大关于在红军中设立政治部的指示精神，将工农运动委员会改为军政治部，毛泽东兼任政治部主任。

同年6月，中共红4军第七次代表大会后，毛泽东离开红4军主要领导岗位，到闽西休养并指导地方工作。根据中共中央9月来信精神，红4军于12月召开党的第九次代表大会。在会上，毛泽东重新当选为前委书记。

1930年2月，为了加强对红军和地方党组织的统一领导，决定扩大红4军前委任务，成立领导红4军、红5军、红6军和赣西南、闽西、粤东江革命根据地的中共共同前敌委员会，毛泽东任书记。会议还决定成立红军学校第6分校，朱德任校长，毛泽东任政治委员。

3. 红1军团政治委员—红一方面军总政治委员、中国工农革命委员会主席—苏区中央革命军事委员会副主席、总政治部主任—红一方面军总政

治委员

1930 年 6 月，中共红军第 4 军前委和闽西特委在闽西长汀举行会议，决定将红军第 4 军、第 6 军、第 12 军整编为红军第 1 路军（不久改称红军第 1 军团），朱德任总指挥，毛泽东任政治委员。8 月，红 1 军团和红 3 军团会师后，两个军团的前敌委员会举行联席会议，会议决定将红 1 军团、红 3 军团合编为中国红军第一方面军（简称"红一方面军"），朱德任总司令，毛泽东任总政治委员；同时成立中国工农革命委员会，统一指挥红军和地方政权，毛泽东任主席。

1931 年 1 月，项英到达中央革命根据地，组成中共苏区中央局。中共苏区中央局随即发布第 1 号通告，宣布周恩来任书记（未到职），建立由苏区中央局领导的中央革命军事委员会，项英为主席，朱德、毛泽东为副主席。

2 月，苏区中央革命军事委员会发布《总政治部的任务及红军中政治部与政治委员的关系的通令》，决定在中央革命军事委员会内设总政治部，以毛泽东为主任。

1931 年 11 月，全国苏维埃第一次代表大会委托中华苏维埃共和国临时中央政府执行委员会主席团组建最高军事机关——革命军事委员会，负责领导全国红军的作战和建设。

25 日，中华苏维埃共和国中央革命军事委员会（简称中革军委）宣告成立，并决定中央革命军事委员会成立后，即取消红一方面军总司令、总政委的名义，红一方面军所属部队统一称中央红军，直接归中央革命军事委员会领导和指挥。27 日，毛泽东在中华苏维埃共和国临时中央政府执行委员会举行的第一次会议上当选为主席。

1932 年 1 月，中华苏维埃共和国临时中央政府人民委员会第 5 次常委会决定，将中央革命军事委员会总政治部改名为中国工农红军总政治部，由王稼祥任主任，毛泽东不再兼任此职。

中共临时中央和苏区中央局于 6 月中旬决定恢复红一方面军总部，毛泽东以中华苏维埃共和国临时中央政府主席身份随红一方面军总部行动。7 月 25 日，在前方的周恩来、毛泽东、朱德、王稼祥联名致电中央局：我们认为，为前方作战指挥便利起见，应取消政府主席一级，改设总政治委员为妥，即以毛任总政委，作战指挥权属总司令、总政委，作战计划与决定权属中革军委。

7月29日，针对中央局仍坚持由周恩来兼任红一方面军总政委的决定，周恩来再次致信中共苏区中央局，坚持由毛泽东任红一方面军总政委，强调"有泽东负责，可能指挥适宜，恳请中央局再三考虑前方意见"。8月8日，根据中华苏维埃共和国临时中央政府的命令，任命毛泽东为红军第一方面军总政治委员。

中共苏区中央局于10月上旬在江西宁都召开全体会议，会议贯彻执行临时中央"左"倾冒险主义进攻路线，对毛泽东进行了错误的批评和指责，坚决不赞成由毛泽东"负指挥战争全责"。会议批准毛泽东暂时请病假，必要时到前方。就这样，毛泽东被迫离开了红军的领导岗位。

4. 前敌司令部政治委员—三人军事小组成员—陕甘支队政治委员—西北革命军事委员会主席、红一方面军政治委员

1934年10月，中共中央、中革军委率中央红军主力被迫实行战略转移。毛泽东随军长征，被编在第1野战纵队所属的中央队。

1935年1月，中共中央政治局在遵义召开扩大会议，会议着重纠正了"左"倾教条主义在军事上的错误，重新肯定了毛泽东总结出来的一系列正确的战略战术基本原则。会议决定，毛泽东增选为政治局常委：周恩来为党内委托的在军事指挥方面下最后决心的负责者。毛泽东为周恩来在军事指挥上的帮助者。

为加强和统一作战指挥，3月4日，中央革命军事委员会发布命令，设置前敌司令部，以朱德为司令员、毛泽东为政治委员。鉴于作战情况瞬息万变，指挥需要集中，毛泽东提议成立三人军事小组，全权指挥军事。

3月11日前后，中央决定成立由周恩来、毛泽东、王稼祥组成的三人军事小组。三人军事小组在当时的战争环境中，是中央最重要的领导和决策机构，中央革命军事委员会、前敌司令部是它的执行机构。

1935年6月，中央红军（红一方面军）和红四方面军会师后，张国焘反对红军北上，并企图分裂和危害党中央。毛泽东与周恩来、张闻天等率红1军、红3军和军委纵队继续北上。9月，中央政治局在俄界召开扩大会议。会议决定将红1军、红3军和军委纵队编为中国工农红军陕甘支队，彭德怀为司令员，毛泽东为政治委员。

中共中央率陕甘支队长征到达陕甘革命根据地后，10月27日，中央政治局在吴起镇召开常委会议，会议确定毛泽东负责军事工作，秦邦宪负责苏维埃工作，周恩来负责中央组织局和后方军事工作。11月3日，中央政

治局会议决定，成立西北革命军事委员会，毛泽东为主席，周恩来、彭德怀为副主席：决定恢复红军第一方面军番号，彭德怀任司令员，毛泽东任政治委员。

5. 中央革命军事委员会主席—中共中央革命军事委员会主席—中共中央军事委员会主席—中国人民革命军事委员会主席

1936 年 10 月，红军三大主力会师后，12 月 7 日，中央革命军事委员会主席团转发了中华苏维埃共和国中央政府关于扩大中央革命军事委员会组织的命令，以毛泽东为中央革命军事委员会主席。

1937 年 7 月抗日战争全面爆发后，为了在新形势下加强党对军队的绝对领导，中共中央政治局洛川会议于 8 月 22 日决定成立中共中央革命军事委员会，毛泽东为书记（实际称主席）。1945 年 8 月 23 日，中共中央政治局扩大会议决定，组成新的中共中央军事委员会，毛泽东任主席，朱德、刘少奇、周恩来、彭德怀任副主席。

随着人民解放战争在全国的胜利发展，为了适应新的形势，1948 年 11 月 21 日，中共中央决定中共中央军事委员会今后在对外公开发布命令时，使用"中国人民革命军事委员会"的名称。根据目前看到的历史文献资料，最早对外公开使用中国人民革命军事委员会名义的时间是 1949 年 4 月：一是 1949 年 4 月 21 日毛泽东以中国人民革命军事委员会主席名义与朱德共同发布的《向全国进军的命令》；二是同年 4 月 25 日毛泽东以中国人民革命军事委员会主席名义与朱德共同发布的《中国人民解放军布告》。

6. 中央人民政府人民革命军事委员会主席—国防委员会主席—中共中央军事委员会主席

1949 年 10 月 1 日，中华人民共和国成立。中央人民政府委员会第一次会议任命毛泽东为中央人民政府人民革命军事委员会主席。10 月 19 日，中央人民政府委员会举行第三次会议，决定组成人民革命军事委员会，统一管辖和指挥人民解放军及其他武装力量，毛泽东为主席。从此，毛泽东成为共和国的最高军事统帅。

1954 年 9 月，中华人民共和国第一届全国人民代表大会第一次会议决定，国家设立国防委员会，并任命毛泽东兼任国防委员会主席。

为了加强党对军队的绝对领导，1954 年 9 月 28 日中共中央政治局做出《关于成立党的军事委员会的决议》。决议指出：中央政治局认为，必须同过去一样，在中央政治局和书记处之下成立一个党的军事委员会，担负整个军事工作的领导。同时决定由毛泽东、朱德、彭德怀等 12 人组成中共中央军事委员会，毛泽东任主席。直至 1976 年 9 月逝世，毛泽东一直担任中共中央军事委员会主席，统率着全国的武装力量。

（原载《中国国防报》2012 年第 010 版）

毛泽东研究前沿和综述

30年来毛泽东哲学思想研究的回顾与展望
——以全国毛泽东哲学思想研究会
18次年会为考察对象

唐洲雁

2011年，是全国毛泽东哲学思想研究会实际成立30年。30年前，第一次全国毛泽东哲学思想学术研讨会在广西桂林召开。在那次会议上，成立了全国毛泽东哲学思想研究会筹备组。从此，在筹备组及随后成立的研究会的组织协调下，召开了一系列学术研究活动。迄今为止，仅年会就召开了18次，取得了丰硕的研究成果。本文仅以这18次年会为考察对象，对30年来毛泽东哲学思想研究的总体情况，进行简单的回顾；对新世纪新阶段毛泽东哲学思想研究的前景，作一初步的展望。

一 30年来毛泽东哲学思想研究的回顾

关于30年来毛泽东哲学思想研究情况，可以大致分为5个阶段。

第一个阶段：从1981年下半年学习"历史决议"到1983年底纪念毛泽东诞辰90周年，这是恢复毛泽东哲学思想本来面目，开始进入学术研究的起步阶段。在这一阶段，有标志性的会议是1981年10月在广西桂林召开的第一次全国毛泽东哲学思想年会和1983年10月在湖南长沙召开的第二次全国毛泽东哲学思想年会。

新时期的毛泽东哲学思想研究，可以说是与我们国家的改革开放事业同步进行的。此前关于真理标准问题的大讨论，就是从哲学的命题出发，承担着全党思想解放的历史使命，它在廓清了思想理论界重重迷雾的同时，也推动了毛泽东哲学思想领域拨乱反正、正本清源的工作。这为新时期重新开展毛泽东哲学思想研究奠定了坚实的基础。此后，一些著名高等院校陆续开设毛泽东哲学思想课程，推动了这门学科的教学和研究。1979
年，四川省社会科学院邀请省内外哲学工作者举行了一次毛泽东哲学思想
讨论会，在当时的学术界引起了一定的反响。所有这些情况，都反映了新
时期毛泽东哲学思想研究正在逐渐恢复。

当然，新时期毛泽东哲学思想研究，应该说是在党的第二个"历史决
议"通过以后才得以全面展开的。大家知道，党的十一届三中全会确立解
放思想、实事求是的思想路线之后，党内外思想以及学术研究顿时活跃起
来。但也有极少数人利用拨乱反正的机会，曲解"解放思想"的口号，极
力夸大毛泽东晚年的错误，企图否定毛泽东思想的指导地位。对此，邓小
平亲自主持起草了第二个"历史决议"，系统地阐明了"毛泽东思想是马
克思列宁主义在中国的运用和发展，是被实践证明了的关于中国革命的正
确的理论原则和经验总结，是中国共产党集体智慧的结晶"；实事求是、
群众路线、独立自主是贯穿于毛泽东思想的活的灵魂，是中国共产党人的
立场、观点和方法。

第二个"历史决议"不仅阐明了毛泽东思想的科学定义、基本内涵和
三个"活的灵魂"，恢复了毛泽东思想的本来面目；而且重新确立了毛泽
东思想在全党的指导地位，实现了党在指导思想上的拨乱反正。这不仅对
毛泽东思想在新时期的恢复和发展具有重要意义，而且对学术界重新开展
毛泽东思想，包括毛泽东哲学思想研究，具有直接的指导和促进作用。

第二个"历史决议"通过后，很快在全国范围内掀起了一个学习高
潮，"决议"的精神深入人心，不仅统一了全党的思想认识，而且也使有
关毛泽东思想包括毛泽东哲学思想的研究，获得了新的理论支点和思想平
台，进入了初步发展的阶段。例如1981年10月在广西桂林召开的第一次
年会上，龚育之（他是参与第二个"历史决议"的起草者之一）的发言题
目就是《从"历史决议"谈毛泽东思想研究的新起点》，这篇发言充分阐
明了"历史决议"与新时期毛泽东哲学思想研究起步的关系。

之所以说是初步发展的阶段，首先是因为这一时期围绕着"历史决
议"的内容所做的阐释性工作比较多。涉及毛泽东哲学思想方面的，包括
对《实践论》、《矛盾论》、《关于正确处理人民内部矛盾的问题》等著作
的重新解读，对贯穿于整个毛泽东思想的世界观、方法论以及三个"活的
灵魂"的具体阐释，等等。其中最有代表性的，是当时中共中央文献研究
室组织编写的《〈关于建国以来党的若干历史问题的决议〉注释本》一

书，用比较翔实的档案文献资料，对"决议"的主要观点和基本思想进行了充分的论证和详尽的解释，对广大读者学习"决议"起到了较大的帮助作用，产生了很好的影响。

其次，是因为这一时期的研究主要还是围绕着毛泽东哲学思想的定义、特点、贡献、来源等这样一些基本问题来展开的。如在第一次年会上，大家争论最热烈的一个问题，就是关于毛泽东哲学思想的定义问题，而这次会议一个最显著的成果，也就是围绕着龚育之的有关表述达成了初步的共识，即毛泽东哲学思想是"马列主义普遍原理和中国革命（建设）具体实践相结合的经验的哲学概括"。此后 30 年，基本上是沿用了这样一个毛泽东哲学思想的概念，并以此为指导来进行学术研究。这是因为这个定义比较准确地反映了毛泽东哲学思想的本质特征；比较好地说明了毛泽东哲学思想与马列主义、与毛泽东思想、与中国革命和建设的实践经验的关系，也说明了毛泽东哲学思想与毛泽东和毛泽东思想的关系，以及与党和群众集体智慧的关系。

再次，是因为这一时期的研究基本上是围绕"历史决议"的有关表述来进行论证的。可以说，"历史决议"不仅为这一时期有关毛泽东思想包括毛泽东哲学思想的研究提供了理论依据和指导原则，而且开拓了研究领域、指明了发展方向。如"历史决议"说毛泽东思想"是马克思列宁主义在中国的运用和发展"，这一时期便有人开始关注毛泽东思想，包括毛泽东哲学思想的"理论来源"的问题；"历史决议"说毛泽东思想"是被实践证明了的关于中国革命的正确理论原则和经验总结"，这一时期便有人开始争论毛泽东思想以及毛泽东哲学思想"究竟包括不包括错误"，有没有"毛泽东思想"与"毛泽东的思想"，以及"毛泽东哲学思想"与"毛泽东的哲学思想"的区别问题；"历史决议"说毛泽东思想"是中国共产党集体智慧的结晶"，这一时期便有人开始研究周恩来、刘少奇、朱德、邓小平、陈云等人的著作和思想，包括他们的哲学思想。特别是随着周恩来、刘少奇等老一辈革命家的著作集当时的相继出版（其中《周恩来选集》出版最早，1980 年出版），为毛泽东思想包括毛泽东哲学思想研究开拓了广阔的空间。

值得一提的是，随着 1982 年党的十二大提出"走自己的路，建设有中国特色的社会主义"这一理论和实践的主题，特别是随着《邓小平文选》（1975—1982）在 1983 年出版，关于毛泽东哲学思想在新时期的应用和发展，开始成为这一时期研究的新的增长点。如1983年10月在湖南长沙召开的第二次年会的主题之一，就是讨论党的十一届三中全会以来对毛泽东哲学思想的坚持和发展。与会代表一致认为，邓小平是新的历史条件下坚持和发展毛泽东思想包括毛泽东哲学思想的杰出代表，《邓小平文选》（1975—1982）就是这段历史的具体记录和理论概括。

这种关于"应用和发展"的研究，集中体现在关于毛泽东思想三个"活的灵魂"的研究上。有学者提出，"历史决议"把实事求是、群众路线和独立自主这样三个方面概括为毛泽东思想"活的灵魂"，强调它们是中国共产党人独特的立场、观点和方法，这既是我们党在新时期对毛泽东思想重新进行科学概括所得出的重大理论成果，同时也是我们党在新的历史条件下对毛泽东思想继承和发展的三个重要方面。这些思想内容的提出，无疑是毛泽东的重大理论贡献；但这些概念的提炼和概括，则是以邓小平为代表的第二代中央领导集体的重大理论贡献。有时候，善于总结也是一种创新，三个"活的灵魂"这一概念的提出，反映了党的两代领导集体在指导思想上继承和发展的内在一致性。

第二个阶段：从1983年毛泽东诞辰90周年之后到1989年政治风波之前，这是毛泽东哲学思想研究已经走上正轨，学科建设日益完善的阶段。在这一阶段，有标志性的会议是1986年10月在四川成都召开的第三次年会和1987年8月在北京召开的第四次年会。

学科建设不断完善，是这一时期的显著特点。如果说，在此前有关毛泽东哲学思想的课程已经设立，研究机构开始成立（如中国社会科学院哲学研究所于1979年成立了专门的毛泽东哲学思想研究室）；社会团体不断产生（如吉林省毛泽东哲学思想研究会于1981年正式宣告成立，时间早于全国毛泽东哲学思想研究会），专业刊物也开始陆续问世（最早的是1982年内部发行的上海《毛泽东哲学思想研究动态》，后来改为公开发行的《毛泽东哲学思想研究》，即现在《毛泽东邓小平理论研究》的前身）。那么到了这个时期，即第二阶段，研究的队伍已经基本形成。全国先后有十几个省市成立了毛泽东哲学思想研究会。其中仅1984年宣布成立的省一级研究会就有辽宁省毛泽东哲学思想研究会（有会员70人）、河北省毛泽东哲学思想研究会（有会员79人）、天津市毛泽东哲学思想研究会（有会员约40人）。各省、直辖市、自治区成立的这些毛泽东哲学思想研究会大多挂靠在当地的社科院哲学所，也有的挂靠在当时的综合性大学。因为这时候全国各主要高校哲学系已经设立了毛泽东哲学思想教研室，讲授毛泽东哲学思想课程。一些军队院校还设立了毛泽东军事辩证法教研室，一些知名学者开始招收相关专业的硕士生（个别的如中山大学的刘嵘已经开始带博士生）。为此，当时的国家教委还组织编写了《毛泽东哲学思想概论》等统编教材。此外，中共中央文献研究室、中央党史研究室和社会科学院、党校系统，也分别设立了相应的研究机构或教研室，形成了老、中、青三结合的研究队伍和正规机构、群众社团互相促进的研究局面。至此，关于毛泽东哲学思想的学科建设，可以说已经基本完成。

正是在此基础上，经过 5 年的酝酿筹备工作，全国毛泽东哲学思想研究会于 1986 年 10 月在四川成都召开的第三次年会上正式宣告成立。理事会集中了来自全国各地的毛泽东哲学思想研究学科带头人和知名学者，可谓学科兴旺，人才济济。全国毛泽东哲学思想研究会的正式成立，对此后这一领域的学术研究，起到了组织协调和交流促进的作用；为广大研究工作者提供了新的学习和研讨的平台。

这一时期，在研究的内容上，已经从过去的定义、特点、来源和单篇著作解读等初步性的研究，进入到总体性、综合性的研究阶段。尤其是随着《毛泽东著作选读》（上、下）和《毛泽东哲学批注集》等一些毛泽东著作的出版，拓宽了研究的视野，提供了新的研究资料，丰富了毛泽东哲学思想学科建设的基本内容。据全国毛泽东哲学思想研究会第三次年会的统计，到 1986 年，学术界已经公开出版有关毛泽东哲学思想方面的著作达 40 多本。这些书以"原理"、"概论"、"大纲"命名的居多，这一方面是因为教学的需要，出版教科书成为当务之急；另一方面也说明这一时期的研究还有待进一步深入和细化。比如这次会议就指出：目前的研究领域还不够宽阔，许多论著还停留在概论的水平上，并且往往是认识论、辩证法、历史观等几大块，缺少在一些新领域更加深入的专题性研究。为此，会议建议：专题性研究可以有两个方面：一是横的方面，如认识过程问题、价值观念问题、人道主义问题、管理哲学问题，等等；二是纵的方面，即加强断代史研究，如早期思想、土地革命战争时期和抗日战争时期的思想，等等。除此之外，这次会议还强调要改进毛泽东哲学思想的研究方法，认为如果仅仅就毛泽东的哲学著作本身来研究毛泽东哲学思想，容易造成视野狭窄，缺乏深度；建议加强开放式的比较研究，如毛泽东哲学思想与马列哲学思想、与苏联 30 年代哲学思想、与中国传统哲学思想、与西方马克思主义、与现代西方哲学思想等的比较研究，同时还应加深对国外研究毛泽东哲学思想的评论工作，吸收其积极成果，有针对性地回答他们在研究中提出的种种问题。

这一时期，关于毛泽东哲学思想在新时期的"应用和发展"研究开始成为重点。如第三次年会的主题就是"在新的实践中坚持和发展毛泽东哲学思想"，会议着重讨论了毛泽东哲学思想与改革开放、与社会主义精神文明建设等问题。第四次年会结合纪念《矛盾论》、《实践论》发表50周年，《关于正确处理人民内部矛盾的问题》发表30周年，集中研讨了新时期如何坚持和发展毛泽东哲学思想，以及"三论"对马克思主义哲学的丰富和发展等问题。与会学者一致认为：在毛泽东哲学思想基本原理的指导下，分析和解决新时期的实际提出的一系列理论问题，是坚持和发展毛泽东哲学思想的基本途径。

随着对这一问题研究的不断深入，人们进一步涉及"邓小平对毛泽东哲学思想的继承和发展"这样的话题。在第四次年会上，有的学者就提出有没有邓小平哲学思想的问题？如果有，它与毛泽东哲学思想是什么样的关系？这表明此问题的研究重心已经开始从毛泽东转移到邓小平。1987年，党的十三大提出了"建设有中国特色的社会主义理论"这一概念，并全面阐述了"一个中心，两个基本点"的社会主义初级阶段基本路线，被学者们认为是邓小平建设有中国特色的社会主义理论初步形成的标志。邓小平理论的初步形成，从另一个角度说明了毛泽东思想，特别是毛泽东哲学思想已经具备了作为一个相对独立的研究学科的可能性。这也是这一时期毛泽东哲学思想学科建设能够迅速完善的重要原因。

第三个阶段：从1989年下半年到1993年底毛泽东诞辰100周年，这是有关毛泽东哲学思想研究出现热潮、跨上台阶的阶段。在这一阶段，有标志性的会议是1990年10月在安徽马鞍山召开的第五次年会、1991年6月在上海召开的第六次年会和1993年10月在长沙召开的第七次年会。

1989年政治风波以后，特别是苏东剧变以后，国内理论界、学术界开始进一步反思毛泽东在新中国成立后的有关重要思想和论述，深入总结其中的经验教训。比如第五次年会的主题就是《毛泽东哲学思想与当代社会主义实践》，会议针对改革开放以来的经验教训，提出要吸取在对待社会主义物质文明和精神文明建设问题上"一手硬，一手软"的教训，切实加强社会主义精神文明建设。会议强调，研究毛泽东哲学思想应当关注现实，要用毛泽东哲学思想来观察和分析中国社会主义的历史命运。当代社会主义面临着两种思潮的挑战：一是自由资本主义的挑战；二是民主社会主义的挑战。在中国是搞科学社会主义还是搞民主社会主义，反映出的是接受作为辩证唯物主义和历史唯物主义的毛泽东哲学思想的指导，还是接受自由资本主义历史观和新实证主义认识论的指导。中国社会发展的历史和现实表明，中国共产党人的精神支柱和理想旗帜，只能是以毛泽东哲学思想为基础的当代中国的马克思主义。因此，很有必要去研究毛泽东在领导社会主义建设中的哲学探索和思考，特别是要研究毛泽东的方法论遗产在社会主义现代化建设和改革开放具体实践中的重要作用和意义。

正是在此基础上，1991 年在上海召开的第六次年会集中研究了"党的思想方法和工作方法"问题。会议认为，毛泽东的方法论思想，不仅对于中国革命的胜利有重要指导作用，而且对于今天的改革开放和社会主义现代化建设有重大的现实意义。党的十一届三中全会以来，毛泽东方法论思想的核心——从中国实际出发、实事求是在全党范围内得到了继承和发扬，实事求是被明确规定为党在新时期的根本思想路线和工作方法。同时，为适应新时期新任务的需要，党的思想方法和工作方法在吸收现代科学理论和技术的基础上，有了新的补充和发展。时任会长孙克信在会上特别强调：今后全国毛泽东哲学思想研究会要加强对毛泽东方法论的意义和功能的研究，尤其是对在改革开放条件下的实践意义的研究。

1991 年，是中国共产党成立 70 周年。在此前后，围绕着宣传毛泽东思想和总结党的历史经验，产生了一大批重要思想理论成果，形成了广泛的社会影响，这对推动毛泽东哲学思想研究深入发展，跨上台阶，产生了重要作用。其中最能说明问题的是中共中央文献研究室修订出版的《毛泽东选集》(第 2 版)，在当时热销了 700 多万套。此外，中央党史研究室组织编写的《中国共产党七十年》、薄一波撰写的《若干重大决策与事件的回顾》(上)、胡乔木发表的《中国共产党怎样发展了马克思主义》长文等，虽然不是专门研究毛泽东哲学思想的著作或论文，但都对毛泽东的理论和实践活动作出了比较深刻的论述，具有较高的理论价值和学术价值。在这些重头著述的影响和带动下，开始出现大量有深度、广度的毛泽东哲学思想研究著作和论文，使得这一时期的总体研究水平有了明显提高。比如冯贵贤等主编的《毛泽东哲学辞典》160 多万字，集中了京津两地的一大批专家学者，可以说是第一部以"历史决议"为指导的毛泽东哲学思想辞典，总结和吸收了改革开放以来毛泽东哲学思想研究的最新成果。

到党的十四大提出邓小平建设有中国特色社会主义理论，并从 9 个方面加以阐述，毛泽东思想和邓小平理论的关系成为这一时期人们关注的热点。学术界对毛泽东当年探索适合中国国情的社会主义建设道路及其哲学思考，产生了浓厚兴趣，发表了许多有分量的观点、文章和著作。观点如薄一波关于"始于毛，成于邓"的看法，曾经影响了整整一代学者；文章如胡绳关于《毛泽东一生所做过的两件大事》一文，提出第二件大事就是对社会主义建设道路的探索，得到了学术界的广泛认同；著作如石仲泉的《毛泽东的艰辛开拓》一书，集中体现了他在这一时期的研究成果，该书曾经多次修订，一版再版，受到了读者的热烈欢迎。

1993 年第七次年会就是在这样的大背景下召开的。这次会议的主题是"毛泽东哲学思想与建设有中国特色社会主义理论的关系"。会议认为：毛泽东哲学思想是建设有中国特色社会主义理论的哲学基础。其中实事求是是建设有中国特色社会主义的思想路线；以对立统一规律为核心的唯物辩证法，是建设有中国特色社会主义的方法论原则；毛泽东关于社会主义基本矛盾的理论，是社会主义改革的理论依据。我们既不能将邓小平建设有中国特色的社会主义理论与毛泽东思想割裂或对立起来，也不能将它们等同起来，两者是继承和发展的关系。

当然，在这一时期，真正推动毛泽东哲学思想研究跨上一个新台阶的契机，应该说还是毛泽东诞辰 100 周年。为迎接这一时机的到来，中共中央文献研究室于 1991 年底召开了"毛泽东研究述评"学术研讨会，对此前的研究情况进行了一次大检阅，同时也提出了今后研究的一些重要问题和方向。其中关于毛泽东哲学思想发展史的研究综述，就是由中国马克思主义哲学史学会会长庄福龄教授亲自执笔撰写的；关于毛泽东方法论研究述评，是由上海社会科学院研究员李君如执笔撰写的；关于"两论"的研究述评，是由武汉大学教授雍涛执笔撰写的。这次会议和这些高水平的综述，对总结既往毛泽东哲学思想研究的成绩，展望未来毛泽东哲学思想研究的方向，及时推动毛泽东哲学思想研究热潮的到来，起到了重要的作用。

正是由于此前的精心准备和长期积累，到 1993 年，毛泽东哲学思想研究进入了高潮，研究水平也跨上了一个新的台阶。仅此一年，围绕毛泽东和毛泽东思想的研究文章、著作就达 6000 余篇（本）。其中有不少是专门研究毛泽东哲学思想的重头著作，吸收了改革开放 10 多年来的研究成果，不仅立意新颖、视角独特，而且资料丰富、思想深刻，反映了毛泽东哲学思想研究的最新成果。像刘嵘的《毛泽东哲学思想新篇——从毛泽东到邓小平》、宋一秀的《毛泽东哲学思想精髓》、许全兴的《毛泽东晚年的理论与实践》、李景源的《毛泽东方法论导论》、雍涛的《毛泽东哲学思想的历史发展》等，都是在这一年出版的，堪称精品力作。这些专著，除了极少一部分仍然是在探讨体系、原理、概论和纲要外，绝大部分是关于毛泽东哲学思想的分支学科、专题领域及专门史、断代史的研究，集中反映了这一时期毛泽东哲学思想研究向纵深发展和横向开拓的发展趋势。

第四个阶段：自 1993 年毛泽东诞辰 100 周年之后到 2003 年年底毛泽东诞辰 110 周年之际，这 10 年是毛泽东哲学思想研究渐趋平稳、走向深入的发展阶段。一方面，学科建设遭到削弱，研究队伍出现分流；另一方面，研究资料日益丰富，学术性更加突出。在这一阶段，有标志性的会议是 1996 年 6 月在山东东营召开的第八次年会、1997 年 5 月在南京召开的第九次年会、1998 年 10 月在湖南湘潭召开的第十次年会和 2003 年 12 月在广东佛山召开的第十一次年会。

党的十四大对邓小平建设有中国特色社会主义的理论进行系统概括和阐述之后，关于邓小平理论的研究取得了飞速的发展。尤其是 1993 年出版《邓小平文选》第 3 卷，1994 年修订出版《邓小平文选》第 1、2 卷之后，吸引了大批此前从事毛泽东思想研究的学者加入邓小平理论的研究队伍。正是在这样的背景下，中国马克思主义哲学史学会于 1994 年增设了全国邓小平理论研究会，全国毛泽东哲学思想研究会的理事几乎是一分为二，将近一半的学者转向邓小平理论的研究，石仲泉和杨春贵分别担任了两个研究会的会长，并互兼理事，其目的是加强两个研究会的联系和交流，同时也从一个侧面说明了两个研究会的渊源关系。

在邓小平理论研究日益成为"显学"的同时，毛泽东哲学思想研究并没有因此走向衰落，而是逐趋平稳，并且有所深入。这是因为自毛泽东诞辰 100 周年到 110 周年这 10 年间，有关部门出版了大量毛泽东思想研究的基本档案和权威资料，使得这一时期的研究水平在 10 年间始终保持了较高的水准。像《毛泽东文集》（8 卷本）、《毛泽东军事文集》（6 卷本）、《建国以来毛泽东文稿》（13 卷本）、《毛泽东著作专题摘编》（上、下）等一系列毛泽东著作和《建国以来重要文献选编》（20 卷本）等中央文献集，都具有十分重要的理论价值和资料价值，对于深入开展毛泽东哲学思想研究，起到了极大的推动和促进作用。

这 10 年间，有关毛泽东的生平、事业、思想的一些重要研究著作也进入了一个出版高峰期。有影响的如中共中央文献研究室出版的《毛泽东年谱》（1893—1949），将资料性、学术性、传记性相统一，真实地记述了毛泽东在新中国成立前的实践活动，多侧面、多角度地体现了他的科学思想体系，展示了他的思想发展轨迹；1996 年出版的《毛泽东传（1893—1949）》和 2003 年出版的《毛泽东传（1949—1976）》，根据毛泽东的文稿、电报、书信、讲话记录等大量丰富而可靠的第一手资料，写出了一部比较翔实的信史，不仅再现了作为革命家的毛泽东的一生，而且再现了作为理论家的毛泽东的一生，具有较大的参考价值和资料价值。

在毛泽东年谱、传记等一系列权威性研究著作相继出版的同时，像《杨尚昆回忆录》、薄一波《若干重大决策与事件的回顾》（下）、《胡乔木回忆毛泽东》等一系列回忆文集的出版发行，提供了大量亲见亲闻、生动丰富的研究资料，为广大理论工作者研究毛泽东的生活方式与思维方式，把握他的立场、观点和方法，考察他的理论渊源和思想建树，提供了新的角度和视野。

随着研究资料的丰富和研究水平的不断提升，这个阶段的毛泽东哲学思想研究呈现出比较深入的研究趋向。主要体现在以下几个方面：

一是一些过去未曾涉猎和较少涉猎的领域，开始逐渐成为人们的研究重点。比较突出的如对毛泽东自然辩证法思想的研究，这一时期开始呈上升趋势。不仅一些哲学工作者写出了自己的研究文章，而且许多著名的自然科学家和社会科学家也开始拿起笔来，向人们介绍毛泽东对自然科学的认识和理解，这对毛泽东自然辩证法思想的研究，无疑是一个很大的促进。如于光远在《毛泽东与自然辩证法》（《瞭望》1995 年第 6 期）一文中，回忆了他与毛泽东的一些直接接触以及聆听毛泽东讲话和阅读毛泽东著作的感受，指出："毛泽东对自然科学和自然辩证法一贯非常重视，不仅有自己的见地，而且善于同社会科学、同他所从事的中国革命和建设的领导工作结合起来。我认为这也是毛泽东作为伟大哲学家的一大特色。"除此之外，这一时期关于毛泽东国际战略思想、艺术哲学和美学实践，以及不要怕发展资本主义等唯物史观的探讨，都取得了一些研究成果。

二是一些过去已经有所研究或者取得阶段性成果的领域，开始逐渐向全面化、系统化、体系化的研究方向发展。突出的如对毛泽东军事辩证法的研究，这一工作实际上早就在做，而且取得了大量专题性和阶段性的成果。但不能不指出的是，对毛泽东军事辩证法思想的研究要真正走上一个台阶，还必须建立在对 6 卷本的《毛泽东军事文集》进行全面、系统的研究之后。这一文集收录了毛泽东 1927—1972 年关于军事方面的文章、电报、批示和讲话等共 1600 篇，其中大部分是第一次公开发表，系统地反映了毛泽东军事思想包括军事辩证法思想的全貌。因此它于 1993 年底问世以后，立即引起了广大研究者尤其是军队理论工作者的极大兴趣，新的研究成果不断出现，对过去的一些学术观点进行了补充、丰富和完善，使得关于毛泽东军事辩证法思想的研究开始朝着更加全面、系统和体系化的方向发展。

三是与邓小平理论的比较研究已成为这一时期毛泽东哲学思想研究的主题。毛泽东与邓小平作为我们党的两代领导集体的核心，无论是思想方法与工作方法，还是思维方式与情感方式，都有着许多的相似与共通之处。伟人的个性是各种各样的，但伟人的成功之处却大多是相通的。因此，对毛泽东和邓小平这两位伟人的丰功伟绩和思想建树进行科学的比较和分析，是这个时期毛泽东哲学思想研究的一个重要任务。比如在 1996 年召开的第八次年会，主题就是"毛泽东探索社会主义建设道路的哲学思考与邓小平建设有中国特色社会主义理论"。

比较研究的兴起，不仅仅是由于毛泽东哲学思想发展的需要，而且也是邓小平理论发展的需要。我们知道，毛泽东哲学思想的精髓，就是毛泽东长期以来所一贯强调的实事求是。它为新时期社会主义现代化建设提供了科学的世界观和方法论，为解决新时期可能遇到的各种复杂问题提供了正确的立场、观点和方法。邓小平正是紧紧抓住了实事求是这一毛泽东思想的精髓，创立了建设有中国特色社会主义的理论。正因为如此，如何正确把握毛泽东思想与邓小平理论的继承和发展的关系，就不仅是毛泽东思想研究的重要课题，而且也是邓小平理论研究的重要课题。

众所周知，由于邓小平理论突出地表现在《邓小平文选》之中，而《邓小平文选》的出版是在 1993 年和 1994 年，这就决定了人们对它与毛泽东思想进行广泛而深入的比较研究，只能是产生在 20 世纪 90 年代中后期。这种比较不仅仅局限于两个理论体系之间，而且深入到了一系列专题研究之中，突出的如关于实事求是思想的比较研究，关于人生观、价值观的比较研究，关于思维方式和工作方式的比较研究，关于发展战略思想的比较研究，等等，都有比较深入的研究。如 1997 年召开的第九次年会，就集中研讨了"'两论'与建设有中国特色社会主义"的问题。会议指出：建设有中国特色的社会主义理论在新的历史条件下发展了毛泽东的《实践论》，高扬了主观能动性与实践条件客观性相结合的实践精神；发展了毛泽东的《矛盾论》，开创了以社会主义市场经济的矛盾分析为中心的社会主义建设辩证法新阶段。正因为如此，探讨"两论"与建设有中国特色的社会主义理论的逻辑关系，既是"两论"研究的重要内容，也是建设有中国特色社会主义理论研究的重要环节。

学术界在这一时期集中开展毛泽东思想与邓小平理论的比较研究，还有一个重要的原因，就是党的十五大明确提出在马克思主义中国化的历史进程中，产生了两次历史性飞跃，形成了两大理论成果，即毛泽东思想和邓小平理论。邓小平理论是当代中国的马克思主义，是马克思主义在中国发展的新阶段。这一判断直接引发了学术界的研究热潮。

说到毛泽东思想与邓小平理论的比较研究，还不能不说到这一研究的主体，即广大的理论工作者。毫无疑问，在这一时期研究邓小平理论的最基本、最骨干的成员，大多来自毛泽东思想，特别是毛泽东哲学思想的研究阵营。正因为如此，他们必然会从毛泽东去研究邓小平，从毛泽东哲学思想的立场、观点、方法去研究邓小平理论的形成和发展。这种比较研究的结果，也为这一阶段毛泽东哲学思想的研究带来了新的内容。

1998 年是当代中国改革开放 20 周年，因此这年 10 月在湖南湘潭召开的第十次年会的主题就是"毛泽东哲学思想与改革开放"。围绕着这一主题，与会者回顾了改革开放 20 年来毛泽东思想特别是毛泽东哲学思想研究的发展历程，探讨了毛泽东哲学思想的形成与 20 世纪中国发展的密切关系，展望了 21 世纪毛泽东哲学思想研究的前景。

世纪之交，随着"三个代表"重要思想的提出，毛泽东哲学思想与"三个代表"重要思想的比较研究又成为新的课题。2003 年 12 月在广东佛山召开的第十一次年会，主题就是"'三个代表'重要思想与 21 世纪毛泽东哲学思想研究"。会议指出：毛泽东哲学思想，作为马克思主义哲学中国化的理论成果，是中国共产党指导思想的哲学基础。与毛泽东思想一脉相承的邓小平理论、"三个代表"重要思想，既是对毛泽东思想的继承，又是对毛泽东思想在新的历史条件下的发展，是马克思主义在中国发展的新的理论成果。在 21 世纪，应当把深入研究毛泽东哲学思想，作为全面建设小康社会、实现中华民族伟大复兴的一项理论建设工程。这次会议还对 21 世纪的毛泽东哲学思想研究进行了展望，提出研究毛泽东哲学思想也要与时俱进，既坚持严谨的治学态度，又站在时代的高度；既开阔视野，又坚持从实际出发。理论工作者要发扬毛泽东倡导的调查研究的作风，走出书斋，"读无字书"，关注现实问题，不断推出有分量的学术成果。

以上几次全国毛泽东哲学思想研究会年会的召开，在理论界、学术界均产生了一定的反响，表明自毛泽东诞辰 100 周年之后，毛泽东哲学思想的研究虽然队伍有所分散，学科遭到削弱，但研究的水平并没有因此而很快衰落，仍然保持了一定的发展态势，并提出了一些新的研究方向和课题。

第五个阶段：从 2004 年至今，这是毛泽东哲学思想研究继续拓展和不断回归的阶段。所谓拓展，是指毛泽东哲学思想研究的视野更加开阔，研究的思路有所拓展；所谓回归，是指不少学者重新回到毛泽东哲学思想的研究队伍，研究的对象和话题也进一步回归哲学层面的探讨。这一时期，有代表性的会议包括从 2004 年 7 月在四川西华大学召开的第十二次年会到 2011 年 12 月在广西民族大学召开的第十八次年会。

进入 21 世纪以后，一方面人们总是习惯于回过头去看看已经走过的百年历史，总结其中的经验教训；另一方面，又习惯于抬起头来展望未来百年的命运，从哲学层面上作出战略性的预测。要完成这样两个历史任务，都离不开哲学思维，离不开毛泽东哲学思想的宏观视野。这是毛泽东哲学思想在新世纪得以发展的一个重要契机。世纪之初，学术界开始出现两种可喜的趋向：一个是有一部分过去长期从事党史、国史研究的专家学者，进一步加入到毛泽东哲学思想研究的队伍中来，他们既熟悉我们党和国家的重大历史，又熟悉毛泽东思想形成和发展的基本过程，善于从历史中去研究理论，从理论中去反思历史，从而进一步加强了理论研究与历史实际相结合的趋向，大大拓展了毛泽东哲学思想研究的视野；另一个趋向是一部分过去从事马克思主义哲学、中国现代哲学、邓小平理论，以及"三个代表"重要思想研究的学者又开始回归到毛泽东哲学思想研究的阵营中来，或者兼顾毛泽东哲学思想的研究工作。以全国毛泽东哲学思想研究会的调整为例，毛泽东诞辰 110 周年之后，研究会进行了两次调整、充实工作，其中 2004 年增补了 4 位副会长，2008 年增补了两位副会长。这几位副会长，虽然大多是学哲学出身，但有的长期从事中共党史和毛泽东思想研究，有的是从邓小平理论、"三个代表"重要思想或中国现代哲学研究阵营回归的。为什么会出现这种情况？就是因为进入 21 世纪以后，面临新的难题，迎接新的挑战，时代在呼唤新的理论思维，要求作出新的回答，特别是从哲学层面上作出战略性的回答。正是在这样的大背景下，日益凸显出哲学研究的重要性和毛泽东哲学思想研究的当代价值。

关于毛泽东哲学思想的当代价值，可以说是新世纪历次毛泽东哲学思想研讨会的一个共同的话题。比如 2006 年 8 月在哈尔滨召开的第十三次年会上，就集中讨论了这个问题。会议认为，毛泽东哲学思想的当代价值主要体现在两个方面：一是毛泽东哲学思想是从现实出发的，抓住了基本国情，具有强烈的问题意识。在全面建设小康社会的今天，我们也应该从现实社会中存在的矛盾入手，提出解决问题的对策与方法。二是唯物辩证法是毛泽东哲学思想的世界观和方法论，至今仍然是我们思考、研究和解决社会问题的方法论基础。2009 年 8 月在山西农业大学召开的第十六次年会也研讨了这个问题，从辩证法、社会建设理论、文化品格、社会基本矛盾理论、意识形态理论等各个方面，深入分析了毛泽东哲学思想的当代价值，一致认为毛泽东哲学思想对推动中国特色社会主义的发展仍然具有重要的指导意义。2010 年 12 月在华南师范大学召开的第十七次年会，还进一步研讨了毛泽东文化哲学的当代价值问题，会议认为：毛泽东的文化哲学不仅指导中国新民主主义文化建设事业取得了胜利，而且指导我国社会主义文化建设取得了成就，初步开创了中国社会主义文化建设的新道路。它对新时期中国特色社会主义文化建设事业也具有重要的指导和借鉴作用，仍然是当今社会主义文化建设应当遵循的基本原则，对于执政党如何实现文化战略的转型，对于在全球化条件下如何进行文化选择，有着重要的现实意义。今天，我们要实行文化体制改革，促进社会主义文化大发展、大繁荣，就必须对当代文化建设中的价值问题进行思考，彰显毛泽东文化哲学的当代价值。

新世纪的毛泽东哲学思想研究，不仅关注毛泽东哲学思想的当代价值，而且关注毛泽东及其哲学思想与 20 世纪中国社会的伟大变革、与 21 世纪中华民族的伟大复兴、与中华民族精神的传承、与中国传统思维方式的变革、与马克思主义中国化的历史演进、与中国共产党人的理论创新、与党的指导思想的与时俱进、与社会主义先进文化的发扬光大等一系列的重大理论和实践问题。所有这样一些话题，都不是哪一个单一的人文社会科学（如历史、党史、科学社会主义、政治经济学、文化学等）所能够全部回答得了的，而必须上升到哲学的层面，运用哲学的辩证思维，站在哲学的高度，才能够给予全面系统的回答。这就是为什么 21 世纪的毛泽东哲学思想研究，一方面要拓宽哲学视野，另一方面要回归哲学思考的层面的一个重要原因。

21 世纪的毛泽东哲学思想研究，还有一个显著的特点，就是与社会实践有着越来越紧密的联系。这种联系首先表现在人们更加注意从 20 世纪的历史实际来研究毛泽东哲学思想的形成和发展，使得这一研究不仅仅是一种纯粹的理论探讨，而且是同历史发展紧密联系在一起的经验总结。与此同时，又表现出与现实生活紧密联系的特征，人们在注意结合历史实际来研究毛泽东哲学思想的同时，也开始认识到这一理论研究还必须结合今天改革开放的具体现实，结合党的指导思想的与时俱进和理论创新。比如 2004 年年会就结合邓小平诞辰 100 周年，集中研讨了"邓小平与马克思主义中国化"的问题；2006 年年会就结合党的十六大以来科学发展观这一重大战略思想的提出，集中研讨了"毛泽东与科学发展观和建设社会主义和谐社会"问题；2007 年年会结合"两论"发表 70 周年、《关于正确处理人民内部矛盾的问题》发表 50 周年，集中研讨了"毛泽东哲学'三论'与党的理论创新"问题；2008 年年会结合改革开放 30 周年，集中研讨了"毛泽东哲学思想与改革开放 30 年的历史进程"问题；2009 年年会结合新中国成立 60 周年，集中研讨了"毛泽东哲学思想与新中国 60 年的发展"问题；2010 年年会结合《新民主主义论》发表 70 周年，集中研讨了"毛泽东的文化哲学与当代中国文化建设"问题；2011 年年会结合中国共产党成立 90 周年，进一步研讨了"毛泽东哲学思想与中国共产党的理论创新"问题。所有这些问题，既来自毛泽东哲学思想发展的自身需要，也来自改革开放伟大实践和党的理论创新的现实需要。

这一时期毛泽东哲学思想研究的一个显著成果，就是充分论证了毛泽东哲学思想与中国特色社会主义理论体系的内在联系。这就是全国毛泽东哲学思想研究会会长石仲泉于 2007 年、2008 年、2009 年连续 3 年在第十

四、第十五、第十六次年会上阐述的"毛泽东哲学思想是中国特色社会主义理论体系的哲学基础"。这个观点,不仅是毛哲界,而且是整个学术界所接受的一个共识。

二 新世纪新阶段毛泽东哲学思想研究的展望

站在 30 年来毛泽东哲学思想研究发展的历史制高点上,展望新世纪新阶段的毛泽东哲学思想研究,有必要从以下几个方面来加强和改进。

首先,必须要开阔研究视野,拓展研究视角。

第一,要站在引领时代精神的高度来研究和看待毛泽东哲学思想。21世纪是中国从实现全面小康到实现社会主义现代化的时代,是社会主义市场经济更加完善、人民生活更加富裕的时代,是为中华民族伟大复兴奠定坚实基础的时代。时代呼唤理论创新,推动理性思维的变革。毛泽东哲学思想作为这个时代精神的精华,必将起着引领历史潮流、指导前进方向的作用。站在这样的高度来认识和加强毛泽东哲学思想的研究工作,将使广大理论工作者倍感责任重大,任重道远。

第二,要站在实现中华民族伟大复兴的高度来研究和看待毛泽东哲学思想。毛泽东缔造的新中国和建立的社会主义基本制度,为中华民族的伟大复兴奠定了政治前提和制度基础;而毛泽东哲学思想则继承和发扬了中国传统文化的优秀成果,把中华民族传统精神、现代西方科学精神和马克思主义时代精神紧密结合在一起,实现了传统思维的革命性变革。它是新时期中华民族精神的集中体现,是中华民族实现伟大复兴的精神支柱。

第三,要站在推动党的指导思想与时俱进、不断创新的历史高度来研究和看待毛泽东哲学思想。党的理论创新的源泉是时代的需要,动力是社会实践的发展,而基石则是毛泽东哲学思想。"马克思主义基本原理与中国具体实际相结合"这个毛泽东哲学思想的基本原则,将长期指导中国共产党与时俱进,不断创造新的理论,指导新的实践。为此,我们应该更加自觉地把对毛泽东哲学思想的研究同对党的理论创新成果的研究结合起来,更加注重从哲学层面研究党的创新理论,使我们对党的创新理论的理解达到更高层次,更好地用以武装头脑,指导实践,推动工作。

第四,要站在推进中国特色社会主义伟大事业不断开拓前进的高度来研究和看待毛泽东哲学思想。伟大的事业需要伟大的理论,指导中国特色社会主义伟大事业的根本指导思想是中国特色社会主义理论体系，毛泽东哲学思想则为这一理论体系的发展提供了哲学依据和思维方法。新时期的毛泽东哲学思想研究，一方面要以改革开放的具体实践为客观依据，另一方面又要为全面建设小康社会、实现社会主义现代化和最终实现中华民族的伟大复兴，提供方法论的指导。

其次，必须坚持理论联系实际的原则，找准着眼点，抓住突破口。

第一，要加强毛泽东价值哲学的研究。在新世纪新阶段，随着社会主义市场经济体制的进一步确立，人们的价值观发生进一步变化，受到各种外来因素的影响，出现了多样化的趋势。因此有必要加强毛泽东哲学思想尤其是价值哲学的研究，并以此为指导，牢固树立马克思主义的价值观。毛泽东的价值哲学，说到底是以人民为主体的价值观，在当今社会各种价值观念互相冲突的情况下，加强毛泽东价值哲学的研究，从中汲取智慧和力量，对促进社会公平，提倡全局意识和奉献精神，把最广大人民群众的利益放在第一位，全心全意为人民服务，真正建立社会主义的核心价值体系，具有十分重要的启示作用。

第二，要加强毛泽东系统辩证法思想的研究。在新世纪新阶段，随着生产力水平的不断提高，人与自然的关系和矛盾日益尖锐、突出，如何实现"全面协调可持续发展"，是社会主义现代化建设面临的新挑战。党的十六大以来，以胡锦涛为总书记的党中央，运用和发展马克思主义的辩证思维方法，以毛泽东统筹兼顾的哲学思想为方法论指导，提出了科学发展观，形成了中国共产党人关于发展的世界观和方法论，这是对毛泽东哲学思想的继承和发展，是新时期我们研究毛泽东哲学思想的重要着力点。

第三，要加强毛泽东政治哲学和人生哲学等方面的研究。在新世纪新阶段，随着人民物质文化生活的日益改善，人与人之间的关系也受到各种物质因素的影响而出现各种复杂的变化，如何真正做到"以人为本"，构建社会主义和谐社会，就有必要加强毛泽东政治哲学和人生哲学等方面哲学思想的研究。毛泽东哲学思想从物质价值来讲，强调促进社会公平；从精神价值来讲，提倡全局意识和奉献精神；从政治价值来讲，主张建立以人民为本的价值体系。它对于处理各种复杂的社会矛盾和人际关系也具有重要的指导意义。社会主义和谐社会的建设过程，说到底就是妥善处理人民内部矛盾的过程。毛泽东的《矛盾论》和《关于正确处理人民内部矛盾的问题》，是构建社会主义和谐社会的哲学基础和理论前提。因此，在这个问题上，认真总结毛泽东时代的经验教训，吸取毛泽东哲学思想的时代精华，无疑具有十分重要的现实意义。

第四，要加强毛泽东文化哲学的研究。在新世纪新阶段，随着人们物质生活的日益发展，人们的精神文化需求也越来越急迫。如何有效地推进文化体制改革，促进社会主义文化大发展、大繁荣，也有赖于进一步加强毛泽东哲学思想特别是毛泽东文化哲学思想的研究。毛泽东从马克思主义唯物史观出发，确立了以民为本的文化价值理念，形成了较为系统的大众文化观，强调以"双百"方针、"二为"方向来促进社会主义文化的繁荣和发展，为当代中国先进文化建设指明了前进方向，提供了理论指南，确立了方法论原则。

第五，要加强毛泽东外交战略及其哲学思想的研究。在新世纪新阶段，随着全面小康社会建设目标的逐步实现，我们的综合国力更加强大，在国际上的影响力、号召力也日益增强。但我们面对的各种挑战会更多，应对的局面也更加复杂。要实现和平发展的既定目标，继续把握当前重要的战略机遇期，就有必要进一步加强毛泽东外交战略及其哲学思想的研究，从中汲取经验和智慧，在处理复杂的国际关系和矛盾时，既讲团结又讲斗争，坚持有理有利有节的原则，维护国家安全和正当权益，为改革开放和现代化建设营造一个和平的外部环境。

再次，必须采取普遍联系的方法，与相关学科、相关领域和社会实际紧密结合，互相促进。

第一，要以中共党史、中国近现代史的研究为背景。这是因为任何哲学的研究都离不开历史的研究，而要以历史的研究为根据，要对历史经验进行总结和提升。毛泽东哲学思想是对中国革命和建设经验的哲学概括，因此对它的研究要与中共党史、中国近现代史紧密结合起来，从中吸收丰富的养料。

第二，要以毛泽东思想和生平的研究为基础。哲学是关于自然界、人类社会和人的思维领域发展规律的认识，是对其他知识体系的概括、抽象和升华。毛泽东哲学思想是毛泽东思想体系中的基础部分、灵魂部分，它以对毛泽东思想和生平的研究为依托，以对毛泽东的理论和实践活动研究为对象，因此又随着毛泽东思想和生平研究一起发展，一起提升。

第三，要与中国现代哲学的研究互相结合。中国现代哲学是在古今中外哲学的冲突和融合中形成的，因而流派众多，学说纷繁，并非人们过去所认为的只有毛泽东哲学思想一家。但无可否认，在众多的中国现代哲学流派中，毛泽东哲学思想是最适合中国社会需要，最能推动当代中国历史发展的，因而是中国现代哲学的主流。它反映了中国现代哲学的发展需求，代表了中国现代哲学的前进方向。因此，新时期的毛泽东哲学思想研究，必须与中国现代哲学研究紧密结合起来，互相促进，共同进步。

第四，要以马克思主义哲学中国化为主线。毛泽东哲学思想是马克思主义哲学中国化的重要成果，它批判继承中国传统哲学，实现了马克思主义哲学的民族化以及中国传统哲学的现代化，使马克思主义哲学成为广大人民群众所喜闻乐见、广泛运用的思想武器。因此，毛泽东哲学思想，实际上是马克思主义哲学中国化的主要载体。研究毛泽东哲学思想，必须以马克思主义哲学中国化为主线，通过研究马克思主义哲学中国化的历史进程、经验教训和前沿问题，来深化和拓展毛泽东哲学思想研究。

第五，要与中国特色社会主义理论体系研究紧密结合。中国特色社会主义理论体系作为当代中国的马克思主义，不论在其基本内容还是思维方式上，都有着鲜明的时代特征，是对毛泽东思想的继承和发展。它的形成和发展，凝结了几代中国共产党人带领人民不懈探索的实践经验和理论智慧，其哲学思维和底蕴则直接来源于毛泽东哲学思想。毛泽东哲学思想是中国共产党人的立场、观点和方法，是马克思主义中国化的两大理论成果共同的哲学基础。因此，离开毛泽东哲学思想的学习和研究，就很难真正把握中国特色社会主义理论体系的精神实质和深刻内涵。同样，离开对中国特色社会主义理论体系的创新和发展的深入研究，也很难真正把握毛泽东哲学思想的当代价值和方法论意义。

第六，要以改革开放和现代化建设的伟大实践为客观依据。实践是认识的源泉，也是认识发展的动力。这是马克思主义哲学的基本原理，也是毛泽东哲学思想的核心理念。毛泽东哲学思想不仅为改革开放的伟大实践提供方法论指导，而且从这些火热的实践中吸取丰富的养料。新时期的毛泽东哲学思想研究，要立足于中国改革开放和现代化建设的实际，研究新情况，解决新问题，为推动中国特色社会主义伟大事业的不断发展提供哲学依据和思想动力。

最后，还必须进一步改进具体的研究方法。

毋庸讳言，过去 30 年来的毛泽东哲学思想研究，存在着许多缺点和不足。主要表现是研究的心态比较浮躁，容易急功近利、浅尝辄止，不重视对原始资料的消化和吸收；研究的思路不够开阔，写文章容易落入常规俗套，缺乏新的视角、新的表述方式；研究的方法过于单一，就事论事的多，盲目比附的多；研究的创新意识不足，观点雷同的不少，缺少能够真正开创研究新局面的精品力作。

针对上述不足，新世纪新阶段的毛泽东哲学思想研究，必须进一步总结过去的经验教训，改进具体的研究方法。比如要更加重视文本的研究，注意史料的发掘；要突破传统的思维模式和知识框架，一方面要注意运用哲学的思维、范式和语言，另一方面要注意民族化、时代化、大众化、通俗化；要在科学性和政治性统一的前提下，更加注重学术层面的研究；要加强研究队伍的横向合作与互动，注意培养新人，凝聚队伍；在信息化、网络化的今天，要加强信息沟通、学术交流和思想碰撞，还要注意利用高科技手段和现代传播工具扩大学术影响，发挥毛泽东哲学思想的社会功能，等等。

综上所述，新世纪新阶段的毛泽东哲学思想研究，必须拓宽视野，改进方法，抓住重点，把握机会，提升水平，争取早日跨上一个新的台阶。

（原载《毛泽东邓小平理论研究》2012 年第 1 期）

近年来毛泽东思想研究述评

近年来，毛泽东思想研究取得了较大的进展。国家图书馆书刊查询显示，2007 年以来，以"毛泽东思想"为题的著作有 140 余部，中国知网上有近千篇以此为题的论文。相关著作主要以教学用书及教学参考用书为主，专题著述较少，论文则涉及毛泽东思想的方方面面，研究更为深刻具体。本文拟根据发表的文章对近年来学界关于毛泽东思想的研究作一回顾，以期能对今后研究提供参考。

一　马克思主义中国化视域中的毛泽东思想研究

毛泽东思想是马克思列宁主义基本理论与中国革命具体实践相结合的产物，是马克思主义中国化的第一个重大理论成果。从马克思主义中国化的视域分析毛泽东思想自然成了学界的研究重点。

近年来，马克思主义中国化的研究呈现出一个新特点，即人们开始深入研究与解析马克思主义中究竟哪些因素及这些因素如何影响毛泽东思想的形成与发展，将马克思主义中国化的研究从宏观角度的阐释推向了更为细致、深入的微观研究。有学者探讨了马克思主义这一域外理论传入中国后的影响及中共理论认知在此影响下嬗变的过程，动态地展现了新民主主义理论形成的过程。其经过详细的考辨认为，列宁关于落后国家无产阶级对待资产阶级民主革命的理论和策略以及新经济政策思想是新民主主义理论的"域外"理论渊源，"新民主主义社会理论来源于马克思列宁主义中落后国家在民主革命胜利后向社会主义过渡中必须利用资本主义的思想"。①　而"二次革命论"和"两步走"虽然都源于马列主义的革命理论，但实际上却有着各自不同的理论渊源，借此为更加准确理解新民主主义理论提供了一个窗口，并更加清晰地说明了新民主主义理论是对马克思主义的发展②。

在马列主义与中国传统相结合的研究方面，也出现了一些新的成果。有学者指出，马克思主义中国化是个不断变化发展的历史进程，作为文化层面的马克思主义中国化，即马克思主义与中国传统文化相融合，也应当是变化发展的。具体来说，革命时期，马克思主义主要是与中国传统文化中的革命文化导向即墨家思想相融合，这主要表现在新民主主义革命是对中国历史上农民革命的继承与发展③。有学者则着重考察了毛泽东与儒家思想的关系，指出毛泽东与儒家思想之间的关系重点体现在阶段性和非延续性转变之上，经历了尊儒、扬弃、贬儒三个阶段④。还有学者从毛泽东思想与中国农民文化传统联系的角度解析此问题，认为毛泽东运用马克思主义基本理论对中国农民文化传统中的反抗精神、农民均平思想作了透彻分析，吸取了正确部分，批判了错误部分，对农民封建宗法迷信心理采取了既有马克思主义坚定原则又富有灵活性的态度，从而把马克思主义和中国农民文化传统相结合，实现了马克思主义中国化⑤。

由于中国革命的特殊性，中国的革命与建设道路一方面是中国社会内部变迁与发展的结果；另一方面也深受域外观念与势力的影响，这种影响除表现在马克思主义为中国革命提供指导外，还表现为外来模式与观念对中国革命与建设模式的制约。苏联社会主义革命与建设模式就深刻地影响着中国革命与建设的实践及马克思主义中国化的实现。如何摆脱这种影响真正实现马克思主义的中国化，是学界研究的重点。有学者对以毛泽东为核心的中共第一代中央领导集体借鉴和学习苏联体制模式的历史与时代原因作了详细的剖析，并指出这一借鉴和选择是中国共产党人把马克思主义基本原理、国外社会主义建设经验与中国实际相结合的正确抉择。到了50

　　①　刘晶芳：《继承、创新与局限——新民主主义社会论与马克思主义关系考析》，《中共党史研究》2010年第2期。
　　②　刘晶芳：《"二次革命论"与"两步走"辨析》，《党史研究与教学》2010年第1期。
　　③　郑林华：《马克思主义与中国传统文化相融合新论》，《党的文献》2010年第2期。
　　④　邢梅玲：《毛泽东与儒家思想》，《延边大学学报》（社会科学版）2011年第1期。
　　⑤　熊辉：《农民文化传统与毛泽东对马克思主义中国化的贡献》，《湘潭大学学报》（哲学社会科学版）2010年第3期。

年代，由于苏联外部因素的影响，毛泽东开始彻底反思苏联模式，并坚定了走中国自己建设道路的信念。① 也有学者从体制选择、国家管理体制、经济运行模式、农村现代化路径等方面，解读了毛泽东在社会主义建设这一问题上解除对苏联模式迷信的努力，从而证明了因为对毛泽东的认知性研究不足而导致的"去毛泽东化"思想倾向的错误②。还有学者从"中苏论战"这一具体事件入手，阐明了"中苏论战"时中苏两国社会生产力的发展状况及各自执行的国内政策，揭示了中国当时经济、政治、文化发展的曲折过程、经验教训和"中苏论战"对中国社会主义体制建设的影响③。

关于毛泽东改变"马克思主义中国化"提法的原因，学界前些年已有较多的探讨。有学者从内因着手进一步探讨这一问题，认为毛泽东改变"马克思主义中国化"的提法，不仅与毛泽东反对教条主义有关，也与抗战时期"中国化"思潮有密切的关系。另外，"中国化"内涵的不同解释及其变迁对毛泽东改变"马克思主义中国化"的提法也有直接影响。"马克思主义中国化"具有党内斗争、理论构建的"工具价值"。随着毛泽东领袖地位的确立，毛泽东思想写入党章成为党的指导思想，这一概念自然完成了它的阶段性历史使命。④

新中国成立后毛泽东对马克思主义中国化的探索既有成功之处，也不乏失败与曲折，如何正确看待这段时期的马克思主义中国化始终是学界关心的问题。有学者将新中国成立后的马克思主义中国化划分为稳步推进、曲折前行和遭受挫折三个阶段，详细阐释了这三个阶段在立场路线、内在精神、外部影响、运行状态和结果等方面呈现出的明显过程性特征和变化趋向，着重指出，1958 年 11 月到 1959 年 7 月党中央领导全党努力纠正已经觉察到的"左"的错误，尽管这一段历史不长，但取得了初步成果，仍是新中国成立后马克思主义中国化的一个重要环节。⑤ 另有学者指出，新

① 房广顺：《毛泽东对苏联体制模式的借鉴与反思》，《当代世界与社会主义》2008 年第 5 期。

② 徐俊忠：《毛泽东社会主义建设道路几个问题再探讨》，《马克思主义与现实》2010 年第 6 期。

③ 李军林、何一成：《"中苏论战"与中国社会主义体制的选择》，《学海》2009 年第 3 期。

④ 李建勇：《也谈毛泽东为什么改变"马克思主义中国化"的提法》，《党史研究与教学》2008 年第 3 期。

⑤ 姚宏志：《建国后 30 年马克思主义中国化的特征和经验》，《安徽师范大学学报》（人文社会科学版）2008 年第 2 期。

中国成立后，在旧中国半殖民地半封建社会遗留下来的落后的生产力条件下，毛泽东设想在短期内从小农社会直接向共产主义社会过渡，并照搬马克思恩格斯关于共产主义社会的一些基本原则，使其理想的社会主义模式陷入了小农平均主义的空想社会主义或想象中的"农村乌托邦"，展现了晚年毛泽东在马克思主义中国化过程中所遭遇的挫折。[①]

也有学者对新中国成立后马克思主义中国化历程进行了更为微观的考察。例如，有学者通过对 1958 年 11 月至 1959 年 7 月近九个月纠"左"过程中毛泽东与党中央领导集体调查研究、研讨马列著作以及庐山会议逆转的分析，探讨了在社会主义条件下，了解国情、运用马克思主义及体制条件三个基本要素在马克思主义中国化进程中的作用及其相互关系。这三个要素的成熟或实现都需要一个过程，这是理解为什么 1949 年至 1978 年马克思主义中国化处于"延伸与准备"阶段的一把钥匙。[②] 另有学者指出，"文化大革命"是在捍卫马克思主义纯洁性的初衷下发动的，作为其指导思想的"继续革命"理论，被宣传为对马克思主义发展的"第三个里程碑"。而实际上这一理论是对马克思主义的教条主义理解和具有经验主义特征的空想社会主义相结合的产物。它既违背了马克思主义的基本原理，又不符合中国国情，且与时代发展的潮流背道而驰。这一时期，尽管在总体上马克思主义中国化发生了严重倒退，但是也有大批党员干部和群众，坚持马克思主义的原则，进行马克思主义中国化的努力。所有这一切，都为马克思主义中国化的继续飞跃，提供了丰富而深刻的经验教训，作了各种准备。[③] 从宏观视域考量毛泽东思想与马克思主义中国化，无疑为今后中共思想理论建设提供了重要的启示与宝贵的经验。毛泽东是马克思主义中国化的最主要的倡导者和领导者，有学者指出毛泽东对马克思主义中国化的突出贡献是：在民主革命时期，逐步探索出适合中国革命特点的一系列战略和策略，胜利地解决了经济文化落后的东方大国的资产阶级民主革命与社会主义前途相联结这一历史课题；社会主义制度在中国建立后，毛

① 吴茜：《试析晚年毛泽东的社会主义观与马克思恩格斯社会主义观的差异》，《党史研究与教学》2008 年第 2 期。

② 郑谦：《社会主义条件下马克思主义中国化的三个要素——以"九个月纠'左'"为例》，《中共党史研究》2008 年第 3 期。

③ 沈传宝：《马克思主义中国化在"文化大革命"中的曲折命运和经验教训》，《中共党史研究》2008 年第 2 期。

泽东依据当时国际形势的新变化和党面临的新任务，明确提出了要进行马克思列宁主义与中国实际第二次结合的重要命题，为党胜利完成新时期的历史性任务指明了正确的方向①。也有学者更加突出毛泽东思想作为第一代中央领导集体智慧结晶的意义，梳理了中共第一代中央领导集体的形成过程，并展现了这一过程中毛泽东思想逐步形成与发展的轨迹，具体分析了中共其他领导人对毛泽东思想形成所作的努力及理论贡献②。

二 关于毛泽东思想具体内容的研究

（一）关于正确处理人民内部矛盾理论的研究 2007 年是毛泽东发表《关于正确处理人民内部矛盾的问题》（以下简称《正处》）50 周年，《正处》研究成为学界一个热点，发表了诸多有价值的文章

有学者认为，《正处》的产生，不仅是毛泽东个人的认识，也是我们党在执政条件下用较长时间酝酿形成的思想成果。新中国成立前后，刘少奇、李立三、邓子恢等人就对"人民内部的矛盾"进行过思考。在正确处理人民内部矛盾思想形成的过程中，毛泽东起了主要作用，同时也凝聚着中央领导层集体的智慧。把这一思想的形成说成是毛泽东为了某种政治目的发明的"新名词"，是不客观的。这一思想提出不久，党的指导思想发生大转变与其本身带有的认识缺陷有关，主要是两大问题：一是如何克服执政党存在的官僚主义等问题；二是如何正确认识社会主义社会的阶级斗争。③ 有学者从文章前后产生的变化、修改的原因及历史背景等方面，详细介绍了《正处》的修改情况④。而有学者则从马克思主义中国化的视角解读了《正处》产生的背景及意义，认为它根据中国社会矛盾性质和国家政治生活主题的转化，以一系列新思想、新观念丰富了马克思主义理论宝库，推进了马克思主义中国化的历史进程。此篇是马克思主义中国化第二

---

① 梁柱：《中国共产党九十周年的根本性经验——毛泽东与马克思主义中国化的历史启示》，《毛泽东邓小平理论研究》2011 年第 2 期。

② 唐双宁：《中共第一代中央领导集体的形成过程和历史贡献》，《中共党史研究》2011 年第 7 期。

③ 张化：《关于毛泽东正确处理人民内部矛盾思想的再认识》，《中共党史研究》2007 年第 4 期。

④ 石仲泉：《如何看待毛泽东对〈关于正确处理人民内部矛盾的问题〉的修改》，《中共党史研究》2007 年第 3 期。

次历史性飞跃的前奏，蕴含了马克思主义中国化的合理"内核"，也是马克思主义在全球范围本土化"第二波"浪潮的最后一个高峰。①

有关《正处》的研究在 2007 年以后几年仍有发展。针对 2005 年学界出现的毛泽东"人民内部矛盾"的提法是特殊历史条件的产物，在当前条件下，这一概念已经失去继续存在的理由的观点②，多数学者认为值得商榷。有学者认为，人民内部矛盾的概念是中国共产党探索中国社会主义建设道路的理论升华，不是也不可能是"以阶级斗争为纲"思想指导的产物，人民内部矛盾概念的直接目的是避免用对敌斗争的办法对待人民内部矛盾，毛泽东在阐释该问题时进一步贯彻了中共八大精神，《正处》讲话稿的修改并未从根本上改变其思想内容。所以，出现人民内部矛盾理论与实践的反差不是人民内部矛盾学说造成的，实行依法治国与正确处理人民内部矛盾是统一的。③另有学者进一步论述了这一问题，认为毛泽东关于社会主义制度建立后仍需一段时期"继续过渡"的思想是毛泽东关于正确处理人民内部矛盾理论与实践产生反差的重要原因。毛泽东《正处》讲话的初衷更多的是为解决"继续过渡"任务而统一思想，为社会主要矛盾的转变扫清障碍。这一判断导致他对经济建设的不够重视和对当时社会主要矛盾的动摇与迟疑。这使得《正处》所阐述的科学理论没有在实践中得到很好的坚持，后来中共建设实践产生的一系列错误都与此有关。反思历史可以为现实提供重要的启示，《正处》这一伟大文献仍具有重要的理论和现实意义。④

"一切历史都是当代史。"从现实意义与价值的角度去解读毛泽东正确处理人民内部矛盾理论是许多学者共同的做法。有学者指出，正确处理人民内部矛盾的理论奠定了社会主义改革的哲学基础，这主要表现在：社会主义社会存在矛盾决定了改革的必要性，社会主义社会矛盾的性质决定了改革的性质，社会主义社会矛盾的状态决定了改革的对象和内容，即社会

---

① 姚宏志：《〈关于正确处理人民内部矛盾的问题〉与马克思主义中国化》，《党的文献》2007 年第 4 期。

② 谢维营：《理论与历史的背反——对"人民内部矛盾"提法的反思》，《上饶师范学院学报》2005 年第 1 期。

③ 何敬文：《凭什么"建议废除或淡化'人民内部矛盾'的提法"》，《马克思主义研究》2008 年第 1 期。

④ 蒋积伟：《毛泽东关于正确处理人民内部矛盾理论与实践反差原因新探》，《党的文献》2010 年第 3 期。

主义基本制度的具体实现形式——经济体制、运行机制①。另有学者指出，正确处理人民内部矛盾理论是构建社会主义和谐社会的理论指南。它提供了正确认识人民内部矛盾、深刻理解构建社会主义和谐社会战略任务的思想指南，还提供了化解人民内部矛盾、构建社会主义和谐社会的理论指南。② 还有学者结合《正处》产生的历史背景、理论贡献和中国现实形势，探析了《正处》理论对现阶段和谐社会建设的启迪：首先是要加强对社会利益的整合；其次要提高解决矛盾的能力③。有学者还根据今日中国构建社会主义和谐社会的实际，细化了《正处》理论的启示意义：人民内部矛盾的核心是物质资料的生产与分配问题；人民内部矛盾的主要表现形式是阶层之间的矛盾；正确处理人民内部矛盾，构建社会主义和谐社会必须采用正确的方法，依照正确的路径④。有学者从认识论和实践论的角度指出，构建社会主义和谐社会的实践应该坚持毛泽东这一学说的指导，牢牢掌握认识矛盾、转化矛盾、处理矛盾和化解矛盾的主动权⑤。也有学者从更为具体的角度，详细地解析了和谐社会的构建应从哪些方面借鉴正确处理人民内部矛盾理论⑥。

（二）关于新民主主义论的研究

新民主主义社会论是新民主主义理论的重要部分，为什么毛泽东未将这一艰苦探索而得来的理论成果坚持下去？这始终是学界研究的重点与热点。资本思想是新民主主义社会论中重要的内容，通过解读毛泽东资本思想的演变过程也可以从侧面展现新民主主义社会论被放弃的原因。有学者认为，消灭资本主义是中国共产党人革命理念和对资本主义认识的逻辑结

---

① 周新城：《〈关于正确处理人民内部矛盾的问题〉奠定了社会主义改革的哲学基础》，《毛泽东邓小平理论研究》2009 年第 3 期。

② 王伟光：《构建社会主义和谐社会的理论指南——重读〈关于正确处理人民内部矛盾的问题〉》，《中共中央党校学报》2007 年第 1 期。

③ 张启华：《构建社会主义和谐社会的重要理论探索——纪念毛泽东〈关于正确处理人民内部矛盾的问题〉发表 50 周年》，《求是》2007 年第 12 期。

④ 黄蓉芳：《毛泽东正确处理人民内部矛盾思想对构建和谐社会的意义》，《求实》2010 年第 4 期。

⑤ 雷国珍：《论毛泽东正确处理人民内部矛盾理论与构建社会主义和谐社会》，《中共党史研究》2007 年第 4 期。

⑥ 柳建辉、陈莉莉：《和谐社会构建与借鉴正确处理人民内部矛盾理论》，《理论学刊》2007 年第 11 期。

果，毛泽东利用资本主义的思想是出于国情限制考虑的一种策略思想。新中国成立后党内外形成强烈的消灭剥削的愿望、要求消灭资本主义的群众心理与呼声及领袖潜意识中强烈消灭资本主义的愿望的相互作用和结合，促成了毛泽东利用资本主义思想的转变。[①] 但有学者指出，将限制私人资本与利用私人资本对立起来的观点值得商榷，中共实施"限制私人资本"是利用资本主义思想的题中应有之义。新中国之所以能够在极其困难的情况下迅速实现国民经济的恢复与发展，与党采取利用和限制私人资本主义的政策，充分调动各种经济成分的积极性是分不开的。[②] 还有学者将时限往前推移，梳理了长征前中国共产党对资本的态度与政策，分析中共从"没收资本到利用资本"的历程及原因等问题[③]。可以说，这种梳理使我们对新民主主义资本理论的"来龙"有了更深刻的理解。

有学者从新民主主义社会论的二元性特征入手回答了提早放弃新民主主义社会的原因。该学者指出，作为理论体系的新民主主义社会论一方面表现出社会形态的常态性，另一方面表现出社会形态的过渡性。以量化的分析方式来考察，新民主主义社会构想是一个动态的双维坐标系，有着两种发展路径。向社会主义转变固然是新民主主义社会的最终发展前途，但通过何种路径走向社会主义，则取决于这个动态坐标系中常态性和过渡性两大因素此消彼长的博弈。[④]

对新民主主义理论要进行更深入、细致的研究，是不少学者的共识。有学者通过文本解读，具体考察了毛泽东对《新民主主义论》几次修改的时间、修改后正式发表的形式及修改的内容，清晰地展示了新民主主义理论不断发展成熟的过程，也反映出毛泽东思想发展变化的情况[⑤]。还有学者从比较的视角去解读毛泽东新民主主义理论，展现了新民主主义理论的科学性与重要价值。其文章指出，陈独秀和毛泽东对于中国如何由民主主义走向社会主义进行了长期的探索和各自的回答，其思想内容既有严格区别，也不乏一致性。二人都认识到了中国不能在资产阶级民主革命胜利后

---

① 李东朗：《毛泽东利用资本主义思想的演变》，《理论学刊》2009 年第 11 期。
② 何薇：《新中国成立初期对私人资本主义的利用和限制》，《党的文献》2010 年第 1 期。
③ 田永秀：《长征前中共的资本理论与政策述论》，《中共党史研究》2010 年第 1 期。
④ 闫茂旭：《新民主主义社会论二元性分析》，《延安大学学报》（社会科学版）2009 年第 5 期。
⑤ 方敏：《毛泽东对〈新民主主义论〉的修改》，《中共党史研究》2006 年第 6 期。

一步跳到社会主义，中国需要有一个发展资本主义的历史过程，在这个中间过程设置的意义、对待资本主义的态度及对资产阶级民主革命的人物规定等问题，二人亦有共识。但由于思想认识和逻辑不同，二人对民主主义到社会主义的中间阶段的社会性质的认识有严格区别，从而在发展资本主义途径的选择上产生了分歧。毛泽东较好地解决了新民主主义与资本主义和社会主义的关系，而陈独秀则囿于人类社会历史发展阶段论的一般规律，思想理论上产生了混乱，认识上也发生了错误。①

2010 年是毛泽东《新民主主义论》发表 70 周年，是年发表了一些纪念性文章，从不同学科的角度重新解读《新民主主义论》。有学者从政治学的视角看，认为《新民主主义论》通过对中国政治现象的研究和政治规律的把握，以新民主主义政治建设为主题，提出了一个以马克思主义政治观为指导的全新的"新民主主义政治学"体系，这一新的政治学体系体现为阶级论、国家论、革命论、人民论②。有学者从哲学的角度看，认为《新民主主义论》第一次把马克思、恩格斯创立的、列宁加以发展的辩证唯物主义的认识论，概括为"能动的革命的反映论"。这个新的科学概括，把理论和实践相结合的观点、认识能动的观点和变革的观点突出出来了。③另有学者解析了《新民主主义论》之于毛泽东文化哲学基础的意义，认为该文提出的"新民主主义社会论"，发展了马克思主义社会形态理论，详细论述了新民主主义的文化问题，奠定了毛泽东文化哲学的基础④。还有学者从思想史的角度，以《新民主主义论》为中心文本，考察了新民主主义文化纲领中的文化民族性，并从思想互动与交流的维度，指出这种特性与中国本位的文化建设论、新启蒙运动、文化保守主义、文化复古主义等形成复调式的对话关系，含有吸收、批判、创新、包容等多重意蕴，这对

---

① 杜艳华、万义兵：《毛泽东与陈独秀关于民主主义走向社会主义思想之比较》，《华东师范大学学报》（哲学社会科学版）2008 年第 5 期。

② 吴汉全：《〈新民主主义论〉对马克思主义政治学的贡献——纪念〈新民主主义论〉发表 70 周年》，《政治学研究》2010 年第 1 期。

③ 沧南、彭臻：《论能动的革命的反映论——纪念〈新民主主义论〉发表 70 周年》，《湖南科技大学学报》（社会科学版）2010 年第 3 期。

④ 雍涛：《〈新民主主义论〉与毛泽东的文化哲学》，《毛泽东邓小平理论研究》2010 年第 9 期。

中国在统一战线中争取文化领导权具有积极的作用①。

（三）毛泽东政治思想研究

如何看待毛泽东民主思想？不少学者致力于思考毛泽东民主思想为何出现偏颇。有学者详细解析了毛泽东在领导中国革命和构建中国新制度的过程中对西方民主制度的超越，并指出，因为对民主价值判断的偏差，毛泽东在晚年的政治实践中试图以意识形态来填充民主思想的空缺，最终使中国的民主进程迷失在持续政治运动和单一的意识形态话语里，由此走入了"大民主"的悲剧②。还有学者从更为细致的角度剖析了毛泽东民主思想的误区，主要有：将民主的主体误读为多数人而忽略了少数人权利的保护，强调民主是一种手段和方法，从而降低了民主的目标意义及地位，制度上重视集中而忽视了民主，实际政治生活中将"由民做主"变成了"为民做主"，曲解了"大民主"的含义③。还有学者持类似观点，认为毛泽东的民主观具有目的论与手段论的双重含义。在革命尚未成功之前，毛泽东民主思想中的目的论与手段论，都是紧紧围绕构建人民当家作主的新型国家制度展开的。新中国成立后，尤其是1956年前后，毛泽东民主观中目的论的消减及对手段论的过分倚重，导致了社会主义民主建设的停滞与倒退。④那么，毛泽东究竟将民主作为什么的手段？有学者指出毛泽东对民主手段的运用表现在把民主作为巩固国家政权的手段、集中的手段、管理国家各方面事务的手段、解决人民内部矛盾的手段以及阶级斗争的手段等五个方面。⑤与上述学者观点不同的是，有学者则认为毛泽东认为"大众的"即"民主的"并无过错，将"由民做主"与"为民做主"对立起来是不正确的，二者统一在尊重人民的意愿、维护人民的主权这一基础

①　周建伟：《毛泽东文化民族性命题之意蕴——以〈新民主主义论〉为中心的思想史考察》，《党的文献》2011年第2期。

②　陈宇翔、薛光远：《毛泽东对西方资产阶级民主的认识与超越》，《湘潭大学学报》（哲学社会科学版）2009年第4期。

③　郭德宏：《毛泽东民主思想的误区》，《炎黄春秋》2009年第3期。

④　王侃：《毛泽东民主观中目的论与手段论的历史分析》，《党史研究与教学》2010年第2期。

⑤　姜志强：《毛泽东究竟把民主当作什么的手段？——毛泽东晚年"民主手段论"的表现及评析》，《社科纵横》2011年第1期。

上。① 可见，关于毛泽东民主思想的评价与研究，学界有不同的观点与看法，种种分歧证明了推进此方面研究的必要。

关于毛泽东与"文化大革命"关系的研究，在这几年得到了新的推进。有学者认为"文化大革命"的发动是多重因素作用的结果，但毛泽东对"干群关系"的错误解读是其中重要的诱因。毛泽东发动"文化大革命"的重要主观动因便是希望通过此次运动建立和谐"干群关系"的理想社会；毛泽东错误地定性官僚主义并予以打倒，在一定程度上契合了一般群众的平均主义思想，为"文化大革命"的发动提供了广泛的群众基础；毛泽东改善"干群关系"的某些措施成为"文化大革命"的预演和实践基础。② 还有学者从毛泽东的社会主义观出发，指出毛泽东理想中的社会主义是一种"逐步限止社会分工和商品生产、逐步限止按劳分配的物质利益原则，在经济上自给自足或半自给自足的社会组织"，这种社会主义观鲜明表现为"人民公社"思想和"五七"指示，而这两者与"文化大革命"的发生有着内在的、直接的关系③。

毛泽东政党建设思想也得到了学者们的关注。有学者指出，在井冈山时期，毛泽东萌发和提出了"思想建党"的重要思想主张，探索在"几乎完全是农民成分的党"中坚持"无产阶级思想领导的问题"。这一"思想建党"原则成为毛泽东关于马克思主义政党建设的核心理念，也是毛泽东对马克思主义建党学说的重大发展。④

一些学者还借用其他学科的研究方法推进毛泽东思想研究。有学者从现代化的角度检视毛泽东"革命"方案，指出毛泽东的"革命"，既是一场驱动古老中国由传统走向现代的努力，同时也有对"现代性"弊端进行反拨的意义，而这些反"现代性"的革命价值可以解释新中国成立后毛泽东在政治、经济、文化上的抉择与作为：针对现代性过程极易产生的官僚主义政治体制的弊端，他试图通过一场全方位的"文化大革命"实现权力

① 高烈：《对于毛泽东民主思想误区几个问题的商榷》，《湖南科技大学学报》（社会科学版）2011年第1期。

② 董一冰、田克勤：《毛泽东对"干群关系"的认识与"文化大革命"的发生》，《湖南科技大学学报》（社会科学版）2007年第1期。

③ 朱海雄：《毛泽东的社会主义观与"文化大革命"》，《中南民族大学学报》（人文社会科学版）2007年第3期。

④ 余伯流：《井冈山"洗党"与毛泽东"思想建党"原则的建构》，《中国井冈山干部学院学报》2011年第1期。

重组，以巩固其人民民主的政治体制；针对现代性过程中带来的片面的发展主义的经济模式，他试图通过"抓革命、促生产"来寻找一个"发展"和"公正"的结合点；针对现代性过程中出现的文化精英主义倾向，他试图通过对知识分子再教育来破解精英与大众的对立这一历史性难题。但是这种超越思维并没能带领中国实现一个脱离现代性危机的理想社会，这证明了"当我们选择现代性的时候，我们就必须准备承担现代性的相应后果"。① 有学者从思想史的角度，梳理了毛泽东"抓革命、促生产"治国方略的形成过程。具体表现为：其萌芽于 20 世纪 50 年代前期，初步形成于 50 年代末 60 年代初，正式形成于 1964 年至 1966 年，在 1966 年 7 月 2 日中共中央的一个文件中被首次正式提出，随即被确定为党和国家各项工作的指导方针②。"上层建筑"是马克思主义学说中重要的概念，有学者梳理了不同历史阶段毛泽东的上层建筑观，指出每个历史阶段的上层建筑观呈现出不同的理论特色，这主要源于毛泽东对马克思主义未采取教条式态度而是从社会现实出发所致③。还有学者从城市民主问题角度切入，展示了新中国成立后的三年间毛泽东关于城市民生问题的重要性论述、现状分析、制度设计等内容，并提出了毛泽东关于此方面设计与理念对现在社会建设的重要启示意义。④ 这些文章运用哲学、政治学等学科的研究方法去研究毛泽东思想，角度新颖，为我们今后推进毛泽东思想的研究提供了一个重要的思路。

三 毛泽东思想与中国特色社会主义理论 体系的比较研究

关于毛泽东思想与中国特色社会主义理论体系的比较研究是近几年研究的热点。已有学者对 2009 年前二者关系的研究作了一个详尽的综述⑤，

① 宋婕：《现代性弊端及其超越：毛泽东的"革命"方案》，《现代哲学》2010 年第 1 期。
② 李义凡：《论毛泽东"抓革命、促生产"治国方略的形成》，《马克思主义与现实》2010 年第 6 期。
③ 胡为雄：《毛泽东的上层建筑观及其评价》，《理论学刊》2010 年第 8 期。
④ 瞿晓琳：《新中国成立初期毛泽东关于城市民生问题的理论与实践》，《中南民族大学学报》（人文社会科学版）2011 年第 1 期。
⑤ 吴怀友、沈传亮：《毛泽东思想与中国特色社会主义理论体系关系研究述评》，《教学与研究》2009 年第 9 期。

笔者试图在此文的基础上补充近年内对二者研究的新进展。

理解毛泽东思想与中国特色社会主义理论体系关系的一个关键问题在于如何界定后者的逻辑起点，即是从毛泽东开始探索社会主义建设算起还是以十一届三中全会为开端。许多学者都认可毛泽东对社会主义建设探索与形成的相关理论是中国特色社会主义理论重要的思想渊源与理论基础。有学者指出，新中国成立后的前17年，毛泽东领导全国人民艰苦奋斗，使国民经济迅速恢复并取得了辉煌成就，奠定了中国社会主义建设的物质基础；同时，毛泽东还提出了许多具有重大意义的经济战略思想及创新性思想，为中国特色社会主义事业的发展提供了思想理论准备和借鉴[①]。还有学者指出中国特色社会主义理论体系与毛泽东思想具有承前启后、继往开来的理论延续性[②]。这种延续性表现可以概括为：中国特色社会主义理论体系延续和深化了毛泽东思想的主题，传承和贯通着毛泽东思想的精髓，坚持和提升了毛泽东思想的价值取向[③]。

有学者具体概括了毛泽东思想之于中国特色社会主义理论体系理论基础的表现，包括社会主义社会的矛盾；社会主义社会的发展阶段；社会主义社会的商品生产、商品交换和价值规律；社会主义社会的经济体制和管理体制及其改革问题；社会主义民主政治建设的方针；社会主义文化建设的方针；加强党的建设；奉行独立自主的和平外交政策[④]。另有学者通过对党的八大前后到"文化大革命"结束的20年间毛泽东对社会主义建设道路探索的长时段的细致梳理，详细检视了此一时期中不同阶段毛泽东对社会主义建设道路探索的得失，由此证明了中国特色社会主义理论体系，是在以毛泽东为核心的第一代中央领导集体对中国社会主义建设进行艰辛探索并取得宝贵经验的基础上孕育的，是对毛泽东探索社会主义建设重要思想成果的创造性继承和发展。[⑤] 而毛泽东思想之于中国特色社会主义建

---

① 张启华：《毛泽东：中国社会主义建设事业的伟大开创者和奠基者》，《党的文献》2008年第5期。

② 杨春贵：《中国特色社会主义理论体系的新概括》，《中国社会科学》2008年第1期。

③ 秦刚：《中国特色社会主义理论体系与毛泽东思想的内在联系》，《中国井冈山干部学院学报》2010年第6期。

④ 徐崇温：《毛泽东对适合中国国情的社会主义建设道路的先行探索》，《中共云南省委党校学报》2010年第2期。

⑤ 刘建武：《毛泽东的探索与中国特色社会主义理论体系的孕育》，《中共党史研究》2009年第12期。

设道路的"宝贵经验",包括走自己的路,创造"新的理论",初步认识"什么是社会主义",正确处理人民内部矛盾,对社会主义初级阶段理论的奠基,关于社会主义商品经济理论的探讨,哲学思想等方面①。还有学者从毛泽东对社会主义的认识出发,指出"怎样认识社会主义"的方法论是回答"什么是社会主义"问题的重要思想基础。毛泽东将科学社会主义的"老祖宗"提出的一系列"怎样认识社会主义"的理论原则与非常特殊的中国社会主义革命和建设实际相结合,提出了一个相当系统的"怎样认识中国社会主义"的方法论理论,并对"什么是社会主义、怎样建设中国社会主义"问题作了开创性的探讨,为我们党继续深入地解决"什么是中国特色社会主义、怎样建设中国特色社会主义"问题提供了重要的理论指导和认识路径。② 无疑,这种通过某个横断面检视毛泽东思想对中国特色社会主义理论体系的影响与贡献是值得提倡的,也大有深入研究的空间。

研究毛泽东思想对中国特色社会主义理论体系的影响及后者对前者的阐发与超越是一个视角,从二者都是马克思主义中国化的成果出发,将二者视为各自独立、平行的课题进行异同比较研究也是一个视角。有学者指出,毛泽东思想与中国特色社会主义理论体系在内容上存在内在统一与一致的关系,这主要有:理论基础上的共同性;理论灵魂上的一致性;理论内容上的连续性;理论风格上的继承性;方法论上的统一性③。有学者从"合法性"这一具体政治概念出发,比较分析了毛泽东和邓小平的思想。"合法性"是西方政治学中重要的一个概念,但因其具有强烈的精英主义色彩而陷入困境,然而从中国共产党思想理论来看,毛泽东和邓小平较好地处理了不同时代中国共产党合法性问题。革命战争年代,毛泽东强调平民的人民史观,成功解决了革命条件下的合法性建设问题。邓小平则创造性地提出共产党执政合法性思想,较好地平衡了平民与精英的关系,建立了党政民三者的良性联动机制,并通过经济、法制、意识形态三个方面合

---

① 余品华:《论毛泽东与中国特色社会主义道路》,《中国井冈山干部学院学报》2010 年第 3 期。

② 苏伟:《毛泽东对"怎样认识中国社会主义"方法论的开创性探索》,《毛泽东思想研究》2010 年第 2 期。

③ 蒋国海:《中国特色社会主义理论体系与毛泽东思想的内在联系》,《当代世界与社会主义》2008 年第 3 期。

法性基础的巩固，开创了一条新的道路。①

四　研究存在的不足及对未来研究的展望

尽管近年来毛泽东思想的研究取得了较大的进步，产生了丰富的成果，但是整体观之，仍存在一些亟须改进的地方，这也提示了今后研究应该努力的方向：

（一）研究仍可往更细致、深入的方向推进

虽然近年来的研究中出现了一些大而空的论文及论点，重复研究现象严重，但也展现出一些新的特点，即除了宏观考察外，微观审视得以推进。这表明，关于毛泽东思想的研究仍有广阔的空间。比如，从思想史的角度关注毛泽东思想在形成与发展过程中是如何与当时各种社会思潮互动及究竟吸纳了哪些有益因素；将研究时限前推后延，从更长时段把握毛泽东思想的"来龙去脉"；从社会史的视角深入剖析毛泽东思想如何影响与贯彻到普通人群中，这恰恰是推进马克思主义大众化研究要求的体现；可以更具体地检视毛泽东思想与中国特色社会主义理论体系之间的联系；也可从毛泽东思想中尚未引起学界关注的方面出发进行研究，等等。

（二）借鉴其他学科的研究方法推进毛泽东思想研究，是将来研究的必然趋势

随着学科交流的愈益深入，借用其他学科推进党史研究成为近年来的一个重要现象，并将成为今后党史研究的一种重要趋向，关于毛泽东思想的研究亦如此。前面的述评也表明，已有学者运用传播学、哲学、心理学等其他人文社会科学的研究方法研究毛泽东思想。跨学科研究固然能够拓展研究视域与范围，但是，现有研究成果也表明，一些学者借鉴运用其他学科方法研究时，常常单纯地为借鉴而借鉴，将其他学科的某种研究范式或者某种既成观点简单地生硬地套在研究上，并未做到党史研究与其他学科研究的真正的融合。所以在今后研究中，一方面还是要注重运用传统治

---

① 成为杰：《革命与执政：毛泽东与邓小平合法性思想比较——从平民与精英的角度分析》，《山西高等学校社会科学学报》2010 年第 11 期。

史方法去研究毛泽东思想，注重文本解读及论从史出；另一方面要谨慎地"拿来"其他学科方法研究毛泽东思想，认真甄别研究范式是否适合此领域的研究，使二者真正融合在一起。

（三）注重对文本及思想理论本身的研究

任何思想的形成都不是一蹴而就的，必然会经历一个过程，从解读文本入手，对各个时期毛泽东思想中某个观点、理论的变化与发展进行梳理，可以展现毛泽东思想本身发展变迁的过程。同时，推进毛泽东思想中独创性理论的研究亦显得必要，比如可以继续深化毛泽东关于人民内部矛盾理论的研究，推进毛泽东军事、经济、哲学思想的研究等。

（原载《中共党史研究》2012 年第 3 期）

京城同道论骚雅　毛公诗词悬日月
——中国毛泽东诗词研究会第十三届年会漫记

杜贤荣

中秋时节，美丽的北京天高气爽，风清花香。宏伟的天安门广场中央，流光溢彩的花坛上簇拥着巨型花篮，各色鲜花盛开怒放，灿烂夺目，显示着中华人民共和国的蓬勃朝气和壮丽青春。为纪念毛泽东诞辰120周年，全面贯彻落实党的十八大精神，中国毛泽东诗词研究会、中华诗词学会于9月22日至24日在北京联合举办"第十三届学术年会"。来自全国的百余名专家学者，齐聚当代中国研究所，共同研讨毛泽东诗词和诗论对中华诗词创作的启示和意义。谁能凌绝顶，看旭日东升。与会同志联系实际，或论文交流，或会上发言，或会下讨论，大家以毛泽东诗词和诗论为参照，百花齐放，各显风采，满腔热忱地探讨中华诗词的发展方向和光辉前景。

一　笔涌江山气　文骄天地神

作为诗人的毛泽东，是以精湛丰美的诗词和深刻隽永的诗词理论告诉世界并征服世界的。外国人评说，"一个诗人赢得一个新中国"。毛泽东诗词，是英雄辈出天翻地覆时代的英雄史诗。是一位空前的民族英雄率领全民族为自己自由解放不懈奋斗的胜利凯歌，是旷世伟人用他一生的聪明才智精心经营的大文化气象。

品读毛泽东诗词，是一种极大的精神艺术享受和人生境界的提升。

毛泽东诗词的艺术魅力，以作者波澜壮阔、丰富多彩的革命实践为基础，又以他深厚的文字功力和文学天赋为条件。毛泽东诗词和诗论的完美结合，构成了科学的、完备的毛泽东诗词体系。

不少学者对毛泽东的诗论和诗词的创作关系、诗论与诗词对中国革命和建设的关系，进行认真研究认为，毛泽东诗论是对我国传统诗论的发展与创新，为中华诗歌的发展开辟了广阔的道路。"为何写诗""为谁写诗""写什么样的诗""怎么写诗"等创作的全方位，毛泽东都有精辟、科学而完备的论述，这对当今诗歌的创作与未来的发展，极具现实针对性和指导性。例如，关于"诗言志"，毛泽东多次论及并几次题写。1945 年 9 月，毛泽东在重庆与蒋介石谈判，应著名诗人徐迟的要求，题写"诗言志"相赠。1957 年，毛泽东又将这三个字作为题词书赠给《诗刊》杂志创刊号。我们知道，诗言志，是个古老话题，也是现代诗歌创作的圭臬，被称为我国历代诗论的"开山纲领"，语出《尚书·尧典》："诗言志，歌永言，声依永，律和声。八音克谐。"《毛诗序》将"诗言志"说得更为清晰明白："诗者，志之所以也。在心为志，发言为诗。情动于中而形于言，言之不足故嗟叹之，嗟叹之不足故永歌之，永歌之不足，不知手之舞之，足之蹈之也。"这就说明"诗"与"志"与情感的关系。同时说明诗与歌、舞是同源的。历代诗话对"诗言志"的阐释论述很多，对"志"的解释，多倾向于志向、意志、情感等。诗以"志"为第一要义。

毛泽东对"诗言志"的把握，自有他的独到之处。1960 年 5 月 14 日，毛泽东会见来访的日本、古巴、巴西和阿根廷几个国家的代表团，当外宾谈到他的诗词时，毛泽东说："诗是人民创造的，我们是人民的代言人。"这两句话里既有大志，更有深情，体现出胸怀全局的文化气象。心里装着人民，只有人民，才是创造历史的动力。毛泽东心里装着人民，想着人民，作诗吟诗也是这样。1958 年 3 月，在成都召开的中央工作会议上谈到现代诗歌问题，毛泽东说："中国诗的出路，第一是民歌，第二是古典，在这个基础上产生出新诗来。形式是民歌的，内容是浪漫主义和现实主义的对立统一。"对此，有学者认为：民歌是中国诗词最仁厚的地母，历代诗歌变体都会自觉不自觉地走向民歌，民歌是不断发展着的诗歌体系，紧随生活而变化，地域间、民族间民歌的无形交流更具互补性、包容性和开放性。在我国社会主义制度下，多民族大融合，民歌更是一个取之不尽、用之不竭的文化资源。研讨会上，大家传递着一个个好消息，整理出版毛泽东诗论是其中之一。来自中共中央文献研究室的王健虎同志作了《谈谈整理毛泽东诗论的点滴体会》的发言。在谈到毛泽东诗论的意义时，他说："毛泽东进行文化传承和改造工作的重要载体之一，就是诗词创作和对诗歌道路的探讨。这个创作和探讨与他改变民族命运、创造新型国家的神圣使命紧密地结合在一起，使其诗词作品和形成的诗论、词论有了历史跃进的巅峰效应，也有了'独上高楼，望尽天涯路'的理论高度。从此，中国革命的崇高品位与诗歌美学之间有了天然的联系。由于这种联系，中国革命在文明史层次上的地位得到很大的提升，中国革命早期格局里也有了一个新文学和新文化的独立空间。这个空间大大激活了革命内部对于传统文化的尊重和继承，为中国文化进入新时代展开了一个广阔的背景。"

王健虎同志是位研究毛泽东诗词的专家、严肃的学者，也是毛泽东诗论整理者和主要负责人，我们期盼"毛泽东诗论"早日出版面市，满足广大毛泽东诗词爱好者、研究者早有的愿望，为中华诗词的健康发展提供理论支撑。

二　欢呼孙大圣　何惧妖雾来

中国社会科学院副院长、中国毛泽东诗词研究会会长李捷，以毛泽东的两句诗"今日欢呼孙大圣，只缘妖雾又重来"为题，向这次研讨会致开幕词。开幕词简洁明快，旨意鲜明，情意深长，符合党的十八大以来中央倡导的文风。他希望参加研讨会的各位专家学者在错综复杂的现实面前，保持清醒头脑，紧密联系实际，通过严肃认真的研究，发出具有正能量的强音，为建设社会主义先进文化作贡献。

那么，针对毛泽东诗词的"妖雾"是些什么呢？从研讨会提供的信息，大体有三个方面：

一是"妖魔"、"篡改"；二是"伪证"、"歪评"；三是"戏说"、"恶搞"。这里以"妖魔"、"篡改"为例。毛泽东的《沁园春·雪》，是人们十分喜爱的家喻户晓的千古绝唱。从其面世之后的70年来，学生课本里有它，诗词演唱会上有它，碑林里有它，各种办公室、会议室、酒店、餐厅直至许多人的书房或卧室都有它。它的豪放气派和艺术魅力，折服了无数文人雅士和英雄豪杰，这些人不分民族、不分党派，甚至不分敌我、不分国界，是诗词史上空前绝后的一个奇迹。终生与共产主义势不两立的胡适对这首词品味再三，承认毛泽东"作为一个词章作家，他是绝对好的"。可就是这一首词，却遭到了一些人的攻击，把它"妖魔"化，贬低它的历史意义和艺术价值。

"妖魔"化《沁园春·雪》，是伴随着"妖魔"化毛泽东而来的。有极少数人配合西方自由主义"非毛"思想，把毛泽东当作活着的敌人进行攻击，称毛为"暴君""秦始皇""独裁者"，说他创立的中国制度是"极权制度""暴力社会主义"等，其情绪疯癫到失去理性的地步。他们甚至编造说："毛泽东坐上故宫龙椅，然后告诉工作人员说，我以后要在故宫办公。皇权思想暴露无遗。毛主席万岁的口号是毛主席自己加的。"如此离奇的"妖魔"化毛泽东的信息，有人却闻风而动，借机攻击毛泽东诗词。说什么《沁园春·雪》宣扬"旧的个人英雄主义"帝王思想啦，此词是"×××代笔"啦，等等；还有的引用外国人的文艺作品，断定《雪》词写于1945年8月28日，以证明他们的说法："那么，所谓'今朝'的'风流人物'便极可能是指那个我们信任的'大元帅'（指重庆谈判时的蒋介石）而言的，至少是将他也包括在里头的。"这完全是无中生有的捏造。

事实是，毛泽东从未进过故宫。至于"毛主席万岁"的口号，是当时中央领导同志根据人民的感情和意愿，集体研究确定加上的。对此，中央有关部门已发表文章作了说明。所谓《雪》词由×××代笔，更是无稽之谈。只要有点中共党史和中国文学常识的人都知道，毛泽东的文章、诗词和功力、气魄、精神和风格，是任何人也代表不了的。篡改《雪》词的写作时间，恰又暴露了他们的政治目的，原来是想歌颂被中国人民早已唾弃的蒋介石，换回他们失去天堂的精神领袖。其别有用心的卑劣手段，是显而易见的。

至于说到"戏说""恶搞"毛泽东诗词，例子不是个别的，例如，"当官不怕喝酒难，万盏千杯只等闲；鸳鸯火锅腾细浪，海鲜烧烤走鱼丸；桑拿按摩周身暖，麻将桌前五更寒；更喜小姐白如雪，三陪过后尽开颜"。人们知道，这里戏说的就是毛泽东那首撼人心魄的史诗《七律·长征》。对于这样的经典作品可以戏说、恶搞，还有什么不可以践踏，对历史、对文化、对神圣的敬畏之心也就荡然无存了。要说这些戏说戏改的东西还有些用处的话，那就是揭露或讽刺了当今一些贪官污吏的丑态；同时反映了与社会主义精神文明格格不入的社会风气，值得人们警惕、深思。

在今天诗歌界，"狎语""秽言"的诗歌，散发的负能量，其影响不可低估，有歪诗被某些教授学者拿到课堂上去，当范例给学生们欣赏，堂而皇之地等在报刊上。比较典型的有《十三陵》《野种之歌》《一把好乳》

等。如《一把好乳》，吟诵的是在诗人严重，凡女人不论嫂子、少女还是吃奶的女婴，都是"丰乳""肥臀""性感"的女人形象。其语言之淫秽下流，不齿于笔端，这里就不录了。"妖雾"的猖獗与肆虐，用得着我国的一句成语回敬："蚍蜉撼大树，可笑不自量。"更用得着一句变革的俗语："无知者无畏。"他们不懂中华诗词，更不懂毛泽东诗词。毛泽东诗词是中华民族绵延几千年诗词史上最奇伟壮丽的高峰，承载着中华民族的光荣与梦想。它将和人民革命与建设事业一起，永远发放着灿烂的光辉。

"今日欢呼孙大圣"，孙大圣是谁，在哪里？"妖雾"遮不住，毕竟云散去。孙大圣就是党的十八大精神，就是习近平"8·19"讲话和其他一系列讲话精神。以这些精神为武器、为航标、为指南，酿造新的文化成果，为建筑社会主义先进文化大厦加砖添瓦。

三　险语破鬼胆　新诗胜旧诗

美国学者特里尔在《毛泽东传》中说："毛泽东作为中国的摩西（《圣经》记载的希伯来人的民族领袖，他使希伯来人摆脱奴役的地位），他总是与大地谈心，与高山交流。"事实正是这样，越是险峻，越表现出毛泽东的浓厚兴趣。细察毛泽东诗词的写作背景，无不具有险象环生、惊涛骇浪、辽阔无垠、人民伟力的史实物象与精神意象。毛泽东的许多诗句，非常明白地表达出诗人的巅峰体验：过了黄洋界，险处不须看。红军不怕远征难，万水千山只等闲。山，刺破青天锷未残。惊回首，离天三尺三。横空出世，莽昆仑，阅尽人间春色。飞起玉龙三百万，搅得周天寒彻。百万雄师过大江。万里长江横渡，极目楚天舒。坐地日行八万里，巡天遥看一千河。天连五岭银锄落，地动三河铁臂摇。为有牺牲多壮志，敢教日月换新天。可上九天揽月，可下五洋捉鳖，谈笑凯歌还。鲲鹏展翅，九万里，翻动扶摇羊角。背负青天朝下看，都是人间城郭……毛泽东站在历史与时代的峰巅上，精骛八极，神游万仞，他的情思和诗笔纵横驰骋，任意挥洒。这些千锤百炼的极品诗句，从中国诗词的传统中来，又比传统诗词的风格更高，气象更新。有学者说，峰巅体验一旦离开个人生活方式的选择，家庭亲情的追寻，进而跨入政治人生的体验时，遂产生慷慨悲凉的意象。诚哉，斯言。现实、理想、英雄、浪漫、沉雄、乐观、豪放、婉约，毛泽东诗词风格多样，气压千古，创造了几千年中华诗词上唯他独具的一种新文化气象。

　　这种新文化气象"新"在哪里呢？研讨会上，学者从内容、形式、风格等方面进行了探讨，总括起来，新在"人民"二字上。表现在政治、哲学层面，他开创的国家和意识形态，都是着眼人民和以人民为支撑的。人民共和国，人民政府，人民军队，人民医院，人民银行，人民文学，人民日报，全心全意为人民服务……让哲学从哲学家的课堂上和书本里解放出来，变为人民群众手里的锐利武器，等等。表现在他的文艺思想和创作实践，为人民而创作，为人民所利用。诗歌，来源于人民大众的生活与劳动，最终的接受者仍是人民大众。1939 年 1 月 31 日，毛泽东在致延安鲁艺诗社——路社的信中，极其鲜明地指出文艺方面存在的问题，他说："无论文艺的任何部门，包括诗歌在内，我觉得都应是适合大众需要的才是好的。现在的东西中，相当一部分有一种毛病，不反映民众生活，因此也为民众所不懂。"这段话的核心是：人民"需要"与"读懂"，"需要"就是要"精神食粮"，"读懂"就是能够消化吸收。这两点是一切文艺最起码的社会功能，也是诗歌人民性的两个前提。如果人民不需要又读不懂新诗，那新诗还有什么存在价值？

　　历朝历代，有谁家的诗词和诗论如毛泽东诗词、诗论那样，将人民放在第一位，没有。"朱门酒肉臭，路有冻死骨。""谁知盘中餐，粒粒皆辛苦。""不能救疗生民病，即须先濯尘土缨。""可怜夜半虚前席，不问苍生问鬼神"……这类诗句悲天悯人的情怀，寄予诗人的一片同情；但仅限于对人民疾苦的现象描述，其情调不免低沉消极被动。传达的悲苦之音，很难唤起人们改变命运的激情。毛泽东诗词则不然。他的诗词充满了不甘屈辱的骨气、奋起抗争的豪气、勇往直前的锐气。现在公之于世的毛泽东诗词百首左右，我们细细品读，都可以从中体会出深厚的人民群众的情感，感受到人民群众排山倒海的绝大力量和创造世界的雄伟英姿。毛泽东是诗词大家，这是从中华诗词的长河中来认定的。而当我们说到诗，就是汉魏、唐宋时期的那种诗。其实，细究起来，毛泽东诗词与此是大有区别的。其区别主要是借古典诗词形式，反映现当代生活，反映革命斗争与建设，站在中国革命与世界革命高度，关怀民生与人类命运。这也是毛泽东诗词"新"的最大特点。但是，有了新内容，还必须有适合新内容的新形式。在这方面，毛泽东有他独到的见解和可贵的探索。一次，他在和臧克家、袁水拍等诗人讨论新诗问题的谈话时说："中国的诗歌，从《诗经》

的四言，后来发展到五言、七言，到现在的民歌，大都是七个字，四拍子，这是时代的需要。新诗的发展要顺应时代的要求，一方面要继承优良诗歌的传统，包括古典诗歌和'五四'以来革命诗歌的传统；另一方面要重视民歌。新诗的形式应该是比较精炼，句子大体整齐，押大致相同的韵。也就是说，具有民歌风格。"毛泽东着眼整个中国诗歌发展史，描绘出新诗的形态特点，概括起来就是：第一，精炼。这里的"精炼"不仅有一般意义上的文字精练，而是指篇幅和文字都需要精练，一首诗不能长篇大论。第二，句子大体整齐。如果句子长短悬殊，就是白话语言，就缺乏节奏感。第三，押大致相同的韵。古人有"无韵不成诗"的说法，诗有韵就具有特殊的美感和音乐感。这三个特点集中起来就是：从古诗中吸取营养，讲究精、齐、韵，具有民歌风格。

从《诗经》开始至五四前的中国诗，都有"精炼"、句子"整齐""押韵"的特点，而毛泽东论述的新诗特点，却具有更大的自由空间，他所说的"大体""大致"，就是说不要死死地拘泥于古典诗的平仄和格律。毛泽东反复强调新诗的民族风格，其意旨有二：一是继承古典诗的优良传统，符合人民的欣赏习惯；二是开拓创新，旧体诗不宜在青年中提倡，"因为这种体裁束缚思想，又不易学"，写诗应以新诗为主。这是着眼长远、着眼大众的精辟之论。

毛泽东自己喜欢旧体诗词，又寄希望于新诗，这恰好说明这位"诗国盟主"（元帅、诗人陈毅语）的宽广胸怀和远大目光。他不以自己的喜好定乾坤，而是规劝、号召和鼓励人们特别是青年人学新诗写新诗。

年年后浪推前浪，江草江花处处鲜。毛泽东一辈子都在诗词的王国里徜徉，是中国古典诗词最后一位大家，又是现代新诗的开创者，堪称中国的但丁。毛泽东诗词和诗论对中华诗歌的发展做出了示范，并指明了方向，我们应该感谢这位伟人。今人胜古人，新诗胜旧诗。这是中华诗词发展的必然趋势，也是毛泽东的期望。

（原载《荆门日报》2013 年 10 月 28 日第四版）